Schriftenreihe

CRIMINOLOGIA

Interdisziplinäre Schriftenreihe zur Kriminologie,
kritischen Kriminologie, Strafrecht, Rechtssoziologie,
forensischen Psychiatrie und Gewaltprävention

Band 19

ISSN 1865-9152

Verlag Dr. Kovač

Das Prostitutionsgesetz und seine Umsetzung

Was hindert unterstützende Netzwerke an konstruktiven Vorschlägen zur Verbesserung der Arbeitsbedingungen und wieso dominieren Forderungen nach strafrechtlichem Opferschutz, ausländerrechtlichem Bleiberecht und Hilfen zum Ausstieg?

Inaugural-Dissertation

Zur Erlangung der Doktorwürde
der Rechtswissenschaftlichen Fakultät
der Christian-Albrechts-Universität zu Kiel

Vorgelegt von
Ina Hunecke
aus Wuppertal

- 27.10.2010 -

Erstberichterstatter: Prof. Dr. Monika Frommel

Zweitberichterstatter: Prof. Dr. Christopher Brüning

Dekan: Prof. Dr. Trunk

Termin der mündlichen Prüfung: 12.04.2011

Ina Hunecke

Das Prostitutionsgesetz und seine Umsetzung

Was hindert unterstützende Netzwerke an konstruktiven Vorschlägen zur Verbesserung der Arbeitsbedingungen und wieso dominieren Forderungen nach strafrechtlichem Opferschutz, ausländerrechtlichem Bleiberecht und Hilfen zum Ausstieg?

Verlag Dr. Kovač

Hamburg 2011

VERLAG DR. KOVAČ GMBH
FACHVERLAG FÜR WISSENSCHAFTLICHE LITERATUR

Leverkusenstr. 13 · 22761 Hamburg · Tel. 040 - 39 88 80-0 · Fax 040 - 39 88 80-55

E-Mail info@verlagdrkovac.de · Internet www.verlagdrkovac.de

Bibliografische Information der Deutschen Nationalbibliothek
Die Deutsche Nationalbibliothek verzeichnet diese Publikation
in der Deutschen Nationalbibliografie;
detaillierte bibliografische Daten sind im Internet
über http://dnb.d-nb.de abrufbar.

ISSN: 1865-9152

ISBN: 978-3-8300-5766-6

Zugl.: Dissertation, Universität Kiel, 2011

Für meine Eltern

Vorwort

Die vorliegende Arbeit wurde im Oktober 2010 fertig gestellt und von der Christian-Albrecht-Universität zu Kiel als Dissertation angenommen. Literatur und aktuelle Entwicklungen wurden bis März 2011 berücksichtigt.

Meiner Doktormutter, Prof. Dr. Monika Frommel, die mich und meine Arbeit mit Interesse, Unterstützung und fachlichem Rat begleitet hat, gilt mein besonderer Dank.

Bedanken möchte ich mich auch bei meinen Kollegen im Institut für Kriminologie und Sanktionenrecht, insbesondere bei Dr. Messer, Dr. Gerhold, Herrn Mertsch, Herrn Stolzenwald, Frau Schwarz und Herrn Schaar, für anregende Diskussionen, Unterstützung und viele heitere Momente.

Bei Prof. Dr. Christoph Brüning möchte ich mich für die zügige Erstellung des Zweitgutachtens bedanken, bei Herrn Soost und Frau Buck für die Hilfe beim Lektorat dieser Arbeit.
Ebenfalls bedanken möchte ich mich bei der Hans-Böckler-Stiftung, die mich sowohl im Studium, als auch bei der Promotion, unterstützt hat.

Widmen möchte ich diese Arbeit meinen Eltern. Sie haben mich immer in allem nach besten Möglichkeiten unterstützt, dafür danke ich Euch.

Kiel, im Frühjahr 2011 Ina Hunecke

„Vielleicht betrügen wir anderen nur uns selbst – denn letzten Endes ist dies ein Erlebnis, was wir alle teilen. Nur in abgeschwächter Form.
Ich glaube, viele von uns verkaufen sich, nur ohne es zu wissen.
Vielleicht tun wir es alle."[1]

[1]Kate Millet, S. 69.

Gliederung:

Abkürzungsverzeichnis

abgedr.	abgedruckt
AcP	Archiv für civilistische Praxis
AE	Alternativentwurf
AG	Amtsgericht
AG-Recht	Arbeitsgemeinschaft Recht
AO	Abgabenordnung
ARGE	Arbeitsagentur
Art.	Artikel
Az	Aktenzeichen
BAG	Bundesarbeitsgericht
BauR	Baurecht
BbauG	Bundesbaugesetz
BdWi	Bund demokratischer Wissenschaftlerinnen und Wissenschaftler
BE	Beratungseinrichtung
BFH	Bundesfinanzhof
BGB	Bürgerliches Gesetzbuch
BGBl.	Bundesgesetzblatt
BGH	Bundesgerichtshof
BHP	Beratung und Hilfe für Prostituierte
BKA	Bundeskriminalamt
B-L-AG	Bund-Länder-Arbeitsgruppe
BMFSFJ	Bundesministeriums für Familie, Senioren, Frauen und Jugend
BMJ	Bundesministerium Justiz
BSG	Bundessozialgericht
BSHG	Bundessozialhilfegesetz
BT-Drs.	Bundestag-Drucksache
BT-Prot.	Bundestag-Protokoll
BSeuchenG	Gesetz zur Bekämpfung der Seuchen
Bufas	Bündnis der Fachberatungsstellen für Sexarbeiterinnen und Sexarbeiter e.V.
BVerfG	Bundesverfassungsgericht
BVerfGE	Bundesverfassungsgerichtsentscheidung
BVerwG	Bundesverwaltungsgericht
BVerwGE	Bundesverwaltungsgerichtsentscheidung
BVP	Bayrische Volkspartei
CDU	Christlich Demokratische Union
CEDAW	Übereinkommen der Vereinten Nationen zur Beseitigung jeder Form der Diskriminierung der Frau
CSU	Christlich Soziale Union

DDP	Deutsche demokratische Partei
DGB	Deutscher Gewerkschaftsbund
DJZ	Deutsche Juristen Zeitung
DNVP	Deutschnationale Volkspartei
DVP	Deutsche Volkspartei
E	Entwurf
EGStGB	Einführungsgesetz zum Strafgesetzbuch
EKD	Evangelische Kirche Deutschland
EKiR	Evangelische Kirche im Rheinland
EP	Entkriminalisierung von Prostitution
EStG	Einkommenssteuergesetz
EStGB	Einführungsgesetz zum allgemeinen deutschen StGB und zum Strafvollzugsgesetz
ETUC	European Trade Union Confederation
EU	Europäische Union
FA	Finanzamt
FB	Freierbestrafung
FDP	Freie Demokratische Partei
FVP	Fortschrittliche Volks Partei
GastG	Gaststättengesetz
GE	Gegenentwurf
gem.	gemäß
GeschlKrG	Gesetz zur Bekämpfung der Geschlechtskrankheiten
GewArch	Gewerbearchiv
GewO	Gewerbeordnung
GG	Grundgesetz
Ggf.	gegebenenfalls
GrStK	Große Strafrechtskommission
h. M.	herrschende Meinung
hiB	heute im Bundestag
HS	Hurenselbsthilfe
i. V. m.	in Verbindung mit
IB	Information und Beratung
JR	Juristische Rundschau
JuSchG	Jugendschutzgesetz
JZ	Juristische Zeitung
KHK	Kriminalhauptkommissar
KJG	Kirchliche Jugendarbeit
KP	Kommunistische Partei
KPD	Kommunistische Partei Deutschland
LAG	Landesarbeitsgericht
LG	Landgericht
LSG	Landessozialgericht

LStDV	Lohnsteuer-Durchführungsverordnung
m. w. N.	mit weiteren Nachweisen
NdB	Norddeutscher Bund
MH	Hilfe für Opfer von Menschenhandel
MinRat	Ministerialrat
MMR	MultiMedia und Recht, Zeitschrift
MSchrKrim	Monatsschrift für Krimiologie und Strafrechtsreform
MSPD	Mehrheitssozialdemokratische Partei Deutschland
MüKo	Münchner Kommentar
NGO	Nichtregierungsorganisation
NJOZ	Neue Juristische Onlinezeitschrift
NJW	Neue Juristische Wochenschrift
NRW	Nordrhein-Westfalen
NStZ	Neue Zeitschrift für Strafrecht
NStZ-RR	Neue Zeitschrift für Strafrecht Rechtssprechungsreport
NVwZ	Neue Zeitschrift für Verwaltungsrecht
NZA	Neue Zeitschrift für Arbeitsrecht
OFD	Oberfinanzdirektion
OG	Hilfe für Opfer von Gewalt
OLG	Oberlandesgericht
OVG	Oberverwaltungsgericht
OWiG	Ordnungswidrigkeitengesetz
PDS	Partei des Demokratischen Sozialismus
Preuß. JM	preußisches Justizministerium
ProstG	Gesetz zur Regelung der Rechtsverhältnisse der Prostituierten
PrStGB	Preußisches Strafgesetzbuch
PS	Pauschalsteuer
Rd-Nr.	Rand-Nummer
RFH	Reichsfinanzhof
RJM	Reichsjustizminister
RStGB	Reichsstrafgesetzbuch
RT	Reichstag
SchwarzArbB	Schwarzarbeitergesetz
SG	Sozialgericht
SGB	Sozialgesetzbuch
SK	Systematischer Kommentar
SoFFiK	Sozialwissenschaftliches Frauen Forschungsinstitut
Sog.	sogenannte
SPD	Sozialdemokratische Partei Deutschland
Sten. Ber.	Stenographischer Bericht
StGB	Strafgesetzbuch
StrRG	Strafrechtsreformgesetz

Taz	die Tageszeitung
u. ä.	und ähnliche
u. a.	und andere
UEGD	Unternehmerverband Erotik Gewerbe Deutschland
UN	United Nations
UStG	Umsatzsteuergesetz
VE	Vorentwurf
VER	Vereinigung der Relaxbetriebe
VG	Verwaltungsgericht
VGH	Verwaltungsgerichtshof
WHO	Weltgesundheitsorganisation
WP	Wahlperiode
WzS	Zeitschrift für Sozialversicherungs-Praxis
Ziff.	Ziffer
ZWE	Zeitschrift für Wohnungseigentumsrecht

Gesetz zur Regelung der Rechtsverhältnisse der Prostituierten[2]

§ 1

Sind sexuelle Handlungen gegen ein vorher vereinbartes Entgelt vorgenommen worden, so begründet diese Vereinbarung eine rechtswirksame Forderung. Das Gleiche gilt, wenn sich eine Person, insbesondere im Rahmen eines Beschäftigungsverhältnisses, für die Erbringung derartiger Handlungen gegen ein vorher vereinbartes Entgelt für eine bestimmte Zeitdauer bereithält.

§ 2

Die Forderung kann nicht abgetreten und nur im eigenen Namen geltend gemacht werden. Gegen eine Forderung gemäß § 1 Satz 1 kann nur die vollständige, gegen eine Forderung nach § 1 Satz 2 auch die teilweise Nichterfüllung, soweit sie die vereinbarte Zeitdauer betrifft, eingewendet werden. Mit Ausnahme des Erfüllungseinwandes gemäß des § 362 des Bürgerlichen Gesetzbuchs und der Einrede der Verjährung sind weitere Einwendungen und Einreden ausgeschlossen.

§ 3

Bei Prostituierten steht das eingeschränkte Weisungsrecht im Rahmen einer abhängigen Tätigkeit der Annahme einer Beschäftigung im Sinne des Sozialversicherungsrechts nicht entgegen.

---

[2]Gesetz zur Regelung der Rechtsverhältnisse der Prostituierten, BGBl. 2001 I, S. 3983. Gesetz vom 20. Dezember 2001, abgekürzt ProstG.

Einleitung

Nach sieben Jahren Beratung trat das ProstG 2002 in Kraft.

Gleichzeitig wurde beschlossen, dass das ProstG nach drei Jahren evaluiert werden sollte. Dies geschah mit zwei Jahren Verspätung 2007.[3] In den Gutachten zeigte sich ein erhebliches Vollzugsdefizit, was bis heute noch nicht wesentlich gemindert wurde.

Der Umgang von kommunalen Einrichtungen, staatlichen- und Strafverfolgungsbehörden mit allen Formen der Sexarbeit[4] ist trotz des ProstG noch immer mit einer Vielzahl von rechtlichen Schwierigkeiten und regionalen Unterschieden verbunden.
Die mit dem ProstG angestrebten Ziele wurden nur zum Teil erreicht. Dies rührt zum einen daher, dass es zwar einen breiten Konsens darüber gibt, dass die Arbeits- und Lebenssituation in der Sexarbeit verbessert werden sollten und eine Entkriminalisierung des „Milieus" erstrebenswert sei, aber nicht über die Art und Weise der Regulierung der Sexarbeitsbranche. Die Bestrebungen gehen eher in Richtung eines Ausstiegs aus, als einer Verbesserung der Lage in der Sexarbeit. Zwar wollte der Gesetzgeber die Sittenwidrigkeit abschaffen, jedoch hat er sich beim ProstG auf punktuelle Verbesserungen beschränkt und auf ein Gesamtkonzept verzichtet. [5] Dies führt zu unterschiedlichen Ansichten über die Sittenwidrigkeit der Sexarbeit in den verschiedenen Rechts- und Regelungsgebieten.[6]

Die Auslegung des ProstG und anderer im StGB geänderter Normen durch die Rechtsprechung zeigt eine Liberalisierung der Sexarbeit, bei der nur die Altersbegrenzung von 21 Jahren einschränkend wirkt.

Die bis dato unklare Auslegung des Ausbeutungs- und Zuhälterbegriffs ist mit den Nichteröffnungsbeschlüssen des LG Augsburg erfolgt, die eine rechtsgutsli-

[3]Auf die insgesamt 3 Gutachten wird im 3. Kapitel genauer eingegangen.
[4]Der Begriff Sexarbeit wird verwand, weil er neben der Prostitution an sich auch andere Tätigkeiten in diesem Bereich umfasst. Nähere Erläuterungen hierzu erfolgen im Rahmen der Arbeit.
[5]Deutscher Bundestag, Drucksache 14/5958 vom 08.05.2001.
[6]z.B. im Gaststätten- und Gewerberecht.

berale Haltung signalisiert.[7] Bezüglich des Gesetzesprogramms, welches als rechtliche Ziele den Wegfall der Sittenwidrigkeit und eine Begrenzung der Straftatbestände im einschlägigen Bereich vorsah und darüber hinaus andere gesellschaftspolitische Ziele, wie verbesserte Arbeitsbedingungen und leichtere Ausstiegsmöglichkeiten sowie eine Regulierung der Grauzone erreichen wollte, ist nur ersteres erreicht worden. Im zweiten Bereich gibt es wenige Fortschritte. Die Ursachen hierfür werden untersucht und dargelegt.

Dazu wird die Methode der Implementationsforschung nach dem Ansatz von *Mayntz*[8] verwendet, bei dem nicht vorrangig die Gesetzesauslegung untersucht, sondern deskriptiv die Netzwerke beschrieben werden, die als Akteure das ProstG implementieren sollen und können. Dabei wird die Ansicht vertreten, dass der Erfolg eines Gesetzesprogramms nicht nur von den regulierenden Normen und deren Auslegung abhängt, sondern auch von den Interessen, Zielen und Strategien der für die Umsetzung verantwortlichen Akteure. Die bisher noch weitgehend illegal agierenden Märkte müssen gezwungen werden, sich im Sinne des Gesetzes umzustellen, was nur gelingen kann, wenn deren legitimen Interessen dabei berücksichtigt werden.
Werden die unterschiedlichen Motive und Interessen nicht in die Überlegungen mit einbezogen und die handelnden Netzwerke unterschätzt, ist die Wahrscheinlichkeit groß, dass die Regulierung ins Leere läuft. Schon Anfang der 1980er Jahre stellten Rechtssoziologen die Hypothese auf:
„Die Heterogenität der Implementationsträger lässt sich ablesen an der Vielfalt der repräsentierten Sektoren, Ebenen und der Beteiligtenintensität hinsichtlich verschiedener implementationsbezogener Entwicklungsphasen. Je größer die diesbezügliche Heterogenität der Implementationsträger, desto schwieriger und prekärer die Implementation.“[9]

Unter Implementationsträger für die gesellschaftspolitischen Ziele des ProstG sind u.a. die Netzwerke und Beratungsstellen als Akteure zu verstehen. Sie

[7]Nichteröffnungsbeschluss des LG Augsburg vom 16.08.2006 (Rechtskraft 31.08.2006), Az 8 Kls 312 Js 115537/05 und Nichteröffnungsbeschluss des LG Augsburg vom 17.12.2009, Az 9 Kls 504 Js 106939/08, BGHSt 48, S. 314 vom 01.08.2003 und BGH Urteil vom 10.02.2010 veröffentlicht in NJ 6/10, S. 258, 259.
[8]*Prof. Dr. Renate Mayntz* ist Soziologin und inzwischen emeritierte Direktorin des Max-Planck-Institutes für Gesellschaftsforschung.
[9]*Grunow*, S. 142 ff.

überwachen zum einen das Gesetz und müssen zum anderen zur Umsetzung der Ziele beitragen. Unberücksichtigt blieb bisher, ob den Sexarbeitern[10] und Betreibern von sexuellen Dienstleistungsbetrieben überhaupt an einer Zielerreichung des ProstG und einer Implementierung gelegen ist, da eine solche nicht nur mit mehr Rechten und einer möglichen Änderung des Ansehens der Sexarbeit, sondern auch mit Pflichten und einer größeren Transparenz verbunden ist.

Es gibt eine Vielzahl von Diskussionen im Bereich der Sexarbeit. Möglicherweise führen die Akteure hierbei aber lediglich Stellvertreterdebatten, die sich nur auf den ersten Blick mit der Situation der Sexarbeiter beschäftigen. Die Fokussierung auf die Verbesserung der Arbeitsbedingungen in der Sexarbeit und die Hilfe für Opfer von Menschenhandel scheinen von vielen Akteuren nicht abgegrenzt zu werden, weshalb auch eine deutliche Identifikation mit den zu erreichenden Zielen des ProstG nicht erfolgt. Zu untersuchen ist daher, ob eine Implementierung des ProstG, die von der Rechtsprechung durch Auslegung sowie ergangene Urteile und Beschlüsse unterstützt wird, an den nicht oder zumindest nur eingeschränkt agierenden Akteuren, scheitert.

Die Fragestellung lautet dabei:
Was hindert die unterstützenden Netzwerke an konstruktiven Vorschlägen zur Verbesserung der Arbeitsbedingungen und wieso dominieren Forderungen nach strafrechtlichem Opferschutz, ausländerrechtliche Bleiberechte und Hilfen zum Ausstieg?

In dieser Arbeit geht es aber nicht nur um die Netzwerke, sondern auch um die Sexarbeiter an sich, die mit dem ProstG unzertrennlich verbunden sind. Im Gegensatz zu anderen im Rahmen dieser Arbeit vorgestellten Meinungen, wird dabei davon ausgegangen, dass es viele Frauen und Männer gibt, die sich selbstbestimmt und freiwillig für diese Art des Gelderwerbs entschieden haben, obwohl sie Alternativen gehabt hätten. Solche Personen kommen aus allen Schichten, haben die unterschiedlichsten Motive und sind keinesfalls mit Opfern gleichzu-

[10]Aus Gründen der besseren Lesbarkeit werden ausschließlich männliche Formen verwendet. Diese schließen jedoch auch immer die weiblichen Formen mit ein.
Das Wort „Sexarbeiter“ wird anstelle des Wortes „Prostituierte“ verwendet, um die Stellung seit 2002 als Dienstleister deutlich zu machen und beide Geschlechter umfassen zu können.
Unter Sexarbeiter werden alle Personen verstanden, die ihre sexuellen Dienste gegen Entgelt in irgendeiner Art und Weise anbieten.

setzen, die es in diesem Bereich ohne Zweifel auch gibt. Um dies deutlich zu machen, wird für die freiwillige und selbstbestimmte Arbeit in diesem Bereich das Wort Sexarbeiter, statt Prostituierte verwandt. Durch die häufige Benutzung des Wortes „Zwangsprostituierte“ als Synonym für Opfer von Menschenhandel, löst die Bezeichnung als Prostituierte oftmals eine Assoziation mit Opfer aus. Um sich hiervon deutlich abzugrenzen, wird daher für die Zeit nach Einführung des ProstG die Bezeichnung Sexarbeiter verwand.

Die Arbeit beginnt mit einer historischen Zusammenfassung der Frauenbewegung im Zusammenhang mit der Prostitution sowie der Gesetzgebungsgeschichte zu den Kuppeleidelikten und der Zuhälterei seit 1869. Dabei wird verdeutlicht, dass eine Vielzahl der Argumentationen und Probleme der Gegenwart bereits früher diskutiert wurden. Ob eine Vergleichbarkeit vorliegt ist jedoch fraglich. Möglicherweise sind die Argumente nur scheinbar identisch, weil heute ein anderer Kontext besteht als damals. Dies soll untersucht werden. Die Annahme ist die, dass bei Versuchen die Sittenwidrigkeit abzuschaffen eine Verlagerung erfolgt. Früher könnte es eine Verlagerung von strafenden Argumenten (z.B. Hangtäter etc.) hin zur Sicherung der Allgemeinheit, heute möglicherweise eine Verlagerung zum Opferschutz gegeben haben. Diese Annahme wird untersucht werden.

Die Entstehung des ProstG und die flankierenden strafrechtlichen Vorschriften werden in den folgenden beiden Kapiteln dargestellt.

Schon der dem ProstG vorangehende Prozess der Gesetzgebung zeigte erhebliche Widerstände. Grund waren unter anderem Befürchtungen, dass mit der Streichung des § 180 a StGB[11] (2001), Förderung der Prostitution, eine Rücknahme polizeilicher Kontrollmöglichkeiten in der Sexdienstleistungsbranche verbunden sein könnten und damit das Aufspüren von Straftaten innerhalb des Milieus erheblich erschwert würde.

Das vierte Kapitel zeigt die rechtlichen Problemfeldern im Zusammenhang mit der Sexarbeit außerhalb des Strafrechts, hauptsächlich basierend auf der rein punktuellen Regelung durch das ProstG. Hier gibt es eine große Anzahl von un-

---

[11]Ursprüngliche Fassung von 1871, RGBl. S. 127, Neubekanntmachung vom 13.11.1998, BGBl. S. 3322.

geregelten oder unabgestimmten Vorgehensweisen, die die Verbesserung der Lebens- und Arbeitsbedingungen von Sexarbeitern verhindern. Gerade die Probleme im Steuer-, aber auch im Bau- und Gewerberecht stellen für die Sexarbeiter, die Betreiber und die Akteure der Implementation eine große Schwierigkeit dar. Hinzu kommen die unterschiedlichen Regelungen in den einzelnen Bundesländern.

Die verschiedenen Adressaten des ProstG und die unterschiedlichen Arbeitsbereichen in der Sexarbeit werden im fünften Kapitel dargestellt. Aufgezeigt wird, dass es „den Sexarbeiter" nicht gibt, sondern dies nur als Oberbegriff für eine Vielzahl verschiedener Tätigkeitsbereiche und unterschiedlicher Motivationslagen dienen kann.

Anschließend werden die bestehenden Netzwerke rund um die Sexdienstleistungsbranche und damit die Akteure für eine Implementation des ProstG sowie exemplarisch einzelne Veröffentlichungen dieser zur Thematik im sechsten Kapitel dargestellt. Auffällig ist dabei, dass die Netzwerke selbst teilweise Eingriffs- und Kontrollmöglichkeiten der Ermittlungsbehörden, Hilfe für Opfer von Menschenhandel sowie den Ausstieg aus der Prostitution und nicht die Verbesserung der rechtlichen und tatsächlichen Stellung der Sexarbeiter in den Fokus ihrer Arbeit stellen. Die Annahme lautet, dass die mangelnde Unterscheidung der Akteure zwischen Opferschutz und Verbesserung der Lebens- und Arbeitsbedingungen von legalen Sexarbeitern sowie Vorgaben der Träger und Unterstützer der Beratungsstellen den Fokus auf den Opferschutz legen. Somit kann eine erfolgreiche Implementierung des ProstG nicht erfolgen. Auch wird in diesem Kapitel untersucht, ob die Diskussionen zur Sexarbeit möglicherweise nur Stellvertreterdebatten zur Erreichung eigener Ziele und nicht im Interesse der Sexarbeiter erfolgen.

Im siebten Kapitel werden die Strategien zur Implementierung sowie die bisherige Verwirklichung der Ziele des ProstG untersucht und verschiedene aktuell diskutierte Vorschläge zur Änderung oder Verbesserung der Situation in der Sexdienstleistungsbranche erläutert. Darüber hinaus wird ein Ausblick auf die zukünftige Diskussion in diesem Bereich gegeben. Eine Gesamtwürdigung der erarbeiteten Fakten wird dann im achten Kapitel vorgenommen.

1. Kapitel

Historischer Rückblick

Der historische Rückblick, sowohl auf die Frauenbewegung als auch die Gesetzgebung des 19. und 20. Jahrhunderts, soll einen Überblick und eine Einführung dazu geben, dass die Diskussionen zur Prostitution schon immer verknüpft waren mit anderen Zielen und Überlegungen.[12]

Die Prostitution wurde häufig als Bedrohung für Moral, Anstand und Gesundheit angesehen. Die schwierige Arbeits- und Lebenssituation der Prostituierten war dabei meistens nur Nebensache. Im Vordergrund standen Probleme, die die Frauen und Männer außerhalb der Prostitution mit dieser hatten.

Einige Frauen des Bürgertums fanden in der ehrenamtlichen Arbeit „zur Rettung" der Prostituierten ihre Aufgabe. Andere Frauen, auch aus den Reihen des Proletariats, nahmen die Prostitution als einen Aspekt für Reformbewegungen oder Staatskritik. Die Prostituierten selbst kamen nicht zu Wort. Die Frauen grenzten sich deutlich von den Prostituierten ab, um nicht selbst in den Verdacht der Unsittsamkeit zu kommen.

Auch bei den Gesetzesberatungen ging es im Zusammenhang mit der Prostitution stets um andere Themen, wie Volksgesundheit, Werteerhalt oder dem Schaffen von Kontroll- oder Eingriffsbefugnissen für die staatlichen Organe.

Das GeschlKrG, welches 1927 in Kraft trat und als Vorläufer des ProstG betrachtet werden kann, brauchte 11 Jahre für die Beratungen und die verschiedenen Entwürfe, bis die verabschiedete Fassung feststand
In ihm wurde zum ersten Mal versucht, die Prostitution nicht mehr zu reglementieren. Letztlich änderte sich durch das GeschlKrG für die Prostituierten praktisch aber nicht viel.

---

[12]Der historische Rückblick soll daher nur eine Einführung sein und erhebt keinerlei Anspruch auf Vollständigkeit sondern stellt nur die Bereiche dar, die für die Arbeit interessant oder für das Verständnis wichtig sind.

Die heutigen Diskussionen sind noch immer geprägt von den gleichen Argumenten und Begründungen, die bereits in der Frauenbewegung ab 1865 eine Rolle spielten und auch bei den Diskussionen zum ProstG lässt sich viel aus den Beratungen zum GeschlKrG wiedererkennen. Ob es sich aber wirklich um die gleiche Argumentation handelt oder dies nur vordergründig der Fall ist, weil sie heute in einem anderen Kontext und einem anderen gesellschaftlichen Zusammenhang stehen, soll untersucht werden.

1.) Die Geschichte und Strömungen der Frauenbewegung in Bezug auf die Prostitution von 1865-2001

Im Zuge der Industrialisierung Mitte des 19. Jahrhunderts kam es zu vermehrter Prostitution in den Städten. Ursache war der Wegfall von Arbeitsplätzen in der Produktion und den Fabriken durch die Einführung von Maschinen. Außerdem erhielten Frauen besonders niedrige Löhne, die oftmals nicht ausreichten, um die Frauen zu ernähren insbesondere wenn zusätzlich noch Kinder versorgt werden mussten.[13] Hinzu kamen schlechte Arbeitsbedingungen.
Es entstand eine neue Form der Prostitution, die sog. „Gelegenheitsprostitution“, bei der sich Frauen ein zusätzliches Einkommen erarbeiteten. Hauptsächlich handelte es sich dabei um Frauen aus der Arbeiterschicht, die oftmals einen 10-12 Stundentag arbeiteten, Haushalt und Kinder versorgten und zusätzlich noch als Prostituierte Geld verdienen mussten.[14]

Ganz andere Sorgen hatten die Frauen aus der bürgerlichen Schicht. Aus der Trennung von Arbeit und Wohnung, die die Industrialisierung mit sich brachte sowie die technischen Errungenschaften im Haushalt, mussten sie weniger Tätigkeiten leisten als zuvor. Durch die Heirat waren sie meist finanziell ausreichend gestellt. Sie lebten nach der damaligen Vorstellung, dass eine „gute deutsche Hausfrau“ sich ausschließlich um Haushalt und Kinder zu kümmern habe und ihre Hauptaufgabe darin bestünde, dem Ehemann ein behagliches und ruhiges Heim zu schaffen. Da oftmals sowohl Dienstmädchen als auch Kindermäd-

[13] „Die Frauen, welche für den Tagelohn die gröbsten Arbeiten verrichten, bekommen einen geringeren Tagelohn als die Männer, welche ebenfalls auf Tagelohn arbeiten. Man erklärt dies für angemessen, weil in vielen Fällen die naturgemäß geringeren Kräfte der Frauen auch nur zu geringeren Leistungen ausreichen und da der männliche Körper ein größeres Quantum von Nahrungsmitteln erfordern mag als der weibliche.“ aus *Otto*, S. 20.
[14] Vgl. *Pappritz*, *Riechebächer*, S. 25ff.

chen beschäftigt wurden, verfügten sie über viel freie Zeit. Dies führte bei vielen Frauen zu einer „Leere im Leben", die sie durch gemeinnützige Arbeit oder die aufkommende Forderung der Öffnung intellektueller und akademischer Berufe auch für Frauen, versuchten zu füllen.[15]
Das „Recht auf Erwerb" wurde damit für die bürgerlichen Frauen zum Antrieb für die Emanzipation ihres Geschlechtes.[16] Dabei stellten sie die „weiblichen Tugenden" wie „Unschuld, Sanftmut, Bescheidenheit, Artigkeit, Schamhaftigkeit und ein freundliches aufgeheitertes Wesen" nie in Frage, was dazu führte, dass ihnen für ihren „Kampf" nur die „sanften Waffen" z.B. der „moralische Zwang" blieb. Durch die Pflichterfüllung sollte bewiesen werden, dass Frauen würdig und fähig sind weitere Pflichten und damit verbundene Rechte zu übernehmen. Aus diesem Verständnis heraus sahen viele Frauen eine Erweiterung ihrer Rechte, z.B. die Erteilung des Wahlrechts, als eine Art „Belohnung" an.[17]

Die Zunahme der Prostitution wurde von bürgerlichen Kreisen teilweise dem „demoralisierenden Einfluss der Sozialdemokratie auf Frauen der Arbeiterklasse" zugeschrieben, der einen Wertezerfall ausgelöst habe. Unterstützt wurde diese Ansicht von der These der „geborenen Dirne" als Gegenstück zum „geborenen Verbrecher".[18] Die Verbindung zwischen den Prostituierten und den proletarischen Frauen war darauf angelegt, die Sozialisten zu kriminalisieren.
Diese gaben daraufhin den „schwarzen Peter" der Verantwortung für die Prostitution an das Bürgertum zurück, indem sie die Verdorbenheit der bürgerlich-

---

[15]*Gerhard*, S. 81ff.
[16]„All' dies setzt eben auch schon eine ökonomische Selbstständigkeit des weiblichen Geschlechts voraus, welche ganz naturgemäß mit dem Recht desselben auf Erwerb zusammenhängt. Weil die frühere Zeit ein solches nicht kannte und sogar durch die Geschlechtsvormundschaft (die in Sachsen zu Anfang der dreißiger Jahre abgeschafft ward, in vielen andern deutschen Staaten aber noch als Hohn aller Gesittung besteht) die Frauen den Kindern gleich stellte, so galt es z.B. überall für passend, daß die Damen von den Herren, nicht nur von ihren Vätern und Männern, sondern auch von Andern, unter deren Schutz sie sich begaben, frei gehalten wurden, oder daß sie, was beinah noch empörender war und namentlich in Gartenconzerten vorkam: g a r k e i n Entrée bezahlten. Mag es sein, daß dies ein Rest von Galanterie aus früheren Zeiten war – in der Nüchternheit der fortgeschrittenen Zeit stand diese Einrichtung in grellem Widerspruch mit der übrigen Rücksichtslosigkeit, welche man gegen das weibliche Geschlecht eingeführt hatte und stellte dasselbe auf eine Stufe mit Kindern und Hunden, welche auch das gleiche Recht hatten, in Begleitung von Herren zu erscheinen…" aus *Otto*, S. 58, 59.
[17]so auch *Nave-Herz*, S. 11.
[18]*Lombrosso, Ferraro* hatten diese Thesen 1894 begründet, *Henriette Fürth* übernahm diese, S. 7.

kapitalistischen Gesellschaft beschrieben.[19] Der Antrieb zum Kampf gegen die Prostitution lag bei den Sozialisten hauptsächlich in der Sorge um die sexuelle Integrität der Arbeiterschaft und das Interesse an gesundem Nachwuchs. Eine kinderreiche, gesunde Arbeiterfamilie wurde als Voraussetzung für einen erfolgreichen Kampf der Sozialisten angesehen, welchen sie durch die Geschlechtskrankheiten bedroht sahen. Daher wurden die Arbeiter vor einer solchen Tätigkeit ausdrücklich gewarnt.[20]

Die Situation der Prostituierten war für diese sehr schwierig und belastend. Sie wurden nicht nur gesellschaftlich von allen Schichten geächtet, sondern unterlagen auch einer Menge Reglementarien und Auflagen. Hinzu kamen noch sehr schlechte Arbeitsbedingungen.
So war z.B. eine Vielzahl der damaligen Bordelle mit einem Gefängnis vergleichbar. Die Frauen durften dieses oftmals nur zu den Zwangsuntersuchungen in Begleitung verlassen. Hierfür mussten sie dann Kleidung zu überteuerten Preisen von dem Bordellwirt kaufen. Auch die täglichen Speisen und Getränke mussten im Bordell überteuert gekauft werden, so dass sich die Prostituierten in einer Art Schuldknechtschaft befanden.[21]

Nach der Einführung des § 361 RStGB im Jahre 1874 litten die Prostituierten noch stärker unter den neuen Reglementierungen.

Sie mussten sich nun bei der Polizei in Listen einschreiben. Dort wurde dann für sie eine Akte angelegt, in der neben der Familiengeschichte auch Überschreitungen, Krankheiten und Krankenhausaufenthalte festgehalten wurden.[22] Nach dem § 361 RStGB wurde zwar eigentlich nur noch die unkonzessionierte Prostitution bestraft, jedoch wurden auch eingetragene Prostituierte bestraft, wenn sie den polizeilichen Vorschriften, welche sowohl örtliche als auch zeitliche Freiheitsbeschränkungen umfassten, zuwider handelten. Prostituierte durften keine Promenaden betreten, nicht in offenen Kutschen oder Straßenbahnen fahren, nicht auf Friedhöfe oder in öffentliche Badeanstalten gehen, keine Militärparaden anschauen, nicht Parterre oder in der Nähe von Schulen, Kirchen oder Ka-

---

[19] *Schmackpfeffer*, S. 75.
[20] *Schmackpfeffer*, S. 75.
[21] *Urban*, S. 41f.
[22] *Schulte*, S. 200ff.

sernen wohnen, nicht mit anderen Prostituierten gemeinsam wohnen oder gemeinsam in ihrer Wohnung essen und generell nachts nicht ausgehen. Darüber hinaus mussten sie sich bei Verlassen der Stadt und jeder Rückkehr bei der Polizei persönlich melden. Prostituierten war es verboten, auf der Straße stehen zu bleiben, Zigarren zu rauchen und Verbindungen zu Zöglingen von Zivil- und Militärinstitutionen aufzunehmen.[23] Die ein- oder zweimal wöchentlich durchgeführten Zwangsuntersuchungen waren teilweise mit Gebühren belegt und es bestand eine Beitragspflicht zu einer Kranken- und Reisekasse. Die Reisekasse diente der Finanzierung von Abschiebungen ausländischer Prostituierten in ihre Heimat.[24]

Kam eine Frau der Polizei verdächtig vor, wurde sie aufgegriffen oder auch aus ihrer Wohnung oder Arbeitsstätte geholt, zur Wache verbracht und überprüft. Sie verblieb dann solange in Haft, bis Erkundigungen über sie eingeholt worden waren. Sodann wurde sie entweder als „sittsam" entlassen oder auf die Kontrollliste gesetzt.[25]

Oftmals kam es vor, dass auch „anständige Frauen" verdächtigt wurden. Diese Gefahr und die damit verbundene Scham veranlasste die Frauen der damaligen Zeit dazu, die Abschaffung oder zumindest die Änderung des § 361 RStGB zu fordern. Bei dieser Forderung ging es ihnen jedoch nicht um die Prostituierten, sondern um die fälschlich verdächtigten „anständigen Frauen".[26]

Ein weiteres Problem war, dass nur wenige Frauen die Auflagen zum Ausstieg aus der Prostitution und der Streichung von der polizeilichen Liste erfüllen konnten. Eine Streichung aus der Liste war nur möglich, wenn

- eine Heirat vorlag
- der Nachweis einer Erwerbstätigkeit vorlag (jedoch nicht im Gesindewesen)

---

[23] *Urban*, S. 27; *Schulte*, S. 176ff.; *Stursberg*, S. 31ff.
[24] *Urban*, S. 61; *Stursberg*, S. 37.
[25] *Scheven*, S. 3
[26] Zitiert nach *Schmackpfeffer*, Fn. 38, S. 21: „Polizeiliche Missgriffe waren sehr häufig, da sich die Prostituierte nicht – wie z.B. im Mittelalter – durch eine standesgemäße Tracht erkennbar von den „anständigen" Frauen unterschied und sich darum bemühte, bei der geheimen Ausübung ihres Berufes nicht der Sittenpolizei aufzufallen. Laut *Schulte* war diese potentielle Verwechslung der Grund für viele Städte, die Prostituierten zu kasernieren, *Schulte*, S. 25 ff."

- eine ehrbare Verwandtschaft aufgenommen wurde
- eine Garantieerklärung des Ehemannes vorlag.[27]

a.) Die Frauenbewegung zwischen 1865 und 1933

Die erste deutsche Frauenrechtlerin, die sich bemühte, die Sicht der Prostituierten einzunehmen, war *Otto-Peters*[28]. Sie sah die Prostituierten als Opfer eines von männlichen Interessen geprägten Staatssystems an, welches den Frauen die bloße Existenzgrundlage nähme.[29]

Äußerungen bzgl. des Zusammenhangs zwischen Prostitution und den Lebens- und Arbeitsbedingungen von Frauen waren jedoch vereinzelt und intensivierten sich erst Ende der 1880er Jahre.

Der Engländer *Mill*[30] forderte in seinem 1869 erschienenen Werk[31], welches in der deutschen Frauenbewegung rasche Verbreitung fand, eine rechtliche, wirtschaftliche und politische Gleichberechtigung der Frauen. Er hielt die Unterordnung eines Geschlechtes für Unrecht und plädierte für eine positive Entwicklung der Menschheit und ein Zusammenwirken beider Geschlechter.[32] Diese Forderung ging den bürgerlichen Frauen jedoch zu weit, da sie ihre Geschlechterrolle weitgehend anerkannt und verinnerlicht hatten. Sie wollten daher vielmehr den als defizitär empfundenen männlichen Staat durch weibliche Momente korrigieren und die sozialen Missstände durch die weiblichen Eigenschaften verbessern. In diesem Sinne äußerte sich auch *Goldschmidt*[33], die eine Übertragung häus-

[27] *Konieczka*, S. 25.
[28] *Louise Otto(-Peters)* (1819-1895). Während der Märzrevolution 1848/49 richtete sie an die Kommission, die zu wirtschaftspolitischen Fragen in Sachsen arbeitete, die Forderung, auch für die Organisation der Frauenarbeit zu sorgen, u. a. deshalb, um Frauen nicht in die Prostitution zu treiben. 1849 wurde sie Herausgeberin der „FrauenZeitung". Sie war Mitbegründerin des *Allgemeinen Deutschen Frauenvereins* (ADF), den sie während der folgenden drei Jahrzehnte als erste Vorsitzende leitete.
[29] *Gerhard*, „Dem Reich der Freiheit werb ich Bürgerinnen", S. 58, 270f.
[30] *John Stuart Mill* (1806-1873) war englischer Philosoph, Ökonom und liberaler Politiker.
[31] „The subjection of Woman" erschien im gleichen Jahr unter dem deutschen Titel „Die Hörigkeit der Frau".
[32] *Mill*, S. 127.
[33] *Henriette Goldschmidt* (1825-1920). In ihrer Wohnung wurde 1865 gemeinsam mit *Otto-Peters* und *Schmidt* der „Leipziger Frauenbildungsverein" gegründet. Kurz darauf wurde der ADF gegründet. Sie setzte sich für qualifizierte Mädchenbildung und vor allem für frühkindliche Erziehung und die Einrichtung von Kindergärten ein.

lich-weiblicher Funktionen auf neue und ausschließlich Frauen vorbehaltene Arbeitsfelder forderte.[34]

(1) „Allgemeiner deutscher Frauenverein“ (ADF)

Der erste Frauenverein der deutschen Geschichte wurde 1865 gegründet und befasste sich mit den Anliegen der weiblichen Bevölkerung, hauptsächlich mit Fragen der Bildung und des Erwerbs.[35] Die Prostitution spielte zunächst keine Rolle, Gespräche über dieses Thema galten als „unsittsam“.
Ins Leben gerufen wurde der ADF von *Otto-Peters* und *Korn*[36], die vom 16.-19.10.1865 zur ersten Frauenkonferenz Deutschlands einluden, auf dem der ADF dann gegründet wurde.[37]
Bei der Gründungsversammlung des ADF hielt *Schmidt*[38] eine Rede, in der sie die Auffassung vertrat, die Frauenbewegung müsse weniger den Widerstand egoistischer Männer als vielmehr „die Teilnahmslosigkeit von Frauen fürchten, die sich in dem Zustand ewiger Kindheit und Unterordnung glücklich und zufrieden fühlten“. Sie war der Ansicht, dass das Problem der Frauen vor allem im Nichterkennen der eigenen Situation läge.[39]

(2) „Kulturbund“

1875 wurde von der Engländerin *Butler*[40] die „Internationalen abolitionistischen Förderung (IAF)“ gegründet. 1880 entstand dann durch Gründung des „Kulturbundes“ unter *Guillaume-Schack*[41] der erste deutsche Zweigverein des IAF.

[34] *Goldschmidt, Schmidt,* S. 24.
[35] Gegründet wurde er 1865 u.a. von *Goldschmidt*, *Otto-Peters* und *Schmidt*. Der ADF hatte bei seiner Gründung 34, nach einem Jahr 68 und nach fünf Jahren bereits 10.000 Mitglieder. *Nave-Herz*, S. 12.
[36] Hauptmann a.D. *A. Korn* setzte sich energisch öffentlich für die Belange der Frauen ein.
[37] 120 Frauen folgten der Einladung und auch Männer kamen, unter ihnen z.B. *August Bebel*. Die zeitgenössische Presse nannte die Konferenz „die Leipziger Frauenschlacht“. *Nave-Herz*, S. 9.
[38] *Auguste Schmidt* (1833-1902).
[39] *Weiland*, S. 244.
[40] *Josefine Butler* (1828-1906). Sie kämpfte zunächst gegen die Sklaverei, dann begann sie Prostituierte zu einem religiösen Leben zu missionieren, daneben gründete sie ein Heim für Prostituierte.
[41] Gräfin *Gertrud Guillaume-Schack* (1845-1903). Sie gab ab 1885 die erste proletarische Frauenzeitung „Die Staatsbürgerin“ heraus. Sie rief diverse Vereine ins Leben, die bei den proletarischen Frauen regen Zuspruch fanden, z.B. „Verein zur Wahrung der Interessen der

Guillaume-Schack war bis Mitte der 1880er Jahre die Hauptvertreterin der abolitionistischen Bewegung in Deutschland.

Das Ziel des „Kulturbundes“ war die Abschaffung der Reglementierung und der Zwangsuntersuchungen, um die gesetzlich verankerte Doppelmoral zu beseitigen. Sie gingen davon aus, dass die Reglementierung nicht der Verbreitung der Geschlechtskrankheiten vorbeuge, sondern vielmehr den Ausstieg aus der Prostitution und die Rückkehr in ein „ordentliches Leben“ verhindere. Auch die Untersuchungen seien kontraproduktiv und führten zu einer angeblichen Sicherheit der Freier vor Krankheiten, welche diese dann zu Ausschweifungen und Verantwortungslosigkeit verführe. Sie empfanden die Reglementierungen als Verletzung der Würde aller Frauen, da sie die Frauen zu „Lustsklavinnen des Mannes“ machen würden.[42]

Der Schwerpunkt der Arbeit des Vereines bestand in der Öffentlichkeitsarbeit. Es wurden viele Vorträge in unterschiedlichen Städten gehalten, aus denen sich neue kleine Vereine bildeten, z.B. in Berlin unter *Morgenstern*[43] der „Verein zur Rettung und Erziehung minorer, strafentlassener, verwahrloster Mädchen verbunden mit Hausindustrie und landwirtschaftlicher Schule“. Solche Rettungsvereine lehnte *Guillaume-Schack* jedoch ab, da sie der Ansicht war, dass das Volk selbst anfangen müsse an sich zu arbeiten. Sie begründete dies wie folgt: „… und dann - wozu ein Mädchen retten, solange der Grundsatz aufrechterhalten wird, dass die Prostitution ein notwendiges Übel sei. Die Rettung eines Mädchens muß dann unzweifelhaft die Einschreibung eines anderen nach sich ziehen.“[44]
Der „Kulturbund“ reichte in den Jahren 1883 und 1884 zwei erfolglose Petitionen an den Reichstag zur Abschaffung der Reglementierung und zur Abschaffung des § 361 RStGB ein.

Arbeiterin“ und die 1884 gegründete „Central-Kranken- und Begräbniskasse für Frauen und Mädchen“, die kurz nach ihrer Gründung schon 20.000 Mitglieder zählte.
[42] *Guillaume-Schack*, S. 6f., 16f.
[43] *Lina Morgenstern* (1830-1909). Sie setzte sich ab 1866 für Großküchen und die Ausgabe von Mahlzeiten zum Selbstkostenpreis ein und erhielt so ihren Spitznamen „Suppenlina“. Nach dem deutsch-französischen Krieg gründete sie zur Linderung des sozialen Elends einen Kinderschutzverein und eine Erziehungs- und Krankenpflegeschule. Zwischen 1874-1904 gab sie die „Deutsche Hausfrauenzeitschrift“ heraus.
[44] *Guillaume-Schack*, S. 6, 12, 15.

Mitte der 1880er Jahre wandte sich *Guillaume-Schack* vermehrt den Arbeiterproblemen zu und trat in die SPD ein.

Als unliebsame und kritisch laute Stimme wurde sie nach verschiedenen öffentlichen Auftritten, aufgrund ihrer durch Heirat erworbenen Schweizer Staatsbürgerschaft, des Landes verwiesen und emigrierte nach England. Damit trat das Ende des „Kulturbundes“ ein.

(3) „Jugendschutz“

Im Jahre 1889 gründete sich der Verein „Jugendschutz“ unter Vorsitz von *Bieber-Böhm*[45]. Durch sie wurde eine Sittlichkeitsbewegung in der Bürgerschicht ausgelöst, die sich erstmals öffentlich zur Prostitution äußerte.
Sie sah die Hauptursache der Prostitution in einer künstlich hervorgebrachten krankhaften Steigerung des Fortpflanzungstriebes und rief daher die Mütter auf, ihren Söhnen Sittlichkeit und die Werte der Familie nahezubringen. Ferner sollten sie sie zur Keuschheit anhalten, denn die Unsittlichkeit sei die Feindin des Familienglücks, da rund 90% aller Männer vor der Ehe „unsittlich“ lebten und dadurch bis zu 80% geschlechtskrank seien.[46] Für sie war die Prostitution ein zu bekämpfendes Übel und die Prostituierten Überträger von Geschlechtskrankheiten, die dann wiederrum von den Männern in die Familien getragen würden, wo sie die Fortpflanzungsfähigkeit und die Gesundheit bedrohten.[47]

Sie sprach sich für repressive Strategien gegen Prostituierte aus und befürwortete Zwangserziehung und Strafandrohung.
Ihre Kritik an der Handhabung der Sittenpolizei, minderjährige weibliche Kinder unter Prostitutionsverdacht in die Kontrollllisten einzutragen, fand am 11.02.1899 Gehör. Das Innenministerium erließ eine Regelung die vorsah, dass „zur Bewahrung minderjähriger weiblicher Personen vor unsittlichem Lebenswandel“ Mädchen bis 18 Jahre nicht mehr in die Kontrollllisten eingetragen, sondern nur noch dem Vormundschaftsrichter vorgeführt werden sollten, der dann schnellstmöglich entscheiden sollte, ob den Eltern das Erziehungsrecht ab-

[45]*Hanna Bieber-Böhm* (1851-1910).
[46]*Bieber-Böhm*, „Die Sittlichkeitsfrage“, S. 10f.
[47]So nahm sie an, dass hierdurch nach Jahren Erblindung, Rückenmarksschwindsucht, Blödsinn, Wahnsinn, Geschwüre, Hysterie, Kinderlosigkeit und Fehlgeburten die Folge sein könnten. *Bieber-Böhm*, „Vorschläge zur Bekämpfung der Prostitution“, S. 4f.

gesprochen und das Mädchen in die Waisenpflege der Kommune oder in die Hände privater Wohltätigkeitsvereine gegeben werden sollte.[48]
Ihre Ansichten wurden bis 1902 weitgehend von der sich nachfolgend formierenden bürgerlichen Frauenbewegung übernommen und propagiert.

(4) „Bund deutscher Frauenvereine" (BDF)

Der BDF wurde 1894 gegründet und vereinte verschiedene Frauenvereine der bürgerlichen Richtung. 1912 zählte er über 328.000 Mitglieder.

Hinsichtlich der Prostitution wurde bis 1902 zunächst die Ideologie von *Bieber-Böhm* übernommen, die auch den Vorsitz der Sittlichkeitskommission des Vereines inne hatte.
Kernpunkte der Forderungen und Hauptanliegen der bürgerlichen Frauen des BDF waren Bildungs- und Erwerbsfragen. Sie forderten eine Abkehr vom deutschen Leitbild der „guten Hausfrau" und dazu gehörte nach ihrer Ansicht die Einführung der Gütertrennung zwischen Eheleuten sowie die Gleichberechtigung bei der Ausübung der elterlichen Gewalt zwischen Mutter und Vater, die Gleichstellung von ehelichen und unehelichen Kindern und die Öffnung intellektueller und akademischer Berufe für Frauen.
Den Schwerpunkt der Arbeit bildete gemeinnützige Tätigkeit.

1902 wurde *Bieber-Böhm* als Vorsitzende von *Pappritz*[49] abgelöst. Diese war zuvor in der abolitionistischen Bewegung aktiv gewesen, näherte sich im Laufe ihrer Zeit als Vorsitzende den konservativen bisherigen Vorstellungen aber wieder an. 1908 nahm sie den „deutschen evangelischen Frauenbund", der sich durch *Müller*[50] für die Ansichten von *Bieber-Böhm* aussprach, in den BDF auf.

Hauptsächlich durch die Stimmen des „deutschen evangelischen Frauenbundes" wurde dann 1910 mit *Bäumer* erneut eine nationalistische und konservative Frau an die Spitze des BDF gewählt. Als sie 1913 den „Frauenbund zur Bekämpfung

---

[48] *Götting*, S. 121.
[49] *Anna Pappritz* (1861-1939).
[50] *Paula Müller(-Otfried)* (1865-1946) war Mitbegründerin des deutsch-evangelischen Frauenbundes.

der Sozialdemokratie“ in den BDF aufnahm, zog sie damit eine klare Grenze zur abolitionistischen Bewegung und den proletarischen Vereinen.

Bereits Anfang des 19. Jahrhunderts spaltete sich der BDF in zwei Hauptströme auf. Zwischen *Lange* und *Cauer* kam es zum Streit und damit zur Spaltung. *Cauer* wollte die Öffentlichkeitsarbeit intensiver betreiben und die formelle Rechtsgleichheit von Frauen in den Mittelpunkt stellen, während *Lange* sich weiter für den Weg der praktischen sozialen Arbeit zur Erreichung der gesellschaftlichen Gleichstellung aussprach. *Lange* verließ mit ihren Anhängern den „Frauenwohlverein“ und gründete den „Berliner Frauenverein“, der sich als Ortsverein des ADF etablierte.
Cauer gründete mit ihren Anhängern den „Verband Fortschrittlicher Frauenvereine“, der ab 1907 dem BDF als radikaler Flügel angehörte.

Der gemäßigte Flügel um *Schmidt*, *Lange* und *Bäumer*[51] kämpfte für die Aufwertung weiblicher Werte und setzte sich für die Einführung des Frauenwahlrechts als „Belohnung“ für gesellschaftlich geleistete Arbeit ein. Eine grundsätzliche Umgestaltung der moralischen und rechtlichen Normen des Geschlechtslebens, wie aus anderen Strömungen gefordert, lehnten sie ab.

Der radikale Flügel des BDF um *Cauer*, *Augspurg* und *Heymann*[52] rückte von der Position *Bieber-Böhms* ab und forderte die Gleichheit der Geschlechter und die Befreiung der Frau durch Berufstätigkeit, auch in intellektuellen und akade-

---

[51] *Auguste Schmidt*, *Helene Lange (1848-1930)*, *Gertrud Bäumer (1873-1954)*. *Lange und Bäumer* setzten sich für gleiche Bildungs- und Berufschancen für Frauen ein und *Lange* gilt als eine der wichtigsten Vertreterinnen des gemäßigten Flügels der frühen deutschen Frauenbewegung und als Führerin der damaligen Lehrerinnenbewegung.
Ihr Feminismus war differenzialistisch geprägt. Sie betonte die „Verschiedenheit der Geschlechter“ und hielt die Mütterlichkeit (nicht Mutterschaft) für die *Conditio sine qua non* der Weiblichkeit. Durch weiblichen Einfluss wollte sie die Fehlentwicklungen der männlich geprägten Welt korrigieren.

[52] *Minna Cauer* (1841-1922), *Anita Augspurg* (1857-1943), *Lida Gustava Heymann* (1868-1943). *Augspurg* gründete gemeinsam mit *Rosa Luxemburg* u.a. den „Int. Studentinnenverein“. Sie studierte in Zürich Rechtswissenschaften und schloss ihr Studium mit einer Doktorarbeit ab. Damit war sie die erste promovierte Juristin des deutschen Kaiserreiches. *Heymann* gründete gemeinsam mit ihrer Arbeitsgefährtin *Augspurg* 1902 den ersten „Deutschen Verein für Frauenwahlrecht“ und gemeinsam gaben sie von 1919-1933 die Zeitschrift „Frau im Staat“ heraus. *Heymann* verfügte über ein beträchtliches Erbe, mit dem sie u.a. ein Frauenzentrum gründete, in dem berufstätige Frauen durch Mittagstisch, Kinderhort und Beratungsstelle unterstützt wurden.

mischen Berufen. Sie bemühten sich um eine Zusammenarbeit mit Bewegungen des Proletariats, die jedoch zunächst nicht zustande kam.

Der BDF bestand damit ungefähr ab 1908 aus drei Hauptströmen, dem konservativen Flügel, hauptsächlich mit Mitgliedern des „deutschen evangelischen Frauenbundes", dem gemäßigten und dem radikalen Flügel.

1933 wurde der BDF aufgelöst.

(5) „Der deutsche Zweig der IAF", „Neue Ethik" und „Bund für Mutterschutz und Sexualreform" (BFMS)

Ab Ende der 1890er Jahre gründeten sich in Deutschland erneut Zweigvereine des IAF.[53] 1903 wurden die bestehenden 12 Zweigvereine unter dem Vorsitz von *Scheven*[54] als „Deutscher Zweig der IAF" zusammengefasst. Von *Pappritz* wurde die monatliche Zeitung „Abolitionist" herausgegeben.
Der „deutsche Zweig der IAF" vertrat die Ansicht, dass eine Verbesserung der Situation für die Frauen nicht durch die Aufhebung, sondern durch die konsequente Durchsetzung der traditionellen geschlechtlichen Arbeitsteilung erreicht werden könne.

Diese Ansicht spaltete den Zusammenschluss. Ein Teil der Frauen trat mit dem „Deutschen Zweig der IAF" in den gemäßigten Flügel der bürgerlichen Frauenbewegung BDF ein, der radikale Teil zog sich aus dem Zusammenschluss zurück und bildete unter dem Begriff „Neue Ethik" eine neue Bewegung, der sich auch Frauen aus dem radikalen Flügel des BDF anschlossen. Die Bewegung wurde 1905 zunächst in „Bund für Mutterschutz" und 1908 in „Bund für Mutterschutz und Sexualreform" umbenannt. *Stöcker*[55] übernahm ab 1905 die Leitung.

---

[53] 1898 in Hamburg, 1899 in Berlin, bis 1903 gab es insgesamt 12 Zweigvereine.

[54] *Katharina Scheven* (1861-1922) gründete 1902 den Dresdner Zweigverein des IAF, 1904 wurde sie erste Vorsitzende des „Deutschen Zweiges des IAF". 1909 war sie eine der ersten Studentinnen in Dresden.

[55] *Helene Stöcker* (1869-1943). Sie setzte sich aktiv für die sexuelle Befreiung der Frauen ein. In ihrer Zeitschrift „Die neue Generation" forderte sie eine neue Ethik und dass Frauen ihre Sexualität auch außerhalb der Ehe frei leben dürften. Sie plädierte für die Straffreiheit der Abtreibung und der männlichen Homosexualität.

Insgesamt bildeten sich 26 Ortsgruppen mit zusammen 3.500 – 4.000 Mitgliedern, wobei über ein Drittel der Mitglieder Männer waren. Der BFMS bestand bis 1933.

Basierend auf *Darwin* ging der BFMS davon aus, dass Menschen in ihre eigene Entwicklungsgeschichte eingreifen und diese ihrer Würde entsprechend steuern könnten.[56] Zwar wurde die „Einehe“ als höchste und wünschenswerteste Form angesehen, darüber hinaus wurde aber eine rechtliche und moralische Anerkennung von nicht standesamtlich legitimierten Gemeinschaften gefordert. Damit sollte die Gleichstellung von unehelichen und ehelichen Kindern erreicht werden.[57] Sie forderten das Selbstbestimmungsrecht des Individuums.
Weiter wandten sie sich gegen das Bordellwesen als unmenschlichste und kulturschädlichste Form der Prostitution.
Die Sexualreform wurde als Möglichkeit gesehen, gesellschaftliche Herrschaftsverhältnisse aufzuheben und eine geschlechtliche Gleichberechtigung zu erreichen.
Sie wandten sich gegen die Enthaltsamkeit als Mittel gegen die Prostitution, da sie Sexualität als normales natürliches Bedürfnis begriffen.[58]
Innerhalb des BFMS gab es Spannungen, ob das Thema „Mutterschutz“ und damit die karitative Arbeit oder die „sexuelle Reform“ und damit die gedankliche Neuorientierung im Vordergrund stehen sollte. Letztlich traten die gedanklichen Impulse in den Vordergrund, die praktische und karitative Arbeit fand aber weiterhin statt und 1920 wurde die erste „Ehe- und Sexualberatungsstelle“ eröffnet, die auch Jugendliche beriet.[59]

Auch die verschiedenen Ortsgruppen grenzten sich voneinander ab. Die beiden Hauptgruppen waren Berlin und Hamburg.

In Berlin wurde die Ortsgruppe von *Pappritz* geleitet, die eher konservativ eingestellt war und eine Politik der gesundheitlichen und sozialen Reformen vertrat.

---

[56]*Rosenthal*, S. 134ff.
[57]*Stöcker*, in *Jassen-Jureit*, S. 116.
[58]*Stöcker*, in *Jassen-Jureit*, S. 114f.
[59]*Nowaki*, S. 139ff.

Zwar war sie für die Abschaffung der Reglementierung von Prostituierten, aber ihre Begründung war primär eine moralische, denn sie ging davon aus, dass der Staat durch die Art der Kontrolle der Prostitution mehr Vorschub leiste, als dass er sie eindämme. Sie entwickelte ein „positives Programm“, um eine Alternative zur Reglementierung und zum Schutze der Volksgesundheit zu haben.[60] Sie forderte mehr Jugendfürsorge, bessere Arbeitsbedingungen und gleichen Lohn für Frauen, Kampf gegen den Alkoholismus und die Einstellung von Frauen in akademische Berufe.[61]

Scheven und *Pappritz* distanzierten sich von *Stöcker*, der sie vorwarfen, dass ihre Propagierung der sexuellen Freiheit für die Frau und die Anerkennung nichtehelicher Verhältnisse die Vorstufe der völligen Entgleisung der Frau bedeute. Sie sahen die Lösung der bestehenden Probleme eher in einer erleichterten Eheschließung.[62]

In Hamburg wurde die Ortsgruppe von *Heymann* geleitet, die eine liberale abolitionistische Einstellung hatte. Gemeinsam mit *Stöcker* vertrat sie die Ansicht, dass die Reglementierung der Prostituierten alle Frauen indirekt beträfe und diskriminiere und die Reglementierung eine brutale Vergewaltigung der Menschen- und Freiheitsrechte sei.[63]
Sie stellte sich öffentlich auf die Seite der Prostituierten und trat für deren Rechte ein, so beschwerte sie sich z.B. bei einem hohen Beamten über das schlechte Benehmen der Hamburger Sittenpolizei gegenüber den Prostituierten.[64] Diese offene Positionsbeziehung war in der damaligen Zeit höchst selten und ungewöhnlich.
Mittels gezielter Öffentlichkeitsarbeit versuchte sie die Bevölkerung zum gemeinsamen Kampf gegen Bordelle und die Reglementierung zu mobilisieren. Dieser Plan und ihre Vorträge stießen jedoch in bestimmten Hamburger Kreisen auf Widerstand und so wurden ihre öffentlichen Ansprachen 1902, welche die „Abolition der Prostitution“ zum Thema hatten, in Hamburg verboten, um so die Frauen und Jungfrauen von der Diskussion fernzuhalten.[65]

---

[60] *Pappritz*, „Die gesundheitlichen Gefahren“, S. 226f
[61] *Pappritz, Scheven*, S. 3ff.
[62] *Pappritz*, „Die gesundheitlichen Gefahren“, S. 228ff.
[63] *Heymann*, S. 45.
[64] *Heymann*, S. 42.
[65] *Deutelmoser, Ebert*, S. 151.

Der Hauptschwerpunkt ihrer Arbeit war Hamburg und die Verbesserung der lokalen Bedingungen. So versuchte sie die Hamburger Polizeibehörde zur Aufgabe des Bordell- und Reglementierungssystems zu bringen, ferner klagte sie im Zeitraum 1900–1903 erfolglos durch drei Instanzen gegen einen Bordellbesitzer wegen Kuppelei. Unter Zuhilfenahme ihrer Mitstreiter *Cauer* und *Augspurg* sowie politischer Freunde gelang es ihr im Reichstag wegen der gesetzeswidrigen Bordelle zu interpellieren.[66]
1923 wurde auf Antrag von *Rahel*[67], die Mitglied der Hamburger Bürgerschaft war, der Beschluss zur Schließung der gesetzeswidrigen Hamburger Bordelle gefällt.[68]

1933 löste sich der BFMS auf.

(6) Proletarische Frauenbewegung, SPD

Die Frauenbewegung des Proletariats war anders als die Frauen der bürgerlichen Schicht nicht in Bündnissen und Vereinen organisiert. Angesichts ihrer Situation, die sich gänzlich von der Situation der Frauen der bürgerlichen Schicht abgrenzte, waren sie allenfalls in Arbeiterinnenvereinen mit berufsspezifischem Schwerpunkt organisiert.

Die proletarischen Frauen teilten die programmatischen Ideen der radikalen Abolitionisten weitgehend, warfen diesen jedoch vor, einem Denkfehler zu unterliegen, wenn sie die Beseitigung der Prostitution durch eine Reform der Sexualmoral anstrebten. Nach ihrer Meinung könne die Abschaffung der Prostitution nur das Endprodukt und Ziel wirtschaftlicher und sozialer Reformen sein. Nur im Sozialismus, durch die Befreiung der Arbeiterklasse sowie durch Verbesserung der Lohn- und Arbeitssituation ließe sich der Prostitution Einhalt gebieten.[69]

---

[66] *Heymann*, „Ein Kampf gegen die öffentlichen Häuser in Hamburg“, S. 2, 84.
[67] *Frieda Radel* (1869-1958). 1919-1927 saß sie für die DDP in der Hamburgischen Bürgerschaft.
[68] *Heymann*, S. 54.
[69] *Braun*, S. 555ff.

Innerhalb der Arbeiter gab es zwei große Strömungen. Die sog. „Reformisten"[70], wollten soziale Verbesserungen mittels Reformen durchsetzen und waren in „Sittlichkeitsvereinen" organisiert. Die sog. „Marxisten"[71] wollten Veränderungen durch Revolution erreichen.

Die „Reformisten" wandten sich besonders gegen den Kapitalismus, der in offener Form durch Luxus und Prunk zur Schau getragen würde. Bezgl. der Prostitution waren sie der Ansicht, dass dort, wo nicht Armut und Not die Frauen in diese hineintriebe, die Macht der Verführung an Glück und Freiheit mitsamt Luxus und Konsum die Frauen in die Prostitution brächte.[72]
Ihre Position war nahe am BDF, und sie sprachen sich für eine Zusammenarbeit mit diesem aus. Bis auf den radikalen Flügel des BDF, der einer Zusammenarbeit, zu der es aber nicht kam, nicht abgeneigt war, wehrte sich der BDF gegen eine Zusammenarbeit mit den proletarischen Frauen.

Der linksradikale Flügel um *Zetkin* lehnte hingegen von sich aus jede Zusammenarbeit mit dem BDF ab. Ihre Ziele sahen sie in der Erreichung der Gleichheit der Geschlechter, Befreiung der Frauen durch Berufstätigkeit, vornehmlich in der Industrie und im Abbau des kapitalistischen Systems. Sie zogen eine klare Grenze zwischen Arbeitern und Prostituierten, obwohl ein Großteil der Prostituierten aus der Arbeiterschicht kam. *Zetkin* hielt es für Unnütz, der Prostitution durch soziale Reformen und Gesetze Einhalt zu gebieten, da eine bessere materielle Lage der Arbeiterklasse die Prostitution nur eindämmen aber nicht beseitigen würde.[73] Die meisten Sozialisten sahen Prostituierte als dem „Lumpenprole-

---

[70]Hierzu gehörten z.B. *Lily Braun* (1865-1916) und *Henriette Fürth* (1861-1938) die Mitglieder der „Deutschen Gesellschaft zur Bekämpfung der Geschlechtskrankheiten" und des BFMS waren. *Fürth* war von 1896-1919 für die SPD Mitglied im Frankfurter Stadtparlament, der Stadtverordnetenversammlung. Als erste Frau wurde sie in die DGS - Deutsche Gesellschaft für Soziologie aufgenommen.
[71]Hierzu gehörte z.B: *Clara Josephine Zetkin* (1857-1933). Sie redigierte von 1892-1917 die proletarische Frauenzeitung „Die Gleichheit". Sie war bis 1917 Mitglied der SPD und Mitbegründerin der USPD, die sich aufgrund der unterschiedlichen Auffassungen zum Krieg von der SPD abspaltete. Dort gehörte sie zum linken Flügel und dem sog. „Spartakusbund". Dieser gründete unter Mitwirkung von *Zetkin* 1919 die KPD, für die sie von 1920-1933 Reichstagsabgeordnete war. 1932 war sie darüber hinaus Alterspräsidentin des Parlaments. Die Weimarer Republik lehnte sie strikt als „Klassendiktatur der Bourgeoisie" ab.
[72]*Braun*, S. 555ff.
[73]*Zetkin,* S. 13

tariat“ angehörig an, die, als Alliierte des Bürgertums, die Feindin jedes „ehrlich arbeitenden Menschen“ seien.[74]

Die proletarischen Frauen sprachen sich energisch gegen die Reglementierung und die sog „Lex Heinze“ aus und übernahmen weitgehend die Argumentation der Abolitionistin *Butler*. *Zietz*[75] nannte den § 361 Abs. 6 RStGB den „Arbeitgeberparagraphen“ womit sich die „arme verführte Bourgeoise unbequemer „Liebschaften“ entledigen könne. Neben der Abschaffung der Reglementierung forderten sie freies Koalitionsrecht, das Frauenwahlrecht, einen achtstunden Tag, gleichen Lohn für Frauen, bessere Arbeitsbedingungen, Aufhebung der Gesindeordnung und das Verbot der Kinderarbeit.[76]

Zetkin kritisierte deutlich die Bordellierung mit der Begründung, dass Prostituierte nicht wie im „schwärzesten Mittelalter“ zu einer städtischen Einrichtung gemacht werden dürften.[77]

b.) Zusammenfassung der Frauenbewegungen bis 1933

Die Frauenbewegung des 19. Jahrhunderts war weitgehend geprägt durch den Gedanken der „Hilfe“ und „Fürsorge“ sowie den Forderungen nach Bildung und dem „Recht auf Erwerb“. Nur wenige Frauen nahmen die Situation der Prostituierten wirklich wahr, der Großteil engagierte sich in diesem Bereich hauptsächlich, um die negativen Auswirkungen auf die „anständigen Frauen“ zu beseitigen. Die Reglementierung brachte Unannehmlichkeiten mit sich, die die bürgerlichen Frauen nicht hinzunehmen bereit waren. Um die Situation der Prostituierten ging es ihnen, mit wenigen Ausnahmen, jedoch nicht.

[74] *Zetkin*, „Sittlichkeitsfrage“, S. 24.
[75] *Luise Zietz* (1865-1922). Seit 1892 war sie SPD Mitglied. Beim Hamburger Hafenarbeiterstreik von 1896 trat sie erstmals als Rednerin in der Öffentlichkeit auf. 1908 wurde sie als erste Frau überhaupt in den Parteivorstand der SPD auf Reichsebene gewählt und war dort für die Frauenarbeit zuständig. Auf ihr Bestreben hin, wurde als Internationaler Frauentag der 19. März bestimmt. 1917 gehörte sie zu den Gründungsmitgliedern der USPD, deren Zentralkomitee sie bis zu ihrem Tode angehörte. Sie gehörte 1919/20 der Weimarer Nationalversammlung an und war bis zu ihrem Tode Reichstagsabgeordnete.
[76] *Braun*, „Aus der Bewegung“, S. 19.
[77] *Zetkin*, „Sittlichkeitsfrage“, S. 48.

Sie kämpften für die Frauen allgemein und grenzten sich deutlich zu den Prostituierten ab.
Sie alle hatten die Vorstellung, dass keine Frau die Prostitution freiwillig und gewollt ausübe, sondern sahen in ihr ein Übel, welches es durch verschiedene Ansätze zu vermeiden oder zu beseitigen galt. Die einen wollten mit Reglementierung und schärferen Gesetzen gegen sie vorgehen, die anderen durch bessere Arbeits- und Verdienstmöglichkeiten für Frauen. Auch wurden bessere Ausstiegsmöglichkeiten für Frauen aus der Prostitution gefordert. Das Ziel die Arbeitsbedingungen in der Prostitution selbst zu verbessern und die Prostitution anderen Dienstleistungen gleich zu stellen, vertrat keiner, denn dies war für die damaligen Frauen und auch Männer außerhalb ihrer Vorstellungskraft.

Die Frauenbewegung teilte sich, wie dargestellt, in verschiedene Strömungen mit verschiedenen Motiven und Zielen auf. Untereinander gab es immer wieder Streitigkeiten und Abgrenzungen.
Eine Miteinbeziehung der Prostituierten selbst erfolgte im Rahmen der Frauenbewegung nicht, so war es immer ein „Reden über" und kein „Reden mit" Prostituierten.
Auch die proletarischen Frauen, aus deren Kreis die Mehrzahl der Prostituierten kam, grenzten bewusst zwischen Arbeitern und Prostituierten ab. Eine Vermischung der beiden Gruppen wurde als unerhört empfunden, da die Prostituierten als „Lumpenproletariat" und „Alliierte des Bürgertums" sowie als „Feindin eines jeden ehrlich arbeitenden Menschen" galten.[78]

c.) Die Frauenbewegung zwischen 1946 und 2001

Bereits kurz nach Kriegsende entstanden regional begrenzte Frauenverbände[79], die die Zustimmung der jeweiligen Besatzungsmacht brauchten. 1947 schlossen sich einige Frauenverbände zum „Demokratischen Frauenbund Deutschland" und 1949 zum „Deutschen Frauenring e.V." zusammen. Letzterer verstand sich als Nachfolger des „Bundes deutscher Frauenvereine" von 1894 und sah sich

[78] *Schmackpfeffer*, S. 76.
[79] 1945 der „Berliner Frauenbund 1945 e.V." und die „Antifaschistischen Frauenausschüsse"; 1946 die „Arbeitsgemeinschaft katholischer Frauenverbände und –gruppen"; 1947 der „Deutsche Staatsbürgerinnenverband" sowie der „Juristinnenverband" und 1948 der „Deutsche Landfrauenverband".

selbst als Lobby bei den Parteien des Deutschen Bundestages.[80] Die Eingaben und Resolutionen betrafen neben der Situation der Frauen vor allem Arbeits- und Berufsfragen.

1951 wurde ein Informationsdienst für Frauen gegründet, der seit 1969 den Namen „Deutscher Frauenrat – Bundesvereinigung deutscher Frauenverbände und Frauengruppen gemischter Verbände e.V." trägt und dessen Hauptanliegen auf der tatsächliche Einbeziehung und Mitwirkung der Frauen in politischen Prozessen sowie der Überwindung der Rollenklischees lag.

Kurz nach Entstehung der „Außerparlamentarischen Opposition" (APO) 1967 entstand der „Sozialistische Deutsche Studentenbund" (SDS). Hieraus spalteten sich in der Folgezeit verschiedene Frauengruppen ab. Hauptthemen waren eine veränderte sexuelle Einstellung, die antiautoritäre Bewegung und die Kampagne gegen den § 218 StGB, der eine Strafbarkeit der Abtreibung normierte.[81] Als 1971 die bundesweite „Selbstbezichtigungsaktion" erfolgte[82], begann dieses Thema in der Frauenbewegung zum Hauptdiskussionspunkt zu werden.[83] Es entstanden sehr viele regionale Frauengruppen und es bildeten sich vermehrt „Frauenzentren".[84]

Es folgte eine Zeit, in der verstärkt Selbsterfahrungsgruppen gebildet wurden. Hier stellten sich die Frauen selbst und ihre Weiblichkeit in den Mittelpunkt.[85] Diese Selbsterfahrungs-Gruppenbildung stellte nicht mehr das politische oder ehrenamtliche Engagement in den Mittelpunkt, sondern die Bekämpfung der eigenen Unzufriedenheit.

Dieser Ansatz wurde vor allem deshalb von anderen Frauengruppen kritisiert, weil er in „laienhafter Weise Psychotherapie" betrieb und mehr „gruppentherapeutisch" als „revolutionär-politisierend" wirkte.

---

[80] *Strecker*, S. 24.
[81] Die gängigsten Parolen waren: „Ob Kinder oder keine, bestimmen wir alleine" oder „mein Bauch gehört mir".
[82] Im Rahmen der „Selbstbezichtigungsaktion" befürworteten 374 prominente Frauen die Streichung des § 218 StGB und bekannten öffentlich selbst abgetrieben zu haben.
[83] Diese im *Stern* veröffentlichten „Outings" geschahen nach französischem Vorbild.
[84] *Nave-Herz*, S. 41.
[85] *Schenk*, S. 92.

Gegen die „Theorienlosigkeit“ bildeten sich neue Gruppen mit zum Teil marxistischen Ideologien. Auch die radikalen Feministinnen bildeten sich in den 1970er Jahren heraus. Sie verhielten sich Männern gegenüber generell ablehnend und sahen die Unterdrückung der Frau vornehmlich auf der Ebene der Sexualität.[86] Diese radikale Ansicht wurde von *Beauvoir* kritisiert, die den Männerhass nicht tolerieren wollte, da sie einer grundsätzlichen Zuschreibung von spezifisch femininen Eigenschaften, Werten und Lebensweise nicht zustimmte. Vielmehr wollte sie die Frauen als „ganzes vollständiges menschliches Wesen“ anerkannt haben.[87]

Erst Mitte der 1970er Jahre wurde die Prostitution wieder als Thema wahrgenommen.[88] 1975 besetzten französische Prostituierte landesweit Kirchen und erzwangen so die Aufmerksamkeit der französischen Bevölkerung. Sie forderten als „Frauen wie andere auch“ betrachtet und behandelt zu werden. Unter dem Motto „Der Staat ist der größte Zuhälter“ forderten sie die Aufhebung der diskriminierenden und disziplinierenden Gesetze.[89] Nach neun Tagen wurden die Kirchen mittels Polizei geräumt. Mit dem Streik begann in Frankreich die organisierte Prostituiertenbewegung, die Frauen in vielen Ländern beeinflusste und eine Wende im Verhältnis von Frauenbewegung und Prostitution einläutete.[90]

In Deutschland entwickelte sich die Prostituiertenbewegung langsamer als in den Nachbarländern.
Im Zusammenhang mit der „Lohn-für-Hausarbeit-Kampagne“ der 1970er Jahre bildete sich zunächst innerhalb der Frauenbewegung ein neues Verständnis von Prostituierten als „Frauen wie jede andere auch“ und von der Prostitution als „normale Arbeit“. Die Forderung nach Bezahlung für die Hausarbeit enthielt die Ausdehnung des Arbeitsbegriffs auf gesellschaftliche Leistungen von Frauen.

---

[86]*Linnhof*, S. 9f.
[87]*Beauvoir*, „Alles in allem Hamburg“, S. 464ff.
[88]Z.B. gründete sich 1973 in Schweden eine Prostitutionsgewerkschaft, in Italien die „Partei zum Schutz der Prostituierten“, in den USA die Prostituiertenorganisation „COYOTE“ (Call off your old tired ethics) in Spanien gründete sich die „Gewerkschaft der „Liebesarbeiterinnen“ und in Portugal ein „Prostituiertenkollektiv“.
[89]*Barbara, Conick*, S. 103ff.
[90]*Schmackpfeffer*, S. 103.

Zum ersten Mal wurde die Entscheidung zur Arbeit als Prostituierte als frei getroffene Entscheidung angesehen. Aus einem Teil der Frauenbewegung bildete sich eine „Prostituierten-(Projekt)bewegung".
Die Prostitution wurde als konsequente Ausführung der weiblichen Rolle, als Radikalisierung der Verhaltensvorschriften angesehen.[91] So formulierte *Biermann*[92]*:* „Auch die Sexualität, die eine Prostituierte liefert, ist Hausarbeit, aber sie ist nicht mehr Sklavenarbeit: Sie tut sie nur gegen Lohn."[93]
Auch die Studie von *Giesen* und *Schumann* erklärte die Prostituierten zu Vorkämpfern für Fraueninteressen.[94]

Trotz dieser Einstellungsänderung hatten die meisten Frauen, so auch *Biermann*, *Giesen* und *Schumann* die Vorstellung, dass in einer besseren, nicht von Männern dominierten Welt, Prostitution nicht mehr vorkomme.[95]

Ein Teil der Frauenbewegung lehnte die Prostitution weiterhin generell ab und sah in ihr weiterhin „eine würdelose, das Patriachat unterstützende Tätigkeit", die beseitigt werden müsse. Prostituierte wurden als arme Opfer und gleichzeitig als Verräter der Frauenbewegung gesehen, da sie das Patriachat unterstützen würden.[96] Unterstützung erhielten Prostituierte erst dann, wenn sie deutlich sagten, dass sie unter ihrer Tätigkeit litten, aussteigen wollten oder bereits ausgestiegen waren. Als Argumente im Kampf gegen die Prostitution tauchten immer wieder auf:

- dass Frauen die Prostitution nie freiwillig, sondern immer nur durch Zwang ausüben würden
- dass die Frauen als Ware behandelt und nicht nur ihr Körper, sondern auch ihre Seele verkauft würde

[91] *Schmackpfeffer*, S. 111.
[92] *Lieselotte „Pieke" Biermann*, geboren 1950.
[93] *Biermann*, S. 41.
[94] Auf die Studie „An der Front des Patriachats" aus dem Jahre 1980 wird im sechsten Kapitel unter „wissenschaftlichen Studien" noch näher eingegangen.
[95] *Biermann*, S. 21, *Schmackpfeffer*, S. 114.
[96] *Schmackpfeffer* spricht hier von sog. „Radikalfeministinnen", die die Unterdrückung der Frau vornehmlich auf dem Gebiet der Sexualität sehen. Kritisiert werden sie, vor allem, weil sie angeblich nur noch gegen die Männer kämpfen, sich aber kaum noch für die Belange der Frauen einsetzen. Zu solchen der Prostitution ablehnend gegenüberstehenden Frauen zählt sie auch *Schwarzer*. *Schmackpfeffer*, S. 106f., Fn. 2ff.

- dass Sexualität als Ware gehandelt würde, statt sie mit Liebe und Zuneigung auszuüben und sie sich „verdienen“ zu müssen, ohne Geld auf den Tisch zu legen.[97]

Bereits seit 1973 besteht die vom Diakonischen Werk eingerichtete „Kaffeeklappe“, die sich im Laufe der Jahre von einer „Pausenstation“ zu einer Beratungseinrichtung wandelte.[98]

Einen anderen Ansatz hatte das 1980 in Berlin gegründete erste autonome Prostituiertenprojekt „Hydra“.

„Hydra“ gründete sich aus einer Idee, die in einer Beratungsstelle für Geschlechtskrankheiten des Berliner Gesundheitsamtes entstand. Die Mitarbeiter sahen keine Möglichkeit der kontinuierlichen und effektiven Hilfe für die Prostituierten, da sie sozialpädagogische Ansätze immer gemeinsam mit Kontrollfunktionen und Zwangsmaßnahmen aus dem Gesetz zur Bekämpfung von Geschlechtskrankheiten durchführen mussten.[99] Sie gründeten daher gemeinsam mit 10 Studenten den „Verein zur Förderung der beruflichen und kulturellen Bildung weiblicher Prostituierter e.V.“ und das Ein-Zimmer-Cafe „Hydra“. Nach und nach zogen sich die Mitarbeiter ohne Prostitutionserfahrung zurück, bis 1981 nur noch Prostituierte und Ehemalige die Linie des Projektes bestimmten.[100]

Sie vertraten den Standpunkt, dass Prostitution keine Krankheit innerhalb der Gesellschaft, sondern das Symptom einer kranken Gesellschaft sei. Die Frauen forderten die Anerkennung der Prostitution als Beruf und für sie die gleichen Rechte wie für andere Erwerbstätige auch.

---

[97] *Schmackpfeffer*, S. 108ff.

[98] Als „Kaffeeklappe“ wurden einfache Speiselokale für Arbeiter bezeichnet, in denen keine alkoholischen Getränke ausgeschenkt wurden. Neben preiswerten warmen Speisen wurde vor allem Kaffee angeboten. Die Einführung der Kaffeeklappen ging auf bürgerliche Bemühungen zurück, den Alkoholismus und vor allem den Konsum von Schnaps zu bekämpfen. Der Name rührt daher, dass die Speisen von der Küche in den Gastraum durch eine Klappe durchgereicht wurden.

[99] Hydra Nachtexpress, 5. Jahrgang, Frühjahr 1984, S. 8; *Schmackpfeffer*, S. 117.

[100] Hydra Nachtexpress, 5. Jahrgang, Frühjahr 1984, S. 3ff.; *Schmackpfeffer*, S. 118.

Das „HWG“[101] in Frankfurt wurde, ebenso wie „Hydra“, 1984 gegründet und bestand bis 1999.

In Hamburg wurde nach dem Mord an *Demuth*[102] 1987 das Projekt „Solidarität Hamburger Huren“ gegründet, welches sich ausschließlich aus Prostituierten zusammensetzte.

1984 existierten in der BRD einschließlich Westberlin bereits 15 Prostituiertenprojekte, die zum Teil autonom, zum Teil kirchlich finanziert arbeiteten.[103]

Ende Oktober 1985 fand auf Initiative von „Hydra“ und unter Zusammenarbeit mit der „HWG“ der 1. nationale Prostituiertenkongreß in Berlin statt, der sich hauptsächlich mit dem Thema Aids beschäftigte. Die Schwierigkeit der Umstellung auf Sex mit Kondom und die Aidsproblematik beschäftigten „Hydra“ und sorgten dafür, dass sie zu zahlreichen Diskussionen und Fachtagungen eingeladen wurden und damit einen gewissen Grad an Beachtung fanden.[104]
„Hydra“ gibt noch immer die Zeitschrift „Nachtexpress“ heraus, die sich mit allen Themen rund um die Prostitution beschäftigt.
Im Mai 1987 führte „Hydra“ mit Unterstützung der Behörden, das allererste Modellprogramm für Frauen durch, die aus der Prostitution aussteigen wollten. Das „HWG“ warf „Hydra“ in der Folgezeit vor, sich von staatlicher Seite vereinnahmen zu lassen und dass Aussteigerprogramme nicht in den autonomen Arbeitsbereich eines Prostituiertenprojektes passen würden.

Auch die „HWG“ befasste sich mit der Aidsproblematik. Sie arbeiteten mit der Aids-Hilfe Frankfurt zusammen und gaben eine Broschüre in vier Sprachen zum Thema „Informationen zu Aids für Prostituierte“ sowie die „Zeitung für leichte und schwere Mädchen“ heraus. Die „HWG“ gründete 1986 eine weitere Bera-

[101] Abkürzung für Huren wehren sich gemeinsam.
[102] Die Prostituierte *Sabine Demuth* wurde von einem Freier getötet, der überzeugt war, sich auf dem Strich mit dem Aids-Virus infiziert zu haben und wahllos eine Prostituierte, einen Bordellangestellten und schließlich sich selbst erschoss. Die Obduktion ergab, dass er nicht infiziert war.
[103] *Schmackpfeffer*, S. 114. Projekte bestanden 1984 in Berlin, Hamburg, Frankfurt, Stuttgart, München, Nürnberg, Köln, Bremen, Dortmund und Münster.
[104] Hydra Nachtexpress, 8. Jahrgang, Frühjahr 1988, S. 4f; *Schmackpfeffer*, S. 126.

tungsstelle für Prostituierte in Frankfurt namens „Tamara“, die von der Kirche finanziert wird.

Die „Solidarität Hamburger Huren“ betrieb hauptsächlich Öffentlichkeitsarbeit. Sie setzten sich für die Idee ein, dass „Neueinsteiger“ für drei Monate in die „Lehre“ bei einer „altgedienten Prostituierten“ gehen sollten, um die Eigenheiten des Berufes zu erlernen.[105] Zwar sollte durch gezielte Basisarbeit unter Kollegen das Selbstbewusstsein gestärkt werden, jedoch fanden die Bemühungen kaum Resonanz und viele Mitinitiatoren zogen sich langsam zurück. *Von Rönn*[106] erklärte dies damit, dass die von ihnen angesprochenen Frauen ihr Leben selbst in den Händen hätten und keine organisierte Interessenvertretung benötigten.[107]

Auf dem 5. Prostituiertenkongress 1987 in Hamburg demonstrierten die Teilnehmer am zweiten Tag in der Innenstadt für Gleichberechtigung, Aufnahme in die gesetzliche Krankenversicherung und staatliche Unterstützung von Prostituierten Selbsthilfeprojekten. Sie forderten die Aufhebung der Aids-Beschlüsse Bayerns[108], die sofortige Aufhebung aller Sperrgebietsverordnungen und die Einstellung aller Zwangstests verbunden mit der Forderung nach Eigenverantwortung und kostenlosen anonymen Untersuchungen.[109]

Im Jahre 1991 fand der erste europäische Hurenkongress statt.

In den 1980er und 1990er Jahren gründeten sich eine Vielzahl von Selbsthilfe- und Beratungsstellen.

---

[105] *Schmackpfeffer*, S. 134.
[106] *Liliane von Rönn* ist Mitgründerin der „Solidarität Hamburger Huren“ und Prostituierte.
[107] *Schmackpfeffer*, S. 134.
[108] Am 01.06.1987 trat der „bayrische AIDS-Maßnahmen-Katalog“ in Kraft, der Zwangstestung von Asylbewerbern, Häftlingen, Prostituierten sowie eine Testung von Beamtenanwärtern, Berufsverbote und Zwangsberatungen mit der Androhung rechtlicher Konsequenzen bei Infizierten vorsah. Der Katalog wurde bis November 1995 angewandt.
[109] „Solidarität Hamburger Huren“, S. 59.

Im Jahre 1985 gründete *Ackermann*[110] Solwodi[111], die ihren Fokus zwar auf die Hilfe für Menschenhandelsopfer gelegt haben, aber auch immer mal wieder Aktionen zur bzw. gegen die Prostitution durchführen.

Madonna e.V., die sich 1991 in Bochum gründeten, erhielten ab 1994 immer wieder Mittel aus der EU zur Finanzierung verschiedener Projekte oder nahmen an EU-Projekten teil. Seit 2000 unterhält Madonna das Archiv „Prostitution und Prostituierte".

1998 gründete sich der Verein Dona Carmen, der sich für die sozialen und politischen Anliegen von Prostituierten einsetzt.

Im Jahre 2000 wurden die Zwangsuntersuchungen offiziell abgeschafft. Dies war auch ein Erfolg der unerbittlichen und jahrelangen Forderung sämtlicher Beratungs- und Selbsthilfegruppen. Das BKA beklagte die Abschaffung mit der Begründung, dass nunmehr kaum noch Opfer von Menschenhandel aufgespürt werden könnten.[112]

d.) Zusammenfassung der Frauenbewegung bis 2001

In den Jahren 1945 bis 1975 wurde über die Prostitution in Deutschland öffentlich kaum bis gar nicht gesprochen. Die Schwerpunktsetzung der Themen beschäftigte sich mit der Stellung der Frau in der Gesellschaft, dem Recht auf Abtreibung, der Selbstfindung und mit Gewalt gegen Frauen auch innerhalb der Ehe. Es wurden verschiedene Frauenhäuser, Frauencafes, Frauenberatungsstellen etc. gegründet, die sich aber nicht mit den Problemen und Situationen der Prostituierten auseinandersetzten.

Erst Mitte der 1970er Jahre begann eine Auseinandersetzung mit dem Thema, welche in Deutschland aber zunächst kaum wahrnehmbar verlief. Mit der Gründung von „Hydra" in Berlin entstand zum ersten Mal eine Selbsthilfegruppe für

[110] *Lea Ackermann* ist Ordensschwester in dem Orden der „Missionsschwestern Unserer Lieben Frau von Afrika". 1985 gründete sie Solwodi e.V., auf den im 6. Kapitel noch näher eingegangen wird.
[111] Abkürzung für Solidary with woman in distress.
[112] http://www.bka.de/kriminalwissenschaften/herbsttagung/2006/langfassung_hiller.pdf, S. 9.

und von Prostituierten. Es folgten verschiedene Projekte, die zum Teil auch heute noch die Diskussionen dominieren.[113]

Ab 1985 fanden die ersten nationalen und internationalen Treffen und Tagungen mit dem Schwerpunkt Prostitution statt. Forderungen wurden aufgestellt und Vorgehensweisen kritisiert.

Zusammenfassend kann man sagen, dass die Arbeitsschwerpunkte der Frauenbewegung in der Zeit von 1945 bis Mitte der 1980er Jahre kaum Berührungspunkt mit der Prostitution hatten, da andere Themen im Vordergrund standen.

1945 bis Mitte der 1960er Jahre ging es der Frauenbewegung hauptsächlich um Forderungen und Bemühungen zur Verbesserung der Stellung und der Situation von Frauen allgemein sowie Arbeits- und Berufsfragen. Nachdem zum 01.07.1958 das Gesetzes zur Gleichberechtigung von Mann und Frau in Kraft trat und in Artikel 3 GG die Gleichberechtigung verankert wurde, änderte sich der Schwerpunkt. Ab Ende der19 60er bis Ende der 1970er Jahre bestand er dann hauptsächlich aus Selbsterfahrungsgruppen und dem Streben nach persönlicher Weiterentwicklung und dem Kampf gegen die Strafbarkeit der Abtreibung.

Erst mit dem Aufkommen von AIDS und der Werbung für „Safer Sex" näherte sich die Frauenbewegung der Prostitution an. Der Schwerpunkt lag jedoch in der Arbeit zur Aufklärung, der Beratung zu Infektionswegen und Krankheitsverlauf sowie in der Werbung zur Anwendung von Kondomen. Hinzu kamen jedoch erste Ansätze zur Hilfe für Prostituierte bzgl. einer Hilfe beim Ausstieg aus der Prostitution und der Abschaffung der Zwangsuntersuchungen.

In den 1990er Jahren trennten sich die Frauenbewegung und die Prostituierten Projekte. Inzwischen waren verschiedene Gruppen, teils als Selbsthilfegruppen aus der Prostitution heraus, teils als kirchliche oder sozial getragene Vereine, gegründet worden, die sich mit der Thematik auseinandersetzten. Sie forderten die Abschaffung der Zwangsuntersuchung, die von den Prostituierten als diskriminierend, überflüssig und unangenehm abgelehnt wurden und die Verbesse-

[113] Näheres dazu in Kapitel 6.

rung der Stellung der Prostituierten durch Entwürfe zum ProstG. Im Jahre 2000 wurden die Zwangsuntersuchungen abgeschafft.

Teile der Frauenbewegung außerhalb dieser Vereine und Projekte beschäftigten sich lediglich mit den „Opfern“ der Prostitution, z.B. aus Menschenhandel, aus dem Ausland oder mit Minderjährigen.

2.) Gesetzesreformen im Zusammenhang mit der Prostitution in der Zeit von 1869-2001

Parallel zu der Entstehung der Frauenbewegung, beschäftigten sich auch Politik und Gesetzgebung mit den Normen zur Kuppelei und später auch mit der Zuhälterei.

Ähnlich wie bei der Frauenbewegung, stand auch hier nicht der Versuch der Verbesserung der Arbeits- und Lebensbedingungen von Prostituierten im Vordergrund, sondern es dominierten andere Überlegungen und Ziele. Die Kontroversen und Diskussionen wurden im Laufe der Zeit immer heftiger, da mit den sich wandelnden Zeiten auch eine Änderung bzgl. des sozialen Verständnisses einherging, welches mit den damaligen Moralvorstellungen kollidierte.

Das GeschlKrG von 1927 sowie das ProstG[114] von 2002 stellten zwei Versuche dar, die Arbeit in der Prostitution von Moral- und Sittenverständnis zu trennen und damit eine Verbesserung der Situation für die in der Prostitution arbeitenden Personen zu erzielen. In beiden Fällen war auch die Verbesserung der Ausstiegsmöglichkeiten für Prostituierte eine Zielvorgabe bei der Gesetzesentstehung.

a.) 1869 bis zur Weimarer Republik

Wie bereits dargestellt, stieg die Anzahl der Prostituierten infolge der Industrialisierung in den Städten stark an.

---

[114] Gesetz zur Regelung der Rechtsverhältnisse der Prostituierten, BGBl. 2001 I, S. 3983. Gesetz vom 20.12.2001.

Am 30.03.1869 wurde beim Reichstag eine Petition des „Central-Ausschuss für die innere Mission der deutschen evangelischen Kirche" eingereicht, indem gefordert wurde, dem sittlichen Verfall stärker entgegenzutreten.[115]

Seiner Zeit existierten sowohl konzessionierte als auch nicht konzessionierte Bordelle, ferner gab es Straßenprostitution. Gerade durch letztere fühlten sich die „sittlich anständigen" Bürger bedroht.

(1) Entstehung des RStGB von 1871

Im Juli 1869 wurde der erste Entwurf zum Strafgesetzbuch für den Norddeutschen Bund vorgelegt, der sich auch mit der Prostitution beschäftigte.[116]

Neben der weiterhin strafbaren gewerbsmäßigen Unzucht, sollten nun auch die Ausübung der Prostitution gegen polizeiliche Vorschriften und das „in öffentliches Ärgernis erregender Weise Unzucht treiben", gleich bestraft werden.[117]
Hauptargument für das Aufnehmen der Formulierung „in öffentliches Ärgernis erregender Weise" waren die Beweisschwierigkeiten seitens der Behörden, wenn es sich um einen Fall der Straßenprostitution handelte. Durch die neue Formulierung erhofft man sich hier eine erhebliche Erleichterung.
Gleichzeitig wurde das Strafmaß von 8 Wochen auf 6 Monate Gefängnis erhöht. Daneben sollte die zulässige Höchstdauer der Unterbringung im Arbeitshaus von einem auf zwei Jahre erhöht werden.[118]
Bei der Revision des Entwurfes wurden jedoch auch Gegenstimmen laut. Plädiert wurde unter anderem für eine völlige Straflosigkeit der Prostitution, mit dem Argument, dass der Strafgrund der Prostitution nur das „sittlich-christliche Princip" sei.[119] Ein solches dürfe aber, nach Ansicht der Gegner, den Staat bei der Festsetzung von Strafen nicht leiten lassen. Gewebsunzucht wurde allenfalls als eine sittliche Verfehlung angesehen, die ausschließlich dem gesellschaftli-

[115]Bericht des Petitionsausschusses in: Reichstag NdB-Drs., 1869, Nr. 189, zitiert nach *Hartmann*, S. 53, 54, Fn. 22.
[116]Entwurf eines Strafgesetzbuches für den Norddeutschen Bund, vorgelegt im Juli 1869 durch *Heinrich von Friedberg*, vortragender Rat im Preußischen Justizministerium.
[117]§ 156 E Juli 1869.
[118]§ 156 Abs. 2 des E Juli 1869.
[119]*Haeberlin*, S. 27, zitiert nach *Hartmann*, S. 57, Fn. 47.

chen Urteil unterliege. Das Strafrecht dürfe daher nur die wirklich schädlichen Auswüchse bekämpfen.[120]

Bei der Revision des Entwurfes wurde zwischen einfacher und qualifizierter Kuppelei unterschieden. Hinsichtlich der einfachen Kuppelei wurde kritisiert, dass es nicht Aufgabe des Staates sei, einen solchen Lebenssachverhalt unter Strafe zu stellen. Im Gegenteil müssten sowohl aus sanitäts- als auch aus sittenpolizeilichen Gründen Bordelle legalisiert und zugleich kanalisiert werden.[121] Darüber hinaus sollte das Merkmal „gewohnheitsmäßig" durch „gewerbsmäßig" ersetzt werden. Hintergrund dieses Vorschlags war die Vermeidung der Strafbarkeit der Hausportiere als Kuppler, wenn sie Auskunft über die Wohnung einer Prostituierten gaben.[122]

Nach Inkrafttreten des RStGB[123] stellten sich erneut die gleichen Fragen nach der Strafbarkeit der Prostitution und der Strafbarkeit von konzessionierten Bordellwirten, wie bereits zuvor im PrStGB[124].
Diese wichtigen Fragen wurden durch den Gesetzgeber nach wie vor nicht geklärt.[125]
Die Obergerichte urteilten, trotz des nahezu gleich gebliebenen Wortlautes zum PrStGB, entgegen ihrer früheren Auffassung, nun, dass die Prostitution nur noch dann bestraft werden könnte, wenn sie polizeilichen Vorschriften zuwider liefe. An sich sei sie straffrei.[126]

Der Widerspruch zwischen der Konzessionierung von Bordellen und dem nun in § 180 RStGB (1871) gefassten Verbot der Kuppelei wurde nicht gelöst. Viele

---

[120] *Haeberlin*, S. 26, zitiert nach *Hartmann,* S. 58, Fn 48.
[121] *Haeberlin,* S. 27, zitiert nach *Hartmann,* S. 58, Fn 52.
[122] *Fuchs,* S. 59 f. Darunter dürften auch Zuhälter fallen, zitiert nach *Hartmann*, S. 59, Fn 55.
[123] Am 31.05.1870 wurde das Strafgesetzbuch für den Norddeutschen Bund im Bundesgesetzblatt Nr. 16, S. 195 ff. verkündet und trat am 01.01.1871 im Bundesgebiet in Kraft. Auf Grund der Novemberverträge zu Versailles mit den süddeutschen Staaten trat am 01.01.1871 die Erweiterung des Norddeutschen Bundes zum Deutschen Reich in Kraft und das Strafgesetzbuch wurde am 15.05.1871 als Strafgesetzbuch für die Staaten des Deutschen Reichs (RStGB) verkündet, (RGBl. 1871, S. 127) und trat am 01.01.1872 in Kraft, zitiert nach *Hippel*, S. 345.
[124] Strafgesetzbuch für die Preußischen Staaten (PrStGB) aus 1851.
[125] *Hartmann*, S. 65.
[126] *Brinitzer,* S. 110 f.

Bordellbetreiber wurden wegen Kuppelei angezeigt und verurteilt.[127] Geändert hatte sich nur der Zeitpunkt, ab wann die Kuppelei als vollendet angesehen wurde. Das Kuppeleidelikt, § 180 RStGB (1871), galt nun bereits als vollendet, wenn es zur eigentlich Unzucht gar nicht gekommen war. Es reichte aus, dass die übrigen Tatbestandsmerkmale vorlagen. Anders war es bei der schweren Kuppelei gem. § 181 Abs. 2 RStGB (1871).[128]

(2) Strafgesetznovelle von 1876

Das RStGB (1871) wurde unmittelbar nach In Kraft treten heftig kritisiert, so dass bereits im Jahr 1874 die Tätigkeit des Gesetzgebers erneut begann.[129]

Besonders die Bordellfrage, also die Frage, ob konzessionierte Bordellwirte als Kuppler nach § 180 RStGB bestraft werden konnten oder nicht, wurde diskutiert. Vorausgegangen war ein Streit zwischen dem Senat der Stadt Hamburg und dem Reichskanzleramt um diese Frage.
Zugrundeliegender Sachverhalt war die Anzeige eines Hamburger Ehepaares gegen die Betreiber eines benachbarten Bordells wegen Kuppelei. Der Staatsanwalt wies auf die Konzession des Betreibers hin und lehnte am 16.08.1871 die Erhebung einer Anklage ab. Er vertrat die Ansicht, dass § 361 Nr. 6 RStGB (1871) die Ausübung der Prostitution gerade von einer polizeilichen Anordnung abhängig mache und daher, auf Grund dieser Vorschrift, Konzessionen an Bordellwirte ergangen seien. Diese könnten sich daher auch nicht strafbar machen. Der Anwalt des Ehepaares wandte sich daraufhin schriftlich an 16 juristische Fakultäten mit den Fragen:

- Ist § 180 des deutschen Strafgesetzbuches auch auf die Inhaber polizeilich concessionierter Bordelle anwendbar?

---

[127] *Brinitzer,* S. 116 f. und *Hahn*, § 180 StGB, S. 212.

[128] siehe Begründung der „Lex Heinze“, Sten. Br. RT 1892/93, 1. Anl. Bd., Aktenstück Nr. 11, S. 25 mit Verweis auf *Oppenhoff*, StGB, § 180 Anm. 3 StGB und von *Olshausen*, § 180 Abs. 2, StGB, Anm. 3.
In diesem Sinne kann auch das RG-Urteil vom 17.10.1884 verstanden werden: „…würde sogar ein Vorschubleisten durch Vermittlung zu finden sein, wenn festgestellt worden wäre, dass mit diesen Männern demnächst Unzucht getrieben werden soll oder die Prostituierte zum Zwecke derselben mit ihnen in Unterverhandlung getreten ist“, zitiert nach *Hartman*, S. 65, 66, Fn. 9

[129] Prot. BR, 1874, § 43 (Sitzung vom 21.01.1874), zitiert nach *Hartmann*, S. 67, Fn 4.

- Sind die Reichsgewalten competent, die Landesregierungen zur Anwendung des § 180 des deutschen Strafgesetzbuches gegen Inhaber polizeilich concessionierter Bordelle anzuhalten?[130]

Obwohl es unterschiedliche Ansichten gab, bejahten die meisten Fakultäten die Fragen und waren damit wegweisend für die sich entwickelnde herrschende Lehre in diesem Bereich.[131]

Der Anwalt des Ehepaares richtete ein Gesuch an das Reichskanzleramt und forderte darin, dass dieses den Senat der Stadt Hamburg dazu veranlassen solle, das mit den Reichsgesetzen unvereinbare Bordellwesen alsbald zu beseitigen. Der Senat weigerte sich jedoch. Aus diesem Grund musste sich der Bundesrat mit der Angelegenheit befassen. Am 14.06.1876 forderte er den Senat seinerseits dazu auf das Bordellwesen abzuschaffen. Die hamburgische Regierung entsprach der Aufforderung, ordnete mittels ihrer Polizeibehörde das Verbot sämtlicher Bordelle an und hob alle Konzessionen auf. Bereits während der Bundesratsberatungen war Hamburg jedoch signalisiert worden, dass man zu einem Arrangement bereit sei. Ergebnis war, dass unter neu formulierten Vorschriften die Prostituierten weiterhin in Häusern lebten, die nicht anders als die alten Bordelle organisiert und ausgestaltet waren, nur das diese nun keine Konzessionen mehr hatten.[132]

1891 wandte sich das öffentliche Interesse der Zuhälterei zu. Auslöser war ein Prozess wegen Mordes vor dem Berliner Schwurgericht. *Heinze*, der zugleich Ehemann und Zuhälter seiner Frau war, hatte einen Nachtwächter umgebracht.[133] Während der Verhandlung kamen für die damalige Öffentlichkeit schockierende Details aus dem Zuhältermilieu zu Tage.[134] Im Zuge des sog. Fall

---

[130] „Das Deutsche StGB und polizeilich concessionierte Bordelle, Aktenstücke einer Meinungsverschiedenheit zwischen dem Deutschen Reichskanzleramt und dem Senat von Hamburg mit Rechtsgutachten von 16 deutschen Universitäten", Hamburg 1877, S. 8, zitiert nach *Hartmann*, S. 69, 70, Fn 19.

[131] „Das Deutsche StGB und polizeilich concessionierte Bordelle", S. 157, Dafür waren: Freiburg, Halle, Heidelberg, Leipzig, Marburg, Rostock, Straßburg, Tübingen und Würzburg. Dagegen waren Bonn, Jena, Kiel, München, Göttingen und wohl auch Berlin, zitiert nach *Hartmann*, S. 71, Fn 28.

[132] *Urban*, S. 88.

[133] Der Zuhälter *Heinze* war mit seiner Frau, einer Prostituierten, nachts in eine Kirche eingebrochen, um Silber zu stehlen und hatte dabei den auftauchenden Nachtwächter ermordet. Ein Skandal entstand aus dem Prozeß, als sich Heinze auf der Anklagebank unter Jubel seiner Freunde aus der Unterwelt mit Sekt erfrischte. *Evans*, S. 119 ff.

[134] *Kaiser*, S. 51.

Heinzes erging am 22.10.1891 ein kaiserlicher Erlass an das preußische Staatsministerium, in dem dieses aufgefordert wurde, in dieser Richtung nun auch gesetzgeberisch tätig zu werden.[135] Neben einer Erhöhung der Mindeststrafe bei der einfachen Kuppelei von einem Tag auf einen Monat wurde kumulativ eine Geldstrafe bis zu 6.000,-- Mark angedroht. Daneben sollte ein § 180 Abs. 2 RStGB eingefügt werden, der die Vermietung von Räumen an Prostituierte betraf. Die Vermietung sollte straflos bleiben, wenn sie unter Beachtung der hierzu erlassenen Vorschriften erfolgte.[136]
Hintergrund war, dass das Reichsgericht etliche Bordellwirte und Hauseigentümer nach § 180 RStGB (1871) verurteilt hatte. Nun weigerten sich immer mehr Wirte aus Angst vor strafrechtlicher Verfolgung, Zimmer, auch für eine ausschließlich private Nutzung, an alleinstehende junge Frauen zu vermieten. Als Folge dieser Schwierigkeiten bei der Wohnungssuche ging eine weit verbreitete Auffassung daher davon aus, dass sich die Prostitution nunmehr über das gesamte Stadtgebiete verstreut habe. Da der Schutz der Bordelle für die Prostituierten weggefallen war, suchten sie in verstärktem Maße Zuflucht bei Zuhältern.[137]
Die Rechtfertigung des Entwurfes blieb schwammig bis hin zu dem Bekenntnis, dass man keinen besseren Weg wisse, das Problem der Zuhälterei zu bekämpfen.[138]

Bei den Beratungen wurde der Gesetzesentwurf scharf kritisiert. Die Kritiker nahmen besonderen Anstoß daran, dass mit dem Zuhälter Paragraphen kein Handeln, sondern ein Zustand bestraft würde, nämlich ein Zuhälter zu sein.[139]

---

[135]Abgedruckt bei *Kaiser*, S. 51 f. *Kaiser Wilhelm II.* erklärt darin: „Der Heinzsche Prozeß hat in erschreckender Weise dargelegt, dass das Zuhältertum (…) sich zu eine gemeinen Gefahr für Staat und Gesellschaft entwickelt hat (…). Im Anschluss daran wird zu erörtern sein, ob und in welcher Weise es etwa einer Änderung oder Ergänzung des bestehenden Strafrechts bedarf", zitiert nach *Hartmann*, S. 73, Fn. 38
[136]*Hartmann*, S. 74.
[137]Begründung E November 1892. Sten. Ber. RT, VIII. Leg. Per., II. Session, 1892/93, 1. Anl. Bd., Aktenstück Nr. 11, S. 24, zitiert nach *Hartmann*, S. 74, Fn. 44.
[138]So in der Aussage: „Die Dehnbarkeit, welche den Merkmalen des „Schutz Gewährens" und „Förderlich Seins" in gewissem Grade anhaftet, ist unvermeidlich und muss in dem Vertrauen auf das billige Ermessen des Richters im einzelnen Falle für unschädlich erachtet werden." Begründung E November 1892, Sten. Ber. RT, VIII. Leg. Per., II. Session 1892/93, 1. Anl. Bd., Aktenstück Nr. 11, S. 26, zitiert nach *Hartmann*, S. 76, Fn. 53.
[139]Abgeordneter *Traeger* (Deutsche Freisinnige Partei) Sten. Ber. RT, VIII. Leg. Per.II. Session 1892/93 Band 1, S. 139, zitiert nach *Hartmann*, S. 77, Fn. 60. Mit Gesetz vom 25.06.1900 wurde ein eigener Zuhälter Paragraph mit § 181 a RStGB geschaffen, was dem Umstand geschuldet war, dass Zuhälter nicht gem. § 180 RStGB bestraft werden konnten. In der Reichs-

Die SPD lehnte den Entwurf rundheraus ab und war der Ansicht, dass der gesamte Gesetzesentwurf nur aufgrund allgemeiner Hysterie zustande gekommen sei. Dies wiederum sei die Folge davon, dass der Fall *Heinze* durch seine öffentliche Verhandlung und öffentliche Diskussion einem breiten Publikum zugänglich geworden sei.[140] Sie sahen den Gesetzesentwurf als eine auf einen Einzelfall bezogene Ausnahmeregelung an, mit der man, wenn es um die Belange der unteren Schichten ginge, schnell zur Hand sei.[141] Gefordert wurde die Abschaffung des § 361 Nr. 6 RStGB (1871), da dieser Grundlage des Polizeireglements sei.[142] Dennoch schien sich eine Mehrheit des Parlamentes mit dem Gesetzesentwurf grundsätzlich einverstanden zu erklären.[143] Sie hielten den Fall *Heinze* nur für den Anlass, aber nicht für den Grund des Gesetzesentwurfes.[144]

Zu § 180 Abs. 2 RStGB (1871), einfache Kuppelei, wurden verschiedene Punkte diskutiert. Als juristisches Problem wurde angesprochen, dass die reglementierte Gewerbsunzucht straffrei sei, aber der, der ein Zimmer an eine Prostituierte vermietete, sich der Kuppelei schuldig machen konnte.
Sicherheitspolizeilich wurde geäußert, dass die Strafffreiheit von Wirten als Folge nach sich ziehen könnte, dass wieder eine Konzentration in bestimmten Stadtteilen erfolgen könne, dies würde dann die Kontrollmöglichkeiten erhöhen. Gegner wollten gerade eine solche Konzentration vermeiden. Im Rahmen von ethischen Diskussionen wurde eine Rückkehr zu Bordellen vertreten und an-

---

gerichtsentscheidung 11, S. 149 wurde vom Gericht bereits das bloße Begleiten oder Beschützen der Dirne als Tatbestandserfüllung der Kuppelei angesehen. Zitiert nach *Hippel*, S. 245, Fn. I.

[140]Abgeordneter *Bebel* (SPD)l, Sten. Ber. RT, VIII. Leg. Per. II. Session, 1892/93, Bd. 1, S. 143 und Abgeordneter *Stadthagen,* Sten. Ber. RT, VIII. Leg. Per. II. Session, 1892/93, Bd. 1, S. 377, zitiert nach *Hartmann*, S. 77, Fn 61.

[141]Abgeordneter *Bebel* (SPD) Sten. Ber. RT, VIII. Leg. Per. II. Session 1892/93, Bd. 1, S. 143 f. als „Gelegenheitsgesetz“ betrachtete auch der Abgeordneter T*raeger* (dt. Freisinnige Partei) den Entwurf, Sten. Ber. RT, VIII. Leg. Per., II. Session 1892/93, Bd. 1, S. 138, zitiert nach *Hartmann*, S. 78, Fn. 62

[142]Abgeordneter *Stadthagen,* Sten. Ber. RT, VIII. Leg. Per. II. Session 1892/93, Bd. 1, S. 370, zitiert nach *Hartmann*, S. 78, Fn. 64.

[143]siehe z.B. den Abgeordneten *Hollheuser* (Dt. Konservativen), Sten. Ber. RT, VIII. Leg. Per. II. Session 1892/93, Bd. 1, S. 133, der allerdings die Kasernierung von Prostituierten wieder einführen wollte. Auch Abgeordneter *Schneider* (Nationalliberale), Sten. Ber. RT, VIII. Leg. Per., II. Session 1892/93, Bd. 1, S. 136 f., weitere Abgeordnete Sten. Ber. RT, VIII. Leg. Per., II. Session 1892/93, Bd. 1, S. 138, 143, 355, 377, zitiert nach *Hartmann*, S. 78, Fn. 65

[144]Abgeordneter *Rintelen* (Zentrum) Sten. Ber. RT, VIII. Leg. Per. II. Session 1892/93, Bd. 1, S 363, zitiert nach. *Hartmann*, S. 78, Fn. 66

dernorts abgelehnt. Befürworter wollten die Frauen von der Straße holen und die Sittlichkeit des Volkes schützen. Andere sahen gerade darin eine Untergrabung der Volkssitte. Bei den hygienischen Argumenten wiesen die Ärzte nach, dass, desto mehr Prostituierte in festen Wohnungen arbeiteten und je höher das Maß an Kontrolle war, desto weniger Krankheiten bei ihnen festgestellt wurden.[145]

Zu einer angestrebten zweiten Beratung des Entwurfes kam es nicht mehr, da der Reichstag am 06.05.1893 aufgelöst wurde.[146] Erst am 02.12.1897 wurde der Entwurf erneut eingebracht.

Der Abgeordneten *Spahn* (Zentrum) begann die Diskussion mit dem Hinweis, dass das RStGB – quasi als Jugendsünde – zu lange zu viel Wert auf die Stellung des Einzelnen und zu wenig Wert auf die Unterordnung des Individuums unter die Gemeinschaft gelegt habe. Daher müsse der Gesetzgeber nun mit großer Härte gegen die Prostitution vorgehen.[147] Dem widersprach der liberale Abgeordnete *Lenzmann* (FVP), der äußerte, es könne niemals um die Ausrottung der Prostitution gehen, sondern immer nur um die Bekämpfung ihrer schlimmsten Auswüchse.[148]

Bei den Beratungen zu § 361 Nr. 6 RStGB (1871) brachte der Abgeordnete *Lenzmann* (FVP) einen neuen Aspekt in die Diskussion ein, den er wohl eher provozierend einwarf, nämlich die Frage nach der Strafbarkeit der Freier.[149] Der Vorstoß fand keine nennenswerte Resonanz

---

[145]Komm. Ber. I Sten. Ber. RT, VIII. Leg. Per. II. Session 1892/93, Anl. Bd., Aktenstück Nr. 173, S. 932 f., zitiert nach *Hartmann*, S. 81, Fn. 80.
[146]*Jaffa*, S. 10.
[147]*Hartmann*, S. 87.
[148]Abgeordneter *Lenzmann* Sten. Ber. RT, IX. Leg. Per., V. Session 1897/98, Bd. 1, S. 513. *Bebel* erklärte dazu: „Es ist zu allen Zeiten üblich gewesen, dass diejenigen, die an gewissen öffentlichen Zuständen Anstoß nehmen, darüber klagten und zeterten und erklärten, so schlimm wäre es noch niemals zuvor gewesen wie heutzutage.", zitiert nach *Hartmann*, S. 88, Fn. 115.
[149]Der Abgeordnete *Lenzmann* warf diese Frage nur provozierend auf. Persönlich war er eher für einen liberalen Umgang mit der Gewerbsunzucht an sich, Sten. Ber. RT, IX. Leg. Per., V. Session 1897/98, Bd. 1, S. 514. Seit dem Jahr 2000 geht allerdings das Königreich Schweden diesen Weg. Es bestraft die Freier – bisher mit mäßigem Erfolg. So auch *Bebel* Sten. Ber. RT, IX. Leg. Per., V. Session 1897/98, Bd. 1, S. 413, zitiert nach *Hartmann*, S. 90, Fn. 130

Der Entwurf des RStGB enthielt nun Regelungen, mit denen die Darstellung „unsittlicher“ Handlungen in Kunstwerken, Literatur und Theateraufführungen zensiert[150] und der Straftatbestand der Zuhälterei, § 181 a RStGB, eingeführt wurde. Die diesbezüglichen Regelungen des RStGB fasste man unter dem Begriff der sog. „Lex Heinze“ zusammen.

Der große Prostest gegen diesen „Theaterparagraphen“ führte mit Hilfe der SPD zu einer Änderung des Entwurfes. Der Paragraph wurde ersatzlos gestrichen.

Das RStGB trat am 14.07.1900 in Kraft.[151]

Die „Lex Heinze“ kann als Vorläufer der heutigen Straftatbestände „Erregung öffentlichen Ärgernisses“, „Verbreitung pornographischer Schriften“, „Förderung sexueller Handlungen Minderjähriger“ und „Zuhälterei“ gesehen werden.

(3) VE 1909 zum RStGB

Im Nachgang zur Veröffentlichung des RStGB (1900) erreichte den Reichstag eine Vielzahl von Petitionen, in denen gebeten wurde, sich erneut mit der Prostitutionsfrage auseinander zu setzen.[152] Im Jahre 1902 berief *Nieberding*[153] daher eine freie Kommission von Juristen ein, welche, bis 1909, eine „Vergleichende Darstellung des deutschen und ausländischen Strafrechts“ schufen.[154]. In diesem

---

[150]Gegen die sog. Kunst- und Theaterparagraphen gab es in der Öffentlichkeit große Proteste. Befürchtet wurde eine beliebig auslegbare Zensur. Im März 1900 gründeten ca. 150 Künstler, Politiker und Gelehrte den Goethe-Bund zur Wahrung der künstlerischen und wissenschaftlichen Freiheit.

[151]Durch Gesetz vom 25.06.1900 (RGBl. 301) wurden die Vorschriften über Kuppelei (§§ 180, 181), Verbreitung unzüchtiger Schriften usw. (§ 184) verschärft bzw. erweitert und § 181 a (Zuhälterei) eingefügt.

[152]z. B des Bundes deutscher Frauenvereine (193 Vereine mit ca. 100.000 Mitgliedern) vom 15.10.1905, der verlangte, dass die sogenannte Wohnungskuppelei unnachgiebig verfolgt werde; BA R 101/30926, Blatt 37 ff. Der zitierten Petition lag eine Denkschrift über die in Deutschland bestehenden Verhältnisse in Bezug auf das Bordellwesen und über seine sittlichen, sozialen und hygienischen Gefahren von *Katarina Scheven*, Dresden 1904, zugrunde, zitiert nach. *Hartmann*, S. 104.

[153]*Rudolf Arnold Nieberding* (04.05.1838 - 10.10.1912), Staatssekretär des Reichsjustizministers, Reichskanzler war *von Bülow*.

[154]*Schubert*, Weimarer Republik, Bd. 1, S. VIII. Mitglieder der Kommission waren: *v. Liszt, Kahl, v. Hippel, Birkmeyer, Wach, v. Lilienthal, Frank und Calker.* Zu dieser Kommission

Rahmen veröffentlichte *Mittermaier*[155] 1906 ein Gutachten zu den Sittlichkeitsdelikten.[156] Er hielt den Tatbestand der Prostitution für den, „dem an sozialer Gefährlichkeit kein anderer Tatbestand des Gebietes gleichkomme“ und appellierte dennoch an den Gesetzgeber, einen Großteil der Prostitutionsformen zu dulden, da ihre Ausübung gar nicht unterdrückt werden könne. Daneben sprach er sich gegen eine Fortführung des Systems der Reglementierung aus. Sie „sei völlig wertlos, ja sogar schädlich“. Weiter wollte er die sanitären Maßnahmen von Zwangsregelungen befreien, damit sie greifen könnten.[157] Weiter forderte er die Liberalisierung der Wohnungsfrage. Bei der Kuppelei hielt er nur zwei Dinge für strafenswert: Die Verleitung einer Frau zur Unzucht oder gar Prostitution, also die Einwirkung auf die freie Selbstbestimmung in Form des Hineinziehens ins Milieu und die gewerbsmäßigen Formen. Der Staat müsse darüber hinaus den Widerspruch beseitigen, dass er Prostitution gestatte, aber ihre Förderung strikt untersage. Dies könnte durch eine Privilegierung der Wohnungskuppelei erreicht werden. Daneben wollte er nur noch den Missbrauch der Vertrauensstellung eines Schutzbefohlenen bestrafen, worunter er, anders als die „Lex Heinze“, nicht den Ehegatten verstand.[158]

Die Kritik an dem System der Reglementierung wurde von Medizinern und Frauenverbänden geteilt. Auch der Gesetzgeber hatte mit dem am 30.06.1900 in Kraft getretenen „Gesetz betreffend die Bekämpfung gemeingefährlicher Krankheiten“[159] den Forderungen einer stärkeren medizinischen Prävention nachgegeben.[160]

Im Jahre 1902 erschien ein Aufsatz von *Schmölder*[161], in dem er eine Aufhebung der Reglementierung forderte. Als Begründung gab er an, dass diese aus dem

---

gibt es Protokolle ihrer Sitzungen - sie bestehen fast nur aus geschäftlichen Aufzeichnungen, zitiert nach *Hartmann*, S. 104, Fn. 1.

[155]Dr. *Wolfgang Mittermaier*, Jurist.

[156]„Verbrechen und Vergehen wider die Sittlichkeit, Beleidigung, Personenstandsdelikte“, *Mittermaier* 1906

[157]*Mittermaier*, Vergleichende Darstellung, S. 158, S. 167 f.

[158]*Mittermaier*, Vergleichende Darstellung, S. 168, 184, 186.

[159]RGBl. I 1900, S. 306 ff., zitiert nach *Hartmann* S. 106, Fn. 14.

[160]Das Gesetz betraf nicht ausdrücklich die Prostituierten, sondern die gesamte Bevölkerung. In der Praxis wurde das Gesetz ganz überwiegend nur auf Prostituierte angewendet, vgl. *von Olshausen*, § 361 Nr. 6, Anm. c); *Westerkamp*, S. 55. Ausdrücklich in den Regelungsgehalt aufgenommen wurden die Prostituierten in dem preußischen „Gesetz betreffend die Bekämpfung übertragbarer Krankheiten“ vom 28.08.1905, abgedruckt in: Gesetz-Sammlung f. d. Königlich Preußischen Staaten 1905, S. 373, zitiert nach, *Hartmann*, S. 106, Fn. 15.

[161]*Robert Schmölder* war Oberlandesgerichtsrat (1849-1907).

ständischen Frankreich des 17. und 18. Jahrhunderts sei und heute keine Berechtigung mehr habe, da sich die Menschen in den Städten zu Massen ansiedelten und die Reglementierung den Männern ein trügerisches Gefühl von Sicherheit gebe, da sie die Prostituierten als kontrolliert und damit frei von Krankheiten wähnten.[162]

Am 01.05.1906 trat vor diesem Hintergrund eine fünfköpfige Kommission zusammen. Diese legte, nach insgesamt 117 Sitzungen, dem Reichsjustizamt einen VE nebst Begründung vor, der einer öffentlichen Beurteilung unterworfen werden sollte.[163]

Hinsichtlich der Prostitution sah der VE vor, dass eine Trennung zwischen registrierten und nicht registrierten Prostituierten nicht mehr gemacht werden sollte. Der VE erfasste auch männliche Prostituierte und sah eine Eindämmung der Prostitution durch die allgemeine Polizei, die Sanitätspolizei und die Fürsorgetätigkeit vor. Eine völlige Ausrottung der Prostitution sah der VE als unausführbar an.[164]

Auch im Bereich der Kuppelei und Zuhälterei sah der VE Änderungen vor.

Nach der Veröffentlichung des VE kam es zu zahlreichen kritischen Stellungnahmen aus Literatur und Praxis. Auch die Länder nahmen Kritik an dem Entwurf.

1911 erschien daher ein GE der versuchte, die zahlreichen Reformvorschläge sowie die Prostitution, die Kuppelei und Zuhälterei unter den Abschnitt „Verletzung der Sittlichkeit" zusammenzufassen.[165]

---

[162] *Schmölder*, S. 266, 278. Der Aufsatz war dem RJM auch bekannt. Vgl. das Schreiben des Innenministeriums an das RJM vom 16.02.1903, mit dem es dem RJM den Aufsatz übersendet, den es zuvor seinerseits vom Reichsgesundheitsamt überreicht bekommen hatte. BA R 3001/21809 (5889), Bl. 31, zitiert nach *Hartmann*, S. 107, Fn. 16.

[163] *Lucas* war Leiter der Strafrechtsabteilung des preußischen JM vom 01.06.1906 bis zum 02.04.1909. Diese Kommission erstellte „Materialien". Es liegen vor: Eine Generalakte – eine vorläufige Redaktion des Entwurfs 2. Lesung – endgültige Fassung des im Oktober 1909 veröffentlichten Entwurfs. Der Kommission gehörten außerdem an: *v. Tischendorf* (Oberregierungsrat im Reichsjustizamt, ab 1908 abgelöst von *Joel*), *Schulz* (vortragender Rat im preuß. Justizministerium, seit Herbst 1908 ersetzt durch Kammergerichtsrat *Kleine*), *Ditzen* (Kammergerichtsrat, nachgefolgt von *Oelschläger*, *Meyer* (bayrischer Oberlandesgerichtsrat), zitiert nach *Hartmann,* S. 108, Fn. 23.

[164] Begründung des VEs zu einem Deutschen StGB 1909, S. 850 ff, zitiert nach *Hartmann*, S. 108, 109, Fn. 26

[165] Vorwort GE, *Kahl,* DJZ 1911, Sp. 501. Der GE wurde verfasst von den Rechtswissenschaftlern: *Goldschmidt, Kahl, v. Lilienthal und v. Liszt*. Zitiert nach *Hartmann*, S. 115, Fn. 46.

Im November 1911 setzte die Reichsregierung eine zweite größere Strafrechtskommission, zusammengesetzt aus Praktikern und Strafrechtswissenschaftlern, ein.[166] Aus den Beratungen ging ein Kommissionsentwurf, der sogenannte E 1913, hervor.
Hinsichtlich der Prostitution wurden die beiden Extrempositionen erörtert, also gänzliche Strafffreiheit oder starke Reglementierung. Beide wurden abgelehnt. Die Kommission schloss sich dem VE an, der die Unterschiede zwischen registrierten und „heimlichen" Prostituierten beseitigen wollte. Die männlichen Prostituierten wurden nicht mit aufgenommen, da hierfür keine kriminalpolitische Notwendigkeit gesehen wurde. Ob es sich bei dem Charakter der Prostitution um eine Übertretung oder ein Vergehen handelte, wurde heftig diskutiert. Am Ende setzte sich die Übertretungslösung durch.[167] Zur Frage der Abgrenzungsschwierigkeiten zwischen der Zulassung von Bordellen, der „harten Kasernierung"[168] bzw. der Wohnungskuppelei, wurde seitens der Kommission keine Stellung genommen.[169] Weiter wurde deutlich gemacht, dass außerhalb der Kommission große Bedenken bestünden, die Anerkennung der Prostitution könnte diese als „normales Gewerbe" erscheinen lassen. Darüber hinaus wurde eine Sondervorschrift zum Schutz vor Geschlechtskrankheiten gefordert.[170]

Im September 1913 begann die Schlussredaktion der gefassten Beschlüsse. Dieser zweite Entwurf, der eigentliche E 1913, wurde zunächst nicht veröffentlicht.

---

[166]Mitglieder der aus Praktikern und Rechtswissenschaftlern zusammengesetzten Kommission: *Duffner, Ebermayer, v. Freilitsch, v. Frank, Friedmann, v. Hippel, Kahl, Lindenberg, Lucas, Meyer, Niemeyer, Pfersdorf, v. Rupp, Rüster, Schulz, v. Tischendorf, Moeli, Klein*, später *Corman, Joel, Kleine*. Als *Lucas* aufgrund gesundheitlicher Probleme ausgeschieden war, übernahm *Kahl* ab der 2. Lesung den Vorsitz. Vergleich zur Zusammensetzung auch: Entwürfe zu einem StGB 1920, S. 6, zitiert nach *Hartmann* S. 116, Fn. 7.

[167]So *Joel, v. Hippl, Meyer* und *Lindenberg* in *Schubert,* Entwürfe, Prot., 198. Sitzung, S. 661. Diejenigen die eine Regelung als Übertretung wünschten, hoben hervor, dass sich dadurch die Verlagerung auf die Ebene des Polizeirechts erreichen lasse. *Schubert*, Entwürfe, Prot. 198. Sitzung, S. 527 f. Die Befürworter einer Verschärfung argumentierten, dass es sich um die „Bekämpfung eines sozial gefährlichen Zustandes und vielfach um eine auf Arbeitsscheue zurückzuführende Verfehlung handele", zitiert nach. *Hartmann*, S. 117, Fn. 77 und 78.

[168]Das bedeutete, dass die Prostituierten gezwungen waren, in bestimmten Bezirken oder gar in vorgeschriebenen Straßen zu wohnen. Im letzten Fall waren sie dann meist die einzigen Bewohnerinnen, zitiert nach *Hartmann*, S. 120, Fn. 95.

[169]*Schubert*, Entwürfe, Prot., 198. Sitzung, S. 527. Dabei dürfte allen Teilnehmern bewusst gewesen sein, dass es sich hierbei um eine der grundlegenden Fragen der Prostitution handelte, zitiert nach *Hartmann*, S. 121, Fn. 99.

[170]*Schubert*, Entwürfe, Prot., 271. Sitzung, S. 640, zitiert nach *Hartmann*, S. 125, Fn 123.

Nach Ausbruch des 1. Weltkrieges im Spätsommer 1914 wurden die Reformarbeiten eingestellt.

b.) Die Weimarer Republik

In den Jahren 1914 bis 1918 befand sich Deutschland im 1. Weltkrieg, der eine Veröffentlichung des E 1913 verhindert hatte. Dennoch gingen die Überlegungen weiter und die Arbeiten an einem GeschlKrG begannen, trotz des Krieges, im Jahre 1916.

(1) E 1919 zum RStGB

1918 wurden die Beratungen unter Vorsitz von *Joel* wieder aufgenommen.[171]

Da die Arbeiten am GeschlKrG voranschritten, enthielt § 280 des E 1919 „Gewerbsunzucht", eine Fußnote, die besagte, dass der Paragraph nur ein Provisorium sei. Es wurde auch herausgestellt, dass die Frage, ob die Reglementierung erhalten bleiben soll, nicht durch das RStGB, sondern durch Ausführungsbestimmungen der einzelnen Länder entschieden werden sollte.[172]

(2) Gesetz zur Bekämpfung der Geschlechtskrankheiten (GeschlKrG)[173]

Das Gesetzgebungsvorhaben hatte sich, neben anderen Zielen, eine völlige Neuregelung der Prostitutionsfrage vorgenommen.

Bisher wurde Prostitution reglementiert und die Prostituierten standen unter sittenpolizeilicher Aufsicht. Das bedeutete, dass sie sich in sog. „Dirnenlisten" eintragen, registrieren sowie einer regelmäßigen polizeiärztlichen Untersuchungen unterziehen mussten.[174]

---

[171]Das Ergebnis wurde als E 1919 gemeinsam mit dem E 1913 im Jahre 1920 veröffentlicht. *Schubert*, Weimarer Republik, 1995, Bd. 1, S. IX; Denkschrift zu dem Entwurf 1919, S. 8, zitiert nach *Hartmann*, S. 129, Fn 3 und 4.
[172]*Hartmann*, S.130.
[173]Gesetz zur Bekämpfung der Geschlechtskrankheiten vom 18.02.1927, RGBl. 1927 I, S. 61 ff.
[174]*Hartmann*, S. 132.

Die sog. „Hausfrauenprostituierten", die in ihrer Anzahl die registrierten Prostituierten um ein Vielfaches überstiegen, hatten ein gesteigertes Interesse an der Geheimhaltung ihrer Tätigkeit.[175] Sie waren nicht registriert und wurden auch nicht untersucht. Daraus ergab sich ein hohes Risiko, sich bei ihnen mit Geschlechtskrankheiten anzustecken. Um dieses Problem zu bekämpfen wurde, z.B. in Preußen, der Versuch unternommen, die Überwachung von einer polizeilichen in eine ärztliche umzuwandeln. Dafür wurden kostenlose anonyme ärztliche Untersuchungsstellen eingerichtet.[176]
Vor diesem Hintergrund begannen die Gesetzesberatungen zum GeschlKrG, die sich insgesamt 11 Jahre hinzogen und an deren Ende 1927 die Freigabe der Prostitution erfolgte.[177]

Die Prostitutionsfrage wurde flankiert durch die Tatsache, dass seit 1919 Frauen an der Wahl teilnehmen und als Abgeordnete in den Reichstag einziehen konnten. Auch spielte die sich in Deutschland ausbreitende „Abolitionistenbebewegung" eine Rolle.
Die Frauen hatten zwar generelle gesellschaftliche Bedenken gegen die Prostitution und hielten diese für verachtenswürdig; jedoch sahen sie in der damaligen, von der Sittenpolizei kontrollierten Reglementierung, einen starken Eingriff in die Rechte der Frau, vor allem der „sittlich anständigen Frauen, welche sie so nicht länger hinzunehmen bereit waren.[178]

„Mehr Rechte für Frauen" war jedoch in Bezug auf die Prostitution nur ein vorgeschobenes Ziel. Eigentlicher Hintergrund der Reform waren vor allem gesundheitspolizeiliche Erwägungen und moralische Aspekte. Einige waren der Ansicht, dass durch die Abschaffung der Unteraufsichtstellung erreicht werden

---

[175]Spätere Schätzungen für das Jahr 1917 für Berlin gingen von 5.500 Prostituierten und dem Faktor zehn für nicht registrierte Prostituierte aus, zitiert nach *Hartmann*, S. 133, Fn 23

[176]Erlass des preußischen Innenministers vom 11.12.1907, Ministerialblatt für die preußische innere Verwaltung, 1908, S. 14: Demnach sollte jede Prostituierte, die ihre ärztliche Behandlung nachweisen konnte, von der Polizeiaufsicht befreit sein. Frauen sollten nur dann unter Polizeiaufsicht gestellt werden, wenn sie bereits wegen Gewerbsunzucht durch ein Gericht verurteilt worden waren, zitiert nach *Hartmann*, S. 133, Fn. 26.

[177]Begründung zum Entwurf vom 06.06.1925 der dem GeschlKrG zugrunde lag, abgedruckt in *Hellwig,* S. 458. Gesetz zur Bekämpfung der Geschlechtskrankheiten vom 18.02.1927, RGBl. 1927 I, S. 61ff.

[178]Siehe auch Ausführungen im 1. Kapitel, 1.).

könne, dass die Frauen leichter einen Weg aus der Prostitution fänden und dies die Anzahl der Prostituierten vermindern würde.[179]

(a) 1. Entwurf 1918

Der Abgeordnete *Müller* (FVP) sagte in der Debatte, dass man sich getäuscht habe, als man der weiten Auslegung der Tatbestandsmerkmale des § 180 RStGB (E 1913) und härterer Bestrafung der Wohnungskuppelei zugestimmt habe. Dies habe zu einer Verbreitung von Geschlechtskrankheiten geführt. Wolle man die Fehler der Vergangenheit korrigieren, müsse man gleichzeitig § 361 Nr. 6 RStGB (E 1913) verschärfen und Polizei und Gesundheitsämter müssten weitergehende Befugnisse erhalten. Des Weiteren ging er davon aus, dass die Bekämpfung der Geschlechtskrankheiten auf das Engste mit dem Krieg verknüpft sei.[180]

Bei § 180 RStGB (E 1913) sollte ein Vermieterprivileg eingeführt werden. Hinsichtlich § 361 Nr. 6 RStGB (E 1919) beantragten einige Ausschussmitglieder die Vorschrift ersatzlos zu streichen und die Überwachung auf die ordnungsrechtliche Ebene zu verlagern sowie den Bundesrat zu ersuchen, dies einheitlich durch Reichsverordnung zu regeln.

Im Juni 1917 legte der Ausschuss seinen Bericht vor, der daraufhin im Parlament diskutiert wurde. Dieser sah unter anderem eine zwangsweise Untersuchung von Prostituierten bei Verdacht auf eine Geschlechtskrankheit vor.[181]

---

[179] Siehe auch *Bohne*, S. 488; *Hellwig*, S. 311.

[180] Abgeordneter *Müller* (FVP), Sten. Ber. RT, XIII. Leg. Per. II. Session 1914/18, vom 22.05.1916, S. 1199 R (52. Sitzung), der dabei auf die RT-Drs., 1916, Nr. 294, 308, 309 Bezug nimmt; BA R 101/30926, S. 269ff. – Die Sozialdemokraten erläuterten erneut ihren Antrag, wandten sich aber gegen die Überweisung in einen Ausschuss, da sie dies für ein Verzögerungsmanöver hielten. Abgeordneter *Kunert* (SPD), Sten. Ber. RT, XIII. Legislaturperiode, II. Session 1914/18, Bd. 307, S. 1199 (52. Sitzung). Gegen ihre Stimmen geschah dies dann doch, vgl. Sten. Ber. RT, XIII. Legislaturperiode, II. Session 1914/18, Bd. 307, S. 1251 (53. Sitzung), zitiert nach *Hartmann*, S. 133, 134, Fn. 29.

[181] Sten. Ber. RT 1914/16, Anl. Bd. Aktenstück Nr. 912 – Berichterstatter war *Struve*. Der Ausschuss tagte in zehn Sitzungen ab dem 30. Mai 1916. An den Beratungen nahmen zahlreiche Vertreter der Bundesregierung sowie hochrangige Amtsmediziner teil. BA R 101/30926, Bl. 276 ff. Da die Anträge zur Kuppelei und Prostitution in der Kommission nicht zur Abstimmung gelangt waren, wurden die zunächst gemachten Vorschläge, am 13. Juli 1917 im Reichstagsplenum auch nicht erörtert. Sten. Ber. RT, XIII. Leg. Per., II. Session, 1914/18 vom 13.07.1917, S. 3566 L ff.; BA R 101/30926, Bl. 277 ff, zitiert nach *Hartmann*, S. 135, Fn. 39.

Bezgl. § 361 Nr. 6 RStGB (E 1913) wurde ein Fehlschlagen des preußischen Modells angenommen, da die Prostituierten nur dann straffrei waren, wenn sie sich unter polizeiliche Aufsicht stellten, was viele der Prostituierten ablehnten. Daher sollte die Prostitution an sich straflos sein und nur bei Übertretung von erlassenen Vorschriften sanktioniert werden. Es folgte dem Entwurf ein weiterer Entwurf über Vorschriften im Bereich der Hygiene, der Sperrstunden, Sperrbezirke etc.[182]

Der Entwurf wurde nach Verabschiedung durch den Bundesrat am 16.02.1918 dem Reichstag vorgelegt. Ein abschließender Kommissionsbericht des vom Reichstag beauftragten 16. Ausschusses lag noch nicht vor. Bevor dieser fertig gestellt wurde, brach die Novemberrevolution aus. Bereits am 22.02.1918 hatte der Reichstag Richtlinien für die durch den Bundesrat zu erlassenden Vorschriften zur Überwachung der Prostitution verabschiedet.[183] Damit war das Vorhaben, die Reglementierung zu beseitigen, vorerst gescheitert.[184]

Da das Gesetzesprojekt als eilbedürftig angesehen wurde, erließ der „Rat der Volksbeauftragten“ am 11.12.1918 eine „Verordnung zur Bekämpfung der Geschlechtskrankheiten“[185], die bis zum Inkrafttreten des Gesetzes 1927 galt. Die Prostitutionsfrage wurde darin zunächst ausgeklammert.[186]

(b) 2. Entwurf 1922

Im März 1920 ging dem Reichsrat, vormals Bundesrat, durch die Reichsregierung ein neuer Entwurf des Gesetzes zur Bekämpfung der Geschlechtskrankhei-

[182]Anlage B zu der BR-Drs., Session 1917, Nr. 322, S. 32. Die Vorschriften ähneln den heutigen zu Art. 297 EGStGB ergangenen Regelungen zur Prostitution. Sie wurden damals jedoch wesentlich restriktiver angewandt, zitiert nach *Hartmann*, S. 138, Fn. 51.

[183]Es handelte sich um klassische Maßnahmen der Reglementierung (z.B. 18 Vorschriften, welche ausdrücklich die Verpflichtung der Prostituierten im Rahmen der Polizeiaufsicht regelten, z.B. Gesundheitsuntersuchungen, Ausweis- und Meldepflichten.

[184]Sten. Ber. RT XIII. Leg. Per., II. Session 1914/18, Aktenstück Nr. 35, BA R 101/30926, Bl. 282 ff. Darin waren in 18 Vorschriften ausdrücklich die Verpflichtungen der Prostituierten im Rahmen der Polizeiaufsicht geregelt, z.B. Gesundheitsuntersuchungen, Ausweis- und Meldepflichten, zitiert nach *Hartmann*, S. 138, Fn. 54.

[185]Verordnung erlassen durch den Rat der Volksbeauftragten am 11.12.1918, veröffentlicht im RGBl. 1918I, S. 1431.

[186]Abgedruckt im Reichs-Gesetzblatt 1918, S. 1431. Die Prostitutionsfrage wurde darin zunächst ausgeklammert, zitiert nach *Hartmann*, S. 138, 139, Fn. 57.

ten zu. Er beruhte auf der Reichstagsvorlage von 1918[187]. § 361 Nr. 6 RStGB (E 1918) wurde unter Ziff. 12 III GeschlKrG behandelt.
In der Begründung des Entwurfes wurde klargestellt, dass das Verbot der Prostitution und die damit einhergehende Strafbarkeit im Wesentlichen zwei Ziele habe erreichen wollen und damit gescheitert sei, nämlich die Eindämmung der heimlichen Prostitution und eine Verbesserung der Volksgesundheit. Daher schloss sich die Reichsregierung der Auffassung an, dass die Reglementierung gescheitert sei.
Als Konsequenz sollte Gewerbsunzucht fortan nur noch bestraft werden, „wenn sie öffentlich in einer Sitte oder Anstand verletzenden Weise ausgeübt werde". Damit wurde die Wende zu einer grundsätzlich straflosen Prostitution markiert.

Im Oktober 1922 stellten sämtliche weiblichen Mitglieder der Nationalversammlung den parteiübergreifenden Antrag „einen Gesetzesentwurf vorzulegen, durch welchen die Reglementierung der Prostitution aufgehoben und die Sittenpolizei durch Organe der Gesundheitspflege und Fürsorge ersetzt würden".[188]

Inzwischen war der parteilose *Cuno* Reichskanzler einer rein bürgerlichen Regierung. In der Generaldebatte des 14. Ausschusses betonten die Regierungsvertreter, dass die Zahl der Geschlechtskrankheiten seit Ende des Krieges signifikant gestiegen sei. Die Abgeordneten der SPD betonten demgegenüber, dass die Statistik schwere Mängel aufweise und man sich nicht täuschen lasse. Zudem seien die Zahlen in der Zeit der Revolution und kurz danach erhoben worden, was keinen Rückschluss auf „normale" Zustände zuließe. Die alltägliche Erfahrung der Ärzte belege das Gegenteil. Sie forderten das Gesetz endlich in Kraft treten zu lassen und machten weiter deutlich, dass sie dem Entwurf nicht zustimmen würden, sofern nur in geringster Weise am System der Reglementierung festgehalten würde.[189]

---

[187]Reichsratsvorlage vom 10.03.1920, RR-Drs., Tagung 1920, Nr. 71: Der Entwurf der vom damals zuständigen Innenminister *Koch* vorgelegt wurde, richtete sich noch an die verfassungsgebende Deutsche Nationalversammlung und nicht an den Reichstag, zitiert nach *Hartmann*, S. 139, Fn. 59.
[188]Deutsche Nationalversammlung 1919 Nr. 1324, 339. Anl. Bd. Sten. Ber. Nationalversammlung; zitiert nach *Hartmann*, S. 139, Fn. 58.
[189]RT-Drs., I. Wahlperiode 1920/24, Nr. 5801, S. 6745 – Dementsprechend lehnte die SPD die Reichsratsvorlage zu § 13 des GeschlKrG ab, zitiert nach *Hartmann*, S. 142, 143, Fn. 75.

Das Zentrum, die DNVP und die DVP kritisierten den Entwurf heftig. Für sie standen bei der Bekämpfung der Geschlechtskrankheiten die „ethisch-religiösen" Fragen im Vordergrund. Aus diesem Grund sei für sie eine Straflosigkeit der Prostitution nicht hinnehmbar. Zwar sei die Wahrung der Werte in erster Linie Aufgabe von Kirche und Schule, inakzeptabel sei es aber, das Prostituierte nun ihr Gewerbe völlig unbehelligt ausüben könnten, wenn sie nicht von Geschlechtskrankheiten befallen seien. Das Zentrum lehnte auch die Formulierung „in Sitte und Anstand verletzender Weise" ab, da der Begriff zu unbestimmt sei und keine Ausübung der Prostitution denkbar wäre, bei dem dies nicht erfüllt sei. Dennoch kündigten sie an, den Gesetzesentwurf nicht scheitern zu lassen, da die Reglementierung aus medizinisch-hygienischen Gründen nicht mehr zu halten sei.[190]

Die DVP kündigte hingegen ihren Widerstand gegen die Abschaffung der Reglementierung an. Sie sahen Prostituierte als die Hauptquelle der Geschlechtskrankheiten an und wollten sie daher einem Sonderstatut unterwerfen.[191]

Auf der anderen Seite des parlamentarischen Spektrums wurde durch die DDP der Entwurf begrüßt, um „die doppelte Moral im Sexualleben zu beseitigen". Sie schlossen sich der SPD an und bezweifelten ebenfalls die Statistiken der Regierung.

Hinsichtlich des § 180 RStGB (E 1918), Vermieterprivileg und § 13 Ziff. I GeschlKrG führte der Vertreter der DNVP aus, dass geordnete Wohnverhältnisse für Prostituierte geschaffen werden müssten. Sie wollten ausdrücklich in den Gesetzestext aufnehmen, dass eine Gewerbeausübung in der Wohnung nicht erlaubt sei. Darüber hinaus sollte die Altersgrenze für eine straflose Vermietung auf 21 Jahre angehoben werden. Die Bestimmung sollte darüber hinaus ein ausdrückliches Verbot jeglicher Bordelle oder bordellartiger Betriebe enthalten.
Die Vertreter des Zentrums schlossen sich der Ansicht der DNVP weitgehend an, waren jedoch der Ansicht, dass eine weitgehende Lockerung der Wohnungs-

[190]RT-Drs. I. Wahlperiode 1920/24, Nr. 5801, S. 6746 – Ein Zentrumsvertreter äußerte: „Das Volk würde sagen: Jetzt nach der Revolution ist die Prostitution erlaubt; dadurch würden Hemmungen niedergerissen, die gerade in jetziger Zeit so notwendig wären.", zitiert nach *Hartmann*, S. 143, Fn. 77.
[191]RT-Drs., I. Wahlperiode 1920/24, Nr. 5801, S. 6746, zitiert nach *Hartmann*, S. 143, Fn. 78.

kuppelei als das kleinere Übel hinzunehmen sei, allerdings müsste gewährleistet werden, dass die Prostitution sich nicht aufs Land ausbreite.[192]

Die linken und liberalen Parteien traten dieser Ansicht entgegen. Die SPD kündigte an, das Gesetz abzulehnen, wenn an der Regierungsvorlage etwas geändert würde. Die Vertreter der DDP wandten sich gegen die Anhebung der Altersgrenze. Gerade den Prostituierten zwischen 18 und 21 Jahren müsste ein normales Wohnen ermöglicht werden. Außerdem habe die Rechtsprechung von § 180 RStGB (1900) dazu geführt, das Vermieter sich scheuten, überhaupt noch an alleinstehende Frauen zu vermieten.[193]
Die DVP schloss sich dieser Sicht an, forderte aber Bordelle u. ä. durch das Gesetz ausdrücklich zu verbieten.

Am 04.05.1923 legte der Ausschuss dem Parlament seinen Kommissionsbericht vor.
Die Stimmung neigte sich nun endgültig zu Gunsten der Befürworter des neuen Gesetzes. Der Abgeordnete *Grotjahn* (SPD) verkündete zum Grundprinzip des Gesetzesvorhabens zur Abschaffung der Reglementierung: „Nun werde endgültig die Sittenkontrolle und damit ein schweres Unrecht abgeschafft, das nicht nur den Prostituierten, sondern allen Frauen angetan worden sei. Das System sei gescheitert und stehe im Übrigen im Widerspruch zu einer demokratischen Verfassung und der Gleichstellung der beiden Geschlechter."[194]

Im Folgenden hatte insbesondere die DNVP ihre ursprünglich ablehnende Haltung aufgegeben, der Abgeordnete *Strathmann* (DNVP) machte nochmals deutlich, dass Prostitution an sich strafbar sein solle, der Gesetzgeber nur ausnahmsweise demjenigen Straffreiheit gewähre, der sich unter behördliche Duldung und Schutz sowie Fürsorge begebe. Er äußerte, dass er diese Bestimmung für schwierig erachte, da sie Verwirrung stiften könne. Er zog eine Parallele zu § 361 Nr. 5 RStGB (E 1918), der sich mit Trunk- und Spielsucht sowie Müßiggang beschäftigte. Diese Handlungen seien Laster, die nur strafbar seien, wenn

---

[192]RT-Drs., I. Wahlperiode 1920/24, Nr. 5801, S. 6754, zitiert nach *Hartmann*, S. 144, 145, Fn. 85.
[193]RT-Drs., I. Wahlperiode 1920/24, Nr. 5801, S. 6754 f, zitiert nach *Hartmann*, S. 145 Fn. 87.
[194]Sten. Ber. RT, I. Wahlperiode 1920/24, 364. Sitzung, S. 11313, zitiert nach *Hartmann,* S. 149, 150, Fn. 107.

sie in einer für die Allgemeinheit nachteiligen Weise ausgeübt würden. Daran knüpfte er die grundsätzliche Aussage: „Aufgabe des Strafrechts ist es, die Allgemeinheit und ihre Glieder gegen Schädigung einzelner zu schützen. Die Aufgabe des Strafgesetzbuches ist es nicht, den Einzelnen zu sittlichem Verhalten zu zwingen; weil sittliches Verhalten nicht erzwungen werden könne“.[195]

Die Abgeordnete *Lüders* (DDP) sah in dem vorliegenden Gesetzesentwurf die Beseitigung der Doppelmoral sowie den Anfang vom Ende für Bordelle und ähnliche Einrichtungen.

Dagegen bekräftige der Abgeordnete *Heydemann* (KPD) erneut, dass seine Partei das Gesetz für verfehlt halte. Er legte dar, dass die zugrunde liegenden Statistiken zur Zunahme von Prostitution und Geschlechtskrankheiten geschönt und zudem Folgen der Revolution von 1919 seien. Er bemängelte, dass sich die bürgerlichen Parteien einer organisierten Sexualaufklärung in Schulen verweigerten und dass der § 361 Nr. 6 RStGB (E 1918) ersatzlos gestrichen werden müsse, weil er strukturell Menschen aus Arbeiterschichten treffe, aus deren Mitte sich die Prostitution hauptsächlich rekrutiere. Er bezeichnete das Gesetz daher als „Klassengesetz“.

Die konservativen Parteien traten weiter für eine restriktive Formulierung des Gesetzes ein.
Die Abgeordnete *Neuhaus* (Zentrum) äußerte, dass es bisher kein Gesetz gegeben habe, das „so bedeutungsvoll für unser gesamtes Volk“ und dabei so voller Schwierigkeiten gewesen sei. Sie halte den bisherigen § 361 Nr. 6 f RStGB für wichtig, weil nur er einer „sozialen Polizei“ die rechtlichen Grundlagen gegeben habe, die Prostituierten den entsprechenden Fürsorgestellen zuzuführen. Dennoch sei ihre Partei für die Abschaffung der Norm, an deren Stelle solle aber nicht der Regierungsentwurf sondern der Entwurf zu § 13 Ziff. III GeschlKrG treten, da er einen umfassenden Zugriff der Polizeikräfte ermögliche. Sie appellierte auch an die Mütter, denn nur sie könnten die Prostitution auf Dauer wirksam bekämpfen, indem sie ihren Söhnen die entsprechenden Ideale mit auf den Weg gäben.[196]

---

[195]Sten. Ber. RT, I. Wahlperiode 1920/24, 364. Sitzung, S. 11320, zitiert nach *Hartmann*, S. 150, Fn. 109.
[196] Hartmann, S. 153.

Die Abgeordnete *Lang-Brumann* (BVP) machte deutlich, dass ihre Fraktion in der Frage gespalten sei. Sie selbst würde dem Gesetz aus sittlich-religiösen Gründen nicht zustimmen.[197] Darauf entgegnete *Strathmann* (DNVP), dass eine strafrechtliche Freigabe noch keine sittliche Freigabe der Prostitution sei. Der Abgeordnete *Bäumer* (DDP) erwiderte, dass in dieser Frage eben moralische und strafrechtliche Beurteilung auseinander fielen. „Denke man – fälschlicherweise – die moralische Betrachtung bis zu einer strafrechtlichen konsequent zu Ende, so komme man zwangsläufig auch zu einer Bestrafung der Kunden der Gewerbsunzucht.“[198]

Auf den Antrag der Abgeordneten *Lang-Brumann* (BVP) den Paragraphen so zu fassen, dass die Prostitution allgemein unter Strafe gestellt würde, erwiderte die Abgeordnete *Schreiber-Krieger* (SPD): „Die in der Frauenbewegung versammelten Frauen jeglicher politischen Couleur fordern seit langem die Abschaffung der „Abstempelung der Prostituierten“. Sie wurde von Zwischenrufen der Abgeordneten *Lang-Brumann* (BVP) unterbrochen: „Von den katholischen Frauen niemals!“ *Schreiber-Krieger* (SPD) erwiderte daraufhin, dass es die „Käufer“ und nicht die „Ware“ sein müsse, die bestraft werde. Sie wandte sich gegen den Standpunkt, dass Prostitution für Männer notwendig sei, da dies zu einer beispiellosen Doppelmoral führe, die in einer Verachtung seitens der verachteten Prostituierten münde. Nur soziale Fürsorge stelle eine effektive Prävention gegen die Prostitution dar.“[199]

Die dritte Lesung fand am 18.06.1923 statt. Die Abstimmung fiel knapp zu Gunsten des Gesetzes aus. Damit hatte der Reichstag der Abschaffung der Reglementierung zugestimmt. Gegen das beschlossene Gesetz erhob der Reichsrat

---

[197]Sten. Ber. RT, I. Wahlperiode 1920/24, 364. Sitzung, S. 11326, zitiert nach *Hartmann*, S. 153, 154, Fn. 126.

[198]„Dies sei aber schon deshalb unmöglich, weil die sehr lange Polizei- und Rechtssprechungspraxis gezeigt habe, dass der Begriff der Gewerbsunzucht zu unbestimmt sei.“, zitiert nach *Hartmann,* S. 156, 157, Fn. 144.

[199] Sten. Ber. RT, I. Wahlperiode 1920/24, 365. Sitzung, S. 11420 f., zitiert nach *Hartmann*, S. 155, 156, Fn. 138, 139.

jedoch Einspruch.[200] Da die Erledigung des Einspruchs in dieser Legislaturperiode nicht mehr stattfand, war damit das Gesetz erneut zunächst gescheitert.

(c) 3. Entwurf 1925

Erst zwei Jahre und zwei Reichstagswahlen später, legte die Reichsregierung am 30.05.1925 dem Reichsrat erneut einen Entwurf vor.[201]

Im Juni 1925 wurde der Entwurf, der weitgehend gleich geblieben war, dem Parlament zugeführt. § 13 war in der neuen Vorlage nun § 15 GeschlKrG.

Bezüglich § 15 Ziff. IV GeschlKrG (1925) beantragte das Zentrum, dass Gemeinden über 10.000 Einwohner selbstständig Vorschriften über die Ausübung der Prostitution erlassen dürfen. Die DNVP beantragte eine noch weitergehende Verschärfung der Norm, während die SPD verlangte, den besonderen Schutz von Kirchen, Schulen etc. zu streichen. Die Parteien einigten sich darauf die Einwohnerzahl besonders geschützter Gemeinden von 10.000 auf 15.000 Einwohner anzuheben und die Altersgrenze der geschützten Kinder von 4 auf 3 Jahre abzusenken. Am 24.11.1926 legte der Ausschuss dem Reichstag seine neue Fassung vor.[202]

Bei den Beratungen wies die Abgeordnete *Schroeder* (SPD) darauf hin, dass sie bezweifele, dass das Weiterbestehen der Bordelle das kleinere Übel sei. Wichtiger seien doch die moralischen Bedenken und die menschenunwürdigen Zustände dort. Sie wandte sich gegen die Begrenzung, dass in Gemeinden unter 15.000 Einwohnern Prostitution zu untersagen sei, denn Frauen sollten gerade die Möglichkeit haben, aus den Städten weg aufs Land zu ziehen. Auch der Begriff in der „Nähe von Kirchen und Schulen“ sei zu unpräzise und führe zu neuen „ge-

[200]Einspruch des Reichsrates vom 02.07.1923 (43. Sitzung, Niederschrift des RR § 693), dem Reichstag durch die Reichsregierung mitgeteilt am 21.07.1923. RT-Drs., 1923, Nr. 6120, zitiert nach *Hartmann,* S. 158, Fn. 150.

[201]Reichsratsvorlage vom 30.05.1925, RR-Drs. Tagung 1925, Nr. 59, dem Reichsrat vorgelegt durch den zuständigen Innenminister *Schiele*, Hartmann, S. 159, Fn. 156. Overesch – Droste/Chronik, 1982, S. 24, zitiert nach *Hartmann*, S. 159, Fn. 157

[202]Sten. Ber. RT, III. Wahlperiode 1924/28, 411. Anl. Bd., Aktenstück Nr. 2714, S. 23 (Antrag Nr. 37,3 – DVP; Antrag Nr. 44 – SPD und Antrag Nr. 40 – KP). Die Anträge nahmen im Folgenden immer mehr zu und wurden immer verworrener bzw. entfernten sich stetig von der Entwurfsvorlage, zitiert nach *Hartmann*, S. 162, Fn. 173, 174.

sperrten Bezirken" und damit indirekt wieder zur Reglementierung und Kasernierung. Sie bekräftigte, dass sie der Meinung sei, dass Prostitution kein notwendiges Übel und der Kampf gegen sie zu gewinnen sei.[203]

Nachdem am 26.01.1927 nochmals alle Bedenken vorgebracht wurden, wurde das Gesetz in der Abstimmung mit knapper Mehrheit angenommen und vom Reichstag noch am gleichen Tag verabschiedet.[204]

Mit § 16 GeschlKrG (1927) trat der sog. „Kirchturm-Paragraph" in Kraft, wonach Prostitution nur noch in bestimmten Gegenden und unter bestimmten Voraussetzungen strafbar war. Damit wurde die Grundlage für die Einrichtung von Sperrbezirken geschaffen.

Zu der Frage, ob Prostitution als Erwerbstätigkeit anerkannt werden sollte, hatte sich der Reformgesetzgeber nicht geäußert. Zeitgenossen befürchteten, dass die Prostitution damit zu einer erlaubten, d.h. einer „sittlich einwandfreien Handlung" erklärt würde und dass „das Gewerbe der Prostitution genau so ein ehrliches und anständiges Gewerbe darstelle, wie irgendein anderes"[205].

Mit dem GeschlKrG und den nachfolgenden Änderungen des RStGB wurden die Bordellierung und Kasernierung verboten. Die Kontrolle der Prostituierten wurde zwar von der Sittenpolizei auf die Gesundheitsämter verlagert, in der Praxis traten aber kaum Änderungen ein.

(d) Frauenpolizei

Die erste Frauenpolizei wurde 1903 in Stuttgart eingerichtet. Damals als amtliche Fürsorgestelle ausgestaltet, erhielt sie ihre „Fälle" von männlichen Polizisten. Langsam wandelte sich die Frauenpolizei zu einer eigenen Abteilung der

---

[203] Sten. Ber. RT, III- Wahlperiode 1924/28, 257. Sitzung, S. 8699 f. Eine etwas merkwürdige Argumentation. An sich ging es darum, gerade auf dem Land und in kleineren Gemeinden die Prostitution fernzuhalten. *Schroeder* lehnte jedoch ausdrücklich ab, unterschiedliches Strafrecht für unterschiedliche Regionen einzuführen, zitiert nach *Hartmann*, S. 164, Fn. 184, 185.

[204] Das Gesetz wurde nach elf Jahren am 18.02.1927 im Reichsgesetzblatt verkündet und trat am 01.10.1927 in Kraft. *Hartmann*, S. 166, Fn. 199 mit weiteren Erläuterungen zum Gesetzesinhalt.

[205] *Kahl,* S. 55; *Hellwig*, S. 10.

Polizei, welche 1931 in ganz Deutschland mit insgesamt 159 weiblichen Polizisten vertreten war.
1923 wurde unter englischer Besatzung und zur Zeit der Inflation in Köln die erste Frauenwohlfahrtspolizei eingerichtet. Grund waren besondere moralische und hygienische Notstände. Sie unterstand direkt dem Regierungspräsidenten und gliederte sich in 4 Abteilungen:

- Polizeifürsorge: Fürsorgerische Bearbeitung der Fälle
- Schutzheim: vorläufige Verwahrung der polizeilich eingewiesenen Frauen
- Untersuchungsstation: Untersuchung der festgenommenen Frauen durch eine Ärztin
- Frauen-Wohlfahrtspolizei: Erfassung der Fälle durch Außenbeamte, diese hatten verschiedene Eingriffsmöglichkeiten:
  - Zuspruch oder Verwarnung
  - Einbestellung zur Dienststelle
  - Begleitung in die angegebene Wohnung
  - Vermittlung von Unterkünften an Obdachlose
  - Schutzhaft oder Festnahme

Nachdem die Frauenwohlfahrtspolizei 1925 aus finanziellen Gründen in Köln eingestellt wurde, entschlossen sich einzelne deutsche Länder zur Einführung weiblicher Polizisten bei der Gefährdeten- und bei der Kriminalpolizei.
Das erste Frauenkommissariat wurde 1926 in Preußen (Frankfurt am Main) eingeführt.
1932 gab es in folgenden preußischen Städten weibliche Polizisten:
Berlin (35), Altona (5), Breslau (8), Essen (8), Frankfurt (7), Halle (4), Kiel (4), Köln (9), Königsberg (3), Magdeburg (5), Hannover (5), Recklinghausen (4), Stettin (3), Wuppertal (5), Hamburg, Dresden und Baden folgten 1927.[206]

Der Einsatzbereich lag hauptsächlich im Zusammenwirken mit der Durchführung des Reichsjugendwohlfahrtgesetzes[207] i. d. F. vom 09.07.1922, des Reichsjugendgerichtsgesetz[208] i. d. F. vom 16.02.1922 und insbesondere mit dem GeschlKrG i. d. F. vom 18.02.1927.

---

[206]Die Zahl in Klammer gibt die jeweilige Anzahl der weiblichen Polizisten an.
[207]Es entstand 1922/24 und wurde 1953 zum Jugendwohlfahrtsgesetz novelliert
[208]Das Reichsjugendgerichtsgesetz wurde von *Radbruch* entworfen und am 16.02.1923 erlassen.

Zur Durchsetzung des Gedankens der weiblichen Polizei haben im Wesentlichen internationale und nationale Frauenorganisationen[209] beigetragen.[210]

(e) Zusammenfassung zum GeschlKrG

Die Argumente der Diskussionsteilnehmer schwankten stets zwischen moralisch/ethischen und sozial/realen Ansichten. Während die einen die Prostitution als ein notwendiges Übel ansahen, plädierten die anderen für ein striktes Durchgreifen, um diese „sittliche Bedrohung" zu bekämpfen. Weitgehend anerkannt war, dass die Reglementierung sich schädlich auswirkte und dazu führte, dass sich weniger Prostituierte regelmäßig ärztlich untersuchen ließen.
Auch nach Inkrafttreten des GeschlKrG 1927 und der damit einhergehenden Aufhebung der Reglementierung hielt eine Vielzahl der Prostituierten ihre Tätigkeit geheim. Grund dafür war neben dem Verlust des Ansehens auch die Angst aufgrund des § 180 RStGB ihre Privatwohnungen zu verlieren, denn die meisten Vermieter hatten Angst vor Sanktionen und kündigten die Wohnungen sobald sie von der Art der Tätigkeit erfuhren.

Praktisch änderte sich nach der Einführung des GeschlKrG für die Prostituierten nichts Wesentliches. Die im RStGB (1900) existierenden Reglementierungen boten der Polizei weiterhin Kontroll- und Eingriffsmöglichkeiten. Die Rechtsprechung legte den § 361 Nr. 6 RStGB (1900) so aus, dass es unerheblich war, ob die Aufforderung zum entgeltlichen Beischlaf an eine bestimmte Person ging, ein Dritter sie zur Kenntnis nahm, verstand oder willens war sie anzunehmen. Diese Auslegung bedeutete praktisch, dass die Polizei nun als Hilfsorgan der Strafverfolgungsbehörde weiterhin die Prostitution unter Hinweis auf ihre Strafbarkeit reglementieren konnte.[211]

Die zweite strafrechtlich verankerte Regulierungsmöglichkeit ergab sich aus der polizeilichen Duldung von Bordellen und Absteigen, die häufig nur erteilt wurde, wenn die Wirte dafür Sorge trugen, dass sich die Prostituierten an polizeili-

[209]Weltverband für staatsbürgerliche Frauenarbeit, die Nationalkomitees zur Bekämpfung des Mädchenhandels.
[210]Alle Angaben *Elster, Lingemann-Barck*, „Frauenpolizei" S.470-475.
[211]OLG Dresden JW 1934, S. 501.

che Anordnungen hielten. Dies widersprach dem gesetzlichen Anliegen, durch die Novellierung von § 180 RStGB Raum für Gewerbeausübung zu schaffen und die übliche Polizeipraxis, Bordelle zu dulden, zu unterbinden. Der Gesetzgeber überließ es der Rechtsprechung, die Grenze zwischen strafloser Vermietung und strafbarer Bordellierung zu ziehen, so dass die Betreiber von Einrichtungen nicht mit Sicherheit wussten, wann sie die Grenze des § 180 Abs. 3 RStGB (1900) überschritten.[212] Daher existierten faktisch auch 1927 noch polizeilich geduldete Bordelle.

Die Situation war damit noch immer für alle Seiten unbefriedigend.

(3) E 1922 zum RStGB (sog. Radbruch-Entwurf)

Parallel zu den Diskussionen um das GeschlKrG schritten die Arbeiten an einer Strafrechtsreform voran. Im April 1922 wurden die Arbeiten an der Reform unter der Leitung von *Radbruch*[213] (SPD) als neuer Reichsjustizminister im Kabinett *Wirth* wieder aufgenommen.

Bei der Kuppelei war keine Altersgrenze vorgesehen, jedoch sollte immer dann schwere Kuppelei vorliegen, wenn eine Person unter 18 Jahren verkuppelt wurde, egal in welchem Verhältnis das Opfer zum Täter stand. Die Verlobtenkuppelei sollte straflos sein, der Tatbestand der Zuhälterei blieb nahezu unverändert.
Wegen Differenzen in der Reichsregierung wurde der Entwurf nicht verabschiedet. Nach *Radbruchs* Rückkehr an die Spitze des Ministeriums im August 1923 nahm er die Arbeiten an dem Entwurf wieder auf.[214]

In Anlehnung an § 13 Ziff. 1 GeschlKrG empfahl er ein explizites Verbot von Bordellen.[215]
Hinsichtlich der Wohnungsgewährung wollte er eine Altersgrenze von 18 Jahren mit Vermieterprivileg einführen. Auch den Schutz von Schulen, Kirchen etc. nahm er in § 373 a RStGB, „Gemeinschädliches Verhalten bei Ausübung der

[212] *Hellwig,* S. 315 f, 327, *Bohne*, S. 494, *Schäfer-Lehmann*, S. 199.
[213] *Gustav Radbruch* (geboren 1878, gestorben 1949).
[214] *Schubert*, Weimarer Republik, 1995, Bd. I S. XIV, zitiert nach *Hartmann*, S. 169, Fn.218.
[215] *Schubert*, Weimarer Republik, 1995, Bd. I S. XVI Nr. 17, zitiert nach *Hartmann*, S. 170, Fn. 221.

Unzucht", auf. Die Verkuppelung Minderjähriger als Fall der schweren Kuppelei behielt er bei.
Radbruch gilt damit als geistiger Vater des § 180 StGB i. d. F. von 1974 „Förderung sexueller Handlungen Minderjähriger".[216]

(4) E 1925 zum RStGB (Reichsratsvorlage)

Unter Staatssekretär *Joel*[217] verabschiedete das Kabinett die Neufassung des E 1922 RStGB am 12.11.1924. 1925 wurde der Entwurf einer großen Öffentlichkeit als sogenannter E 1925 zugänglich gemacht. Sein Gepräge erhielt er hauptsächlich durch die Mitarbeit Österreichs an dem Entwurf. Das StGB war nun in drei Bücher eingeteilt,

1. Verbrechen und Vergehen,
2. Übertretungen und
3. gemeinschädliches Verhalten.

Es wurde unter § 272 (E 1925) ein ausdrückliches Verbot der Bordelle aufgenommen. Die Prostitution sollte straffrei sein und die Reglementierung abgeschafft werden.[218]

Im § 181 a des E 1925 RStGB, „Zuhälterei", sollte eine Verschärfung auf Zuchthaus, statt Gefängnis eintreten. Eine weitere Unterbringung im Arbeitshaus wurde abgewiesen, weil ein Zuhälter „dort nicht reinpasse". Die Begründung hierfür tauchte 1933 in der Begründung des „Gewohnheitsverbrechergesetzes"[219] erneut auf.[220]

---

[216]Nach dem 4. Strafrechtsänderungsgesetz, *Hartmann*, S. 170, 171.
[217]*Curt Walter Joel* gehörte keiner Partei an. Er war Jurist, Verwaltungsbeamter und Politiker (1865-1945).
[218]Begründung zum E 1925. Abgedruckt bei *Schubert*, Weimarer Republik, 1995, Bd. I, S. 378, zitiert nach *Hartmann*, S. 171, 172, Fn. 229.
[219]Gesetz gegen gefährliche Gewohnheitsverbrecher, RGBl. 1933, S. 987.
[220]Sie lautete: „Den Zuhälter kennzeichnet ein besonders hohes Maß von Brutalität, die sich in Roheitsverbrechen schlimmster Art auszuwirken pflegt. Gegenüber Personen dieser Art ist jedenfalls das Arbeitshaus des Entwurfs, das in der Hauptsache den Charakter einer Fürsorgeeinrichtung für labile Personen hat, nicht angebracht. Ihnen kann nur mit empfindlichen Strafen, gegebenenfalls auch mit Maßnahmen der Sicherungsverwahrung entgegengewirkt werden." Zitat aus § 277 E 1925 Zuhälterei und Begründung E 1925, S. 141, zitiert nach *Hartmann*, S. 173, Fn. 239, 240.

(5) E 1927 RStGB

Bei den Ausschussberatungen im Reichsrat 1924 wurden auch die Anträge einzelner Landesregierungen berücksichtigt.
Die Regierung Sachsens wollte nicht nur die polizeiwidrige, sondern die Prostitution an sich als „asozial“ und daher per se strafwürdig verstanden wissen.
Bei der Kuppelei wollten Oldenburg und Hessen den Betrieb eines Bordells auch dann bestrafen, wenn er ohne Eigennutz geschehe. Demgegenüber verlangten Lübeck und Braunschweig die Streichung des Bordellverbotes.
Bei der Kuppelei beantragten Bayern und Thüringen den Begriff „gewohnheitsmäßig“ als Tatbestandsmerkmal beizubehalten. Lübeck lehnte eine Privilegierung der Wohnungskuppelei ab, Baden, Bayern, Württemberg und Oldenburg wollten die Privilegierung schärfer fassen lassen, danach sollte jeder Vermieter, der straffrei bleiben wollte, eine behördliche Genehmigung beantragen müssen.[221]
Insgesamt, mit Ausnahme von Lübeck und Braunschweig, bezogen die Länder deutlich Stellung gegen die geplante Abschaffung der Reglementierung. Am 04.03.1927 kam es zu einer Besprechung mit den Leitern der Landesjustizverwaltungen über politisch bedeutsame Fragen des Entwurfs des Allgemeinen Deutschen Strafgesetzbuches, wobei insbesondere die süddeutschen Länder nochmals versuchten, das System der Reglementierung zu retten.

Justizminister *Hergt* (DNVP) erläuterte den Anwesenden, dass erst wenige Tage zuvor, am 26.01.1927, das GeschlKrG durch den Reichstag beschlossen wurde. „Man müsse daher in den hiesigen Beratungen zur ursprünglichen Entwurfsvorlage des E 1925 zurückkehren.“[222]

Der E 1927 passte sich in § 374 (Aufforderung zur Unzucht) an den § 361 Nr. 6 GeschlKrG an, danach wurde nur noch bestraft, „wer öffentlich in Anstand oder Sitte verletzender oder andere belästigenden Art zur Unzucht aufforderte“. In § 373 wurde in Anlehnung an § 361 Nr. 6a GeschlKrG das gemeinschädliche Verhalten bei der Ausübung der Unzucht bestraft, welches die Örtlichkeiten (Verbot in der Nähe von Kirchen, Schulen, Wohnungen mit Kindern etc.) zur Unzucht einschränkte.

---

[221] *Hartmann* S. 174, 175.
[222] *Schubert*, Weimarer Republik, Bd. 2, 1998, S. 74, zitiert nach *Hartmann*, S. 177, Fn. 266.

Die Reichsratsvorlage wurde am 14.05.1927 als sogenannter E 1927 ins Parlament eingebracht.

(6) E 1930 RStGB

Nach zweitägiger Generaldebatte wurde der E 1927 zur Beratung an einen dafür neu geschaffenen Ausschuss überwiesen.
Noch vor dessen ersten Sitzung legte der Reichsjustizminister *Koch-Weser* (DDP) dem Reichsrat den „Entwurf eines EStGB“ vor.[223] Danach sollten zahlreiche Vorschriften des GeschlKrG geändert werden. Ein Grund für die Änderungswünsche war der Vorschlag der Reichsregierung, die Bestimmungen zur Prostitution völlig aus dem RStGB zu streichen und im GeschlkrG zu regeln.[224]
Im E 1930 wurden die §§ 374, 373 aus dem E 1927 gestrichen.

In der 90. Sitzung kam es nach langer Zeit erneut zu Diskussionen um den Zuhälter Paragraphen. Der Abgeordnete *Alexander* (KP) führte aus, dass der Begriff der Zuhälterei enger gefasst werden müsse, insbesondere bei den Voraussetzungen, die gegeben sein müssten, also dass jemand einen anderen durch Gewalt oder durch Drohung mit Gewalt zwingt, sich zu prostituieren, und dass er sich unter Ausbeutung des Gewinns aus der Prostitution ganz, oder teilweise aushalten lässt. Alle anderen Verhältnisse zwischen Männern und Frauen gingen das Strafrecht nach seiner Ansicht nichts an.“

Dies stellt eine erstaunliche Vorwegnahme der heutigen Fassung von § 181 a StGB und dem Schutzzweck der Norm, der Selbstbestimmung der Prostituierten, dar.[225]

---

[223]Entwurf zu einem EGStGB, abgedruckt bei *Schubert* Weimarer Republik, 1995, Bd. 5, S. 207 bis 300. Dies war die Geburtsstunde des heutigen Artikels 297 EGStGB. Dies kann man der Vorschrift zu diesem Zeitpunkt nicht unmittelbar entnehmen, da in Artikel 143 des E 1927 EGStGB zwar zahlreiche Vorschriften des GeschlKrG geändert wurden, nicht jedoch der hier vorrangig interessierende § 16 GeschlKrG, vgl. auch *Schubert*, Weimarer Republik, 1995, Bd. 5, S. 276 f., zitiert nach *Hartmann*, S. 179, 180, Fn. 281.
[224]*Hartmann*, S. 180.
[225]*Dreher/Tröndle*, StGB, § 181 a.

Auch die SPD wollte die Norm verändern, beide Parteien konnten sich aber nicht durchsetzen und so blieb die ursprüngliche Fassung.[226]

In der 91. Sitzung berichteten viele Abgeordnete, dass seit der letzten Sitzung Vertreterinnen zahlreicher Frauenvereine bei ihnen vorstellig geworden seien und sie gebeten hätten, alles zu unternehmen, damit keinerlei Strafbarkeitslücken bei Bordellen, Absteigequartieren und Ähnlichem entstünden. Die Bordelle – so die Frauenvereine – müssten ein für allemal abgeschafft werden.[227]

Die KP griff massiv die Regelungen zur Kuppelei an und wollte diese auf den reinen Jugendschutz beschränken. In allen anderen Fällen müsse man auf die freie Willensentscheidung erwachsener Personen abstellen. Wörtlich sagte der Abgeordnete *Alexander* (KP): „...ausreichend ist eine Vorschrift, wonach nur die Verkuppelung von Kindern unter 14 Jahren strafbar ist und die Verkuppelung an Jugendlichen dann, wenn sie entweder aus Eigennutz oder Ausnutzung eines Abhängigkeitsverhältnisses oder unter Verwendung von Kunstgriffen erfolgt. Damit scheint das strafrechtliche Interesse an der Kuppelei erschöpft zu sein. Was darüber hinausgeht, geht das Strafrecht nichts an oder ist bereits strafbar nach den Bestimmungen über die Beihilfe, Mittäterschaft usw. bei strafbaren Handlungen."[228]

Damit nahm er die Ergebnisse des 4. StrRG aus dem Jahre 1974 und des § 180 StGB i. d. F. 2009, bereits im Jahre 1929 vorweg. In eine ähnliche Richtung ging auch der Antrag der SPD.[229]

Nach der Auflösung des Reichstages durch Präsident *Hindenburg* im Juli 1930 errangen die Nationalsozialisten bei den Neuwahlen annähernd so viele Stimmen wie die SPD. Am 30.12.1930 konstituierte sich ein neuer Strafrechtsausschuss, ab dem 11.02.1931 nahmen die Nationalsozialisten hieran nicht mehr

---

[226]Vgl. Anträge der SPD Nr. 363 bzw. 364, 90. Sitzung; *Schubert*, Weimarer Republik, Bd. 3.3, 1995, S. 109 bzw. 112 und Begründung durch den Abgeordneten. *Marum*, ebenda, S. 112, zitiert nach *Hartmann*, S. 191, Fn. 346.
[227]*Schubert*, Weimarer Republik Bd. 3.3, 1995, S. 115 f.
[228]Abgeordneter *Alexander* (KP), 89. Sitzung, *Schubert*, Weimarer Republik Bd. 3.3., 1995, S. 100, zitiert nach *Hartmann,* S. 187, Fn. 323.
[229]Antrag *Rosenfeld, Pfüls, Marum, Dittmann* und *Mofes* (alle SPD), 89. Sitzung; abgedruckt bei *Schubert*, Weimarer Republik, Bd. 3.3, 1995, S. 99 (Nr. 358), zitiert nach *Hartmann*, S. 187, Fn. 324.

teil.[230] Die Prostitutionsdelikte waren planmäßig aus dem Entwurf gestrichen worden, da ihre Neuregelung den Beratungen zum EStGB überlassen werden sollte. Nachdem der Ausschussvorsitzende *Kahl* am 14.05.1932 starb, wurden die Reformarbeiten vom 6. Reichstag nicht wieder aufgenommen. So blieben die gesamten Delikte der Kuppelei, des Frauenhandels und der Zuhälterei unbehandelt.
Am 30.01.1933 endete die Weimarer Republik.

c.) Zusammenfassung und Bewertung der Diskussionen von 1869 bis 1933

Die Diskussionen um die Tatbestände der Kuppelei bewertete *Hagemann* 1936. Die Problematik sah er im unbestimmten Rechtsgut und der Frage, „was schutzwürdig sei". Nach seiner Ansicht beinhaltete die Beförderung fremder Unzucht keine Verletzung Dritter, sondern stelle nur die Strafbarkeit einer Gesinnung dar.
Die Unbestimmtheit des Rechtsgutes und die Divergenz der darüber möglichen Auffassungen, je nach Alter, Geschlecht, Herkommen, Stand und Erziehung, machten die Diskussionen uferlos, da die Diskussionen „über kurz oder lang in die Gebiete des Weltanschaulichen gelangen, womit einer die Argumente abwägenden Debatte in der Regel Grenzen gesetzt sind."[231]
Ätiologisch zählte er die Kuppeleidelikte unbedenklich zu den Bereicherungsdelikten.[232]
Das sog. „polizeiliche Einfallen" in Bordelle oder bordellartige Betriebe sah er kritisch, da dies nach seiner Meinung im Allgemeinen keinen besonderen Erfolg verspräche. Durchschlagende Beweismittel würden selten gefunden, aber die Inhaber der Bordelle würden danach eine Vielzahl von Beschwerden verfolgen.[233]

Die Gesetzesbestrebungen zum GeschlKrG sah *Hagemann*[234] als Erfolg der seitens der Mediziner und Soziologen dauerhaft eingebrachten Einwendungen gegen die polizeiliche Reglementierung an. Dennoch empfand er das GeschlKrG

[230] 1. Sitzung, *Schubert,* Weimarer Republik Bd. 3.4, 1997, S. 3, zitiert nach *Hartmann*, S. 193, Fn. 355.
[231] *Elster/Lingemann-Hagemann* „Prostitution", S. 393.
[232] *Elster/Lingemann-Hagemann*, „Kuppelei", S. 89.
[233] *Elster/Lingemann-Hagemann*, „Kuppelei", S. 89.
[234] *Max Hagemann* (1883-1968), war der erste Präsident des Bundeskriminalamtes.

als Kompromiss, der „zum Ausgangspunkt die Geschlechtskrankheiten nehme, um mit der Regelung der Prostitution zu enden". Er bemängelte, dass zunächst die Ansichten der Gerichte in der Anwendung der Strafbarkeiten trotz Ausführungsgesetze der Länder sehr unterschiedlich seien, was er auf eine unklare Gesetzesfassung zurückführte. Erst im Laufe der Zeit und auf Grund höchstrichterlicher Rechtsprechung habe sich eine befriedigende Einheitlichkeit herausgebildet.[235]

Zur Frage der Vergleichbarkeit im kriminologischen Sinn von Prostituierten mit Bettlern und Landstreichern nahm *Elster*[236] Stellung. Er bejahte eine Vergleichbarkeit, da beide „ohne eigene Arbeit als Parasit auf Kosten der Gesellschaft lebten" und „aus angeborener oder erworbener geistiger oder seelischer Minderwertigkeit sich im modernen Lebenskampfe nicht behaupten könnten". Als Basis für seine Behauptungen nahm er auf verschiedene Untersuchungen Bezug, die bei Prostituierten eine auffallend hohe Zahl an Schwachsinn festgestellt hätten. Des Weiteren stellt er einen Bezug zwischen Prostitution und Kriminalität her. Der Zusammenhang läge im Willen der Lebensführung, der, wenn er von Natur aus schwach sei, zu einem Triebhandeln verleiten würde. So würde versucht werden auf möglichst mühelosem Weg und mit möglichst wenig Aufwendung an Arbeit und Anstrengung seine Bedürfnisse zu befriedigen.[237] Die Zuhälter sah er als unmännlich an, da sie auf eine Art und Weise handelten, die nach seiner Ansicht „der Mannesehre ins Gesicht schlüge".[238]
Basierend auf einer Unterscheidung von *van der Laan*[239] ging er von vier verschiedenen Zuhältertypen aus:

1. Indolente haltlos Passive
2. Haltlos Passive, aber reizbar Brutale
3. Berechnende brutale Aktive
4. Gelegenheitszuhälter.[240]

Die Einschränkungen, Verbote und Verhaltensregeln für Prostituierte waren erheblich. Als im Zuge des § 361 RStGB aus dem Jahre 1876 auch „anständige

[235] *Elster/Lingemann-Hagemann*, „Kuppelei", S. 393 und 403.
[236] *Alexander Elster.*
[237] *Elster/Lingemann-Hagemann*, „Prostitution", S. 412.
[238] *Elster/Lingemann-Hagemann*, „Zuhälter", S. 1156, 1157.
[239] *van der Laan*, S. 475, 476.
[240] *Elster/Lingemann-Elster,* „Zuhälter", S. 1162 f.

Frauen“ wegen Verdachts des Verstoßes gegen diese Einschränkungen von der Polizei mitgenommen wurden, formierte sich erheblicher Prostest seitens der Frauen gegen die Reglementierung der Prostituierten. Dieser Prostest richtete sich jedoch nicht gegen die schlechten Lebens- und Arbeitsbedingungen der Prostituierten, sondern dienten der Abgrenzung von „anständigen Frauen“ zu Prostituierten.

Die dargestellten Meinungen und das vorstehend beschriebene Zustandekommen des GeschlKrG machen deutlich, dass die Diskussionen sich ständig zwischen moralisch/ethischen und sozial/realen Argumenten bewegten.
Im Vordergrund der Gesetzesnovellierungen standen im historischen Kontext nicht die Prostituierte und ihre Bedürfnisse, sondern die Volksgesundheit, die Verhinderung der Kriminalität, die Überwachung der Kriminalität, die Aufrechterhaltung der Moral, der Schutz der „anständigen Frauen“ und die Schaffung von Möglichkeiten zum Ausstieg aus der Prostitution.

d.) Der Nationalsozialismus

Die Darstellung dieser Zeit wird durch die nicht umfassende Aufarbeitung der Situation der Prostituierten erschwert. Darüber hinaus führte die schwierige politische Lage und der Zweite Weltkrieg dazu, dass ein Rückschluss von damals auf heute nur schwer möglich ist. Es wird sich daher auf einige, für die spätere Zeit relevante Ausschnitte beschränkt.

Prostitution wurde als „Verfehlung gegen die Sittlichkeit“ gesehen.[241] Dennoch wurde nicht nur die gesetzliche „Freigabe“ der Weimarer Republik beibehalten, sondern die Prostitution auch für staatliche Zwecke instrumentalisiert.
Zunächst galten die Regelungen der Weimarer Republik weiter. Im Mai 1933 kam es zu einer Besprechung im Reichsjustizministerium. In der daraufhin überarbeiteten Fassung des Entwurfs wurde zum ersten Mal eine Änderung des § 361 Nr. 6 StGB erwähnt.[242] Die Entwurfsbegründung erklärte, dass die im GeschlKrG getroffenen Regelungen in der Praxis aus verschiedenen Gründen gescheitert seien. „Dies liege an Umsetzungsschwierigkeiten, insbesondere aber auch an den Vorschriften selbst, die als Ergebnis schwieriger Kompromissver-

[241] *Hitler,* S. 269-288.
[242] BA R 3001/21844 (5981) Bl. 68,73 Art. I, Nr. 14.

handlungen des damaligen Reichstages zu Missdeutungen Anlass gegeben hätten und mancherlei Lücken aufwiesen.[243]
Der Entwurf wurde am 17.05.1933 angenommen. Damit wurden die §§ 373, 374 StGB[244], die zunächst gestrichen worden waren, wieder in das StGB übernommen und nicht das GeschlKrG, sondern direkt das StGB geändert. Das GeschlKrG wich damit vom StGB ab. Aufgrund des Grundsatzes vom Vorrang der „lex posterior derogat legi priori“[245] war dies möglich. Man machte sich nicht die Mühe, das ältere Gesetz aufzuheben.[246]

Es wurde damit lediglich die ohnehin herrschende Interpretation des Tatbestandes als abstraktes Gefährdungsdelikt festgeschrieben.[247]

Mit dieser Regelung vom 26.05.1933 wurde zum ersten Mal eine ausdrückliche gesetzliche Ermächtigung zur Einrichtung von Sperrbezirken geschaffen.[248] Die Reform sollte einen „vom Standpunkt der allgemeinen Moral erträglichen Zustand des Straßenbildes“ gewährleisten, also die Prostitution „aus dem Straßenbild“ zurückdrängen und „Auswüchse beseitigen“.[249]
Wesentlich verändert wurden die Rechtsfolgen. Es war nun gem. § 42 d StGB möglich, bei einem strafrechtlichen Verstoß gem. Art. 3, Ziff. 2.1 des Gesetzes vom 21.11.1933 gegen gefährliche Gewohnheitsverbrecher und über Maßregeln der Besserung und Sicherung Prostituierte, die gegen § 361 Nr. 6 und Nr. 6a StGB verstießen, in ein Arbeitshaus einzuweisen und sie so an ein gesetzmäßiges und geordnetes Leben zu gewöhnen.[250] § 180 StGB blieb unverändert bestehen.
Originäre Polizeikompetenzen ermächtigten dazu, Personen im Rahmen polizeilich „vorbeugender Verbrechensbekämpfung planmäßig zu überwachen und ihnen – gesetzlich nicht festgelegte – Auflagen zu erteilen oder sie in Vorbeugehaft zu nehmen“. Im Bereich der Prostitutionsreglementierung konnte mit Hilfe

[243]BA R 3001/21844 (5981) Bl. 90.
[244]§ 373 StGB behandelte die gewerbsmäßige Unzucht, § 374 StGB behandelte die Aufforderung zur Unzucht.
[245]Übersetzung aus dem Lateinischen: „Das jüngere Gesetz hebt das ältere Gesetz auf.“
[246]Artikel I, Ziff. 19 der Novelle: wie Entwurf vom 10.05.1933, zitiert nach *Hartmann*, S. 198, Fn. 22.
[247]*Schäfer/Richter/Schafheuthe*, S. 25.
[248]*Gleß*, S. 92.
[249]*Schäfer/Richter/Schafheuthe*, S. 25.
[250]RGBl. I 33, 995, vgl. dazu *Bock*, S. 86.

dieser Ermächtigung wieder ein Modell polizeilicher Regulierung installiert werden, das in Grundzügen an die Zeit des allgemeinen Landrechts erinnerte, als es noch Aufgabe der Polizei war, Verhalten zu regulieren. Ein vertraulicher Runderlass des Reichsministers des Inneren von 1939 bestimmte, dass *„die Polizei ... mit sofortiger Wirkung die Maßnahmen zur Erfassung der Prostituierten zu treffen und deren öffentliche Beaufsichtigung durch die Gesundheitsbehörden sicherzustellen habe“.*[251]
Grund war das Ziel, die Öffentlichkeit unter allen Umständen von den Dirnen zu säubern und die Prostituierten genau zu beobachten.[252]

Nach der sog. „Essener-Dienstanweisung“ sollte allen Prostituierten ein mit Personalien und Lichtbild versehenes Merkbuch ausgehändigt werden, aus dem der genehmigte Ort der Gewerbeausübung sowie alle Eintragungen der Gesundheitsbehörden hervorgingen.[253] Das „Essener Model“ beinhaltete aber auch fürsorgende Aspekte, so unterlagen die Miete sowie alle anderen Dienstleistungen einer polizeilichen Preiskontrolle. Beuteten die Vermieter Prostituierte aus, so drohte ihnen Zwangsgeld, Zwangshaft oder Ordnungshaft.

e.) Die Bundesrepublik vor der Gesetzesänderung 2002

Zunächst wurden die Regeln und Gesetze der Weimarer Republik und Teile der Regelungen des Nationalsozialismus übernommen.
Am 23.07.1953 trat ein neues GeschlKrG in Kraft, welches auf gesundheitspolitische Maßnahmen beschränkt war. Die Prostitution wurde in strafrechtlicher Hinsicht nicht mehr erwähnt.[254] Mittlerweile war das Penicillin entdeckt und venerische Erkrankungen konnten erfolgreich behandelt werden.
Die Delikte rund um die Prostitution wurden in der 85. Sitzung der GrStrK vom 16.06.1958 erstmals wieder erörtert. Die Beratung stützte sich auf Vorschläge der Sachbearbeiter des BMJ und einer vorläufigen Zusammenstellung der Unterkommission.[255] Hauptsächlicher Diskussionspunkt war erneut die generelle

---

[251] zitiert nach *Heinz-Trossen*, S. 48.
[252] zitiert nach *Sellmann*, S. 38.
[253] Mehr zur Einrichtung der Prostitutions-Kartothek in Köln, *Bock*, S. 90f.
[254] RGBl. I 1953, S. 700 ff.
[255] Die Vorschläge sind abgedruckt in Niederschriften der GrStrK, Band 5, S. 263 ff. und Band 8, Umdruck J 79 und 80, S. 600 ff. (Kuppelei etc.) bzw. 612 (Prostitution). Die große Strafrechtskommission wechselte in den regelmäßigen Sitzungen ihre Zusammensetzung. Zu er-

Strafbarkeit von Bordellen, bzw. die Privilegierung von Eltern, die ihre Kinder verkuppelten.[256]

Die 86. Sitzung beschäftigte sich mit der Zuhälterei. Differenzen bestanden hinsichtlich der „ausbeuterischen Zuhälterei". Das BMJ und ein Teil der Unterkommission wollten unverändert an der geltenden Fassung festhalten, wonach der Zuhälter wegen seiner Lebensweise bestraft werde. Das signifikante Merkmal der Zuhälterei liege in der „Ausbeutung der Prostituierten".[257] Der Großteil der Unterkommission wollte eine Bestrafung der Zuhälter nur dann, wenn dieser in „verwerflicher Weise" seinen Lebensunterhalt aus dem Prostituierten Einkommen beziehe.[258]
Bei dieser Diskussion ging es auch um die Frage, ob der in der Lex Heinze angestrebte Zweck der Verfolgung parasitären Lebenswandels nach wie vor richtig sei oder ob nicht verfassungsrechtliche Bedenken hiergegen bestünden, da das Bestrafen einer Lebensweise sich weit vom Tatstrafrecht entferne.[259] Letztlich wurde das Gesetz beibehalten.
In der 86. sowie der 87. Sitzung ging es dann um die Prostitution. Eingeführt wurde das Thema von *Tröndle*[260]. Es blieb bei der Forderung, die Prostitution nicht „freizugeben", die Norm wurde kaum verändert. Lediglich die Einwohnerzahl der gesondert zu behandelnden Gemeinden wurde auf 25.000 festgesetzt. Bei der Sitzung wurden verfassungsrechtliche Bedenken gegen die Zulässigkeit von Sperrgebieten und Sperrzeiten erhoben.[261] Gegenargument war, dass Prostitution, da sie kein Beruf sei, nicht unter den Schutzbereich des Art. 12 GG fallen könne.[262]

---

wähnen ist hier insbesondere die Abgeordnete *Diemer-Nicolaus* (FDP), deren Name noch in vielen Gesetzesberatungen zu den Sexualdelikten in der Geschichte der Bundesrepublik auftauchen wird. *Diemer-Nicolaus* war Rechtsanwältin, zitiert nach *Hartmann*, S. 217, Fn. 16, 18.

256 *Hartmann*, S. 217, 218

257 *Lackner*, 86. Sitzung GrStrK, Band 8, S. 316 und S. 600 f. beide Fassungsvorschläge in Umdruck J 7, zitiert nach *Hartmann*, S. 219, Fn. 29, 30.

258 Vorschläge abgedruckt in VZ, zitiert nach *Hartmann*, S. 219, 220, Fn 31

259 Z.B. *Bockelmann*, 86. Sitzung GrStrK Band 8, S. 317 ff.; *Baldus*, ebenda, S. 318; *Gallas*, ebenda, S. 320; *Krille*, ebenda, S. 320; *Jeschek*, ebenda, S. 321, zitiert nach *Hartmann*, S. 220, Fn. 32.

260 *Tröndle* war Landgerichtsrat am BMJ.

261 So *Fränkel*, 87. Sitzung GrStrK, Bd. 8, S. 354, zitiert nach *Hartmann*, S. 220, Fn. 36

262 *Krille* 87. Sitzung GrStrK, Band 8, S. 354; *Baldus*, ebenda, S. 534. In der weiteren Diskussion ging es um den § 478 VZ, der sich mit dem „Anlocken zur Unzucht" befasste. Nach kurzer Diskussion beschloss man, bei der alten Fassung zu bleiben. Vgl. die Ausführungen von

Parallel zu den Arbeiten der GrStrK wurde aufgrund massiver Einflussnahme der Kirchen, Kommunalverbände und weiterer Institutionen sowie aufgrund eines Urteils des BGH[263] eine weitere Änderung der Prostitutionsvorschriften vorgenommen.[264] Gemeinden über 20.000 Einwohnern hatten oftmals ihren gesamten Bereich für die Prostitution gesperrt oder nur kleine Randbereiche geöffnet. Dies sah die Rechtsprechung als Verstoß gegen die Ermächtigungsnorm § 361 Nr. 6c StGB, der eine Kasernierung ausdrücklich verbot. Auch seien nur die obersten Landesbehörden zu solchen Verordnungen ermächtigt. Der BGH begründete sein Urteil zum einen mit dem GeschlKrG von 1927, das ausdrücklich hatte verhindern wollen, dass lokale Behörden indirekt die Reglementierung wieder einführten und zum anderen solle verhindert werden, dass es nicht nur bundesweit, sondern selbst innerhalb eines Bundeslandes unterschiedliche Regelungen gäbe.[265]

Aufgrund der mit diesem Urteil ausbrechenden Klagen der Kommunen über unhaltbare Zustände wurde am 20.01.1960 ein Entwurf der Bundestagsfraktion CDU/CSU beraten und an den Rechtsausschuss übergeben.

§ 361 Nr. 6 c StGB sollte nun lauten:

„wer gewohnheitsmäßig zum Erwerb Unzucht treibt und diesem Erwerbe in einer Gemeinde oder in einem Bezirk einer Gemeinde nachgeht, in denen die Ausübung der Gewerbsunzucht durch Rechtsverordnung verboten ist.“[266]

Die Ermächtigungsnorm für den Erlass von Sperrgebietsverordnungen sollte aus dem StGB herausgenommen und erstmals als eigenständige Norm gefasst werden.

„Die Landesregierung kann die Ausübung der Gewerbsunzucht

1. *in Gemeinden unter zwanzigtausend Einwohnern für das gesamte Gebiet der Gemeinde,*
2. *in Gemeinden von zwanzigtausend bis fünfzigtausend Einwohnern für das ganze Gebiet der Gemeinde oder für einzelne Bezirke und*

Tröndle, 87. Sitzung, GrStrK, Bd. 8, S. 356. In der 90. Sitzung vom 21.06.1958 kam man nochmals auf die Kuppelei- und Zuhältereidelikte zurück, ohne dass jedoch gravierende Änderungen vorgenommen wurden, zitiert nach *Hartmann*, S. 220, 221, Fn. 37.

263 BGHSt 11, 32ff.

264 Schriftlicher Bericht des Rechtsausschusses, BT-Drs. III/ 1819, S. 2, zitiert nach *Hartmann*, S. 222, Fn. 44.

265 BGHSt 11, 32 ff.

266 BT-Drs. III/ 1449, S.1, zitiert nach *Hartmann*, S. 222, Fn. 49.

3. in Gemeinden über fünfzigtausend Einwohnern für einzelne Bezirke durch Rechtsverordnung zum Schutze der Jugend oder des öffentlichen Anstandes verbieten (§ 361 Nr. 6c StGB). Sie kann diese Ermächtigung durch Rechtsverordnung auf eine andere Behörde übertragen.[267]

Die konservativen Abgeordneten begrüßten diesen Entwurf, dagegen äußerten die Frauen quer durch die Fraktionen Bedenken.[268] Der Bundesrat stimmte dem Gesetz trotzdem zu und es trat als 5. StrÄndG am 04.08.1960 in Kraft.[269]

Im Oktober 1966 legten 21 Strafrechtswissenschaftler den sog. Alternativen-Entwurf (AE) eines Strafgesetzbuches vor.[270] Er sah umfangreiche Änderungen vor. Sie schlugen vor alle bestehenden Straftatbestände zur Prostitution ersatzlos zu streichen und nur noch zu bestrafen

(1) wer

1. einen Minderjährigen unter 18 Jahren,

2. einen Minderjährigen zwischen 18 und 21 Jahren unter Ausnutzung der Hilflosigkeit,

Leichtgläubigkeit oder Unerfahrenheit oder

3. einen ihm zur Erziehung anvertrauten Minderjährigen zwischen 18 und 21 Jahren zur

Prostitution bringt (...)

(2) Ebenso wird bestraft, wer einen Minderjährigen zwischen 14 und 16 Jahren unter grober Verletzung seiner Erziehungspflicht zum außerehelichen Beischlaf mit einem Dritten verleitet.

(3) Handelt der Täter gewerbsmäßig, ist die Strafe (...)

Es sollte nur noch die freie Willensbetätigung und die sexuelle Selbstbestimmung geschützt werden.[271] Sie waren der Ansicht, dass bei Erwachsenen eine

---

[267]BT-Drs. III/1449, S. 1, zitiert nach *Hartmann*, S. 223, Fn. 50.

[268]So z.B. der Abgeordneter *Memmel* (CDU/CSU), BT-RA, 97, Sitzung vom 10.03.1960, Parlamentsarchiv des Deutschen Bundestages (PA), Dokumentation (Dok.), III/213 Akt. 4, S. 18. MinRat BMJ *Schafheute,* aaO S. 19, Abgeordneter. *Weber* (Koblenz) (CDU/CSU), aaO, S. 22, zitiert nach *Hartmann*, S. 223, Fn. 51.

[269]BGBl. 1960, S. 477 ff., zitiert nach *Hartmann*, S. 223, Fn. 57.

[270]Darunter *Armin* und *Arthur Kaufmann, Roxin, Strathenwerth, Stree, Lenckner, Klug, Lampe, Brauneck, Grünwald, Hanack sowie als Mitarbeiter Hassemer, Quensel, Schöne* und *Schünemann.*

[271]Begründung AE BT „Sexualdelikte", 1968, S. 9, zitiert nach *Hartmann*, S. 231, Fn. 4.

Bestimmung zur Prostitution nicht pönalisiert werden solle, es sei denn, es erreiche eine nötigungsähnliche Art, wie zum Beispiel beim Menschenhandel, da nur dann das Rechtsgut der sexuellen Selbstbestimmung verletzt sei.
Die Strafbarkeit der Zuhälterei wollte der AE ersatzlos streichen. Er rügte, dass die als moralisch verwerflich angesehene Lebensweise des Zuhälters nur deshalb strafrechtlich verfolgt werden solle, weil man ihm Straftaten im Einzelnen nicht nachweisen könne.[272]

Der AE stieß auf heftigen Widerstand.[273] Ihm wurde vorgeworfen, keine ethische Grundanschauung mehr zu vertreten. Ein Mitautor entgegnete, dass die Grundanschauung des AE darin bestünde, eine Grundanschauung abzulehnen, die der Ansicht sei, dass das Strafrecht der sittlichen und moralischen Erziehung des Bürgers zu dienen habe.“[274]
Die Arbeiten an der Strafrechtsreform gingen aufgrund politischer Veränderungen nicht so zügig voran, wie geplant. So wurde es auch bei der großen Strafrechtsreform bei dem rechtsgutslosen Delikt belassen.

Im Vorfeld des 47. Deutschen Juristentags 1968 veröffentlichte der Mitautor des AE *Hanack* ein Gutachten zu den Sexualdelikten. Er wollte sich unter anderem mehr auf die Freier konzentrieren[275] und stärker an das sexuelle Selbstbestimmungsrecht der Prostituierten anknüpfen[276]. Er kritisierte die Zuhälterstrafbarkeit dahingehend, dass neue Studien belegt hätten, dass Zuhälter und Prostituierte voneinander abhängig seien, welches vom Gesetzgeber bisher nicht berücksichtigt worden wäre.[277] Vorrangig dürfte es ihm aber mit der Kritik darum gegangen sein, dass er die Zuhälterei als ein rechtsgutsloses Delikt ansah. Das Gutachten wurde ausführlich auf dem Juristentag diskutiert.
Für eine Gruppe junger Juristen, die von ihren Gegnern als „Reformer“ bezeichnet wurden, schlug die Staatsanwältin *Just-Dahlmann* vor, die Prostitutionstat-

---

[272]Begründung AE BT „Sexualdelikte“, 1968, S. 55, zitiert nach *Hartmann,* S. 233, Fn. 14.
[273]*Peters,* S. 41 f.
[274]*Baumann*, S. 159 f.
[275]*Hanack*, Gutachten, S. A 159, zitiert nach *Hartmann*, S. 243, Fn. 76.
[276]*Hanack*, Gutachten, S. A 171, zitiert nach *Hartmann*, S. 244, Fn. 79.
[277]*Hanack*, Gutachten, S. A 200 f., zitiert nach *Hartmann*, S. 246, Fn. 92.

bestände ganz zu streichen.[278] Dem widersprach *Lackner* deutlich, der sich zwar für eine Reformierung aber gegen eine generelle Abschaffung aussprach.[279]
Die Frage wurde auch in der Folgezeit ausführlich diskutiert.
Die Deutsche Gesellschaft zur Bekämpfung der Geschlechtskrankheiten schloss sich *Hanack* an und erklärte, dass die unternehmerische Ausübung der Prostitution einer erwachsenen Frau straffrei bleiben sollte und nicht länger an einer Pseudomoral festgehalten werden solle. Vielmehr müsse versucht werden, die Prostitution nicht an den Rand der Legalität zu drängen.[280]

In den 1960iger Jahren befassten sich auch andere Akteure mit der Thematik der Prostitution.[281] Eine dieser Arbeiten war von *de Beauvoir*, in der sie schrieb: „Zum Verschwinden der Prostitution müssten zwei Bedingungen erfüllt sein: Allen Frauen müsste eine passende Beschäftigung zugesichert sein und die Sitten dürften der freien Liebe keine Hindernis in den Weg legen. Nur wenn man die Bedürfnisse abstellt, denen sie entspricht, wird man die Prostitution unterdrücken."[282]

Anderer Ansicht war z.B. die evangelische Frauenarbeit in Deutschland. Sie begründeten diese mit der Befürchtung einer Zurückdrängung der Sozialfürsorge und sittlich-moralischen Bedenken.[283]

---

278 Den Begriff „Reformer" verwendete *Preisser*, Wie weit sollte das Sittlichkeitsstrafrecht reformiert werden? ZStW 1970, Bd. 82, S. 655, 657. *Barbara Just-Dahlmann*, mündliches Referat, aus: Sitzungsbericht der Verhandlungen der strafrechtlichen Abteilung am 18. und 19.09.1968, 47. Deutscher Juristentag, S.K 24 f. in: Empfiehlt es sich die Grenzen des Sexualstrafrechts neu zu bestimmen?, 1968, abgedr. in PA. Dok. VI/1075, Bd. A 4, Akt. 2/2, zitiert nach *Hartmann*, S. 247, Fn. 97, 98.

279 *Karl Lackner*, mündliches Korreferat aus: Sitzungsbericht der Verhandlungen der strafrechtlichen Abteilungen am 18. und 19.09.1968, 47. Deutscher Juristentag, S. 47 f. in: Empfiehlt es sich die Grenzen des Sexualstrafrechts neu zu bestimmen? 1968, abgedr. in PA. Dok. VI/1075, Bd. 4, Akt. 2/2, zitiert nach *Hartmann*, S. 247, Fn. 99.

280 Stellungnahme zu den §§ 173 Abs. 3, 174, 176 Abs. 5, 180 Abs. 1, 180 a Abs. 1und 4, 180 b, 181 a, 183, 183 a, 184 StGB durch die Gesellschaft zur Bekämpfung der Geschlechtskrankheiten, abgedr. in PA, Dok. VII/79, Bd. B 1, Akt. 56, zitiert nach *Hartmann*, S. 261, Fn. 170.

281 u.a.: *S. de Beauvoir*, *W. Bauer*, *Adorno*, *A. Mergen*, O. *Offergeld*.

282 *S. de Beauvoir*, S, 544.

283 Stellungnahme zu den §§ 173 Abs. 3, 174, 176 Abs. 5, 180 Abs. 1, 180 a Abs. 1und 4, 180 b, 181 a, 183, 183 a, 184 StGB seitens der Evangelischen Frauenarbeit in Deutschland e.V., abgedr. in PA, Dok. VII/79, Bd. B 1, Akt. 77, S. 2 und 4, Stellungnahme, zitiert nach *Hartmann*, S. 261, Fn. 171.

In der 5. Sitzung vom 21.03.1973 diskutierte der Sonderausschuss vertieft den § 180 a StGB. Hintergrund waren die inzwischen bestehenden „Eros-Center“ (Laufhäuser) und Kontakthöfe, die nicht unter Strafe gestellt werden sollten, da sie einen anderen Aufbau als die bisher „klassischen Bordelle“ hätten und einen einigermaßen reibungslosen Ablauf der Prostitution und eine weitgehende Selbstbestimmung der Frauen garantieren würden.[284]
Unter dem Kanzler *Brandt* (SPD) kam es am 23.11.1973 zum 4. StrRG, welches das gesamte Sexualstrafrecht neu fasste. Als neuer Paragraph wurde § 180 a „Förderung der Prostitution“ aufgenommen.
Mit dem 4. StrRG und den neu kodifizierten Grenzen galt die Prostitutionsausübung nunmehr als erlaubt, unterlag aber weiteren erheblichen Beschränkungen.

Auch die Sperrgebietsverordnung wurde erneuert. Die Zulässigkeit und das Verfahren wurden durch Art. 297 EStGB[285] geregelt.
Dieses ermächtigte die Landesregierung: *„Zum Schutz der Jugend oder des öffentlichen Anstandes für das ganze Gebiet einer Gemeinde bis zu fünfzigtausend Einwohnern, für Teile des Gebiets einer Gemeinde über zwanzigtausend Einwohner oder eines gemeindefreien Gebiets, ... die Ausübung der Prost. durch Rechtsverordnung zu verbieten.“*
Letzteres wurde faktisch oft mit der Sperrgebietsregelung erreicht.[286]

Gem. § 120 Abs. 1 Nr. 1 OWiG handelte ordnungswidrig, wer in einem Sperrgebiet der Prostitution nachging. Bei beharrlichem Verstoß wurden gem. § 184 a StGB Freiheitsstrafen bis zu 6 Monaten oder Geldstrafen angedroht.
§ 184 b StGB verbot die Ausübung der Prostitution in der Nähe von Örtlichkeiten, an denen sich Personen unter 18 Jahren aufhielten. Prostituierte durften darüber hinaus gem. § 120 Abs. 1 Nr. 2 OwiG nicht werben.

Nach h. M. sollte sich durch das Zusammenspiel von § 120 Abs. 1 Nr. 2 OWiG und § 119 Abs. 1 OWiG ergeben, dass jede Kontaktanzeige ordnungswidrig sei.[287]

---

[284]MinRat *Horstkotte,* SA, 7. Wahlperiode, 5. Sitzung vom 21.03.1973, S.54 f., zitiert nach *Hartmann*, S. 263, Fn. 178.
[285]2. Strafrechtsreformgesetz vom 07.04.1970.
[286]Vgl. *Hanack*, Rechtsgutachten, Rd. 252.
[287]KK-Kurz OWiG § 119, Rd. 2; OLG Karlsruhe, NJW 1978, 61.

In den Begründungen zum 4. StrRG findet sich: „Jahrhunderte alte Erfahrung lehrt, dass der Staat die weiblichen Prostitution nicht ausrotten kann. Es kommt uns eigentlich nicht in erster Linie darauf an strafrechtlich tätig zu werden, sondern wir müssen einfach das Milieu im Griff haben, damit es uns nicht aus den Fingern gleitet.“ [288]
Wo die Grenze zwischen erlaubter Nebenleistung und strafbarer Bordellbetreibung konkret verlief, konnte nur der Kasuistik entnommen werden.[289]
Betreiber solcher Einrichtungen rechneten daher ständig mit Ermittlungsmaßnahmen. Um solche oder gar Strafverfolgung zu vermeiden, bemühten sie sich um ein vertrauensvolles Verhältnis zur Polizei, welches sie auch dazu veranlasste Sorge dafür zu tragen, dass die Prostituierten eventuell erteilte Auflagen einhielten. So konnte ein Teil der Reglementierung unmittelbar über die Bordellwirte erfolgen.[290]

Die Polizeigesetze, das GeschlKrG und das BundesseuchenG[291] enthielten keine Regelung dahingehend, dass Prostituierte wegen ihrer Tätigkeit besonderer Kontrollen unterlägen - tatsächlich wurde die Reglementierung der Prostitution bei der Neufassung lediglich ein einziges Mal erwähnt, nämlich bezüglich der Nichtaufnahme des Kasernierungsverbotes[292]. Trotzdem waren diese Gesetze eine Grundlage für die Reglementierung der Prostituierten in den meisten deutschen Städten. Kernstück der traditionellen Kontrolle der Prostituierten durch den öffentlichen Gesundheitsdienst war, wie bereits in der Weimarer Republik, die Erteilung eines Gesundheitszeugnisses gem. § 4 Abs. 1 GeschlKrG.[293] Prostituierte galten prinzipiell als dringend verdächtig, geschlechtskrank zu sein und benötigten deshalb stets ein Gesundheitszeugnis gem. § 4 GeschlKrG. Kontrolliert wurde dies durch die Streifenpolizei, die sich in vielen Städten dazu an einer Dirnenkartei orientierte.[294]

---

[288]Begr. zu E 62, BT-Drs. IV/650, S. 390, 388; BT Prot. V/12, Unterausschuss Strafrecht, S. 309; MdB *Schlee* BT-Prot. Sonderausschuss Strafrecht VI, S. 1675, *Horstkotte* (BMJ) BT-Prot. V/12 Ausschuss Unterausschuss Strafrecht S. 3099.
[289]BGH NJW 1986, S. 596.
[290]vgl. *Hanack* NJW 1974, S. 6.
[291]Gesetz zur Verhütung und Bekämpfung übertragbarer Krankheiten beim Menschen, kurz Bundesseuchengesetz, trat am 18.07.1961 in Kraft.
[292]BT-Prot. I/13420f.
[293]*Erbs-Kohlhaas*, GeschlKrG § 4, Anm. 2a.
[294]vgl. BT-Prot. VI Sonderausschuss Strafrecht, S. 1681, 1688, 1714; *Rupprecht*, Die Polizei 1974, S. 329.

Untersuchungen ergaben, dass Prostituierte keine häufigeren Geschlechtskrankheiten haben, als andere Bürger.[295] Durch die Auswahl der Daten, nämlich nur solche der Gesundheitsämter, wurde jedoch vorab eine Auswahl getroffen, so dass sich die Frage nach der Allgemeingültigkeit stellte.

Für das Führen der Dirnenkartei beriefen sich die Behörden auf § 15 Abs. 1 GeschlKrG.[296] Danach waren die Gesundheitsämter berechtigt „geeignete Maßnahmen zu treffen, um geschlechtskranke Personen und solche, bei denen die begründete Befürchtung bestand, dass sie angesteckt werden und Geschlechtskrankheiten weiterverbreiten, festzustellen und gesundheitsfürsorgerisch zu beraten und betreuen."

Nach § 180 a Abs. 2 StGB war eine Person strafbar, die einer Person unter 18 Jahren zur Ausübung der Prostitution eine Unterkunft überließ. Damit blieb minderjährigen Prostituierten nur der Straßenstrich, was auch so gewollt war.[297]

Zwar ordneten und kontrollierten die Polizeibehörden faktisch die Prostitutionsausübung, jedoch nach dem 4. StrRG nur noch in festen Grenzen. War es in den 1950er und 1960er Jahren noch möglich die Generalklausel als Ermächtigungsgrundlage zur Schließung von Dirnenwohnheimen heranzuziehen und damit die Prostitution sittenpolizeilich zu reglementieren, war dies seit dem 4. StrRG nicht mehr möglich.
Dirnenwohnheime galten nun als polizeifest. Hierfür wurde angeführt, dass der Gesetzgeber mit dem 4. StrRG in diesem Bereich Zurückhaltung staatlicher Behörden bei der Durchsetzung hergebrachter Moralvorstellungen gewünscht hatte.[298]

---

[295] z.B. *Jäger/Pätzelt/Schmacke*, S. 182 (Ab. 6) auf der Grundlage einer Auswertung des Datenbestandes des Gesundheitsamtes Bremen aus den Jahren 1973-1985.
[296] BT-Prot. VI Sonderausschuss Strafrecht S. 1681, 1688, 1714
[297] „Denn gerade diese unbeliebteste Art der Prostitution stellt für junge Mädchen keine Verlockung dar, mit diesem Gewerbe zu beginnen" aus *Lux*, S. 406.
[298] Vgl. VG Wiesbaden NJW 1975, S. 663f; *Lüthge-Bartolomäus,* S. 1872, *Drews/Wacke,* S. 253.

Prostitution konnte damit, solange sie in den vom 4. StrRG gesetzten Grenzen ausgeübt wurde, nicht mehr aufgrund polizeilicher Generalklauseln verboten werden.[299]
Die bis dahin noch mögliche korrektionelle Nachhaft/Arbeitshaus und jede Form der Arbeitsstrafe wurden erst 1967 vom BVerfG als verfassungswidrig erklärt und 1969 aufgehoben.[300] Die Polizeiaufsicht wurde erst 1975 aufgehoben.[301]

3.) Zusammenfassung und Bewertung des 1. Kapitels.

Die Aktivitäten der Frauenbewegung hatten bis in die 1990er Jahre hinein nie als wirkliche Intention, die Verbesserung der Lebens- und Arbeitsbedingungen der Prostituierten zu Thema gehabt.

In der Zeit von 1865-1933 ging es den bürgerlichen Frauen hauptsächlich darum, nicht von den Reglementierungen der Prostituierten persönliche Repressalien zu erlangen sowie die Vermeidung der Ansteckung mit Geschlechtskrankheiten über die Ehemänner, die von den Prostituierten verführt wurden. Den proletarischen Arbeitern und Sozialisten ging es in erster Linie darum, nicht mit den Prostituierten in einen „Topf geworfen zu werden", da viele der Prostituierten aus der Arbeiterschicht kamen und die Thematik für ihre politischen Ziele und Weltanschauungen zu nutzen. Sie grenzten sich bewusst ab und zielten mit ihren Aktivitäten darauf ab, die Gesundheit der Arbeiterfamilien zu erhalten, die sie für den Kampf gegen den Kapitalismus als wichtig ansahen.

Nach dem zweiten Weltkrieg erfolgte zunächst seitens der Frauenbewegung keinerlei Auseinandersetzung mit dem Thema Prostitution, erst als in den 1980er Jahren die Immunschwächekrankheit AIDS auftauchte, kamen die Prostituierten wieder in das Blickfeld der Frauenbewegung. Im Vordergrund der Arbeit stand die Vermeidung der Ansteckung mit AIDS sowie Hilfen zum Ausstieg aus der Prostitution. Die von den Prostituierten als höchst beschämend empfundenen Zwangsuntersuchungen sollten abgeschafft werden, auch weil so

[299]Vgl. *Drews/Wacke*, S. 254 m.w.N.
[300]BVerfGE vom 18.07.1967, Zeitschrift für die gesamte Strafrechtswissenschaft. Band 80, Heft 3, S. 582–591.
[301]Mit der 2. Strafrechtsreform wurde die (verfassungsrechtlich abgesicherte) Führungsaufsicht eingeführt und die Polizeiaufsicht abgeschafft.

ein falsches Sicherheitsgefühl bei den Prostituierten und Freiern erzeugt würde, die sich nach einem entsprechenden Test in Sicherheit wähnten, aber in der Zwischenzeit bereits mit AIDS hätten infiziert sein können.
Auch in den 1990er Jahren dominierten zuerst diese Themen, bis sich vermehrt Prostituierten Projekte wie „Hydra e.V." und Beratungseinrichtungen wie „Madonna e.V." bildeten, die Forderungen und Entwürfe zum ProstG vorlegten.

Auslöser für die meisten der geführten Diskussionen und Gesetzesänderungen seit 1865 waren damit politische, gesundheitliche und moralische Erwägungen zum Schutze des Volkes vor den Gefahren, die mit der Prostitution verbunden wurden.

Die Fülle an diskriminierenden Regelungen über den gesamten Zeitraum führten dazu, dass viele Prostituierte nicht „hauptberuflich" dieser Tätigkeit nachgingen, sondern als sogenannte „Hausfrauen- oder Gelegenheitsprostituierte" arbeiteten. Das bedeutete, dass sie ein „Doppelleben" führen mussten.

Bezüglich der Reglementierung im 19. und Anfang des 20. Jahrhunderts herrschte weitgehend Konsens darüber, dass die damit erhofften Ziele, nämlich die Eindämmung der Prostitution und eine bessere Volksgesundheit nicht erreicht wurden. Bei der hieraus resultierenden Debatte standen sich die Meinungen derjenigen gegenüber, die aus ethisch-religiösen Ansichten gegen eine Aufhebung des Verbotes und für eine weitere Zusammenarbeit von Polizei, Fürsorge und Pflegeämtern waren und derjenigen, die die Doppelmoral beseitigen und die Reglementierung abschaffen wollten.
Der Gesetzgeber äußerte sich absichtlich nicht dazu, ob Prostitution als Erwerbstätigkeit anerkannt werden sollte. Man befürchtete eine Gleichstellung der Prostitution mit anderen Gewerben, was moralisch nicht vertretbar erschien. Auch die Abgrenzung zwischen strafloser Vermietung und strafbarer Bordellierung wurde nicht geregelt, was gerade bei den Bordellbetreibern zu großen Rechtsunsicherheiten führte.
Das GeschlKrG war Gegenstand vieler Diskussionen und brauchte insgesamt 11 Jahre vom ersten Entwurf bis zum In Kraft treten 1927.

Die während des Nationalsozialismus eingeführten Sperrgebiete waren bereits Ende der 1950iger Jahre Gegenstand einer Debatte um die Frage, ob diese verfassungsgemäß seien.[302]

Als *Hanack* 1968 seine Bedenken zur Zuhälterstrafbarkeit äußerte, fragte er nicht so sehr danach, welche Rechtsgüter das Sexualstrafrecht schützen solle, sondern beschränkte sich auf wenige Punkte, wie etwa, dass Zuhälter und Prostituierte voneinander abhängig seien, was die Gesetzgebung nicht genügend bedacht habe, obgleich dies bereits zu Weimarer Zeiten gelegentlich vorgebracht worden sei. Aber ebenso wie damals blieb die Kritik folgenlos. Die Delikte ohne Rechtsgut überstanden dennoch die große Strafrechtsreform. Noch heute sind alte Regelungen in Gesetzen erhalten, wie z.B. die Sperrbezirke oder die Erwähnung des Ehegatten im heutigen § 181 a StGB, Zuhälterei.[303]

Zusammenfassend kann man sagen, dass Änderungen zum Wohle der Prostituierten immer nur Vorwand zur Erreichung anderer Ziele waren. Vordringlich ging es um die Volksgesundheit, die Bekämpfung von Kriminalität und die Beruhigung der Bürger. Eine Einbeziehung der Bordellbetreiber und Prostituierten in die Diskussionen erfolgte zu keinem Zeitpunkt.

---

[302] z.B.: BayVerfGhof vom 11.07.1978 in VerfGE 31, S. 167-181; BayVerwG vom 20.08.2004; BVerwG vom 03.11.2004 in NVwZ 2005, S. 597-598; BVerwG vom 20.11.2003 in NVwZ 2004, S. 743-744; VerwG Baden-Württemberg vom 15.12.2008 in VBlBW 2009, S. 220-224.

[303] § 181 a, Abs. 3 StGB „Nach den Abs. 1 und 2 wird auch bestraft, wer die in Abs. 1 und 2 genannten Handlungen oder die in Abs. 2 bezeichnete Förderung gegenüber seinem Ehegatten vornimmt."

2. Kapitel

Das Prostitutionsgesetz 2002

Das ProstG wurde 2001 beschlossen und trat zum 01.01.2002 unter einer rot-grünen Regierungskoalition in Kraft. Vorausgegangen war ein langer Prozess verschiedener Entwürfe und Diskussionen darüber, ob und wie die Abschaffung der Sittenwidrigkeit erfolgen soll.

1.) Die Entstehung des ProstG

Ende der 1970er Jahre schlossen sich die seit den 1980er Jahren unter dem Begriff „Hurenbewegung" aktiven Prostituierten-Selbsthilfeprojekte in Deutschland zusammen. Vom 24.-27.10.1985 tagte in Berlin der „erste nationale Prostituiertenkongress". Bereits hier wurde ein Forderungskatalog nach Anerkennung des Berufes, Zugang zum Sozialversicherungssystem und der Abschaffung der Sittenwidrigkeit aufgestellt. Die Forderungen fanden jedoch außerhalb der Tagung keine große Resonanz.
Im Jahre 1991 fand der erste „europäische Prostituiertenkongress" in Frankfurt am Main statt, der die Forderungen noch einmal bekräftigte.
Mit einem eigenen „Gesetzesentwurf zur rechtlichen und sozialen Gleichstellung von Prostituierten mit anderen Erwerbstätigen" ging die Hurenbewegung im Januar 1996 an die Öffentlichkeit.[304]

Zeitlich den Deutschen vorgelagert, gab es im Juni 1975 große Demonstrationen und einen Streik der Prostituierten in Frankreich. Hierfür gab es verschiedene Anlässe. Vier Prostituierte wurden in Lyon, nachdem sie mehrere Bußgeldbescheide erhalten hatten, verhaftet.[305] Außerdem nahmen Prostituiertenmorde zu und es kam an die Öffentlichkeit, dass einige Polizeioffiziere nebenbei mit der Zuhälterei Einkünfte erzielten.

---

[304]Der Gesetzesentwurf ist abgedruckt in *Laskowski*, S. 394 ff.

[305]Anlass war die Weigerung zur Zahlung einer (willkürlichen) Geldstrafe gewesen. Damals fand geradezu eine „Verfolgungsjagt" der Polizei auf Prostituierte statt, die Bußgeldbescheide mit der Begründung des „zur Unzucht aufforderndes Verhaltens" verteilte. Manchmal bekam eine Frau drei bis vier Bescheide an einem Tag. Nach einem alten Gesetz konnte die Polizei Personen mit Haftstrafen belegen, die mehrmals wegen des gleichen Deliktes innerhalb eines Jahres Bußgeldbescheide erhalten hatten. *Schmackpfeffer*, S. 100.

Außerdem erhielten Prostituierte Steuerbescheide, die nach fiktiven Durchschnittseinkommen berechnet und oftmals auf mehrere Jahre rückwirkend ausgestellt waren.[306]
Nach dem Versuch, sich über die Medien, vor allem gegen die Bußgeldbescheide zu wehren, verbarrikadierte sich eine Vielzahl von Prostituierten in einer Kirche in Lyon. Die Bevölkerung zeigte sich, nach anfänglichem Misstrauen, mit dem Streik der Prostituierten weitgehend solidarisch. Von Lyon ausgehend dehnte sich der Streik auf andere Städte, z.B. Marseille, Grenoble und Montpellier, aus.
Die Prostituierten forderten unter anderem die Abschaffung der Kontrollhefte und Vernichtung aller Karteikarten, gleiche Besteuerung wie bei den freien Berufen, den vollen Status als Staatsbürger sowie Unterstützung beim Ausstieg aus der Prostitution.[307]

Nach neun Tagen kam es zur gewaltsamen Räumung der Kirche in Paris und das „Internationale Komitee Prostitution" wurde gegründet.

Dieses Komitee forderte unter anderem die Abschaffung des Artikels 34 „aufreizendes Verhalten", ein Ende der unverhältnismäßigen Strafen für Prostituierte und die Einführung von Pflichtbeitragszahlungen, die den Prostituierten das Recht auf Krankenversicherung und eine Pension geben sollten sowie den Status eines vollwertigen Staatsbürgers. Sie lehnten die Wiedereröffnung von Bordellen und Eros-Centern ab, da sie weder verstaatlicht noch kommunalisiert werden wollten. Stattdessen wollten sie die Wiedereröffnung der Stundenhotels in den Prostitutionsbezirken, Aufhebung des Gesetzes bezgl. der Verhängung von Gefängnisstrafen im Wiederholungsfall und die Anwendung eines Gesetzes, das die Wiedereingliederung von Prostituierten in die Gesellschaft ermöglichen sollte.[308] Im November 1975 fand in Paris die erste Nationalversammlung der französischen Prostituierten statt, an der über 2.000 Prostituierte teilnahmen.[309]

---

[306] *Schmackpfeffer*, S. 100; *Barbara,Cornick*, S. 103 ff.
[307] *Schmackpfeffer*, S. 102.
[308] Aus dem Aufruf des „Komitee der Prostituierten von Paris".
[309] *Schmackpfeffer*, S, 103.

In Deutschland forderte die 5. Gesamtfrauenministerkonferenz die Bundesregierung 1995 auf, die rechtliche und soziale Stellung der Prostituierten zu verbessern.[310]

In der 13. Wahlperiode, am 11.03.1997, brachten die Regierungsfraktionen, CDU/CSU und FDP, den Entwurf des sechsten Strafrechtsreformgesetzes ein.[311] Es ging vor allem um die Frage der Wohnungsgewährung an Prostituierte. Ausgangspunkt für diese Überlegungen war die Rechtsprechung des BGH, der den § 180 a Abs. 1 Nr. 2 StGB als abstraktes Gefährdungsdelikt betrachtete.[312]
Der Entwurf setzte voraus, dass § 180 a Abs. 1 Nr. 2 StGB nicht der Bekämpfung der Prostitution als solche, sondern dem Schutz der persönlichen und wirtschaftlichen Bewegungsfreiheit der Prostituierten diene.[313]
Die geplante Änderung des § 180 a StGB und damit die Neufassung als konkretes Gefährdungsdelikt wurde im Rechtsausschuss des Bundestages abgelehnt.[314] Der Ministerialrat im BMJ *Schulte* erläuterte hierzu: „dass im Rahmen der Koalitionsvereinbarung beschlossen worden sei, die ursprüngliche Fassung des Regierungsentwurfes zu ändern, weil man die rechtliche Stellung der Prostituierten insgesamt innerhalb eines anderen Gesetzgebungsverfahrens regeln wolle“[315]

In derselben Wahlperiode hatte die Fraktion Bündnis 90/Die Grünen am 26.11.1996 den „Entwurf eines Gesetzes zur Beseitigung der rechtlichen Diskriminierung von Prostituierten eingebracht“.[316] Der Entwurf hatte ähnliche Forderungen wie der AE von 1968, er konnte sich aber aufgrund der Mehrheiten im Bundestag nicht durchsetzen.[317]

Im Februar 2000 befasste sich der UN-Ausschuss für die Beseitigung der Diskriminierung der Frau mit dem Thema und empfahl der Bundesregierung die Stellung der Prostituierten zu verbessern.[318]

---

[310]Beschluss vom 29/30.6.1995 Nr. 1 und 2.
[311]BT-Drs. 13/7146.
[312]BGH NJW 1986, S. 596.
[313]Begründung des Entwurfs in BT-Drs. 13/7146, S. 33.
[314]Formulierungshilfe des BMJ vom 13.10.1997, abgedruckt in BT-Drs. 151, S. 19.
[315]BT-RA 100. Sitzung v. 12.11.1997, zitiert nach *Hartmann*, S. 270.
[316]BT-Drs. 13/6372, zitiert nach *Hartmann*, S. 270, Fn. 221.
[317]BT-Drs. 13/6372, S. 3. Ebenso wurde die Aufhebung des Gesetzes zur Bekämpfung der Geschlechtskrankheiten verlangt, zitiert nach *Hartmann*, S. 270, Fn. 222.
[318]www.un.org/depts/german/menschenrechte/cedawc00_3.pdf.

Daraufhin wurden in der 14. Wahlperiode des Deutschen Bundestages verschiedene Gesetzesentwürfe eingebracht. Der erste Entwurf kam am 01.11.2000 von der Fraktion der PDS.[319]
Ziel des Entwurfes war die rechtliche Diskriminierung von Personen, die sexuelle Dienstleistungen erbringen, zu beseitigen. Hierfür sollten vor allem Änderungen im Zivilrecht und Strafrecht vorgenommen werden. Der Entwurf ordnete die Verträge über sexuelle Dienstleistungen unter das Dienstleistungsrecht des BGB ein und verdeutlichte so, dass er sexuelle Dienstleistungen nicht für sittenwidrig halte. Der Entwurf ließ die Regelungen zum Minderjährigenschutz (§§ 180, 182, 184 b StGB) und zum Menschenhandel (§ 180 b, 181 StGB) unberührt, regte aber an, die Normen ggf. zu überprüfen und anzupassen. Gleiches galt für die Neuregelung des Seuchenrechtsneuordnungsgesetzes, welches zum 01.01.2001 in Kraft trat. Im Ordnungswidrigkeitenrecht sollte die Werbung für Prostituierte ermöglicht werden. Weitere Änderungen arbeitsrechtlicher Art sollten folgen.

Es folgte der Gesetzesentwurf der Fraktion der SPD gemeinsam mit ihrem Koalitionspartner, der Fraktion Bündnis 90/Die Grünen[320], vom 08.05.2001.
Ziel des Entwurfes war, das Entgelt für die Tätigkeit der Prostituierten zivilrechtlich wirksam vereinbaren zu können und den Prostituierten Zugang zu den Sozialversicherungssystemen zu gewähren sowie durch die Änderungen im Strafgesetzbuch ein angemessenes Arbeitsumfeld zu ermöglichen.
Der Entwurf wurde im Ausschuss für Familie, Senioren, Frauen und Jugend beraten. Ergebnis war eine Änderung des § 181 a Abs. 2 StGB. Danach sollte eine gewerbsmäßige Vermittlung sexuellen Verkehrs bei freiwillig ausgeübter Prostitution nicht strafbar sein, ferner wurde die Überschrift in „Gesetz zur Regelung der Rechtsverhältnisse der Prostituierten (ProstG)“ geändert.[321]

Mit einem Entschließungsantrag der Fraktion der CDU/CSU vom 03.07.2001 zum Gesetzesentwurf der Fraktionen SPD und Bündnis 90/Die Grünen stellte der Bundestag fest, dass der Gesetzesentwurf die genannten Ziele der Verbesserung der rechtlichen und sozialen Stellung der Prostituierten nicht erreiche und

[319] BT-Drs. 14/4456.
[320] „Entwurf eines Gesetzes zur Verbesserung der rechtlichen und sozialen Stellung der Prostituierten“ BT-Drs. 14/5958.
[321] Bericht des Ausschusses, abgedr. in BT-Drs. 14/7174, S. 11.

forderte die Bundesregierung auf, einen abgestimmten und in sich schlüssigen Gesetzesentwurf vorzulegen.[322] Hierbei forderten sie, die rechtlichen Gestaltungen, welche die sittenwidrig begründeten Forderungen mit Mitteln der staatlichen Rechtsordnung zur Durchsetzung verhelfen sollten, auszusparen und besonderes Augenmerk auf die Opfer von Menschenhandel und Zwangsprostitution zu legen.
In seiner Begründung führte der Entschließungsantrag unter 4. aus, dass ein wichtiger Gesichtspunkt bei den Überlegungen die Verbesserung der Möglichkeiten für ausstiegswillige Prostituierte sei. Ebenfalls an dieser Stelle wurde ausgeführt, dass etwa die Hälfte der Prostituierten als Menschenhandelsopfer, Zwangsprostituierte oder Ausländer diese Tätigkeit illegal ausübten.
Die Begründung schließt mit dem Satz: „Der Kauf und Verkauf sexueller Dienstleistungen ist menschenunwürdig und entspricht nicht unserem Menschenbild und unseren Wertvorstellungen."

Mit der Beschlussempfehlung und dem Bericht des Ausschusses für Familie, Senioren, Frauen und Jugend vom 17.10.2001[323] wurde zu den Gesetzesentwürfen der Fraktionen SPD und Bündnis 90/Die Grünen[324] sowie der Fraktion der PDS[325] Stellung genommen. Der Gesetzesentwurf[326], in der aufgrund der Ausschussberatungen geänderten Fassung, wurde angenommen, der andere Gesetzesentwurf[327] wurde abgelehnt. Die Beschlussempfehlung lautete: „... der Deutsche Bundestag fordert die Bundesregierung auf,

1. über die Auswirkungen der neuen Rechtslage auf Grund dieses Gesetzes nach Ablauf von 3 Jahren zu berichten,
2. im Benehmen mit den Bundesländern zu überprüfen, inwieweit die §§ 119, 120 OWiG im Lichte der Abschaffung der Sittenwidrigkeit der Prostitution notwendig sind"[328]

[322]BT-Drs. 14/6781.
[323]BT-Drs. 14/7174.
[324]BT-Drs.14/5958.
[325]BT-Drs. 14/4456.
[326]BT-Drs. 14/5958
[327]BT-Drs. 14/4456.
[328]http://dip21.bundestag.de/dip21/btd/14/071/1407174.pdf; S. 3 der BT-Drs. 14/7174, 17.10.2001.

Mit Beschluss vom 09.11.2001 rief der Bundesrat den Vermittlungsausschuss an, da er Teile des Gesetzes ablehnte.[329] Der Vermittlungsausschuss legte eine Beschlussempfehlung vor, die zu der heute geltenden Fassung des ProstG führte und am 14.12.2001 vom Bundestag verabschiedet wurde.[330] Bayern und Sachsen beantragten im Bundesrat, die Länderkammer möge Einspruch gegen das Gesetz einlegen, der Antrag fand jedoch keine Mehrheit.[331]

Wie schon bei allen vorausgegangenen Diskussionen zu dem Thema trafen auch bei den Diskussionen zum ProstG grundverschiedene Annahmen zu der Thematik aufeinander. Bündnis 90/Die Grünen, SPD und PDS gingen davon aus, dass sich Sitten und Sexualmoral geändert hätten und daher die Sittenwidrigkeit der Prostitution abgeschafft werden müsse. Die sexuellen Dienstleistungen stellten keinen erheblichen Eingriff in die Grundrechte anderer Menschen dar und sollten daher anderen Berufsgruppen gleichgestellt werden.[332] Nach Ansicht der CDU/CSU, die sich auf ihre christlich, traditionellen Werte beriefen, argumentierten, dass der Handel mit sexuellen Diensten sowohl die Werte der Bevölkerung, als auch die der Prostituierten selbst beschädige. Die christdemokratische Definition der Menschenwürde sei die „von Gott gegebene…Würde und Freiheit des Menschen“. Nach diesem Verständnis der Menschenwürde sei Prostitution sittenwidrig.[333] *Schewe-Gerigk*[334] erklärte in diesem Zusammenhang: „Wer die Menschenwürde von Prostituierten gegen ihren Willen schützen zu müssen meint, vergreift sich in Wahrheit an ihrer von der Menschenwürde geschützten Freiheit der Selbstbestimmung.“[335] Nach Verabschiedung des ProstG erklärte *Brandt-Elsweier*[336]: „Diese Wertvorstellungen sind auch keine starre Größe, sondern einem immerwährenden Wandel unterworfen. …Wir haben also mit

[329]BR-Drs. 817/01 (Beschluss).
[330]BT-Drs. 14/7748.
[331]*Hartmann*, S. 271, 272.
[332]*Grenz/Lücke-Dodillet*, S. 107.
[333]*Grenz/Lücke-Dodillet*, S. 107, 108.
[334]*Irmingard Schewe-Gerigk*, Bündnis90/Die Grünen.
[335]*Schewe-Gerigk*, Rede zum Entwurf eines Gesetzes zur Verbesserung der rechtlichen und sozialen Situation der Prostituierten der Fraktion Bündnis 90/Die Grünen, in Plenarprotokoll 14/168 vom 11.05.2001, S. 16490.
[336]*Anni Brandt-Elsweier* (SPD).

diesem Gesetzentwurf nichts anderes getan, als die Gesetzeslage dem Wandel im Bewusstsein der Gesellschaft anzupassen.“[337]

2.) Die Regelungen des ProstG

Das ProstG ist in insgesamt 3 Artikel gegliedert.

Der erste Artikel beinhaltet das Gesetz zur Regelung der Rechtsverhältnisse der Prostitution (ProstG). Der zweite Artikel beschäftigt sich mit den Änderungen im Strafgesetzbuch und der dritte Artikel regelt das Inkrafttreten zum 01.01.2002.[338]

Artikel 1 ist wiederrum in drei Paragraphen unterteilt, die nun näher beleuchtet werden sollen.

a.) § 1 ProstG

„Sind sexuelle Handlungen gegen ein vorher vereinbartes Entgelt vorgenommen worden, so begründet diese Vereinbarung eine rechtswirksame Forderung. Das Gleiche gilt, wenn sich eine Person, insbesondere im Rahmen eines Beschäftigungsverhältnisses, für die Erbringung derartiger Handlungen gegen ein vorher vereinbartes Entgelt für eine bestimmte Zeitdauer bereithält.“[339]

Zunächst ist zu definieren, was mit „sexuelle Handlung“ gemeint ist, da dies weder im Gesetz noch in der Begründung zum ProstG erfolgte.

In § 184g StGB erfolgt eine Begriffsbestimmung zu sexuellen Handlungen im Sinne des Strafrechts. Es wird unterschieden zwischen erheblichen sexuellen Handlungen (Abs. 1) und sexuellen Handlungen vor einem anderen (Abs. 2).

Eine Definition enthält § 184g StGB nicht, weshalb die Definition der „sexuellen Handlung“ auch innerhalb des Strafrechts unterschiedlich gesehen wird.

---

[337]Rede zum Entwurf eines Gesetzes zur Verbesserung der rechtlichen und sozialen Situation der Prostituierten der Fraktion Bündnis 90/Die Grünen, in Plenarprotokoll 14/196 vom 19.10.2001, S. 194.
[338]BGBl. 2001, S. 3983.
[339]§ 1 ProstG, veröffentlicht im BGBl. 2001, S. 3983.

Unproblematisch ist es bei nach außen eindeutigen sexuellen Handlungen. Hier wird auf den objektiven Beobachter abgestellt. Hat die vollzogene Handlung einen deutlich erkennbaren sexuellen Bezug, liegt eine sexuelle Handlung vor. Schwieriger ist es bei sexuellen Handlungen, die äußerlich ambivalent sind.
Eine Handlung kann nach dem Handlungsbegriff sowohl ein Tun als auch ein Unterlassen sein. Die Frage ist demnach, wann eine solche als sexuelle Handlung anzusehen ist.
Fischer stellt darauf ab, dass ein objektiver Beobachter - der alle Umstände kennt - aufgrund der Ambivalenz ohne Berücksichtigung des subjektiven Sexualbezuges des Täters nicht zu einer Annahme einer sexuellen Handlung kommen kann.[340] Daher geht er davon aus, dass es zur Beurteilung sowohl einer objektiven als auch subjektiven Komponente bedarf. *Frommel* hingegen sieht bei ambivalenten Handlungen dann eine sexuelle Handlung, wenn die Absicht objektiv erkennbar wird sich oder andere geschlechtlich zu erregen.[341] Ausdrücklich stellt sie nicht auf den subjektiven Willen ab, sondern geht von einer rein objektiven Betrachtung aus. Dafür spricht, dass eine sexuelle Handlung auch zur reinen Demütigung ausgeübt werden kann, ohne dass dabei sexuelle Erregung empfunden wird.

Die Erheblichkeit in § 184g StGB kann sich nur auf die strafrechtliche Definition beziehen, da Sexarbeiter selbstverständlich auch ein Interesse daran haben, dass nicht erhebliche, aber vereinbarte sexuelle Handlungen entlohnt werden und sie durch § 1 ProstG einen Anspruch auf das vereinbarte Entgelt erhalten.

Von Gahlen geht daher von einer Definition gem. §§ 119, 120 OwiG aus, die mit sexuellen Handlungen solche meint, bei denen der eigene oder ein fremder Körper eingesetzt wird und es auf die Erheblichkeit nicht ankommt. Vielmehr ist die Handlung sexuell, wenn sie im objektiven Erscheinungsbild auf das Geschlechtliche des Menschen bezogen ist und den Adressaten in die sexuelle Betätigung einbezieht.[342] Nach ihrem Verständnis fallen aber Vorführungen, Pornofilme und Peep-Shows nicht unter § 1 ProstG, da in den Gesetzesbegründungen zum ProstG steht, dass die „gesellschaftliche Realität" geregelt werden soll-

[340] *Fischer*, §184g StGB, Rd-Nr.4, mit Verweis auf NStZ 2002, S. 431).
[341] *Nomos Kommentar-Frommel*, § 184g, Rd-Nr. 3, mit Verweis auf OLG Hamm, NJW 1977, S. 1499).
[342] *Von Gahlen*, S. 15, Rd-Nr. 41, 42. vgl. auch *Bohnert* zu § 119 OwiG Rd-Nr. 2 f.; *Göhler* zu § 119 OwiG, Rd-Nr. 6ff.

te. Dies beschränkt sich nach ihrer Ansicht darauf, dass „Prostituierte in Bordellen, Clubs, auf der Straße und in privaten Wohnungen tätig seien."[343] „Damit ist deutlich, dass der Gesetzgeber nicht daran gedacht hat, über die "klassische Prostitution" hinaus weitere Bereiche der Sexindustrie zu regeln.[344]

Geht man vom Willen des Gesetzgebers aus, der erreichen wollte, das Sexarbeiter ihren vereinbarten Lohn auch einklagen können, müssen aber gerade auch solche Handlungen vom ProstG umfasst sein, die den Adressaten nicht in die sexuelle Betätigung direkt mit einbeziehen, aber auf dessen Wunsch erbracht werden, wie z. B. Tanzeinlagen, Internetchat oder sonstige Darbietungen. Auch in solchen kann eine sexuelle Handlung gesehen werden, wenn es den Adressaten stimuliert. Ansonsten müsste das vorher vereinbarte Entgelt in Vergütung für die „Show" und Vergütung für den eigentlichen „Akt" aufgespalten werden. Findet nur die „Show", nicht aber der „Akt" statt, weil der Freier früher geht oder ihn die Darbietung nicht so stimuliert, wie er es sich erhofft hatte, bestünde für den Sexarbeiter ansonsten kein Anspruch auf die vereinbarte Vergütung. Der Gesetzgeber wollte aber die Zahlung der vereinbarten Vergütung an den Sexarbeiter gerade nicht vom „Erfolg" der sexuellen Stimulation abhängig machen.

Eine Ausgrenzung von Handlungen, die nicht im direkten Kontakt zwischen Sexarbeiter und Freier erfolgen, wie z.B. Striptease-Vorführungen oder die Mitwirkung in einem Porno-Film, aus dem ProstG, ist demnach nicht nachvollziehbar. Es handelt sich auch dabei um Dienstleistungen, die zur sexuellen Erregung des Kunden und meistens auch gewerblich erbracht werden.[345] Solche Handlungen werden daher vom Begriff der sexuellen Handlung im Sinne des ProstG umfasst. Abzugrenzen ist daher nur zu reinen „Bettszenen" oder „Nacktdarstellungen" in Filmen, die lediglich dem Handlungsstrang dienen und nicht auf eine sexuelle Stimulation ausgerichtet sind. Diese unter das ProstG zu fassen ginge zu weit, auch, weil es sich bei den Akteuren um Schauspieler und nicht um Sexarbeiter handelt.

---

343 BT-Drs. 14/5958, S.4.

344 *Von Gahlen*, S. 15, 16, Rd.-Nr. 43.

345 Ähnlich MüKo-*Armbrüster* BGB § 1 ProstG Rd-Nr. 5, anders *von Gahlen* Rd-Nr. 43, die sich auf die gesellschaftliche Realität von Prostituierten beruft.

In Bezug auf das ProstG kann damit gesagt werden, dass es zum einen nicht auf einen objektiven Dritten, wie im Strafrecht, sondern lediglich auf das Erkennen der sexuellen Absicht zwischen Freier/Kunde und Sexarbeiter/Darsteller ankommt. Ob die Situation für einen Dritten einen sexuellen Bezug aufweist ist unerheblich.

Als sexuelle Handlung im Sinne des ProstG lassen sich damit alle Handlungen verstehen, die auf ein sexuelles Interesse gerichtet sind, welches, zumindest für die beteiligen Personen, erkennbar ist.

Während sich § 1 Satz 1 ProstG auf das Verhältnis zwischen Sexarbeiter und Freier bezieht, geht es in Satz 2 um das Bereithalten und damit um das Verhältnis zwischen Sexarbeiter und Betreiber. Beides ist nach dem Willen des Gesetzgebers als einseitig verpflichtender Vertrag ausgestaltet. Jedoch gibt es hieran auch Kritik. So bemängelte schon der Bundesrat, dass mit Satz 1 nicht deutlich würde, ob es sich nicht um eine Fälligkeitsregelung handele, der Sexarbeiter also zur Vorleistung verpflichtet sei und damit schlechter stünde als vor dem ProstG.[346]
Auch die gehörten Sachverständigen äußerten Kritik an der Ausgestaltung des § 1 ProstG.
Die Abreden wurden eher als entgeltlicher Austauschvertrag gesehen, bei dem Leistung und Gegenleistung verknüpft und damit eher von einem Vertrag aus zwei unvollkommenen Verbindlichkeiten auszugehen sei.[347]
Der Gesetzgeber hat in der Gesetzesbegründung den Sinn und Zweck des § 1 ProstG klar benannt. Er wollte vermeiden, dass Sexarbeiter einem Anspruch auf Vornahme sexueller Handlungen ausgesetzt sind und Kunden keine Ansprüche auf sexuelle Leistungen gegenüber den Sexarbeitern herleiten oder Ansprüche aus Schlechtleistung geltend machen können.[348]

Der Sachverständige *Pfeiffer* äußerte Bedenken, dass nach dem Wortlaut die Entgeltabrede vor der sexuellen Handlung getroffen werden müsste und daher nachträgliche Abreden unwirksam seien.[349]

---

[346]BR-Drs. 817/01, S. 1, 2.
[347]*Eichenhofer*, SV Prot. 14/69, Bl. 11; *Rauscher*, SV Prot. 14/69, Bl. 108.
[348]BT-Drs. 14/5958, S. 4, 6.
[349]BT-Drs. 14/5958, S. 4.

Von Gahlen sieht diese Schlussfolgerung anders und begründet dies mit dem Wortlaut und der Gesetzesbegründung. Da Intention die Verbesserung der Rechtsstellung der Sexarbeiter war, kann aus der „Vorher-Regelung“ kein Rückschluss gegen eine „Nachher-Regelung“ gezogen werden. Wenn schon eine vorher getroffene Abrede, die auch die Art und Weise der Dienstleistung umfassen muss, geregelt ist, dann müsse dies erst recht für eine nachträgliche gelten, bei welcher Fragen nach den Ansprüchen des Kunden gar nicht mehr aufkämen.[350]

Bezüglich des § 1 Satz 2 ProstG ergab sich eine Problematik zwischen dem Wortlaut des ProstG und dem Willen des Gesetzgebers, der abhängige Beschäftigungsverhältnisse in Bordellen ermöglichen, aber gleichzeitig jede Pflicht zur Leistung sexueller Handlungen vermeiden wollte. Es wurde daher der Wortlaut gewählt, dass sich die Prostituierte „für die Erbringung ... bereit hält“. Einer „Zahlungspflicht gegen bloße Anwesenheit“ fehle jedoch eine vertragliche Angemessenheit.[351]
Hinzu kommt, das eine „freiwillige Vereinbarung über Ort und Zeit der Prostitutionsausübung“ ein rechtlich wirksames Beschäftigungsverhältnis ermöglichen soll, der § 181 a Abs. 1 Nr. 2 StGB aber eine Strafbarkeit des Betreibers moniert, der „seines Vermögensvorteils wegen eine andere Person bei der Ausübung der Prostitution überwacht, Ort, Zeit, Ausmaß oder andere Umstände der Prostitutionsausübung bestimmt“. Der Gesetzgeber bestimmte daher, dass der § 181 a Abs. 1, Nr. 2 StGB „restriktiv zu interpretieren sei“.[352] Dies wurde zwischenzeitlich auch von der Rechtsprechung implementiert.[353]

Mit § 1 ProstG sollte die Sittenwidrigkeit des Vertrages zwischen Sexarbeiter und Kunde aufgehoben werden, daher wurde über den Anwendungsbereich des § 138 Abs. 1 BGB und die Befugnisse des Gesetzgebers diskutiert. Die eine Ansicht vertrat die Auffassung, dass der Maßstab der Sittenwidrigkeit vorstaatlich gegeben sei und daher nicht zur Disposition stehe.[354]

---

[350] *Von Gahlen*, S. 20, 21, Rd-Nr. 57.
[351] *Pfeiffer*, SV Prot. 14/69, S. 70.
[352] BT-Drs. 14/7174, S. 11.
[353] Nichteröffnungsbeschluss vom 16.08.2006, LG Augsburg, Az: 8 Kls 312 Js 115537/05 und Nichteröffnungsbeschluss des LG Augsburg 17.12.2009, Az 9 Kls 504 Js 106939/08, BGHSt 48, 314 vom 01.08.2003 und BGH Urteil vom 10.02.2010 veröffentlicht in NJ 6/10 S. 258, 259.
[354] *Eichenhofer* SV Prot. 14/69, Bl. 11 und *Pfeiffer* SV Prot. 14/69, Bl. 63.

Die andere Ansicht ging von einer eingegrenzten Verfügungsbefugnis aus. Würde der Vertrag für nicht sittenwidrig erklärt, müssten sich die Gerichte daran halten. Lediglich die Verfassungswidrigkeit begrenze die Gestaltungsfreiheit.[355] Diese Ansicht wird vom Bundesverfassungsgericht gestützt, die den Begriff „gute Sitten" als Rechtsmaßstab sehen, welcher nur im Einklang mit feststehenden Wertentscheidungen aus dem Grundrechtsabschnitt der Verfassung erfolgen könne. [356] Mit dem Wegfall der Sittenwidrigkeit sollte der Menschenwürdebegriff, der die Selbstbestimmung der Frau auch in der Entscheidung für die Prostitution als Bestandteil ihrer Menschenwürde ansieht, durch einfachgesetzliche Regelung ausgestalten werden. Diese Entscheidung bewegt sich im Rahmen der Verfassung, damit ist das Gebot der Nichtanwendung von § 138 Abs. 1 BGB verbindlich.[357]

b.) § 2 ProstG

Die Forderung kann nicht abgetreten und nur im eigenen Namen geltend gemacht werden. Gegen eine Forderung gemäß § 1 Satz 1 kann nur die vollständige, gegen eine Forderung nach § 1 Satz 2 auch die teilweise Nichterfüllung, soweit sie die vereinbarte Zeitdauer betrifft, eingewendet werden. Mit Ausnahme des Erfüllungseinwandes gemäß des § 362 des Bürgerlichen Gesetzbuchs und der Einrede der Verjährung sind weitere Einwendungen und Einreden ausgeschlossen.

Das Abtretungsverbot in § 2 S. 1 ProstG soll die Sexarbeiter vor Erpressung schützen und eine Besserstellung der Sexarbeiter, nicht aber Dritter, insbesondere Zuhälter, bewirken.

Diese gutgemeinte Überlegung birgt jedoch auch einen Nachteil für die Sexarbeiter. Da in den meisten Fällen nur er und der Freier bei der Dienstleistung anwesend waren, gibt es keine weiteren Zeugen. Ist er nun selbst Partei und kann nur selbst klagen, kann er nur unter den bestimmten Voraussetzungen der §§ 445ff. ZPO als Parteizeuge vernommen werden. Liegen diese Voraussetzungen nicht vor, hat der Sexarbeiter keine Möglichkeit für seinen Vortrag Beweis zu

[355] *Wesel*, SV Prot. 14/69, S. 19; *Wank*, SV Prot. 14/69, Bl. 148.
[356] *Von Gahlen*, S. 23, Rd-Nr. 65.
[357] *Von Gahlen*, S. 24, Rd-Nr. 66.

erbringen. Könnte der Sexarbeiter die Forderung abtreten, könnte er selbst als Zeuge vor Gericht auftreten und Beweis erbringen.
Das Abtretungsverbot sollte damit teleologisch im Sinne des Gesetzgebers ausgelegt werden und Abtretungen, die dem gesetzlichen Schutzzweck nicht zuwider laufen, möglich sein. Insbesondere sollten Abtretungen zur Verbesserung der Rechtsstellung der Sexarbeiter, wie zum Zweck der Prozessführung, möglich sein.[358]
Anders verhält es sich mit der Prozessstandschaft. Die Zulässigkeit der gewillkürten Prozessstandschaft hängt von einem schutzwürdigen Eigeninteresse des Prozessführungsbefugten ab, welches möglicherweise bei Zuhältern vorliegen könnte. Der Sexarbeiter selbst hat keinerlei Vorteil aus einer Prozessstandschaft, so dass hier keine teleologische Reduktion geboten ist.[359]

Die starke Eingrenzung der zugelassenen Einreden und Einwendungen stieß bei den Gesetzesberatungen auf Kritik. *Pfeiffer* äußerte, dass der weitgehende Einwendungsausschluss inakzeptabel sei. Es müsste zumindest die Geltendmachung anspruchshindernder Einwendungen aus Gründen elementarer Vertragsgerechtigkeit zugelassen werden.[360]
Stimmen aus der Literatur sind der Ansicht, dass eine teleologische Reduktion des Einwendungsausschlusses erfolgen sollte. Mit dem Blick auf die Zielsetzung des ProstG solle über die Zulässigkeit der Einwendungen im Einzelfall mit Blick auf die Vertragsgerechtigkeit und dem Schutzzweck des ProstG entschieden werden.[361] Denn durch die Formulierung sind auch Einwendungen und Einreden ausgeschlossen, die sich aus dem allgemeinen Teil des BGB ergeben, wie z. B. Vorschriften zum Schutz von Minderjährigen (§104 ff. BGB) und Nichtigkeit wegen Anfechtung aus Gründen der arglistigen Täuschung (§§142, 123, 119 BGB). Dass der Gesetzgeber dies bezweckt hat, erscheint fraglich. Sein Ziel war keinerlei Auseinandersetzungen über die Qualität der Leistung zuzulassen und damit die Sexarbeiter zu schützen. Dass darüber hinaus Privilegien geschaffen werden sollten, ist aus den Begründungen nicht ersichtlich. Ein solch weitreichender Ausschluss von Anspruchshindernissen könnte auch gegen die Einheit des Rechtes, welche aus dem Rechtsstaatsprinzip und dem Willkürverbot gebil-

[358] So auch *von Gahlen*, S. 43, 44, Rd-Nr. 129.
[359] *Von Gahlen*, S. 44, Rd-Nr. 130, 131.
[360] *Pfeiffer*, SV Prot. 14/69, Bl. 71f.
[361] *Armbrüster* in MK BGB zu § 2 ProstG Rd-Nr. 3; *Heinrichs* in Palandt § 2 Rd-Nr. 1; *Ziethen*, S. 184, 186.

det wird, entgegenstehen. Daher ist der Ansicht der Literatur zuzustimmen, dass eine teleologische Reduktion des Einreden- und Einwendungsausschluss des § 2 S. 3 Prost. vorgenommen werden muss.[362]

c.) § 3 ProstG

Bei Prostituierten steht das eingeschränkte Weisungsrecht im Rahmen einer abhängigen Tätigkeit der Annahme einer Beschäftigung im Sinne des Sozialversicherungsrechts nicht entgegen.

Ziel des ProstG war eine soziale Absicherung von Sexarbeitern zu schaffen. Der § 3 ProstG dient als Ergänzung zu § 7 Abs. 1 SGB IV. Er übernimmt die Konkretisierung der Weisungsgebundenheit für den Bereich der Sexarbeit, damit ein eingeschränktes Direktionsrecht einem abhängigen und damit versicherungspflichtigen Beschäftigungsverhältnis nicht im Wege steht.

Die Spitzenorganisationen der Sozialversicherer gaben am 18.11.2002 eine gemeinsame Verlautbarung zu Beschäftigungsverhältnissen in Bordellen heraus, wonach ein Beschäftigungsverhältnis schon dann vorliegt, wenn vorher vereinbart wurde, dass der Sexarbeiter sich zu einer bestimmten Zeit an einem bestimmten Ort zur „Verfügung“ hält und das Entgelt „grundsätzlich“ unabhängig von sexuellen Handlungen gezahlt wird.[363]

3.) Ziele des ProstG

Die Ziele des ProstG lassen sich in zwei große Gruppen unterteilen.

Die rechtlichen Ziele, die erreicht werden sollten, sind:

Abschaffung der Sittenwidrigkeit und Legalisierung der Sexarbeit

- um Kranken- und Sozialversicherungszugänge für Sexarbeiter zu ermöglichen
- um Sexarbeitern die Möglichkeit zum Einklagen ihrer Forderungen gegenüber Freiern zu geben und

---

[362]So auch *von Gahlen*, S. 30, 31.

[363]Verlautbarung der Spitzenverbände der Sozialversicherer vom 18.11.2002, http://beck-online.beck.de/default.aspx?bcid=Y-100-G-SO_GR_ProstG_2002_11_18.

➢ um die Möglichkeit zum Abschluss von Arbeitsverträgen zu eröffnen.

Darüber hinaus gab es noch gesellschaftspolitische Ziele, so sollte eine

- Verbesserung der Ausstiegsmöglichkeiten für Sexarbeiter
- weitgehende Befreiung des Sexdienstleistungsgewerbes von Begleitkriminalität
- Schaffung besserer Arbeitsbedingungen für Sexarbeiter und
- eine Aufhellung der Grauzone

erreicht werden.[364]

Zumindest die Partei Bündnis 90/Die Grünen wollte darüber hinaus eine bessere rechtliche und gesicherte gesellschaftliche Stellung für Sexarbeiter erreichen.[365]

4.) Die Evaluierungen des ProstG

In der 15. Wahlperiode erfolgte am 22.09.2004 von der FDP eine kleine Anfrage an die Bundesregierung zur Situation der Prostituierten nach Inkrafttreten des ProstG.[366] In der Antwort vom 11.10.2004 weist die Bundesregierung darauf hin, dass eine umfassende Bewertung der Auswirkungen des ProstG zum jetzigen Zeitpunkt noch nicht möglich sei.[367] Die Ergebnisse der vom BMFSFJ in Auftrag gegebenen wissenschaftlichen Untersuchung würden nicht vor Mai 2005 erwartet.

a.) Die Evaluationen des ProstG im Auftrag des BMFSFJ

Mit dem Beschluss des ProstG im Jahre 2001 wurde ebenfalls beschlossen, dass das ProstG nach drei Jahren evaluiert werden sollte, um die Umsetzung und

---

[364]Bericht des Ausschusses, abgedr. in BT-Drs. 14/7174, Rede zum Entwurf eines Gesetzes zur Verbesserung der rechtlichen und sozialen Situation der Prostituierten der Fraktion Bündnis 90/Die Grünen, in Plenarprotokoll 14/168 vom 11.05.2001.
[365]Rede zum Entwurf eines Gesetzes zur Verbesserung der rechtlichen und sozialen Situation der Prostituierten der Fraktion Bündnis 90/Die Grünen, in Plenarprotokoll 14/168 vom 11.05.2001.
[366]BT-Drs. 15/3775.
[367]BT-Drs. 15/3904.

eventuelle Probleme überprüfen und ggf. nachbessern zu können. Insgesamt wurden drei Gutachten in Auftrag gegeben, welche, statt wie geplant im Jahre 2005, erst im Jahre 2007 veröffentlicht wurden. Die Gutachten zeigen klare Kritikpunkte auf und bieten Lösungs- und Verbesserungsvorschläge an, die jedoch bis dato in keinster Weise Berücksichtigung fanden oder gar umgesetzt worden wären.

(1) „Auswirkungen des Prostitutionsgesetzes" Abschlussbericht[368]

Der Forschungsauftrag war, einen Überblick über die Auswirkungen des ProstG in der Praxis zu erhalten, die Rückwirkungen und Querbeziehungen zu anderen, für die Lebenswirklichkeit von Prostituierten relevanten Rechtsgebieten einzubeziehen und besonderes Augenmerk auf die Rechts- und Behördenpraxis und die Sicht unterschiedlicher Gruppen von in der Prostitution tätigen Frauen und Männern sowie der Betreiber von Prostitutionsbetrieben zu legen. Forschungsgegenstand war somit das Feld der Prostitution an sich.[369]

Die Untersuchung fand im Zeitraum 01.03.2004 – 31.07.2005 statt und bestand aus mehreren Teilstudien, die sich aufeinander beziehen:

- Eine quantitative (bei insgesamt 1.295 Personen) und qualitative (bei insgesamt 162 Personen) Befragung von in der Prostitution tätigen Sexarbeitern, Betreibern von Prostitutionsbetrieben und Experten aus unterschiedlichen Bereichen und Berufsfeldern,
- einer Auswertung der Rahmenbedingungen in ausgewählten Regionen
- einer Recherche zu den Konsequenzen der neuen Rechtslage und
- einer Rechtsexpertise.

Der Untersuchung liegt die Sichtweise zugrunde, dass Prostitution nicht ein Beruf wie jeder andere ist.[370]

Von den befragten Prostituierten äußerten sich 85,5 % positiv zur Existenz des Gesetzes. 72,5 % erhofften sich vom ProstG eine Verbesserung ihrer Situation,

---

[368]Untersuchung des Sozialwissenschaftlichen Frauenforschungsinstitutes im Auftrag des Bundesministeriums für Familie, Senioren, Frauen und Jugend (SOFFiK).
[369]http://www.bmfsfj.de/doku/prostitutionsgesetz/pdf/02.pdf , S. 22 der Untersuchung.
[370]SoFFiK-Gutachten, S. 15.

Vorrang hatte hier eine Entkriminalisierung von Prostituierten, 86,8 % meinten, dass die Behörden sich besser über das ProstG informieren sollten und 74,5 % derjenigen, die in den letzen zwei Jahren Kontakt zu Ämtern und Behörden hatten, haben keine Verbesserung festgestellt.
Durch das ProstG sahen 43,3 % eine bessere Möglichkeit auf ihre Rechte zu bestehen, 21,8 % meinten, dass sich die Möglichkeiten, ihre berufliche Position in der Prostitution auszubauen, verbessern werde. Bessere Ausstiegschancen aus der Prostitution sahen 22,2 %.[371]

Als wichtigste Erwartung formulierten bei der Befragung mit 95 % die Betreiber von Prostitutionsbetrieben den Wunsch nach Rechtssicherheit. Hinsichtlich des Veränderungsbedarfes sahen 95 % die Aufhebung des Werbeverbotes für Prostitution sowie 91 % einen Verzicht der Finanzbehörden auf mögliche Steuernachforderungen bei Prostituierten und ebenfalls 91 % die Anerkennung der Tätigkeit von Prostituierten als Gewerbetreibende als vordringlich an.[372]

Bei der Befragung der Mitarbeiter von Beratungsstellen sahen 95 % einen Veränderungsbedarf hinsichtlich des Verzichts der Finanzbehörden auf mögliche Steuernachforderungen bei Prostituierten. 90 % hielten Durchführungsrichtlinien für Behörden für erforderlich. Mit 80–90 % sahen die Befragten auch Verbesserungsbedarf bei den Rahmenbedingungen für die Ausübung der Prostitution: mehr Rechtssicherheit für potenzielle Arbeitgeber, Abschaffung der Einschränkung im Gaststätten- und Gewerberecht und die Aufhebung des Werbeverbotes für Prostitution. 75 % sahen Bedarf hinsichtlich legaler Arbeitsmöglichkeiten für Migranten in der Prostitution. 66 % sprachen sich dafür aus, dass Arbeitsagenturen auch Stellenanzeigen und –gesuche für Prostituierte aufnehmen und entsprechend vermitteln sollten.[373]

Die Untersuchung empfiehlt, dass der Bund erneute Bemühungen unternehmen sollte, bundesweit einheitliche gewerberechtliche Bestimmungen für Prostitutionsbetriebe herbeizuführen und die Frage der gewerberechtlichen Anerkennung solcher Betriebe zu klären. So könnte für die potentiellen Arbeitgeber eine

[371]SoFFiK-Gutachten, S. 272/273.
[372]SoFFiK-Gutachten, S. 273.
[373]SoFFiK-Gutachten, S. 274.

Rechts- und Planungssicherheit geschaffen werden.[374] Ferner muss geklärt werden, inwieweit das ProstG Auswirkungen auf das Baurecht, Gewerberecht und Gaststättengesetz hat. Eine einheitliche Handhabung würde die Umsetzung fördern.[375]
Die Studie schlägt vor, den Zugang zu den gesetzlichen Krankenkassen zu erleichtern, indem für die freiwillige Mitgliedschaft erforderliche Vorversicherungszeiten flexibler gehandhabt werden.[376]
Um die Arbeitsbedingungen zu verbessern, schlägt die Untersuchung vor, zunächst einen Bezugsrahmen zu schaffen, was unter schlechten und guten Arbeitsbedingungen zu verstehen ist. In der Ausgestaltung des Bordellbetriebes als erlaubnispflichtiges Gewerbe sehen Vertreter von Gewerbeämtern eine Möglichkeit, Betriebe zur Einhaltung von Arbeitsstandards zu verpflichten. Eine Rechts- und Planungssicherheit würde darüber hinaus möglicherweise zu mehr Investitionen der Bordellbetreiber führen.[377]
Eine Verbesserung der Arbeitsbedingungen könnte auch erreicht werden, wenn die Problematik der differenzierten Handhabung der bauplanungsrechtlichen Genehmigung von Wohnungsbordellen in Wohn- und Mischgebieten geklärt wird. Dann könnten Sexarbeiter selbständig und selbstbestimmt in kleinen Einrichtungen ihrer Tätigkeit nachgehen.[378]
Die Untersuchung kommt weiter zu dem Ergebnis, dass klare Vorgaben zur Umsetzung des Gesetzes und ein klarer politischer Wille zur Veränderung fehlen. „Die allgemeine Stagnation vermittelt den Eindruck, dass das Gesetz zwar beschlossen, aber nicht gewollt wurde. Unseres Erachtens müsste deshalb zunächst innerhalb der Bundesregierung, aber auch im Bundestag Klarheit darüber geschaffen werden, ob man die mit dem Gesetz verfolgten Ziele weiterhin realisieren will."[379]

Die Untersuchung gibt verschiedene Empfehlungen für den Fall, dass der Intention gefolgt und mehr als nur ein Minimalerfolg erreicht werden soll.[380] Hierunter fallen eine kurzfristige Klarstellung des Gesetzgebers im Bereich des Gewer-

[374] SoFFiK-Gutachten, S. 280.
[375] SoFFiK-Gutachten, S. 284.
[376] SoFFiK-Gutachten, S. 281.
[377] SoFFiK-Gutachten, S. 281/282.
[378] SoFFiK-Gutachten, S. 284.
[379] SoFFiK-Gutachten, S. 288.
[380] SoFFiK-Gutachten, S. 288.

berechts sowie eine Klarstellung der Vereinbarkeit von Sperrgebietsverordnung, Werbeverbot und ProstG. Der Gesetzgeber sollte darüber hinaus überprüfen, inwieweit Prostitution unter „Gewerbsunzucht" in § 55 II Nr. 3 des Aufenthaltsgesetzes subsumiert werden kann und welche Konsequenzen dies für migrierte Sexarbeiter hat. Weiter müssen die Fachberatungsstellen finanziell abgesichert werden, Behörden, Polizei, Staatsanwaltschaften und Städtetag sollten sich auf Einladung des zuständigen Bundesministeriums mit Vertretern aus den Niederlanden treffen, interdisziplinäre Diskussionsforen unter Beteiligung von Prostituierten und Bertreibern sollten gegründet werden. Für Prostituierte sollte auf kommunaler Ebene eine Beschwerdestelle eingerichtet werden, eine eigenständige Interessenvertretung von Prostituierten sollte aufgebaut und unterstützt werden. Schließlich sollte eine Studie in Auftrag gegeben werden, inwieweit die Verfolgung krimineller Delikte durch die Regelung des ProstG beeinflusst wird.

Weiter gibt das Gutachten mittelfristige Empfehlungen, im Laufe von ein bis vier Jahren. Hierunter fallen Überprüfungen der Wirksamkeit der kurzfristigen Maßnahmen sowie die Angliederung der Beschwerdestellen an Behörden. Die interdisziplinären Diskussionsforen müssen sich Ziele setzen und sollten über folgende Themen beraten:

- Mindeststandards für gute Arbeitsbedingungen in der Prostitution und Entwicklung eines geeigneten Prüfverfahrens zu Einhaltung.
- Implementierungsstrategie im Sinne der Intention des ProstG und ein Monitoringverfahren zur Qualitätssicherung sollten entwickelt werden.
- Kooperationsverbesserung zwischen Facheinrichtungen und Behörden
- Entwicklung von Arbeitsvertragsmodellen
- Strategien für kommunale Prostitutionspolitik und Erarbeitung eines Verfahrens für die Begleitung und Umsetzung.

Die Ergebnisse der Arbeit müssten durch das zuständige Bundesministerium kommuniziert und eine gezielte Öffentlichkeitsarbeit betrieben werden.

Als langfristige Empfehlungen, nach Ablauf von 4 Jahren, schlägt das Gutachten vor, eine Konzeption für eine Koordinierungsstelle zu erarbeiten, welche den Informationsfluss bündelt und für die Verbreitung von Best-Practice-Beispielen sorgt. Außerdem könnte sie eine Vermittlerrolle übernehmen. Nach mindestens

5 Jahren sollte eine erneute Studie zu den Lebens- und Arbeitsbedingungen von Prostituierten in Auftrag gegeben werden

(2) „Reglementierung von Prostitution: Ziele und Probleme – eine kritische Betrachtung des ProstG“

Das Gutachten[381] beschäftigt sich mit der rechtlichen Bewertung des ProstG und den Änderungen im StGB.

Nach einer Einordnung des ProstG in den europäischen Kontext erläutert *Renzikowski* die dem ProstG zugrunde liegenden Wertungen und greift die verschiedenen Positionen innerhalb der EU zur Prostitutionsausübung auf. Dabei kommt er zu dem Ergebnis, dass eine Entscheidung nur zwischen Prohibitionismus (Schweden) und Regulationismus fallen kann, und er zum Regulationismus tendiere.[382]

Sodann beschäftigt er sich mit der Frage, ob das ProstG seinen Zielen gerecht wird.
Nach einer Erläuterung der Änderungen im Zivil- und Arbeitsrecht, der Sozialversicherung, dem Strafrecht sowie dem Gewerbe-, Gaststätten- und Baurecht legt er die Reaktionen aus Literatur und Praxis dar.
„Im Zivilrecht verweigert die überwiegende Ansicht dem Gesetzgeber die Gefolgschaft. Unbeirrt wird an der Sittenwidrigkeit der Prostitution festgehalten.[383] In der obergerichtlichen Judikatur geht das OLG Schleswig davon aus, dass die Menschenwürde der staatlichen Regelung entzogen sei und der entgeltliche Geschlechtsverkehr ungeachtet des ProstG sittenwidrig bleiben solle.[384] Der Bundesgerichthof hat immerhin angedeutet, dass sich die Frage der Sittenwidrigkeit nach dem Inkrafttreten des ProstG neu stellt.“[385]

---

[381]Gutachten im Auftrag des BMFSFJ, vorgelegt von Prof. Dr. *J. Renzikowski*, Prof. an der Martin-Luther-Universität Halle-Wittenberg. Stand Januar 2007.
[382]*Renzikowski*, S. 30 ff.
[383]*Renzikowski*, S. 40, Fn. 193 m. Nachweisen.
[384]*Renzikowski*, S. 40, OLG Schleswig NJW 2005, S. 225, 226 f.
[385]*Renzikowski*, S. 40, BGH NJW 2002, S. 361 und BGH Urteil v. 13.07.2006, Az I ZR 231/03.

Er zeigt auf, dass die Entkriminalisierung der Förderung der Prostitution in der strafrechtlichen Literatur begrüßt werde.[386] Die Rechtsprechung hat die restriktive Linie des Gesetzgebers übernommen und den Anwendungsbereich der §§ 180 a Abs. 1, 181 a Abs. 2 StGB eingeschränkt.[387]

Sodann geht er auf die Stimmen aus der polizeilichen Praxis ein, welche Schutzlücken zu Lasten der Prostituierten monieren und den Verlust von Kontrollmöglichkeiten im Milieu beklagen.[388]
Er ist der Ansicht, dass es zwar zutreffe, dass die Polizei gewissermaßen einen „Schlüssel" zum Milieu benötige, wenn sie die Ausübung der Prostitution angemessen kontrollieren solle, indes werde die Einschätzung, dass eine effektive Kontrolle nur mit den Mitteln des Strafrechts erfolgen könne, längst nicht überall geteilt.[389] Er gibt zu bedenken, dass sich Ausbeutung eher feststellen lasse, wenn Verträge existieren, Bücher geführt und die ökonomischen Zusammenhänge durchleuchtet werden könnten. Dazu reiche eine Razzia alleine nicht. Nach seiner Meinung ist dies auch die verkehrte Reihenfolge. „Strafrecht kann nicht das Fehlen von Regulierungen der Prostitution ersetzen, sondern es kann eine bestehende Regulierung absichern. Wenn nach alldem ein Straftatbestand noch für erforderlich gehalten wird, dann darf die Strafbarkeit nicht an einer nicht näher bestimmten Förderung der Prostitution anknüpfen, sondern es müssen Kriterien bestimmt werden, wie z.B. Begrenzung der Arbeitszeit, Verbot von ungeschütztem Geschlechtsverkehr oder Verbot sadistischer Praktiken an der Prostituierten."[390]

Weiter geht er auf den Bereich des öffentlichen Rechts ein. Die Ausstrahlung des ProstG auf das Gewerbe-, Gaststätten- und Baurecht wird uneinheitlich gesehen. Eine Auffassung vertritt die Ansicht, dass der Gesetzgeber ausdrücklich nur zivil-, sozial- und strafrechtliche Regelungen erlassen habe. Da er ansonsten geschwiegen habe, liege eine Auswirkung auf Gewerbe-, Gaststätten und Bau-

---

[386] *Renzikowski,* S. 41, Fn. 200 m. Nachweisen.
[387] *Renzikowski,* S. 41, BGHSt 48, S. 319f; StV 2003, S. 617; OLG Düsseldorf , StV 2003, S. 165 f; BayObLG StV 2004, S. 210 ff; StV 2003, S. 351 f.
[388] *Renzikowski,* S. 41.
[389] *Renzikowski,* S. 46, Fn. 235 „so etwa die Stellungnahme von *Schnelker* (Polizeidirektion Hannover) in der Sachverständigenanhörung des Bundestagsausschusses für Familie, Senioren, Frauen und Jugend vom 20.06.2001 (Prot. 14/96).
[390] *Renzikowski,* S. 46, 47, Fn. *O`Connel Davidson*, Prostitution, Power and Freedom, 1998, S. 204.

recht nicht vor. Diese Auffassung hält *Renzikowski* für falsch. „Diese Ansicht verdreht nicht nur die Gesetzesmotive, sie ignoriert auch den Grundsatz der Einheitlichkeit der Rechtsordnung. Das daraus resultierende Gebot der Widerspruchsfreiheit ist bereits dann verletzt, wenn eine Regelung eine Wirkung zeigt, die der Zielsetzung und Konzeption einer anderen Norm widerspricht. Divergierende Maßstäbe der Sittenwidrigkeit im öffentlichen und bürgerlichen Recht sind nicht begründbar."[391]

Ein Teil der Rechtsprechung folgt dieser Meinung ebenfalls nicht und geht im Gaststättenrecht und bei der Sperrgebietsregelung inzwischen davon aus, dass die eigenverantwortlich ausgeübte Prostitution nicht mehr als sittenwidrig, sondern als rechtlich erlaubte Betätigung angesehen werden muss. „Mit der Anerkennung der Prostitution ist die Ausweisung von Sperrbezirken vereinbar, es handelt sich um einen nach Art. 12 Abs. 1 GG zulässigen Eingriff in die Berufsausübung. Jedoch muss die Bewertung der Prostitution als erlaubt beim Erlass von Prostitutionsverboten berücksichtigt werden." Insofern sieht *Renzikowski* durch das ProstG auch im öffentlichen Recht die Stellung der Prostituierten als gestärkt an.[392]

In Bezug auf die Verwaltungsbehörden führt er aus, dass diese sich in den einzelnen Bundesländern erheblich voneinander unterscheiden. In einigen Bundesländern ist die Bereitschaft, die verwaltungsrechtlichen Konsequenzen aus der rechtlichen Anerkennung der Prostitution zu ziehen, nicht sehr ausgeprägt. Im Widerspruch zur Grundaussage des ProstG wird im Gewerbe- und Gaststättenrecht an der Sittenwidrigkeit der Prostitution festgehalten.[393]

Hinsichtlich des Zieles, den Prostituierten die Möglichkeit zum Ausstieg zu eröffnen, kommt er zu dem Schluss, dass sich dies im ProstG praktisch nicht niedergeschlagen habe.[394]

Er zieht das Resümee, dass durch das ProstG zwar Schritte zur Verbesserung der rechtlichen und sozialen Lage der Prostituierten unternommen wurden, weitere

[391] *Renzikowski*, S. 41, m. Nachweisen in den Fn. 202-205.
[392] *Renzikowski,* S. 42, m. Nachweisen in den Fn. 206-210.
[393] *Renzikowski,* S. 42, m. Nachweisen in der Fn. 211.
[394] *Renzikowski,* S. 50.

aber folgen müssen. Durch das ProstG eröffnete Handlungsspielräume müssten von allen Beteiligten genutzt werden. „Es müssen minimale Arbeitsstandards festgesetzt werden. Zudem müssen die Probleme der unfreiwillig ausgeübten Prostitution und die Regelungen für nicht legal in Deutschland arbeitende Ausländerinnen berücksichtigt werden.“[395]

Handlungsbedarf sieht er bezüglich der Verbesserung des strafrechtlichen Minderjährigenschutzes, der Vereinheitlichung der Schutzaltersgrenzen, der Abschaffung des Vermieterprivilegs im Strafrecht, einer umfassenden Bestrafung der Förderung der Prostitution bei Minderjährigen sowie eine Erweiterung der Verjährung.
Nach seiner Ansicht müsse eine gleiche Bewertung von sexuellen Handlungen mit und ohne Körperkontakt erfolgen und eine Strafbarkeit der Nachfrage von Zwangsprostituierten eingeführt werden. Auch im Rahmen des Opferschutzes und der Kontrolle der Prostitution sieht er Handlungsbedarf.

Renzikowski schließt sein Gutachten mit der Frage: „Und wo bleibt die Prävention“ und legt in diesem Abschnitt nahe, warum eine gute Sozialarbeit auch und gerade im Jugendbereich sowie konkrete Hilfen bei Frauenarmut oder Frauenarbeitslosigkeit die beste Prävention vor der Prostitution und den damit verbundenen Begleiterscheinungen bilden.[396]

(3) „Vertiefung spezifischer Fragestellungen zu den Auswirkungen des Prostitutionsgesetzes: Ausstieg aus der Prostitution und Kriminalitätsbekämpfung und Prostitutionsgesetz“[397]

Der erste Teil des Gutachtens „Ausstieg aus der Prostitution“ umfasst 45 Seiten. Zur Erstellung des Gutachtens fand eine

- vertiefende Auswertung der qualitativen und quantitativen Befragungen von Prostituierten und Beratungsstellen zur Lebensplanung, Ausstiegsmotivation und Ausstiegsberatung,

[395] *Renzikowski*, S. 50, 51.
[396] *Renzikowski*, S. 63, 64.
[397] Vorgelegt vom Sozialwissenschaftlichen Frauen Forschungsinstitut SoFFiK.

- eine telefonische Befragung von ausgewählten Fachberatungsstellen und Gesundheitsämtern zum Profil von Prostituierten, die an Ausstiegshilfen interessiert sind und zur Bedeutung des ProstG für diese
- sowie Interviews mit Mitarbeitern aus Fachberatungsstellen, die Ausstiegsprogramme durchführen bzw. durchgeführt haben zu Ausstiegskonzepten und –ansätzen der Beratung

statt.

In der Zusammenfassung der Ergebnisse kommt das Gutachten zu dem Schluss, dass das ProstG weder positiv noch negativ auf die Möglichkeiten zum Aus- und Umstieg eingewirkt habe.[398]

„Ausstiegsmotivation und Ausstiegsplanung hängen unmittelbar von den Problem- und Lebenslagen sowie von der Frage der Existenzabsicherung und den Verdienstmöglichkeiten innerhalb und außerhalb der Prostitution ab."[399]

Die Gutachter sehen einen erheblichen Forschungsbedarf in dem Bereich, der sich mit der Motivation zum Ausstieg und dessen Verlauf beschäftigt.

Der zweite Teil des Gutachtens befasst sich auf 26 Seiten mit dem ProstG und der Kriminalitätsbekämpfung. Hier wurden Interviews geführt und Fragebögen mit Polizeivertretern ausgewertet.
Das Gutachten kommt zu dem Schluss: „Die Mehrheit der Befragten sehen keine relevanten Veränderungen in der polizeilichen Praxis. Unabhängig davon hat sich aber zum einen ganz deutlich gezeigt, dass alle befragten Polizeivertreter auf neue Ermittlungsstrategien und insbesondere bessere Zugangswege zu den Opfern bei der Bekämpfung der Kriminalität im Umfeld der Prostitution angewiesen sind und zum anderen auch Lösungsansätze vertreten werden, die zunächst ohne gesetzliche Änderungen realisiert werden könnten."[400]

---

[398]SoFFiK-Gutachten2, S. 42.
[399]SoFFiK-Gutachten2, S. 42.
[400]SoFFiK-Gutachten2, S. 74, 76.

b.) Die Unterrichtung durch die Bundesregierung

In der 16. Wahlperiode erfolgte eine Unterrichtung zum ProstG durch die Bundesregierung.[401] Bereits in der Einleitung dieser Unterrichtung nahm der Bundestag die Problematik des ProstG auf und schrieb: „Die Verabschiedung des ProstG war das Ergebnis eines schwierigen politischen Prozesses, der über einen Zeitraum von 30 Jahren immer wieder Impulse aus unterschiedlichen Richtungen und Anlässen erhielt, ohne in einen breiten, abschließenden gesellschaftlichen Konsens hinsichtlich des richtigen Umgangs mit der gesellschaftlichen Realität der Prostitution zu münden. Die Diskussion im Kontext des Gesetzgebungsverfahrens war in starkem Maße beeinflusst von unterschiedlichen ethischen Grundhaltungen, wobei teilweise auch innerhalb der verschiedenen politischen Parteien ein heterogenes Bild bestand.“[402]

Diese Situationsbeschreibung spiegelt ein Problem des ProstG wieder, es geht hierbei eben nicht nur um rechtliche Regelungen und die Schaffung eines gesicherten Status für Sexarbeiter, sondern es geht in mindestens gleichem Maße um moralische und ethische Ansichten, um Einzelsituationen, die zum Überdenken der Lage anregen und nicht zuletzt um Wählerstimmen. Die Situation der Sexarbeiter und die Praktikabilität des ProstG spielen hierbei nur eine sehr untergeordnete Rolle.

So ist auch das Fazit des Untersuchungsberichts der Bundesregierung, der dazu kommt, dass die angestrebten Ziele:

- Die Sittenwidrigkeit der Prostitution abzuschaffen,
- Prostituierten die Einklagbarkeit ihres Lohns zu sichern,
- den Zugang zur Sozialversicherung zu erleichtern
- kriminellen Begleiterscheinungen der Prostitution den Boden zu entziehen
- den Ausstieg aus der Prostitution zu erleichtern und
- bessere (möglichst wenig gesundheitsgefährdende) Arbeitsbedingungen zu sichern

nur zu einem begrenzten Teil erreicht werden konnten.[403]

---

[401]BT-Drs. 16/4146, Der Bericht der Bundesregierung zu den Auswirkungen des Gesetzes zur Regelung der Rechtsverhältnisse der Prostitution vom 25.01.2007 enthält 44 Seiten.

[402]BT-Drs. 16/4146, S. 3.

[403]BT-Drs. 16/4146, S. 43, 44.

Begründet wird dies unter anderem damit, dass mit dem ProstG lediglich ein sehr begrenzter Regelungsansatz gewählt wurde und dadurch mit dem ProstG auch tatsächlich nur ein erster Schritt getan werden konnte. „Aus Sicht der Bundesregierung bedarf es insgesamt eines breiteren Ansatzes der Reglementierung der Prostitution, der insbesondere konsequent die Bekämpfung von Menschenhandel, Zwangsprostitution und Minderjährigenprostitution integriert und auf einen größtmöglichen Schutz Prostituierter vor Gewalt und Ausbeutung abzielt und der – nicht zuletzt durch die Einführung der Strafbarkeit für Freier von Zwangsprostitution – die Verantwortung der Nachfrage klar benennt."[404]

Ziethen kritisiert den Bericht und geht von einem Nichterreichen der Ziele aus.[405] Er führt an, dass er eine Entscheidung über den Vermögensbegriff trotz des ProstG als erforderlich ansieht und eine normative Ausgestaltung des Vermögensbegriffs des § 263 StGB als nötig erachte. Darüber hinaus sei die Anspruchsbeziehung des Freiers zur Prostituierten nicht abschließend geklärt.[406]

Im Untersuchungsbericht wurden folgende Punkte mit besonderer Priorität aufgeführt:[407]

1. Verbesserung des Schutzes von Opfern aus Menschenhandel und Zwangsprostitution, insbes. eine angemessene Lösung zur Regelung der Strafbarkeit von Freiern von Zwangsprostitution
2. ggf. Streichung des Vermieterprivilegs
3. Anhebung der Schutzaltersgrenze in § 182 Abs. 1 Nr. 1 und 2 StGB auf 18 Jahre.
4. Prüfung effizienterer Gestaltung von gewerberechtlichen Instrumenten, insbes. Genehmigungspflicht für Bordelle etc.
5. Bessere Unterstützung von Ausstiegshilfen und –programmen.
6. keine Vermittlung durch die Bundesagentur für Arbeit, keine zumutbare Option zur Sicherung des Lebensunterhaltes.

---

[404] BT-Drs. 16/4146, S. 44.
[405] *Ziethen*, S. 184ff.
[406] *Ziethen*, S. 189, BT-Drs. 14/5958 S.1 ff.
[407] BT-Drs. 16/4146, S. 44.

5.) Deutscher Bundestag

Die Zusammensetzung des Bundestages im Zeitraum 2001-2011 ist interessant, weil sie zeigt, dass es mit Ausnahme der Einführung des ProstG, welches nur unter einer rot/grünen Regierung möglich war, bisher für die Belange der Sexarbeiter keinen Unterschied gemacht hat, ob die Bundesrepublik von einer rot/grünen, schwarz/roten oder schwarz/gelben Koalition regiert wurde.

Zusammensetzung des Deutscher Bundestages seit 1998 und Sitzverteilung[408]

Partei	14. Wahlperiode (1998–2002) Rot/grüne Regierung	15. Wahlperiode (2002-2005) Rot/grüne Regierung	16. Wahlperiode (2005-2009) Schwarz/rote Regierung	17. Wahlperiode (2009-2013) Schwarz/gelbe Regierung
SPD	293	249	222	146
CDU/ CSU	245	247	223	194 45
Bündnis 90/Die Grünen	47	55	51	68
FDP	43	47	61	93
PDS	37	/	/	/
Die Linke	/	/	53	76
fraktionslos	1	3	3	
insgesamt	666	601	611	622

Das ProstG trat 2002 in einer rot/grünen Wahlperiode in Kraft. Da jedoch 2005 die Wahl im Vordergrund stand, wurde auf eine Veröffentlichung der für 2005 vorgesehenen Evaluation des ProstG nicht gedrängt. Diese 2002 für 2005 beschlossenen Evaluierungen wurden dann im Jahre 2007 veröffentlicht, also zu einer Zeit der schwarz/roten Regierung. Die in den Gutachten offen angesprochenen Empfehlungen wurden nicht umgesetzt, was nachvollziehbar wird, wenn man den schwindenden SPD-Einfluss auf die Regierungsgeschäfte und die gene-

408 http://webarchiv.bundestag.de/cgi/show.php?fileToLoad=1365&id=1118.

rell ehr kritische bis ablehnende Haltung zum ProstG der CDU/CSU zugrunde legt. Die Bundesministerin für Frauen, Senioren, Familie und Jugend *von der Leyen*, in deren Ressort das ProstG fiel, ist CDU-Mitglied und legte ihren Themenschwerpunkt auf die Familie. Den Bereich der Sexarbeit und des ProstG bearbeitete sie kaum, was parteipolitisch nachvollziehbar ist.

Die jetzige schwarz/gelbe Regierung könnte nun tätig werden. Zwar war die FDP in der Opposition, als das ProstG verabschiedet wurde und in Kraft trat, aber mit *Leutheusser-Schnarrenberger* als Justizministerin wäre es vielleicht möglich, Änderungen durchzubringen. Allerdings stehen aktuell im Jahre 2011 ganz andere Themen im Vordergrund. Hinzu kommt, dass das zuständige Ministerium erneut von einem CDU-Mitglied geleitet wird. *Schröder* wird eben solche parteipolitischen Probleme mit der Verbesserung der Situation der Sexarbeiter haben, wie zuvor *von der Leyen*. Mit einem Umsetzen der Verbesserungsvorschläge aus den Gutachten von 2007, auf Initiative der Politik, ist daher vorerst nicht zu rechnen.

In ihrem „Sechster Bericht der Bundesrepublik Deutschland zum Übereinkommen der Vereinten Nationen zur Beseitigung jeder Form von Diskriminierung der Frau“[409], der auf den Ergebnissen der drei wissenschaftlichen Gutachten basiert, welche das BMFSFJ zur Evaluation des ProstG in Auftrag gegeben hatte, kommt die Bundesregierung zu der Überzeugung, dass sie keinen Anlass für eine Rückkehr zu der vor Inkrafttreten des ProstG geltenden Rechtslage habe. Die Bundesregierung will prüfen, wie der Ausstieg aus der Prostitution durch Ausstiegshilfen und -programme besser unterstützt und wie ggf. modellhafte Ansätze gefördert und der Zugang zu Qualifizierungs- und Förderungsmaßnahmen flexibler gestaltet werden können. In diesem Zusammenhang wird insbesondere die Einführung einer Genehmigungspflicht für Bordelle, bordellartige Betriebe und andere Betriebe mit Bezug zu sexuellen Dienstleistungen geprüft.
Im Jahre 2009 erfolgte seitens des BMFSFJ eine Ausschreibung für Beratungsstellen, die sich zur Durchführung eines Modellprojektes zum Ausstieg aus der Sexarbeit bewerben konnten.

[409] 16. Wahlperiode, BT-Drs. 16/5807 (08.06.2007), Punkt 6.6, Kapitel II, S. 20, Unterrichtung der Bundesregierung.

6.) Bundesministerium für Familie, Senioren, Frauen und Jugend (BMFSFJ)

Die Sexarbeit fällt in den Aufgabenbereich des Bundesministeriums.

Anlässlich einer Initiative von Solwodi[410] zur „Reform des ProstG“ schickten Unterstützer der Kampagne vierseitige Forderungsbriefe an das Ministerium, in denen sie indirekt die Abschaffung des ProstG forderten. Als Antwort darauf erhielten sie vom BMFSFJ einen sechsseitigen Brief, indem zu den Forderungen Stellung genommen wurde.[411]

Unter anderem heißt es darin: „Die mit der Prostitution verknüpften Risiken, Nachteile und problematischen Implikationen lassen sich dadurch bekämpfen, dass die Bedingungen, unter denen sie praktiziert wird, in rechtsstaatlicher Weise kontrolliert werden. Aus Sicht der Bundesregierung bedarf es daher insgesamt eines breiten Ansatzes für den Umgang mit Prostitution, der konsequent die Bekämpfung von Menschenhandel, Zwangsprostitution und Minderjährigenprostitution integriert, der auf einen größtmöglichen Schutz von Prostituierten vor Gewalt und Ausbeutung abzielt und der die Verantwortung der Nachfrager klar benennt, nicht zuletzt durch die Einführung der Strafbarkeit für Freier von Zwangsprostituierten.“[412]
Zu den von Solwodi geforderten wiedereinzuführenden Pflichtuntersuchungen heißt es: „Insbesondere kann dadurch nicht zu Gunsten von Prostituierten die Benutzung von Kondomen durchgesetzt werden. Ein Untersuchungsergebnis, nach dem bei der Prostituierten keine sexuell übertragbare Krankheit vorliegt, kann im Gegenteil sogar dazu führen, dass Freier noch stärker auf ungeschützten Geschlechtsverkehr drängen. Aus medizinischer Sicht wurde bereits in den 1990er Jahren von vielen Gesundheitsämtern eine Pflichtuntersuchung aller Prostituierten als ungeeignet angesehen, die Weiterverbreitung sexuell übertragbarer Krankheiten – sowohl bei den Prostituierten als auch bei den Freiern – erfolgreich einzudämmen.[413] Durch verpflichtende Gesundheitsuntersuchungen

---

[410]Solwodi steht für Soldidary with woman in distress. Solwodi e.V. ist eine große Beratungseinrichtung der katholischen Kirche auf die später noch näher eingegangen wird.
[411]Verfasserin war im Auftrag des BMFSFJ Frau *Ruth Niebeuer* aus dem Referat 403, Schutz von Frauen vor Gewalt, 2009.
[412]Brief des BMFSFJ, S. 2.
[413]Brief des BMFSFJ, S. 4.

der Prostituierten ist auch keine Verbesserung ihrer Situation im Hinblick auf Schutz vor Gewalt und Übergriffen zu erreichen."[414]

Der Brief schließt mit den Worten: „Die genannten Beispiele zeigen: Wenn wir langfristig Fortschritte bei der Bekämpfung von Menschenhandel bzw. Zwangsprostitution erzielen, Frauen in der Prostitution vor Ausbeutung und Gewalt schützen und die Perspektiven für einen Ausstieg aus der Prostitution verbessern wollen, brauchen wir einen langen Atem und eine sachliche, vorurteilsfreie Diskussion unter Einbeziehung des Sachverstandes aller beteiligter Fachkreise."[415]

Dieser Brief zeigt, dass dem BMFSFJ die Schwierigkeiten durchaus bewusst sind, dennoch werden die Probleme nur in einem sehr eng begrenzten Bereich angegangen und zwar in solchen, die die breite Unterstützung der Parteien, der Kirchen und Bevölkerung finden, nämlich der Förderung des Ausstiegs aus der Sexarbeit.

So wurde am 12.02.2009 auf der Startseite des BMFSFJ ein neues Projekt der Bundesregierung vorgestellt.[416] Bis zum 31.03.2009 konnte an einem „Interessenbekundungsverfahren für ein Modellprojekt zur Unterstützung des Ausstiegs aus der Prostitution" teilgenommen werden.

In diesem, zunächst auf max. 5 Jahre angelegten Modellprojekt, werden an 3-4 Standorten der Bundesrepublik innovative Ansätze für die Unterstützung von Prostituierten beim Ausstieg erprobt. Diese über den Einzelfall hinausgehende Kooperation unterschiedlicher Akteure und Hilfssysteme soll dann auf ihre Übertragbarkeit an andere Standorte überprüft werden.[417]

Ausgewählt wurden bisher zwei Projekte, „PINK" vom Diakonischen Werk Freiburg (Baden-Württemberg) und „OPERA" von Kassandra aus Nürnberg. Ein Drittes wird noch benannt.

7.) Parteien

Die Parteien geben hin und wieder durch einzelne Mitglieder oder durch Anfragen Stellungnahmen zur Sexarbeit und dem ProstG ab. Dabei sind die Positio-

---

[414] Brief des BMFSFJ, S. 5.

[415] Brief des BMFSFJ, S. 6.

[416] http://www.bmfsfj.de/bmfsfj/generator/BMFSFJ/Service/ausschreibungen,did=120164.html.

[417] Zuständig für dieses Modellprojekt ist das BMFSFJ, Referat 403, „Schutz von Frauen vor Gewalt", Bonn.

nen innerhalb der Parteien nicht immer einheitlich. Bündnis 90/Die Grünen nahmen den Kampf für bessere Arbeitsbedingungen für Sexarbeiter in ihr Wahlprogramm 2009 auf. Die CDU/CSU dagegen nimmt gegenüber der Sexarbeit eher eine ablehnende Haltung ein. Die Linke forderte 2008 die konsequente Umsetzung der Zielvorgaben des ProstG.

a.) Bündnis 90/Die Grünen

Bündnis 90/Die Grünen waren maßgeblich am ProstG beteiligt und setzen sich auch nach 2002, wenn auch in abgeschwächter Form, für die Belange der Sexarbeiter ein. Der Landtag NRW forderte die Landesregierung 2007 auf, einen interdisziplinären „Runden Tisch Prostitution NRW“ auf Landesebene einzurichten, der für den Bereich sexuelle Dienstleistungen ein kooperatives Handlungskonzept erarbeitet, um die Intention des ProstG mit Leben zu füllen sowie das erarbeitete Handlungskonzept dem Landtag bis Dezember 2008 vorzulegen.[418] Der Antrag wurde an den Ausschuss für Frauenpolitik überwiesen und dort fand am 10.04.2008 eine öffentliche Anhörung zu dem Thema „Rahmenbedingungen zur Umsetzung des ProstG in NRW schaffen“ statt.

Am 20.04.2007[419] erhoben sie eine kleine Anfrage an den deutschen Bundestag zur Schließung von Wohnungsbordellen.
In der Antwort der Bundesregierung[420] wurde darauf verwiesen, dass die Länder keinerlei Berichtspflichten gegenüber dem Bund hätten und daher keine Erkenntnisse hierzu vorlägen.
Die Bundesregierung gibt weiter an, dass es sich bei den geschlossenen Wohnungsbordellen wohl meist um korrekt gemeldete gehandelt hätte, welche, obwohl keine Beschwerden vorlagen, geschlossen worden seien, um dem Wunsch der Baubehörden Rechnung zu tragen, keine Wohnungsbordelle in Wohn- und Mischgebieten zu dulden.
Außerdem hätten Bund und Länder unterschiedliche Auffassungen zu Bordellen.[421]

---

[418] „Rahmenbedingungen zur Umsetzung des Prostitutionsgesetzes in NRW schaffen“, Antrag der Fraktion BÜNDNIS 90/Die GRÜNEN vom 16.10.2007, 14. Wahlperiode, Landtag NRW, Drs. 14/5220 (16.10.2007), http://www.landtag.nrw.de/portal/WWW/GB_I/I.1/Ausschuesse /A03/ProstG_-_Fragenkatalog.pdf.
[419] BT-Drs. 16/5068.
[420] BT-Drs. 16/5365 vom 16.05.2007.

Zu den Fragen der Ausstrahlungswirkung des ProstG auf andere Rechtsgebiete antwortete die Bundesregierung: „... die Ausstrahlungswirkung des ProstG auf die Rechtsgebiete des Gaststätten- und Gewerberechts (war) vom Gesetzgeber beabsichtigt und wurde als eindeutige rechtliche Konsequenz des ProstG angesehen. Rechtsprechung und gewerberechtliche Praxis sind spätestens seit dem 01.12.2000[422] im Wandel."

Schewe-Gerigk[423] u.a. veröffentlichten zum 19. Green Ladies Lunch ein Papier des Feministischen Institutes der Heinrich-Böll-Stiftung.[424]
Darin halten sie fest, dass das Gesetz ein Erfolg grüner Frauenpolitik sei. In dem Papier wird die Frage aufgeworfen, ob der errungene Fortschritt nur auf dem Papier bestünde, da sich bisher kaum Frauen bei den Sozialversicherungen unter der Berufsbezeichnung „Prostituierte" angemeldet hätten. Die Antwort darauf geben sie sich unmittelbar selbst und sehen drei Gründe im Vordergrund. Die ungeklärten Regelungen der Steuerzahlung, die Jahrhunderte alte Doppelmoral und der häufige Unwille bei den Prostituierten, Steuern und Sozialabgaben zu zahlen, zumal die meisten Frauen in ihrer Tätigkeit nur vorübergehend arbeiten wollen.
Hinzu kämen faktische Widerstände und Schwierigkeiten. Einige Bundesländer unterliefen die Bundesgesetzgebung. So ermittelte angeblich in Bayern die Staatsanwaltschaft wegen Zuhälterei, kaum dass ein Arbeitsvertrag vorlag.

Das Papier geht weiter auf die Thematik ein, dass Diskussionen rund um das ProstG und Prostituierte oft einhergehen mit den Themen Menschenhandel, Zwangsprostitution und Freierbestrafung. Hier wurde den Grünen oft der Vorwurf gemacht, „mit ihrer Multi-Kulti-Affinität hätten sie Schuld an der Ausbeutung der Frauen", wogegen sie sich verwahren und klar stellen, dass nach ihrer

[421]Antwort der Bundesregierung vom 31.05.2007, 16/5068. http://www.bundestag.de/aktuell/hib/2007/2007_148/03.html.
[422]Urteil BVerwG Berlin Az: 35 A 570.99, NJW 2001, S. 983 in diesem Urteil wurde festgestellt, dass freiwillige Prostitution von Erwachsenen nach den heute anerkannten sozialethischen Wertvorstellungen im Sinne des Ordnungsrechts nicht (mehr) als sittenwidrig anzusehen sei.
[423]Abgeordnete Bündnis 90/Die Grünen und frauenpolitische Sprecherin der Heinrich-Böll-Stiftung.
[424]„Das deutsche Prostitutionsgesetz – Entstehung, Hintergründe, Erfahrungen und Perspektiven, Papier des Feministischen Institutes der Heinrich-Böll-Stiftung anlässlich des 19. Green Ladies Lunch vom 16.03.2005 in Berlin

Ansicht das Gegenteil der Fall ist, da die Grünen die Gesetzgebung zum Menschenhandel drastisch ausgeweitet und verschärft hätten.

Bezüglich der Forderung nach einer Freierbestrafung müsste zunächst geklärt werden, ob diese den Opfern von Zwangsprostitution eher nützt oder schadet. „Wir müssen z.B. klären, ob nicht eine Strafbarkeit nach § 177 Abs. 1 Nr. 3 StGB wegen sexueller Nötigung unter Ausnutzung einer schutzlosen Lage gegeben ist. Hier gibt es das Problem, dass nach der bisherigen (spärlichen) Rechtsprechung dazu erforderlich ist, dass der Täter einen aktuell entgegenstehenden Willen des Opfers bricht. Das ist bei Zwangsprostituierten, die sich in ihr Schicksal gefügt haben, regelmäßig nicht der Fall. (Allerdings wird man hier abwarten müssen, wie sich die Rechtsprechung zu § 177 StGB weiter entwickelt)."
Damit stellen sie sich hinter die Legalisierung der Prostitution, benennen aber auch deutlich den Änderungsbedarf und einen Teil der bestehenden Probleme.

Als Ziel führt das Papier aus: „Wir wollen erreichen, dass Länder und Kommunen die Gewerbe- und Sperrgebietsverordnungen nicht mehr gegen Prostituierte einsetzen. Außerdem sind Änderungen im Ausländerrecht – nach Schätzungen sind über 50 % der Sexarbeiterinnen Migrantinnen, das Gesetz gilt aber nur für die, die eine legale Arbeitserlaubnis hier besitzen – und der Wegfall des Werbeverbotes wünschenswert."

Bereits 1990 hatte *Schewe-Gerigk* auf einem Hearing zum Thema „Beruf: Hure" verkündet: „Alles ist käuflich und verkäuflich: körperliche und geistige Arbeitskraft, Ideen, Kreativität, Engagement. Was hindert dann – in dieser Logik – anzuerkennen, dass eben auch Sexualität käuflich und verkäuflich ist?"[425]

Im Jahre 2006 forderten die Grünen durch *Schewe-Gerigk* eine Abschaffung der Sperrbezirke und des Werbeverbotes sowie eine „Zertifizierung" von Bordellen. „Wer die Prüfplakette erhält, verpflichtet sich gleichzeitig, keine Zwangsprostituierten bei sich arbeiten zu lassen."[426]

---

[425]http://www.emma.de/statt_reform_grossbordelle_1_2008.html.
[426]Focus Online vom 05.11.2006,
http://www.focus.de/politik/deutschland/prostituiertengesetz_aid_118654.html

Auch in ihrem Wahlprogramm nahmen Bündnis90/Die Grünen zum ProstG Stellung. Unter der Rubrik „Gewalt gegen Frauen“ schrieben sie: „Bei der legalen Prostitution werden wir uns dafür einsetzen, die Umsetzung des ProstG in den Bundesländern voranzutreiben und die Beratungs- und Ausstiegsangebote deutlich zu erhöhen. Insbesondere machen wir uns für arbeitsrechtliche Mindeststandards in der Prostitution und die Abschaffung des Vermieterprivilegs stark.[427]

Zum internationalen Hurentag 2010 erklärte *Rothe-Beinlich*[428], dass, zur Beseitigung der Doppelmoral in Bezug auf die Sexarbeit noch weitere Schritte nötig seien. Vor allem die Länder müssten endlich Nachbesserungen im Gewerbe- und Baurecht sowie bei der Sperrgebietsverordnung ermöglichen. Darüber hinaus machte sie deutlich, dass sich ihre Partei auch weiterhin für einen arbeitsrechtlichen Mindeststandart in der Prostitution sowie die Abschaffung des Vermieterprivilegs einsetzen wolle, auch müssten Beratungs- und Ausstiegsangebote ausgebaut werden.[429] *Lazar*[430] forderte darüber hinaus noch einen gesellschaftlichen Bewusstseinswandel, damit Prostituierte nicht weiter stigmatisiert und an den Rand der Gesellschaft gedrängt werden sowie eine Vereinheitlichung der Besteuerung im Sexgewerbe.[431]

b.) SPD

Die SPD hat das ProstG gemeinsam mit Bündnis 90/Die Grünen auf den Weg gebracht und müsste in der Tradition ihrer Parteigrundsätze auch für die Stärkung der Rechte und Umsetzung der Verbesserung der Arbeitsbedingungen eintreten. Leider ist dies in den letzten Jahren weder geschehen, noch steht zu erwarten, dass sie nun, wo sie die Opposition bilden, aktiv an der Verbesserung der Situation für Sexarbeiter arbeiten können und wollen.

---

[427]http://criminologia.de/2009/09/kriminalpolitischer-parteien-check-zur-bundestagswahl-2009-teil-5-wahlprogramm-von-buendnis-90-die-gruenen/

[428]*Astrid Rothe-Beinlich* ist Mitglied im Bundesvorstand und frauenpolitische Sprecherin von Bündnis 90/Die Grünen.

[429]http://www.gruene.de/einzelansicht/artikel/schluss-mit-der-Doppelmoral.html.

[430]*Monika Lazar* ist Sprecherin für Frauenpolitik bei Bündnis 90/Die Grünen.

[431]http://www.gruene-bundestag.de/cms/presse/dok/342/342381.rechte_von_prostituierten_weiter_staerke.html

In einer Stellungnahme aus dem Jahre 2001[432] begrüßt *Thiel-Vigh* den Vorstoß für ein neues ProstG als bedeutsamen ersten Schritt zur Verbesserung der arbeits- und sozialrechtlichen Situation von Frauen, die sich ihren Lebensunterhalt mit Prostitution verdienen.
Sie sieht die bisherige Haltung von Staat und Gesellschaft nicht als moralisch, sondern als doppelmoralisch an. „Kassieren und Diskriminieren geht nicht zusammen!"[433]

Bergmann[434] äußerte sich zuversichtlich, dass durch die Abschaffung der Sittenwidrigkeit die Situation für die Sexarbeiter verbessert werden könne.[435]

Die SPD Fraktion Berlin-Tempelhof-Schöneberg gab im April 2010 eine Pressemitteilung heraus. In dieser sprach sich *Höppner*[436] eindeutig gegen ein Sperrgebiet in Berlin aus. Dies würde nur zu einer Verlagerung in ein anderes Gebiet führen. Stattdessen sollten die bestehenden Probleme zwischen dem Straßenstrich und den Anwohnern gelöst werden. Um die hierfür benötigte Sozialarbeit zu sichern, setzte sich die SPD für einen Antrag zur Finanzierung ein, dem in Höhe von 36.000 € entsprochen wurde. Das Geld ist zur Aufklärung von Sexarbeitern gedacht und soll die Konfliktsituation entspannen.[437]

c.) FDP

Die FDP hat bisher keine klare Position zur Sexarbeit erkennen lassen.

In einer Presseerklärung zur Freierbestrafung[438] nimmt v*an Essen* zu den Plänen der Bundesregierung zur Einführung der Freierstrafbarkeit von Zwangsprostituierten Stellung. Er gibt an, dass die FDP dem kritisch gegenüberstehe, da die Einführung zu einem erheblichen Ermittlungs- und Beweisproblem in der Praxis führen würde. Reine Symbolpolitik würde die Situation der Opfer nicht verbes-

---

432 Stellungnahme der Frauenstaatssekretärin *Thiel-Vigh* vom 11.05.2001.
433 http://www.brandenburg.de/land/masgf/pressemi/2001/081_2001.htm.
434 *Christine Bergmann* war Bundesfrauenministerinder SPD.
435 Der Spiegel 19/2001, „Die Sittenwidrigkeit wird abgeschafft", Interview mit *Bergmann.*
436 *Marijke Höppner* ist Bezirksverordnete der SPD Fraktion und integrationspolitische Sprecherin.
437 http://spdnet.sozi.info/berlin/thf-schoeneberg/fraktempschoen/index.php?nr=3865
438 http://www.fdp.de/files/541/1161-van_Essen-Freierstrafbarkeit.pdf., Presseinformation Nr. 1161 (27.09.2006) Autor *Jörg van Essen,* Parlamentarischer Geschäftsführer der FDP.

sern, sagt er. Er führt weiter aus, dass sich die FDP-Bundestagsfraktion zudem jedem Vorstoß widersetzen werde, im Rahmen dieser Diskussion über eine Neubewertung des Prostitutionsgesetzes zu verhandeln. Er sei der Ansicht, dass das Prostitutionsgesetz insgesamt die Situation der Frauen deutlich verbessere und ihre Rechte gestärkt habe. Es stünde daher für die FDP-Bundestagsfraktion nicht zur Disposition.

Andererseits äußerte sich die Münchner Stadträtin *Hirsch* in einer Presseerklärung kritisch gegen Pläne zur Vermietung städtischer Räume an Prostituierte.[439] Sie kritisierte: „...dass die Landeshauptstadt München keine Hemmungen mehr habe, ihre leere Stadtkasse durch die Vermietung von städtischen Immobilien an das „Älteste Gewerbe" der Welt zu füllen." Sie betonte, dass lediglich die FDP diesen Vorschlag ablehnt habe, während die anderen Parteien ihre Zustimmung signalisiert hätten.

Aus dieser Haltung ist ersichtlich, dass zumindest die Münchner FDP die Sexarbeit für kein legales Gewerbe hält, anderenfalls wäre nicht nachzuvollziehen, wieso sie eine Vermietung von städtischen Räumen ablehnt.

In einer kleine Anfrage der FDP zur Situation von Prostituierten nach Inkrafttreten des ProstG[440], erkundigte sie sich, ob durch das ProstG Diskriminierungen gegenüber dem Berufsstand der Sexarbeiter abgebaut werden konnten und wie viele Bordellbetreiber ihre Sexarbeiter zwischenzeitlich zur Sozialversicherung angemeldet hätten. In der Antwort vom 11.10.2004 teilte die Bundesregierung mit, diese Anfragen zum jetzigen Zeitpunkt noch nicht beantworten zu können.[441]

Bereits im Jahre 2003 kritisierte *Sehn*[442], dass es der Regierung mit der Entdiskriminierung von Prostituierten nach ihrer Ansicht nicht allzu ernst sei.[443]

---

[439] „Stadt steigt in Prostitutionsgewerbe ein! CSU, SPD und Grüne beschließen Vermietung städtischer Räume an Prostituierte".

[440] Kleine Anfrage 15/3775, veröffentlicht in heute im Bundestag (hib) vom 30.09.2004.

[441] Dt. BT-Drs. 15/3904 vom 11.10.2004.

[442] Vorsitzende des Petitionsausschusses und FDP-Bundestagsabgeordnete.

[443] Pressemitteilung vom 22.07.2003, Portal Liberal – Das Informationsportal der FDP, der FDP-Bundestagsfraktion und der Friedrich-Naumann-Stiftung für die Freiheit von *Marita Sehn*, FDP Bundestagsabgeordnete, http://www.fdp.de/webcom/show_websiteprog.php/_c-730/_lkm-167.

Sie befürwortete eine Aufnahme seriöser und geprüfter Arbeitsangebote in die Stellenvermittlung der Arbeitsämter, um Menschenhändler zu umgehen. Hieran scheint nach ihrer Ansicht die Bundesregierung aber kein Interesse zu haben. Ein transparenter und kontrollierter Arbeitsmarkt könnte gegen Menschenhandel und Zuhälterei helfen. Sie erwarte von den Arbeitsämtern keine aktive Vermittlung von Prostituierten, aber eine passive Vermittlung durch Veröffentlichung entsprechend kontrollierter Anzeigen in der elektronischen Stellenbörse des Arbeitsamtes. „Wer sich dagegen wehrt, der sorgt dafür, dass das Geschäft mit Menschen auch weiterhin floriert. Er übernimmt mit die Verantwortung für das unermessliche Leid, das Menschen durch den Menschenhandel zugefügt wird."

In einer Kleinen Anfrage im Deutschen Bundestag aus Juni 2005, fragte die FDP nach „Erfahrungen mit der Abschaffung der Vorlage eines Gesundheitszeugnisses von den Prostituierten". Dabei wollte sie wissen, ob es eine statistische Erhebung über freiwillige Gesundheitsuntersuchungen bei Prostituierten seit 2001 gibt, und wie die gesundheitliche Situation von Prostituierten in Deutschland von der Bundesregierung bewertet wird. Ferner wurde nach der Ansicht des Bundestages bezgl. einer Wiedereinführung der Pflichtuntersuchungen angefragt.[444] Die Bundesregierung antwortete darauf, dass eine statistische Erhebung nicht stattfände und es keinerlei Aufzeichnungen gäbe, die sowohl die Krankheiten, die Häufigkeit der Untersuchung und die Angabe Prostituierte enthalte. Zur Frage der Wiedereinführung der Pflichtuntersuchung sprach sich die Bundesregierung deutlich dagegen aus. „Durch verpflichtende Gesundheitsuntersuchungen der Prostituierten ist eine Verbesserung ihrer Situation weder im Hinblick auf Schutz vor Gewalt und Übergriffen, noch im Hinblick auf die Durchsetzung der Benutzung von Kondomen zu erreichen."[445]

Angesichts der Forderung einer Änderung des ProstG von *Merk*[446], verteidigte die FDP Landtagsfraktion das ProstG. *Fischer*[447] kritisierte, dass eine ständige Vermischung von Zwangsprostitution und Prostitution kontraproduktiv sei und

[444]BT-Drs. 15/5771, Kleine Anfrage vom 15.06.2005.
[445]BT-Drs. 15/5882, Antwort der Bundesregierung vom 30.06.2005.
[446]Äußerung von *Beate Merk* (CSU) zum Internationalen Frauentag. http://www.beate-merk.de/uploads/media/561_36Internationaler_Frauentag.pdf, Pressemitteilung 36/2010.
[447]*Andreas Fischer*, rechtspolitischer Sprecher der Liberalen in Bayern.

das ProstG für die meisten Prostituierten erhebliche Vorteile gebracht habe, da die Sittenwidrigkeit abgeschafft worden wäre.[448]

d.) Die Linke

Unter dem Titel „Rechte von Prostituierten stärken - Prostitutionsgesetz endlich umsetzen“[449] erklärte Die Linke, „die Bundesregierung müsse endlich tätig werden und die Umsetzung des Prostitutionsgesetzes voranbringen. Das ProstG sei bereits 2002 in Kraft getreten, doch seit dem sei, nach ihrer Ansicht, zu wenig geschehen. Daher fordere Die Linke die konsequente Durchsetzung dieser Zielvorgaben. Auch die im Bericht der Bundesregierung aufgeführten Mängel, wie das Gewerbe- und Gaststättenrecht, das Baurecht, das Ausländergesetz und das Werbeverbot seien bisher nicht angepasst worden. Daher werde sich Die Linke auch weiterhin für die soziale Absicherung von Frauen stark machen, die sich selbstbestimmt für eine Tätigkeit als Sexarbeiter entschieden haben.“

Im Jahre 2007 beschloss der Bundeshauptausschuss der Jungen Linken einen Antrag die „Prostitution emanzipatorisch zu gestalten“.[450] In diesem Antrag verstehen sie als normatives Ziel fortschrittlicher Politik das Streben nach größtmöglicher Freiheit des Einzelnen und nach gesellschaftlichen Verhältnissen, die diese Freiheit ermöglichen. Darum müssten käufliche Sexdienstleistungen enttabuisiert werden, „um eine sachliche, also auch klischeefreie, nicht moralisierende Debatte über die emanzipatorischere Gestaltung dieses Gesellschaftsbereiches führen zu können. Erst in einem solchen Klima wird es auch möglich, unaufgeregte Gewaltverhältnisse, in denen viele Prostituierte arbeiten, behandeln und bekämpfen zu können. Ein zentraler Angelpunkt dabei ist die strikte Trennung von Prostitution als freiwillig ausgeübte Dienstleistung einerseits und sexueller Ausbeutung und sexueller Sklaverei andererseits.“ Sie wollen daher die betroffenen Frauen durch eine gute und breit gefächerte Öffentlichkeitsarbeit und mehr Arbeitnehmerrechte stärken. „Nur durch Öffentlichkeitsarbeit lässt

---

[448] http://www.sex-up.net/prostitution-csu-fordert-aenderungen-des-prostituiertengesetzes-suid2550/.

[449] http://www.sozialticker.com/rechte-von-prostituierten-staerken-prostitutionsgesetz-endlich-umsetzen_20080602.html, 2. Juni 2008, Sozialticker Quelle: Fraktion DIE LINKE. im Bundestag, Pressestelle.

[450] Bundeshauptausschuss der JungdemokratInnen/Junge Linke Sitzung vom 25.-27.04.2007 in Kassel. http://www.jdjl.org/cms/index.php?page=prostitution-emanzipatorisch-gestalten.

sich die Stigmatisierung und das Totschweigen bekämpfen, lässt sich das Verhalten und Selbstverständnis der KonsumentInnen verändern und die Grundlage für politische Kämpfe legen."

Sie fordern die Abschaffung der Sperrgebiete, die die Prostituierten in die Peripherie abdrängen würde.

Darüber hinaus nehmen sie Stellung zu den in Deutschland als Migranten arbeitenden Sexarbeitern und machen hierfür eine verfehlte Migrations- und Asylpolitik verantwortlich, die durch fehlende Aufenthalts- und Arbeitsgenehmigungen die Selbstbestimmungs- und Wahlmöglichkeiten einschränkten.

Daher fordern sie:

- die vollständige Entkriminalisierung von Prostitution
- die rechtliche und soziale Stärkung von Prostituierten
- Umsetzungsrichtlinien und eine umfassende Sozialarbeit zur optimalen Umsetzung des ProstG
- Einen sicheren Aufenthaltsstatus von migrantischen Prostituierten
- Eine stärkere Beachtung des Themas (nicht nur) in der rechts- und sozialwissenschaftlichen Lehre und Forschung, sowie eine ernsthafte Auseinandersetzung in der Öffentlichkeit
- Eine selbstbestimmte Sexualität und uneingeschränkte Verfügungsgewalt über den eigenen Körper
- Emanzipatorische Verhältnisse, die bisherige kapitalistisch-patriarchale Strukturen überwinden und eine freie Lebensgestaltung.

Anlässlich des Internationalen Hurentages 2010 veröffentlichte *Möhring*[451] eine Pressemitteilung, in der sie bekräftigte, dass sich Die Linke auch weiterhin für die konsequente Durchsetzung der Zielvorgaben des ProstG stark machen würde. Sie bemängelte, dass entscheidende Gesetze und Verordnungen, wie das Gewerbe- und Gaststättenrecht, das Baurecht und Ausländergesetz nie an das ProstG angepasst worden wären. Vielmehr würden die vorgeschlagenen Maßnahmen vornehmlich auf polizeiliche Kontrolle und repressives Vorgehen ausgerichtet sein.[452]

---

[451] *Cornelia Möhring*, frauenpolitische Sprecherin der Fraktion Die Linke.

[452] Die Linke im Bundestag, Pressedienst, vom 01.06.2010. http://www.linksfraktion.de/pressemitteilung.php?artikel=1240458528.

e.) CDU/CSU

CDU und CSU, vor allem aber die CSU, waren schon mit der Einführung des ProstG nicht zufrieden. Sie haben erhebliche moralische Bedenken gegen die Sexarbeit. Mehrfach haben sie in der Vergangenheit angedeutet, dass sie das ProstG gerne wieder rückgängig machen würden und plädieren für eine Freierstrafbarkeit.

So forderte die bayrische Staatsregierung in einer Presseerklärung vom 19.05.2008: „Wir dürfen es nicht bei der (Forderung nach) Freierstrafbarkeit bewenden lassen. Wir müssen vielmehr unsere Staatsanwälte auch wieder wirkungsvoll in die Lage versetzen, die Zuhälter zu verfolgen: Dazu müsste man das ProstG von 2001 in seinem strafrechtlichen Teil rückgängig machen, durch das den Straftatbeständen der „Förderung der Prostitution" und der „Zuhälterei" weitgehend die Zähne gezogen worden sind. Seitdem kann ein Zuhälter nämlich nur noch dann bestraft werden, wenn der Nachweis gelingt, dass der Sexarbeiter in persönlicher oder wirtschaftlicher Abhängigkeit gehalten wird. Das ist in der Praxis äußerst schwierig und hat dazu geführt, dass weitgehend der Ermittlungsdruck von der Zuhälter- und Bordellszene genommen worden ist. Auch hierzu hat Bayern schon im Februar 2005 die notwendigen Vorschläge gemacht, um diese Änderung rückgängig zu machen - geschehen ist seitdem leider nichts!"[453]

(1) CDU

Im Rahmen der Beratungen zum ProstG griff *Eichhorn*[454] den Gesetzesentwurf an. „Die Abschaffung der Sittenwidrigkeit, also die Legalisierun, ist für uns der falsche Weg."[455]

Dies macht auch die Äußerung[456] von *Granold*[457] deutlich. Sie fordert eine bessere Ausstattung der Polizeibehörden, verbesserte internationale Zusammenar-

---

[453] http://bayern.de/Pressemitteilungen-.1857.2059896/index.htm.
[454] *Maria Eichhorn*, CDU Frauenpolitikerin.
[455] Artikel auf spiegel online vom 09.05.2001 „Prostitution soll „sittenwidrig" bleiben". http://www.spiegel.de/politik/deutschland/0,1518,132872,00.html.
[456] „Streitfall Freierbestrafung, Pro und Contra rechtlicher Sanktionen für Freier von Zwangsprostituierten", in Mitteilungen der ev. Kirche, 2005 , S. 6 ff.
[457] Mitglied des Deutschen Bundestages für die CDU/CSU-Fraktion.

beit, mehr finanzielle Mittel für die privaten Beratungsstellen, eine Verbesserung des Opferschutzes und eine Verschärfung der strafrechtlichen Vorschriften. Hierunter sollen auch Männer fallen, die Hinweise auf die Hilflosigkeit der Frauen leichtfertig nicht erkennen. Die Leichtfertigkeit soll als Auffangtatbestand eingeführt werden, damit sich die Täter nicht einfach mit der Schutzbehauptung aus der Affäre ziehen können, die Frauen hätten ja freiwillig gehandelt."[458]

Unter dem Titel „Entscheidendes zu bewegen"[459], führten Kanzlerin *Merkel* und Emma-Chefin *Schwarzer* ein Gespräch, in dem es auch um Fragen der Sexarbeit ging.[460] Dieser kurze Ausschnitt wird im Folgenden wörtlich wiedergegeben.

„Emma: Eines der globalen Geschäfte, das den größten Profit abwirft, ist der Frauenhandel, mit dem die Prostitution untrennbar verknüpft ist. Profit nicht etwa für die Prostituierten, sondern für Zuhälter und Menschenhändler. In dem Interview mit Emma im August 2005 haben Sie im Wahlkampf einen ersten Schritt gegen dieses Verbrechen angekündigt: ein Gesetz, das die Freier von Zwangsprostituierten bestraft. Dieses Gesetz aber existiert bis heute nicht. Wo hakt es?

Merkel: Zur wirksamen Bekämpfung von Menschenhandel, Zwangsprostitution und Gewalt gegen Mädchen und Frauen in der Prostitution brauchen wir einen breiteren Ansatz, der auch eine Strafbarkeit der Freier von Zwangsprostituierten mit umfasst. Die Bundesregierung hat hierzu verschiedene Überlegungen entwickelt und mit den Koalitionsfraktionen besprochen. Leider ist es dann nicht gelungen, in der zu Ende gehenden Wahlperiode die gemeinsame Lösung zu finden. Wir werden das Problem nach der Wahl erneut in Angriff nehmen.

Emma: Okay, dann höre ich 2012 nochmal nach. Ebenfalls angekündigt hatten die Konservativen im letzten Wahlkampf eine Reform der fatalen rot-grünen Prostitutionsreform, die die so genannte „Sittenwidrigkeit" der Prostitution abgeschafft hat. Angeblich sollte das den Prostituierten helfen - es hat aber nur den

---

[458]Mitteilungen der ev. Kirche, S. 7.
[459]Interview vom 27.08.2009 zwischen EMMA (*Alice Schwarzer*) und *Angela Merkel.*
[460]http://www.bundesregierung.de/nn_774/Content/DE/Interview/2009/08/2009-08-27-interview-merkel-emma.html.

Bordelliers und Menschenhändlern genutzt, die die Haut von Frauen heute ungehemmter denn je zu Markte tragen. Das belegt auch eine Studie des Von-der-Leyen-Ministeriums. So gibt es inzwischen so genannte „Modelwohnungen“ in Wohnhäusern und Sexfabriken, in denen die Freier auf Flatrate loslegen können. Was tut die Kanzlerin?

Merkel: Wir haben uns die Wirkung des Prostitutionsgesetz sehr genau angeschaut und Fachleute zu Rate gezogen. Es ist sicher richtig, dass die Ziele des Gesetzes nur teilweise erreicht wurden. Aber wir sind in der Koalition zu der Überzeugung gekommen, dass wir mit der Rückkehr zum alten Zustand Frauen und Mädchen nicht besser schützen könnten. Auch das kriminelle Umfeld wäre nach Einschätzung der Experten nicht leichter zu bekämpfen. Wir müssen darüber nachdenken, ob und wie man die gewerberechtlichen Genehmigungen und Kontrollen verbessern kann. Ich glaube, dass wir damit mehr erreichen. Gewerberecht, Polizei- und Ordnungsrecht sind hier die möglichen Instrumente.“

(2) CSU

Bereits im Jahre 2006 drängte die CSU das ProstG zivilrechtlich nachzubessern. *Singhammer*[461] sagte, dass es gesetzlich festgeschrieben werden müsste, dass Arbeitsagenturen nicht ins Gewerbe vermitteln dürften.[462]

Im März 2010 bekräftigte *Merk*[463] erneut den Wunsch zur Änderung des ProstG, von dem nach ihrer Ansicht ausschließlich die Zuhälter und Bordellbetreiber profitiert hätten. Durch die Änderungen würde den Strafverfolgungsbehörden auch häufig die Möglichkeit fehlen, Durchsuchungsbeschlüsse für das Rotlichtmilieu zu erwirken. Des Weiteren forderte sie eine Freierbestrafung und die Rückgängigmachung der diesbezüglichen angeblichen Strafmilderung durch das rot-grüne ProstG.[464]
Sie bezeichnete das ProstG als einen „grandiosen Fehlschlag“, da das Gesetz zur Förderung der Ausbeutung von Frauen und Mädchen beitrage. Die nach ihrer

[461] CSU-Familienexperte *Johannes Singhammer*.
[462] http://www.focus.de/politik/deutschland/prostituiertengesetz_aid_118654.html, Artikel vom 05.11.2006 unter der Überschrift: „ProstG Grüne und CSU wollen Änderung“.
[463] *Beate Merk* ist bayrische Justizministerin der CSU.
[464] http://www.beate-merk.de/uploads/media/561_36Internationaler_Frauentag.pdf, Pressemitteilung 36/2010 zum Internationalen Frauentag.

Ansicht relativ gute Nachweisbarkeit der Förderung der Prostitution fiele nun weg, da diese nun nicht mehr strafbar sei und auch der Straftatbestand der Zuhälterei zurückgeschnitten wurde. Ein Nachweis des Haltens in persönlicher Abhängigkeit sei dagegen äußerst schwierig, da die Frauen in der Regel nicht bereit seien, gegen ihre Peiniger auszusagen. Daher fehlte ihren Staatsanwälten nun bereits der Anfangsverdacht zur Einleitung eines Ermittlungsverfahrens. „Auch Begleitdelikte werden jetzt seltener aufgedeckt als bisher…“[465]

8.) Polizeivertreter

Argumente zur Änderung des ProstG werden nicht nur von der CSU vorgebracht, sondern auch von verschiedenen Vertretern der Polizei, die im ProstG ein „Zuhälterschutzgesetz“ sehen und der Ansicht sind, dass ihnen nun Kontroll- und Eingriffsmöglichkeiten für das Milieu fehlen. Dadurch könne nach ihrer Ansicht dem Menschenhandel nicht mehr angemessen begegnet werden.[466]

Bereits Anfang des letzten Jahrhunderts führte die Polizei regelmäßig Razzien durch, um Menschenhandelsopfer oder Kriminelle zu finden. Auch heute hat die Polizei das „Rotlichtmilieu“ im Fokus. Sie überwacht Sperrgebiete, führt Razzien durch und ermittelt in Delikten rund um das „Rotlichtmilieu“. Gerade in diesem vermutet die Polizei organisierte Kriminalität, Drogen- und Waffendelikte sowie Schwerstkriminalität. Sie hat daher ein hohes Interesse daran, diesen Bereich möglichst umfassend kontrollieren und überwachen zu können. Da das Verhältnis zwischen der Polizei und dem „Rotlichtmilieu“ aber traditionell ein sehr schwieriges ist, haben die Sexarbeiter und Betreiber aus ihren Erfahrungen heraus gewisse Bedenken gegen allzu große und offene Eingriffsbefugnisse. Mit dem ProstG wurde die Sexarbeit legalisiert, dennoch existiert eine Vielzahl von Eingriffsmöglichkeiten seitens der Polizei für den Fall, dass ein Verdacht für eine Straftat oder Ordnungswidrigkeit vorliegt.
Aus Sicht von Teilen der Polizei sind diese aber nicht ausreichend, um Menschenhandelsopfer und organisierte Kriminalität aufzudecken, so dass es der Po-

[465]Rede von *Merk* auf einer Fachtagung der Hanns-Seidel-Stiftung in Kooperation mit Renovabis und dem Aktionsbündnis gegen Frauenhandel am 08.03.2010 in München zum Thema „Die Würde der Frau ist (un-)antastbar – Frauenhandel gestern und heute“, S. 16-18. Ihr Vortrag lautete „Bekämpfung des Frauenhandels – Priorität der Politik?“, http://www.hss.de/fileadmin/media/downloads/Berichte/100308_RM_Merk.pdf.
[466]Siehe z.B. *Schmidtbauer, Sporer.*

lizei allenfalls vordergründig um die Sexarbeiter und hauptsächlich um die Ausweitung ihrer Eingriffs- und Kontrollbefugnisse zu gehen scheint.

Vor allem die Beamten *Sporer*[467], *Schmidtbauer*[468], *Bayerl*[469], *Minzel*[470] und *Rall*[471] haben eine Vielzahl an Schriften zum Thema Prostitution verfasst.

Minzel hat in Dortmund aktiv am sog. „Dortmunder Modells" mitgewirkt. Dieses Modell ist, nach seiner Aussage, gekennzeichnet von einem offenen Umgang miteinander auf Vertrauensbasis. Behörden, Polizei, Betreiber und Sexarbeiter arbeiten zusammen. In einem Vortrag[472] zeichnete er die Entstehungsgeschichte nach und zog ein Resümee, welches das „Dortmunder Modell" als gelungen bewertete. Durch die klare Lage und den offenen Umgang miteinander würde die Prostitution entkriminalisiert. Sexarbeiter hätten keine Angst mehr vor Polizei und Behörden und zeigten daher Straftaten zu ihrem Nachteil vermehrt an. Bordellbetreiber machten die Behörden auf illegal geführte Betriebe aufmerksam. Die Zusammenarbeit mit den Beratungsstellen helfe Straftaten wie Menschenhandel und sexuelle Ausbeutung zu verfolgen und aufzuklären. Trotz all dieser Besserungen stellte er fest, dass ein ständiger Kontrolldruck nötig sei, um die Erfolge bei der Bekämpfung der Delikte im einschlägigen Milieu zu gewährleisten. Dazu müsse eine ständige Präsenz der Beamten der Fachdienststellen erfolgen.

---

[467] *Helmut Sporer* , EKHK, Leiter Kommissariat 1, KPI Augsburg.

[468] Dr. *Wilhelm Schmidtbauer* ist Polizeipräsident in München.

[469] *Klaus Bayerl* ist Leiter der Kriminalpolizei Augsburg. Er hielt auf der von der Hanns-Seidel-Stiftung veranstalteten int. Konferenz zum Thema Frauenhandel in Donezl im Juni 2008 einen Vortrag, aus dem Solwodi zitiert. Er leitete das Polizeiteam, welches gegen die Betreiber des Augsburger Großbordell „Colosseum" ermittelte. Die Ermittlungen und die Anklage lauteten auf „dirigistische Zuhälterei", das Landgericht Augsburg eröffnete das Verfahren jedoch unter Hinweis auf das ProstG nicht.

[470] *Heinrich Minzel* war seinerzeit erster Kriminalhauptkommissar im Kriminalkommissariat 12, Polizeipräsidium Dortmund.

[471] *Heidemarie Rall*, Leiterin des Sachgebiets „Menschenhandel zum Zwecke der sexuellen Ausbeutung" beim Bundeskriminalamt, seit März 2009 ist sie Vorsitzende des SPD-Ortsvereins Stadecken-Elsheim.

[472] „Gewerberechtliche Anmeldung und Konzessionierung von Prostitutionsstätten am Beispiel: Dortmunder Modell", 4. Internationale Fachtagung „Gemeinsam gegen Menschenhandel" vom 10.-11.09.2008 in Soest, organisiert von der evangelischen Frauenhilfe Westfalen, http://www.frauenhilfe-westfalen.de/fachtagung_menschenhandel/
vortrag_minzel.html

Die Ansicht einiger Politiker, dass das ProstG dringend zurückzunehmen sei, kritisiert er. Nach seinen Erfahrungen sieht er eine Chance, die Dortmund genutzt habe und die erfolgreich umgesetzt worden sei. Das ProstG habe einen wesentlichen Schritt zur Entkriminalisierung der Prostitution beigetragen und fördere die Bereitschaft der Zusammenarbeit mit den Strafverfolgungsbehörden.[473]

Rall betont stärker die Kontrollmöglichkeiten. Mehrfach forderte sie in den letzten Jahren die Wiedereinführung der Pflichtuntersuchung für Sexarbeiter[474], um dabei mehr Opfer von Menschenhandel entdecken zu können. Eine Forderung, die bei allen Beratungseinrichtungen, mit Ausnahme von Solwodi, auf Kritik stößt. Auch die Sexarbeiter selbst wehren sich gegen diese Forderung. Darüber hinaus formulierte *Rall* in ihren Vorträgen weitere polizeiliche Kernforderungen wie die Einrichtung von Spezialdienststellen in Milieunähe und Einsatz spezialisierter Beamter auch in ländlichen Regionen, bundeseinheitliche Zutritts- und Kontrollrechte, um Zugang zum Milieu zu erhalten. Die Einführung der Freierstrafbarkeit und Erlaubnispflicht für Prostitutionsstätten und die Einrichtung von lokalen, regionalen und überregionalen sowie behördenübergreifenden runden Tischen.

Die Beamten *Bayerl* und *Sporer* sind Mitinitiatoren des sog. „Augsburger Weges". In seinem Aufsatz[475] stellt *Sporer* die Eckpunkte dieses Weges dar, diese lauten:

1.) Ausübung der Prostitution nur als selbständige Erwerbstätigkeit
2.) Mindestalter von 21 Jahren zur Ausübung der Prostitution
3.) Verpflichtende regelmäßige Gesundheitsuntersuchungen
4.) Verpflichtende Anmeldung beim Finanzamt als selbstständige Erwerbstätige
5.) Verpflichtende Anmeldung bei der Polizei
6.) Erlaubnispflicht für den Betrieb eines Bordells.

---

[473]Nach der Ansicht von Dona Carmen ist das „Dortmunder Modell" keinesfalls so erfolgreich, wie *Minzel* es darstellt. Darauf wird später noch genauer eingegangen werden.

[474]Vortrag von *Heidemarie Rall* auf der int. Fachtagung zum Thema „Menschenhandel" vom 10.-11.09.2008 in Soest, ausgerichtet von der evangelischen Frauenhilfe Westfalen und Vortrag von *Heidemarie Rall* auf der Tagung „Prostitutionsland Deutschland?" vom 18.-20.03.2009, ausgerichtet von der Katholischen Akademie Trier.

[475]„Prostitution – Der Augsburger Weg Menschenwürde und Selbstbestimmung als zentrale Kriterien einer notwendigen Neuregelung".

Eine Abschaffung oder das Verbot der Prostitution lehnt *Sporer*[476] in seinem Aufsatz als realitätsfern ab. Dennoch sieht er in der aktuellen Rechtslage die Ursache dafür, dass es nur noch wenige Ermittlungsverfahren und noch weniger Verurteilungen gibt.[477] Der „Augsburger Weg" sind laut *Sporer* Überlegungen, die aus den Erfahrungen der Ermittlungspraxis resultieren. Ziel ist eine spürbare Verringerung der Opferzahlen. Darüber hinaus fordert er eine Erhöhung der Strafrahmen für die Milieukriminalität und die Erlaubnispflicht außerhalb des Gewerberechts, ggf. in einem neuen Prostitutionsregelungsgesetz festzuschreiben, um so deutlich zu machen, dass es sich bei der Prostitution nicht um ein normales Gewerbe handele und einer schleichenden Bagatellisierung der Prostitution vorzubeugen.[478]

Im Solwodi Rundbrief 2008[479] nimmt *Bayerl* zum ProstG aus dem Jahr 2002 Stellung. Er sieht in dem Gesetz eine Stärkung der Rechte der Bordellbetreiber und Zuhälter sowie eine deutliche Schwächung der Sexarbeiter. Er ist der Ansicht, dass hinter der „scheinbar legalen Fassade" Strohmänner als Geschäftsführer eingesetzt werden und die wahren Hintermänner aus dem „Schwerkriminellen-Milieu" oder der „Organisierten Kriminalität" stammen. Er geht davon aus, dass die Frauen in den neuen „Wellness-Betrieben" bis zu 16 Stunden vollüberwacht arbeiten müssen und auf die Würde und die Belange der Frauen keine Rücksicht genommen wird. Gerade junge ausländische Frauen würden in solchen Betrieben arbeiten. Von diesen gäben die Betreiber an, dass sie bereits in ihren Heimatländern einschlägig tätig gewesen seien. In der Bevölkerung würden sie daher nicht mehr als Opfer gelten.
Es ist anzunehmen, dass *Bayerl* dies anders sieht. Dafür spricht auch das gemeinsam mit Solwodi verfasste Papier zur Reform des ProstG, welches als wünschenswert ein vollständiges Verbot der Prostitution ansieht.

Schmidtbauer[480] ist ebenfalls der Ansicht, dass die Polizei durch das ProstG einen wesentlichen Ansatzpunkt verloren hat, um sich „Einblicke in die Erscheinungen der Begleitkriminalität rund um die legale Prostitution zu verschaf-

---

[476]*Helmut Sporer* , EKHK, Leiter Kommissariat 1, KPI Augsburg.
[477]*Sporer*, S. 239.
[478]*Sporer*, S. 239.
[479]Solwodi Rundbrief, Nr. 77, September 2008, S. 2.
[480]Polizeipräsident Dr. *Wilhelm Schmidtbauer*, München.

fen."[481] Er geht kurz nach Inkrafttreten davon aus, dass das ProstG das Gegenteil von dem bewirkt hat, was erreicht werden sollte.
Damit meint er, dass eigentlich die Kriminalität durch das ProstG zurückgedrängt werden sollte, aber durch die jetzt fehlenden Eingriffsbefugnisse nach seiner Ansicht Strukturen der organisierten Kriminalität stärken, da milieubezogene Straftaten schwerer aufgedeckt werden könnten.
Er hat daher in München die Polizeipräsenz erhöht, um eine verunsichernde Wirkung bei den Freiern, die Entdeckung von Zwangsprostituierten und die Zurückdrängung der Aktivitäten an den bekannten und Verhinderung der Entstehung neuer Treffpunkte zu erreichen.[482]

9.) Regelung zur Sexarbeit in vier anderen europäischen Ländern

Die deutsche Regelung zur Sexarbeit ist ein Einzelweg, daher erfolgt ein kurzer Seitenblick auf andere europäische Länder[483], um bestimmte Argumentationen im Zusammenhang mit dem ProstG zu erklären, etwa was das immer wieder geforderte „schwedische Modell" ist. Darüber hinaus werden mit diesem Seitenblick andere, alternativ zum deutschen ProstG, mögliche gesetzliche Regelungen im Umgang mit der Sexarbeit erläutert und die damit einhergehenden Schwierigkeiten aufgezeigt.

a.) Schweden

In Schweden trat am 01.01.1999 das „Gesetz zum Verbot des käuflichen Erwerbs sexueller Dienstleistungen" in Kraft. Das Gesetz ist Teil des Gesetzespaketes „Kvinnofrid" (Frauenfrieden) in dem außerdem noch Vergewaltigung, Geschlechtsverstümmelung und sexuelle Belästigung behandelt werden.
Der Wortlaut des Gesetzes gegen den käuflichen Erwerb lautet übersetzt: „Wer sich gegen Entgelt Gelegenheit zu sexuellen Handlungen verschafft, wird – sofern die Tat nicht nach dem Strafgesetzbuch mit Strafe bedroht ist – wegen käuflichen Erwerbs sexueller Dienstleistungen mit Geldstrafe oder Freiheitsstrafe bis zu sechs Monaten bestraft." Damit liegt nur eine Strafbarkeit der Kunden, nicht aber der Sexarbeiter selbst vor. Hintergrund des Gesetzes war die Definition von

[481] „Das Prostitutionsgesetz zwischen Anspruch und Wirklichkeit aus polizeilicher Sicht".
[482] „Menschenhandel und polizeiliche Bekämpfungsansätze".
[483] Schweden, Norwegen, Niederlande und Finnland.

Sexarbeit als Gewalt gegen Frauen. In einer Veröffentlichung der Regierung heißt es: „Die schwedische Regierung und das Parlament haben durch die Einführung des Gesetzes bezüglich des Schutzes von Frauen Prostitution als Männergewalt gegen Frauen und Kinder definiert.[484] Prostitution wird als erzwungene Handlung bzw. „geschlechtsspezifische Gewalttat" und als ernstes soziales Problem verstanden. Straftatbestand ist die „grobe Verletzung der Integrität einer Frau".[485] Dahinter steht die Grundannahme, dass Sexarbeit nicht freiwilliger Natur sein kann. Unter Prostitution werden hierbei sowohl die Erwerbstätigkeit als auch die Zwangsprostitution und der Menschenhandel, die Kinder- und Beschaffungsprostitution subsumiert.[486]
Der Gesetzesänderung voraus ging u.a. ein parlamentarischer Bericht von 1993, der davon ausging, dass die Prostitution die Gleichstellung von Mann und Frau verhindere. Darüber hinaus bezieht sich der Bericht auf eine Studie, die gravierende psychische und physische Schäden bei Prostituierten feststellte.[487]

Erklärte Ziele der schwedischen Regierung mit dem Gesetzespaket waren:
- die Förderung der Gleichstellung der Frau
- der Schutz der Frauen vor Gewalt durch Männer
- die öffentliche Meinung für die Bekämpfung der Prostitution zu gewinnen
- langfristig die Abschaffung der Prostitution.

In den Debatten rund um das Verbot wurde wiederholt die Ansicht geäußert, die Regierung trüge die Verantwortung für die Normen und Werte der Gesellschaft. Die gemeinsamen Normen und Werte der gesamten Gesellschaft würden den Ausgangspunkt für alles politische Handeln bilden müssen, daher müsse deutlich werden, dass in einer gleichgestellten Gesellschaft der Kauf von Frauen nicht akzeptiert werden könne. Zur Untermauerung zog die schwedische Linkspartei den Vergleich zum Verbot Kinder zu schlagen. Als das Gesetz in Kraft trat behaupteten viele, es sei sinnlos, weil es nicht kontrolliert werden könne. Dennoch habe das Gesetz gewirkt. Ähnliches werde nun erwartet.[488]

---

[484]Report „Purchasing sexual services in Sweden an The Netherlands" 2004, S. 45. Übersetzung SoFFIK, http:///www.bmfsfj.de/doku/prostituitionsgesetz/.
[485]Report „Purchasing sexual services in Sweden an The Netherlands" 2004, S. 14, Übersetzung SoFFIK, http:///www.bmfsfj.de/doku/prostituitionsgesetz/.
[486]http:///www.bmfsfj.de/doku/prostituitionsgesetz/.
[487]http:///www.bmfsfj.de/doku/prostituitionsgesetz/
[488]*Grenz/ Lücke-Dodillet*, S. 104.

Nach einer von der schwedischen Regierung in Auftrag gegebenen und 2004 veröffentlichten Studie hat das Gesetz zu einem fast vollständigen Verschwinden des Straßenstrichs geführt. Andererseits existiert weiterhin ein von der Polizei und Justiz praktisch nicht zu kontrollierendes großes Angebot, das sich auf Kontaktmittel wie Handy und Internet stützt.[489]
Kritiker sagen, die Sexarbeit sei in den Untergrund abgewandert. In einem offenen Brief in der Zeitung „Dagens Nyheter" protestierten im Sommer 2007 vier aktive und ehemalige Sexarbeiter gegen das Gesetz. „Prostitution soll am liebsten nicht sichtbar sein, aber in dieser Verborgenheit profitieren Zuhälter und Menschenhändler; wir wollen diese loswerden".
Schwierig ist auch die Beweisführung gegen die Freier. Diese müssen „in flagranti" erwischt werden. Diese Schwierigkeit führt dazu, dass die Mehrheit der Ermittlungsverfahren gegen Freier eingestellt wird.[490]

In der „Erklärung der Rechte von Sexarbeitern in Europa" aus dem Jahre 2005 wird von den Erklärenden angemerkt[491]: „In Schweden haben Politiker und Entscheidungsträger angedroht, nicht an öffentlichen Diskussionen teilzunehmen, wenn Sexarbeiter ebenfalls dazu eingeladen sind. Außerdem werden Sexarbeiter systematisch von der öffentlichen Debatte ausgeschlossen, wodurch ihr Recht auf Meinungsfreiheit verletzt wird."[492]

Die meisten Sexarbeiter in Schweden lehnen das Gesetz ab. Die Anzahl der Freier nimmt ab und die Sexarbeiter beklagen: „Das Geschäft ist härter und gefährlicher geworden ... Die netten Kunden haben Angst ertappt zu werden. Übrig geblieben sind die Gestörten mit denen man richtig weit rausfahren muss,

---

[489]Report „Purchasing sexual services in Sweden and The Netherlands", 2004.
[490]www.spiegel.de, Artikel vom 11.11.2007 „Prostitutionsverbot in Schweden, Glückliche Huren gibt es nicht" von *A. Anwar* Stockholm, http://www.spiegel.de/politik/ausland/0,1518,515779,00.html.
[491]http://www.sexworkeurope.org/site/images/PDFs/declaration_de.pdf, Die Erklärung wurde von 120 Sexarbeitern und 80 Verbündeten aus 30 Ländern auf der Europäischen Konferenz zu Sexarbeit, Menschenrechten, Arbeit und Migration, vom 15.-17.10.2005 in Brüssel, entwickelt und verabschiedet.
[492]Siehe vorherige Fußnote, Erklärung, S. 4.

damit sie sich vor der Polizei sicher fühlen. Dort ist man ihnen dann ausgeliefert.“[493]

Frankreich überlegt die Sexarbeit im eigenen Land nach schwedischem Vorbild zu ändern.[494]

b.) Norwegen

Im November 2008 beschloss das Norwegische Parlament mit Wirkung ab 01.01.2009 jede Inanspruchnahme sexueller Dienstleistungen gegen Entgelt unter Strafe zu stellen. Damit gilt hier ein noch härteres Gesetz als in Schweden, denn norwegische Staatsbürger machen sich selbst dann strafbar, wenn die Interaktion im Ausland stattfindet.[495]

c.) Niederlande

Einen gänzlich anderen Weg gingen die Niederlande.
Hier ist Sexarbeit seit dem 01.10.2000 per Gesetz als Beruf anerkannt. Hintergrund dieser vollständigen Legalisierung nach mehr als 20-jähriger Diskussion war der Wunsch, die Dienstleistung Sex zu entkriminalisieren und aus der Tabuzone zu holen. Insbesondere Ausbeutung und das Arbeiten ohne Aufenthaltsgenehmigung sollten verhindert werden. Möglicherweise spielten auch die Steuereinnahmen eine Rolle bei den Überlegungen.
Bereits bei Inkrafttreten des neuen Gesetzes gab es kritische Stimmen. Städte schlossen sich zu Antiprostitutionskampagnen zusammen und die Interessenvertretung der Sexarbeiter/Hurengewerkschaft „De Roode Draad“ fürchtete, dass viele Sexarbeiter „abtauchen“ könnten, weil sie keine Lust hätten, Steuern und

---

[493] www.spiegel.de, Artikel vom 11.11.2007 „Prostitutionsverbot in Schweden, Glückliche Huren gibt es nicht“ von *A. Anwar* Stockholm, http://www.spiegel.de/politik/ausland/0,1518,515779,00.html.
[494] Artikel im Spiegel vom 30.03.2011, „Frankreich will Freier von Prostituierten bestrafen“. http://www.spiegel.de/politik/ausland/0,1518,754113,00.html. Ähnlich wie Schweden vertritt die Sozialministerin *Bachelot* die Ansicht, dass es keine freiwillige Prostitution gibt. „Anders als einige von ihnen uns glauben machen wollen, gibt es keine Prostitution aus freien Stücken. Sie sei vielmehr ein Angriff auf die Würde und auch die Freiheit der Frau.“
[495] Artikel in der taz vom 23.09.2009, „Die Hure ist eine Märchengestalt“, http://www.tAzde/1/archiv/print-archiv/printressorts/digi-artikel/?ressort=tz&dig=2009%2F09%2F23%2Fa0126&cHash=e0c075a103.

Sozialabgaben zu zahlen. Außerdem wurde sowohl bei „De Roode Draad“ als auch bei der Vereinigung der Relaxbetriebe[496] (VER) befürchtete, dass nach der Legalisierung der Prostitution sich neben dem legalen auch ein illegaler Markt bilden werde, in dem alle diejenigen arbeiten, die keine Steuern zahlen oder die mit der Gesetzesnovelle einhergehenden strengen hygienischen Auflagen nicht erfüllen wollen.[497]

Die Befürchtungen scheinen sich bewahrheitet zu haben. Im Jahre 2008 schloss die Stadt Amsterdam 37 Bordelle, die als Geldwaschanlagen für Schwarzgeld benutzt wurden. Auch gab es Fällen von Menschenhandel.[498] Das traditionelle Rotlichtviertel in Amsterdam „De Wallen“ wird seit Ende 2008, vom Stadtrat beschlossen, neu gestaltet.[499] Die Schaufensterstraßen des Bezirkes, die „rosse buurt“, soll danach in den nächsten Jahren erheblich verkleinert werden. Über die Hälfte der mehr als 500 Schaufenster und der über 80 Haschisch-Kneipen sollen verschwinden und Platz machen, um „de Wallen“ zu einem der „abwechslungsreichsten und interessantesten Stadtviertel Europas“ zu machen.

In der „Erklärung der Rechte von SexarbeiterInnen in Europa“ aus dem Jahre 2005 wird von den Erklärenden angemerkt[500]: „In den Niederlanden, wo Sexarbeit als legale Arbeit akzeptiert ist, sind SexarbeiterInnen mit Migrationshintergrund die einzigen ArbeitnehmerInnen, die keine offizielle Arbeitserlaubnis bekommen können. Dadurch wird ihr Recht auf Nichtdiskriminierung verletzt, denn für alle anderen beruflichen Tätigkeiten haben MigrantInnen die Möglichkeit, eine Arbeitserlaubnis zu bekommen, wenn die im Einwanderungsgesetz festgeschriebenen Voraussetzungen erfüllt sind.“[501]

---

[496] In den Niederlanden werden Bordelle auch „Relax-Salons“ genannt.

[497] Welt online, http://www.welt.de/print-welt/article534293/Prostitution_wird_in_Holland_zum_Beruf vom 20.09.2000, Autor: *Helmut Hetzel.*

[498] http:///diepresse.com/home/panorama/welt/390532/print. „Niederlande: Der Staat als Zuhälter“, Artikel vom 12.06.2008, Autor: *Helmut Hetzel.*

[499] Artikel „Huren müssen künftig mindestens 23 Jahre alt sein“, veröffentlicht auf spiegel-online am 19.01.2010, www.spiegel.de/panorama/gesellschaft/0,1518,druck-672783,00.html.

[500] http://www.sexworkeurope.org/site/images/PDFs/declaration_de.pdf, Die Erklärung wurde von 120 Sexarbeitern und 80 Verbündeten aus 30 Ländern auf der Europäischen Konferenz zu Sexarbeit, Menschenrechten, Arbeit und Migration, vom 15.-17.10.2005 in Brüssel, entwickelt und verabschiedet.

[501] Siehe vorherige Fußnote, S. 3.

Hinsichtlich der Steuerpflicht trat am 01.07.2008 ein Gesetz in Kraft, das die Sexarbeiter vor die Wahl stellte, entweder als Mini-Unternehmer selbstständig zu agieren oder angestellt für Bordellbesitzer zu arbeiten. Melden sie sich nicht als Selbstständige an, wird das Bordell, in dem sie tätig sind, verpflichtet, für die dort tätigen Sexarbeiter, Steuern und Sozialabgaben zu entrichten. „De Roode Draad“ klagt, dass in diesem Fall dann der Höchststeuersatz von 52 % anfiele. Von 100,- €, welche die Prostituierte verdiene, blieben dann nur 48,- € übrig, von denen auch die tägliche Zimmermiete entrichtet werden müsse. Angesichts dieser Aussichten wird ein noch höherer Anstieg der Sexarbeiter befürchtet, die in die Illegalität abtauchen oder nach Belgien und Deutschland abwandern.[502]

Als Reaktion auf die Befürchtungen schlugen nun Anfang 2009 niederländische Minister eine staatliche Lizenz für die käufliche Liebe vor.[503] Bislang mussten lediglich Bordelle eine staatliche Zulassung haben. Nun soll eine solche Lizenz auch für Sexarbeiter eingeführt werden. Ein entsprechender Gesetzesentwurf wurde von Justizminister *Ballin* und Innenministerin *Ter Horst* vorgelegt. Danach soll der Verkehr nur noch mit lizensierten Sexarbeitern legal sein. Freier, die Dienste illegaler Sexarbeiter in Anspruch nehmen, die also keine staatliche Zulassung besitzen, sollen sich strafbar machen. Der Strafrahmen reicht von einer Geldstrafe in Höhe von bis zu 7.500,- € bis zu einer sechsmonatigen Haftstrafe. Darüber hinaus sollen die Städte und Gemeinden der Niederlande das Recht erhalten, zu entscheiden, wie viele Sexbetriebe sie innerhalb ihrer Stadt- und Gemeindegrenzen zulassen wollen.

Neben diesen Maßnahmen zur Begrenzung der Sexarbeit in Amsterdam sorgte Anfang 2010 die Initiative von *Asscher*[504] für Diskussionen. Im Kommunal-Wahlkampf trat er mit seiner Arbeitspartei dafür ein, dass künftig nur noch Sexarbeiter in Amsterdam arbeiten dürfen, die mindestens 23 Jahre alt sind und bei der Handelskammer eine Lizenz beantragen und den Nachweis erbringen müssen, ausreichende Kenntnisse der niederländischen, englischen, französischen oder spanischen Sprache zu haben. Darüber hinaus soll Bordellen u.a. der Betrieb zwischen vier und acht Uhr morgens untersagt werden, damit die Polizei in

---

[502]http:///www.diepresse.com/home/panorama/welt/390532/print. „Niederlande: Der Staat als Zuhälter“, Artikel vom 12.06.2008, Autor: *Helmut Hetzel*.
[503]http://www.derwesten.de/nachrichten/panorma/2009/1/, „Ein Pass für Prostituierte“, Artikel vom 06.01.2009, Autor: *Helmut Hetzel*.
[504]Jurist, 35 Jahre alt und amtierender Vize-Bürgermeister von Amsterdam.

dieser Zeit Razzien durchführen und nach Menschenhandelsopfern suchen kann.[505]

Ein Antrag auf Erhöhung der Altersgrenze lag dem Parlament in Den Haag 2010vor. Hier soll das Mindestalter eines Sexarbeiters auf 21 Jahre erhöht werden, da junge Frauen anfälliger für Gewalt und Ausbeutung seien, als Ältere. Am 15.04.2010 wurde ein so lautender Gesetzesentwurf dem Parlament in Den Haag vorgelegt. Außerdem sollen die Sexarbeiter demnächst einen Ausweis mit sich tragen müssen in dem nicht nur ein Foto von ihnen ist, sondern auch eine spezielle Registrierungsnummer.[506] Bisher ist dieser Vorschlag nicht umgesetzt worden.[507]

Aufgrund der mangelnden Abgabe von Steuerzahlungen sollen die Sexarbeiter nun vor Ort von Finanzbeamten aufgesucht und über ihre Steuerpflicht informiert und zur Zahlung angehalten werden.[508]

d.) Finnland

Finnland ging einen noch anderen Weg. Zunächst versuchte die Regierung im Jahre 2006 ein Totalverbot der Sexarbeit nach schwedischem Vorbild. Sie scheiterte hiermit jedoch, da sie im Parlament keine Mehrheit erzielen konnte. Am 21.06.2006 wurde ein modifiziertes Gesetz erlassen, wonach sich Freier nur strafbar machen, wenn sie zu Sexarbeitern gehen, welche einen Zuhälter haben oder Opfer von Menschenhandel sind. Der Strafrahmen beträgt bis zu sechs Monaten Freiheitsstrafe oder Geldstrafe. Eine öffentliche Werbung für Sexarbeiter und Kontaktanbahnung ist auf öffentlichen Plätzen und in Gaststätten verboten.[509]

---

[505] Artikel „Huren müssen künftig mindestens 23 Jahre alt sein", veröffentlicht auf spiegel-online am 19.01.2010, www.spiegel.de/panorama/gesellschaft/0,1518,druck-672783,00.html, und Artikel „weiblich, käuflich, 23" von *C. Kahlweit* vom 19.01.2010, veröffentlicht auf www.sueddeutsche.de/panorama/386/500650/text/print.hrml.

[506] http://www.123recht.net/article.asp?a=63896&ccheck=1; http://magazine.web.de/de/themen/nachrichten/panorama/10238660-Den-Haag-will-Mindestalter-fuer-Prostituierte-anheben.html.

[507] Stand März 2011.

[508] http://diestandard.at/1293370153224/Niederlande-Fiskus-bittet-Prostituierte-zur-Kassa.

[509] http://www.zeit.de/2006/40/Schwedens-Freier.

Hintergrund war unter anderem, den organisierten Zuzug von Sexarbeitern aus dem Baltikum zu stoppen.[510]

Kontula[511] veröffentlichte 2004 eine Studie, in der sie feststellte, dass ein großer Teil der finnischen Sexarbeiter nur Teilzeit arbeite. Diese Aussage brachte viele gegen sie auf, die sich nicht vorstellen konnten und wollten, dass Sexarbeiter „normale Menschen" mit ganz normalem Alltag seien.[512]

Ein Problem der finnischen Regelung ist, nach ihrer Ansicht, dass die Freier, um der strafrechtlichen Sanktionierung zu entgehen, hauptsächlich Sex mit finnischen Sexarbeitern haben. Sexarbeiter mit Migrationshintergrund oder Ausländer stehen für die Freier im Verdacht, Zuhälter zu haben. Somit werden einheimische und ausländische Sexarbeiter gegeneinander ausgespielt.[513]
In ihren Augen ist auch ein Weg zur Entdeckung von Opfern des Menschenhandels damit erschwert. „Der beste Weg, Frauen in wirklich schlechter Position zu schützen, ist die Zusammenarbeit mit den Klienten … Wenn Du in einem Keller eingesperrt bist, sind Kunden die einzigen, die dich sehen und das vielleicht nicht okay finden. Die also der Polizei den Weg weisen könnten. Stellt man Freier von Zwangsprostituierten und Zuhälterprostituierten grundsätzlich unter Strafe, verbaut man sich diesen Weg."[514]

In der „Erklärung der Rechte von SexarbeiterInnen in Europa" aus dem Jahre 2005 wird von den Erklärenden angemerkt[515]: „In Finnland wiederum ist es illegal, das SexarbeiterInnen zusammen arbeiten, um sich gegenseitig zu schützen.

---

[510] Zeit online vom 30.09.2006 „Ende des Straßenstrichs" http://www.zeit.de/2006/40/Schwedens-Freier.
[511] *Kontula* ist finnische Politikerin der Linkspartei und Soziologin.
[512] Taz online. „Die Hure ist eine Märchengestalt", vom 23.09.2009, http://www.tAzde/1/archiv/print-archiv/printressorts/digi-artikel/?ressort=tz&dig=2009%2F09%2F23%2Fa0126&cHash=e0c075a103.
[513] Taz online. „Die Hure ist eine Märchengestalt", vom 23.09.2009, http://www.tAzde/1/archiv/print-archiv/printressorts/digi-artikel/?ressort=tz&dig=2009%2F09%2F23%2Fa0126&cHash=e0c075a103.
[514] Taz online. „Die Hure ist eine Märchengestalt", vom 23.09.2009, http://www.tAzde/1/archiv/print-archiv/printressorts/digi-artikel/?ressort=tz&dig=2009%2F09%2F23%2Fa0126&cHash=e0c075a103.
[515] http://www.sexworkeurope.org/site/images/PDFs/declaration_de.pdf, Die Erklärung wurde von 120 Sexarbeitern und 80 Verbündeten aus 30 Ländern auf der Europäischen Konferenz zu Sexarbeit, Menschenrechten, Arbeit und Migration, 15.-17.10.2005 in Brüssel, entwickelt und verabschiedet.

Sie werden strafrechtlich wegen Zuhälterei verfolgt, wodurch ihr Recht auf friedliches Beisammensein, ihr Versammlungsrecht und ihr Recht auf angemessene Arbeitsbedingungen verletzt werden.“[516]

Auch dieses Modell stößt damit auf Kritik der betroffenen Sexarbeiter.

10.) Zusammenfassung des 2. Kapitels

Das ProstG hat bis zu seiner in Kraft getretenen Fassung einen langen Weg zurückgelegt. Ähnlich wie beim GeschlKrG waren die Diskussionen von verschiedenen Entwürfen, Zielvorgaben, Schwerpunktsetzungen und persönlichen Ansichten geprägt.

Auch die jetzige Fassung des ProstG erhält noch viel Kritik, und die rechtliche Umsetzung der Zielvorgaben kann noch nicht als abgeschlossen angesehen werden. Zu diesem Ergebnis kommen auch die Gutachten, die das ProstG evaluiert haben. Es gibt noch erhebliche Defizite bei der Umsetzung der Zielvorgaben des ProstG. Auch die Änderungen im StGB mussten erst durch die Rechtsprechung implementiert werden, was sie nun weitgehend sind.

Die Ziele des ProstG lassen sich in zwei Gruppen einteilen: Die erste Gruppe umfasst die Ziele, die mit der Abschaffung der Sittenwidrigkeit erreicht werden sollten. Hier kann festgehalten werden, dass diese Ziele nun erreicht, de facto aber nicht genutzt werden. Weder sind, außer in wenigen Einzelfällen, Arbeitsverträge geschlossen worden, noch haben Sexarbeiter ihren Lohn gegenüber Freiern eingeklagt, da in der Branche weitgehen Vorkasse üblich ist. Ob sich nun eine große Zahl der Sexarbeiter kranken- und sozialversichert hat, lässt sich aufgrund des Fehlens eines eigenen Berufsschlüssels zur Kennzeichnung der Sexarbeiter nicht feststellen, kann aber bezweifelt werden.

Bestrebungen zur Verbesserung der Möglichkeit zum Ausstieg gibt es erst seit 2010. Das BMFSFJ fördert seither drei Projekte zum Ausstieg aus der Sexarbeit. Nach einiger Zeit sollen diese evaluiert und bei positiver Bewertung für andere Städte übernommen werden.

---

[516] Siehe vorhergehende Fußnote, Erklärung S. 3.

Ob insgesamt bessere Arbeitsbedingungen für Sexarbeiter geschaffen worden sind, kann nicht nachgeprüft werden.
Auf die kriminellen Begleiterscheinungen scheint das ProstG wenig Einfluss, weder positiv noch negativ, gehabt zu haben, auch wenn dies vielfach befürchtet und behauptet wird.

Die „perfekte" Regelung gibt es nicht. Es müssen immer Kompromisse gemacht werden. Ziel muss es aber sein Kompromisse zu finden, die auch die Interessen der Sexarbeiter berücksichtigen.

Bedenken bezüglich des schwedischen und norwegischen Modells bestehen dahingehend, dass damit die Sexarbeit nicht verhindert, sondern nur in die Illegalität verlagert wird. Gerade dadurch machen sich die Sexarbeiter erpressbar und abhängig von kriminellen Kreisen, die ihnen Kunden, Wohnungen etc. beschaffen. Die Sexarbeiter verschwinden zwar aus der Sichtbarkeit, dennoch sind sie weiter da.

Dodillet[517] hat sich in ihrer Doktorarbeit mit den Unterschieden im Umgang mit der Prostitution in Schweden und Deutschland beschäftigt.[518] Sexarbeit wird in Schweden als ungleiche Machtverteilung zwischen den Geschlechtern in patriarchalen Gesellschaften angesehen. Das Verbot wurde eingeführt, um die schwedische Bevölkerung für diese Ungerechtigkeit zu sensibilisieren. Dabei wurde der normierende Gehalt des Gesetzes durch das große Vertrauen der Schweden in den Staat ermöglicht. Die Schweden haben gute Erfahrungen mit ihrem Staat gemacht, anders hingegen die Deutschen, denen mit dem Nationalsozialismus und der sozialistische DDR deutlich gemacht wurde, dass Staaten ihre normierende Macht missbrauchen können. Aus dieser Erfahrung heraus tendieren die Deutschen daher eher dazu, die Verantwortung des Staates für die Normbildung in Frage zu stellen. In Deutschland wird daher mehr betont, dass sexuelle Identität und Ausdrucksweisen variieren können.

[517] *Susanne Dodillet* promovierte am Institut für Literatur, Ideengeschichte und Religion der Universität Göteburg.
[518] „Ist Sex Arbeit? Schwedische und deutsche Prostitutionspolitik seit den 70iger Jahren".

Weiter verweist *Dodillet* auf den zentralen Platz der CDU/CSU in der deutschen Politik. Ebenso wie die Kirchen, sei die Union aus moralischen Gründen gegen Prostitution und sympathisiere mit der schwedischen Prostitutionspolitik. Sozialdemokraten, Grüne und Linke wehrten sich gegen diese Moralargumente und ihre Sichtweise. Begründet aus diesem Zusammenspiel sei die deutsche Sichtweise daher liberaler als die der schwedischen Kollegen, denen ein christlicher Gegenpol fehlen würde.[519]

Der unterschiedliche Ansatz in Deutschland und Schweden basiert daher auf verschiedenen Grundlagen. In Schweden wird die Ansicht vertreten, dass es gemeinsame Normen und Werte gibt, an die die Regierung sich zu halten hat, es aber auch ihr Auftrag ist, diese zu bewahren. Auch aufgrund der deutschen Geschichte geht man hierzulande eher davon aus, dass es nicht Aufgabe des Staates sei, sich in die Angelegenheiten und Wertvorstellungen seiner Bürger einzumischen. Zur Wahrung von moralischen und humanitären Gesichtspunkten werden die dazu berufenen gesellschaftlichen Institutionen wie Kirchen, soziale Gruppen oder Schulen angesehen.[520] Diese Auffassung machte das BMFSFJ auch in seinem Gutachten zum ProstG aus dem Jahre 2007 deutlich, wo es heißt:

„Kennzeichen eines freiheitlichen Rechtsstaates ist die Respektierung der autonomen Entscheidung des Einzelnen, so lang keine rechtlich geschützten Interessen anderer verletzt werden. Im weltanschaulich neutralen Staat des Grundgesetzes ist die freiwillig Ausübung der Prostitution daher solange als autonome Entscheidung vom Recht zu respektieren, als keine Rechte anderer verletzt werden. Die eigenverantwortlich ausgeübte Prostitution verstößt nicht automatisch gegen die Menschenwürde der Prostituierten, Da die freie Selbstbestimmung Ausdruck der Menschenwürde ist, bestimmen der oder die Einzelne zuallererst selbst was ihre Würde ausmacht. Selbst durch moralisch unwürdiges Verhalten würde die Menschenwürde nicht verloren gehen. Die individuelle Freiheit stößt erst dann an ihre Grenzen, wenn rechtlich geschützte Interessen anderer oder der Allgemeinheit beeinträchtigt werden.

Es ist nicht Aufgabe des Staates, Menschen vor den Folgen ihrer Lebensentscheidung zu bewahren, die sie in freier Selbstverantwortung getroffen haben. Freiwilligkeit bedeutet im Zusammenhang mit dem sexuellen Selbstbestimmungsrecht, dass Individuen frei über das „Ob“, das „Wann“ und das „Wie“ einer sexuellen Begegnung entscheiden können.

---

[519]Zusammenfassung entnommen aus: http://idw-online.de/pages/de/news299695.
[520]*Grenz/Lücke-Dodillet*, S. 109.

Die Prostitution fällt daher heute wie jede andere auf Dauer angelegte Tätigkeit zur Schaffung und Erhaltung einer Lebensgrundlage unter die Garantie des Art. 12 Abs. 1 GG."[521]

Der niederländische Weg geht zwar mehr auf die Bedürfnisse der Sexarbeiter ein, jedoch hat sich gezeigt, dass die Städte damit erhebliche Probleme haben. Auch führt die generelle Steuerpflicht ebenfalls zu einem Abtauchen der Sexarbeiter in die Illegalität. Zusätzlich gibt es Probleme bei Sexarbeitern mit Migrationshintergrund. Eine derart weite und offene Handhabung birgt demnach eine Vielzahl von Problemen, die möglicherweise nach intensivem Auseinandersetzen mit der Thematik und einem guten Austausch der Erfahrungen in den Niederlanden durch Gesetzesänderungen nachträglich bzw. im Vorfeld geregelt werden könnten. Zu bezweifeln ist jedoch, dass eine intensive Auseinandersetzung mit den Problemen im Vorfeld erfolgen würde.

Das finnische Modell scheint prinzipiell gut geeignet zu sein, allerdings zeigt sich hier, dass die Freierbestrafung und die Zuhälterstrafbarkeit kontraproduktiv wirken können. Das deutsche und das finnische Modell weisen Gemeinsamkeiten auf.

Die deutsche Entscheidung zur Legalisierung durch das ProstG scheint, im Vergleich mit den Nachbarländern, eine richtige Entscheidung gewesen zu sein; jedoch erfordert nicht nur die Implementierung des ProstG, sondern auch die rechtliche Angleichung der verschiedenen Rechtsbereiche noch einen erheblichen Arbeits- und Kraftaufwand.

Eine andere Ansicht zur Legalisierung von Sexarbeit vertritt *Raymond*[522]. Sie beschreibt in ihrem Aufsatz 10 Gründe, warum keine Legalisierung der Prostitution erfolgen sollte.[523] Zwar handelt es sich um einen Text aus Amerika, die Argumente werden aber auch hierzulande vertreten.

---

[521]Bericht abrufbar unter:
http://www.bmfsfj.de/BMFSFJ/Service/Publikationen/publikationen,did=93304.html, S. 9

[522]Prof. Dr. *Janice B. Raymond* ist an der Amherst University/Massachusetts als Professorin für Frauenstudien und Ethik der Medizin und Co-Direktorin der Koalition gegen Frauenhandel (CATW), einer NGO mit Beratungsstellen bei der UN.

[523]83.143.248.39/.../prostitution/10%20Reasons%20for%20Not%20Legalizing%20Prostitution.doc, der Aufsatz wurde am 25.03.2003 veröffentlicht.

Sie sieht in der Legalisierung der Prostitution für die Sexarbeiter nur Nachteile und keine Vorteile. Sie führt für ihre Ansicht zehn Gründe auf:
Die Legalisierung der Prostitution:

- ein Geschenk an die Prostitutionsindustrie,
- fördert Frauenhandel,
- bringt die Prostitutionsindustrie nicht unter Kontrolle, sondern verhilft ihr zu noch größerer Ausbreitung
- führt zu vermehrter heimlicher, illegaler und Straßenprostitution
- fördert die Verbreitung von Kinderpornographie
- bietet den Prostituierten keinen Schutz
- erhöht die Nachfrage
- fördert nicht die Gesundheit der Prostituierten
- erweitert nicht die freie Berufswahl der Frauen
- Frauen im System der Prostitution sind gegen die Legalisierung

Aus diesen Gründen lehnt sie die Legalisierung ab. Eine dezidierte Auseinandersetzung mit den tatsächlichen Zahlen und Erfahrungen in Deutschland erfolgt nicht.

Im Nachgang zum ProstG gab es rechtliche Änderungen, die das ProstG teilweise notwendig gemacht hat oder die unter den Aspekten des Opfer- oder Jugendschutzes als erforderlich angesehen wurden. Diese flankierenden strafrechtlichen Vorschriften sowie die rechtlichen Schwierigkeiten außerhalb des Strafrechts werden in den folgenden Kapiteln untersucht.

3. Kapitel

Flankierende strafrechtliche Vorschriften

Das StGB hat in den letzten Jahren verschiedene Änderungen erfahren.
Diese Änderungen geschahen sowohl im Zuge des In Kraft treten des ProstG, als auch im Zuge des Gesetzes zur Änderung der Vorschriften über die sexuelle Selbstbestimmung und zur Änderung anderer Vorschriften aus dem Jahre 2003, dem 37. Strafrechtsänderungsgesetz aus dem Jahre 2005 und den Änderungen im Jahre 2008. Nachfolgend sollen die Vorschriften, die einen engen Bezug zur Sexarbeit und dem ProstG aufweisen, dargestellt werden.

2002	**2004**	**2005**	**2008**
§ 180 a StGB	§ 181 a StGB § 184 StGB § 266 a StGB	§ 232 StGB § 233 StGB §233 a StGB	§ 182 StGB § 184 b StGB § 184 c StGB

1.) Gesetzesänderung 2002, Anpassungen an das ProstG

Gleichzeitig mit dem ProstG trat die Änderung in § 180 a StGB „Ausbeutung von Prostituierten“ in Kraft. Der bis dahin geltende § 180 a StGB mit der Überschrift „Förderung der Prostitution“ wurde um Abs. 1 Nr. 2 gekürzt, der das Fördern der Prostitution, welches über eine Wohnungsgewährung hinausging, unter Strafe stellte. Diese Änderung war eine notwendige Konsequenz aus dem ProstG, denn anderenfalls hätte die Verbesserung der Arbeitsbedingungen in Bordellen und Clubs möglicherweise eine Strafbarkeit nach sich gezogen. Die Verbesserung der Arbeitsbedingungen war aber eines der Ziele des ProstG, daher war die Änderung konsequent.

2.) Gesetzesänderungen 2004

Im Jahre 2003 wurde das „Gesetz zur Änderung der Vorschriften über die sexuelle Selbstbestimmung und zur Änderung anderer Vorschriften“ erlassen.[524] Daraufhin wurden erneut einige Normen des StGB geändert und überarbeitet. In

[524]BGBl. Jahrgang 2003, Teil I, Nr. 67, S. 3007ff.

Bezug auf die Sexarbeit waren die relevanten Normen die §§ 181 a und 184 StGB. Die Änderung des § 184 StGB basiert auch auf dem EU-Rahmenbeschluss zur Bekämpfung der sexuellen Ausbeutung von Kindern und der Kinderpornographie.[525]

a.) § 181 a StGB „Zuhälterei"

Zum 01.04.2004 trat die neue Fassung des § 181 a StGB „Zuhälterei" in Kraft. Hier wurde in Abs. 2 eine Strafbarkeit für den Fall eingefügt, dass die persönliche oder wirtschaftliche Bewegungsfreiheit einer anderen Person beeinträchtigt wird. Das Wort „Bewegungsfreiheit" wurde durch das Wort „Unabhängigkeit" ersetzt. Die Änderung erfolgte auch mit Blick auf die bereits 2004 begonnenen Beratungen zur Änderung der Paragraphen des Menschenhandels zum Zwecke der sexuellen Ausbeutung, die eine Verschiebung in den 18. Abschnitt vorsah.

Das Rechtsgut des § 181 a StGB ist das sexuelle Selbstbestimmungsrecht. Es handelt sich um ein abstraktes Gefährdungsdelikt, weshalb die Tathandlungen gerade mit Blick auf das ProstG und der Legalisierung der Arbeitgeberfunktion, sehr eng ausgelegt werden müssen.

Zunächst bereitete die Formulierung in § 181 a Abs. 1 Nr. 2 StGB „bestimmt" Uneinigkeit. Fraglich war, was genau von „bestimmt" umfasst ist und ob die Festlegung von Zeit, Ort und Mindestentgelten im Sinne der Strafvorschriften grundsätzlich ausreicht.

Beibehalten wurde im § 181 a StGB der Abs. 3, der eine Strafbarkeit nach Abs. 1 und 2 auch für den Ehegatten vorsieht. Damit ist die nach der Lex Heinze eingeführte Regelung auch im Jahre 2008 nicht beseitigt worden. Ein Ehemann, der seine Frau in ihrer Tätigkeit als Sexarbeiter unterstützt und ihr Kunden vermittelt, macht sich damit nach Abs. 3 strafbar. Dies ist unverständlich, da nicht ersichtlich ist, warum ein Ehepartner schlechter gestellt werden soll, als ein Mensch außerhalb der Ehe.

---

[525]EU-Rahmenbeschluss 2004/68/JI vom 22.12.2003, in Kraft getreten am 20.01.2004, Termin für die Umsetzung in den Mitgliedsstaaten war der 20.01.2006.

Die Zahl der Verurteilten ist mit 45 in 2007 und 76 in 2008 erwartungsgemäß sehr gering.[526]

Die Neufassung des § 181 a StGB dient damit hauptsächlich dazu, Ermittlungsbehörden den nötigen Anlass für die Aufnahme von Ermittlungen zu geben.

b.) § 184 StGB „Verbreitung pornographischer Schriften" und § 184 a StGB „Verbreitung gewalt- oder tierpornographischer Schriften"

Der § 184 StGB „Verbreitung pornographischer Schriften" wurde ebenfalls im Zuge des Gesetz zur Änderung der Vorschriften über die sexuelle Selbstbestimmung und zur Änderung anderer Vorschriften aus 2003 und des EU-Rahmenbeschlusses am 01.04.2004 erlassen. Die zuvor geltende Fassung umfasste, mit insgesamt sieben Absätzen, eine Aufzählung strafbarer pornographischer Schriften. Der neu gefasste § 184 StGB vereinfachte den Paragraphen dahingehend, dass die Absätze 3 bis 7 gestrichen wurden und in Abs. 2 eine Sonderregelung für zur Sorge berechtigte Personen geschaffen wurde, die im Vergleich zur früheren Regelung in Abs. 6 ergänzt wurde.

Mit dem ebenfalls zum 01.04.2004 neu geschaffenen § 184 a StGB wurde die „Verbreitung gewalt- oder tierpornographischer Schriften" normiert, die sich zuvor unter Abs. 3 des § 184 StGB (Fassung bis 2004) befanden.

Die anderen, zuvor in den Abs. 3 bis 7 aufgezählten, strafbaren Handlungen wurden zum Teil 2008 in eigenen Paragraphen (§§ 184 b, c StGB) unter Strafe gestellt.

Zwar besteht ein nahes Verhältnis zwischen Pornographie und Sexarbeit, jedoch sind die §§ 184 ff. StGB vom ProstG nicht tangiert, da das ProstG auf legale Sexarbeit ausgerichtet, es also eine deutliche Abgrenzung zu den im StGB normierten Handlungen gibt.

---

[526] Zahlen entnommen aus der Statistik zur Rechtspflege, Fachserie 10, Reihe 3 aus den Jahren 2007 und 2008, herausgegeben vom statistischen Bundesamt Deutschland.

c.) § 266 a StGB „Vorenthalten und Veruntreuen von Arbeitsentgelt"

Ebenfalls im Jahre 2004 wurde der § 266 a StGB geändert. Unter § 266 a Abs. 2, 1. Alt. StGB wurden unrichtige und unvollständige Angaben gegenüber den zuständigen Stellen unter Strafe gestellt. Dies gilt auch, wenn die zuständige Stelle pflichtwidrig über sozialversicherungsrechtliche erhebliche Tatsachen in Unkenntnis gelassen wird, unabhängig davon, ob ein Arbeitsentgelt gezahlt wird.

Damit wurde die Strafbarkeit weiter ausgedehnt, denn seit 2004 steht nunmehr nicht nur das „zu wenige" oder „gar nicht abführen" der Abgaben, sondern auch ein „nicht nachkommen der Informationspflicht" unter Strafe.
Der § 266 a StGB wird von den Ermittlungsbehörden teilweise genutzt, um bei Verdacht eines Verstoßes gegen ihn eine Durchsuchung anzuordnen oder eine Razzia durchzuführen. Dabei wird in die Buchhaltung des Betriebes Einsicht genommen und sämtliche dort angetroffene Personen überprüft.

Bereits im Jahre 2006 veröffentlichte *Wegner*[527] einen Aufsatz zu diesem Thema. Im zugrundeliegenden Fall hatte die Antragstellerin, welche Zimmer an Sexarbeiter vermietete, zunächst am „Düsseldorfer Verfahren" teilgenommen, dann aber ausgesetzt. Bei Abschluss des Mietvertrages meldete sie die Namen und Daten der Sexarbeiter der Polizeidirektion, Sittendezernat. Dies tat sie auch weiterhin. Es erfolgten nun mehrfach Kontrollbesuche des Finanzamtes, welche, gegen den Willen der Antragstellerin, die Räumlichkeiten gemeinsam mit Polizisten betraten. Einen Durchsuchungsbeschluss hatten sie nicht. Der gegen diese Kontrollbesuche gerichtete Antrag war erfolgreich, da die Kontrolle einen nicht gerechtfertigten Eingriff in den Schutzbereich des Art. 13, Abs. 1 GG darstellte. Die Maßnahmen waren vorliegend nicht durch § 208 Abs. 1, S. 1, Nr. 3 AO i. V .m. § 200, Abs. 3, S. 2 AO gerechtfertigt. Hiernach darf die Steuerfahndung nur bei hinreichendem Anlass tätig werden. Ermittlungen dürfen nicht „ins Blaue hinein", sogenannte Ausforschungsdurchsuchung, geführt werden. Es genügt aber, wenn aufgrund konkreter Anhaltspunkte oder auf Grund allgemeiner Erfahrung die Möglichkeit einer Steuerverkürzung in Betracht kommt.[528] Notwendig für § 208 AO ist aber auch, dass die jeweilige Maßnahme zur Erfüllung der

---

[527] Dr. *Carsten Wegner,* Rechtsanwalt in Berlin, S. 148 f.
[528] BFH BStBl. II 02, 495, 498 m. w. N.

Aufgabe geeignet, erforderlich und verhältnismäßig ist.[529] Materiell-rechtlich folgt der Anspruch gegen das Finanzamt auf Unterlassen künftiger Kontrollbesuche aus § 862 BGB i. V. m. §§ 868, 869 BGB.

Ein weiteres § 266 a StGB Ermittlungsverfahren, diesmal gegen einen „FKK-Club", wurde in Augsburg geführt.
Der FKK-Club „Colosseum" wurde im Jahre 2004 gegründet. Im Jahre 2005 kam es zu Ermittlungsmaßnahmen und einer Razzia aufgrund des Vorwurfes der dirigierenden Zuhälterei. Die von der Staatsanwaltschaft erhobene Anklage wurde durch Beschluss der 8. Strafkammer des Landgerichts Augsburg vom 16.08.2006[530] zurückgewiesen. Dieser Nichteröffnungsbeschluss fand und findet immer noch große Beachtung. Die einen sehen in ihm einen „Freibrief für den Handel mit weiblichen Körpern", andere verstehen ihn als logische Fortführung des ProstG.

Die Ermittlungen gegen das „Colosseum" hielten auch nach diesem Beschluss weiter an. Obwohl im Beschluss ausdrücklich aufgeführt wurde, dass „die Prostituierten im Bordellbetrieb freiberuflich tätig sind"[531], ging das Hauptzollamt Augsburg in seinem Ermittlungsbericht vom 17.09.2008 weiter von einer abhängigen Beschäftigung aus, „da eine Überwachung durch die Beschuldigten jedoch eindeutig vorgenommen wurde, bestand der Verdacht, dass die Sexarbeiter nicht, wie offiziell dargestellt, als Selbstständige tätig sind, sondern ein abhängiges Beschäftigungsverhältnis ausüben und die Beschuldigten tatsächlich Arbeitgeber der Sexarbeiter sind."[532]
Aufgrund dessen wurde eine neue Anklage gem. § 266 a StGB und § 11 Abs. 1 und 2 SchwarzArbG[533] verfasst. Es wurde davon ausgegangen, dass es sich bei den Sexarbeitern um sog. „Scheinselbstständige" handelte.

---

[529]BFH BStBl. II 00, 366, 369 m. w. N.
[530]Beschluss vom 16.08.2006, LG Augsburg, Az: 8 Kls 312 Js 115537/05.
[531]Beschluss vom 16.08.2006, LG Augsburg, Az: 8 Kls 312 Js 115537/05, Ziff. II.1.
[532]Ermittlungsakte Bl. 570.
[533]Gesetz zur Bekämpfung der Schwarzarbeit und illegalen Beschäftigung (Schwarzarbeitsbekämpfungsgesetz - SchwarzArbG), verkündet als Art. 1 des Gesetzes zur Bekämpfung der Schwarzarbeit und damit zusammenhängender Steuerhinterziehung vom 23.07.2004, BGBl. I 2004, S. 1842, zuletzt geändert durch Art. 6 des Gesetzes zur Umsetzung des Urteils des Bundesverfassungsgericht vom 03.03.2004.

Auch in diesem Verfahren wurde zunächst versucht, über die dirigierende Zuhälterei gegen den Club vorzugehen. Als dies scheiterte, versuchte man es über § 266a StGB.
Auch in diesem zweiten Verfahren erging ein Nichteröffnungsbeschluss des LG Augsburg. Das Gericht sah die Sexarbeiter weiter als Selbstständige an.[534] Die von der Staatsanwaltschaft eingelegte sofortige Beschwerde[535] wurde vom Oberlandesgericht München am 12.04.2010 als unbegründet verworfen.[536] Das Gericht führt in seinem Beschluss dezidiert aus, dass es sich bei der Art der Beschäftigung nicht um eine Abhängige handele. Als Gründe führte das Gericht an, dass die Sexarbeiter sich zwar aufgrund freiwilliger Entscheidung für bestimmte Tage im „Colosseum" anmelden und dann auch eine Anwesenheitspflicht bestünde, sie jedoch keine starren Stundenfristen einzuhalten hätten. Die Anwesenheitspflicht diene mehr der Organisation von Angebot und Nachfrage, es stehe den Sexarbeitern frei, etwas später zu kommen oder früher zu gehen. Die Leistungen müssten zwar im „Colosseum" erbracht werden, daraus könne aber noch nicht geschlossen werden, dass ein abhängiges Beschäftigungsverhältnis vorliege. Zum einen könnten die Sexarbeiter außerhalb der Arbeitszeiten, ihrem Gewerbe frei an anderen Orten nachgehen[537], zum anderen zahlten die Sexarbeiter an den Tagen, an denen sie im „Colosseum" arbeiteten, Eintritt. Weiteres Entgelt oder einen Teil ihres Lohnes müssten sie aber nicht an die Betreiber abführen. Die Regelung, für normalen Geschlechtsverkehr 50,-- € zu berechnen, wurde unter den Sexarbeitern selbst getroffen, um ein gegenseitiges Preisunterbieten innerhalb des Hauses zu unterbinden. Die Betreiber hätten darüber hinaus keinerlei Kenntnis, wie viele Freier ein Sexarbeiter pro Anwesenheitstag habe und welche Praktiken er für wie viel Geld anbiete.[538] Das Nacktheitsgebot resultiere aus der Eigenschaft als „FKK Club". Dies sei den Sexarbeitern bekannt gewesen, bevor sie sich entschlossen hätten, im „Colosseum" zu arbeiten."[539] Das Gericht stellte ebenfalls klar, dass diese Art

[534]Nichteröffnungsbeschluss des LG Augsburg 17.12.2009, Az. 9 Kls 504 Js 106939/08.
[535]Sofortige Beschwerde der Staatsanwaltschaft vom 11.01.2010, begründet am 21.01.2010, Az 4 Ws 115/10 GenStA München.
[536]Beschluss des OLG München, 3. Strafsenat vom 12.04.2010, Az. 3 Ws 101 – 105/10.
[537]Beschluss des OLG München, S. 5.
[538]Beschluss des OLG München, S.6, 7.
[539]Beschluss des OLG München, S. 6.

der Zusammenarbeit durch den Grundsatz der Vertragsfreiheit auch zulässig sei.[540]

3.) Gesetzesänderungen 2005

Im Nachgang zum ProstG traten am 19.02.2005 im Zuge des 37. Strafrechtsänderungsgesetzes die neu gefassten §§ 232, 233 und 233a StGB in Kraft.[541]

Weiterer Grund zur Änderung der Menschenhandelsparagraphen waren das Palermo Protokoll aus dem Jahre 2000, so wie die im Jahre 2003 beschlossene, 2005 ausgegebene und ab dem 14.07.2006 für die Bundesrepublik in Kraft getretene Zusatzvereinbarung zum „Palermo Protokoll", das sich mit der Bekämpfung des Menschenhandels beschäftigte. Weiter kam das Übereinkommen des Europarates zur Bekämpfung des Menschenhandels aus dem Jahre 2005 hinzu, welches als Ergänzung des „Palermo Protokolls" gilt.[542]

Die zuvor unter den §§ 180 b und 181 StGB geregelten Straftatbestände wurden aus dem 13. Abschnitt, Straftaten gegen die sexuelle Selbstbestimmung, verschoben in den 18. Abschnitt des StGB, Straftaten gegen die persönliche Freiheit.
Die Gliederung des Menschenhandels in „schwer" und „einfach" wurde geändert und es erfolgte eine Aufgliederung in Bezug auf die unterschiedlichen Zwecke. In § 233 StGB wird nun der Menschenhandel zum Zwecke der Ausbeutung der Arbeitskraft unter Strafe gestellt, während sich § 232 mit dem Menschenhandel zum Zwecke der sexuellen Ausbeutung beschäftigt.

---

[540] Beschluss des OLG München, S. 8.
[541] BGBl. I 2005, S. 239.
[542] Das Palermo Protokoll wurde im Jahre 2000 beschlossen und mit dem „Zusatzprotokoll zur Verhütung, Bekämpfung und Bestrafung des Menschenhandels, insbes. des Frauen- und Kinderhandels, zum Übereinkommen der Vereinten Nationen gegen die grenzüberschreitende organisierte Kriminalität" vom 29.12 2005 ergänzt. Es trat am 14.07.2006 in Kraft. Veröffentlicht im BGBl. III, ausgegeben am 29.12.2005, Nr. 220.
http://www.bundestag.de/dokumente/analysen/2010/Menschenhandel.pdf.
Hinzu kommt das „Übereinkommen des Europarates zur Bekämpfung des Menschenhandels" vom 16.05.2005, welches am 01.02.2008 in Kraft trat, aber bisher nicht ratifiziert wurde. http://conventions.coe.int/Treaty/GER/Treaties/Html/197.htm.

Die Neuregelung basiert auf einem EU-Rahmenbeschluss, in dem die Mitgliedsstaaten aufgefordert wurden, unter Strafe zu stellen, dass Personen durch Gewalt oder andere Formen der Nötigung, Täuschung oder des Missbrauch eigener oder fremder Machtstellung zur Ausübung der Prostitution gebracht werden.[543]

a.) § 232 StGB

In § 232, Abs. 1, S. 1 StGB wurde „unter Ausnutzung einer Zwangslage" eingefügt und die Tathandlung auf die „Ausbeutung" ausgerichtet. Das Strafmaß wurde im ersten Absatz auf 6 Monate bis 10 Jahre festgelegt. Die Altersgrenze von 21 Jahren aus dem alten § 180 b StGB wurde in Abs. 1 beibehalten.
In Abs. 3 wurden Regelbeispiele aufgeführt mit einer Strafdrohung von einem bis zehn Jahren.

Der minder schwere Fall wurde im Strafmaß gegenüber dem alten § 181 StGB herabgesetzt auf 3 Monate bis zu 5 Jahren.

Die Änderungen führten zu einigen Problemen und Unklarheiten.

(1) § 232, Abs. 1, Satz 2 StGB „eine Person unter 21 Jahre …"

Der 2005 neu eingeführte § 232 StGB „Menschenhandel zum Zweck der sexuellen Ausbeutung" hält in Abs. 1 Satz 2 die bereits zuvor geltende erhöhte Schutzaltersgrenze von 21 Jahren bei. Des Weiteren beinhaltet er unter Abs. 3 eine Strafandrohung von mindestens einem Jahr, wenn beim Täter eine Gewerbsmäßigkeit vorliegt.

Kritisiert wird dieser weit gefasste Auffangtatbestand, da er nichts mit einer individualisierten Täter-Opfer-Beziehung zu tun hat, sondern eher den Versuch darstellt, die Vermittlung in dieses Gewerbe zu sanktionieren bzw. Eingriffs- und Kontrollmöglichkeiten zu schaffen und den Tatnachweis zu erleichtern.[544]

---

[543] BT-Drs. 15/3045, S. 6, Art. 1 des Rahmenbeschlusses des Rates der Europäischen Union vom 19.07.2002 zur Bekämpfung des Menschenhandels und Zusatzprotokoll zur Verhütung, Bekämpfung und Bestrafung des Menschenhandels, insbesondere des Frauen- und Kinderhandels und Übereinkommen der Vereinten Nationen gegen die grenzüberschreitende organisierte Kriminalität, BT-Drs. 15/5150, Anlage 1, Art. 3a.
[544] *Frommel/Schaar,* NK 2/2005, S. 61.

Wird die „Gewerbsmäßigkeit" gem. § 232 Abs. 3, Var. 3 StGB bei einem Bordellbetreiber bejaht, sieht er sich bei Einstellung eines unter 21jährigen Sexarbeiters der Verfolgung eines Verbrechenstatbestandes ausgesetzt.

Die Intention dieser Altersbeschränkung war, wie bereits im historischen Teil mit gleichlautender Argumentation dargestellt, die Sexarbeit für junge Frauen so unangenehm wie möglich zu machen, um sie abzuschrecken. Der Erfolg dieser Abschreckung war schon in der Vergangenheit zweifelhaft, hinzu kommt, dass sich heutzutage noch andere Möglichkeiten für junge Sexarbeiter, z. B. über das Internet bieten. Hier sind sie dann meist ohne Kontakt zu anderen, älteren und Rat gebenden Kollegen und ohne Anbindung an eine Beratungsstelle aktiv.

Immer wieder wird die Argumentation vorgebracht, dass gerade in der Altersgruppe 18 bis 21 Jahre die meisten Menschenhandelsopfer zu finden seien.[545] Zur Überprüfung können nur Zahlen aus der Statistik des BKA, des Bundeslagebild Menschenhandel, herangezogen werden.

Der Entwurf des § 232 zum Strafrechtsänderungsgesetz[546] sah eine Absenkung der Altersgrenze von bisher 21 auf 18 Jahre vor.[547] Unter anderem zu dieser Frage gab es am 30.06.2004 eine öffentliche Anhörung im Rechtsauschuss des Bundestages.[548] Hierzu waren Sachverständige geladen, die zu unterschiedlichen Fragen Stellung nahmen, u.a. auch zur Absenkung der Altersgrenze.[549]

---

[545]BT-Drs. 15/4048, S. 12 „Die Schutzaltersgrenze des Satzes 2 soll wie im geltenden Recht und abweichend von der ursprünglichen Fassung des Gesetzesentwurfes einundzwanzig Jahre betragen. Verschiedene Experten haben bei der Anhörung am 30.06.2004 darauf hingewiesen, dass junge erwachsene Frauen die am häufigsten vertretene Opfergruppe darstellen und deshalb eines besonderen strafrechtlichen Schutzes bedürfen." Anhörung im Rechtsauschuss vom 30.06.2004, Deutscher Bundestag, Rechtsauschuss (6. Ausschuss), Protokoll Nr. 54.
[546]BT-Drs. 15/3045.
[547]§ 180 b „Menschenhandel" StGB vor 2005.
[548]Anhörung im Rechtsauschuss vom 30.06.2004, Deutscher Bundestag, Rechtsauschuss (6. Ausschuss), Protokoll Nr. 54.
[549]Sachverständige waren: *Annette Louise Herz* (Max-Planck-Institut für ausländisches und internationales Strafrecht, Kriminologische Forschungsgruppe Freiburg im Breisgau), Dr. *Christiane Hügel* (Generalstaatsanwältin, Karlsruhe), *Theda Kröger* (Kobra, Hannover), Prof. Dr. *Ursula Nelles* (Vors. der Strafrechtskommission des Dt. Juristinnenbundes und Prof. an der Universität Münster), Prof. Dr. *Joachim Renzikowski* (Universität Halle-Wittenberg), *Sabine Roidl* (Kriminalhauptkommissarin, Regensburg), Dr. *Stephanie Uhrig* (Dt.

Die Sachverständigen *Herz, Hügel, Uhrig* und *Wabnitz* waren gegen ein Absenken der Altersgrenze auf 18 Jahren mit der durchgängigen Begründung, dass gerade die jungen Frauen vom Menschenhandel besonders betroffen seien und daher, auch aufgrund ihrer noch geringen Lebenserfahrung, besonders schutzwürdig wären.[550] *Hügel* zog darüber hinaus einen Vergleich zum JGG.[551]
Der Sachverständige *Renzikowski* befürwortete die Absenkung der Schutzaltersgrenze.[552]

Zu überprüfen ist, ob die Annahme stimmt, dass gerade die Gruppe der 18 bis 21 jährigen Sexarbeiter besonders vom Menschenhandel gefährdet ist. Nähere Angaben, wie sie zu dieser Überzeugung gelangen, machen die Sachverständigen nicht. *Herz* verweist auf ihre Studie[553] und gibt darüber hinaus an, dass gerade im Rahmen des § 180 b Abs. 2, Nr. 2 StGB i. d. F. vor der Strafrechtsänderung der Tatnachweis vergleichbar häufig gelang und die Schutzaltersgrenze deshalb beibehalten werden sollte.[554] In ihrer Studie hatte *Herz* u.a. eine Aktenanalyse von Menschenhandelsverfahren gemacht. Von den so untersuchten insgesamt 206 Opfern von Menschenhandel lag das Durchschnittsalter der Opfer bei 22 Jahren.[555]

Juristinnenbund, Berlin) und Dr. *Heinz-Bernd Wabnitz* (Generalstaatsanwalt beim OLG Bamberg).

[550] *Annette Louise Herz* und *Eric Minthe.*

[551] Anhörung des Rechtsausschusses am 30.06.2004, „Entwurf eines … Strafrechtsänderungsgesetzes §§ 180b, 181 StGB, BT-Drs. 15/3045, Protokoll Nr. 54, S. 4 „Hier darf ich aufs JGG verweisen, auch da bekommen die Heranwachsenden eine besondere Behandlung, und wenn die Täter eine besondere Behandlung erfahren, die Wohltat des Jugendstrafrechts – kann man sagen – das überwiegend angewandt wird, die Praktiker wissen das, - denke ich – sollten das auch die Opfer erfahren."

[552] Mit der Begründung in ihrer schriftlichen Stellungnahme: „Hier ist zunächst zu begrüßen, dass die frühere Schutzaltersgrenze von 21 Jahren auf 18 Jahre reduziert wird. Die aktuelle Schutzaltersgrenze leuchtet nämlich nicht ein, weil das Gesetz ansonsten davon ausgeht, dass jemand der 18 Jahre alt ist, grundsätzlich frei verantwortlich über seine Sexualkontakte bestimmen kann. Im Übrigen bleiben Frauen unter 21 Jahren ja nicht schutzlos, denn es gelten die sonstigen Strafbestimmungen gegen den Menschenhandel." Anlage zur Anhörung des Rechtsausschusses am 30.06.2004, „Entwurf eines Strafrechtsänderungsgesetzes §§ 180b, 181 StGB, BT-Drs. 15/3045, Protokoll Nr. 54.

[553] *Annette Louise Herz* und *Eric Minthe.*

[554] Anhörung des Rechtsausschusses am 30.06.2004, „Entwurf eines Strafrechtsänderungsgesetzes §§ 180b, 181 StGB, BT-Drs. 15/3045, Protokoll Nr. 54, S. 3.

[555] *Annette Louise Herz* und *Eric Minthe*, S. 319, Allgemeine Merkmale.

Zur Überprüfung der Annahme, dass gerade die 18–21 jährigen Sexarbeiter besonders vom Menschenhandel gefährdet sind, werden nachfolgend die Zahlen aus den Jahren 2003 bis 2005 des Bundeslagebildes Menschenhandel des BKA dargestellt.[556]

	14-17 Jahre	**18-20 Jahre**	**21-24 Jahre**	**>24 Jahre**
2005	7,9 %	28,5 %	24,3 %	30,1 %

Daraus folgt:

	14-20 Jahre	**21 Jahre und älter**
2005	36,4 %	54,4 %[557]

	14-17 Jahre	**18-20 Jahre**	**21-24 Jahre**	**>24 Jahre**
2003	4,8 %	23,6 %	29,6 %	26,9 %
2004	8,1 %	28 %	28 %	29,6 %

Daraus folgt:

	14-20 Jahre	**21 Jahre und älter**
2003	28,4 %	56,5 %[558]
2004	36,1 %	57,6 %[559]

Aus den Zahlen ist ersichtlich, dass die Gruppe der 14-17jährigen Menschenhandelsopfer sehr niedrig ist, die Zahlen bei den 18-20jährigen, den 21-24jährigen und den über 24jährigen dann aber relativ konstant zwischen 23,6 % und 30,1 % liegt. Die Gruppe der über 21jährigen stellt die größte Opfergruppe. Im Jahre 2003 waren 56,5 %, 2004 waren 57,6 % und 2005 waren 54,4 % der Menschenhandelsopfer über 21 Jahre alt.

Die Argumentation, dass die größte Gruppe der Menschenhandelsopfer aus dem Bereich der 18 bis 21jährigen kommt und diese daher besonders gefährdet ist, lässt sich somit, zumindest für den dargelegten Zeitraum, nicht halten. Zu bedenken ist weiterhin, dass mit der Strafbarkeit von unter 21jährigen gerade diese Gruppe besonders einfach und eindeutig identifiziert werden kann. Würde man

[556] Zahlen aus den Vorjahren sind mit den Zahlen nach 2005 nicht vergleichbar, da seit 2005 ausschließlich abgeschlossene Ermittlungsverfahren als Grundlage für die Lageanalyse herangezogen werden. Daher erfolgt die Darstellung nicht in einer Tabelle.

[557] Die fehlenden 9,2 % ergeben sich aus Opfern, bei denen das Alter nicht festgestellt wurde

[558] Die fehlenden 15,1 % ergeben sich aus Opfern, bei denen das Alter nicht festgestellt wurde.

[559] Die fehlenden 6,3 % ergeben sich aus Opfern, bei denen das Alter nicht festgestellt wurde.

die Strafbarkeitsgrenze auf 18 Jahre absenken, wäre die Gruppe wahrscheinlich um ein Vielfaches geringer.[560]

Hinzu kommt, dass gerade diese Gruppe auch Hauptziel von Konkurrenzkämpfen sein dürfte. Gerade „junge hübsche Sexarbeiter" ziehen Freier besonders an. Natürlich mit Ausnahme derer, die besondere Vorlieben haben. Dies dürfte ihnen regelmäßig die Missgunst ihrer Kollegen einbringen. Eine anonyme Anzeige, dass ein unter 21jähriger Sexarbeiter in einem Bordell arbeitet, dürfte häufig auch aus dieser Motivationslage stammen.
Einmal mit der Polizei konfrontiert, die meist auch noch mit einer Beratungseinrichtung zur Hilfe von Menschenhandelsopfern kommt, kann sich der junge Sexarbeiter überlegen, ob er (als nicht EU-Bürger) Beschuldigter wird (weil selbst verschuldet gegen verschiedene ausländer-, aufenthalts- und arbeitsrechtliche Vorschriften verstoßen wurde) oder ob er, als Opfer von Menschenhändlern, von der Beratungsstelle aufgenommen, versorgt und im Verfahren begleitet wird. Als EU-Bürger könnte sich auch eine steuerrechtliche Problematik stellen, wenn er kein Opfer von Menschenhandel ist. Zu dieser Thematik wird auf den Aufsatz von *Thielmann*[561] verwiesen. Bedenkt man diese Umstände, muss man die Zahlen wohl noch kritischer sehen.

Die Altersgrenze sollte daher von 21 auf 18 Jahre herabgesetzt werden. Personen ab 18 Jahre weisen in der Regel eine hinreichende Einsichts- und Entscheidungsreife hinsichtlich der Erwerbsquelle für ihren Lebensunterhalt auf. Eine staatliche Bevormundung ist hier der persönlichen und individuellen Entwicklung mit der momentan praktizierten Kriminalisierung der Tätigkeiten im Sexdienstleistungsgewerbe abträglich. Der § 232 StGB beinhaltet keinen Erziehungsgedanken wie das JGG und darf damit nicht angewandt werden, um Personen aus diesem Milieu mittels Strafandrohung fern zu halten, wenn das Milieu auf der anderen Seite legalisiert und entkriminalisiert werden soll.
Die nach Angaben der Sachverständigen im Alter von 18 bis 21 Jahren besonders schutzwürdigen Personen werden durch diese Regelung kriminalisiert und gerade mit ihrem jungen Alter in die Arme von Zuhältern und auf den Straßen-

---

[560]Zu ähnlichen Ergebnissen kommt auch Dona Carmen in La Muchacha, Nr. 8/2011, S. 15, 16, 28, "Menschenhandel, Ein Kartenhaus bricht zusammen" und der UEGD, http://www.uegd.de/images/stories/pdf-dateien/2009_prostitution_bundeslagebild_kriminalitaet.pdf
[561]*Jochen Thielmann,*

strich gedrängt. Damit ist aus einem Opferschutzgedanken genau das Gegenteil geworden.

(2) § 232 StGB „sexuelle Ausbeutung“

Weitere Problematiken stellen die Betrachtungsweise und der Bezugspunkt des Begriffs „ausbeuten“ dar.[562]

Der Gesetzgeber wollte den Ausdruck „ausbeuten“ im Sinne einer „wirtschaftlichen Ausbeutung“ verstanden wissen. Er verwies daher auf andere Tatbestände, § 180 a Abs. 2 Nr. 2 und § 291 StGB sowie auf den EU-Rahmenbeschluss.[563]

Nach der Rechtsprechung ist gem. § 180 a Abs. 2 Nr. 2 StGB Ausbeutung anzunehmen, wenn allein 60 % der Einnahmen an den Bordellbetreiber und vom verbleibenden Restgeld noch die Miete von 20 % und ggf. hohe Strafgelder zu zahlen sind.[564] Teilweise wurde in der Rechtsprechung aber auch schon eine Abgabe von 50 % der Einnahmen als Ausbeutung angesehen.[565]
Anders ausgedrückt bezeichnet Ausbeutung ein Verhalten, das zu einer spürbaren Verschlechterung der Vermögenssituation des Opfers führt oder durch welche der Täter zu Lasten des Opfers übermäßig Vermögensvorteile erlangt.[566]

Nach einigen Ansichten in der Literatur wird eine Person jedoch bereits dann ausgebeutet, wenn der Täter oder ein Dritter an ihr verdient.[567] Diese Ansicht ist problematisch, da in vielen Fällen ein Verdienst einer anderen Person an einem Sexarbeiter denkbar ist, ohne das eine Ausbeutung vorliegt, so z.B. ein Barbesitzer, in dessen Bar sich der Sexarbeiter mit seinen Freiern trifft.

Ebenfalls umstritten ist die Frage, auf was sich das Merkmal „Ausbeutung“ bezieht.

---

[562]Die Thematik wird hier nur kurz und nicht in der eigentlich gebotenen Weite und Tiefe dargestellt, da sie nicht Kernpunkt dieser Dissertation ist.
[563]BT-Drs. 15/4048, S. 12.
[564]BGH NStZ-RR 2007, S. 46, 47.
[565]BGH NStZ-RR 2002, S. 232, 233 m. w. N.[565]
[566]BGH NStZ 1999, S. 349 (350) und NStZ-RR 2002, S. 232 (233), zitiert nach *Henning Stehen*, S. 665–668 (667).
[567] MüKo-*Renzikowski,* § 232 Rd-Nr. 40, online Veröffentlichung MüKo 1. Auflage 2006, Schönke/Schröder-*Eisele*, § 232 Rd-Nr. 16, *Fischer* § 232 Rd-Nr. 7.

Einige stellen auf die Täterseite ab. Die Einen verlangen für das Vorliegen von „Ausbeutung“ als Anknüpfungspunkt übermäßige wirtschaftliche Vorteile auf Täterseite, ähnlich wie bei § 291 StGB[568], die Anderen stellen auf irgendeinen Vorteil auf Täterseite ab.[569]

Andere stellen auf die Opferseite ab und sieht eine Vergleichbarkeit zu den §§ 180 a, 181 a StGB.[570]

Eine weitere Ansicht kombiniert Täter- und Opferseite, indem entweder ein grobes unvertretbares Missverhältnis zwischen Leistung und Gegenleistung, oder ein die persönlichen und wirtschaftlichen Belange des Opfers missachtendes Gewinnstreben nach wirtschaftlichen Vorteilen vorliegen muss.[571]

Eine weitere Ansicht stellt auf eine nichtwirtschaftliche Betrachtungsweise von § 232 StGB ab.
Diese Ansicht legt ein weites Verständnis des Ausbeutungsbegriffs zugrunde und stellt statt auf wirtschaftliche, auf persönliche Ausbeutung durch den Eingriff in die Freiheitsrechte der betroffenen Personen ab. Begründet wird diese Ansicht damit, dass eine wirtschaftliche Ausbeutung in der Praxis nicht nachgewiesen werden könne. Fraglich ist dabei auch, wie ein krasses Missverhältnis zu bewerten ist. Ginge man, wie bisher, davon aus, dass ein solches vorliegt, wenn das Opfer mehr als Dreiviertel seiner Einnahmen abgeben und zusätzlich die Tagesmiete zahlen muss, hat dies ihrer Ansicht nach zur Folge, dass die Marktpreise über die Tatbestandsmäßigkeit entscheiden und zudem die Beweislast bei den Sexarbeitern liegt.[572]

---

[568] *Lackner/Kühl*, § 232 StGB Rd-Nr. 4: Der Täter muss grob unverhältnismäßig an der Leistung des Opfers verdienen. Nomos Kommentar-*Böse*, § 232 StGB, Rd-Nr. 8: Ausbeutung wird als Erlangung übermäßiger Vermögensvorteile durch den Täter gesehen.

[569] Schönke/Schröder-*Eisele*, § 232 StGB Rd-Nr. 16: Ausbeutung wird als das Erzielen wirtschaftlicher Vorteile durch den Täter oder einen Dritten unter Missachtung persönlicher und wirtschaftlicher Belange des Opfers gesehen.

[570] *Kindhäuser*, § 232 StGB, Rd-Nr. 4: Pauschaler Verweis auf § 180 a StGB.
SK-Wolters, § 232 StGB, Rd-Nr. 11: Ausgangspunkt der Ausbeutung ist hier der wirtschaftliche Nachteil beim Opfer, ähnlich der §§ 180 a, 181 a StGB. Im Unterschied zu den §§ 180 a, 181 a StGB ist bei der Ausbeutung aber kein Abhängigkeitsverhältnis notwendig.

[571] *Fischer* § 232 StGB, Rd-Nr. 7.

[572] *Thoma*, NK 2005, S. 52.

Nach dem vorstehend Ausgeführten sind demnach bei dem Begriff „Ausbeutung“ in § 232 StGB zwei Punkte für die Betrachtungsweise ausschlaggebend. Zum einen steht § 232 StGB nunmehr im 18. Abschnitt. Damit ist das geschützte Rechtsgut nicht mehr die sexuelle Selbstbestimmung, sondern die persönliche Freiheit. Eine rein wirtschaftliche Betrachtung des Ausbeutungsbegriffes scheidet damit aus. Es kann nicht alleine darauf ankommen, ob und wieviel eine andere Person an der Sexdienstleistung verdient.
Zum Vergleich ein Beispiel aus dem „täglichen Leben“. Ein Handwerksbetrieb beschäftigt Auszubildende, Gesellen und Meister. Für die Arbeit des Auszubildenden hat der Inhaber des Handwerksbetriebes beim Kunden 15,- €, für die Arbeit des Gesellen 30,- € und für die Arbeit des Meisters 50,- € in Ansatz gebracht. Der Auszubildende erhält von den verdienten 15,- € nur 5,- €, der Geselle von den verdienten 30,- € nur 15,- € und der Meister erhält nur 25,- € pro Stunde am Monatsende. Damit behält der Inhaber des Betriebes vom Stundenlohn des Auszubildenden 66,6 %, vom Stundenlohn des Gesellen 50 % und vom Stundenlohn des Meisters ebenfalls 50 % ein. Dennoch würde niemand auf die Idee kommen, hier von Ausbeutung zu sprechen. Vielmehr dienen die einbehaltenen Verdienste zur Begleichung der betrieblichen Ausgaben.

Zum anderen muss die Abgrenzung des § 232 StGB zur sexuellen Nötigung in § 177 StGB beachtet werden.
Beide werden nicht unter einem Jahr bestraft, wenn man § 232 Abs. 3 StGB zugrunde legt. Bei § 177 StGB ist eine „Nötigung“ und eine „Handlung“ erforderlich. Es kommt damit auf die Finalität an. Bei § 232 StGB reicht das Bringen zu einer Aufnahme oder Fortsetzung der Prostitution aus. Einziges einschränkendes Merkmal ist die Ausbeutung. Setzt man diese Voraussetzung, unter der Ausbeutung vorliegt, nun zu niedrig an, kommt man zu einer Strafbarkeit, die von ihrem Unrechtsgehalt unter dem des § 177 StGB liegt, aber ebenso schwer bestraft wird. Es ergeben sich außerdem Abgrenzungsschwierigkeiten zwischen § 177 und § 232 StGB.

Auch muss die Abgrenzung von § 232 Abs. 3 zu § 180 a StGB, Ausbeutung von Prostituierten, bedacht werden. Gem. § 180 a StGB wird der Betreiber eines Betriebes, in dem Personen der Prostitution nachgehen, welche in wirtschaftlicher oder persönlicher Abhängigkeit gehalten werden, mit Freiheitsstrafe bis zu drei Jahren bestraft. Der Strafrahmen des § 232 StGB setzt aber erst bei einem Jahr an, so dass im Falle des § 180 a StGB ein Vergehen und im Falle des § 232 StGB für den Betreiber möglicherweise ein Verbrechen vorliegt. Bei der Auslegung von Ausbeutung in § 232 StGB muss also noch etwas hinzukommen, was in § 180 a StGB nicht erforderlich ist.

Nach Vorstehendem ist der Ausbeutungsbegriff in § 232 StGB also als eine Kombination der verschiedenen Ansatzpunkte zu verstehen. Es muss zum einen ein grobes, unvertretbares Missverhältnis zwischen der Leistung des Sexarbeiters und der Gegenleistung des Bordellbetreibers vorliegen, das deutlich über anderen, gängigen Unverhältnismäßigkeiten liegt.[573] Zusätzlich müssen die persönlichen und wirtschaftlichen Belange des Sexarbeiters derart missachten werden, dass dieser in seiner persönlichen Freiheit eingeschränkt ist. Eine rein wirtschaftliche Betrachtung der Ausbeutung würde bedeuten, dass man ein eigentlich zivil-/arbeitsrechtliches Problem strafrechtlich sanktioniert. In bestimmten Fällen kann dies ergänzend zu arbeits-, sozial- und zivilrechtlichen Regelungen auch sinnvoll sein, z.B. Schwarzarbeit, jedoch nicht als Regelungsinstrument. Zunächst muss auf zivilrechtlichem Weg eine Festschreibung erfolgen.

Auch auf was sich das Merkmal „Ausbeuten" bezieht, ist strittig. Die Ansichten teilen sich zunächst in zwei Gruppen auf.
Die eine Ansicht geht davon aus, dass sich das Merkmal der Ausbeutung lediglich auf den Taterfolg der sexuellen Handlung bezieht[574], während die andere Ansicht davon ausgeht, dass sie sich darüber hinaus auch einschränkend auf die Sexarbeit bezieht.[575] Die Sexarbeit stellt nach dieser Ansicht einen Unterfall der sexuellen Handlung dar.

Der ersten Ansicht ist zu folgen, nach der sich die Ausbeutung nur auf die sexuelle Handlung erstreckt, denn § 232 Abs. 1 StGB weist damit zwei mögliche Handlungen auf, die beide zu einer Freiheitsstrafe von sechs Monaten bis zu zehn Jahren führen können. Zum einen die Ausnutzung einer Zwangslage oder Hilflosigkeit, begründet durch den Aufenthalt in einem fremden Land, zur Aufnahme oder Fortsetzung der Prostitution oder, als zweite Tatbestandsvariante,

---

[573]siehe Beispiel des Handwerkers.
[574]*Lackner/Kühl,* § 232, Rd-Nr. 3; *Fischer,* § 232, Rd-Nr. 5b; SK-*Wolters,* § 232, Rd-Nr. 9, 11 und *Kindhäuser,* § 232, Rd-Nr. 4.
[575]Schönke/Schröder-*Eisele,* § 232, Rd-Nr. 16; Nomos Kommentar-*Böse,* § 232, Rd-Nr. 9.

das Bringen von jemanden dazu, sexuelle Handlungen vorzunehmen, durch die die Person ausgebeutet wird. Nicht das Bringen in die Prostitution, sondern die sexuelle Handlung an sich, also die aufgewendete Zeit und Arbeitskraft des Opfers, begründen die Ausbeutung.

(3) § 232 Abs. 1, Satz 2 StGB „...eine Person unter 21 Jahren ... zur Fortsetzung bringt“

Unklar war nach der Neufassung auch das Tatbestandsmerkmal „dazu bringen“. Fraglich ist, ob jedes Angebot die Prostitution ausüben zu können ausreichend ist, und ob eine bereits bestehende Überlegung zur Sexarbeit, die durch einen Betreiber oder eine andere Person bestärkt wird, ausreicht.

(4) Ziel des § 232 StGB

Ziel der Änderung des § 232 StGB war, den Menschenhandel möglichst in allen seinen Erscheinungsformen zu erfassen und darüber hinaus eine Kontrolle des Sexdienstleistungsmarktes zu erreichen. Dabei wurde vom Gesetzgeber nicht berücksichtigt, dass damit, wie bereits dargestellt, die Kriminalisierung gerade junger Menschen in Kauf genommen wird und illegale Märkte besser über andere Regelungen kontrolliert werden können, da gerade der Sexdienstleistungsmarkt durch das ProstG legalisiert werden sollte. In Betracht kämen hier Änderungen im Ausländerrecht sowie arbeitsrechtliche Regelungen für sexuelle Dienstleistungen auf EU-Ebene.[576]

Um die Ausbeutung von Sexarbeitern zu unterbinden, sind andere Mittel sicherlich besser geeignet als der § 232 StGB in seiner jetzigen Fassung. Die Behörden sind aufgefordert, zivilrechtliche Missstände, wie sittenwidrigen Mietwucher und Verstoß gegen Arbeitnehmerschutzvorschriften, aufzuklären und zu ahnden. Auch Verletzungen der Abgabe- und Steuerpflicht müssen im gebotenen Rahmen aufgeklärt und geahndet werden.[577]

Die Verlagerung von einem Absichtsdelikt (früherer § 180 b, 181 StGB) zu einem Erfolgsdelikt führt dazu, dass zwischen Aufnahme und Fortsetzung der

[576]So auch *Frommel/Schaar*, NK 2/2005 S. 61-63.
[577]So auch *Frommel*, NK 2005, S. 57-61.

Prostitution und sonstigen sexuellen Handlungen nicht mehr differenziert wird. Damit werden alle sexuellen Handlungen, von der Peepshow über Pornographie bis zum Heiratshandel, erfasst.[578]

Durch die jetzige Fassung ist eine verständliche Anwendung kaum möglich, so dass fraglich ist, ob die Vorschrift des § 232 StGB nicht gegen den Bestimmtheitsgrundsatz verstößt und insgesamt eine allgemein verständlichere und deutlichere Formulierung gewählt werden sollte, welche nicht das Problem des Menschenhandels soweit beschreibt, dass beinahe jegliche grenzüberschreitende Vermittlungstätigkeit strafrechtlich sanktioniert werden kann.[579]

Eine Fokussierung auf § 232 StGB und den Ausstieg im Sexdienstleistungsgewerbe stehen einer effektiven Umsetzung des ProstG entgegen. Sinnvoll wäre eine Verlagerung der Reformbemühungen ins Zivil-, Arbeits- und Sozialrecht. Damit könnte einer Ausbeutung im Sexdienstleistungsgewerbe effektiver vorgebeugt werden, als über das Sanktionenschwert des Strafrechts.

b.) § 233 Menschenhandel zum Zwecke der Ausbeutung der Arbeitskraft

Der neu gefasste § 233 StGB enthält den gleichen Strafrahmen wie der § 232 StGB, auch übernimmt er die Altersgrenze von 21 Jahren. Tatbestand ist hier das Verbringen in die Sklaverei, Leibeigenschaft, Schuldknechtschaft oder in Arbeitsbedingungen, die in auffälligem Missverhältnis zu den Arbeitsbedingungen anderer Arbeitnehmer stehen, die eine vergleichbare Tätigkeit ausüben.

Obwohl dieser Paragraph, anders als der § 232 StGB, keine Randgruppe betrifft, sondern auf dem modernen Arbeitsmarkt gerade in der zweiten Alternative häufig vorhanden sein dürfte, ist die Zahl der Verurteilungen mit 6 im Jahr 2007 und 9 im Jahr 2008 minimal.[580]

---

[578]Prof. Dr. *B. Heinrich*, Kriminalpolitisches Forum, „Strafbarkeit des Menschenhandels nach der Neuregelung der §§ 232 ff. StGB“, S. 2, http://heinrich.rewi.hu-berlin.de/index.php?path=./person/schriften.

[579]So auch *Frommel/Schaar* in NK 2/2005.

[580]Zahlen entnommen aus der Statistik zur Rechtspflege, Fachserie 10, Reihe 3 aus den Jahren 2007 und 2008, herausgegeben vom statistischen Bundesamt Deutschland.

Möglicherweise wird beim Aufgreifen von Billiglohn-Schwarzarbeitern gegenüber dem Arbeitgeber nur ein Verfahren gem. § 266a StGB eingeleitet, da er die Personen nicht in die Ausbeutung gebracht hat. Der Schaden, der für den Staat durch solche ausbeuterischen Arbeitsverhältnisse gerade in der Baubranche, dem Reinigungsgewerbe, der Gastronomie und den Pflegeberufen entsteht, ist groß. Es entgehen dem Staat nicht nur Steuern, sondern Arbeitsplätze werden blockiert und es muss vermehrt Arbeitslosengeld an die Beschäftigten gezahlt werden, die durch den Einsatz von Billigkräften ihre Arbeit verlieren.

Man müsste demnach annehmen, dass die Ermittlungsbehörden einen ähnlichen Ermittlungsaufwand zur Ermittlung der Menschenhändler in § 233 StGB betreiben, wie in § 232 StGB. Die Zahlen der Verurteilungen lassen aber nicht darauf schließen, obwohl zu erwarten ist, dass sich auch hier Strukturen Organisierter Kriminalität finden lassen und die Menschen aus ähnlichen Notlagen heraus nach Deutschland gebracht werden, wie Sexarbeiter. Vielleicht handelt es sich auch um Menschenhändler, die sowohl Personen für die sexuelle als auch für die Ausbeutung der Arbeitskraft nach Deutschland bringen. Dies erscheint fraglich, da sowohl die Opfer als auch die Zielgruppen unterschiedlich sind, kann jedoch nicht ausgeschlossen werden. Dann würde sich die Frage stellen, warum, bei gleichen Strafrahmen, die Verurteilungen nach § 232 und nicht nach § 233 StGB erfolgen.

Aus den niedrigen Verurteilungszahlen lässt sich ablesen, dass der § 233 StGB nahezu leer läuft.

c.) § 233 a StGB Förderung des Menschenhandels

Ebenfalls durch das 37. Strafrechtsänderungsgesetz wurde 2005 ein § 233 a StGB eingefügt, der den Beihilfetatbestand bei der Förderung des Menschenhandels als abstraktes Gefährdungsdelikt unter Strafe stellt. Hintergrund war, das ansonsten, im Falle der Nichtnachweisbarkeit einer vorsätzlichen Haupttat, die Beihilfe aufgrund der Akzessorietät nicht strafbar gewesen wäre.
Der § 233 a StGB beschreibt den Menschenhandel, während die §§ 232 und 233 mehr auf dessen Symptome eingehen.

Problematisch ist der § 233 a StGB, da er eine Erstreckung der Strafbarkeit bis weit in den Bereich der Vorbereitungshandlung beinhaltet. Bereits der Versuch des Anwerbens einer Person ist unter Strafe gestellt, ohne dass es zu Menschenhandel gekommen sein muss. Auch ist keine Privilegierung für den Rücktritt oder eine tätige Reue vorgesehen, damit könnte der § 233 a StGB gegen den Ultimo Ratio Charakter des Strafrechts verstoßen.

Der Freistaat Bayern sieht bereits in der „Nachfrage“ durch den Freier bei Kenntnis des Umstandes, dass es sich um eine Zwangsprostituierte handelt, eine Förderungshandlung und eine Strafbarkeit des Freiers gem. § 233 a StGB.[581]

Die extrem niedrigen Zahlen der Verurteilungen in den Jahren 2007 (2) und 2008 (1) machen deutlich, dass es sich auch hier um einen Paragraphen handelt, der keinerlei Anwendungsbereich erfährt.[582]

4.) Gesetzesänderungen 2008

Die im Jahre 2008 in Kraft getretenen Gesetzesänderungen tangieren vor allem den Jugendschutz. Die Pönalisierung von Jugendlichen wurde ausgeweitet.

a.) § 182 StGB Sexueller Missbrauch von Jugendlichen

Die Neufassung des § 182 StGB trat am 04.11.2008 in Kraft.[583] Musste die missbrauchte Person zuvor unter 16 Jahre alt sein, reicht es nun aus, wenn sie unter 18 Jahre alt ist.
Das Täteralter wird gestaffelt.
Für eine Strafbarkeit nach Abs. 1 muss eine Person über 14 Jahre eine Person unter 18 Jahre dadurch Missbrauchen, dass sexuelle Handlung unter Ausnutzung einer Zwangslage vorgenommen werden.
Für eine Strafbarkeit nach Abs. 2 muss eine Person über 18 Jahre eine Person unter 18 Jahre dadurch missbrauchen, dass entgeltlich eine sexuelle Handlung vorgenommen wird.

---

[581] Gesetzesantrag des Freistaat Bayern, BR-Drs. 140/05.
[582] Zahlen entnommen aus der Statistik zur Rechtspflege, Fachserie 10, Reihe 3 aus den Jahren 2007 und 2008, herausgegeben vom statistischen Bundesamt Deutschland.
[583] BGBl. I 2008, S. 2149.

Für eine Strafbarkeit nach Abs. 3 muss eine Person über 21 Jahre eine Person unter 16 Jahre dadurch missbrauchen, dass eine sexuelle Handlung vorgenommen und dabei die fehlende Fähigkeit des Opfers zur sexuellen Selbstbestimmung ausgenutzt wird. Gem. Abs. 5 wird eine Tat nach Abs. 3 nur auf Antrag oder aufgrund des besonderen öffentlichen Interesses verfolgt.

Abs. 6 sieht für die Abs. 1–3 ein Absehen von Strafe vor, wenn unter Berücksichtigung des Verhaltens der Person, gegen die sich die Tat richtet, das Unrecht der Tat gering ist.

Der Strafrahmen für Abs. 1 und 2 beträgt bis zu fünf Jahren oder Geldstrafe, der Strafrahmen für Abs. 3 beträgt bis zu drei Jahren oder Geldstrafe.

Kauder[584] argumentierte für die Neufassung. Ihm und den Abgeordneten der Regierungskoalition sei bewusst, dass sie mit dem Gesetz über den EU-Rahmenbeschluss hinausgingen, sie hielten dies aber rechtspolitisch für geboten. „Im Opferinteresse ist es sinnvoll, die im deutschen Recht bestehenden Schutzaltersgrenzen bei sexuellem Missbrauch und im Bereich der Pornographie internationalen Standards anzugleichen … dies sei nach dem Übereinkommen der Vereinten Nationen vom 20.11.1989 über die Rechte des Kindes, jeder Mensch, der das 18. Lebensjahr noch nicht vollendet habe.[585]

Van Essen[586] bemängelte dagegen, dass der EU-Rahmenbeschluss eine Anhebung der Altersgrenze auf 18 Jahre nur für den Fall des Missbrauchs gegen Entgelt vorsähe, der neue § 182 StGB damit weit über den EU-Rahmenbeschluss hinausgehe, was nicht geboten sei.[587]

Auch Bündnis 90/Die Grünen übten Kritik an den beschlossenen Änderungen. *Montag*[588] geht davon aus, dass mit der Gesetzesänderung eine erhebliche Kriminalisierung einvernehmlicher Sexualkontakte Jugendlicher erfolge. Entschieden spricht er sich auch gegen die Aufhebung des Altersgefälles zwischen Täter und Opfer aus. Bisher musste der Täter über 18 Jahre alt sein, um eine altersbe-

[584] *Siegfried Kauder* (CDU/CSU).
[585] Plpr. Nr. 16/170, S. 18105.
[586] *Jörg van Essen* (FDP).
[587] Plpr-Nr. 16/170, S. 18107.
[588] *Jerzy Montag* (Bündnis90/Die Grünen).

dingte Überlegenheit anzunehmen, die den Unwert des Handelns entscheidend mitprägte. Diese Überlegenheit fiele nun weg, da auch gleichaltrige die Tatbestandsvariante des Abs. 1 begehen könnten.
Auch die Tathandlung „gegen Entgelt“ wird kritisiert, da so jeder geldwerte Vorteil – auch eine geschenkte Kinokarte – umfasst sei. Bündnis 90/Die Grünen haben in ihrem eigenen Entwurf zu § 182 StGB lediglich in Bezug auf Handeln gegen Geld das Schutzalter auf 18 Jahre angehoben. Ferner erstreckten sie die Versuchsstrafbarkeit allein auf die Variante „Handeln mit Geld“.[589]

Auch *Neskovic*[590] übte für Die Linke Kritik und teilte mit, dass man das alte System für bewährt hielte und weiterhin zwischen Kindern und Jugendlichen strikt unterschieden werden sollte. Darüber hinaus machte er darauf aufmerksam, dass man nicht verpflichtet gewesen wäre, den EU-Rahmenbeschluss umzusetzen.[591]

Auffällig sind auch die unterschiedlichen Strafrahmen. Nach dem EU-Rahmenbeschluss sollten die Freiheitsstrafen ein Höchstmaß von mindestens 1-3 Jahren und bestimmte Straftaten mit erschwerten Umständen mindestens 5-10 Jahre umfassen.[592]

Paragraph	**Täteralter in Jahren**	**Opferalter in Jahren**	**tatbestandliche Handlung**	**Strafrahmen**
§ 176 Abs. 1 StGB	egal	unter 14	Sexuelle Handlung	6 Monate bis 10 Jahre
§ 182 Abs. 1	über 14	unter 18	Sexuelle Handlung unter Ausnutzung einer Zwangslage	bis 5 Jahre oder Geldstrafe
§ 182 Abs. 2	über 18	unter 18	Sexuelle Handlung gegen Entgelt	bis 5 Jahre oder Geldstrafe

589 Plpr-Nr. 16/170 vom 20.07.2008, S. 18109, 18110.
590 *Wolfgang Neskovic* (Die Linke).
591 Plpr-Nr. 16/170 vom 20.07.2008, S. 18107.
592 Rahmenbeschluss 2004/68/JI des Rates vom 22. Dezember 2003 zur Bekämpfung der sexuellen Ausbeutung von Kindern und der Kinderpornografie. Amtsblatt Nr. L 013 vom 20/01/2004 S. 0044 – 0048, Artikel 4.

§ 182 Abs. 3	über 21	unter 16	Sexuelle Handlung unter Ausnutzung fehlender sexueller Selbstbestimmung	Bis 3 Jahre oder Geldstrafe
§ 182 Abs. 5				Abs. 3 wird nur auf Antrag oder bei besonderem öffentlichem Interesse verfolgt.
§ 182 Abs. 6				Bei Abs. 1-3 kann bei geringem Unwert von Strafe abgesehen werden.

Demnach könnte ein 15jähriger, der einer 17jährigen eine Übernachtungsmöglichkeit anbietet, weil diese von daheim weggelaufen ist oder ein 19jähriger, der einen 17jährigen Sexarbeiter seine Dienste bezahlt, schwerer sanktioniert werden, als ein 26jähriger, der die Unerfahrenheit und eine Alkoholisierung einer 15jährigen z.B. als sog. „Loverboy“ ausnutzt.

Fraglich ist auch, was genau unter „fehlender sexueller Selbstbestimmung“ zu verstehen ist. Möglich ist eine Anlehnung an die Auslegung bei Kindern unter 14 Jahren, denen das sexuelle Selbstbestimmungsrecht abgesprochen wird. Eine Gleichstellung von Jugendlichen und Kindern scheint aber nicht geboten zu sein.[593] *Frommel* sieht in § 182 StGB eine Art Auffangtatbestand für Fälle, in denen eine unter 16jährige psychisch oder wegen Trunkenheit und/oder Dro-

[593]So auch *Frommel* in Nomos Kommentar StGB, § 182, Rd. 11.

genkonsum eingeschränkte Person unter Ausnutzung dieser sich kumulierender Defizite missbraucht wird.[594]

Das vormals bestehende Altersgefälle, welches im alten § 182 StGB den Unwert des Handelns entscheidend mitprägte, wird nun ins Gegenteil verkehrt und birgt den geringsten Strafrahmen.

b.) § 184 b StGB/ § 184 c StGB Verbreitung, Erwerb und Besitz kinderpornographischer/ jugendpornographischer Schriften

Am 27.12.2003 wurde im Zuge der Sexualstrafrechtsreform der § 184 StGB geändert und durch die §§ 184 b und c StGB am 5.11.2008 ergänzt.[595] Sinn und Zweck der §§ 184 b und c StGB ist, Jugendliche vor dem Erleben der Sexualität als käufliche Ware und damit vor dem Abgleiten in die Prostitution zu bewahren.[596] Mit Einführung der Paragraphen wurde auch das sogenannte „Posing"[597] unter den Tatbestand der Kinderpornographie gefasst. Das BMJ gibt an, dass ein Schwerpunkt der Reform darin liege, künftig auch die 16- und 17jährigen zu schützen. Die Änderungen beruhten größtenteils auf Vorgaben des EU-Rahmenbeschlusses zur Bekämpfung der sexuellen Ausbeutung von Kindern und der Kinderpornographie.[598] Der Rahmenbeschluss verstünde, im Einklang mit internationalem Recht, unter einem Kind eine Person unter 18 Jahren. Geändert wurde daher nicht nur die Altersgrenze für Opfer, sondern auch für die Täter. Nach der Neufassung kann jede Person über 14 Jahre Täter der §§ 184 b und c StGB sein. Bei den jugendpornographischen Schriften sind fiktive Jugendpornographie und sog. Scheinjugendliche[599] weiter straflos.[600] *Zypries*[601] erläutert

[594]Nomos Kommentar StGB, § 182, Rd. 11.
[595]Gesetz verabschiedet am 20.07.2008 durch den Deutschen Bundestag.
[596]BMJ Newsletter vom 20.07.2008 „Besserer Schutz vor sexuellem Missbrauch von Kindern und Jugendlichen", http://www.bmj.bund.de/enid/0,095f18636f6e5f6964092d0 935323239093a095f7472636964092d0935363036/Pressestelle/Pressemitteilungen_58.html
[597]Aufreizendes Zur-Schau-Stellen der Genitalien oder der Schamgegend von Kindern, Plpr-Nr. 16/170 vom 20.07.2008.
[598]Rahmenbeschluss 2004/68/JI des Rates vom 22. Dezember 2003 zur Bekämpfung der sexuellen Ausbeutung von Kindern und der Kinderpornografie. Amtsblatt Nr. L 013 vom 20/01/2004 S. 0044 – 0048, In Kraft getreten am 20.01.2004, Termin für die Umsetzung in den Mitgliedsstaaten 20.01.2006.
[599]Unter Scheinjugendlichen werden Erwachsene verstanden, die lediglich so aussehen wie Jugendliche.

dazu, dass mit der Neufassung keine Einschränkung sexueller Selbstbestimmung, sondern deren Schutz bezweckt werden soll. Sie will alle Minderjährigen vor der Ausbeutung durch die Pornoindustrie schützen.[602]
Auch *Kauder* begründete die Neufassung. Er stellte klar, dass nicht nur jede bildliche Darstellung unter Strafe gestellt werde, sondern jede verbotene pornographische Schrift im Sinne des § 11 Abs. 3 StGB. Ein Besitz solle aber straflos sein, wenn die mit Einwilligung erstellte Schrift sich beim Hersteller befinde.[603]

Die Gesetzesänderung stieß auf Kritik. So äußerte *van Essen*[604], dass er der vorgenommenen weiten Auslegung des Rahmenbeschlusses durch CDU/CSU und SPD sowie den Ausnahmetatbestände im Rahmenbeschluss kritisch gegenüber stehe. Das Rechtsgut sei die sexuelle Selbstbestimmung: „Es sei nicht Aufgabe des Strafrechts, die sexuelle Autonomie aufgrund von moralischen Anschauungen einzuschränken. Aufgabe des Strafrechts sei es, Unrecht zu sanktionieren. Die Moral als Leitschnur für das, was Recht und Unrecht ist, zeugt von vergangenen Zeiten…"[605]

Bündnis 90/Die Grünen kritisierten durch *Montag*[606], dass sie die Änderungen im Bereich der Jugendpornographie für zu weit halten. Mit diesem Gesetz sei man weit über die Vorgaben des EU-Rahmenbeschlusses hinaus gegangen. Bündnis 90/Die Grünen haben einen eigenen Entwurf zu den §§ 182, 184 b und c StGB eingereicht, der lediglich eine Strafbarkeit bei § 184 c StGB vorsah, wenn eine Verbreitung stattfand; ferner wurde die Norm auf kommerzielle Kontexte beschränkt. Auch eine Besitzstrafbarkeit hielten sie für nicht sachgerecht, da bei den Abbildungen, anders als bei der Kinderpornographie, kein Missbrauch vorangegangen sei.[607]

---

[600]BMJ Newsletter vom 20.07.2008 „Besserer Schutz vor sexuellem Missbrauch von Kindern und Jugendlichen", http://www.bmj.bund.de/enid/0,095f18636f6e5f6964092d0935323239093a095f7472636964092d0935363036/Pressestelle/Pressemitteilungen_58.html
[601]*Brigitte Zypries (SPD)*, Bundesministerin der Justiz.
[602]Plpr-Nr. 16/170 vom 20.07.2008, S. 18110.
[603]Plpr.-Nr. 16/170, S. 18106.
[604]*Jörg van Essen* (FDP).
[605]Plpr-Nr. 16/170 vom 20.07.2008, S. 18107.
[606]*Jerzey Montag.*
[607]Plpr-Nr. 16/170, S. 18108, 18109.

Auch hier kritisierte Die Linke durch *Neskovic* die Ausgestaltung der §§ 184 b und c StGB dahingehend, dass der neue § 184 b und c StGB weit über den EU-Rahmenbeschluss hinausgingen. So umfasst der § 184 c StGB nach ihrer Ansicht nunmehr auch Literatur und Lieder und wirke sich als „Kunstzensur" aus, die nur schwer mit Art. 5 GG zu vereinbaren sei. Auch sähen sie einen Widerspruch darin, dass eine 18jährige mit einem 17jährigen zwar „Spaß" haben kann, sie aber von dem jungen Mann kein Foto machen darf, auch wenn dies nur zum persönlichen Gebrauch dient. Allein die Möglichkeit von Ermittlungen in diesem Bereich belaste das natürliche Bedürfnis von Jugendlichen, ihre Sexualität unbehelligt von staatlicher Gängelung zu entdecken und zu entwickeln.[608]

Ziel der Bundesregierung war, mit dem § 184 c StGB ein Abgleiten in die Prostitution zu verhindern. Entscheidet sich eine 17jährige zu pornographischen Bildern ist jedoch nicht ersichtlich, warum das Strafrecht hier eingreifen muss, um ein Abgleiten in die Sexarbeit zu verhindern. Zum einen ist die Sexarbeit von über 18jährigen Personen nunmehr legal und zum anderen sollte das StGB nicht erzieherisch wirken, sondern Straftaten sanktionieren.
Offensichtlich wird hierbei, dass nach Einführung des ProstG noch keine Anpassung dahingehend stattgefunden hat, dass die Sexarbeit ein legales Gewerbe ist, für das man sich als volljähriger Mensch entscheiden kann. Soweit die sexuelle Selbstbestimmung einer Person unterstellt werden kann und das dürfte im Normalfall bei 16- oder 17jährigen Personen der Fall sein, muss man auch akzeptieren, dass diese Personen Handlungen vornehmen, die manche als moralisch fragwürdig erachten und persönlich nicht nachvollziehen können. Hinzu kommt, dass Minderjährige in der Regel für pornographische Aufnahmen und die Veröffentlichung dieser, das Einverständnis der Eltern benötigen. Wenn selbst dieses vorliegt, wird die Anhebung der Altersgrenze noch unverständlicher.

5.) Sexarbeit und Menschenhandel

Zur Verdeutlichung und Beantwortung der Fragen, ob ein Zugriff der Polizei und die Kontrolle des Milieus durch das ProstG eingeschränkt wurden, und ob

[608] Plpr-Nr. 16/170, S. 18108.

die Zahl der Opfer von Menschenhandel und Zwangsprostitution zu oder abnimmt, soll folgende Übersicht dienen.
Seit dem Jahr 2005 werden für den Bundeslagebericht Menschenhandel ausschließlich abgeschlossene Ermittlungsverfahren als Grundlage für die Lageanalyse herangezogen. [609]
Da die Zahlen vor dem Jahr 2005 daher nicht vergleichbar mit den aktuellen Zahlen sind, erfolgt eine Darstellung erst ab dem Jahr 2005.

a.) Menschenhandel anhand des Bundeslageberichtes Menschenhandel 2005–2009

Im Bundeslagebericht Menschenhandel[610] wird die Darstellung und Bewertung der aktuellen Kriminalitätslage zur Prostitutionsausübung und Menschenhandel dargestellt.

Ermittlungsverfahren in den §§ 232, 233 und 233a StGB[611]	**2005**	**2006**	**2007**	**2008**	**2009**
insgesamt	**317**	**353**	**454**	**482**	**534**
In diesen Verfahren wurde auch wegen folgender Delikte ermittelt:					
- Delikte gegen die sexuelle Selbstbestimmung	116	131	184	231	232
- Gewaltdelikte	112	64	64	83	81
- Schleusungsdelikte	91	51	42	55	34
- Verstoß gegen BtmG	41	35	30	30	33
- Verstoß gegen das WaffenG	29	20	16	14	16
- Fälschungsdelikte	20	21	16	8	16
- Freiheitsberaubung	/	/	/	/	32

[609] Alle genannten Zahlen und Prozentzahlen sind dem Bundeslagebild Menschenhandel 2005, 2006, 2007, 2008 und 2009 entnommen.
[610] Herausgegeben wird dieser Bericht vom Bundeskriminalamt in Wiesbaden.
[611] In der Statistik werden nur abgeschlossene Ermittlungsverfahren aufgeführt.

Vermögensmindernde Maßnahmen wurden in …Verfahren durchgeführt	23	17	14	/	14
Das Vermögen betrug insgesamt ca.	1,1 Mio. €	2,2 Mio. €	1,6 Mio. €	520.000 €	410.000 €
Anzahl der Opfer insgesamt	**642**	**775** (21 % > als 2005)	**689** (11 % < als 2006)	**676** (2 % < als 2007)	**710** (5 % > als 2008)
Davon kamen aus					
- Europa	552	731	614	609	609
- Deutschland	115	181	184	192	176
- Rumänien	118	86	66	137	141
- Tschechische Republik	11	155 (zwei Großverfahren mit insges. 103 Opfern)	57	/	/
- Russland	101	43	38	/	/
- Bulgarien	62	41	77	119	137
- Polen	36	77	56	37	27
- Ukraine	20	/	/	/	/
- Litauen	16	/	/	/	/
- Slowakei/ Slowakische Republik	7	46	/	/	17
- Ungarn	/	/	31	36	21
-Türkei	/	/	/	18	27
-Bosnien-Herzegowina	/	/	/	18	/
- Sonstige:	135	102	105	52	63

- Afrika - Asien - Amerika Unbekannt/Ungeklärt	32 17 30 /	14 15 11 /	29 18 11 17	36 9 8 14	48 16 10 27
Altersstruktur der Opfer					
unter 14 Jahre	3 (0,4 %)	0	7 (1 %)	20 (3 %)	41 (6 %)
14-17 Jahre	48 (7,5 %)	62 (8 %)	74 (11 %)	146 (21 %)	104 (15 %)
18–20 Jahre	183 (28,5 %)	320 (41,3 %)	311 (45 %)	255 (38 %)	307 (43 %)
21–24 Jahre	156 (24,3 %)	140 (18,2 %)	108 (16 %)	109 (16 %)	117 (17 %)
über 24 Jahren	193 (30,1 %)	253 (32,6 %)	166 (24 %)	134 (20 %)	118 (17 %)
unbekanntes Alter	59 (9,2 %)	0	23 (3 %)	12 (2%)	23 (3 %)
Anwerbung der Opfer					
Von den Opfern waren:					
einverstanden mit der Prostitutionsausübung	30 %	35 %	44 %	33 %	45 %
über professionelle Künstleragenturen oder Zeitungsanzeigen angeworben worden	25 %	28 %	15 %	17 %	15 %
über den Grund der Einreise getäuscht worden	33,2 %	27 %	25 %	22 %	23 %

mit Gewalt zur Prostitution und Einreise gezwungen worden	11,8 %	10 %	16 %	14 %	10 %
Umstände der Prostitutionsausübung					
Ausnutzung der Hilflosigkeit	255	180	190	221	156
Ausnutzung einer Zwangslage	169	233	211	166	146
Gewalt	175	123	127	187	170
Drohung	152	260	144	210	155
List	94	224	101	74	84
Art der Prostitution					
Bar- und Bordellprostitution	307	503	362	370	321
Wohnungsprostitution	229	186	187	140	238
Haus- und Hotelbesuche/Escortservice	170	74	59	52	32
Straßenprostitution	66	120	73	102	80

b.) Entstehung der Ermittlungsverfahren 2005-2008

Entstehung der Ermittlungsverfahren	**2005**	**2006**	**2007**	**2008**	**2009**
durch polizeiliche Kontrollen	37 %	43 %	Etwas mehr als die Hälfte	38 %	57 %
durch Anzeige der Opfer	43 % (70 % in HH)	40 %	32 %	43 %	34 %
durch Anzeige Dritter	20 %	16 %	17 %	19 %	/

Alle Daten entnommen aus den Bundeslagebild Menschenhandel des entsprechenden Jahres.

c.) Selbständige Sexarbeiter als Opfer von Menschenhandel

Wie viele Opfer von Menschenhandel hatten die Prostitutionsausübung als selbstständige Tätigkeit angemeldet?	**2005**	**2006**	**2007**	**2008**	**2009**
angemeldet	4 %	11 %	16 %	11 %	14 %
nicht angemeldet	79 %	80 %	71 %	78 %	74 %
unklar	17 %	9 %	13 %	11 %	12 %

Alle Daten entnommen aus den Bundeslagebild Menschenhandel des entsprechenden Jahres.

d.) Opfer unter 21 Jahre

	14-21 Jahre	**Älter als 21 Jahre**
2005	36 %	54,4 %
2006	49,3 %	50,8 %
2007	56 %	40 %
2008	59 %	36 %
2009	64 %	34 %

e.) Zusammenfassung der Tabellen a-d

Die Befürchtungen, dass mit dem ProstG keine effektive Überwachung der Bordelle mehr gewährleistet und Menschenhandelsopfer nicht mehr aufgespürt werden können, hat sich nicht bewahrheitet. Die Anzahl der Ermittlungsverfahren steigt seit 2005 an (waren es 2005 nur 317 Verfahren, waren es 2009 schon 534). Trotz der Erhöhung der Ermittlungsverfahren ist die Anzahl der Opfer annähernd gleich geblieben (2005 waren es 642 und 2009 710 Opfer). Der Hauptteil der Opfer kommt aus Europa (über 85 %), die größte Nationalitätengruppe stellt Deutschland mit 18–24,8 % der Opfer.

Das Alter der Opfer hat sich von 2005 bis 2009 in den Prozentzahlen umgekehrt. Waren 2005 noch 36 % der Opfer unter und 54,4 % über 21 Jahren, waren 2009

64 % unter und 34 % über 21 Jahre alt. Grund hierfür ist mit hoher Wahrscheinlichkeit der Umstand, dass diese Altersgruppe aufgrund der Strafnormierung des § 232 Abs. 1 S. 2 StGB und der damit einhergehenden erhöhten Polizeikontrolle deutlich einfacher als Opfer von Menschenhandel identifiziert werden kann.

Die Ausnutzung der Hilflosigkeit und der Zwangslage sind zwischen 2005 und 2009 zurückgegangen.
Auffällig ist weiter, dass bei den Arten der Prostitutionsausübung die Anzahl der Opfer im Bereich der Haus- und Hotelbesuche sowie beim Escortservice stark zurückgegangen ist. Waren in diesem Bereich 2005 noch 170 Opfer angetroffen worden, waren es 2009 nur noch 32. Die anderen Bereiche sind aber weder stark angestiegen noch abgesunken, so dass sich die Frage stellt, worauf dieser Rückgang zurückzuführen ist Entweder ist dieser Geschäftsbereich durch das Internet nicht mehr so nachgefragt oder die Opfer werden besser vor der Polizei versteckt.

Bemerkenswert, gerade im Zusammenhang mit der Forderung nach mehr Eingriffsbefugnissen für die Polizei und die Freierbestrafung, ist die Entstehung der Ermittlungsverfahren, die nur in maximal 57 % der Fälle durch polizeiliche Kontrollen entstanden sind. Ebenso häufig bis häufiger erfolgten sie durch Anzeigen der Opfer oder durch Anzeigen Dritter, etwa Freier.

f.) Ermittlungsverfahren § 233 und § 233a StGB Jahre 2006-2009

	2006	**2007**	**2008**	**2009**
Ermittlungsverfahren Menschenhandel insgesamt	353	454	482	534
davon § 233 StGB	78	92	27	24
davon § 233a StGB	3	3	3	7

g.) Verurteilungen/Aburteilungen in den einschlägigen Delikten in den Jahren 2007, 2008 und 2004[612]

Delikt	**2007**	**2008**	**Zum Vergleich 2004**
§ 180 StGB „Förderung sex. Handlungen Minderjähriger“	22 Verurteilte (davon männl. 20) 26 Abgeurteilte	13 Verurteilte (davon männl. 11) 21 Abgeurteilte	14 Verurteilte (davon männl. 10) 21 Abgeurteilte
§ 180 a StGB „Ausbeutung von Prostituierten“	11 Verurteilte (davon männl. 6) 17 Abgeurteilte	7 (Verurteilte) (davon männl. 6) 8 Abgeurteilte	14 (Verurteilte) (davon männl. 8) 32 Abgeurteilte
§ 181a StGB „Zuhälterei“	45 Verurteilte (davon männl. 35) 93 Abgeurteilte	76 Verurteilte (davon männl. 58) 109 Abgeurteilte	71 Verurteilte (davon männl. 53) 90 Abgeurteilte
§ 232 StGB „Menschenhandel zum Zwecke der sexuellen Ausbeutung“	112 Verurteilte (davon männl. 87) 141 Abgeurteilte	131 Verurteilte (davon männl. 105) 160 Abgeurteilte	Vormals § 180 b Abs. 1 StGB 1 Verurteilter (männl.) § 180 b Abs. 2 StGB 44 Verurteilte (davon männl. 36)

[612]Zahlen entnommen aus der Statistik zur Rechtspflege, Fachserie 10, Reihe 3 aus den Jahren 2007 und 2008, herausgegeben vom statistischen Bundesamt Deutschland.

§ 233 StGB „Menschenhandel zum Zwecke der Ausbeutung der Arbeitskraft“	6 Verurteilte (davon männl. 5) 11 Abgeurteilte	9 Verurteilte (davon männl. 7) 17 Abgeurteilte	Vormals § 181 StGB 91 Verurteilte (davon männl. 73)
§ 233a StGB „Förderung des Menschenhandels“	2 Verurteilte (davon männl. 1) 3 Abgeurteilte	1 Verurteilter (männl.) 2 Abgeurteilte	/
Im Zusammenhang mit der Sexarbeit stehende Paragraphen			
§ 266a StGB „Vorenthalten und Veruntreuen von Arbeitsentgelt“	8091 Verurteilte (davon männl. 6517) 9579 Abgeurteilte	7458 Verurteilte (davon männl. 6020) 8815 Abgeurteilte	7828 Verurteilte (davon männl. 6312) 9408 Abgeurteilte
§ 291 „Wucher“ **Abs. 1** **Abs. 2**	 5 Verurteilte (davon 16 männl.) 21 Abgeurteilte 19 Verurteilte (davon 16 männl.) 24 Abgeurteilte	 18 Verurteilte (davon 17 männl.) 18 Abgeurteilte 21 Verurteilte (davon 17 männl.) 21 Abgeurteilte	 11 Verurteilte (davon 9 männl.) 17 Abgeurteilte 8 Verurteilte (davon 6 männl.) 10 Abgeurteilte

h.) Zusammenfassung der Tabellen f.) und g.)

Wie bereits in den vorangegangenen Tabellen ist auch hier festzustellen, dass sich durch die Gesetzesänderung die Zahlen nicht wesentlich verändert haben. Lediglich bei § 180 a StGB ist ein Absinken der Verurteilungen erfolgt. Nimmt man die §§ 180 b und 181 StGB (a.F.), einfacher und schwerer Menschenhandel, zusammen, kommt man auf 136 Verurteilungen gegenüber 140 aus den §§ 232 und 233 StGB im Jahre 2008.

Der neu eingeführte § 233 a StGB läuft mit 1-2 Verurteilungen in den Jahren 2007 und 2008 fast leer.

Daraus ergibt sich, dass die Neufassung der Menschenhandelsparagraphen keine nennenswerten Änderungen bei den Verurteilungen trotz steigender Opferzahlen ergeben hat. Dies legt entweder den Schluss nahe, dass es sich bei vielen der im Bundeslagebild Menschenhandel aufgeführten Opfer nicht um solche handelt und die Opferstellung als Selbstschutz genutzt wird oder, dass aufgrund der mangelnden Bereitschaft zur Aussage der Opfer Verurteilungen nicht möglich sind. Ganz deutlich wird aber, dass das Strafrecht eine Änderung in diesem Bereich nicht bewirken kann.

Ebenfalls auffällig ist, dass sich die Zahlen der Abgeurteilten und Verurteilten in den meisten der aufgeführten Delikte nicht unterscheiden, mit Ausnahme des § 181a StGB in den Jahren 2007 und 2008. Hier sind verschiedene Gründe denkbar. Möglicherweise wurden die Verfahren gem. § 181a StGB zugunsten anderer Delikte eingestellt oder im Rahmen des Verfahrens ließ sich eine Täterschaft nicht beweisen.

Auffällig ist das Ungleichgewicht zwischen den § 232 und §§ 233, 233a StGB. Es kam nur in sehr wenigen Fällen zu Ermittlungsverfahren und in noch weniger Fällen zur Verurteilung. Die Thematik ist nicht Gegenstand dieser Dissertation, regt jedoch zum Nachdenken an, da § 232 StGB nur eine Randgruppe der § 233 StGB, aber ein gesamtwirtschaftliches Problem ist. Folglich müsste die Opferzahl um ein Vielfaches höher sein, da der Einsatzbereich, im Gegensatz zur sexuellen Ausbeutung, viel offener und breiter gefächert ist und auch die in Betracht kommende Opfergruppe durch die Beliebigkeit des Geschlechts verdoppelt ist.

Die Zahl der nach § 266 a StGB Verurteilten ist im Vergleich zum Jahr 2004 nur leicht angestiegen, eine Aburteilung der Arbeitgeber der Menschenhandelsopfer erfolgt somit nicht verstärkt über diese Norm. In Betracht kommen Verurteilun-

gen nach dem SchwarzArbG[613]. Dies soll in dieser Arbeit jedoch nicht überprüft werden.
Ebenfalls auffällig ist die geringe Anzahl der Verurteilungen im Bereich des § 291 StGB. Zu vermuten wäre, dass bei Razzien und Überprüfungen im Rotlichtmilieu nicht nur nach Menschenhandelsopfern gesucht wird, sondern auch die Arbeitsbedingungen überprüft werden. Auch wenn die Staatsanwaltschaft Kenntnis von völlig überteuerten Mietpreisen in Bordellen und Laufhäusern hat, , kommt es selten zu Ermittlungsverfahren oder Verurteilungen in diesem Bereich.[614] Der § 291 StGB läuft nahezu leer, dabei wäre er mit geeignet, die Arbeitsbedingungen für Sexarbeiter zu verbessern.

i.) Statistiken des UEGD

Der UEGD hat den Zeitraum 2000-2009 in Bezug auf die §§ 180a, 181 a, 232 StGB ausgewertet.[615]
Die Statistiken[616] zeigen einen deutlich abnehmenden Trend bei allen untersuchten Paragraphen. Sowohl die Tatverdächtigen als auch die Verurteilten und die Verurteilungsquote sanken.[617]

j.) Dona Carmen

Auch Dona Carmen kommt zu diesem Schluss. Da die tatsächlichen Zahlen erheblich davon abweichen, was Polizei, Politik und Medien behaupten, würden die statistischen Zahlen mit dem Verweis auf ein „hohes Dunkelfeld regelmäßig in Frage gestellt“. [618]

---

[613] „Gesetz zur Bekämpfung der Schwarzarbeit und illegalen Beschäftigung“ (SchwarzArbG) vom 23. Juli 2004.
[614] Einer der wenigen Ausnahmefälle ist der Bochumer Fall, wo angeblich Zimmermieten in Höhe von 1.700,-- € gezahlt wurden. Urteil des OLG Hamm vom 11.05.2010 zum § 232 StGB, S. 5, http://www.bufas.net/DOKUMENTE/Urteil232.pdf.
[615] Als Zahlenmaterial haben sie dafür, nach eigenen Angaben, die PKS, den Menschenhandelsbericht des BKA sowie die Verurteilten Statistik des Statistischen Bundesamtes verwendet.
[616] Eine Verifikation der Statistiken erfolgte seitens der Autorin nicht.
[617] http://www.uegd.de/images/stories/pdf-dateien/2009_prostitution_bundeslagebild_kriminalitaet.pdf
[618] La Muchacha, Dona Carmen, Nr. 8/ 2011, S. 15, 16, 28, “Menschenhandel, Ein Kartenhaus bricht zusammen”.

k.) Zwischenfazit

Die Unterschiede in den Ermittlungs- und Verurteilten Zahlen zwischen §§ 232 und 233 StGB könnten darauf schließen lassen, dass der Ermittlungsaufwand im Bereich der Sexarbeit und des sogenannten „Rotlichtmilieus", zum Auffinden organisierter Kriminalität verstärkt betrieben wird. Im Jahre 2009 standen jedoch nur 3,5 % aller Verfahren in Zusammenhang mit organisierter Kriminalität im Bereich des Nachtlebens. Bei den insgesamt 20 Verfahren ging es neben den §§ 180 a, 181, 232 StGB und auch um die §§ 284, 285 (illegales Glücksspiel) StGB. Ein verstärktes „Aufdecken" von organisierter Kriminalität ist durch die Ermittlungen nicht zu bejahen.
Auch bei der Schleuserkriminalität gab es im Jahre 2009 nur 37 Ermittlungsverfahren.

Im Bundeslagebild Menschenhandel aus dem Jahre 2007 teilt das BKA zu § 233 StGB mit: „Geschleuste oder unerlaubt eingereiste Personen geraten aufgrund fehlender ausländer- oder arbeitsrechtlicher Voraussetzungen schnell in zwanghafte oder sogar ausbeuterische Abhängigkeits- und Arbeitsverhältnisse." Ferner liegt der Schwerpunkt des § 233 StGB im Bereich des Gaststättengewerbes und der Haushaltskräfte.[619]

Zum einen ist daher zu fragen, warum die Voraussetzungen für ausländische Arbeiter nicht verbessert werden, um diese Verhältnisse zu ändern. Weiter kann gefragt werden, warum in einem Bereich, der höchstwahrscheinlich um ein Vielfaches größer ist, als der Bereich des Menschenhandels zum Zwecke der sexuellen Ausbeutung, kaum Ermittlungsverfahren durchgeführt werden und Verurteilungen erfolgen.
Entweder ist es ungleich schwerer die Menschenhändler beim Ausbeuten der Arbeitskraft zu fassen, was bezweifelt wird, da die Strukturen und Organisationswege ähnlich sein dürften oder der Tatbestand des § 233 StGB ist enger gefasst bzw. wird restriktiver ausgelegt, als beim § 232 StGB, was nicht nachzuvollziehen ist. Auch das „dazu bringen" ist nach aktueller Rechtsprechung rest-

[619]Bundeslagebild Menschenhandel, 2007, S. 11, 12.

riktiv auszulegen.[620] Der gesamtwirtschaftliche Schaden durch ausgebeutete Arbeitskräfte dürfte um ein Vielfaches höher sein, als durch sexuell ausgebeutete. Mit einbezogen werden müssen dabei nicht nur die nicht abgeführten Steuern und Beiträge, sondern auch die Kosten des Staates, die bei regulärer Vergabe der Arbeitsstelle an Arbeitssuchende nicht entstanden wären, wie Arbeitslosengeld etc.
Bei der Kontrolle des Tatbestandes zur Ausbeutung der Arbeitskraft könnte auch die Vielzahl der Einsatzmöglichkeiten erschwerend wirken. Dies kann jedoch ebenfalls nicht überzeugen, da eine Vielzahl von Beamten der Zollfahndung, der Schwarzarbeiterfahndung, des Gesundheitsamtes, des Arbeits- oder Sozialamtes und anderer Behörden potentielle Arbeitsplätze für ausbeuterische Verhältnisse (z.B. Baustellen, Gaststätten etc.) überwachen.

Ein anderer Erklärungsansatz wäre, dass bei der Ausbeutung der Arbeitskraft die moralische Verwerflichkeit als nicht annähernd so stark angesehen wird, wie bei der sexuellen Ausbeutung. Es könnte so sein, dass illegale Arbeiter zeitnah abgeschoben oder ausgewiesen werden und in den meisten Fällen nicht als Opfer des § 233 StGB registriert werden. Somit käme auch eine Ermittlung gegen die Täter des § 233 StGB nicht in Betracht. Dies würde eine Ungleichbehandlung beider Gruppen darstellen, da bei den Sexarbeitern von einer Opfereigenschaft ausgegangen wird, während bei der Ausbeutung der Arbeitskraft diese verneint würde.

Obwohl also in beiden Menschenhandels-Paragraphen Menschen zu einem Großteil freiwillig nach Deutschland kommen, um hier zu arbeiten und sich für diese Reise der Dienste von Menschenhändlern bedienen, wird offensichtlich eine Unterscheidung sowohl bei der Opfereigenschaft als auch bei der Täterbewertung gemacht. Geht man bei ausgebeuteten Arbeitern davon aus, dass sie ihr Schicksal weitestgehend selbst bestimmt haben, wird bei den Sexarbeitern unterstellt, dass sie mit falschen Versprechungen hergelockt wurden.[621] Dies könn-

---

[620]Urteil des OLG Hamm vom 11.05.2010, Az. III-2 Ws 86/10; BGH Entscheidung vom 13.01.2010, Az. 3 StR 507/09; BGH Entscheidung vom 07.07.2009, Az. 3 StR 132/09; BGH Entscheidung vom 18.04.2007, Az. 2 StR 571/06;

[621]Ob diese Annahmen zutreffend sind, müsste genauer untersucht werden, was im Rahmen dieser Arbeit nicht geleistet werden kann. Die Ausführungen sollen lediglich Erklärungsansätze darstellen.

te daran liegen, dass man Frauen eher zutraut auf „falsche" Versprechungen „reinzufallen" als Männern, die sich wissentlich in Abhängigkeit und Ausbeutung begeben. Dies greift aber zu kurz, da Frauen und Männer gleichgestellt sind und es auch bei der Ausbeutung der Arbeitskraft viele weibliche Opfer gibt.

6.) Erörterungen zur Einführung einer Freierstrafbarkeit in das StGB

Immer wieder diskutiert und bereits in den Bundestagsmaterialien aus Januar 2007 angekündigt aber bisher nicht umgesetzt worden, ist die Freierstrafbarkeit.

Der erste gesetzgeberische Vorschlag zur Freierstrafbarkeit wurde Mitte des Jahres 2004 im Rahmen des 37. Strafrechtsänderungsgesetzes gemacht. Der Bundesrat rief seinerzeit den Vermittlungsausschuss an. Das anschließende Verfahren verlief ergebnislos. Im Koalitionsvertrag von CDU und SPD war seinerzeit vereinbart worden, dass die Strafbarkeit der Freier von Zwangsprostituierten geregelt wird.

Hintergrund der Überlegungen ist eine vermeidliche Gesetzeslücke. Der Freier macht sich de lege ferenda nicht strafbar, wenn er sexuelle Dienste eines Menschenhandelsopfers in Anspruch nimmt. Zur Verwirklichung der §§ 177, 178 StGB müsste er selbst nötigen. Diskutiert werden daher derzeit zwei verschiedene Möglichkeiten zur Freierstrafbarkeit.

Der eine Regelungsvorschlag von CDU/CSU sowie dem Freistaat Bayern sieht die Einführung eines § 232 a StGB (Sexueller Missbrauch von Menschenhandelsopfern) und eines § 233 c StGB (Strafmilderung und Absehen von Strafe) vor.[622]
Der Entwurf zu § 232 a StGB enthält eine Leichtfertigkeitsstrafbarkeit. Diese greift für den Fall, dass der Freier leichtfertig nicht erkennt, dass es sich um ein Opfer von Menschenhandel handelt.
Um Freier dennoch dazu zu bewegen entsprechende Vorfälle anzuzeigen, soll der § 233 c StGB eine Art Kronzeugenregelung für den Fall enthalten, dass der Freier wesentlich oder rechtzeitig vor neuen Taten sein Wissen einer Dienststelle offenbart.

---

[622]BT-Drs. 15/5326, BR-Drs. 140/05, BT-Drs. 15/5326 und BT-Drs. 16/1343.

Der Regelungsvorschlag des Bundesrates sieht ebenfalls einen § 232 a StGB (Sexueller Missbrauch von Menschenhandelsopfern) vor, enthält aber keine Leichtfertigkeitsstrafbarkeit.[623]

Auf einer Tagung am 08.03.2010[624] äußerte sich *Merk*[625] zur Einführung der Freierstrafbarkeit.[626] Sie befürwortete die Einführung des Straftatbestandes ausdrücklich, da nach ihrer Auffassung kein Markt entstehe, wo es keine Nachfrage gäbe. Ihr in der vergangenen Legislaturperiode in den Bundesrat eingebrachter Gesetzesentwurf wurde vom Bundesrat als Initiative beschlossen, eine Behandlung ist aber im Bundestag bisher nicht erfolgt. Bereits zuvor hatte sie sich unter der Überschrift „Freierstrafbarkeit – ein kriminalpolitisches Dauerthema" zu der Thematik geäußert und die Auffassung vertreten:
„… Wer die Lage eines Menschenhandelsopfers dadurch ausbeutet, dass er dessen „sexuelle Dienste" in Anspruch nimmt, macht sich nach geltendem Recht in aller Regel nicht strafbar. Vor allem scheidet eine Beteiligung am vorausgegangenen Menschenhandelsdelikt aus, weil die „Vortat" im Zeitpunkt der Tat bereits vollständig beendet ist."[627]

Schewe-Gerigk[628] stimmte einer Freierstrafbarkeit bei Vorsatz zu, bezweifelt aber den Nutzen für die Opfer. Sie bedient sich des schwedischen Beispiels, wo alle Freier unter Strafe gestellt wurden, und als Folge davon eine Verlagerung der Sexarbeit in private Wohnungen stattfand. Diese Erfahrungen wiesen nach ihrer Ansicht darauf hin, dass die Sexarbeiter stärker in die Abhängigkeit von Zuhältern geraten und die Szene sowohl für die Strafverfolgungsbehörden, wie auch für Beratungs- und Schutzangebote schwerer zugänglich würden. Weitgehend ausgeschlossen wäre mit dem Straftatbestand auch, dass Freier Fälle von Zwangsprostitution selbst zur Anzeige brächten. Den Vorschlag „staatliche Li-

---

[623]Gesetzesentwurf des Bundesrates, BT-Drs. 16/1343.
[624]Fachtagung der Hanns-Seidel-Stiftung in Kooperation mit Renovabis und dem Aktionsbündnis gegen Frauenhandel am 08.03.2010 in München zum Thema „Die Würde der Frau ist (un-)antastbar – Frauenhandel gestern und heute".
[625]*Beate Merk (CSU)* ist Justizministerin in Bayern.
[626]Ihr Vortrag lautete „Bekämpfung des Frauenhandels – Priorität der Politik?", http://www.hss.de/fileadmin/media/downloads/Berichte/100308_RM_Merk.pdf.
[627]http://www.justiz.bayern.de/imperia/md/content/stmj_internet/ministerium/namensartikel/zrp_freierstrafbarkeit., S. 1.pdf.
[628]*Irmingard Schewe-Gerigk*, Bündnis 90/Die Grünen.

zenzen an vorher überprüfte Prostitutionsbetriebe zu verleihen", hält sie für nicht praktikabel. [629]

Die Freierstrafbarkeit wird von einigen als dringend erforderlich, von anderen als kontraproduktiv bewertet. Die nachfolgende Tabelle stellt die Argumente gegenüber.[630]

Pro Freierstrafbarkeit	**Contra Freierstrafbarkeit**
Die sexuelle Selbstbestimmung als Rechtsgut hat eine hohe Wertigkeit, daher ist die Zwangsprostitution strafrechtlich anzugehen	Sinn und Zweck des Strafrechts ist der Rechtsgüterschutz, und die bestehenden Normen bilden einen umfassenden Schutz vor Eingriffen in das Recht auf sexuelle Selbstbestimmung.
Die bestehenden Strafvorschriften haben als Adressaten nur Zuhälter, Bordellbetreiber und Menschenhändler. Diese einseitige Herangehensweise hindert eine effektive Vorgehensweise gegen Zwangsprostitution.	Der weite Tatbestand des § 233 a StGB bestraft die Förderung des Menschenhandels zum Zwecke der sexuellen Ausbeutung. Damit bedarf es keiner neuen Regelung.
Menschenhandel muss auch wirtschaftlich dadurch bekämpft werden, dass dem Menschenhändler die finanzielle Basis entzogen wird. Gäbe es die Freier nicht, könnten auch die immensen Gewinne nicht erzielt werden.	Durch eine Freierstrafbarkeit würden diese stigmatisiert. Dies ist aber kontraproduktiv für die Bekämpfung des Menschenhandels und der Zwangsprostitution, wie in Schweden deutlich wird, wo die Situation für die betroffenen Sexarbeiter verschlechtert wurde. Die Strafbarkeit würde die Sexarbeit in einen sozialen Randbereich drängen, wodurch sich der Schutz der Sexarbeiter verschlechtert.

629 Mitteilungen der Evangelischen Frauenarbeit in Deutschland e.V., S. 8.

630 Die Argumente wurden aus dem Paper „Notwendigkeit der Einführung eines Freiertatbestandes zur Bekämpfung der Zwangsprostitution" von Prof. Dr. *B. Heinrich*, S. 3, 4 entnommen. Das Paper stammt aus Juli 2008. http://heinrich.rewi.hu-berlin.de/forum/Zwangsprostitution%20Freiertatbestand.pdf.

Es ist Zweck und Pflicht des Staates durch effektive Vorbeugung und Strafverfolgung die Freiheit des Einzelnen zu sichern. Daher muss der Schutz der Sexarbeiter durch einen Freiertatbestand verbessert werden.	Schon der Nachweis der Zwangsprostitution ist schwierig. Ein Nachweis der Kenntnisnahme des Freiers würde noch schwerer fallen. Die Norm wäre damit ineffektiv und ineffektive Strafvorschriften verstoßen gegen das Rechtsstaatsprinzip. Das Problem der Zwangsprostitution lässt sich nicht über das Strafrecht lösen. Vielmehr sind Maßnahmen außerhalb des Strafrechts erforderlich, wie Zeugenschutzmaßnahmen und Erleichterung des Aufenthaltsstatus für Nicht-EU Bürger, Sozialleistungen während des Aufenthaltes, Rückkehrhilfen und Ausbildungsprogramme für Frauen zu schaffen.
Vor dem Hintergrund einer negativen Generalprävention ist die Einführung zum Schutz der Sexarbeiter erforderlich. Die Signalwirkung würde deutlich machen, dass die Rechtsordnung die vielfach bedenkenlos begangenen Taten nicht mehr hinnimmt.	Die Bekämpfung der Zwangsprostitution und des Menschenhandels würden durch eine Freierstrafbarkeit erschwert und der Opferschutz verringert werden, denn die Freier würden aus Angst vor Selbstbezichtigung als Beschuldigte von ihrem Schweigerecht aus § 136 StPO und ihrem Auskunftsverweigerungsrecht aus § 55 StPO Gebrauch machen.

Beide Seiten sehen das Problem, dass die bestehenden Gesetze und Regelungen für eine Verbesserung der Situation nicht ausreichen. Während die einen darauf vertrauen, dass die Einführung der Freierstrafbarkeit hierfür eine Besserung bringen wird, setzten die anderen mehr auf alternative Methoden, die sich außerhalb des Strafrechts bewegen. Abgesehen von der schwierigen Nachweisbarkeit bei einer Freierstrafbarkeit, selbst in der Version die Leichtfertigkeit vorsieht, würden höchstwahrscheinlich die Hinweise der Freier bei der Polizei aus

Angst vor eigener Bestrafung und der damit verbundenen gesellschaftlichen und familiären Stigmatisierung wegfallen. Die Anzeigen Dritter, bei denen es sich in der Hauptsache um Freier handeln dürfte, machten jedoch in den Jahren 2005–2009 zwischen 16 und 20 % aller Ermittlungsverfahren aus.[631]

Nach Gesamtwürdigung aller Argumente ist die Einführung der Freierstrafbarkeit kritisch zu sehen. Durch vermehrte Kriminalisierung des Milieus können die erreichten Fortschritte zur Transparenz wieder zerstört und die Sexarbeit wieder in „eine Ecke" gedrängt werden, aus der man sie mit dem ProstG gerade herausholen wollte. Darüber hinaus müssten bei einem Gesetz zur Freierstrafbarkeit Einzelfallregelungen verallgemeinert werden, was rechtstechnisch kaum möglich sein dürfte.

Fährt ein deutscher Staatsbürger, der an der tschechischen Grenze wohnt, über die Grenze, um dort günstiger als in Deutschland Sexdienstleistungen in Anspruch zu nehmen, muss dies noch nichts mit Menschenhandel zu tun haben. So aber die Argumentation in der Anhörung zur Freierstrafbarkeit von *Roidl*.[632]

Das Missbrauchen von Kindern ist per se strafbar, dazu wird keine Freierstrafbarkeit benötigt. Bei erkennbarem Zwang greifen ebenfalls Strafvorschriften wie § 177 StGB ein. Alleine aus bestimmten Umständen zu erkennen, dass es sich um ein Opfer von Menschenhandel handelt und ein danach erfolgtes Weiterhandeln zu pönalisieren, ist eine unlösbare Aufgabe. Es lassen sich nur schwer Umstände vorstellen, die als Tatbestandsmerkmale heranzuziehen wären. Nicht ausreichend ist, dass der Sexarbeiter eine andere Sprache spricht, blaue Flecke hat oder in ärmlichen Verhältnissen arbeitet. Dies kann mit vielen anderen Umständen zusammenhängen, die nichts mit Menschenhandel zu tun haben.

Es erscheint erfolgversprechender zu sein, statt der Freierstrafbarkeit nach außerstrafrechtlichen Lösungsansätzen zu suchen. Solche könnten z.B. sein:

---

[631] Vgl. Tabelle unter 3. Kapitel 5.) b.).

[632] Anhörung im Rechtsauschuss vom 30.06.2004, Deutscher Bundestag, Rechtsauschuss (6. Ausschuss), Protokoll Nr. 54, S. 17 „Denn ich denke es ist in vielen Bereichen einfach ein gesellschaftliches Problem nach wie vor, gerade in unseren Grenzregionen wird es sehr häufig doch als Kavaliersdelikt gesehen nach Tschechin rüber zu fahren, zu Frauen oder zu Kindern und diese dann zu missbrauchen. Daher ist es wichtig hier neue Regelungen zu schaffen."

- Umsetzung von Zeugenschutzmaßnahmen und Erleichterung im Aufenthaltsstatus für Nicht-EU Bürger sowie Gewährung von Sozialleistungen während des Aufenthaltes. Schaffung von Rückkehrhilfen und Ausbildungsprogrammen für Frauen.[633]
- Sensibilisierung der Öffentlichkeit[634]
- europaweite Aufklärungskampagne[635]
- bessere finanzielle Ausstattung der Beratungseinrichtungen[636]
- mehrsprachige (europaweite) Telefonhotline für betroffene Frauen[637]
- Verbesserung der Stellung der nationalen Prostituierten durch Selbstorganisation und Aufklärung über zivilrechtliche Ansprüche. Verlagerung der Schwerpunktsetzung in den Beratungsstellen von psychologischer Betreuung hin zu Beratung und Hilfe zur Verbesserung der Arbeitsbedingungen. Die Behörden müssen zivilrechtliche Missstände, wie Mietwucher und Verstöße gegen die Abgabe- und Steuerpflicht, prüfen und aufklären.[638]

Ein solches außerstrafrechtliches Vorgehen würde im Kampf gegen Zwangsprostitution und den Menschenhandel höchst wahrscheinlich bessere Erfolge erzielen und die Sexarbeiter weniger nachteilig belasten, als reine strafrechtliche Sanktionierung.

7.) Zusammenfassung des 3. Kapitels

Die Einführung des ProstG machte einige Gesetzesänderungen notwendig, die in den nachfolgenden Jahren noch erweitert wurden. Während 2002 hierbei eine Anpassung an das ProstG im Vordergrund stand, wurden die Änderungen 2004 und 2005 deutlich vom Opferschutzgedanken geprägt.
Der Hintergrund für diese Fokussierung auf den Opferschutz könnte in dem am 25.12.2003 beschlossenen und für die Bundesrepublik Deutschland am 14.07.2006 in Kraft getretenen, sogenannten „Palermo Protokoll" liegen, welches sich mit der Verhütung, Bekämpfung und Bestrafung des Menschenhandels

[633] *Thoma.*
[634] *Hiltrud Breyer* vgl. *Schröder.*
[635] *Schröder*
[636] *Renzikowski,* ZRP 2005.
[637] Bündnis 90/Die Grünen BT-Drs. 16/1125, *Schröder.*
[638] *Frommel,* NK 2005 S. 57f.

insbesondere des Frauen- und Kinderhandels sowie der organisierten Kriminalität beschäftigt.[639] Darüber hinaus unterzeichnete die Bundesrepublik Deutschland am 27.11.2005 das „Übereinkommen des Europarates zur Bekämpfung des Menschenhandels", welches am 01.02.2008 in Kraft trat und als Ergänzung zum „Palermo Protokoll" gilt.[640]

Die Änderungen aus dem Jahre 2008 standen unter dem Aspekt des Jugendschutzes und beinhalteten damit ebenfalls Opferschutzaspekte.
Eine genaue Betrachtung der geänderten Normen ergab, dass einige gar keinen oder nur einen sehr geringen Anwendungsbereich haben und ihre Einführung nicht notwendig gewesen wäre (§§ 181a Abs. 2; 233; 233a StGB).
Die deutliche Prägung der Gesetzesänderung durch den Opferschutzgedanken spiegelt sich auch in der Wahrnehmung der Sexarbeiter, die oftmals in einem Atemzug mit Opfern von Menschenhandel genannt werden. Diese Eingruppierung verhindert aber eine Legalisierung und damit eine Etablierung der Sexarbeit als Dienstleistungsgewerbe.

Die Diskussionen um die Freierbestrafung lassen vermuten, dass sachliche oder rechtsstaatliche Aspekte hinter den Überlegungen zum Opferschutz zurücktreten.

Die Statistiken des BKA zeigen deutlich, dass die Befürchtungen, dass mit dem ProstG keine effektive Überwachung der Bordelle mehr gewährleistet und Menschenhandelsopfer nicht mehr aufgespürt werden können, sich nicht bewahrheitet hat. Die Anzahl der Ermittlungsverfahren ist angestiegen, die Anzahl der Opfer annähernd gleichgeblieben.

Eine Veränderung hat es beim Alter der Opfer gegeben, welches sich zwischen 2005 und 2009 in den Prozentzahlen umgekehrt. Grund hierfür ist mit hoher

---

[639]Das „Palermo Protokoll" wurde im Jahre 2000 beschlossen und mit dem „Zusatzprotokoll zur Verhütung, Bekämpfung und Bestrafung des Menschenhandels, insbes. des Frauen- und Kinderhandels, zum Übereinkommen der Vereinten Nationen gegen die grenzüberschreitende organisierte Kriminalität" vom 29,12 2005 ergänzt. Es trat am 14.07.2006 in Kraft. Veröffentlicht im BGBl. III, ausgegeben am 29.12.2005, Nr. 220.
http://www.bundestag.de/dokumente/analysen/2010/Menschenhandel.pdf

[640]Ebook des BKA aus Sommer 2010, „Palermo-Protokoll und die Folgen", http://www.bka.de/kriminalwissenschaften/ebook_mh_sex_ausbeutung/ebook_mh_sex_ausbeutung.html.

Wahrscheinlichkeit der Umstand, dass diese Altersgruppe aufgrund der Strafnormierung des § 232 Abs. 1 S. 2 StGB und der damit einhergehenden erhöhten Polizeikontrolle deutlich einfacher als Opfer von Menschenhandel identifiziert werden können.

Die Ausnutzung der Hilflosigkeit und der Zwangslage sind ebenso wie die Opfer welche für Haus- und Hotelbesuche oder im Escortservice arbeiten mussten, zwischen 2005 und 2009 stark zurückgegangen.

Bemerkenswert, gerade im Zusammenhang mit der Forderung nach mehr Eingriffsbefugnissen für die Polizei und die Freierbestrafung, ist die Entstehung der Ermittlungsverfahren, die nur in maximal 57 % der Fälle durch polizeiliche Kontrollen entstanden sind. Ebenso häufig oder sogar häufiger erfolgten sie durch Anzeigen der Opfer oder durch Anzeigen Dritter, etwa Freier.

Das ProstG hat innerhalb des Strafrechts zu keiner Verschlechterung der Situation für Opfer geführt, aber auch nicht zu einer deutlichen Verbesserung der lage für die Sexarbeiter.

4. Kapitel

Rechtliche Diskussionsfelder legaler Prostitution außerhalb des Strafrechts

Nachdem zuvor die strafrechtlichen Probleme im Zusammenhang mit der Sexarbeit aufgezeigt wurden, erfolgt nun eine Darstellung der außerstrafrechtlichen Diskussionsfelder sowie zunächst eine Beschreibung, was legale Prostitution seit 2002 ist.

1.) Beschreibung von legaler Prostitution seit 2002

Legale Prostitution ist solche, die von einem über 18jährigen Deutschen, EU-Bürger oder Ausländer mit Arbeitserlaubnis innerhalb der Grenzen des Strafrechts ausgeübt wird.

Neben den Bundesgesetzen gibt es noch landesgesetzliche Regelungen, die weitere Kriterien hinzufügen. Dies ist möglich, weil eine einheitliche Handhabung im Umgang mit Sexarbeit auf Bundesebene nicht beschlossen wurde und somit landesrechtlich verschieden ausgestaltet werden kann.
In den Bundesländern Bayern, Baden-Württemberg, Sachsen, Thüringen und Bremen wird die Sexarbeit, unter Hinweis auf die gewerberechtliche Sittenwidrigkeit, nicht als Gewerbe anerkannt. Damit kann auch keine Gewerbeanmeldung erfolgen.
Auch bezüglich der Sperrgebiete existieren in Deutschland große Unterschiede. Während manche Stadtgebiete nahezu vollständig als Sperrgebiete gelten, gibt es in anderen keine.

Unter Prostitution versteht das ProstG die gewerbsmäßige Ausübung sexueller Handlungen, wobei nicht definiert wird, was unter einer sexuellen Handlung genau verstanden werden soll.[641] Es wurde aber bereits weiter vorne eine Definition begründet.[642]

[641]Deutscher Bundestag, Drucksache 14/5958, S. 1, „Prostitution, d.h. die gewerbsmäßige Ausübung sexueller Handlungen,…".
[642]Siehe Kapitel 2, § 1 ProstG.

2.) Problem- und Diskussionsfelder der legalen Sexarbeit in Deutschland

Die Problemfelder, die die aktuelle Rechtslage, der Umgang mit der Sexarbeit und dem ProstG aufweisen, sind vielfältig.

Eine ausführliche Auseinandersetzung mit diesen rechtlichen Themen einschließlich Lösungsansätzen soll hier nicht erfolgen, da der Themenbereich sehr weit ist.

Vielmehr soll aufgezeigt werden, dass mit der Streichung der Strafbarkeit der Prostitution und dem Wegfall der Sittenwidrigkeit noch keine tatsächliche Verbesserung erreicht wurde. In vielen Rechtsbereichen gibt es Schwierigkeiten oder unterschiedliche Handhabungen in den einzelnen Bundesländern, welche zu großer Rechtsunsicherheit und Ungleichbehandlungen, aber nicht zu einer Verbesserung der Lage für die Sexarbeiter beigetragen haben.

a.) Sittenwidrigkeit

Die Frage, ob durch das ProstG die Sittenwidrigkeit abgeschafft wurde, wird heftig diskutiert.

Der Gesetzgeber ging bei seinen Beratungen davon aus, dass die Abschaffung der Sittenwidrigkeit Voraussetzung für den Zugang zu den sozialen Absicherungen sei. Die rechtliche Umsetzung erfolgte durch § 1 ProstG, in dem das Rechtsverhältnis zwischen Sexarbeitern und Kunden als einseitig verpflichtender Vertrag geregelt wurde.[643]

„Die Veränderungen der gesellschaftlichen Einstellungen, die auf die Entwicklung der rechtlichen Normen Einfluss nehmen und umgekehrt ihrerseits von Rechtsreformen beeinflusst werden, zeigen eine zunehmende Akzeptanz der Sexarbeit. In der parlamentarischen Debatte des Gesetzgebungsverfahrens wurde immer wieder auf Umfrageergebnisse Bezug genommen, denen zufolge Prostitution von der Mehrheit der Bevölkerung als Tätigkeit akzeptiert wird. Die Frage, ob sie dem Vorschlag der damaligen Ministerin, dass Prostitution ein anerkannter Beruf mit Steuer- und Sozialversicherungspflicht sein soll, zustimmen oder nicht, bejahten über 70 % der Altersgruppen zwischen 18 und 59 Jahren. Selbst in der Gruppe der über 60-Jährigen waren es mehr als 60 %. 66 % der

[643] http://www.bmfsfj.de/doku/prostitutionsgesetz/0301.html.

Männer und 69 % der Frauen sprachen sich dafür aus, auch die Berechnung nach Bildung und Einkommen erbrachte in allen Gruppen Werte um 70 %."[644] Diese Entwicklung legte auch das Berliner Verwaltungsgericht einem Urteil zugrunde, das bereits vor Inkrafttreten des Prostitutionsgesetzes am 01.12.2000 ein Gerichtsverfahren beendete, in dem es um die Gaststättengenehmigung für eine Anbahnungsgaststätte – das „Café Pssst" – ging.[645]

In der juristischen Fachöffentlichkeit gibt es zu dem vom Gesetzgeber gewählten Weg jedoch verschiedene Ansichten:

Im Folgenden werden exemplarisch Argumentationslinien für die jeweilige Sichtweise dargestellt.

(1) Befürworter des Fortbestehens des Sittenwidrigkeitsurteils

Heinrichs[646] vertritt die Auffassung, der abgeschlossene Vertrag sei zunächst wegen Sittenwidrigkeit nichtig und nach Vornahme der sexuellen Handlung entstehe ex nunc ein Anspruch des Sexarbeiters. Die Vereinbarung, sich gegen ein Entgelt geschlechtlich hinzugeben, verstößt nach seiner Ansicht gegen die Menschenwürde und ist daher nach wie vor sittenwidrig. Nachträglich soll diese Vereinbarung jedoch teilweise wirksam werden, und dem Sexarbeiter soll nach Vornahme der sexuellen Handlung eine wirksame Forderung zustehen.[647]

In seiner Dissertation, die sich im Schwerpunkt mit dem zivilen Vertragsrecht im Zusammenhang mit Sexarbeit befasst, stellt *Theben*[648] fest, Prostitution sei, „zumindest was die Verpflichtung der Prostituierten angeht", noch immer mit dem Makel der Sittenwidrigkeit behaftet. Vereinbarungen, die auf die entgeltliche Erbringung sexueller Dienstleistungen gerichtet seien, verstießen auch weiterhin gegen die guten Sitten. Mit der einseitigen Stärkung der Interessen des Sexarbeiters werde das Sittenwidrigkeitsurteil festgeschrieben. Der Autor kon-

[644] http://www.bmfsfj.de/doku/prostitutionsgesetz/0301.html.
[645] http://www.bmfsfj.de/doku/prostitutionsgesetz/0301.html.
[646] Prof. Dr. *Helmut Heinrichs*, Universität Bremen.
[647] *Heinrichs* in Palandt, Anhang zu § 138, Rd-Nr. 2 zu ProstG 1.
[648] Dr. *Martin Theben*, Rechtsanwalt in Berlin.

statiert einen Widerspruch zwischen Gesetzeswortlaut und amtlicher Begründung.[649]
Ähnlich argumentierte das Oberlandesgericht Schleswig: „Unter Anwendung von § 138 I BGB wird festgestellt, eine Verpflichtung, gegen Entgelt in den Geschlechtsverkehr einzuwilligen, könne nicht wirksam begründet werden.“ In der Entscheidung wird nicht eindeutig ausgesprochen, ob man Prostitution weiterhin für sittenwidrig hält oder nicht. Die Passage „Da Menschen nicht gehindert werden können, ihre eigene Menschenwürde zu missachten, steht es dem Gesetzgeber frei, die Folgen solcher Handlungen auch rechtlich abweichend von §§ 138, 812, 817 BGB zu regeln, wie es nunmehr im Prostitutionsgesetz geschehen ist. Das ändert an dem Sittenwidrigkeitsurteil über den zugrunde liegenden Verpflichtungsvertrag nichts“, legt allerdings den Schluss nahe, dass das Gericht Sexarbeit als gegen die Menschenwürde verstoßend und damit als sittenwidrig beurteilt.[650]

Auch *Majer*[651] sieht eine Sittenwidrigkeit weiter fortbestehen und kommentiert das Urteil des BGH aus dem Jahr 2002[652] entsprechend.[653]

Ebenfalls wird angeführt, dass der Gesetzgeber nicht befugt sei, an der mit dem Verstoß der entgeltlichen geschlechtlichen Hingabe gegen die Menschenwürde verbundenen Sittenwidrigkeit etwas zu ändern.[654]

(2) Stimmen gegen das Fortbestehen des Sittenwidrigkeitsurteils

Es sprechen sich aber auch viele Stimmen gegen das Fortbestehen der Sittenwidrigkeit aus.
Armbrüster[655] verweist zum Beispiel auf den „Wegfall der Sittenwidrigkeit“. Die Vereinbarung zur Vornahme sexueller Handlungen gegen Entgelt sei im ProstG als einseitig verpflichtender Vertrag gestaltet. Dass ein Anspruch auf

---

[649] *Theben*, S. 40.
[650] OLG Schleswig, Urteil vom 13.05.2004, NJW 2005, S. 225, 227.
[651] Rechtsanwalt *Christian Friedrich Majer,* Tübingen.
[652] NJW 2002, S. 361
[653] *Majer*, S. 1926-1929.
[654] *Hagen*, S. 581, 588 f., 591.
[655] Prof. Dr. *Christian Armbrüster*, FU Berlin.

Vornahme sexueller Handlungen nicht begründet werden könne, folge aus dem ProstG, das insoweit als Spezialregelung den Rückgriff auf § 138 BGB sperre.[656] *Dehner*[657] betont, dass der Gesetzgeber dem Geschäft der Prostituierten den Makel der Sittenwidrigkeit habe nehmen wollen. Die gegenteilige Auffassung von *Heinrichs* sei abwegig.[658]
Auch *Jauernig*[659] spricht sich gegen das Sittenwidrigkeitsurteil aus. Der „Vertrag über entgeltlichen Geschlechtsverkehr oder andere sexuelle Handlungen" falle nicht mehr in den Anwendungsbereich des § 138 I BGB.[660]

(3) Fazit zu den Meinungen

Mit der Einführung des ProstG hat sich der Gesetzgeber gegen die Sittenwidrigkeit ausgesprochen. Dies geht auch aus den Begründungen zum Gesetz hervor.[661] Es macht keinen Sinn, wenn auf der einen Seite mit § 1 Satz 1 ProstG ein einseitig verpflichtender Vertrag zwischen Sexarbeiter und Kunde vom Gesetzgeber ausgestaltet wurde, der den Sexarbeitern die Möglichkeit gibt, vereinbartes Entgelt einzuklagen sowie einen Zugang zu den Sozialversicherungsanstalten und Krankenkassen zu gewähren und auf der anderen Seite an der Sittenwidrigkeit festgehalten werden soll. Das ProstG sollte mit der Intention verstanden werden, die Sexarbeit als eine zumindest mit anderer Arbeit vergleichbare Tätigkeit anzusehen.

Die Auffassung, dass Sexarbeit generell gegen die Menschenwürde verstößt, ist zu undifferenziert. Es muss zwischen freiwillig gewählter und erzwungener Ausübung unterschieden werden. Auch die gesellschaftliche Anschauung hat sich geändert.[662] Freiwillig ausgeübte Sexarbeit wird nicht mehr als moralisch anstößig empfunden. Der Gesetzgeber ist sehr wohl befugt, auf Grundlage seiner

[656]MüKo-*Armbrüster* BGB, § 1 Rd-Nr. 7 ProstG; in diesem Sinne auch *v. Galen*: Verstoß gegen ein Verbotsgesetz, Rd-Nr. 60 ff; *Stiebig*, S. 545.
[657]*Walter Dehner*, Richter am BGH a.D.
[658]*Dehner, S.* 3747, 3748.
[659]Prof. Dr. Dr. h.c. *Othmar Jauernig*.
[660]*Jauernig*, § 138 BGB Rd-Nr. 7.
[661]http://www.bmfsfj.de/doku/prostitutionsgesetz/0301.html; BT.Drs. 14/5958 S. 4 "Eine Anwendung von § 138 Abs. 1 BGB auf diese Vereinbarung soll damit ausgeschlossen werden"; BT-Drs. 14/7174, S. 7f. Stellungnahme *Schewe-Gerigk*.
[662]Menschen bei *Maischberger* 2009, Passantenbefragung über mehrere Stunden, bei denen kein Einziger Sexarbeit als moralisch anstößig empfand. Näheres zur Sendung im 6. Kapitel unter 4.) Medien.

demokratischen Legitimierung ein konkretes Rechtsgeschäft zu regeln. Da ausdrücklich ein Zwang zu sexuellen Handlungen vermieden werden sollte und daher die vorliegende Konstruktion des einseitig verpflichtenden Vertrages gewählt wurde, gehen die verfassungsrechtlichen Bedenken ins Leere. Der Gesetzgeber hat bereits einen anderen Bereich aus dem § 138 BGB ausgegliedert und einer eigenständigen spezialgesetzlichen Regelung zugeführt, nämlich die Sonderregelungen aus Spiel und Wette in § 762 BGB. Mit dem ProstG hat er diesen Regelungsbereich nun ebenfalls aus dem § 138 BGB ausgegrenzt.

Die Vereinbarung über die Vornahme einer sexuellen Handlung gegen Entgelt stellt damit einen einseitig verpflichtenden Vertrag dar. Die Verneinung eines Anspruchs auf Vornahme sexueller Handlungen folgt aus dem ProstG. Als Spezialregelung sperrt es den Rückgriff auf § 138 BGB. Ein Entgeltanspruch des Sexarbeiters entsteht erst mit Vornahme der sexuellen Handlung und nicht bereits mit Abschluss des Vertrages. Dies lässt sich aus der Wortwahl des § 1 S. 1 ProstG entnehmen, in dem die zeitliche Perfektform „vorgenommen worden“ gewählt wurde.
Es ist daher von einem gewollten Wegfall der Sittenwidrigkeit durch das ProstG auszugehen.

b.) Gewerbe- und Gaststättenrecht

Im Gewerberecht wird, anders als im Zivilrecht, nicht die Frage der Sittenwidrigkeit diskutiert. Es stellt sich im Gewerberecht vielmehr die Frage, ob es sich bei der Sexarbeit um eine „sozial unwertige Tätigkeit“ handelt, denn eine solche ist im Gewerberecht nicht zulässig.[663] Das Gaststättengesetz knüpft darüber hinaus einen Anspruch auf eine Gaststättenerlaubnis daran, dass in der Gaststätte nicht der „Unsittlichkeit Vorschub geleistet“ wird.[664]

Zu diesen Punkte hat sich eine Kontroverse in der juristischen Literatur und Rechtsprechung entwickelt, die unter der Fragestellung geführt wird, ob die durch das ProstG geänderte zivilrechtliche Bewertung der Vertragsbeziehungen

[663] http://www.bmfsfj.de/doku/prostitutionsgesetz/030103.html.

[664] § 4, Abs. 1, Var. 1 GastG, Versagungsgründe für eine Gaststättenerlaubnis bestehen u.a. darin „der Unsittlichkeit Vorschub zu leisten“.

zwischen Sexarbeitern und ihren Kunden sowie Betreibern auf die Auslegung des Begriffs der Unsittlichkeit im öffentlichen Recht ausstrahlt.[665]

Die Diskussion in diesem Feld ist dadurch gekennzeichnet, dass im ProstG nicht eindeutig klargestellt wurde, dass die Prostitution nicht mehr regelmäßig als sittenwidrig bewertet werden kann. Während die Vertreter der einen Position deutlich den Wegfall der Sittenwidrigkeit als Intention des Gesetzes verstehen und eine Ausstrahlung auf andere Rechtsbereiche bejahen, vertritt die Gegenposition die Ansicht, dass der Gesetzgeber dies hätte klar formulieren müssen, wenn es so gemeint gewesen wäre.[666]

Die Intention des Gesetzgebers, die von einer Änderung der gewerberechtlichen Sicht ausging, hat sich an dieser Stelle bisher nicht verwirklicht.[667] Trotz der Entscheidung des Gesetzgebers, das ProstG als ein herausstehendes Artikelgesetz zu gestalten und einen direkten Bezug zu § 138 BGB zu konstruieren, halten Literatur und Rechtsprechung in Teilen an der Sittenwidrigkeit fest. Auch die Entscheidung für den Verzicht auf die Anpassung öffentlich-rechtlicher Vorschriften hat Spielräume geboten, die sehr unterschiedlich genutzt wurden. In beiden Bereichen ist jedoch zumindest in der Literatur und der Rechtsprechung zunehmend eine Tendenz zur Akzeptanz des geänderten Sittenwidrigkeitsurteils zu beobachten.[668]
In seinem Beitrag zur sozialen Unwertigkeit schreibt *Frotscher*, das für die Anerkennung eines Gewerbes nur ausschlaggebend sein könne, ob die fragliche Tätigkeit generell mit der Rechtsordnung vereinbar sei. [669] Das Festhalten an der

---

[665]Deutscher Bundestag, Drucksache 14/5958, S. 6, „Folgeänderungen im GaststättenG, soweit dort auf „Unsittlichkeit“ abgestellt wird, sind nicht erforderlich: Art. 1 des Gesetzesentwurfes stellt klar, dass bei entgeltlichen sexuellen Handlungen nicht mehr automatisch von Unsittlichkeit ausgegangen werden kann (vgl. Urteil des VG Berlin vom 01.12.2000).

[666]Siehe Erläuterungen zur Sittenwidrigkeit der Sexarbeit im vorstehenden Punkt.

[667]Deutscher Bundestag, Drucksache 14/5958, S. 4 „ Als Maßstab für die guten Sitten dient nach einer vom Rechtsgericht 1901 entwickelten Formel „das Anstandsgefühl aller billig und gerecht Denkenden“ (RGZ 48, S. 114, 124)…. Diese Bewertung entspricht nicht mehr der heutigen Zeit und wird von weiten Teilen der Bevölkerung nicht geteilt. Dies hat insbesondere eine Umfrage ergeben, die das VG Berlin…durchgeführt hat. Die meisten der befragten gesellschaftlichen Organisationen sehen die Prostitution nicht als sittenwidrig an…“

[668]http://www.bmfsfj.de/doku/prostitutionsgesetz/030103.html.

[669]„Sozial unwertig“ Beitrag von Prof. Dr. *Werner Frotscher*, § 1 „Gewerberecht“, S. 1-110, S. 19.

Sittenwidrigkeit für die Sexarbeit als sozial unwertige Tätigkeit hält er für falsch.

Pielow[670] sieht dies ähnlich und schreibt[671], dass der Gesetzgeber in der Gesetzesbegründung davon ausginge, dass das Verdikt der Sittenwidrigkeit für gegen Entgelt erbrachte Sexualität weder zeitgemäß sei, noch der mittlerweile überwiegenden juristischen Literatur bzw. der Rechtsprechung zum Gaststättenrecht entspräche.[672] Er ist der Auffassung, dass eine freiwillig ausgeübte Prostitution im Sinne des Ordnungsrechtes nicht mehr als sittenwidrig anzusehen und damit gewerbefähig geworden sei.[673]

Unter „Gewerbe" ist jede nicht sozial unwertige, auf Gewinnerzielung gerichtete und auf Dauer angelegte selbstständige Tätigkeit zu verstehen.[674]

Fraglich ist weiter, ob es sich bei der Sexarbeit um ein Gewerbe handelt.

Der Bund-Länder-Ausschuss geht, auch nach Einführung des ProstG, weiter davon aus, dass Sexarbeit kein Gewerbe ist und auch ein solches nicht werden soll[675], während Mitarbeiter der Gewerbeämter in einigen Städten (z.B. Dortmund, Hannover, Köln, Düsseldorf) die Erlaubnispflicht als Regulierungs- und Kontrollmöglichkeit favorisieren, und die Sexarbeit vom Makel der gewerberechtlichen Sittenwidrigkeit befreien wollen.

Beruf wird im Gegensatz zu Gewerbe, als eine dauerhaft angelegte, i.d.R. eine Ausbildung voraussetzende Betätigung, die die Arbeitskraft sowie Arbeitszeit überwiegend in Anspruch nimmt, definiert.[676]

---

[670]Prof. Dr. *Johann-Christian Pielow*.
[671]Beckscher Onlinekommentar zum Gewerberecht, Hrsg. *Pielow*, § 1, Rd-Nr. 164–168a.
[672]BT-Drs 14/5958, S. 4.
[673]BVerwG NVwZ 2003, S. 603, 604; VG Berlin NJW 2001, S. 983; vgl. etwa *Caspar,* S. 1322, 1326; zum Streitstand: *Friauf* GewO § 1, zu den Auswirkungen des ProstG s.a. *Gurlit* 2006, S. 409 ff.
[674]*Tettinger/Wank,* § 1 Rn. 2.
[675]Bund-Länder-Ausschuss Gewerberecht aus Juni 2002 siehe *Schönleitner*, S. 319 und Bund-Länder-Ausschuss Gewerberecht Mai 2007.
[676]http://wirtschaftslexikon.gabler.de/Definition/beruf.html.

Nach dieser Auffassung würde, bei Annahme einer gewerberechtlichen Sittenwidrigkeit und einer nicht vollen Beschäftigung in der Sexarbeit, die Sexarbeit weder als Gewerbe noch als Beruf angesehen werden.
Eine interne Arbeitsgruppe der deutschen Bundesagentur für Arbeit zur Vorbereitung einer neuen Klassifikation der Berufe hat jedoch eine neue Definition entwickelt, nach der ein Beruf ein Bündel von Tätigkeiten ist, die fachspezifische Kenntnisse und Fertigkeiten erfordern.[677] Danach wäre die Sexarbeit wohl als Beruf anzusehen.

Bereits 2002 schrieb *Laskowski*[678], dass unter den geänderten rechtlichen Vorzeichen des ProstG in anderen Teilrechtsgebieten, wie etwa im Zivilrecht, Prostitution nicht mehr als sittenwidrig gewertet werden sollte.[679] Sie schreibt, dass im Jahre 2010 deutlich werde, das eine Angleichung und damit eine Vereinheitlichung des Begriffs der „Sittenwidrigkeit" bis dato nicht erfolgt ist. Der Begriff der Sittenwidrigkeit wird damit in Bezug auf die Sexarbeit in allen Teilrechtsgebieten uneinheitlich verstanden."
Dabei wurde freiwillige Sexarbeit auch schon vor dem ProstG unter Berücksichtigung des verfassungsrechtlichen Selbstbestimmungsrechts als verfassungsrechtlich geschützte Berufstätigkeit i.S.v. Art. 12 Abs. 1 GG betrachtet.[680] Dies geht aus dem Urteil des BVerfG aus dem Jahr 1979 hervor.[681]

---

[677]http://www.pub.arbeitsagentur.de/hst/services/statistik/000200/html/kldb2010/berufsverstaendnis_
kldb2010.pdf.
[678]PD. Dr. iur. *Silke Ruth Laskowski,* Universität Hamburg.
[679]*Laskowski*, AuR, S. 406-410.
[680]*Maunz-Dürig-Scholz,* Rd-Nr. 36, „Nicht nur nach dem Eigenverständnis der Angehörigen dieses „Gewerbes", sondern auch nach mancher gesellschaftlichen Anschauung kann auch die Prostitution den Schutz der Berufsfreiheit bzw. die tatbestandliche Qualität eines verfassungsrechtlich geschützten Berufes beanspruchen. ... Die Offenheit des verfassungsrechtlichen Berufsbegriffes gründet sich vor allem auf gesellschaftliche Entwicklungen, gesellschaftliche Anschauungen sowie auf deren Wandlungen. (vgl. insoweit BVerwGE 22, S. 289)."
Sachs-Tettinger, Art. 12, Rd-Nr. 37; BT-Prot. 14/62 vom 20.06.2001, *Denninger* Anhörung im Ausschuss für Familie, Senioren, Frauen und Jugend; BT-Drs. 11/7140, vom 16.05.1990 und BT-Drs. 13/6372 .
[681]BVerfGE 50, S. 290–362 vom 01.03.1979, sog. „Mitbestimmungsurteil". „Art. 12 Abs. 1 GG schützt die Freiheit des Bürgers in einem für die moderne arbeitsteilige Gesellschaft besonders wichtigen Bereich: Er gewährleistet dem Einzelnen das Recht, jede Arbeit, für die er sich geeignet glaubt, als „Beruf" zu ergreifen, d. h. zur Grundlage seiner Lebensführung zu machen. In dieser Deutung reicht Art. 12 Abs. 1 GG weiter als die – von ihm freilich umfasste – Gewerbefreiheit. Darüber hinaus unterscheidet er sich jedoch von ihr durch seinen personalen Grundzug: Der „Beruf" wird in seiner Beziehung zur Persönlichkeit des Menschen im

Laskowski vertritt die Auffassung, dass zwar der Gesetzgeber hierzu nicht ausdrücklich Stellung genommen hat, dies aber für die Einordnung als Beruf unerheblich sei, da alleine die Berufsdefinition in Art. 12 GG maßgeblich sei, welche auch Prostitution erfasse.[682]
Die Tätigkeit als Sexarbeiter kann somit laut Definition sowohl ein Gewerbe als auch einen Beruf darstellen. Die Position des Bund-Länder-Ausschusses bleibt unverständlich.

Im Gewerbe- und Gaststättenrecht existieren zwei verschiedene Ansichten, ob der Betrieb von Bordellen als Gewerbe zu betrachten und ob im Bereich der Anbahnungsgaststätten die Auslegung von § 4 Abs. 1 Nr. 1 GastG „der Unsittlichkeit Vorschub leisten", anwendbar ist.
Die Bundesländer Baden-Württemberg, Bayern, Bremen, Thüringen und Sachsen verneinen die Möglichkeit der Erstellung eines Gewerbescheines und legen § 4 Abs. 1, Nr. 1 GastG dahingehend aus, dass diese Anbahnungsgaststätten ebenfalls kein Gewerbe und als „unsittlich" einzustufen seien. Die übrigen 11 Bundesländer eröffnen die Möglichkeit eines Gewerbescheines.

Auch das BVerwG hat sich zu diesen Überlegungen in seinem Beschluss vom 23.03.2009 geäußert.[683]
„...Ist die gaststättenrechtliche Erlaubnis für den Ausschank von (alkoholischen und nichtalkoholischen) Getränken in einem Bordell zu versagen, weil dadurch der Unsittlichkeit im Sinne von § 4 Abs. 1 Nr. 1 GastG Vorschub geleistet wird?"
„...Dazu genügt nicht, dass die Frage von einem Teil der Literatur noch bejaht wird...

Ganzen verstanden, die sich erst darin voll ausformt und vollendet, dass der Einzelne sich einer Tätigkeit widmet, die für ihn Lebensaufgabe und Lebensgrundlage ist und durch die er zugleich seinen Beitrag zur gesellschaftlichen Gesamtleistung erbringt."

[682] *Laskowski*, AuR S. 406 und Fn 12: „Der weit zu verstehende Berufsbegriff erfasst jede auf eine gewisse Dauer angelegte, der Schaffung und Erhaltung einer Lebensgrundlage dienende Tätigkeit. Ob diese Tätigkeit auch „wirtschaftlich sinnvoll", einen „Beitrag zur gesellschaftlichen Gesamtleistung leistet", er „erlaubt" oder nicht „sozial unwertig" sein muss, ist umstritten. Soweit definitorische Ausgrenzungen einer Tätigkeit vom Schutzbereich des Art. 12 Abs. 1 GG im Hinblick auf den Regelungsvorbehalt des Art. 12 Abs. 1 S. 2 GG überhaupt für zulässig erachtet werden, ließe sich eine Ausgrenzung im Hinblick auf das Kriterium der „sozialen Unwertigkeit" aber allenfalls dann vertreten, wenn diese Tätigkeit evident dem Menschenbild des GG widerspräche", so auch *Tettinger*, Fn. 11, Art. 12 Rd-Nr. 34 ff, 38. Das ist aber bei der freiwilligen Sexarbeit gerade nicht der Fall.

[683] BVerwG, Az 8 B 2.09; VGH München, Az 22 BV 06.3313, S. 2.

Hier zeichnet das Urteil des Bundesverwaltungsgerichts vom 6. November 2002 BVerwG 6 C 16.02 (Buchholz 451.41 § 4 GastG Nr. 25), das die frühere Rechtsprechung zum Tatbestandsmerkmal der Unsittlichkeit fortentwickelt, dessen Auslegung auch in Bezug auf die Prostitution vor....Danach ist der Rechtsbegriff der Unsittlichkeit nicht als moralische Kategoric oder ethische Forderung zu verstehen, sondern im Hinblick auf den Normzweck der Gefahrenabwehr und mit Rücksicht auf die grundrechtlichen Gewährleistungen in Art. 1 Abs. 1, Art. 2 Abs. 1 GG auszulegen....Ihr Anwendungsbereich beschränkt sich auf Vorgänge, die dem grundgesetzlich verbürgten Menschenbild widersprechen, mit Strafe oder Bußgeld bedroht sind oder wegen ihres Öffentlichkeitsbezugs einem sozialethischen Unwerturteil unterliegen. Dazu zählt sexuelles Verhalten, das schutzwürdige Belange der Allgemeinheit berührt, insbesondere, wenn es nach außen tritt und dadurch die ungestörte Entwicklung junger Menschen in ihrer Sexualsphäre gefährden kann oder andere Personen, die hiervon unbehelligt bleiben wollen, erheblich belästigt ... Der früheren Rechtsprechung, die aufgrund der damaligen Wertvorstellungen die Prostitution stets für unsittlich hielt ... hat der im Erlass des Prostitutionsgesetzes zum Ausdruck kommende Wandel der sozialethischen Wertvorstellungen die Grundlage entzogen. Nach den heutigen Wertvorstellungen der Rechtsgemeinschaft ist die kommerzielle Ausnutzung sexueller Bedürfnisse oder Interessen nicht mehr grundsätzlich als sittenwidrig anzusehen. Selbst entgeltliche sexuelle Handlungen werden nicht mehr „automatisch" als unsittlich beurteilt ... Auch der Bundesgerichtshof hält die Prostitution nicht mehr für grundsätzlich sittenwidrig (vgl. BGH, Urteile vom 13. Juli 2006 I ZR 241/03 NJW 2006, 3490 <3491> und vom 8. November 2007 III ZR 102/07 NJW 2008, 140). Die Verwaltungspraxis zieht aus dem Erlass des Prostitutionsgesetzes ebenfalls im Einzelnen noch umstrittene gewerberechtliche Konsequenzen."

Die seinerzeit im Bund-Länder-Ausschuss „Gewerberecht" getätigte Vorgabe, keine Gewerbescheine an Sexarbeiter auszugeben[684], führte in Frankfurt zu zwei interessanten Vorgängen.

Zum einen fanden Anfang 2007 verstärkte Kontrolle der Polizei auf den Straßenstrichen und Bordellen hinsichtlich des Vorhandenseins von Gewerbescheinen statt. Da in Frankfurt keine Gewerbescheine für Sexarbeiter ausgestellt werden, jedoch bei Nichtvorlage von Meldebescheinigung, Gewerbeanmeldung und Freizügigkeitsbescheinigung sowie Steuernummer ein Platzverbot erteilt wurde, ließen sich die Sexarbeiter Gewerbescheine als Tänzer oder Hostessen ausstel-

[684]Bund-Länder-Ausschuss Gewerberecht aus Juni 2002 siehe *Schönleitner*, S. 319 und Bund-Länder-Ausschuss Gewerberecht Mai 2007.

len.[685] Damit begingen sie eine Ordnungswidrigkeit, welche mit bis zu 1.000,- € geahndet werden konnte. Im März 2007 erstattete die Hurenorganisation Dona Carmen e.V. bei der Staatsanwaltschaft Frankfurt Strafanzeige gegen Polizei und Gewerbeamt hinsichtlich dieses Vorgehens. Zu einem Verfahren kam es nicht.

Zum anderen wurde im Jahre 2006 ein Privatmann, welcher Sexarbeitern beim Ausfüllen der Anträge fürs Gewerbeamt behilflich war, wohl wissend, dass es sich in Wahrheit um einen Sexarbeiter und nicht um einen Tänzer etc. handelt, angeklagt und in erster und zweiter Instanz wegen „mittelbarer Falschbeurkundung“ und „Beschaffung von Aufenthaltsgenehmigungen mit unrichtigen Angaben“ verurteilt.[686]

In anderen Bundesländern ist es hingegen möglich, Gewerbescheine als Sexarbeiter zu erlangen.

Das Gewerberecht wird aber auch in anderer Hinsicht für die Anwendung auf die Sexarbeit als problematisch angesehen, worauf bereits 1996 hingewiesen wurde.[687] Angeführt wird hierzu z.B. § 29 GewO, der die rechtliche Möglichkeit der Auskunft und Nachschau beinhaltet. Danach ist es gestattet während der Betriebszeiten zum Zwecke der Überwachung Grundstück und Geschäftsräume zu betreten. Was bei anderen Gewerbetreibenden als völlig unproblematisch erscheint, kann in der Sexarbeit, wo es um intimste Dienstleistungen geht, problematisch sein.[688] Auch in den §§ 14, 15 GewO werden Schwierigkeiten gesehen. Die Sexarbeiter müssten danach die An-, Um-, oder Abmeldung ihres Gewerbes gegenüber der zuständigen Behörde jeweils drei Tage im Voraus vornehmen. Da viele Sexarbeiter nicht regelmäßig und an häufig wechselnden Orten anschaffen, würden sie vermehrt Gefahr laufen gegen diese Vorschriften zu verstoßen und damit gem. § 35 GewO ihren Gewerbeschein wegen „Unzuverlässigkeit“ zu verlieren. Ebenfalls problematisch für die Sexarbeiter könnte sich

[685]Dona Carmen, „La Muchacha“ Nr. 7/2007, S. 14 “Repression gegen Prostituierte in Frankfurt”.

[686]http://zeitung.sexworker.at/polizei-zwang-sexarbeiter-in-frankfurter-prostitutions arbeitsstatten-sich-gewerbeanmeldungen-mit-falschbezeichnungen-zu-beantragen/.

[687]Gesetzesentwurf zu einem ProstG der deutschen Hurenbewegung, Art. 9.

[688]Dona Carmen in La Muchacha, Nr. 8/2011, “Selbständige Prostitution: Anerkennung als freier Beruf”, S. 2.

auch § 14 Abs. 6 GewO auswirken, wonach der Name, die betriebliche Anschrift und die angezeigte Tätigkeit des Gewerbetreibenden allgemein zugänglich gemacht werden dürfen.[689]
Es wird daher von Dona Carmen gefordert, keine Einordnung der Sexarbeiter in das Gewerberecht vorzunehmen, sondern die Sexarbeit als eine freiberufliche Tätigkeit anzuerkennen.[690]

c.) Arbeitsrechtliche Probleme

Eines der gesetzgeberischen Ziele des ProstG war, den Sexarbeitern sozialversicherungspflichtige Beschäftigungsverhältnisse zu ermöglichen. Bisher sind aber kaum solche Beschäftigungsverhältnisse entstanden. Zum einen könnte es daran liegen, dass seitens der Sexarbeiter und Bordellbetreiber gar kein Interesse an solchen Arbeitsverhältnissen besteht, zum anderen könnte es auch an fehlenden gesetzlichen Regelungen oder der rechtlichen Ausgestaltung solcher Verträge liegen.

Der Gesetzgeber hat sich sowohl im Gesetzeswortlaut als auch in der Gesetzesbegründung mit arbeitsrechtlichen Vokabeln schwer getan. Dies beschreibt *von Gahlen*[691] folgendermaßen:
„Gesetzeswortlaut und Gesetzesbegründung vermeiden eine ausdrückliche Bezugnahme auf das Arbeitsrecht. Worte wie „Arbeitgeber", „Arbeitszeit" oder „Gehalt" sind mit Anführungszeichen versehen. Die Praxis steht vor der Aufgabe, die arbeitsrechtlichen Fragestellungen nach allgemeinen arbeitsrechtlichen Grundsätzen zu lösen und zu entscheiden, wieweit allgemeines Arbeitsrecht in

[689]Dona Carmen in La Muchacha, Nr. 8/2011, "Selbständige Prostitution: Anerkennung als freier Beruf", S. 2. Dona Carmen vertritt in ihrem Fazit die These: „Die formelle Gleichbehandlung mit anderen Gewerbetreibenden führt zu einer faktischen Ungleichbehandlung ihnen gegenüber, da andere Gewerbetreibende im Unterschied zur Prostitution parallel zur gewerberechtlichen Kontrolle keiner umfassenden straf- und ordnungsrechtlichen Sonderreglementierung unterworfen sind."
[690]Dona Carmen in La Muchacha, Nr. 8/2011, "Selbständige Prostitution: Anerkennung als freier Beruf", S. 2 und „Gewerbe oder freiberuflich? Die aktuelle rechtliche Lage bei Prostitution", S. 3. Gemeinsam mit einer Anerkennung gem. § 6 GewO fordern sie weiter die freiberufliche Tätigkeit in § 13 Baunutzungsverordnung und gem. § 18 Abs. 1 Einkommenssteuergesetz einzustufen, „Die Freiberuflichkeit von selbständigen Prostituierten anerkennen! Forderungen von Dona Carmen", S. 3.
[691]Dr. *Margarete* Gräfin *von Gahlen*, Rechtsanwältin und Präsidentin der Rechtsanwaltskammer Berlin.

Einklang mit der Zielsetzung des ProstG auf die Tätigkeit der Prostituierten Anwendungen finden kann." [692]

Die Abgrenzungen der einzelnen Formen von Arbeitsverhältnissen, etwa ob eine abhängige Beschäftigung, eine freie Mitarbeit, eine arbeitnehmerähnliche Selbstständigkeit oder Scheinselbständigkeit vorliegt, bereitet Schwierigkeiten. Das Bundesarbeitsgericht hat in verschiedenen Verfahren, die Ausübung der Prostitution betreffend[693], für die Abgrenzung eines Arbeitsverhältnisses von dem Rechtsverhältnis eines freien Mitarbeiters, den Grundsatz aufgestellt, dass sich beide durch den Grad der persönlichen Abhängigkeit unterscheiden. Dies ist aber gerade bei einer Tätigkeit wie der Sexarbeit schwierig, da schon die Vereinbarungen über Arbeitszeit und Preisvorgaben teilweise als Abhängigkeit gesehen werden, obwohl der Sexarbeiter lediglich das Bordell als Ausübungsort nutzt.

Die Unklarheit der Abgrenzungen hat in der jüngeren Vergangenheit immer wieder zu Ermittlungsverfahren geführt, was später noch ausführlich dargestellt werden wird.[694]

Seitens der Betreiber und der Sexarbeiter müsste auch ein Interesse an Arbeitsverträgen bestehen. Beide Seiten stehen diesen aber kritisch gegenüber.

Die Bordellbetreiber haben kein Interesse, weil sie u.a. dann auch im Krankheitsfall Lohn zahlen und Urlaub gewähren müssten. Darüber hinaus wechseln die meisten Betriebe häufig die Sexarbeiter, um den Kunden unterschiedliche Angebote machen zu können, dies würde zu extrem kurzen Laufzeiten der Arbeitsverträge und einem hohen Verwaltungsaufwand führen. Hinzu kämen die rechtlichen Unsicherheiten, was genau der Arbeitgeber dem Sexarbeiter als Arbeitnehmer vorschreiben kann und darf.
Der UEGD hat hierzu Stellung genommen:

---

[692] *v. Gahlen*, S. 50.
[693] BAG 78, S. 343; LAG BB 1998, S. 54; BAG NZA 1999, S. 983, 984; BAG NZA 2000, S. 1102.
[694] Siehe Ausführung zum „Colosseum-Verfahren".

„Generell ist anzumerken, dass Sexarbeiterinnen i.d.R. die Dauer ihrer Tätigkeit in einer Prostitutionsstätte von ihren Einnahmen abhängig machen. Ortsgebundene Sexarbeiterinnen sind stärkeren Einnahmeschwankungen ausgesetzt, nehmen diese aber bewusst in Kauf. Migrierte Sexarbeiterinnen und nur zur Tätigkeitsausübung in Deutschland lebende Sexarbeiterinnen sind gekennzeichnet durch einen hohen Mobilitätsfaktor.
Vor der „Mobilitätsexplosion" hatte die Sexarbeiterinnen ein Interesse, möglichst viele Stammgäste/Stammfreier an sich, und damit an die Prostitutionsstätte in der sie tätig war, zu binden. Heute müssen Prostitutionsstätten viel mehr in Kundenbindung investieren, um ihre Gäste „im Haus" zu halten.

Prostitutionsstätten mit hohen Fluktuationsraten (Tätigkeitsausübung 2 Wochen bis max. 8 Wochen), die etwa 75% des sexuellen Dienstleistungsmarktes ausmachen, sind beim Abschluss von Arbeitsverträgen mit folgenden primären Fragestellungen konfrontiert:
- Zusätzlichen Verwaltungskosten
  (interner Arbeitsaufwand und Steuerberaterkosten)
- Festlohn oder Grundlohn plus Leistungsprämie
- eingeschränktes Weisungsrecht (ProstG)
– die Nichtvornahme, bzw. nicht ausreichende Anzahl der Vornahme von sexuellen Dienstleistungen ist kein Kündigungsgrund
- anderen Nebenpflichten des Arbeitgebers[695] wie Lohnfortzahlung im Krankheitsfall, Mutterschutz, Fürsorgepflicht, BetriebsstättenVO etc.

Aus Sicht der BetreiberInnen von Prostitutionsstätten entsteht ein Administrationsaufwand, der den Aktuellen um ein Mehrfaches übersteigt (Kosten und Zeit). Das Risiko gegen Gesetze und Verordnungen, die nur aufgrund von Arbeitsverträgen entstehen, zu verstoßen ist unverhältnismäßig hoch."[696]

Die Sexarbeiter legen Wert auf ihre Unabhängigkeit und die Freiheit zu arbeiten wann, was, wo und wie viel sie möchten sowie die Gewissheit zu haben, jederzeit mit der Sexarbeit aufhören zu können. Dieser Unabhängigkeit würde ein Arbeitsvertrag mit festen Vorgaben hinsichtlich der Arbeitszeit und Vertragsdauer etc. wiedersprechen.

---

[695] siehe *Budde*.
[696] Schriftliche Stellungnahme des UEGD vom 02.04.2011.

Großer Wert wird auch auf die Anonymität gelegt, da sie zum Teil ein Doppelleben führen und ihre Personalien dem Betreiber nicht zugänglich machen möchten. Sie möchte auch nicht beim Finanzamt oder in anderen Behörden als Sexarbeiter registriert sein.
Viele möchten darüber hinaus soziale Sicherheit nicht mit Einkommenseinbußen kompensieren, die bei einer angemeldeten Tätigkeit durch die Zahlung von Steuern, Solidaritätsabgabe, Krankenversicherung, Rentenversicherung, Arbeitslosenversicherung, Unfallversicherung etc. entstehen.

(1) Vermittlung von Sexarbeitern durch die Agentur für Arbeit

Neu geregelt werden sollten die Möglichkeiten für Betreiber von Sexdienstleistungsbetrieben neue Mitarbeiter zu finden und einzustellen. Bisher erfolgt die Information, dass neue Sexarbeiter gesucht werden bzw. dass ein Sexarbeiter einen neuen Arbeitsbereich sucht, eher durch persönliche Gespräche oder „Mund zu Mund Propaganda".
Nicht auszuschließen ist durch diese Art und Weise, dass manche Zuhälter oder „Manager" die von ihnen betreuten Sexarbeiter dabei übervorteilen oder dem Betreiber gar Sexarbeiter empfehlen, die dies gar nicht freiwillig anbieten möchten.
Im Internet ist eine Stellenvermittlung über die Seite www.kollegin.de möglich. Dort werden Stellenanzeigen der Betreiber sowohl für den Bereich Sexarbeit, als auch für andere Arbeiten in den Betrieben oder Vermietungen veröffentlicht. Darüber hinaus gibt es die Zeitschrift Heim & Welt, in der Anzeigen geschaltet werden können.
Es existiert im Internet noch eine weitere Seite, www.kollegin.ro, dieser Seite steht aber z.B. der UEGD kritisch gegenüber.[697]
Auch die Weigerung der Agentur für Arbeit Sexarbeiter zu vermitteln, hält der UEGD für falsch und begleitete das Klageverfahren bis zum Bundessozialgericht und die anschließende Verfassungsbeschwerde.[698]

---

[697]Schriftliche Information des UEGD vom 02.04.2011.
[698]Schriftliche Information des UEGD vom 02.04.2011.

(2) Abgrenzung Selbstständig/Scheinselbstständig und arbeitnehmerähnlicher Selbstständige

Während die Einordnung von Sexarbeitern auf dem Straßenstrich in der Regel kein Problem darstellt, ist die Einordnung der in einem Haus arbeitenden Sexarbeiter oft schwierig.
Es gibt viele verschiedene Formen von Bordellen und bordellähnlichen Betrieben, und manchmal arbeiten die Sexarbeiter innerhalb eines Betriebes auch in unterschiedlichen Beschäftigungsverhältnissen. Der Verdacht der Ermittlungsbehörden, dass hierbei Steuer- und Sozialabgaben nicht ordnungsgemäß abgeführt werden, bzw. Sexarbeiter ohne Arbeitserlaubnis in den Häusern tätig sind, führt zu Razzien und Betriebsprüfungen.

Da die Abgrenzungen der verschiedenen Beschäftigungsarten gerade im Sexarbeiterbereich schwierig sind, dürfte sowohl bei den Sexarbeitern als auch bei den Betreibern ein großes Unbehagen anlässlich dieser Überprüfungen herrschen. Nicht selten ziehen die Überprüfungen Ermittlungsverfahren wegen des Verdachtes des Verstoßes gegen § 266 a StGB nach sich.

Zum Aufzeigen der Problematik erfolgt eine kurze Übersicht der möglichen Beschäftigungsverhältnisse anhand derer die Schwierigkeiten deutlich werden.

(a) Arbeitnehmerähnlicher Selbstständiger

Ein arbeitnehmerähnlicher Selbständiger ist ein „echter" Selbstständiger. Er ist im Sinne des § 2 Nr. 9 SGB VI verpflichtet, den vollen Rentenversicherungsbeitrag abzuführen. Per definitionem sind arbeitnehmerähnliche Selbständige Personen, die

- im Zusammenhang mit ihrer selbstständigen Tätigkeit regelmäßig keinen versicherungspflichtigen Arbeitnehmer beschäftigen und
- auf die Dauer und im Wesentlichen nur für einen Auftraggeber tätig sind, bei Gesellschaftern gelten als Auftraggeber die Auftraggeber der Gesellschaft.[699]

[699] http://www.scheinselbstaendigkeit.de/arbeitnehmeraehnlich-scheinselbstaendigkeit/index.html

Eine Befreiung von der Rentenversicherungspflicht ist unter verschiedenen Voraussetzungen möglich.

(b) Scheinselbständigkeit

Von einer sog. Scheinselbständigkeit spricht man, wenn ein sozialversicherungspflichtiges Beschäftigungsverhältnis im Sinne des § 7 Abs. 1 SGB IV vorliegt. Solche sind demnach sozialversicherungspflichtige Beschäftigte, bei denen der Auftraggeber entweder in gutem Glauben oder unter bewusstem Verstoß gegen die Vorschriften keine Sozialversicherungsbeiträge[700] abführt. Die erwerbstätige Person tritt als selbstständiger Unternehmer auf, obwohl sie zu den abhängigen Beschäftigten zählt. Diese rein sozialversicherungsrechtliche Einordnung bedeutet aber nicht gleichzeitig, dass es sich auch im arbeitsrechtlichen- oder steuerrechtlichen Sinne um einen Arbeitnehmer handelt. Die AbgrenzungenArbeitnehmer/Selbstständiger, im Arbeitsrecht, Arbeitnehmer/umsatzsteuerpflichtiger Unternehmer, im Steuerrecht, erfolgt durch die Arbeitsgerichte und Finanzgerichte eigenständig. Gem. § 7 Abs. 1 SGB IV ist eine Beschäftigung eine nichtselbständige Arbeit, insbesondere in einem Arbeitsverhältnis. Anhaltspunkte hierfür sollen eine Tätigkeit nach Weisung sowie die Eingliederung in die Arbeitsorganisation des Weisungsgebers sein. Nach der Rechtsprechung des Bundessozialgerichts[701] setzt eine Beschäftigung voraus, dass der Arbeitnehmer vom Arbeitgeber persönlich abhängig ist. Eine Eingruppierung in „abhängig beschäftigt“ oder „selbständig“ hängt davon ab, welche Merkmale überwiegen. Dabei wird auf das Gesamtbild abgestellt. Weichen die Vereinbarungen und die tatsächlichen Verhältnisse ab, sind die tatsächlichen Verhältnisse maßgebend.[702]

d.) Steuerrechtliche Probleme

Die steuerrechtliche Einordnung von Sexarbeitern sowie die Einforderung der Steuern sind ein zentrales Problem der Vergangenheit und der Gegenwart.

---

[700]Kranken-, Renten-, Pflege- und Arbeitslosenversicherung.

[701]BSG, Urteil vom 22.06.2005, Az B 12 KR 28/03, SozR 4-2400/7 Nr. 5.

[702]BSG, Urteil vom 01.12.1977, Az 12/3/12 RK 39/74, BSGE 45, S. 199-206 und Urteil vom 18.12.2001,Az B 12 KR 10/01 R, NJW-RR 2002, S. 431-433.

Bereits mit Einführung des GeschlKrG im Jahre 1927 äußerte sich der Gesetzgeber nicht, ob die Sexarbeit eine Erwerbstätigkeit darstellen solle und damit Steuerabgaben zu zahlen sind. Der RFH äußerte sich hierzu in einem Urteil aus dem Jahre 1931[703] und lehnte eine Besteuerung des Dirneneinkommens ab, da diese Einkünfte nicht unter eine im EStG i. d. F. von 1925 aufgezeigten Einkommenssteuerarten fielen. Damit waren Prostituierte zunächst keiner steuerlichen Abgabenpflicht unterworfen.

Erst in einem Urteil aus dem Jahre 1943 wurde durch den RFH entschieden, dass körperliche Liebe eine sonstige Leistung gem. § 22 Nr. 3 EStG i. d. F. von 1939 sei.[704]

In der Folgezeit bestand jedoch Uneinigkeit darüber, ob und wie die Einkünfte zu versteuern seien. Erst mit Urteil des BFH aus dem Jahre 1964 wurde entschieden, dass die Einkünfte aus Prostitution den sonstigen Einkünften zuzuordnen sind und nach den Vorschriften des § 22 EStG zu versteuern sind.[705]

Diese Ansicht änderte sich, als im Jahre 2000 der BFH sein Urteil zur Ausübung von Telefonsex sprach.[706] In diesem Urteil bejahte der BFH bzgl. der Ausübung von Telefonsex eine Teilnahme am allgemeinen wirtschaftlichen Verkehr und unterstellte damit diese gewerbliche Tätigkeit dem § 15 EStG[707]. Im Jahre 2004 wurde durch die Einkommenssteuerreferenten des Bundes und der Länder entschieden, dass auch Einkünfte der selbstständig tätigen Sexarbeiter gem. § 15 EStG zu besteuern sind. Dem Entschluss folgten die Oberfinanzdirektionen Düsseldorf und Münster.[708]

Einkünfte eines selbständigen Sexarbeiters sind demnach gem. § 15 EStG zu versteuern, wenn die Tatbestandsmerkmale gem. § 15, Abs. 2, Satz 1 EStG anzunehmen sind. Sexarbeiter können selbstständig, nachhaltig und mit Gewinnerzielungsabsicht arbeiten. Die Teilnahme am allgemeinen wirtschaftlichen Verkehr erfüllen sie, wenn sie ihre Dienstleistung für Dritte erkennbar am Markt anbieten. Für eine Besteuerung nach § 15 EStG muss weiter ausgeschlossen

---

[703] RFH-Urteil vom 04.03.1931, Az. VI A 16/13, RStBl. 1931, S. 528.

[704] RFH-Urteil vom 08.04.1943, Az. IV 33/43, StuW Teil II (1943), Nr. 213, Sp. 333.

[705] BFH-Urteil vom 23.06.1964, Az. GrS. 1/64 S, BStBl. III 1964, S. 500 f.

[706] BFH-Urteil vom 23.02.2000, Az. X R 142/95, DB 2000, S. 1596 f.

[707] Einkommenssteuergesetz urspr. Fassung vom 16.10.1934 (RGBl. I S. 1005), in Kraft getreten am 25.10.1934, Neubekanntmachung vom 08.10.2009, BGBl. I, S. 3366 (3862). Letzte Änderung durch Art. 1g vom 22.12.2009, BGBl. I, S. 3950 ff.

[708] OFD Düsseldorf vom 30.07.2004, Az. S 2240 A – St11 und OFD Münster vom 30.07.2004, Az. S. 2240 – 106 - St 12 - 33.

werden, dass die Einkünfte aus der Ausübung eines freien Berufes oder einer anderen selbstständigen Tätigkeit erbracht werden.[709] Unter selbstständiger Arbeit werden nur die im Katalog des § 18 EStG abschließend aufgezählten freiberuflichen Tätigkeiten verstanden oder solche, die diesen gleichzusetzen sind. Um eine solche handelt es sich bei der Sexarbeit nicht.
Damit besteht rein steuerlich kein Unterschied zwischen Sexarbeitern und Dienstleistungsunternehmen.

Bei Betreibern von Bordellen und ähnlichen Unternehmen muss unterschieden werden, ob sie ausschließlich Zimmer vermieten, ohne irgendeinen dazugehörigen Service, dann liegen lediglich Einkünfte aus Vermietung vor, oder ob sie darüber hinaus auch Kontaktanbahnung, Getränke, Kondome, Sicherheitsdienste etc. anbieten, dann handelt es sich um eine gewerbliche Tätigkeit gem. § 15 EStG.

Bei einem unselbständigen Sexarbeiter könnte eine Steuerpflicht gem. § 19 EStG vorliegen. Die Merkmale für die unselbständige Berufsausübung sind in § 1 LStDV normiert.[710] Der Sexarbeiter müsste dem steuerrechtlichen Arbeitnehmerbegriff der Vorschrift unterfallen. Dies liegt vor, wenn die tatsächliche Ausgestaltung der Tätigkeit, Abhängigkeit und Weisungsgebundenheit des Arbeitnehmers hinsichtlich Zeit, Ort und Art seiner Tätigkeit beinhaltet. Es erfolgt eine Gesamtwürdigung. Ein solch unselbständiger Sexarbeiter wäre gem. § 19 EStG abgabenpflichtig.

Problematisch ist bei dieser Art der Steuerpflichtigkeit, dass bei Einkünften aus nichtselbständiger Arbeit bestimmte Aufwendungen in Abzug gebracht werden können, wie Fahrten von der Wohnung zur Arbeitsstelle, Werbungskosten, Aufwendungen für Arbeitsmittel sowie Berufskleidung.[711] Die Aufwendungen müssen aber erkennbar der beruflichen Sphäre zugeordnet werden können, was bei den Aufwendungen von Sexarbeitern in der Regel schwierig ist. Ein privater Nutzen darf nur von geringem Umfang sein, doch die Darlegung ist bei der Anschaffung von Dessous, Kosmetik, Kondomen, Sexzubehör etc. schwer.

---

[709] § 15, Abs. 1, S. 1 EStG.
[710] Die LStDV wurde am 16.06.1949 ausgefertigt und durch Bekanntmachung vom 10.10.1989 neugefasst.
[711] § 9 Abs. 1 Satz 3 EStG.

Sexarbeiter sind auch gem. § 3 Abs. 9, S. 1 UStG zur Umsatzsteuer verpflichtet.[712] Eine Umsatzsteuer wird nicht erhoben, wenn der Umsatz inklusive der Umsatzsteuer im vorangegangenen Kalenderjahr den Betrag von 17.500,- € nicht überstiegen hat und im laufenden Jahr die 50.000,- € Grenze vermutlich nicht übersteigen wird.[713] Dies lässt sich aber nur durch eine genaue Buchführung rückwirkend feststellen.

Bordellbetreiber u. ä. sind gem. § 2 Abs. 1 UStG Unternehmer und damit umsatzsteuerpflichtig. Die Umsatzsteuer berechnet sich aus den Einnahmen aus der Vermietung sowie aus den Prostitutionsentgelten. Es sei denn, ausschließlich der Sexarbeiter tritt in Rechtsbeziehung zu den Freiern, dann entfällt dieser Teil aus der Umsatzsteuerpflicht.
Liegen ausschließlich Einnahmen aus Vermietung und Verpachtung vor, sind diese gem. § 4 Nr. 12 a UStG von der Umsatzsteuer befreit.[714]

Für Bordellbetreiber und Sexarbeiter können darüber hinaus noch Gewerbesteuer anfallen, wenn sie den jährlichen Gewerbeertrag-Freibetrag von 24.500,- € übersteigen.[715]

Nach der Einführung des ProstG 2002 wurden verschiedentlich Anfragen und Erhebungen eingebracht, um zu ermitteln, wie hoch der Anteil der Sexarbeiter ist, die sich steuerlich gemeldet haben. Keiner der Versuche ist bisher befriedigend verlaufen, was unter anderem daran liegt, dass das Finanzamt für Sexarbeit keinen gesonderten Tätigkeitsschlüssel hat und die Tätigkeit daher unter anderen Schlüsseln registriert wird.

Die Einordnung und eine richtige Berechnung der Steuer- und Abgabenlast sind kompliziert. Bei Betreibern von Sexdienstleistungsunternehmen wird man, wie bei jedem anderen Gewerbetreibenden, davon ausgehen können, dass sich ein Steuerberater um derartige Belange kümmert. Anders sieht es bei Sexarbeitern aus, die die Tätigkeit nur nebenberuflich oder zeitweilig ausüben. Hier ist eine

[712] BFH-Urteil vom 04.06.1987, Az. V R 9/79, DB 1987, S. 1874; *Brezing*, S. 1598 ff.
[713] Sog. Regelung für Kleinunternehmer.
[714] BFH-Urteil vom 10.08.1961, Az. V 31/61 U, BStBl. III 1961, S. 526 f.
[715] §§ 7-11 GewStG.

klare Abgrenzung und eine Informationsbroschüre der Länder oder des Bundes sicherlich hilfreich.

(1) „Düsseldorfer Verfahren"

Dass grundsätzlich von einer Steuerpflicht der Sexarbeiter ausgegangen wird, wurde bereits dargelegt. Wie dieser Anspruch des Staates umzusetzen ist, wird kontrovers diskutiert. Eine der Lösungen ist das sogenannte „Düsseldorfer Verfahren", ein vereinfachtes Vorauszahlungsverfahren.

Der Name „Pauschalsteuer" führt in die Irre, denn tatsächlich ist die beim „Düsseldorfer Verfahren" geleistete Steuer keine Pauschale, sondern eine Vorabzahlung der am Jahresende zu entrichtenden tatsächlich entstanden Steuerlast. Auf diese werden die Vorauszahlungen angerechnet.

Ausgangspunkt für das „Düsseldorf Verfahren" waren „die Bemerkungen des Bundesrechnungshofes aus dem Jahre 2003 zur Haushalts- und Wirtschaftsführung des Bundes an Bundestag/-rat und die Bundesregierung". Hierin stellte der Bundesrechnungshof fest, dass es den Finanzbehörden bis auf wenige Ausnahmen nicht gelinge, die in Deutschland tätigen Sexarbeiter und Zuhälter steuerlich zu erfassen. Daraus erleide der Staat nach Schätzungen des Bundesrechnungshofes Steuerverluste in Höhe von mehr als 2 Milliarden Euro jährlich.[716] Der Bundesrechnungshof hatte aber auch gleich einen Lösungsvorschlag. Das übliche Besteuerungsverfahren sei in der Regel „nicht angemessen und erfolglos". Stattdessen empfehle sich „ein pauschaliertes Besteuerungsverfahren", das „verfahrensrechtlich abzusichern und bundeseinheitlich durchzusetzen sei".[717] Dieses sog. „Düsseldorfer Verfahren"[718] sieht vor, dass jeder Bordellbetreiber für die in seinen Räumlichkeiten tätigen Sexarbeiter für jeden Miet- bzw. Tätigkeitstag einen Pauschalsatz von 25,- € an das Finanzamt abführt. Dieser Betrag

---

[716] Bundesrechnungshof, Bemerkungen 2003 zur Haushalts- und Wirtschaftsführung des Bundes, Textziffer 50.0.

[717] Bundesrechnungshof, Bemerkungen 2003 zur Haushalts- und Wirtschaftsführung des Bundes", Textziffer 50.4.2., S. 188.

[718] Als „Düsseldorfer Verfahren" wird ein Erlass der (ehemaligen) Oberfinanzdirektion Düsseldorf bezeichnet, der eine pauschalierte Steuererhebung von Einkommen- und Umsatzsteuer bei der Ausübung der Prostitution regelt, ursprünglich handelte es sich hierbei um 5,- DM pro Tag.

gilt als Steuerschätzbetrag gem. § 162 AO[719] und enthält Einkommens-, Gewerbe-, Mehrwertsteuer und Solidaritätszuschlag. Die Beträge und Daten der Sexarbeiter werden auf einer Liste festgehalten, die vierteljährlich gemeinsam mit der Geldzahlung an das Finanzamt gesendet wird.

Diese Pauschalbesteuerung wird aktuell bereits praktiziert:[720]

Bundesland	**Besteuerungsverfahren**
Schleswig-Holstein	Keine Sonderbesteuerung
Hamburg	Keine Sonderbesteuerung
Bremen	Keine Sonderbesteuerung
Mecklenburg-Vorpommern	Keine Sonderbesteuerung
Niedersachsen	Keine Sonderbesteuerung
Sachsen-Anhalt	Keine Sonderbesteuerung
Thüringen	Keine Sonderbesteuerung
Brandenburg	Keine Sonderbesteuerung
Bayern	Keine Sonderbesteuerung
Nordrhein-Westfalen	Seit 1996 in einzelnen Kommunen Düsseldorfer Verfahren, 25 € als Vorauszahlung
Baden-Würtemberg	Seit ca. 2002 in Stuttgart, seit 2006 flächendeckend, Düsseldorfer Verfahren, 25 € als Vorauszahlung
Berlin	Seit 2007, Düsseldorfer Verfahren, 30 € als Vorauszahlung
Sachsen	Seit 2007, Düsseldorfer Verfahren, 15 € als Vorauszahlung
Hessen	Seit 2008, Düsseldorfer Verfahren, 25 € als Vorauszahlung

719 Abgabenordnung, ursprüngliche Fassung 16.04.1976, BGBl. I S. 613; ber. 1977 I, S. 269; Neubekanntmachung vom 01.10.2002, BGBl. I, S. 3866, ber. 2003 I, S. 61; letzte Änderung durch Art. 2g vom 30.07.2009.

720 Die nachfolgenden Daten sind der Zeitung La Muchacha, Dona Carmen, Nr. 8/2011, S. 17, „Legal, illegal, scheißegal, Der hessische Finanzminister, die Steuerfahnder und die Huren" entnommen und wurden von der Autorin nicht verifiziert.

Rheinland-Pfalz	Seit 2008, Düsseldorfer Verfahren, 25 € als Abgeltungssteuer
Saarland	Seit 2009, Düsseldorfer Verfahren, 25 € als Abgeltungssteuer

Das Düsseldorfer Verfahren wirft sowohl rechtliche als auch tatsächliche Probleme auf.

Über die geleisteten Pauschalsteuern hat der Sexarbeiter bei Abführung an den Bordellbetreiber keine Verfügungsmöglichkeit mehr. Führt der Bordellbetreiber diese nicht korrekt ab oder geht er in die Insolvenz, laufen die Sexarbeiter Gefahr erneut die Steuer zahlen zu müssen.
Darüber hinaus ist das Gewerbe der Sexarbeit mit häufigen Ortswechseln verbunden. Hier besteht die Schwierigkeit, dass im Laufe eines Jahres an verschiedene Betreiber und verschiedene Finanzämter gezahlt wurde. Der Sexarbeiter muss sich bei einem Wechsel des Bordells die bisher gezahlten Beträge einschließlich der genauen Angabe des zuständigen Finanzamtes vom Bordellbetreiber oder dem Finanzamt bestätigen lassen. Dies ist zwar generell zumutbar, durch die Eigenheiten des Milieus kann es aber hier zu Schwierigkeiten z.B. hinsichtlich der Zuständigkeiten oder dem Anfallen von zusätzlichen Kosten für diese Bescheinigungen kommen.

Ein weiteres Problem stellt die Erfassung der persönlichen Daten der Sexarbeiter durch den Bordellbetreiber dar. In der Regel arbeiten die Sexarbeiter unter einem Künstlernamen. Dieser dient der Wahrung ihrer Privatsphäre, denn eine nicht unbeträchtliche Anzahl von Sexarbeitern lebt ein „Doppelleben" und hat daher ein großes Interesse daran, den richtigen Namen sowie die Adresse nicht mitzuteilen, um sich nicht erpressbar zu machen. Für die Teilnahme am „Düsseldorfer Verfahren" muss der Betreiber aber den Namen und die Adresse der bei ihm oder für ihn arbeitenden Sexarbeiter angeben. Die Teilnahme am „Düsseldorfer Verfahren" erfolgt in zwei Schritten. Zunächst muss der Betreiber des Bordells seine freiwillige Teilnahme an dieser Form erklären.[721] Stimmt der Betreiber zu, können die Sexarbeiter entscheiden, ob sie teilnehmen wollen oder

[721]Von verschiedenen Teilnehmern der Fachtagungen wurde berichtet, dass diese Freiwilligkeit oftmals mit der Information seitens der Behörden bei Nichtteilnahme vermehrt Razzien und Überprüfungen des Betriebes durchzuführen, befördert wird.

nicht. Auch für die nicht am „Düsseldorfer Verfahren“ teilnehmenden Sexarbeiter eines Betriebes müssen aber seitens des Bordellbetreibers, in den Anlagen der Sammelliste Formulare mit den vollständigen Namen und Adressen eingereicht werden.
Auf die datenschutzrechtlichen Bedenken hingewiesen, erklärte die Vertreterin des hessischen Datenschutzbeauftragte am 05.03.2010 gegenüber Dona Carmen, dass er „datenschutzrechtliche Bedenken gegen die Zulässigkeit dieses Verfahrens hätte“. In einem weiteren Schreiben vom 08.06.2010 wurde die Aussage dahingehend relativiert, „dass die Datenerhebung durch die Betreiber von Prostitutionseinrichtungen nach § 7 Abs. 1, Nr. 3 Hessisches Datenschutzgesetz grundsätzlich möglich seien.“[722]

Lehnt der Bordellbetreiber die Teilnahme am „Düsseldorfer Verfahren“ ab und will ein Sexarbeiter trotzdem teilnehmen, ergeben sich auch hier Probleme. In Hessen darf z. B. die Pauschalsteuer nicht an die Finanzbehörden direkt gezahlt werden, so dass fraglich ist, wie ein Sexarbeiter ohne Mitwirkung des Bordellbetreibers teilnehmen kann.

Ein weiteres Problem ist die korrekte Steuererklärung am Jahresende. Da Sexarbeiter in der Regel keine „Kassenbücher“ führen und gerade in Bordellen die Bezahlung oftmals nicht direkt an die Sexarbeiter, sondern an eine zentrale Rezeption oder Ähnliches erfolgt, und so der Sexarbeiter mit der eigentlichen Abrechnung nichts zu tun hat, kann höchstens ein Buch über die Anzahl der Freier und die geleisteten Dienste geführt, aber keine Nachweise beigefügt werden.

Das Verfahren der Pauschalbesteuerung ist relativ aufwendig und teilweise datenschutzrechtlich bedenklich.
Die Höhe des Pauschalbetrages, die je nach Bundesland unterschiedlich ist, wird darüber hinaus von einzelnen als zu hoch kritisiert.[723]
Auch ist die Regelung, was von der Pauschalsteuer umfasst wird, in den einzelnen Bundesländern unterschiedlich.[724]

[722]Im Februar 2010 hatte Dona Carmen in einem Schreiben an den hessischen Datenschutzbeauftragten angefragt, wie dessen Position zum „Düsseldorfer Verfahren“ sei. La Muchacha, Nr. 8/2011, S. 19, „Datenschutzrechtliche Bedenken“
[723]Hydra e.V. fordert auf ihrer Internetseite z.B. eine Berechnung auf der Grundlage des realen Einkommens.

Die hessische SPD forderte in ihrem Antrag vom 02.12.2010 die Beendigung des Düsseldorfer Verfahrens. Der Antrag wurde von *Schäfer-Gümbel*[725] wie folgt begründet: „Die pauschalierte tägliche Erhebung eines Betrags von 25 € pro Tag und Person zur Erhebung einer Vorauszahlung für Einkommen- und Umsatzsteuer übersteigt in vielen Fällen die tatsächlich zu leistenden Steuern der Anbieterinnen und Anbieter von erotischen Dienstleistungen. Für ein derart berufsgruppenspezifisches Sonderbesteuerungsverfahren mangelt es überdies an einer entsprechenden gesetzlichen Grundlage.
Außerdem ist die Weiterleitung der Pauschale durch den Betreiber der Einrichtung nicht sichergestellt, da es keinerlei Kontrollmöglichkeiten gibt. Wenn die Eintreibung der täglichen Pauschale damit begründet wird, dass es ansonsten schwierig ist, die Steuern überhaupt einzutreiben, weil den betroffenen Anbieterinnen und Anbietern von erotischen Dienstleistungen mangelnde Seriosität unterstellt wird, so gilt dies doch in gleichem Maße für die Betreiber der Einrichtungen.“[726]

Eine für den 23.02.2011 geplante Aussprache im Haushaltsausschuss des Landtages in Wiesbaden wurde wegen weiterem Beratungsbedarf von der Tagesordnung genommen.[727]

In Frankfurt/Main wird das Düsseldorfer Verfahren von sämtlichen Betreibern des Bahnhofviertels und der Breiten Gasse nach Angaben von Dona Carmen verweigert. Nach Abschluss des Vorverfahrens haben 17 Frankfurter Betreiber am Hessischen Finanzgerichtshof in Kassel Klage gegen die Sonderbesteuerung nach dem „Düsseldorfer Verfahren“ eingereicht. Ein Urteil ist bis dato noch nicht gesprochen worden.[728]

---

[724] Teilweise werden Einkommens-, Gewerbe-, und Umsatzsteuer sowie der Solidaritätszuschlag, in manchen Bundesländern aber auch nur einzelne Teile davon, erfasst, *Radermacher,* S. 241.

[725] Thorsten Schäfer-Gümbel ist Vorsitzender der SPD Fraktion.

[726] http://starweb.hessen.de/cache/DRS/18/8/03218.pdf. Drs. des Hessischen Landtages 18/3218 vom 26.11.2010.

[727] http://starweb.hessen.de/starweb/LIS/servlet.starweb?path=LIS/PdPi_FLMore18.web&wp=WP18&search=DESKRF%3D%22PROSTITUTION%22+AND+((DESKRF+NOT+%22%22)+OR+(VDESF+NOT+%22%22). 26.11.2010 Drs 18/3218 Ausschussüberweisung zur abschließenden Beratung Ausschussberatungen: HHA 18/34 23.02.2011 (ö) von TO abgesetzt

[728] Dona Carmen in La Muchacha, Nr. 8/2011, “Boykott der Sonderbesteuerung“, S. 1 und 18.

Ein Anwalt aus Frankfurt[729] berichtete, dass die Einkommenssteuererklärung eines Sexarbeiters in Hessen oftmals gleich an die Steuerfahndung zur Überprüfung weitergeleitet wird. Damit wird den Sexarbeitern Kriminalität unterstellt.

Durch die Teilnahme am „Düsseldorfer Verfahren" kann auch eine Doppelbesteuerung der Umsatzsteuer entstehen, wenn sowohl Sexarbeiter als auch Betreiber durch die Pauschale einen Teil der Umsatzsteuer bezahlt. Zwar kann diese am Jahresende wieder „auseinandergerechnet" werden, dies gestaltet sich aber umso schwieriger, je öfter ein Sexarbeiter innerhalb eines Jahres den Betrieb wechselt.
Eine Möglichkeit zur Vermeidung einer solchen Doppelbesteuerung könnte eine Befreiung der im Bordell o.ä. arbeitenden Sexarbeiter von der Umsatzsteuer sein, was aber dann, im Rahmen der Einkommensteuererklärung, ggf. zu hohen Nachforderungen führen kann, falls nicht der Bordellbetreiber sondern der Sexarbeiter aufgrund des in diesem Bordell herrschenden Beschäftigungsverhältnisses für die Zahlung der Umsatzsteuer verpflichtet war. Darüber hinaus lassen sich noch andere Schwierigkeiten wie Zuständigkeit, die Abhängigkeit der Einkommenssteuererklärung des Sexarbeiters von der Erklärung des Bordellbetreibers etc. vorstellen.

Auf der Fachtagung im Rahmen der Kommunalakademie am 14.10.2009 in Essen[730], waren Vertreter verschiedener Ämter aus NRW anwesend. Schnell stellte sich die unterschiedliche Handhabung der Bundesländer, aber auch einzelner Städte heraus. Während ein Erlass der hessischen Oberfinanzdirektion nicht nur die Höhe von 25,- €, sondern auch dezidiert das Vorgehen vorschreibt, ist woanders „alles verhandelbar", wozu nicht nur die Höhe des Pauschalbetrages sondern auch die Zeiträume der Zahlung zählen.

Das „Düsseldorfer Verfahren" ist bisher gesetzlich nicht geregelt.[731] Bereits der BFH musste sich mit dem „ Düsseldorfer Verfahren" beschäftigen. Ein Betrei-

---

[729]Der Rechtsanwalt äußerte dies auf der Fachtagung der Kommunalakademie in Essen.
[730]Organisiert von der Friedrich-Ebert-Stiftung und unter dem Titel „Raus aus der Grauzone".
[731]http://www.finanztip.de/recht/steuerrecht/steuerfahndung-im-bordell.htm „... In einigen Bundesländern wird bereits seit etlichen Jahren ein pauschaliertes Besteuerungsverfahren praktiziert (sog. „Düsseldorfer Verfahren"). Dabei handelt es sich um ein gesetzlich nicht geregeltes, vereinfachtes Vorauszahlungsverfahren, an dem sich die Betreiber von Bordellen

ber hatte zunächst an dem Verfahren freiwillig teilgenommen, dann jedoch die Abführung der einbehaltenen Tagessätze trotz Aufforderung unterlassen. Der BFH hält die daraufhin von der Steuerfahndung durchgeführten Kontrollbesuche „in angemessener und zumutbarer Häufigkeit - im Rahmen des Auftrags der Steuerfahndung zur Aufdeckung und Ermittlung unbekannter Steuerfälle" für zulässig. Der mögliche (Neben-)Effekt, die Sexarbeiter zu veranlassen, ihre steuerlichen Pflichten zu erfüllen bzw. am „Düsseldorfer Verfahren" teilzunehmen, ist mit dem Ermittlungsauftrag der Steuerfahndung nicht unvereinbar."[732]

Problematisch ist noch ein anderer Punkt am „Düsseldorfer Verfahren". Erfasst werden nur die Sexarbeiter, die in einem Bordell o. ä. arbeiten. Selten erfasst werden Sexarbeiter auf der Straße sowie Sexarbeiter, die ihre Dienste via Internet oder in Wohnungsbordellen anbieten. Dies stellt eine Ungleichbehandlung innerhalb einer Berufsgruppe dar.

Dona Carmen machte den Bund der Steuerzahler auf die Problematik der Sonderbesteuerung aufmerksam. Nach ihrer Aussage erhielten sie daraufhin einen Brief (Schreiben vom 26.07.2010) in dem *Holznagel*[733] darauf hinwies, dass er davon ausging, dass das Verfahren nur in wenigen Bundesländern und dort auch nur im Rahmen der freiwilligen Mitwirkung der Bordellbetreiber angewendet würde. Aus diesem Grund sei die „praktische Reichweite des Verfahrens nicht von allgemeiner Bedeutung..."[734]

Dona Carmen sieht dies anders und hält weiter an ihrem Prostest fest. Sie veröffentlichten 6 Thesen zum „Düsseldorfer Verfahren". Diese lauten[735]:

- Diskriminierendes Sonderrecht für Prostituierte
- Ausgrenzung per Verfahren – im Widerspruch zum ProstG
- Bruch des geltenden Steuerrechts
- Aushebelung des Datenschutzes

---

und bordellähnlichen Betrieben und die dort arbeitenden Prostituierten freiwillig beteiligen können."

732 BFH, Beschluss vom 22.12.2006, Az VII B 121/06, BFHE 216, S. 38, www.bundesfinanzhof.de/www/entscheidungen/2007.2.28/7B12106.html.

733 *Reiner Holznagel* ist Bundesgeschäftsführer des Steuerzahlerbundes.

734 Dona Carmen, La Muchacha, Nr. 8/2011, S. 20, „Nicht von allgemeiner Bedeutung, Bund der Steuerzahler legt sich Zurückhaltung auf – und arrangiert sich mit steuerlicher Diskriminierung".

735 Dona Carmen, La Muchacha, Nr. 8/2011, S. 20, "Ausgrenzung durch Rechtsbruch, 6 Thesen zum "Düsseldorfer Verfahren" der Sonderbesteuerung von Prostituierten".

- Fehlende legislative Ermächtigung
- Im Ergebnis: Mehrfacher Bruch der Verfassung

(2) Sexsteuer

Da das Düsseldorfer Verfahren nur für Sexarbeiter in „Häuser“ angewandt werden kann, wurde die sog. „Sexsteuer“ für den Straßenstrich eingeführt.
Diese wird auf unterschiedliche Arten eingezogen.
In manchen Städten machen Behördenmitarbeiter einen Rundgang über den Straßenstrich und dort können die Sexarbeiter dann ihre Steuern bezahlen.
In Dortmund wurde die Sexsteuer zum 01.08.2010 eingeführt. Pro Tag sind 6,-- € pro Sexarbeiter zu entrichten. Um diese Zahlung für die Sexarbeiter so einfach wie möglich zu gestalten, gibt es zwei Möglichkeiten diese Steuer zu zahlen. Zum einen können sich die Sexarbeiter beim Amt registrieren lassen. Sie bekommen einen Ausweis, den sie bei Kontrollen vorlegen können und sind verpflichtet jeden Monat eine Steuererklärung zu machen.
Die andere Möglichkeit wurde im Dezember 2010 eingeführt. Im *Club Escort* können täglich anonym Tagestickets für 6,-- € gekauft werden. Das Geld wird von dort an die Staatskasse weiter geleitet. Die Tagestickets müssen bei Kontrollen vorgezeigt werden.[736]

Nach der Einführung der Sexsteuer in Dortmund zeigt sich jedoch, dass immer mehr Sexarbeiter den geschützten Bereich der Ravensberger Straße verlassen und dahin abwandern, wo sie vermuten nicht kontrolliert zu werden. Dies führt zu einer starken Widerstandshaltung der Bürger gegen die Sexarbeiter in der Dortmunder Nordstadt. Am 31.03.2011 stimmte der Rat der Stadt Dortmund für eine ersatzlose Schließung des Straßenstriches und beantragte eine Erweiterung des Sperrgebietes auf das gesamte Stadtgebiet.[737]

[736]http://www.derwesten.de/staedte/dortmund/Erst-Ticket-ziehen-dann-zum-Strassenstrich-id4029058.html vom 06.12.2010.

[737]http://www.ruhrnachrichten.de/lokales/dortmund/lokalnachrichten_dortmund/Prostituierte-gehen-auf-die-Strasse-statt-auf-den-Strich;art930,1222767 vom 17.03.2011 und http://www.derwesten.de/staedte/dortmund/Huren-Demo-soll-Strassenstrich-Dortmund-vor-Schliessung-retten-id4432427.html vom 17.03.2011, http://www.rp-online.de/politik/nrw-wahl/Dortmunder-Strassenstrich-wird-geschlossen_aid_982618.html.

(3) Mehrwertsteuer

Die Sexarbeiter müssten in ihre Preise auch die Mehrwertsteuer einbringen. Mit diesem „19 %igen Aufschlag“ sind ihre Dienste teurer als die von Kollegen, die keine Steuererklärung abgeben und somit auch keine Mehrwertsteuer abführen müssen. Auch innerhalb eines Bordells oder auf dem gleichen Straßenstrich können so unterschiedliche Preise entstehen, die die steuerehrlichen Sexarbeiter benachteiligen.

Eine Anzeige der Sexarbeiter, die keine Mehrwertsteuer abführen, ist aus praktischen Gründen oft nicht möglich, da die Arbeitsorte und –zeiten variieren und die richtigen Namen und Adressen den Kollegen in der Regel nicht bekannt sind.

(4) Festsetzungsfrist

Auch die Verjährungsfristen bei der Steuerhinterziehung muss berücksichtigt werden. Die Festsetzungsfrist für die Steuer liegt bei 4 Jahren, die Verjährungsfrist der Steuerhinterziehung gem. § 370 AO beträgt gem. § 78 Abs. 3 Nr. 4 AO aber 5 Jahre. Im Falle eines besonders schweren Falles gem. § 370 Abs. 3 AO beträgt die Verjährungsfrist gem. § 376 AO sogar 10 Jahre. Ein besonders schwerer Fall wird unter anderem angenommen, wenn die Steuerhinterziehung aus grobem Eigennutz und in großem Ausmaß erfolgt. Der Sexarbeiter steht bei Abgabe der ersten Steuererklärung damit ständig in der Gefahr, sich auch für frühere Zeiträume erklären zu müssen, über die ihm keine Unterlagen als Nachweise vorliegen oder in denen er gar nicht als Sexarbeiter tätig war, dies aber nicht nachweisen kann. Eine solche Nachforderung kann für den einzelnen Sexarbeiter die Privatinsolvenz bedeuten und ist, nach Angabe verschiedener Beratungsstellen, in der Praxis durchaus in den letzten Jahren mehrfach vorgekommen.

(5) Doppelbesteuerungsabkommen

Für EU-Bürger können auch steuerliche Probleme mit ihren Herkunftsländern und bestehenden Doppelbesteuerungsabkommen entstehen.

Nach den Doppelbesteuerungsabkommen kann die Einkommenssteuer in Deutschland bei sog. „Nicht-Inländern“ entweder nach dem Quellenlandprinzip oder dem Territorialprinzip erhoben werden. Bei Inländern gilt das Wohnsitzlandprinzip und das Welteinkommensprinzip.[738]

- **Wohnsitzlandprinzip:** Eine Person ist in dem Staat steuerpflichtig, in dem sie ihren Wohnsitz oder ihren gewöhnlichen Aufenthalt hat.
- **Territorialitätsprinzip:** Der Steuerpflichtige wird nur mit dem Einkommen veranlagt, das er auf dem Territorium des betreffenden Staates erwirtschaftet hat.
- **Quellenlandprinzip:** Eine Person ist in dem Staat steuerpflichtig, aus dem das Einkommen stammt.
- **Welteinkommensprinzip:** Der Steuerpflichtige wird mit seinem gesamten Welteinkommen besteuert.[739]

Sofern die Steuern auch an das Heimatland abgeführt werden können, sog. Wohnsitzlandprinzip, entsteht ein Widerspruch zum „Düsseldorfer Verfahren“. Der Sexarbeiter kann zum Zeitpunkt der Kontrolle keinerlei Belege vorlegen, dass die Steuern im Heimatland ordnungsgemäß abgeführt werden.

Um dem Problem der Doppelbesteuerung entgegen zu wirken, werden verschiedene Methoden bei den Finanzämtern angewandt. Die Bundesrepublik hat derzeit mit 76 Staaten Doppelbesteuerungsabkommen. Die Wahl der Methode orientiert sich am Heimatland. Wählbar ist die

- die Anrechnungsmethode,
- Freistellungsmethode,
- Abzugsmethode,
- Pauschalierungsmethode und die
- Erlassmethode.

Diese Methoden funktionieren aber nur, wenn ein Arbeitnehmer, der aufgrund seiner Nichtansässigkeit in Deutschland von der Doppelbesteuerung betroffen ist, beim zuständigen Betriebsstätten Finanzamt eine Freistellung vom Steuerabzug beantragt. Dies setzt eine Steuernummer oder zumindest die Erfassung des Sexarbeiters voraus. Das „Düsseldorfer Verfahren“ wird aber gerade dann an-

[738]http://www.bundesfinanzministerium.de/nn_39818/DE/BMF__Startseite/Service/Glossar/D/004__Doppelbesteuerungsabkommen.html#doc40226bodyText1.

[739]Definitionen entnommen aus: http://www.bundesfinanzministerium.de/nn_39818/DE/BMF__Startseite/Service/Glossar/D/004__Doppelbesteuerungsabkommen.html#doc40226bodyText1.

gewendet, wenn sich der Sexarbeiter keine eigene Steuernummer beim Finanzamt geholt hat oder holen konnte, weil im entsprechenden Bundesland Sexarbeit nicht als Gewerbe anerkannt wird, und er daher zunächst einmal die pauschalen Voraussteuern nach dem „Düsseldorfer Verfahren“ zahlt. Eine Freistellung vom Steuerabzug ist daher nicht möglich.

Darüber hinaus ist den meisten Sexarbeitern die Möglichkeit der Freistellung nicht bekannt, so dass sie, gerade wenn sie nur einige Monate in Deutschland in einem Bordell arbeiten, das am „Düsseldorfer Verfahren“ teilnimmt, sowohl tägliche Steuern nach dem „Düsseldorfer Verfahren“ als auch Steuern über ihren Verdienst im Heimatland zahlen müssen. Theoretisch ist es wohl möglich, sich die in Deutschland gezahlten Steuern rückerstatten zu lassen, wenn der Sexarbeiter im Heimatland seine Einkommenssteuererklärung o. ä. abgegeben hat, praktisch dürfte dies aber bezüglich der Sprachschwierigkeiten und den verschiedenen Methoden zur Steuerberechnungen und Steuersätze erhebliche Probleme bereiten.

(6) Eingriffsbefugnisse der Finanzbehörden

Die Finanzbehörden sind mit umfassenden Eingriffsbefugnissen ausgestattet. Sie benötigen keinen konkreten Anlass, um einen Kontrollbesuch durchzuführen. Aus dem Beschluss des BFH vom 22.12.2006 folgt, dass Kontrollbesuche der Steuerfahndung in angemessenen Abständen von den gesetzlichen Vorschriften gedeckt sind. Zur Aufdeckung und Ermittlung unbekannter Steuerfälle dürfen Grundstücke und Geschäftsräume betreten werden, soweit dies zur Feststellung von Besteuerungsgrundlagen erforderlich ist. Art und Umfang bestimmt die Steuerfahndung nach pflichtgemäßem Ermessen. Das Recht, Betriebsräume zu betreten, um dort im Zusammenhang mit der Verpflichtung des Betriebsinhabers zur Auskunftserteilung Geschäftsbücher und Akten zu prüfen oder Waren und Einrichtungen zu besichtigen, ist nicht als Eingriff in das Hausrecht zu qualifizieren.[740]

Für die Betreiber ist ein solcher Kontrollbesuch, der oftmals unter Einsatz der Polizei erfolgt, problematisch, da in ihrem Gewerbe gerade die Wahrung der

[740] BFH-Beschluss vom 22.12.2006, Az VII B 121/06.

Intimsphäre von Sexarbeitern und Freiern wichtige Geschäftsgrundlage ist. Eine Inaugenscheinnahme der Räume bedeutet nicht nur eine Umsatzeinbuße für diesen konkreten Zeitraum, sondern möglicherweise auch den Verlust von Freiern und damit langfristige Umsatzeinbußen.

(7) Vergnügungssteuer

Die Vergnügungssteuer wird in einigen Regionen Deutschlands erhoben und auf Basis der Kommunalabgabengesetze oder Vergnügungssteuergesetze der Länder veranschlagt.[741]

e.) Baurecht

Auch im Baurecht gibt es noch Schwierigkeiten bei der Umsetzung des ProstG und den dazugehörigen Ideen und Zielen des Gesetzgebers. Das Hauptproblem dürfte in der Einordnung der sog. Wohnungsbordelle und damit der Frage ihrer Zulässigkeit in reinen Wohn- oder Mischgebieten liegen.

Eine sehr gute Zusammenstellung der Probleme rund um die Wohnungsprostitution lieferte das Urteil des VG Berlin vom 06.05.2009.[742] Es stellte klar, dass die Ausübung der „Prostitution bauplanungsrechtlich nicht wegen moralischer Bedenken eingeschränkt werden dürfe. Ein von sozialethischen Vorstellungen geprägter Ansatz verbiete sich zudem im Hinblick auf das Prostitutionsgesetz, das den Vorwurf der Unsittlichkeit der Prostitution auch für andere Regelungsbereiche beseitigt habe. Maßgeblich für die bauplanungsrechtliche Beurteilung sei daher nur die Frage, ob von einem Betrieb spezifische, unter dem Gesichtspunkt

---

[741] § 2 Nr. 6 und 7 Vergnügungssteuersatzung der Stadt Köln vom 19.12.2003.

[742] VG Berlin, Az. VG 19 A 91.07, Vorsitzende Richterin *von Alven-Döring*. Urteil einzusehen über www.berlin.de/sen/justiz/gerichte/vg/presse, mit dem Titel „Salon Prestige darf weiter betrieben werden“. In dem Verfahren ging es um die Frage, ob eine prostitutive Einrichtung den Festsetzungen als gemischtes Gebiet des Baunutzungsplanes in Verbindung mit § 7 Nr. 9 der Bauordnung für Berlin 1958 entspricht. Der „Salon Prestige“ befindet sich in ehemaligen Ladenräumen und wird von 7-8 selbstständig tätigen Damen genutzt. Die Öffnungszeiten sind Mo.-Fr. von 11.00–23.00 Uhr und Sa. von 15.00–23.00 Uhr. Die Nutzung als prostitutiver Betrieb erfolgt sehr diskret, es gibt keinerlei Außenwerbung. Die Wohnung wird täglich von ca. 30–35 Kunden aufgesucht. Die Kammer ordnete den Salon Prestige als gewerblichen Betrieb mit einem für eine prostitutive Einrichtung mittleren Umfang ein.

der gegenseitigen Rücksichtnahme nicht hinzunehmende Störungen ausgingen, die die Kammer nicht habe feststellen können."

In der Urteilsbegründung wird ausführlich dargestellt, wie unterschiedlich die Definition eines „Wohnungsbordells" gesehen wird.[743] „Der Begriff der Wohnungsprostitution beleibt in der Rechtsprechung indes ebenso wie die Unterscheidung zwischen Bordell und bordellartigem Betrieb ohne einheitliche Struktur oder Begründung."[744]

Für die Rechtssicherheit der Betreiber von Bordellen, bordellähnlichen Betrieben sowie Wohnungsbordellen, wäre eine festgelegte Definition ihrer Gewerbe mit den daraus resultierenden bauordnungsrechtlichen Einschränkungen und Voraussetzungen sicherlich wünschenswert. Andererseits würde eine solche Formalisierung für neue Betriebsarten möglicherweise keinen Spielraum mehr lassen. Dies müsste bei Diskussionen hierzu mit berücksichtigt werden.

f.) Sperrgebietsverordnung

Das ProstG hatte keinen Einfluss auf die Sperrgebietsverordnungen, dies war auch nicht gewollt.
Gespräche mit verschiedenen Beratungseinrichtungen in Deutschland anlässlich der 40. Fachtagung Prostitution im Mai 2009 ergaben, dass in vielen deutschen Städten ein Trend erkennbar ist, der die Durchsetzung der Sperrgebietsverordnungen wieder verstärkt in den Vordergrund rückt. Seit Jahrzehnten bestehende Straßenstriche werden verlegt, wie z.B. 2007 in Essen, verstärkt kontrolliert, wie z.B. in Bielefeld oder es wird versucht, diese gänzlich mittels Ordnungsgelder zurückzudrängen und das Stadtviertel aufzuwerten, wie z.B. in Hamburg St. Georg.

Eine strenge Handhabung der Sperrgebietsverordnung und deren Ausdehnung auf das beinahe gesamte Stadtgebiet kann einen Einfluss auf das Vorhandensein von Strukturen Organisierter Kriminalität haben. Das Sperrgebiet wird nur im Bereich der „Reeperbahn" ab 20.00 Uhr aufgehoben. Ohne zeitliche Einschränkung ist dagegen die durch Tore abgetrennte „Herbertstraße" geöffnet.

---

[743] Urteil VG Berlin Az. VG 19 A 91.07, S.12, 13, 14 m.w.N.
[744] Urteil VG Berlin Az. VG 19 A 91.07, S.13 m.w.N.

Gegen den seit vielen Jahren bestehenden illegalen Straßenstrich auf St. Georg geht die Polizei seit Anfang 2010 vor. Die Geldbuße für im Sperrgebiet anschaffende Sexarbeiter wurde von 50,-- € auf 200,-- € erhöht.
Im Februar 2011 kündigte der Innensenator *Vahldieck*[745] an, dass er eine sogenannte Kontaktverbotsverordnung prüft. Danach soll jeder, der in St. Georg Sexangebote auf der Straße annimmt, bis zu 5.000,-- € Bußgeld zahlen und zudem ein Schreiben nach Hause bekommen. Er beruft sich auf entsprechende Regelungen in Stuttgart, Frankfurt, Mannheim und Leipzig.[746]

In anderen Städten, wie z.B. Berlin, scheint die Problematik der „Standplatzvergabe" auf dem Straßenstrich eher gering zu sein. Bei einer Anhörung im Dezember 2007[747] erklärten die beiden frauenpolitischen Sprecherinnen von SPD und Linksfraktion, dass es in Berlin auch weiterhin keine Sperrbezirke geben werde „weil wir es ernst meinen mit dem Schutz von Frauen vor Gewalt und Diskriminierung, setzen wir uns dafür ein, dass Prostituierte, die ihrem Gewerbe in einer Wohnung nachgehen wollen, nicht ausgegrenzt und in unsichere Gebiete abgeschoben werden."

Andererseits ist München ebenfalls fast vollständiges Sperrgebiet. Jedoch scheint es hier kein so ausgeprägtes Zuhältertum zu geben wie in Hamburg, was an kulturellen Ausprägungen liegen kann.[748] München hat aber dafür andere „Erschwernisse". Sexarbeiter, die in München erstmalig anschaffen gehen wollen, werden von den Bordellbetreibern oftmals an das K 35 der Münchner Polizei verwiesen. Dort sollen sie sowohl informiert, als auch ggf. registriert werden, um so, bei einer routinemäßig stattfindenden Kontrolle, „eine schnelle Abwicklung zu gewährleisten, da die Daten ja bereits vorliegen".[749] Das Vorgehen

---

[745]*Heino Vahldieck* von der CDU.
[746]http://www.bild.de/BILD/regional/hamburg/aktuell/2011/02/15/strassenstrich/wer-eine-hure-anspricht-soll-zahlen.html vom 15.02.2011; http://www.abendblatt.de/hamburg/kommunales/article1669838/Innenbehoerde-erwaegt-Bussgeld-fuer-Freier.html vom 31.10.2010.
[747]„Situation von Prostituierten verbessern - Klare Kriterien auch für Wohnungsbordelle".
[748]Diese Zusammenhänge zu untersuchen ist jedoch nicht Gegenstand dieser Arbeit und soll nur als Denkansatz dienen.
[749]La Muchacha, Dona Carmen, Nr. 8/2011, S. 7, "Die Taliban von München, Vize Chef der Münchner Sitte schreibt Dona Carmen".

erinnert stark an die Dirnenkarteien aus dem vorletzten Jahrhundert, welche im 1. Kapitel beschrieben wurden.

Die Sperrgebietsverordnung steht in direktem Zusammenhang mit Artikel 297 EGStGB „Verbot der Prostitution", der trotz der Einführung des ProstG unverändert fortbesteht. Hiernach kann „Die Landesregierung zum Schutz der Jugend oder des öffentlichen Anstandes … durch Rechtsverordnung verbieten, der Prostitution nachzugehen." Damit wird auf Landesebene die Ausübung der Sexarbeit wieder davon abhängig gemacht, was die jeweilige Regierung unter Schutz des öffentlichen Anstandes versteht.
Nützlich sind solche Sperrgebietsverordnungen vor allem für die Polizei, die unter Berufung auf die Sperrgebietsverordnung die Gebiete kontrollieren und Razzien durchführen kann.

g.) Mietrecht

Das Mietrecht, genauer die Zimmermietpreise sind ein Bereich, der die Sexarbeiter mit am meisten tangiert. Für die Zimmer in den Laufhäusern und Bordellen müssen zum Teil in grobem Missverhältnis stehende Zimmermieten gezahlt werden. Trotzdem findet dieser Bereich nur insofern Erwähnung, dass vorgebracht wird, „man könne keine Steuern zahlen, denn nach Zahlung der Miete bliebe nichts mehr übrig".
Umso erstaunlicher ist es daher, dass dieser Bereich weder in den rechtlichen Erwägungen, noch in den Aktivitäten zur Implementierung des ProstG und zur Verbesserung der Lage für die Sexarbeiter eine Rolle spielt.

Die gesetzlichen Regelungen, die seit 2002 nunmehr auch Anwendung auf alle Mietverhältnisse in diesem Bereich finden, scheinen entweder nicht bekannt zu sein oder nicht angewendet zu werden.

Bereits im Jahre 2005 wies *Frommel*[750] darauf hin, dass die deutschen Behörden gehalten seien, die zivilrechtlichen Missstände, wie sittenwidrige Wuchermieten, Verstoß gegen Arbeitnehmerschutzvorschriften etc., aufzuklären. Hierzu müssen Sozialversicherungsabgaben, hinsichtlich der scheinselbständigen Pros-

[750]Prof. Dr. *Monika Frommel*, Direktorin des Institutes für Kriminologie und Sanktionenrecht, Universität Kiel.

tituierten und Steuern der Bordellbetreiber eingehend geprüft und ggf. Mietwucher nach § 291 StGB sowie die Verletzung der Abgabe- und Steuerpflicht nach § 266 a StGB sanktioniert werden.[751]

Im Mietrecht wird unterschieden zwischen Wohn- und Gewerberaum.
Wucher setzt sich aus einer objektiven und subjektiven Seite zusammen. Objektiv müssen Leistung und Gegenleistung in einem „auffälligen Missverhältnis" stehen.
Bei Wohnraum kann über Wucher gesprochen werden, wenn der Mietpreis den Betrag der ortsüblichen Vergleichsmiete um mehr als 20 Prozent übersteigt.[752]
Bei gewerblichen Miet- oder Pachtverhältnissen muss laut BHG ein auffälliges Missverhältnis zwischen der vereinbarten und der marktüblichen Miete oder Pacht bestehen, was für den Begünstigten auch subjektiv erkennbar war.[753]

Subjektiv muss eine besondere Motivation des Bewuchernden hinzukommen. Er muss vorsätzlich die schlechte Situation des Bewucherten ausnutzen. Dies kommt in Frage, wenn unter Ausbeutung der Zwangslage, der Unerfahrenheit, des Mangels an Urteilsvermögen oder der erheblichen Willensschwäche des anderen ein Mietverhältnis geschlossen wird. Geregelt ist dies in § 138 BGB. Einschränkend hat der BGH als Kriterium für die Zwangslage festgelegt, dass im ganzen Stadt- oder Gemeindegebiet eine Mangellage herrschen müsse, nicht nur in dem Stadtteil, in dem die preisüberhöhte Wohnung angemietet wurde.[754] Fraglich ist, ob dies wirklich als ein einschränkendes Kriterium bei der Beurteilung von Wucher bei der Anmietung von Zimmern für Sexarbeit herangezogen werden kann. Anders als bei Wohnraum, können solche Zimmer meist nur innerhalb sogenannter Laufhäuser, Bordelle oder bordellähnlichen Betrieben angemietet werden, die nur über eine begrenzte Zimmeranzahl verfügen. Als bedeutsam wird hingegen angesehen, inwieweit die vom Sexarbeiter erzielten Einnahmen auf die Aktivität des Bordellbetreibers etwa bzgl. des Geschäftskonzepts, der Werbung, des Service, etc. zurückgeht.[755] Möglich ist seit dem ProstG z.B. das Modell der Umsatzmiete. Hier zahlt der Sexarbeiter keine Fixmiete,

---

[751] *Frommel* NK 2005, S. 57 ff.
[752] § 5 WirtschaftsG, Ursprüngliche Fassung des Wirtschaftsstrafgesetzes vom 09.07.1954, Neubekanntmachung vom 03.06.1975, BGBl. I, S. 1313.
[753] Urteil des BGH vom 14.07.2004 - XII ZR 352/00, BGHR 2004, 1613 und MDR 2005, 26.
[754] BGH vom 13.04.2005 Az VIII ZR 44/04, NJW 2005, S. 2156-2157.
[755] MüKo-*Armbrüster* BGB, § 1 ProstG, Rd-Nr. 21.

sondern einen bestimmten Teil seines Umsatzes an den Bordellbetreiber. In diesem Modell haben beide ein Interesse daran, möglichst hohe Umsätze zu erzielen, gleichzeitig entfällt der Druck auf den Sexarbeiter, eine bestimmte Mietpreissumme wieder einzunehmen und darüber hinaus noch Verdienst zu machen.

Liegt ein Wuchermietverhältnis vor, ist die Vereinbarung nichtig, mit der Folge, dass der Mietvertrag zu dem Betrag der ortsüblichen Vergleichsmiete wirksam bleibt.

Anders ist es bei einem Mietvertrag, der unter Drohung zustande gekommen ist. Ein solcher Mietvertrag ist nicht nichtig, sondern lediglich anfechtbar gem. § 123, Abs. 1 BGB. Der bedrohte Sexarbeiter hat hier also die Wahl, ob er das Geschäft dennoch gelten lassen möchte oder nicht.

Im Strafrecht ist der Fall des Wuchers in § 291 StGB geregelt. Danach wird mit Freiheitsstrafe bis zu 3 Jahren oder mit Geldstrafe bestraft, wer die Zwangslage, die Unerfahrenheit, den Mangel an Urteilsvermögen oder die erhebliche Willensschwäche eines anderen ausbeutet und gem. § 231 Abs. 1, Nr. 1 StGB „für die Vermietung von Räumen zum Wohnen oder damit verbundener Nebenleistungen Vermögensvorteile versprechen oder gewähren lässt, die in einem auffälligen Missverhältnis zu der Leistung oder der Vermittlung stehen."

Die Regelungen zum Wucher sind da, dennoch erfolgen keine Anzeigen seitens der Bewucherten. Würden diese erfolgen, könnten die Unkosten der Sexarbeiter möglicherweise gemindert werden.
Fraglich ist allerdings, wie die ortsübliche Vergleichsmiete ermittelt werden könnte, da man ein Zimmer in einem Laufhaus nicht mit einem Hotelzimmer vergleichen kann, da das eine stunden- und das andere tageweise vermietet wird.

Darüber hinaus müsste es üblich werden, dass Sexarbeiter vom Vermieter eine Bescheinigung über die geleisteten Mietpreiszahlungen erhalten, welche er dann als Betriebskosten gegenüber dem Finanzamt in Ansatz bringen kann. Der Vermieter würde dann auch keine Gefahr mehr laufen wegen Wucher belangt zu werden, bzw. Nachzahlungen leisten zu müssen, wenn die wahre Höhe seiner Einkünfte aus der Vermietung den Behörden bekannt wird. Es steht nämlich zu vermuten, dass die Angaben seitens der Vermieter über die Höhe der Einnahmen gegenüber den Finanzämtern weit unter dem liegen, was tatsächlich eingenommen wird, da sie sich ansonsten selbst in den Verdacht des Wuchers bringen würden.

h.) Werbeverbot gem. §§ 119, 120, Abs. 1, Nr. 2 OWiG

Mit dem In-Kraft-treten des ProstG wurden die §§ 119, 120, Abs. 1, Nr. 2 OWiG[756] nicht abgeschafft. Damit bleiben „grob anstößige und belästigende Handlungen“ sowie Werbung für Sexarbeit weiterhin eine Ordnungswidrigkeit, die mit einer Geldbuße geahndet werden können.

Anzeigeverträge, die als Werbung für Sexarbeit unter § 120, Abs. 1, Nr. 2 OWiG fallen, sind gem. § 134 BGB nichtig.

Die FDP hatte im Rahmen der Beratungen zum ProstG eine Anfrage zur Streichung der OWiG-Paragraphen gestellt. Diese wurde jedoch von Vertretern der Fraktion Bündnis 90/Die Grünen so beantwortet, dass man von einer Abschaffung des Werbeverbotes abgesehen habe, da dies die Zuständigkeiten der Länder berührt hätte und die dann erforderliche Mehrheit im Bundesrat fraglich gewesen wäre.[757]

Diskrepant ist daher, dass zwar die Sexarbeit nicht mehr als sitten- und sozialwidrige Tätigkeit angesehen wird, die Ordnungswidrigkeitenvorschriften Werbung für Sexarbeit aber unter Berufung auf die gesellschaftliche Auffassung, dass Sexarbeit sitten- und sozialwidrig sei, verboten ist.
Grundgedanke dabei ist der Jugendschutz und der Schutz der Allgemeinheit. Gerade für den Jugendschutz wurde aber mit dem Jugendschutzgesetz aus 2003 ein Gesetz geschaffen, welches diese Aufgabe mit § 15 Abs. 2, Nr. 1 JuSchG, der die Zugänglichmachung von pornographischem Material für Jugendliche verbietet, problemlos übernehmen könnte. Auch die Allgemeinheit ist durch § 184, Abs. 1 StGB, welcher die Verbreitung pornographischen Materials zum Inhalt hat, hinreichend geschützt.

---

[756]Ordnungswidrigkeitenrecht, ursprüngliche Fassung vom 24.05.1968, letzte Neufassung vom 19.02.1987, veröffentlicht im BGBl. I, S. 602.
[757]BT-Drs. 14/7174 vom 17.10.2001, S. 9.

Da das JuSchG[758] und das StGB den Schutz der Rechtsgüter abdecken, erscheint ein Festhalten an den entsprechenden ordnungsrechtlichen Paragraphen angesichts des ProstG nicht mehr zeitgemäß und es sollte aus Gründen der Rechtssicherheit zumindest überprüft werden.

3.) Zusammenfassung des 4. Kapitels

Obwohl das ProstG nun bald neun Jahre in Kraft ist, umfasst die Bandbreite der rechtlichen Kollisionen und fehlenden Anpassungen noch einen großen Teil der zivilrechtlichen Rechtgebiete.

Bereits die Definition, was eine „sexuelle Handlung“ genau ist, ist nicht eindeutig geklärt. Es kann davon ausgegangen werden, dass eine solche im Sinne des ProstG dann vorliegt, wenn eine Handlung vorliegt, die auf ein sexuelles Interesse gerichtet ist, welches zumindest für die beteiligten Personen erkennbar ist.[759]

Auch die noch immer anhaltenden Diskussionen zu der Frage, ob durch das ProstG Sittenwidrigkeit der Sexarbeit abgeschafft wurde und um die Frage, ob Sexarbeit auch nach 2002 noch eine „sozial unwertigen Tätigkeiten“ ist, beeinflusst die Umsetzung des ProstG.
Die Befürworter der Sittenwidrigkeit gehen noch immer von einem Verstoß gegen die Menschenrechte und die guten Sitten aus, in welche der Gesetzgeber auch keine Befugnis hat einzugreifen. Die andere Ansicht geht davon aus, dass der Gesetzgeber mit dem ProstG seinen Willen zur Legalisierung des Gewerbes deutlich gemacht habe. Verträge zwischen Sexarbeitern und Kunden würden, wie bereits auch schon die Regelungen zu Spiel und Wette in § 762 BGB nicht mehr unter den § 138 BGB fallen. Die Befürworter der Sittenwidrigkeit scheinen keinen Unterschied zwischen freiwilligen und unfreiwilligen Sexarbeitern zu machen, dieser ist aber erforderlich.
Soweit im Gewerberecht auf die guten Sitten Bezug genommen wird, wird angeführt, dass Umfragen ergaben, dass das Anstandsgefühl aller billig und gerecht denkenden heute nicht mehr von einer Sittenwidrigkeit der Sexarbeit ausgehen

[758] Jugendschutzgesetz, vom 23.07.2002, BGBl. I, S. 2730.
[759] Siehe Ausführungen zu Beginn dieses Kapitels.

würde. Daher sei nach Meinung des Gesetzgebers die Sexarbeit gewerbefähig. Anders sieht dies allerdings der Bund-Länder-Ausschuss Gewerberecht, der an der Sittenwidrigkeit festhalten will.
Eine vollständige Legalisierung der Sexarbeit ist nicht möglich, solange bestimmte Rechtsbereiche davon ausgenommen sind. Auch führt diese fehlende Einheitlichkeit zu Unsicherheit in der Bevölkerung und bei den Akteuren.

Bisher sind kaum Arbeitsverträge im Sexdienstleistungsbereich abgeschlossen worden. Es gibt diverse Anhaltspunkte dafür, dass für den Abschluss eines solchen Vertrages weder auf Arbeitgeber noch auf Sexarbeiter Seite großes Interesse besteht. Die Arbeitgeber fürchten sich vor Strafverfolgung und den arbeitsvertraglichen Verpflichtungen wie Versicherungs-, Sozial- und Steuerabgaben sowie Regelungen zum Urlaub und Krankheitsfall. Die Sexarbeiter fürchten mangelnde Eigenständigkeit, Weisungen des Arbeitgebers, feste Arbeitszeiten und nicht flexibel aus der Sexarbeit ein- und aussteigen zu können. Die steuerrechtlichen Unklarheiten und die in der Vergangenheit bestehenden Unsicherheiten bezüglich der Abgrenzung zwischen dirigierender Zuhälterei und arbeitgeberrechtlichem Weisungsrecht führten zu einer Verunsicherung und Skepsis bezüglich des Abschlusses von Arbeitsverträgen.
Viele haben daher an einem Arbeitsvertrag wenig Interesse. Es scheint sich bei der Intention des Gesetzgebers zur Schaffung einer solchen Möglichkeiten daher weniger um eine Forderung oder einen Wunsch aus Sicht der in der Sexdienstleistungsbranche Tätigen, als vielmehr Überlegungen zu Datenerfassungs- und Steuerfestsetzungsgründen zu handeln.

Die fehlende Vermittlungsmöglichkeit von Sexarbeitern durch die Agentur für Arbeit und die unterbleibende Anzeige von Mietwucher und damit das Ausbleiben der Anpassung der Zimmermieten an realistische Preise, stellen praktische Probleme dar, die eine Konkurrenz der Betreiber untereinander verhindert.
Könnten Betreiber offen für ihre Unternehmen Sexarbeiter suchen und detailliert angeben, was sie suchen, würde ein Teilbereich des Sexdienstleistungsgewerbes aufgehellt, der derzeit durch teilweise nicht nachzuvollziehende „Bewerbungswege“ und „Tauschabsprachen“ undurchsichtig und möglicherweise von kriminellen Praktiken durchzogen ist.

Die Einführung des Düsseldorfer Verfahrens, der Vergnügungssteuer sowie der Sexsteuer stoßen bei den Sexarbeitern und Betreibern auf wenig Zustimmung. Wie bereits in den Niederlanden ist zu beobachten, dass Teile der Sexarbeiter lieber an „neuen" Orten anschaffen gehen, an denen sie sich vor Kontrollen sicher fühlen, als an ihren alten, oftmals sichereren Standorten zu bleiben. Es muss somit befürchtet werden, dass es einen Preiskampf zwischen den Sexarbeitern die Steuern und Abgaben leisten und denen die dies nicht tun gibt. Auch muss befürchtet werden, dass sich neue illegale Straßenstriche und noch mehr „heimliche Wohnungsbordelle" bilden, um den Abgaben zu entgehen. Auch werden hierdurch, wie in Dortmund geschehen, Probleme verallgemeinert und legale, gut funktionierende Straßenstriche geschlossen.

Für Wohnungsbordellen sollte genau geklärt werden, welche Größe in welchen Gebieten zulässig ist. Zwar hat das VG Berlin 2009 in seinem Urteil sich hierzu umfassend geäußert, bisher gibt es aber keinerlei Bestrebungen einheitliche Maßstäbe und Richtlinien zu entwickeln, die sowohl auf Seiten der Betreiber und Sexarbeiter, als auch auf Seiten der Behörden, Ämter und Polizei Sicherheit schaffen.[760]

Eine Änderung im Zusammenhang mit der Einführung des ProstG und den Sperrgebieten ist nicht erfolgt. Dies war auch nicht der Wille des Gesetzgebers. Es ist aber zu beobachten, dass die Sperrgebiete in den letzten Jahren mehr kontrolliert werden als früher und auch die Ordnungsgelder, vor allem in Hamburg, angehoben wurden. Dies liegt zum einen daran, dass sich oftmals gerade die Stadtviertel, in denen sich der Straßenstrich befindet oder befand, durch viele Kneipen und Bars zu beliebten Stadtvierteln entwickelt haben, in die zunächst aufgrund der günstigen Mieten Künstler und Studenten gezogen sind und nach und nach mehr Akademiker und junge Familien zogen. Die Viertel sollen daher von der Stadt aufgewertet werden, damit auch die Immobilienwerte steigen. Zum anderen befürchtete man durch die Legalisierung der Sexarbeit einen großen Ansturm von Sexarbeitern und weitete daher die Kontrolle aus. Die Ordnungsgelder sind darüber hinaus in den leeren Stadtkassen gerne gesehen.[761]

---

[760] VG Berlin, Az. VG 19 A 91.07

[761] In Hamburg St. Georg lag das Ordnungsgeld 2010 für einen dort angetroffenen Sexarbeiter bei 200,-- €, angedacht wird derzeit auch ein Bußgeld von bis zu 500,-- € für Freier, die Sexarbeiter dort ansprechen oder gar die Sexdienstleitung in Anspruch nehmen.

Es gibt aber auch den umgekehrten Fall, dass der Straßenstrich bewusst in ein Gebiet verlegt wurde, welches bereits zuvor keinen guten Ruf hatte und die sich nun möglicherweise ausbreitende bzw. gefühlte Kriminalität dem Straßenstrich zugeschrieben wird.

---

http://www.bild.de/BILD/regional/hamburg/aktuell/2011/02/15/strassenstrich/wer-eine-hure-anspricht-soll-zahlen.html.

5. Kapitel

Die Adressaten des ProstG und die verschiedenen Branchen in der Sexarbeit

Das GeschlKrG und das ProstG sind die beiden gesetzlichen Versuche, ein moralisch belastetes Thema sachlich und rechtlich zu gestalten. Das GeschlKrG, in Kraft getreten 1927, konnte angesichts des kurz danach ausbrechenden zweiten Weltkrieges keine erfolgreiche Implementierung erfahren.
Das ProstG ist seit 2002 in Kraft und obwohl politisch und gesellschaftlich Spielräume zur Implementierung bestehen würden, erfolgt eine solche nur begrenzt.

Das ProstG ist das Ergebnis eines Minimalkonsens, was nicht nur an der Entstehungsgeschichte dieses Gesetzes, sondern auch daran deutlich wird, dass bisher keine Ausführungsverordnungen oder Richtlinien erlassen wurden, die einen einheitlichen Umgang der verschiedenen Bundesländer mit der Sexarbeit ermöglichen würden.

Die Begründung liegt zum einen an den unterschiedlichen politischen Richtungen und Toleranzen der Bundesländer, aber auch an der unterschiedlichen Handhabung der Einbeziehung der Sexarbeit in die gewerberechtlichen Regelungen. Solange die Sexarbeit für das Gewerberecht weiter als sittenwidrig gilt, ist eine Einordnung ins Dienstleistungsgewerbe nicht möglich.
Die Ansicht des Bund-Länder-Ausschusses Gewerberecht steht im Kontrast zum Wunsch des Gesetzgebers bei Verabschiedung des ProstG im Jahre 2001, der die Sittenwidrigkeit für die Sexarbeit abschaffen wollte.

Für die Frage, ob die beabsichtigten Ziele des ProstG erreicht sind, spielt auch eine Rolle, ob das ProstG an sich überhaupt geeignet ist, die Ziele zu erreichen. Dazu müsste es umfassend und an die richtigen Adressaten gerichtet sein.

1.) Adressatenkreis

Der § 1 ProstG bezieht sich auf sexuelle Handlungen und das vereinbarte Entgelt. Adressaten sind damit Gerichte, die Sexarbeiter und die Freier.
Der § 2 ProstG stellt klar, dass eine Forderung nicht abgetreten und lediglich Erfüllungseinwände oder die Einrede der Verjährung erhoben werden können. Damit richtet sich die Norm an Gerichte, Sexarbeiter, Betreiber, Zuhälter und Freier.
Der § 3 ProstG beschäftigt sich mit dem eingeschränkten Weisungsrecht im Rahmen einer abhängigen Beschäftigung. Adressaten sind daher Betreiber und Sexarbeiter.

Diese Adressaten sind aber nur in der Lage, einige der Ziele des ProstG zu erreichen. Möglich wären, zumindest theoretisch, die Erreichung der Verbesserung der Arbeitsbedingungen und eine Entkriminalisierung der Sexarbeit. Hierzu wäre eine Zusammenarbeit zwischen dem Adressatenkreis und der Polizei bzw. den Behörden erforderlich.

Der Adressatenkreis war jedoch über Jahrzehnte davon geprägt, möglichst wenig mit Ämtern, Behörden und vor allem Polizei und Justiz zu tun zu haben. Die Einführung des ProstG und die Nichtanpassung der anderen Rechtsgebiete hat hieran nur wenig geändert.
Genauso wenig, wie sich die gesellschaftliche Akzeptanz gegenüber Sexarbeitern kurzfristig durch Einführung eines Gesetzes ändern lässt, lässt sich die Einstellung und das Vertrauen der „Szene“ durch dieses ändern. Gelingen kann dies nur da, wo alle Beteiligten auf einander zugehen, ein Vertrauensverhältnis entwickeln und sich gegenseitigen mit Respekt behandeln.

a.) Sexarbeiter

Sexarbeiter sind für sich selbst verantwortlich. Es ist an ihnen, sich nicht ausbeuten oder unterdrücken zu lassen.
Es herrscht ein großer Konkurrenzdruck untereinander und auch der Druck durch Betreiber kann sehr hoch sein. Nicht jeder Sexarbeiter ist stark genug, sich selbst zur Wehr zu setzen oder bessere Bedingungen einzufordern. Notwendig wäre daher eine gute Zusammenarbeit mit Behörden und Polizei, um Ansprech-

partner zu haben sowie eine Vernetzung untereinander. Solange jeder Sexarbeiter nur für sich selbst kämpft und kein kollektives Bewusstsein entwickelt wird, ist es schwierig, bessere Arbeitsbedingungen zu erreichen. Betreiber werden wahrscheinlich immer einen Sexarbeiter finden, der bereit ist zu schlechteren Bedingungen zu arbeiten. Gerade im Sexdienstleistungsgewerbe wird mit sehr geringen Anforderung an den Arbeitsplatz herangegangen und wenige Forderungen gestellt. Wichtig wäre daher der Aufbau von Selbstbewusstsein, von organisiertem Widerstand und der Möglichkeiten für die Sexarbeiter zu Fortbildungen und Qualifizierungen. Es müssten Maßstäbe gefunden und etabliert werden, die als unterste Grenze dienen und kein Sexarbeitern dürfte in schlechtere Bedingungen einwilligen. Dies ist sehr schwierig durchzusetzen, wie man an anderen Branchen seit Jahren sehen kann. Die spezifische Situation der Sexarbeiter kommt noch erschwerend hinzu, ebenso wie die bei einigen bestehende Suchtproblematik, schwierige finanzielle Verhältnisse oder der Zustrom von ausländischen z.B. illegal hier arbeitenden Sexarbeitern. Hier müssten Hilfssysteme eingreifen, die auch von den Sexarbeitern selbst organisiert werden könnten.

Bessere Arbeitsbedingungen können nicht ohne die aktive Mithilfe und Unterstützung der Sexarbeiter durchgesetzt werden. Sie sind der sog. „Dreh- und Angelpunkt".
Auch bei der Entkriminalisierung spielen sie eine große, wenn nicht sogar die größte Rolle, denn sie erleiden die Kriminalität. Sie müssen ein Anzeigeverhalten entwickeln, müssen sich wehren und aufmerksam gegenseitig auf sich achten.

b.) Betreiber

Auch die Betreiber von Bordellen und bordellartigen Betrieben sind Adressaten des ProstG.
Sie könnten ebenfalls zur Verbesserung der Arbeitsbedingungen und zur Entkriminalisierung aktiv beitragen. Da es sich bei ihnen um Unternehmer handelt, müsste sich die Verbesserung der Lage der Sexarbeiter, auch für sie selbst als Nutzen erweisen, um ihre Unterstützung zu erlangen. Eine Entkriminalisierung dürfte in ihrem Interesse liegen, da damit nicht nur eine Verbesserung ihres Images einhergehen würde, sondern auch dem Preisverfall entgegengewirkt

werden könnte. Wenn alle Betreiber die ungefähr gleichen Abgaben und Ausgaben haben, wird sich der Preis auf eine gewisse Spanne einpendeln. Außerdem ist zu erwarten, dass der Standard in den verschiedenen Betrieben vergleichbar werden wird.
Bezüglich der Verbesserung der Arbeitsbedingungen für Sexarbeiter zeigt sich der Nutzen weniger deutlich. Zwar könnte mit Arbeitsverträgen Razzien und Verfahren wegen Steuerhinterziehung vorgebeugt werden, jedoch bedeuten Arbeitsverträge auch einen erheblichen Mehraufwand für die Betreiber. Sie müssen die Sexarbeiter nicht nur anmelden, was schon mit einem erheblichen Aufwand verbunden ist, sondern auch noch Regelungen zum Urlaub und Krankheitsfall treffen, Arbeitszeiten überwachen etc. Hinzu kommt, dass in der Sexarbeit eine hohe Fluktuation in den Betrieben herrscht. Sexarbeiter bleiben selten länger als 2 – 8 Wochen in einem Betrieb. Damit haben beide Seiten kein Interesse an langfristigen Arbeitsverträgen und für kurzfristige Arbeitsverträge von wenigen Wochen dürfte den Betreibern der Aufwand zu groß sein. Es ist daher davon auszugehen, dass die Betreiber kein allzu großes Interesse am Abschluss von Arbeitsverträgen mit den Sexarbeitern haben.

Die unterschiedliche und teilweise unvorhersehbare Handhabung des Steuerrechts und der Sozialabgaben in den einzelnen Bundesländern bereitet eine weitere Unsicherheit, die vor allem Betreiber abschreckt, welche aufgrund von großen finanziellen Investitionen und geregelten arbeitsrechtlichen Verhältnissen eine rechtliche Sicherheit erwarten, die ihnen das ProstG nicht geben kann.

Auch die Beschäftigung von unter 21jährigen Sexarbeitern in Bordellen ist für die Betreiber gem. § 232 StGB ein Risiko. Gerade diese Altersklasse wird aber vermutlich verstärkt nachgefragt. Aus diesem Grund ist den Betreibern an einer Änderung der gesetzlichen Regelung gelegen.

Die „Unternehmer" und „Arbeitgeber" sind teilweise in Bundesverbänden engagiert.[762] Diese sind zwar aktiv, jedoch nicht in einem Umfang der außerhalb des bereits bestehenden Diskussionskreises deutlich hörbar ist.

[762] „Der Bundesverband sexuelle Dienstleistungen", „Unternehmerverband Erotik Gewerbe Deutschland e.V.", Bundesverband des deutschen Erotikgewerbes" und „Voice of Escorts". Details zu den einzelnen Verbänden kann der Tabelle im Anhang entnommen werden.

Erst wenn auch die Probleme und Sorgen der Betreiber von gesetzgeberischer und politischer Seite ernst genommen und ihre Vorschläge nicht nur zur Kenntnis, sondern auch mit einbezogen werden, können sie aktiv an der Erreichung der Ziele des ProstG mitwirken. Eine Regelung der Sexarbeit ohne eine Regelung für die Betreiber kann nicht funktionieren. Sie gehören, zumindest was die „verhäuslichten" Sexarbeiter angeht, zusammen.

c.) Freier

Für die Freier spielen die Ziele des ProstG nur eine untergeordnete Rolle.
Für sie ist wichtig weitgehend anonym Dienste in Anspruch nehmen zu können, ein stimmiges Preis-Leistungsverhältnis vorzufinden und sich nicht der Gefahr der Strafbarkeit auszusetzen. Insofern spielt dieser Adressatenkreis für diese Arbeit keine Rolle.

2.) Verschiedene Branchen in der Sexarbeit

In der Sexarbeit gibt es viele verschiedene Arbeitsbereiche und ebenso viele Motive. Die Interessen eines drogenabhängigen Straßensexarbeiters sind nur in wenigen Punkten mit denen eines nur gelegentlich als Edelsexarbeiter im Escort Service Tätigen vergleichbar.

Das ProstG hatte eine Zielvorstellung, die sich auf alle Arten der Sexarbeit bezog. Es ist jedoch fraglich, ob das ProstG tatsächlich alle Bereiche der Sexarbeit tangiert. Es soll daher aufgezeigt werden, ob und wie sich das ProstG auf die verschiedenen Arbeitsbereiche ausgewirkt hat.

Daher werden zunächst die gängigsten Möglichkeiten der Sexarbeit aufgezeigt. Alle lassen sich sowohl als Teilzeit-, Gelegenheits- oder Vollzeittätigkeit ausüben.

Straßenstrich	illegal innerhalb eines Sperrgebietes, legal außerhalb eines Sperrgebietes, auch auf eigens dafür ausgebauten Straßen

möglich.[763] Die Sexarbeiter stehen an der Straße und sprechen potentielle Freier und Passanten an.

Modellwohnungen gemietete Wohnungen in der Sexarbeiter ihrer Tätigkeit entweder in Eigenregie, für einen „Zimmervermittler“ oder für einen „Zuhälter“ nachgehen. Teilweise sind auch mehrere Sexarbeiter in einer Wohnung aktiv.

Laufhaus die Sexarbeiter mieten sich für eine bestimmte Zeit ein Zimmer in diesem Haus. Sie warten vor/oder bei offener Tür auf Freier, die durch das Haus laufen.

Koberfenster eine Straße (z.B. Herbertstraße in Hamburg, „rosse buurt“ in Amsterdam) in der die Sexarbeiter hinter Fenster/ Schaufenstern sitzen und die Männer ansprechen oder mit Gesten anlocken. Die Dienstleistung findet dann in demselben Raum mit zugezogenen Gardinen statt.

FKK-Club Frauen und Männer müssen Eintritt zahlen. Die Dienstleistungen werden direkt mit dem Sexarbeiter besprochen, an wen die Zahlung erfolgt ist unterschiedlich. Ob ein Teil des Verdienstes der Sexarbeiter an den Betreiber abgeben werden muss, ist ebenfalls unterschiedlich.

Bordell ein Haus in dem die Sexarbeiter an der Bar oder auf der Tanzfläche ausgewählt werden. Bezahlt wird meist zentral an einer Kasse, der Verkehr findet dann in einem separaten Raum statt.

Flatratebordell der Gast bezahlt beim Betreten des Clubs ein relativ hohes „Eintrittsgeld“ und kann dafür Essen, trinken und Sex haben, so oft er will.

Escort-Service ein Sexarbeiter wird telefonisch oder übers Internet bestellt, um entweder zunächst einer Freizeitaktivität bzw. beruflichen Verpflichtung nachzugehen oder aber direkt die sexuelle Dienstleistung in Anspruch zu nehmen.

Gesext.de Frauen, Männer und Sexarbeiter bieten ihre Dienste an, die dann ersteigert werden können. Die Dienstleistung vollzieht sich nach Vereinbarung. Es steht zu vermuten, dass es sich bei einer Vielzahl der Anbietenden um Sexarbeiter handelt.

---

[763]In manchen Städten gibt es extra hergerichtete Straßen, z.B. Köln, Dortmund, Hamburg.

Da die Einklagbarkeit von Forderungen in der Praxis keine Rolle spielt, weil in fast allen Fällen ausschließlich Leistungen nach Vorkasse erbracht werden, haben vom ProstG nur eine kleine Anzahl von Sexarbeitern einen Nutzen. Auch bei den wenigen Sexarbeitern, die theoretisch einen Nutzen vom ProstG hätten, ist zu fragen, welche Verbesserungen das ProstG tatsächlich für sie gebracht hat. Ihre Tätigkeit ist nun nicht mehr sittenwidrig und sie können sich sozial- und krankenversichern sowie beim Finanzamt eine Steuernummer beantragen.

Möglicherweise hat das ProstG darüber hinaus aber auch bewirkt, und das würde dann für alle Sexarbeiter gelten, dass die Tätigkeit als Dienstleistung von der Gesellschaft anerkannt wird. Darauf lässt die Umfrage in „Menschen bei Maischberger 2009“ schließen.[764] Die Diskussionen um die Flatratebordelle haben aber gezeigt, dass dies zumindest bei einem großen Teil der Bürger noch nicht der Fall ist.

Der Anteil der Sexarbeiter, die sich einen Nutzen von einer Verbesserung des ProstG versprechen, ist sehr gering. Nur von diesem Teil kann aber eine aktive Mitgestaltung und eine Teilnahme an der Diskussion erwartet werden, da die anderen keine Energie in die Ausarbeitung von Vorschlägen und Darstellungen investieren werden.

Da somit kaum Sexarbeiter in den Diskussionen vertreten sind, wird verstärkt über Themen gesprochen, die öffentlichkeitswirksamer sind, wie Opferzeugen, Zwangsprostituierte und Minderjährige sowie im Jahre 2009 auch, aus aktuellem Anlass, über Flatrate-Bordelle. Folglich sind auch die Freierbestrafung und die Anhebung der Mindestaltersgrenzen für Sexarbeit ein Dauerthema, während die Verbesserung der Arbeitsbedingungen nur von einem kleinen direkt betroffenen Kreis diskutiert wird.

Deutlich wird dies auch daran, dass selbst die Aktion von Solwodi im Herbst 2008 zur Reformierung des ProstG keinerlei mediale oder politische Unterstützung erfuhr.

---

[764]Menschen bei Maischberger 2009, Passanten Befragung über mehrere Stunden, bei denen kein Einziger Sexarbeit als moralisch anstößig empfand, Titel der Sendung „Sex als Ware, sollte Prostitution verboten werden?“

Ein Zitat aus den Mitteilungen der ev. Kirche beschreibt den herrschenden Zustand:

„Jeglicher Fortschritt entsteht aus Leiden am Bestehenden, dem Zwang zu reagieren und damit der positiven Auslösung von Spannungsfeldern“[765]

Das Leiden betrifft nur eine kleine, von der Gesellschaft ausgegrenzte Gruppe. Ein Zwang zu reagieren, etwa durch die Öffentlichkeit, besteht nicht und damit werden auch keine Spannungsfelder erzeugt. Es herrscht solange Stillstand bis mit dem Thema andere Bürgerschichten konfrontiert wird. Erst dann wird reagiert werden. So steht es jedenfalls zu vermuten und war, wie aufgezeigt, auch in der Vergangenheit so.

Nicht nur die Arbeitsbereiche an sich, sondern auch die Ausgestaltung und die Arbeitsbedingungen unterscheiden sich erheblich. Nachfolgend wird daher exemplarisch am Beispiel des Straßenstriches aufgezeigt, wie unterschiedlich die Städte und Kommunen damit umgehen und wie die Ziele des ProstG, z.B. bessere Arbeitsbedingungen zu schaffen, umgesetzt worden sind.

a.) Straßenstrich

Fast jede größere Stadt hat einen Straßenstrich, dennoch sind sie ganz unterschiedlich ausgestaltet. Auch die Sexarbeiter, die auf dem Straßenstrich arbeiten, haben ganz verschiedene Motivationen und Bedürfnisse. Fraglich ist, ob das ProstG für sie eine Veränderung gebracht hat und ob diese ausreichend ist, bzw. wo noch ein Bedarf an Verbesserungen besteht.

(1) Verschiedene Gruppen und Motive

Sexarbeiter können zunächst in vier Hauptgruppen unterschieden werden.
Es gibt:

---

[765] Mitteilungen der ev. Kirche, S. 33.

- die Sexarbeiter, die sich bewusst entschieden haben, nicht in einem Bordell, sondern auf der Straße, zu arbeiten.
- die Gelegenheits-/Hausfrauensexarbeiter,
- die illegal Arbeitenden (entweder aus Alters- oder Herkunftsgründen) sowie
- die drogengebrauchenden Sexarbeiter

Die illegalen sowie die drogengebrauchenden Sexarbeiter haben keinerlei Interesse an einer angemeldeten Tätigkeit, somit ist für sie die Anmeldung bei der Sozial- und Krankenkasse auch kein Thema. Für sie ist einzig und allein entscheidend, wie sie möglichst schnell viel Geld erhalten können. Eine Registrierung, etwa durch das Finanzamt, lehnen sie ab. Ihr Interesse richtet sich allenfalls auf die Gestaltung des Straßenstriches und damit die Verbesserung ihrer Arbeitsbedingungen. Sie möchten sich sicher fühlen und unter hygienisch zumutbaren Bedingungen arbeiten können. Auch dürfte ihnen daran gelegen sein, von ihrem Geld nichts an Zuhälter abgeben zu müssen.

Die meisten Beratungseinrichtungen betreuen drogengebrauchende Sexarbeiter. Der Umfang ihrer Stellenbesetzung sowie ihrer Tätigkeit ist jedoch unterschiedlich ausgeprägt.
Nachfolgend sollen die großen Typen der Straßenstriche zur Verdeutlichung der Bandbreite dargestellt werden.[766]

(a) Illegaler Straßenstrich, keinerlei Infrastruktur

Es gibt Straßenstriche, die sich traditionell im Sperrgebiet befinden. Hier gibt es keinerlei Infrastruktur oder Beratungscontainer.

Ein solcher Strich befindet sich z. B. in Hamburg St. Georg. Die Dienstleistungen werden in Hauseingängen und Straßenecken erbracht. Seit Frühjahr 2010 erfolgt eine systematische Vertreibung der Straßensexarbeiter aus Sankt Georg, durch Auferlegung von Ordnungsgeldern, welche von 50,-- € auf 200,-- € erhöht

[766] Die Angaben hierzu beruhen auf Angaben der jeweils betreuenden/beratenden Einrichtung vor Ort, von denen die Verfasserin anlässlich ihrer Teilnahme an der 40. Fachtagung Prostitution in Dortmund vom 13.-15.05.2009 Kenntnisse erlangte, aus Gesprächen mit Sexarbeitern sowie Medienartikeln.

wurden. *Vahldieck*[767] arbeitet seit 2010 an einer Rechtsverordnung, die den Freiern ein Bußgeld von bis zu 500 € androht, wenn sie in St. Georg einen Sexarbeiter ansprechen oder gar seine Dienste in Anspruch nehmen.[768]

Der Straßenstrich in Bielefeld befindet sich am Stadtrand ohne öffentliche Verkehrsmittelanbindung. Aus diesem Grund stehen die Sexarbeiter seit einigen Jahren auf einer Straße im Sperrgebiet. Dort werden sie seit 2009 verstärkt kontrolliert, teilweise sogar aus Beratungsgesprächen herausgeholt und es werden Geldstrafen in Höhe von jeweils ca. 300,- € ausgesprochen. Da auch vermehrt Zivilfahnder eingesetzt werden, sind kaum noch Anbahnungsgespräche möglich.

(b) Legaler Straßenstrich, schlechte Infrastruktur

Der Straßenstrich in Hannover ist zwar legal, aber sehr klein und erzeugt daher einen großen Konkurrenzdruck. Der Straßenstrich ist nur in den Abendstunden geöffnet und verfügt weder über Toiletten, noch über Möglichkeiten zur Ausübung der Dienstleistungen.[769]

(c) Legaler Straßenstrich mit Infrastruktur

In Saarbrücken werden auf dem Straßenstrich zwei Beratungscontainer betrieben, in denen sich Duschen/Toiletten und eine Essensausgabe befinden.

Ein Modellprojekt für drogengebrauchende Sexarbeiter hat die Stadt Köln 2001 ins Leben gerufen. Köln verfügt über zwei Straßenstriche. Einer davon ist für alle zugänglich, der andere, die „Geestmünder Straße", ist nur für drogengebrauchende Sexarbeiter. Auf diesem Straßenstrich muss in Köln weder eine Pauschalsteuer noch eine Vergnügungsteuer gezahlt werden, Zuhältern ist der Zutritt nicht erlaubt. Es gibt einen Container, in dem eine vom Gesundheitsamt finanzierte Essensausgabe erfolgt. Eine Überwachung erfolgt sowohl vom Ordnungs- als auch vom Gesundheitsamt. Eine Zusammenarbeit mit der Polizei hat

---

[767] *Heino Vahldieck* (CDU) ist Innensenator der Stadt Hamburg.
[768] http://www.bild.de/BILD/regional/hamburg/aktuell/2011/02/15/strassenstrich/wer-eine-hure-anspricht-soll-zahlen.html, Bild Zeitung vom 15.02.2010.
[769] Angaben aus dem Jahre 2009.

bisher ebenfalls gut funktioniert. Alle an dem Projekt Beteiligten treffen sich in zwei monatlichen Rhythmen, um sich auszutauschen.[770]

Der Straßenstrich in Essen wurde im Jahre 2007 verlegt. Es gibt jetzt Sicherheitsboxen, Toiletten und einen Container, in dem sich auch ein ärztlicher Behandlungsraum, für die zweimal im Monat stattfindende Sprechstunde einer Frauenärztin, befindet.

In Dortmund wird der Straßenstrich durch Kober betreut. Der Straßenstrich ist ebenfalls mit Sicherheitsboxen und einem Beratungscontainer ausgestattet. Aufgrund angeblicher massiver Beschwerden der Anwohner und ansässigen Geschäftsbesitzer über ansteigende Kriminalität und Sexarbeit außerhalb des Straßenstrichs wurde auf der Ratssitzung vom 31.03.2011 beschlossen, den Straßenstrich zu schließen und ganz Dortmund zum Sperrgebiet zu erklären. Diese Entscheidung ist aber noch nicht rechtskräftig, da der Sperrbezirk nur durch die Bezirksregierung Arnsberg erfolgen kann.[771]

In Bonn sollte eine Verlegung des Standortes des Straßenstrichs erfolgen, da die Zustände, nach Ansicht der Politiker der Stadt, auf dem bisherigen Straßenstrich unhaltbar seien.[772] Zwar stellten sie Container mit Toiletten und Duschen auf, verboten aber die Nutzung des Straßenstrichs am Tage, was bei den Sexarbeitern auf großen Unmut stieß.
Für den Straßenstrich wurden auch sogenannte Verrichtungsboxen angedacht, nachdem die Sexarbeiter verlauten ließen, dass es ihnen in erster Linie darauf ankomme, „dass sie ihre Dienste an einem sicheren Ort anbieten können." Wert legten die Sexarbeiter zweitens „auf die gute Erreichbarkeit des Straßenstrichs, am besten mit Bus und Bahn."
Die Diskussion um ein von FDP und Grünen gefordertes Verrichtungsgelände dauerte mehrere Jahre.[773] Nach zahlreichen Anliegerprotesten und einer Ermahnung der Bezirksregierung, hat sich der schwarz-grüne Stadtrat in einer Sitzung

[770]Angaben aus dem Jahre 2009.
[771]http://www.ksta.de/html/artikel/1300555264232.shtml. Interessant wird in diesem Zusammenhang auch die Auslegung und Anwendung des § 297 EGStGB sein.
[772]Generalanzeiger, www.general-anzeiger-bonn.de/print/lokales., Artikel vom 21.10.2008, „Sicherheit ist Prostituierten wichtiger als Duschen" von *Frank Vallender*.
[773]Generalanzeiger, „ Neuer Streit um den Straßenstrich", Artikel vom 19.03.2009 und „Streit um Straßenstrich hält weiter an" Artikel vom 24.07.2009.

am 16.12.2009 mit einer Mehrheit auf eine Änderung der Situation des Bonner Straßenstrichs geeinigt. Die sogenannte Anbahnungszone soll verlagert und verringert werden, ein privates Grundstück, welches an den Straßenstrich angrenzt soll unterverpachtet und für die „Verrichtungsboxen" hergerichtet werden.[774] Die Kosten für die Herrichtung des Geländes könnten max. 135.000,- € betragen, hinzu kommen die Kosten für die soziale Betreuung, die Reinigung und den Wachdienst. Viele aus den Reihen der CDU enthielten sich oder stimmten, mit Blick auf die dadurch entstehenden Kosten, mit nein. Auch die SPD ist mit der Entscheidung nicht zufrieden. Sie befürchten, dass mit der Verringerung der Anbahnungszone ein Verdrängungsmechanismus in andere geschützte Bereiche einsetzt.[775]

(2) Zwischenfazit

Aus dieser beispielhaften Auflistung verschiedener Städte wird deutlich, dass dort, wo eine aktive und faire Zusammenarbeit zwischen Behörden, Beratungsstellen und Polizei gelingt, Bedingungen geschaffen werden, die gerade den Sexarbeitern auf der Straße eine bessere Arbeitsmöglichkeit bietet. Damit wird in bestimmten Städten das Ziel des ProstG auf bessere Arbeitsbedingungen, zumindest auf dem Straßenstrich, erfüllt.

Die Sexarbeiter selbst sind in der Regel „Einzelkämpfer" und können für die Verbesserung ihrer Arbeitsbedingungen nur begrenzt eintreten. Sie benötigen Fürsprecher bei Gesundheits- und Ordnungsämtern, die sich an runden Tischen für sie einsetzen. Obwohl von einer solchen Kooperation alle Seiten profitieren, scheint dies nur in wenigen Städten zu funktionieren.

Die drohende Schließung des Dortmunder Straßenstrichs bewirkte eine Zusammenarbeit verschiedener Sexarbeiter und der Beratungsstelle Kober, die für den 24.03.2011 eine gemeinsame Demonstration gegen die Schließung organisier-

[774]Generalanzeiger, „Straßenstrich wird verlagert", Artikel vom 18.12.2009 von *Lisa Inhoffen*, www.general-anzeiger-bonn.de/print.
[775]Generalanzeiger, „SPD kritisiert Verlegung des Straßenstrichs", Artikel vom 24.12.2009, www.general-anzeiger.bonn.de/print.

ten.[776] Auch dies zeigt, dass bei einer bestehenden Grundstruktur sich durchaus Interessenvertretungen auch bei den Sexarbeitern bilden können.[777]

(3) Verhäuslichung

Was verstärkt zu beobachten ist, ist die Abdrängung des Straßenstrichs in vielen Städten fort von ihren traditionellen Plätzen hin zu künstlich geschaffenen oder ausgelagerten Straßenzügen, wo sie weniger „stören", da viele alte Viertel inzwischen als sogenannte „Künstlerviertel" aufgewertet werden. Diese Entwicklung gab es in Frankfurt/Main bereits im Zeitraum von 1960 bis 1990. In dieser Zeit fand eine, wie *Löw*[778] und *Ruhne*[779] es nennen, europaweite[780] „Verhäuslichung" der Straßenstrichszene statt.[781] Eine Ausnahme von dieser sukzessiven „Verhäuslichung" bildet die Beschaffungsprostitution.
Sie wird bei *Zinnecker* als „Sozialtechnologie" beschrieben, bei der es darum geht, durch „Verhäuslichung" Handlungssequenzen wirkungsvoll zu hierarchisieren, sozial zu kontrollieren und mit verschiedenen Ressourcen auszustatten.[782]
In Frankfurt kommt jedoch nach *Löw/Ruhne* noch etwas hinzu, nämlich der Versuch, das als „ordinär" gesetzte Andere aus dem öffentlichen Raum zu vertreiben und damit sei nicht nur die Sexarbeit gemeint, sondern „vor allem auch die in sie eingebettete Inszenierung einer „Straßenkultur" und damit einer proletarischen Kultur. Räumlich und geschlechtlich konnotierte Strukturen und Prozesse werden als ein von gesellschaftlichen Machtverhältnissen bestimmtes „Wirkungsgefüge" erfasst."[783] Bei ihrer Analyse kommen die Autorinnen zu einem Wandel im Bild des Zuhälters durch die „Verhäuslichung" zu einem "Geschäftsmann" , „Manager" und/oder verknüpft mit dem Aspekt der Migration zu Menschenhändlern.[784]

[776]Das auf dem Umschlag dieses Buches abgedruckte Bild, wurde auf dieser Demonstration aufgenommen.
[777]Aufruf „Skandal im Sperrbezirk!" Wir Frauen vom Dortmunder Straßenstrich gehen auf die Straße!, über email Verteiler weitergeleitet.
[778]*Martina Löw* ist Prof. für Soziologie an der Technischen Universität Darmstadt.
[779]*Renate Ruhne* ist Dr. der Soziologie und derzeit an der Universität Kassel.
[780]*Grenz/Lücke,* S. 177-207.
[781]*Grenz/Lücke,* S. 177-207.
[782]*Grenz/Lücke, S. 178, Zinnecker* S. 142-162 in *Behnken.*
[783]*Grenz/Lücke,* S. 178, 179.
[784]*Grenz/Lücke,* S. 199.

Ob die Vertreibung der Straßenprostitution z.B. in Hamburg mit der in Frankfurt/Main zu vergleichen ist, kann an dieser Stelle nicht untersucht werden. Auf den ersten Blick lassen sich Gemeinsamkeiten feststellen. Die von ihren angestammten Plätzen vertriebenen Sexarbeiter müssen sich neue Bereiche suchen, entweder andere Straßenzüge oder sie müssen sich ebenfalls „verhäuslichen". Dies würde einen Zustrom auf dem ohnehin schon großen und weltbekannten Bereich der Reeperbahn bedeuten.

Auch in Dortmund gibt es Forderungen nach einer „Verhäuslichung". Ein Ratsabstimmung am 31.03.2011 beschloss die Schließung des Straßenstrichs in der Dortmunder Nordstadt. Als Alternative wurde durch die CDU angeboten „irgendwo am Stadtrand" ein „Eros-Center" eröffnen zu lassen, für das dann ein Investor gefunden werden soll.[785] Gerade die Arbeitsbedingungen in „Eros-Centern" waren aber einer der Gründe für die Einführung des ProstG, weshalb diese Idee einen deutlichen Rückschritt bedeutet, wenn mit ihr nicht gleichzeitig Auflagen und bessere Arbeitsbedingungen verknüpft werden.[786]

(4) Lösungsansätze zur Verbesserung der Lage auf dem Straßenstrich

Eine wirkliche Verbesserung der Lage kann insgesamt nur eintreten, wenn es Zuständige gibt, die sich um die Belange und die Probleme der Sexarbeiter auf dem Straßenstrich kümmern. Es müssten Straßenstriche eingerichtet werden, die auf die Bedürfnisse der Sexarbeiter zugeschnitten sind. Diese „Straßenstrichbeauftragten" würden das Bindeglied zwischen Beratungsstellen, Sexarbeitern, Behörden, Polizei und Ämtern darstellen. Sie könnten mit den entsprechenden Stellen lösungsorientiert Probleme diskutieren und Fragen abklären.
Diese Personen hätten das Wissen der Praxis und die Beziehungen der Behörde und könnten an Entscheidungen und Gesetzesänderungen direkt beteiligt werden. Die Ansiedlung dieser Personen könnte wahlweise bei der Polizei, dem

---

[785]http://www.derwesten.de/staedte/dortmund/Mega-Bordell-gegen-den-Strassenstrich-in-Dortmund-id4343812.html vom 28.02.2011. Die Ratssitzung am 31.03.2011 beschloss die Schließung des Dortmunder Straßenstrich und strebt ein stadtweites Sperrgebiet für Dortmund an, http://www.ksta.de/html/artikel/1300555264232.shtml.
[786]Deutscher Bundestag, Drucksache 14/5958 vom 08.05.2001, S. 6, Zu Art. 2 „Daran knüpft sich die Erwartung, dass schlechte Arbeitsbedingungen z.B. in Eros-Centern, beseitigt werden."

Ordnungs- oder Gesundheitsamt erfolgen, aber auch direkt bei der Stadt oder dem Land.
Mit regelmäßigen Treffen der entsprechenden Beauftragten des Landes auf Bundesebene könnte so langfristig eine bundesweite Synchronisierung stattfinden.

Das ProstG hat in diesem Bereich keinerlei Vorgaben gemacht oder Einfluss genommen. Die auf den Straßenstrichen tätigen Vereine und Organisationen sind insgesamt unterbesetzt, hinzu kommt oftmals eine unsichere Finanzierung. Lediglich da, wo Städte oder Kirchen Träger sind, können Ressourcen genutzt werden, um nicht nur die Arbeit vor Ort gut zu machen, sondern sich darüber hinaus auch für die Belange der Sexarbeiter einzusetzen. Dies geschieht jedoch dann durch rechtliche Laien in einem sehr begrenzten Umfang. Zudem sind die Mitarbeiter der kirchlich oder städtisch getragenen Einrichtungen, meist vom Auftrag her, nicht für die Beratung von Sexarbeitern, sondern für die Betreuung von Opfern und Hilfen zum Ausstieg aus der Sexarbeit eingestellt. Dies kann einem Engagement für die Sexarbeiter und bessere Bedingungen auf dem Straßenstrich entgegen stehen.

Für die politische Debatte spielt der Straßenstrich eine große Rolle, da hier oftmals die Interessen der Anwohner und der Sexarbeiter kollidieren und Politiker Stellung beziehen müssen, wie jüngst in Dortmund. Für die Wissenschaft und die Gesetzgebung hingegen spielt der Straßenstrich eine untergeordnete Rolle. Die Erfahrungen und Berichte, die in die Gesetzgebungsüberlegungen mit einbezogen werden, sind jedoch solche des Straßenstrichs. Dies führt zu einer Vermischung der Probleme von Straßen- und Bordellprostitution.
Die Vorschläge und Ausarbeitung des Betreiberverbandes fanden bisher in den Debatten keine Berücksichtigung.[787]

Die vieldiskutierte Einführung der Erlaubnispflicht für Bordelle wird an kriminellen Strukturen auf dem Straßenstrich nichts ändern. Die Ausweitung der Sperrgebiete dürfte ebenfalls kontraproduktiv sein, da somit die Möglichkeit „frei“ auf dem Straßenstrich einen Standplatz zu erhalten minimiert wird.

[787] Die Betreiber sind im Unternehmerverband Erotik Gewerbe Deutschland organisiert.

Eine Möglichkeit die Bedingungen auf dem Straßenstrich zu verbessern und ihn zu entkriminalisieren kann nur dort gelingen, wo der Straßenstrich als solcher von den Behörden akzeptiert und mittels Infrastruktur dafür gesorgt wird, dass die Sexarbeiter unter menschenwürdigen Bedingungen, frei von Kriminalität, anschaffen können. Darüber hinaus können so Gebiete gewählt werden, die eine gute verkehrstechnische Anbindung haben, groß genug sind und in Gebieten liegen, in denen möglichst wenig Anwohner gestört werden, wie z.B. in Gewerbegebieten etc., damit der Straßenstrich sich auch über Jahre entwickeln kann und nicht nach kurzer Zeit erneut wegen Anwohnerprotesten verlegt werden muss.

b.) Modellwohnungen/Bordelle

Sexarbeiter die in festen Einrichtungen arbeiten, könnten seit 2002 auch Arbeitsverträge abschließen. Die Frage, ob Dienstpläne, Arbeitskleidung etc. vorgeschrieben werden dürfen oder ob dies unter dirigierende Zuhälterei fällt, ist seit den Nichteröffnungsbeschlüssen des LG Augsburg[788] und dem Beschluss des OLG München vom 12.04.2010[789] geklärt.
Warum dennoch so selten Arbeitsverträge geschlossen werden, wurde bereits im Problemaufriss im 4. Kapitel dargestellt, darüber hinaus wird die Problematik durch den Beschluss des OLG München deutlich.
Auch hier legen die Sexarbeiter hohen Wert auf selbstbestimmtes Arbeiten. Sie wollen flexibel bleiben und sich die Option des Ausstiegs, zumindest gedanklich, offen halten. Für viele ist die Sexarbeit nur als vorübergehende Beschäftigung gedacht. Manche machen sie als Zubrot zu ihrer eigentlichen Arbeitstätigkeit oder um sich einen Urlaub, ein Auto oder andere Dinge zu finanzieren. Ein festes Arbeitsverhältnis kommt für sie nicht in Betracht, vielmehr erachten sie es als optimal, wenn sie ein renommiertes Haus vorfinden, in dem sie, nach kurzer Voranmeldung, eigenverantwortlich für einen von ihnen bestimmten Zeitraum anschaffen können.

[788]Nichteröffnungsbeschluss des LG Augsburg vom 16.08.2006 (Rechtskraft 31.08.2006), Az 8 Kls 312 Js 115537/05 und Nichteröffnungsbeschluss des LG Augsburg 17.12.2009, Az 9 Kls 504 Js 106939/08.
[789]Beschluss des OLG München vom 12.04.2010, Az 3 Ws 101-105/10.

(1) Sog. „Wellness- oder FKK-Clubs"

Ein solches sog. „Wellness Club" ist, nach eigenen Angaben, das „Paradies" bei Stuttgart.[790] Das Haus wurde 2008 eröffnet und nach Angaben des Betreibers verfügt es über „einen hauseigenen Gynäkologen", zwei „Frauenbeauftragte" und einen runden Tisch, an dem er sich regelmäßig mit dem Ordnungsamt, der örtlichen Polizei und der Finanzverwaltung trifft.[791] Die beiden „Frauenbeauftragten" übernehmen die Organisation der Sexarbeiter. Jeder der im „Paradies" arbeiten will, muss zunächst seinen Pass vorzeigen und angeben, welche Dienste er anbieten will. Diese werden dann im Internet veröffentlicht. Die Sexarbeiter zahlen 50,- € Eintritt pro Tag, damit sie im Paradies arbeiten können, 25,- € Pauschalsteuer kommen hinzu, die der Betreiber dann abführt und, falls gewünscht, kann der Sexarbeiter auch im „Paradies" für weitere 25,- € übernachten.
Männer zahlen 69,- € Eintritt. Darin enthalten sind das Buffet und die Benutzung von Sauna, Whirlpool und Dampfbad. Die Dienstleistungen und Preise handeln sie selbst mit den anwesenden Sexarbeitern aus, welche das Geld dann auch direkt erhalten.[792] Abgaben an das „Paradies" müssen davon, nach Betreiber Angaben, nicht getätigt werden.

Die Sexarbeiter selber stehen diesem Modell der Wellness- oder FKK-Clubs aber nicht durchgängig positiv gegenüber. Stimmen aus der Sexarbeiterszene beschreiben die Arbeit als „reinsten Horror". „Man müsse die Unkosten ja auch erst mal wieder rein bekommen. 50,- € Eintritt, 25,- € Pauschalsteuer, damit sind 75,- €, also 2-3 Freier, nötig, nur um die Kosten wieder reinzuholen, hinzu kommen die 25,- € Übernachtungskosten. Außerdem gibt es einen hohen Konkurrenzdruck, da alle Frauen nicht nur die Kosten reinholen, sondern auch Verdienst machen wollen. Da mache man schon mal Dinge, die Geld bringen und die man sonst nicht machen würde".[793]
Anzustreben ist, dass die Sexarbeiter ihre Unkosten, wie beispielsweise die 50,- € Eintritt, bei ihrer Steuererklärung absetzen können.

[790] Artikel im „Spiegel", Heft 23/2009, „Der perfekte Puff" von *Uwe Buse*, S. 52-56.
[791] Spiegelartikel, S. 53.
[792] Spiegelartikel, S. 53, 54.
[793] Aussage eines Sexdienstleisters der anonym bleiben möchte.

(2) Modellwohnungen/Bordelle

Darüber hinaus gibt es noch die Möglichkeit in einem traditionellen Bordell zu arbeiten oder in einer sog. Modellwohnung. Hinsichtlich der Modellwohnungen wird auf die Ausführungen im 4. Kapitel zu dem Urteil des VG Berlin hinsichtlich des „Salon Prestige“ Bezug genommen. Der Vorteil ist, dass wenige Sexarbeiter gemeinsam eine solche Wohnung „ganz ohne Schutz“ betreiben können. Auf gerade diese Möglichkeit zielte das ProstG auch ab. Mit dem ProstG sollten Frauen gefördert werden, die eigenverantwortlich und selbstbestimmt arbeiten wollten. Da es keine zuverlässigen Zahlen darüber gibt, wie viele Modellwohnungen es vor 2002 gab und wie viele es heute sind, kann an dieser Stelle nichts dazu gesagt werden, ob diese Ziele erreicht wurden.

Insgesamt bleibt festzuhalten, dass auch in diesem Bereich eine gesicherte Struktur und klare rechtliche Vorgaben, was erlaubt ist und was nicht, wünschenswert sind. Auch hier läuft es auf eine Kooperation der verschiedenen Beteiligten hinaus.

(3) Flatrate-Bordelle „Pussy Club“

In dieser „neuen Form“ des Bordells mussten die Sexarbeiter keinen Eintritt zahlen, sondern erhielten ein Festgehalt pro Abend, unabhängig davon ob und wie viele Freier sie bedient haben. Diese Geschäftsidee der „Pussy-Clubs“ wurde in vier Städten[794] in Deutschland im Jahre 2009 umgesetzt. Die Sexarbeiter erhielten 100–200,- € Entgelt pro Arbeitstag.
Die Männer zahlten einmalig an der Kasse tagsüber 70,- € und abends 100,- €. Dafür durften sie unbegrenzt an der Bar und am Buffet essen und so viel Sex mit Sexarbeitern haben, wie sie wollten. Hierbei stand es, nach verschiedenen Aussagen, den Sexarbeitern frei, welche Praktiken sie anboten und mit welchem Freier sie aufs Zimmer gingen. Im Internet war vorab zu sehen, welche Sexarbeiter anwesend waren und welche Praktiken sie anboten.
Das Konzept basierte auf der Annahme, dass ein Freier in der Regel nicht mehr als zweimal pro Abend Geschlechtsverkehr durchführen kann.

---

[794] Stuttgart (Fellbach), Heidelberg, Wuppertal und Berlin. Wuppertal und Berlin waren eher kleine Clubs, während Fellbach und Heidelberg große Etablissements waren.

(a) Sachverhalt

Im Frühjahr/Sommer 2009 eröffneten vier Flatrate-Bordelle mit dem Namen „Pussy-Club“. [795]
Zeitlich fiel es mit dem Auftakt zum Wahlkampf der Bundestagswahl 2009 zusammen. Die Diskussionen um die Flatrate-Bordelle warfen erneut die Frage auf, ob das ProstG ein richtiger Schritt war.
Ausgehend von einem Bürgerprotest in Fellbach bei Stuttgart breitete sich eine deutschlandweite Diskussion aus. Die Bürgerprosteste behaupteten die Flatrate-Bordelle seien „menschenunwürdig und Sklaverei“. Der Bürgerprotest wurde von allen Parteien aufgegriffen.

Die Werbung der „Pussy-Clubs“ besagte auf den ersten Blick, dass die Freier mit allen Sexarbeitern so viel Sex haben durften, wie sie konnten und vor allem (und hier lag der Stein des Anstoßes) wie sie wollten. Dies wurde von vielen als menschenverachtend angesehen.
Die Betreiberin der „Pussy-Clubs“, *Florieu,* erklärte immer wieder, dass die Frauen zwar angehalten seien mit jedem Kunden zu reden und zu flirten, dass sie aber selbst entscheiden würden, mit wem sie dann weiter gingen und welche Wünsche sie erfüllten.

Seit dem Tag der Eröffnung gab es negative Berichte in Zeitungen und im Radio, die Gegendarstellung der „Pussy-Club“ Betreiberin wurde hingegen nicht veröffentlicht. Bereits im Juni 2009 fand eine Razzia statt, bei der nur die abgelaufene Arbeitserlaubnis eines türkischen Masseurs gefunden wurde.
Die Sexarbeiter waren nach Aussage der Betreiberin als selbständige Subunternehmer in einem zweimonatigen Vertragsverhältnis beschäftigt. Voraussetzung, um im „Pussy-Club“ arbeiten zu können, war der Nachweis von Berufserfahrung und die Angabe des Ortes der letzen Arbeitsstätte. Bei Vertragsschluss gab der Sexarbeiter an, wie oft er seine Dienste in der Woche zur Verfügung stellen wollte, danach wurde der Vertragswert festgelegt.
Die Sexarbeiter erhielten ihr Geld pro Abend von der Betreiberin, für jeden Einsatztag 120,- €, bemühte sich der Sexarbeiter besonders oder war er besonders

[795] Zwei größere in Fellbach und Heidelberg und zwei kleinere in Wuppertal und Berlin. Das größte der vier Häuser und Auslöser der Diskussion war der „Pussy-Club“ in Fellbach, welcher am 05.06.2009 eröffnete.

beliebt, erhielt er 100,- € pro Woche zusätzlich. Dazu gab es Bonuszahlungen für Shows- und Flyer verteilen sowie einen Aufschlag beim Anbieten von Analverkehr.[796]

Anfang August 2009 versuchte die Stadt Heidelberg den „Pussy-Club" schließen zu lassen. Sie ließ am Verwaltungsgericht klären, inwiefern der „Pussy-Club" eine Vergnügungsstätte darstelle, da eine solche, laut Bebauungsplan, an dieser Stelle nicht zulässig sei. Kino und Wellness Bereich wurden daraufhin geschlossen. Das Gericht lehnte eine komplette Schließung ab, weil die Stadt dort ein Bordell genehmigt hatte. Aus den Bauakten ergab sich, dass die Nutzung des Obergeschosses als „Massagesalon" genehmigt war. Die Stadt hatte zuvor nie in Frage gestellt, dass die Baugenehmigung aus dem Jahr 1988 eine bordellartige Nutzung zulasse, daher konnten auch die Räume im Erdgeschoss entsprechend genutzt werden".[797]

Die massiven Proteste gegen die „Pussy-Clubs" veranlassten auch die dort Tätigen zu einer Stellungnahme. Anfang Juli 2009 veröffentlichten sie einen Brief an den Bürgermeister.[798] Hierin nahmen sie Stellung zu den Vorwürfen und baten darum, sich nicht weiter gegen den „Pussy-Club" zu stellen und damit ihre Arbeitsplätze zu vernichten. „Für diesen Fall seien sie gezwungen wieder in „FKK-Clubs, in Formen der modernen und legalen Zuhälterei zu arbeiten." Sie appellierten daran, dass Deutschland ein freies Land sei, in dem jeder selbst entscheiden könne, was gut ist und was nicht. Vor allem beklagten sie aber, dass keiner der Wortführer sie je angehört oder mit ihnen gesprochen habe. Der letzte Satz des Briefes lautet: „Spielen Sie nicht den Helden für uns - wir sind sehr über Ihr Vorhaben verärgert."[799]

Auch andere eilten zur Hilfestellung herbei. So schrieben verschiedene Hurenselbsthilfe- und Beratungsstellen einen gemeinsamen Brief an diverse Bundesminister und die Bundeskanzlerin.[800]

---

[796] http://zeitung.sexworker.at/pussy-club-fellbach-flatrate-mit-den-augen-einer-sexarbeiterin/.

[797] http://www.swr.de/nachrichten/bw/-/id=1622/nid=1622/did=5056572/33smgt/index.html.

[798] Welchen Bürgermeister sie genau meinen, wird nicht klar, die Autorin nimmt an, dass der Brief sich in erster Linie an den Bürgermeister von Fellbach, Herrn *Palm*, richtet.

[799] Offener Brief der Sexarbeiter aus dem „Pussy-Club", www.pussy-club.eu/wp-content/uploads/offenerbrief2009_07.pdf.

[800] Offener Brief aus Juli 2009 an Bundeskanzlerin *Merkel*, Bundesministerin *von der Leyen*, *Zypries* und *Schmidt*, Bundesminister *Scholz*, *Freiherr zu Guttenberg*, *Schäuble* sowie Oberbürgermeister der Stadt Fellbach *Palm*. Unterzeichnende waren: agisra e.V. Köln, Amnesty for Woman/TAMPEP-Deutschland, context Hamburg und Berlin, Escort Wien Liebeselfen,

In diesem Brief räumten sie ein, dass auch ihnen die Art der aggressiven Werbung nicht gefiele und verglichen diese mit Flatrate trinken und –essen, „wo es auch nicht um Genuss ginge".
Sie klagten an, dass die Stellungnahmen der Betroffenen nicht gehört würden und dass „bis heute keine beruflichen Standards festgeschrieben und keine Instanzen, wie beispielsweise Berufsverbände geschaffen und unterstützt würden, die solche Standards entwickeln und ihre Einhaltung kontrollieren könnten."

Die im Rahmen des Kampfes gegen die Flatrate-Bordelle immer wieder geforderte Änderung des ProstG war ebenfalls Teil des offenen Briefes. Hierzu schrieben sie:
„Die Kampagne gegen die Flatrate-Angebote argumentiert mit dem diffusen Begriff der „Würde der Sexarbeiterinnen". Deren Rechte drohen dabei unterzugehen. So wird gefordert, das Prostitutionsgesetz zurück zu nehmen – das erste Gesetz, das Sexarbeiterinnen Rechte zuerkennt. Solche Forderungen setzen sich über die Köpfe der Beteiligten hinweg. Insgesamt steuert die Debatte in eine Richtung, die zu einer Kriminalisierung der Sexarbeit und zu ihrer Verdrängung in Grauzonen mit erhöhter Vulnerabilität zurückkehrt.
Um diese Richtung umzukehren, sollten nicht die bestehenden Rechte bestritten, sondern Wege bereitet werden, diese Rechte auszubauen und abzusichern."

Am Sonntag den 26.07.2009 wurden die „Pussy-Clubs" mit einer Großrazzia durchsucht. 700 Polizeibeamte sowie verschiedene Behörden und Ministerien waren beteiligt. Alleine in Fellbach waren 360 Polizisten vor Ort.

Gefunden wurden in Heidelberg und Fellbach lediglich hygienische Mängel, beide Clubs wurden kurzfristig geschlossen. Im Fellbacher Club wurden die Personalien von 89 Sexarbeitern und 179 Freiern aufgenommen.

Der Heidelberger Club änderte sein Angebot in „20 Minuten Sex für nur 25,- Euro". Weitere Dienste seien „Verhandlungssache" mit dem jeweiligen Sexarbeiter.

Hydra e.V. Berlin, Kassandra e.V. Nürnberg, Kober Dortmund, Kolleginnen Sperrgebiert Hamburg, Madonna e.V. Bochum, Callboy Connection Frankfurt a.M., Mimikry und Marikas München, Nitribitt e.V. Bremen, Phoenix e.V. Hannover, Ragazza e.V. Hamburg, querstrich Berlin, Roxanne pro Familia Koblenz, Service e.V. Nürnberg, Tamara Frankfurt a.M., sexworker@yahoogroups.de sowie diverse Einzelpersonen.

Am 26.08.2009 wurde der „Pussy-Club“ Heidelberg erneut durchsucht. An der Durchsuchung waren 80 Polizisten und 25 Zollbeamte beteiligt.[801]

Der Club in Fellbach wurde am 01.09.2009 unter dem Namen „FKK Safari“ und mit einem neuen Besitzer wieder eröffnet.[802] In diesem „FKK-Club mit Wellness Bereich“, müssen Freier wie Sexarbeiter 30,- Euro Eintritt zahlen. Sex kostet extra, eine halbe Stunde 50,- €.[803]

Die Betreiberin der „Pussy-Clubs“ wurde bei der Großrazzia in U-Haft genommen. Argumentiert wurde damit, dass der Verdacht bestünde, dass ausländische Sexarbeiter ohne Genehmigung beschäftigt und Sozialversicherungsbeiträge hinterzogen worden wären.[804]
Zwei weitere Mitglieder der Geschäftsleitung seien ebenfalls in Haft berichtete eine andere Zeitung. Im gleichen Artikel wird *Ackermann* von Solwodi zitiert, die in der „Neuen Osnabrücker Zeitung“ sagte: „Das ist das absolut Entwürdigendste, was auf dem Markt ist. Die betroffenen Frauen würden wie Essen und Trinken vermarktet und konsumiert: Das ist die letzte Bastion der Sklaverei in Europa.“ [805]

Im Tagesspiegel kommen auch andere Stimmen zu Wort „Die Razzien waren politisch gewollt“ sagte *Klee.*[806]

„Die Zeit“ stellt in ihrem Artikel „Die selbstbestimmte All-inklusiv-Hure“ die verschiedenen Positionen dar und geht auch auf die Gegendarstellung der

---

[801]http://www.swr.de/nachrichten/bw/-/id=1622/nid=1622/did=5056572/33smgt/index.html. Es wurden angeblich 9.000,- € Bargeld und sieben Großbildschirme beschlagnahmt.
[802]*Markus Eberhard Prinz von Anhalt* war bereits zuvor Besitzer der Immobilie gewesen und verkaufte diese im Mai 2009 an *Florieu,* die Betreiberin des „Pussy-Clubs“.
[803]http://www.bild.de/BILD/regional/stuttgart/aktuell/2009/08/19/prinz-markus-von-anhalt/kauft-flatrate-puff-zurueck.html, Artikel vom 19.08.2009.
[804]Bericht in der taz „Flatrate-Bordell wieder geöffnet, nur noch eine Mini-Flat“, http://www.tAzde/nc/1/politik/deutschland/artikel/1/nur-noch-eine-mini-flat.
[805]Baseler Zeitung vom 28.07.2009, Panorama, „Polizei vermutet Hintermänner bei „Flatrate-Bordell“ http://bazonline.ch/panorama/vermischtes/Polizei-vermutet-Hintermaenner-bei-Flatrate-bordell.
[806]Sprecherin des Bundesverbandes für sexuelle Dienstleistungen und seit 25 selbst Prostituierte; Sex: Mehr als zwei Mal kann kaum einer“, 28.07.2009, www.tagesspiegel.de/weltspiegel/Flatrate-Bordell-Sex;art1117,2858309.

Betreiberin sowie der dort beschäftigten Sexarbeiter und den offenen Brief der Hurenverbände ein. Der Artikel lässt *Eickel*[807] zu Wort kommen die sagt: „Von der Werbung kann man nicht auf die Arbeitsbedingungen schließen. Die Reaktion ist unverhältnismäßig. Im Grunde geht es darum die Prostituierten zu diskreditieren“.[808]

Die Auflistung der Medienberichte könnte noch lange fortgeführt werden. Die meisten Zeitungen berichteten bis ca. Anfang August 2009 von den „Ereignissen“ rund um die Flatrate-Bordelle.

Insgesamt wurde damit auf vier Ebenen gegen die Clubs vorgegangen. Gegen die Werbung ging zumindest Heidelberg auf dem Wege eines Bußgeldverfahrens vor, bauordnungsrechtlich indem sie prüfen ließen, ob der Bebauungsplan eine Vergnügungsstätte zulasse, die Polizei führte eine Großrazzia durch und die Staatsanwaltschaft ermittelte wegen Nichtabführung von Sozialabgaben.

Im Januar 2010 hatte sich das Angebot der „Pussy Clubs“ geändert. Auf der Homepage befand sich nun der Hinweis, dass alle Leistungen direkt mit der Dame abgerechnet und Extras mit dieser besprochen werden müssten. Ferner findet sich der Hinweis: „Die bei uns tätigen Frauen sind im Einklang mit dem ProstG frei in der Wahl ihrer Sexualpartner und Sexualpraktiken.“[809]

Der Prozess gegen die Betreiber der „Pussy-Clubs“ begann im Februar 2010. Am 07.03.2010 wurden mit insgesamt 780 Beamten 44 Wohnungen in Baden-Württemberg, Brandenburg, Niedersachsen, Nordrhein-Westfalen und Rheinland-Pfalz sowie in Rumänien und Spanien durchsucht. Es wurden 13 Verdächtige verhaftet, 6 weitere vorläufig festgenommen. Die Razzien stehen in Zusammenhang mit dem Prozess in Stuttgart rund um die „Pussy-Clubs“. Bei den Ermittlungen und im Verfahren sollen sich zahlreiche Anhaltspunkte für jahrelangen organisierten Menschenhandel aus Rumänien ergeben haben.[810] Eine Anklage gegen die Betreiberin und zwei weitere Angeklagte wurde am 04.11.2009 wegen des Verdachtes des gewerbsmäßigen Menschenhandels in 64

---

[807] *Mechthild Eickel* ist bei „Madonna e.V.“ beschäftigt.

[808] Zeit online, 27.07.2009, http://www.zeit.de/online/2009/31/prostitution-flatrate.

[809] http://www.pussy-club.eu/home/.

[810] http://www.spiegel.de/panorama/justiz/0,1518,682227,00.html.

Fällen und des Sozialversicherungsbetruges mit einem Gesamtschaden von 2.301.250,08 € erhoben.[811]

(b) Die Diskussion

Im Rahmen des Vorgehens gegen die Flatrate-Bordelle im Sommer 2009 stellte der Abgeordnete *Palm*[812] eine kleine Anfrage an den Landtag von Baden-Württemberg.[813] Hierin fragte er bei der Landesregierung an, ob eine Nichtgenehmigung oder ein Verbot von Bordellen speziell aufgrund der Tatsache, dass sie nach einer „Flatrate"-Konzeption betrieben werden, durch die zuständigen Behörden erfolgen kann. Für den Fall, dass sie dies nicht kann oder will fragte er nach, ob „durch zeitnahe gesetzgeberische Initiativen sichergestellt werden soll, dass solche „Flatrate"-Konzeptionen im Bereich der Prostitution zukünftig verboten werden können, da er in den Flatrate Angeboten einen eklatanten Verstoß gegen die Menschenwürde der Frauen sähe und er diese Art von käuflicher Liebe für einen unmoralischen Auswuchs hielte, der in unserer Gesellschaft nicht geduldet werden dürfe."

Das Innenministerium beantwortete die Anfrage[814] und verwies darauf, dass Prostitution und Bordelle seit 2002 nicht mehr als Verstoß gegen die Menschenwürde angesehen würden, dass allerdings das Bundesverfassungsgericht darauf hingewiesen habe, dass die Prostitutionsausübung in bestimmten Erscheinungsformen und damit einhergehende sozialtypische Begleiterscheinungen durchaus gegen den öffentlichen Anstand verstoßen könnten.[815]

Die Antwort verweist hinsichtlich der Anfrage zu 1. auf die einzelnen Rechtsgebiete, in denen Verstöße zu einem Verbot führen könnten und kommt dann zu der Ansicht, dass „vor dem Hintergrund dieser Rechtsprechung es deshalb schwierig sein dürfte, allein von der Preisgestaltung in Form einer „Flatrate" bei

---

[811] http://www.stuttgarter-zeitung.de/stz/page/2266278_0_9223_--pussy-club-anklage-gegen-bordellchefin.html und http://www.stuttgarter-nachrichten.de/inhalt.pussy-club-das-verfahren-wird-sich-hinziehen.dc078590-4a52-4592-9b91-0ed27a15c7b9.html.

[812] Abgeordneter *Christoph Palm,* CDU, war zugleich Bürgermeister von Fellbach.

[813] Landtag von Baden-Württemberg, 14. Wahlperiode, Drs. 14/4768 vom 02.07.2009 „Flatrate-Bordelle".

[814] Antwort des Innenministeriums vom 02.07.2009.

[815] BVerfG Kammerbeschluss vom 28.04.2009 Az. 1 BvR 224/07.

einer einem Bordell eingegliederten Gaststätte auf die Unzuverlässigkeit des Gaststättenbetreibers zu schließen. Zur Bewertung – vor allem für die Annahme eines Verstoßes gegen die Menschenwürde – kommt es darauf an, ob in dem konkreten Betrieb besondere konkrete Umstände die Verletzung der sexuellen Selbstbestimmung und des Achtungsanspruchs der betroffenen Frauen bzw. ein etwaiger Zwang, jeden Besucher ohne Zurückweisungsrecht nach dessen Wünschen sexuell zu befriedigen, verursachen … Da der Schutz der Menschenwürde aber wesentlich durch die Achtung der individuellen Selbstbestimmung geprägt ist, bietet Art. 1, Abs. 1 GG nur eine schmale Basis für einen Würdeschutz des Einzelnen vor sich selbst im Sinne eines fürsorglichen Eingriffs in die individuelle Autonomie."

Bezüglich der Anfrage zu 2.) verweist sie auf eine vom Innenministerium gemeinsam mit dem Ministerium für Arbeit und Soziales und dem Justiz- und Wirtschaftsministerium gegründete Initiative zur Bekämpfung des Geschäftsmodells „Flatrate-Bordell", welche „alle möglichen Handlungsoptionen prüfe".

Der abschließende Antwortsatz lautet: „Die Landesregierung hat schon mehrfach Initiativen zur Wiederherstellung der früheren Rechtslage unterstützt, die ein besseres Vorgehen auch gegen „Flatrate-Bordelle" ermöglichen würde".[816]

Im Rahmen des Vorgehens gegen die sogenannten „Flatrate-Bordelle" startete eine parteiübergreifende Initiative einen Antrag an den Landtag Baden-Württemberg.[817] Darin wurde der Landtag aufgefordert die Landesregierung zu ersuchen zu berichten, welche Möglichkeiten es grundsätzlich gäbe, Flatrate-Bordelle zu verbieten und ob eine Möglichkeit bestünde über Arbeitsbedingungen die Flatrate Arbeit zu verbieten. Darüber hinaus solle eine Bundesinitiative zur Änderung des ProstG und eventuell auch des Strafgesetzbuches mit dem Ziel gegründet werden, Flatrate-Bordelle zu verbieten. Es folgt eine Begründung die von Annahmen und allgemeinen Ansichten geprägt ist. Es werden nicht genannte Experten zitiert, die die Flatrate-Arbeit als „unmenschlich" ansehen, mit der vor allem „gezielt junge unerfahrene Frauen aus osteuropäischen Armutsgebieten angeworben werden, die bestimmt keine Ahnung von ihren neuen Arbeitsbedingungen haben". Das Flatrate-Angebot wird als „neues Phänomen mit

[816]Antwort des Innenministeriums des Landes Baden-Württemberg auf die Kleine Anfrage, Drs. 14/4768. Innenminister *Rech*.

[817]Gezeichnet wurde der Antrag von *Veronika Netzhammer* u.a. (CDU), *Katrin Altpeter* u.a. (SPD), *Brigitte Lösch* u.a. (Grüne), Dr. *Birgit Arnold* (FDP/DVP) am 09.07.2009; Landtag von Baden-Württemberg, Drs. 14/4805 „Flatrate-Bordelle"

menschenverachtenden Verhältnissen für die dort arbeitenden Prostituierten" beschrieben.

Die Bundesarbeitsgemeinschaft kommunaler Frauen[818] setzt sich aus Gleichstellungs- und Frauenbeauftragten verschiedener deutscher Städte zusammen. Am 06.07.2009 veröffentlichten sie einen Brief an die politischen Verantwortlichen, „um die menschenunwürdigen Bedingungen der Prostituierten zu beenden." Sie schlossen sich der Meinung von Solwodi an und sahen in den Flatrate-Bordellen einen Verstoß gegen die Menschenrechte. „Mit dem ProstG von 2002 wollten die Gesetzgeber die freiwillig ausgeübte Prostitution legalisieren. Mit „Sex-Flatrates" werden die Prostituierten erniedrigt, noch stärker ausgebeutet und verdienen immer weniger" schreiben sie in ihrem Brief.

In einer Pressemitteilung vom 09.07.2009 erklärte die erste Vorsitzende des Landesfrauenrates *Klingel*: „Discountsex ist nichts anderes als eine Form der Vergewaltigung. Die Flatrate für sexuelle Dienstleistungen ist Ausdruck schwerster Frauenverachtung. Sie reduziert Frauen zu Sex-Maschinen."[819]

Singhammer[820] und die zuständige Berichterstatterin *Noll* erklärten in einem am 29.07.2009 veröffentlichten Artikel anlässlich der Diskussion um die Flatrate-Bordelle, „dass das ProstG seine Ziele nicht erreicht hat. Ein Ziel war der Schutz und die Absicherung der Prostituierten. Das Gegenteil ist aber der Fall – wie die aktuellen Medienberichte bestätigen. Nicht nur die Werbung ist enthemmter geworden, auch der gesundheitliche Schutz findet kaum statt. Notwendig sind gewerberechtliche Änderungen und bessere Ausstiegsmöglichkeiten. Es ist bedauerlich, dass viele dieser Punkte, die ursprünglich im Koalitionsvertrag vereinbart worden waren, wegen fehlender Kooperation der SPD nicht erreicht werden konnten."[821]

---

[818] Verein zur Förderung der Frauenpolitik in Deutschland e.V.

[819] „Landesfrauenrat wendet sich gegen Flatrate-Bordelle, Gegen geplanten schwäbischen Männerspaß", www.frauen-efw.de/aktuelle-meldungen/news/datum/09/07/2009/Landes frauenrat.

[820] *Singhammer* ist frauenpolitische Sprecherin der CDU/CSU-Bundestagsfraktion.

[821] „Flatrate-Bordelle - Prostitutionsgesetz muss geändert werden" http://www.cdu.de/archiv/2370_27855.htm.

In einer Pressemitteilung der Grünen vom 29.07.2009 nimmt *Schewe-Gerigk*[822] zur Forderung der CDU/CSU nach Änderung des ProstG Stellung:

„In Ermangelung anderer Wahlkampfthemen hat nun die CDU/CSU das Thema Prostitution für sich entdeckt. Dabei scheut sie sich nicht davor, ganz gezielt falsche Informationen in die Welt zu setzen. Sie nutzt die Debatte über Flatrate-Bordelle, um den erneuten Versuch zu machen, das rot-grüne ProstG anzugreifen."

Hinsichtlich der immer wieder vorgebrachten Forderung neue Kontrollmöglichkeiten für die Polizei zu schaffen, sagt sie: „Die Polizeigesetze der Länder können gar nicht durch den Bund geändert werden und lassen meistens sogar einen verdachtsunabhängigen Zugang in ein Bordell zu. Wie weit es denjenigen, die das ProstG bekämpfen, tatsächlich um die Menschenwürde der Prostituierten geht, haben sie jetzt im baden-württembergischen Fellbach bewiesen. Die Prostituierten mussten nach der Schließung des Bordells die Nacht im Freien verbringen."[823]

Mitrovic spricht in der Taz über die Razzia in den Flatrate-Bordellen.[824]
Sie äußert deutlich, dass die Art der Werbung überprüft werden sollte, der Club an sich aber keinerlei Anlass zur Beunruhigung gäbe.
Deutlich kritisiert sie die Haltung des Landesfrauenrates Baden-Württemberg, die einen besonderen gesetzlichen Schutz der Menschenwürde verankert im ProstG fordern. Der Schutz der Menschenwürde stehe im Grundgesetz und gelte selbstverständlich für alle Menschen, so *Mitrovic*.
Zu dem Verdacht der nicht abgeführten Sozialabgaben, welcher zu den Razzien geführt hatte, sagte sie, dass die Frauen und die Betreiber selbst angaben, jeweils nur zweimonatige Subunternehmerverträge geschlossen zu haben. In diesem Fall würden keine Sozialabgaben anfallen, die der Flatrate-Bordellbetreiber abzuführen hätte. Damit wäre der Verdacht von vorne herein unbegründet.
Die letzten Sätze des Interviews von *Mitrovic* lauten: „Der Verdacht liegt nahe, dass nun erneut die Stimmung erst künstlich aufgeheizt wird, damit man nun das

---

[822] Parlamentarische Geschäftsführerin und frauenpolitische Sprecherin der Grünen.
[823] http://www.gruene-bundestag.de/cms/presse/dok/296/296718
Prostitutionsgesetz stärkt die Rechte der Prostituierten.
[824] Interview mit *Emilija Mitrovic*, ver.di, in der Taz vom 29.07.2009, http://www.tAzde/1/politik/deutschland/artikel/1/ein-ziemlich-normaler.laden/, taz.de vom 29.07.2009, „Ein ziemlich normaler Laden".

Prostitutionsgesetz angreifen kann. Dass Frauenorganisationen dabei mitmachen, finde ich sehr schade."

Frauenpolitisch kritisch setzt sich *März*[825] mit den Geschehnissen rund um die Flatrate-Bordelle auseinander.[826]

Sie beginnt mit der Darstellung zweier kontroverser Positionen zu den Flatrate-Bordellen.
Die eine greift die Position der CDU/CSU auf, in der durch die „Flatrate" der Prostitution der letzte Rest an Menschenwürde entzogen wird. Hauptargumente dieser Ansicht sind: „Kann nicht mehr die Frau entscheiden, sondern nur der Freier, liegt eine neue Form der Sklaverei vor. Eine Gesellschaft, die heute Flatrate-Sex toleriert, wird morgen zu der Ansicht zurückfinden, es handele sich bei Vergewaltigung um ein bedauerliches, aber eben nun mal triebgesteuertes Kavaliersdelikt."
In der anderen Position sieht sie in den Flatrate-Angeboten die Chance zur Aufklärung. „Die Flatrate-Idee entreißt der Prostitution den letzten Rest an Plüsch- und Rotlichtzauber."
Sie fragt weiter, warum sich die Frauen unserer Gesellschaft, ausgenommen die Kirche, die Hurenverbände, Medien, Polizei und Sexarbeiter nicht an der Diskussion beteiligen. Provokant schreibt sie: „Oder ist mit Postfeminismus nur das Problem gemeint, wie in gleichberechtigten Akademiker Haushalten im Prenzlauer Berg die Küchenarbeiten gerecht zu verteilen und die Schließzeiten von Kindergärten mit den Arbeitszeiten von Werbeagenturen und Fernsehsendern in Einklang zu bringen sind? Weil sich der frauenpolitische Rest von allein erledigt oder vom Frauenüberschuss in Steinmeiers Kompetenzteam erledigt wird?"
Sie will aufrufen sich auch bei „unhygienischen" Themen einzumischen. Stellung auch für eine „19jährige Unterschichtlerin, die ihre Tätigkeit in einem miesen Vorortpuff verrichtet" zu beziehen.

Unter dem Titel „MENSCHENWÜRDE Bumstest: Absolut abspritzwürdig"[827] wurde in der Zeitung „EMMA" ein Artikel zum Thema Flatrate-Bordell veröf-

---

[825] „Die schmutzigen Fragen: Der Postfeminismus hat keine Meinung zu Flatrate-Bordellen", Die Zeit vom 06.08.2009, Artikel von *Ursula März* Ursula März ist eine deutsche Literaturwissenschaftlerin, Literaturkritikerin, Autorin und Journalistin.
[826] http://www.zeit.de/2009/33/Flatrate.

fentlicht.[828] Sie nimmt die Diskussion um die „Pussy-Clubs“ zum Anlass erneut das ProstG zu kritisieren.

Sie erläutert, dass vor In Kraft treten des ProstG bereits die Werbung der „Pussy-Clubs“ strafbar gewesen wäre und die Stuttgarter Nachrichten bereits vor der Eröffnung des „Pussy-Club“ in Fellbach von „Hintermännern aus Bulgarien“ berichtet hätten, die in den Siedlungsbereichen der Roma in Bulgarien und Rumänien junge Frauen in großen Gruppen anwarben. Polizei und Stadt sähen das Konzept der Flatrate Bordelle zwar skeptisch, seien aber machtlos. *Schwarzer* prangert an, dass „seit der fatalen Reform von 2002 Modelwohnungen in Wohnhäusern erlaubt seien, Großbordelle beim städtischen Karnevalsumzug mitfahren und Hochglanzbroschüren für Investoren im krisensicheren Rotlichtmilieu werben.“ Sie äußert weiter, dass sich das Ausland schon lange über den deutschen Sonderweg wundern würde und Deutschland inzwischen zur Hauptdrehscheibe für den europäischen Menschenhandel geworden sei.

(c) Verfahren und Urteil im Prozess um die Flatrate-Bordelle

Das Verfahren gegen die Betreiber der „Pussy-Clubs“ wurde am 04.11.2009 eröffnet. Angeklagt waren sechs Personen wegen Sozialversicherungsbetrug und Menschenhandel. Nach insgesamt 22 Verhandlungstagen wurde am 23.07.2010 das Urteil gesprochen. Dabei erhielt die Hauptangeklagte, die Besitzerin der „Pussy-Clubs“, für Sozialversicherungsbetrug in 35 Fällen eine dreijährige Haftstrafe. Der Vorwurf des Menschenhandels wurde fallen gelassen, der Richter[829] betonte in der Urteilsbegründung, dass die Prostituierten in den „Pussy-Clubs“ nicht unterdrückt und nicht mit Gewalt bedroht worden seien.[830] Das Urteil lautete auf Sozialversicherungsbetrug in 35 Fällen, zuvor hatte man sich in einem Deal geeinigt und Geständnisse abgelegt. Die rumänischen Sexarbeiter wurden von den Betreibern als selbständige Subunternehmer ausgegeben, obwohl sie wie Angestellte arbeiteten. Für Angestellte hätten aber Sozialabgaben gezahlt werden müssen, was nicht erfolgt ist. Es handelte sich damit um eine Wirtschaftsstraftat, ein Vergehen und die angeklagte Besitzerin war nicht vorbestraft.

---

[827]EMMA vom 12.08.2009, Autorin *Alice Schwarzer*.
[828]http://www.emma.de/flatrate_bordelle_2009_8_12.html.
[829]*Andreas Arndt* , Richter am Landgericht Stuttgart.
[830]http://www.n-tv.de/panorama/Haft-fuer-Pussy-Club-Besitzerin-article1117091.html.

Hinzu kommt, dass sie die rumänischen Sexarbeiter aufgrund ausländerrechtlicher Bestimmungen gar nicht hätte als Angestellte anmelden können, da Rumänien zwar Mitglied in der EU ist, aber noch Übergangsverträge gelten, die eine solche Anstellung nicht zugelassen hätten. All dies ist im Urteil zu berücksichtigen gewesen. Bei einem Strafrahmen des § 266 a StGB von bis zu 5 Jahren und einer fast einjährigen U-Haft ist das Urteil als relativ hart anzusehen.
„Spiegel Online“ sah das Urteil als relativ milde an[831], der „Kölner Stadtanzeiger“ hingegen titelt „Happige Strafe“ und vermutet, dass das hohe Strafmaß ein Zugeständnis an die öffentliche Aufregung über jenen Betrieb gewesen sein könnte[832].

Am 11.03.2011 begann vor der 10. Großen Wirtschaftsstrafkammer des Landgerichts Stuttgart erneut ein Prozess im Zusammenhang mit dem „Pussy-Club“.[833] Angeklagt sind 10 Rumänen, die regelmäßig junge Rumäninnen nach Deutschland gebracht haben sollen. Neben ihren eignen Bordellen sollen sie einige Frauen auch gezwungen haben, in den „Pussy-Clubs“ zu arbeiten. Die Anklage lautet auf gemeinschaftlichen schweren Menschenhandel und Sozialversicherungsbetrug.[834] Nach Aussagen der Opfervertreter sollen die Frauen teilweise gezwungen worden sein bis zu 14 Stunden zu arbeiten und 60 Freier zu bedienen, ohne dass sie hinsichtlich der Freier oder der Praktiken eine Auswahlmöglichkeit gehabt hätten.[835]

(d) Zusammenfassung der Stellungnahmen zu den Flatrate-Bordellen

Anhand der Diskussionen um die Flatrate-Bordelle kann man die Haltung der einzelnen Teilnehmer zuordnen.

Eine Unterscheidung in möglicherweise unzulässige Werbung und die tatsächlichen Geschäftspraktiken vor Ort erfolgte nicht. Ebenfalls wurden die Überlegungen und der Zweck des ProstG „Schutz der persönlichen und wirtschaftli-

---

[831]http://www.spiegel.de/panorama/justiz/0,1518,708193,00.html.
[832]http://www.ksta.de/html/artikel/1278663550197.shtml.
[833]http://www.fr-online.de/panorama/eine-frau--60-freier--14-stunden/-/1472782/8024488/-/index.html.
[834]http://www.focus.de/panorama/welt/prozesse-mutmassliche-menschenhaendler-bande-schweigt_aid_607496.html
[835]Rechtsanwältin *Michaela Spandau* und Rechtsanwalt *Jens Rabe*.

chen Freiheit der Personen, die sich zu einer solchen Tätigkeit entschlossen haben“ in die Diskussion nicht einbezogen.

Die CDU/CSU und *Schwarzer* griffen das Thema auf und forderten erneut eine Änderung bzw. Abschaffung des ProstG.
Die Grünen in Baden-Württemberg bildeten mit allen anderen Parteien eine Arbeitsgruppe und eine Initiative zur Abschaffung der „Flatrate-Bordelle“ und gingen damit auf die Wünsche der Bürger vor Ort ein, während die Bundes Grünen über *Schewe-Gerigke* auf die Erfolge des ProstG hinwiesen und an diesen festhalten wollten.
Die Hurenverbände stellten sich auf die Seite der Sexarbeiter, die Kirchen dagegen und die „Frauen- und Gleichstellungsbeauftragten der Bundesarbeitsgemeinschaft kommunaler Frauen Büros“ teilten die Meinung der Kirchen und der CDU/CSU.

Es ging um die Menschenrechte der Sexarbeiter in diesem Meinungsstreit genauso wenig, wie es bisher um die Verbesserung der Lage der Sexarbeiter ging. Es ging um die Bürger, die sich von den Sexarbeitern und Freiern belästigt fühlten. Damals wie heute. Bereits im 1. Kapitel wurde dargestellt, wie die Klage eines Hamburger Ehepaares 1870 gegen ein benachbartes Bordell gemeinsam mit dem Prozess gegen den Zuhälter *Heinze* Ende des 18ten Jahrhunderts zur Lex Heinze führte.

Es scheint so zu sein, dass damals wie heute die Probleme der Sexarbeiter erst wahrgenommen werden, wenn sich die Bürger gegen sie wehren und die Parteien befürchten Stimmen zu verlieren.
Die Schwierigkeiten moderner Gesellschaften mit diesem Thema zeigte sich bereits in den 1970er Jahren, als es auf erhebliche Widerstände stieß, die Kuppelei aus dem StGB zu streichen, obgleich deutlich war, dass es sich um ein „Unzucht-Delikt“ handelte. Der alte Kuppeleitatbestand wurde lediglich etwas abgewandelt in „Förderung der Prostitution“.

Hinsichtlich der Werbung des „Pussy-Clubs“ könnte man prüfen, ob ein Verstoß gegen § 120 Abs. 1 Nr. 2 OWiG vorliegt. Hatte doch das OLG Zweibrücken in

seinem Beschluss vom 07.04.2008 klargestellt, dass Werbung nicht zu detailliert und nicht einschließlich Zeit- und Preisangaben erfolgen darf.[836]
Damit darf durch die Werbung keine konkrete Beeinträchtigung von Rechtsgütern der Allgemeinheit, insbesondere des Jugendschutzes eintreten. Eine solche konkrete Beeinträchtigung soll vorliegen, wenn die Werbung nach Aufmachung, Inhalt und Umfang nicht in der gebotenen zurückhaltenden Form erfolgt oder nach Art des Werbeträgers und seiner Verbreitung geeignet ist, die schutzbedürftigen Rechtsgüter zu gefährden. Das Verbot setzt aber eine konkrete Eignung der Werbung voraus, den Schutz der Allgemeinheit, vor allem von Kindern und Jugendlichen, vor den mit der Sexarbeit generell verbundenen Gefahren und Belästigungen zu beeinträchtigen, so auch der BGH.[837] Unstrittig warb der „Pussy-Club" sehr massiv. Nicht nur die Leuchtreklametafeln etc. wiesen auf das Flatrate-Angebot hin sondern, glaubt man den Presseberichten, wurde auch massiv in der lokalen Presse, auf Lieferwagen und auf Flugblättern, welche in der Innenstadt verteilt wurden, geworben.[838] Damit wäre nach Auffassung des OLG Zweibrücken eine Ordnungswidrigkeit gem. § 120 I Nr. 2 OWiG gegeben und auch nach der Auslegung des BGH wird man wohl eine Beeinträchtigung des Jugendschutzes durch eine derart massive Werbung annehmen müssen.

Seit Herbst 2009 ist es medial ruhig geworden um die Flatrate-Bordelle. Es gibt keine Proteste und keine wahrnehmbaren Arbeitsgemeinschaften oder Medienberichte hierzu. Dies liegt aber nicht daran, dass nunmehr keine Flatrate-Bordelle mehr existieren. Der UEGD schätzt, dass es bundesweit im März 2011 noch ca. 60 Flatrate-Bordelle gab.[839]

(e) Fazit

Das Misstrauen der Sexarbeiter gegenüber Polizei und Behörde ist auch aus der Geschichte heraus verständlich. Wenn das überwiegende Interesse dahingeht, das sog. „Milieu" und damit auch die althergebrachten Hierarchien und Spielregeln zu verlassen, kann der Weg nur „ins Helle" und damit zu einer Kooperation führen. Mehr Rechte beinhalten aber auch mehr Pflichten. Dass bei mehr Trans-

[836]OLG Zweibrücken, Az: 1 Ss 178/07, Beschluss vom 07.04.2008, MMR 2008, S. 468.
[837]BGH Urteile vom 13.07.2008 Az: 1 ZR 241/03 und 1 ZR 231/03 und 1 ZR 65/05, NStZ 2008, S. 87.
[838]z.B. http://www.emma.de/flatrate_bordelle_2009_8_12.html.
[839]Telefonische Auskunft des UEGD vom 31.03.2011.

parenz auch Steuern zu zahlen sind, mag bei den Sexarbeitern nicht auf Gegenliebe stoßen, wenn man ihnen dafür aber auch etwas anbietet, nämlich selbstbestimmte Arbeit ohne Furcht vor Kontrollen, ohne Zuhälter im Rücken und mit einer sozialen- und gesundheitlichen Versorgung, scheint ein solches Vorgehen sinnvoll zu sein.

Im Gegenzug muss selbstverständlich, und dies scheint mindestens ebenso schwierig zu sein, auf Seiten der Behörden und Polizei mit „offenen Karten gespielt" werden. Informationen dürfen nicht missbraucht und Sexarbeiter nicht in die „Falle" gelockt werden. Die Zusammenarbeit muss vertrauensvoll erfolgen, sollen alte gewachsene Misstrauensstrukturen aufgebrochen werden. Vor allem muss eine Gleichsetzung von Sexarbeit, Zwangsprostitution und Menschenhandel unterbleiben. Hier müssen klare Grenzen gezogen werden, nicht nur von den Akteuren, sondern auch von Politik und Medien.

„Betriebliche Störungen" in Form von Razzien, die einzig dazu dienen in den Betriebsablauf einzugreifen, müssen unterbleiben. Vielmehr dürfen Razzien nur dazu genutzt werden in begründeten Verdachtsfällen zu kontrollieren.

Für Sexarbeiter in Bordellen oder Modellwohnungen gibt es derzeit keine sichtbaren unterstützenden Netzwerke. Die Beratungsstellen befinden sich sämtlich auf dem Straßenstrich.

Eine genaue arbeits- und steuerrechtliche Einschätzung der Situation wäre ebenfalls wünschenswert.

c.) Internet

Ein relativ neuer, aber stetig wachsender Tätigkeitsbereich bietet sich durch das Internet.

Auf der Seite www.gesext.de kann, nach dem Vorbild bei ebay, eine sexuelle Dienstleistung angeboten und entweder über „Sofort kaufen" zu einem Festpreis erworben oder zur Ersteigerung freigegeben werden. In den meisten Fällen, sorgt derjenige, der ersteigert hat, für die Räumlichkeiten, in denen die ersteigerte Dienstleistung dann erbracht wird. Damit fallen für die Sexarbeiter keine Mietkosten an. Sie stehen auch nicht auf der Straße und warten auf Freier. Sie stellen die Auktionen ein, wartet auf deren Ende und treffen dann per email eine Datums- und Ortsabsprache.

Gerade für Teilzeit- und Gelegenheitssexarbeiter ist dies eine neue Möglichkeit diskret und ohne Kontakt zur sog. „Milieu-Szene“ ihre Dienste anzubieten.

Der Nachteil ist, dass dieser Markt auch von Menschenhändlern und Zuhältern genutzt werden kann. Die Anbieter sind für Beratungseinrichtungen aber auch für Polizei, Behörden und Ämter nicht mehr erreichbar. Der Markt ist faktisch unkontrollierbar.

Sexarbeiter, die ausschließlich oder überwiegend im Internet aktiv sind, könnten sich über eine Plattform im Internet wie die von www.sexarbeiter.at zusammenschließen. Die immer mehr Mitglieder aufweisende Seite wird auch für politische oder rechtliche Diskussionen genutzt. Geprüft wird derzeit von den Betreibern, ob aus der Seite ein Verband gemacht werden kann.

Hinsichtlich der Arbeitsbedingungen muss man anmerken, dass, soweit die Anbietenden selbst bestimmen welche und wie häufig sie eine Dienstleistung anbieten wollen, weitgehend ein Selbstbestimmen vorliegt. Fraglich ist jedoch in diesem Bereich inwieweit er von Kriminalität durchzogen ist.

3.) Zusammenfassung 5. Kapitel

Der Adressatenkreis für das ProstG ist sehr eng umgrenzt. Die Möglichkeit der Einklagbarkeit von Forderungen aus Sexdienstleistungen spielt in der Praxis keine Rolle, da bei fast allen Dienstleistungen im Sexbereich Vorkasse üblich ist. Arbeitsverträge werden selten geschlossen und Krankenkassenanmeldungen etc. noch immer oftmals unter einer falschen Bezeichnung gemacht.

Gerade für den Straßenstrich hat sich durch das ProstG nahezu nichts verändert. Noch immer sind große Gebiete in den Städten Sperrgebiet, hinzu kommt, dass viele etablierte Straßenstriche einer Neuausrichtung des Stadtviertels weichen müssen. Sie werden ausgelagert, oftmals herrschen dann noch schlechtere Bedingungen als vorher, z.B. bzgl. der Anbindung an öffentliche Verkehrsmittel.

Auffällig ist auch, dass die Beratungsangebote für Sexarbeiter aus den unterschiedlichen Bereichen wenig Überschneidungspunkte haben. Die Sexarbeiter auf dem Straßenstrich haben als Ansprechpartner meist Beratungseinrichtungen, allerdings gibt es auch ganze Bundesländer, z.B. Schleswig-Holstein, in denen es keinen einzigen Berater gibt oder nur eine Beraterin mit 19 Stunden die Woche, wie in Rheinland-Pfalz. Die Sexarbeiter in Bordellen haben nur in sehr vereinzelten Fällen Kontakt zu Beratungseinrichtungen. Da auch hier selten Arbeitsverträge bestehen, existiert keine Nähe zu Gewerkschaften oder ähnlichem. Auch existieren in den Bordellen keine „Betriebsräte". Damit sind die Sexarbeiter in Bordellen, mindestens zu einem großen Teil, auf sich alleine gestellt.

Noch stärker ist dies bei den Sexarbeitern in Wohnungsbordellen oder Sexarbeitern, die ihre Dienste im Internet anbieten. Sie haben nahezu keine Kontakte zu Beratungseinrichtungen, Anlaufstellen wie dem Gesundheitsamt etc. Da viele Betriebe den Behörden unbekannt sind, findet nicht einmal ein Kontakt zu Polizeibeamten statt. Damit hat das ProstG für die Vielzahl der Sexarbeiter nur den Nutzen gehabt, dass ihre Tätigkeit nun nicht mehr als sittenwidrig gilt und sie sich, wenn sie wollten, unter ihrer wirklichen Bezeichnung kranken- und sozialversichern könnten. Sicherlich ein erster Schritt, der in der Praxis aber nur selten genutzt wird.

Mit dem ProstG sollte die Möglichkeit geschaffen werden, dass Sexarbeiter selbstständiger arbeiten können. Ein neues Modell war das Flatrate-Bordell-Konzept. Allein das Angebot erhielt eine Aufmerksamkeit in der Bevölkerung und in den Medien, die das Thema Sexarbeit zuvor selten erlebt hat. Plötzlich äußerte sich jeder zur Thematik. Es wurden Arbeitsgruppen auf höchsten Ebenen gebildet, schnelle Umsetzungen gefordert und der Rechtsstaat in Frage gestellt. Kaum war die Aufregung um die „Pussy-Clubs" verebbt, verschwand auch der Ehrgeiz, diese Art des Bordellbetriebes zu verbieten. 2011 gibt es nach Schätzung des UEGD in Deutschland noch ca. 60 Flatrate-Bordelle, über die nicht gesprochen wird.

6. Kapitel
Akteure der Implementierung

Rund um den Themenbereich der Prostitution haben sich im Laufe der letzten 150 Jahre, wie bereits im ersten Kapitel dargestellt, verschiedene Organisationen, Vereine und Beratungsstellen gebildet.
Das in Kraft treten des ProstG war ein großer Schritt in der Geschichte der Prostitution. Dies alleine reicht jedoch nicht aus. Hinzu kommen müssen eine Vielzahl verschiedener Akteure, die an der Umsetzung, Ausgestaltung und Zielerreichung des Gesetzes ein Interesse haben und daran mitwirken. Ein Recht oder Gesetz, welches keine Anwendung und keine Beachtung findet, ist nur beschriebenes Papier und wird keinerlei Änderung im Umgang miteinander bewirken. Ein Gesetz braucht daher eine Implementierung um wirksam zu werden.

1.) Akteure im Zusammenhang mit dem ProstG

Zu untersuchen ist daher, wer im Zusammenhang mit dem ProstG zu den Akteuren der Implementation zählt, wie und ob eine Umsetzung des ProstG und dessen Ziele erfolgt und welche Motivation die Akteure zu dieser Arbeit mitbringen. Ein Konflikt kann immer dann entstehen, wenn die Fokussierung anderen Zielen oder eigenen Interessen dienlich ist, denn dann kann es passieren, dass die Interessen der Sexarbeiter nur vorgeschoben werden, um eigene Ziele zu erreichen, die dann für die Sexarbeiter auch nachteilig sein können.[840]

Die Akteure kommen aus vielen unterschiedlichen Bereichen. Grundsätzlich kann man sagen, dass sich die Gruppen der Umsetzung der rechtlichen und der gesellschaftspolitischen Ziele unterscheiden. Es gibt aber Versuche auf Seiten der Beratungseinrichtungen Einfluss auf die rechtliche Ausgestaltung und gesetzliche Änderungen im Zusammenhang mit dem ProstG zu nehmen.

Einige Akteure sind in übergeordneten Gruppen zusammengeschlossen[841], manche arbeiten für sich alleine[842], manche haben viele Niederlassungen in unter-

[840]Siehe Erläuterungen zu den Flatrate Bordellen „Pussy Club“ und dem Dortmunder Straßenstrich.
[841]z.B. in der AG Recht, dem KOK oder dem Bufas.
[842]z.B. Dona Carmen.

schiedlichen Städten[843] und wieder andere bestehen bereits mit anderen Schwerpunktsetzungen schon länger und haben die Sexarbeit nachträglich in ihre Tätigkeit aufgenommen[844]. Manche haben sich durch einen Zusammenschluss aktiver Sexarbeiter gebildet und manche wurden von Städten, Gemeinden oder Kirchen als Beratungsstellen gegründet.[845]

a.) Sexarbeiter und Betreiber

Notwendig für eine sinnvolle Implementierung sind diejenigen, die von der Gesetzeseinführung unmittelbar betroffen sind. Nur sie können beurteilen, ob das Gesetz umgesetzt wird und ob sich Veränderungen in ihrer Lebens- und Arbeitswelt ergeben haben. Darüber hinaus können sie Regelungslücken oder Widersprüche aus der Praxis heraus benennen.

Während die Sexarbeiter hauptsächlich an einer gesellschaftlichen Akzeptanz und besseren Arbeitsbedingungen interessiert sind, geht es den Betreibern hauptsächlich um rechtliche Klarheit und Sicherheit, um Investitionen sinnvoll zu tätigen und Geschäftsmodelle entwickeln und umsetzen zu können.

Des Weiteren sind sowohl Teile der Sexarbeiter als auch der Betreiber an einer Entkriminalisierung des Sexdienstleistungsbereiches interessiert, um Konkurrenz zu minimieren, das Image der Branche zu verbessern und die Kontroll- und Überwachungsdichte der Polizei und verschiedener Behörden zu reduzieren.

b.) Gerichte

Die Gerichte müssen die Gesetze anwenden und auslegen. Nur wenn ein Gesetz auch angewandt wird, kann es Wirkung entfalten und implementiert werden. Durch die Rechtsprechung entsteht eine Anwendungspraxis, die letztendlich zu Rechtssicherheit führen kann.

---

[843] z.B. Solwodi e.V.
[844] z.B. ver.di.
[845] Eine Auflistung verschiedener deutscher Beratungseinrichtungen befindet sich im Anhang dieser Arbeit.

c.) Beratungsstellen

Es gibt eine Vielzahl verschiedener Beratungsstellen, die mit der Sexarbeit ganz unterschiedliche Berührungspunkte haben.

(1) Frauen

Zwar handelt es sich bei den meisten Sexarbeitern um Frauen, jedoch tangiert die Sexarbeit die Frauenberatungsstellen nur in geringem Maße. Weitaus häufiger und im Schwerpunkt geht es bei diesen um Beziehungs- und Eheprobleme, Gewalt, Schwangerschafts- und Erziehungsfragen, Zufluchtswohnungen oder Hilfe und Beratung zu Gesundheits- oder Suchtfragen.
Die meisten Frauenberatungsstellen haben damit nur sehr geringe Überschneidungen mit den Sexarbeitern, so dass sie als Akteure der Implementierung auch keine Aufgabe übernehmen.

Es gibt auch Frauen, die ein Verbot nach schwedischem Modell fordern und in der Sexarbeit die Unterdrückung und Erniedrigung der Frau sehen. Diese wirken auf eine Abschaffung bzw. Änderung des ProstG hin.[846]

(2) Hilfe für Opfer von Gewalt und Menschenhandel

Hier ist die Schnittmenge größer, da die Sexarbeit häufig durch ihre Nähe zur Kriminalität auch mit Gewalt zu tun hat. Eines der Ziele des ProstG ist die Entkriminalisierung des Sexdienstleistungsbereiches zu erreichen. Weitere Diskussionen beschäftigten sich mit dem Aufspüren und der Hilfe für Menschenhandelsopfer in der Sexarbeit.

Es geht den Beratungsstellen hauptsächlich um Hilfe für die Opfer und Durchführung eines Gerichtsverfahrens gegen die Täter. Eine Verbesserung für die freiwillig tätigen Sexarbeiter zu erreichen ist meist nicht Gegenstand ihre Arbeit. Zwar wird Menschenhandel und Sexarbeit oft miteinander vermischt, es handelt sich jedoch um zwei verschiedene Bereiche, die voneinander getrennt behandelt werden müssen.

---

[846]Z.B. Solwodi e.V. und *Alice Schwarzer*.

Dennoch stehen eine Vielzahl der Beratungseinrichtungen für beide Bereiche, also Menschenhandelsopfer und Sexarbeit zur Verfügung. Diese Doppelung der Aufgaben beruht oftmals auf den Vorgaben der Träger oder Finanziers der Beratungsstellen oder auf der Annahme, dass eine freiwillige Entscheidung für die Sexarbeit ohne Gewalt oder Zwang nicht erfolgen würde.

(3) Migranten und Ausländer

Auch hier sind die Beratungsstellen nur teilweise von der Sexarbeit tangiert, nämlich dann, wenn ausländische Sexarbeiter bei einer Razzia oder Kontrolle von der Polizei aufgespürt werden und die Umstände ihrer Arbeit unklar sind. Überschneidungen ergeben sich daher oft zu den vorhergehend dargestellten Beratungsstellen. Das ProstG spielt keine Rolle, es geht hauptsächlich um arbeits-, steuer- oder strafrechtlich Fragestellungen.
Im Falle eines Zwangs zur Sexarbeit haben die Ermittlungsbehörden ein Interesse daran, dass sie als Zeugen vor Gericht aussagen.
Der Großteil dieser Beratungsstellen kommt daher selten mit dem ProstG, dafür umso öfter mit den strafrechtlichen Vorschriften zum Menschenhandel sowie arbeits-, steuer- und aufenthaltsrechtlichen Fragestellungen, in Berührung.

(4) Sexarbeiter

Die Sexarbeiter haben sich in einigen wenigen Hurenselbsthilfeprojekten zusammengeschlossen bzw. bestimmte Beratungsstellen beschäftigen sich ausschließlich mit der Beratung von Sexarbeitern. Hier liegt eine sehr große Nähe zum ProstG und es besteht ein großes Interesse an der Implementierung und einer Verbesserung des Status quo. Allerdings ist festzustellen, dass die meisten dieser Beratungsstellen personell und zeitlich mit ihrer eigentlich Beratungstätigkeit schon sehr ausgelastet sind, so dass eigentlich kaum noch Zeit zum Entwickeln von Strategien zur Implementierung bleibt, die nicht auf ehrenamtlicher Arbeit beruht.

d.) Netzwerke

Einige Beratungsstellen haben sich im KOK oder in der AG Recht zusammengeschlossen, um gemeinsame Forderungen zu finden und aufzustellen bzw. eine bundesweite Informations- und Austauschplattform zu haben. In beiden Gruppen besteht ein großes Interesse an einer Implementierung des ProstG.

e.) Verbände, Gewerkschaften

Neben den Netzwerken haben sich auch verschiedene Verbände zur Interessenwahrnehmung der jeweiligen Mitglieder, also Sexarbeiter oder Betreiber, gebildet. Der Neueste ist der Zusammenschluss verschiedener Beratungsstellen für Sexarbeiter namens Bufas[847].

Auch die Gewerkschaft ver.di hat versucht an der Implementierung des ProstG mitzuwirken, indem sie einen Musterarbeitsvertrag entwickelte, der aber kaum Resonanz fand. Es wurde eine Stelle geschaffen, die sich mit Sexarbeit und Menschenhandel beschäftigt.[848]

f.) Politik

Die Politik könnte ein Interesse an der Zielerreichung des ProstG und dessen Implementierung haben, denn sie haben das Gesetz 2001 beschlossen. Jedoch war die CDU/CSU von Anfang an sehr kritisch gegenüber dem ProstG eingestellt. Nachdem sie mit Merkel die Bundeskanzlerin stellten und die Regierung bilden, war daher auch nicht zu erwarten, dass sie die Regelungen zugunsten der Sexarbeiter auch in anderen Bereichen anpassen.
Doch auch seitens der SPD und Der Grünen ist in den letzten Jahren kein weiterer Vorstoß in diese Richtung erfolgt.
Die Politik ist insgesamt in dieser Thematik sehr zurückhaltend und scheut eine Auseinandersetzung mit dem Themenbereich geradezu.

g.) Medien

Die Medien nutzen das Thema Sexarbeit zur Steigerung ihrer Einschaltquote bzw. ihrer Auflage. Ein Interesse an einer Implementierung des ProstG, der Transparenz oder Entkriminalisierung des Gewerbes ist nicht vorhanden. Gerade

---

[847]Das Bündnis der Fachberatungsstellen für Sexarbeiterinnen und Sexarbeiter wurde Ende 2009 von 5 Hurenverbänden gegründet und am 15.04.2010 als Verein registriert.
[848]Diese Stelle befindet sich in Hamburg und wird von *Emilija Mitrovic* betrieben.

die Vermischung von Sex, Kriminalität und Undurchsichtigkeit bilden den Reiz des Themas für die Medien.

h.) Sonstige

Indirekte Akteure der Implementierung sind auch alle diejenigen, die aus den unterschiedlichsten Gründen mit der Sexarbeit zu tun haben oder darüber veröffentlichen.

Zum einen sind dies die Polizei und die Staatsanwaltschaft. Beide habe ein Interesse daran, dass „Rotlichtmilieu" zu durchleuchten, Kriminalität zu entdecken und aus zu ermitteln. Darüber hinaus versuchen sie Opfer von Menschenhandel aufzuspüren, aus ihrer Lage zu befreien und mit ihnen als Zeugen die Verantwortlichen vor Gericht zu verurteilen.

Durch diverse Veröffentlichungen verschiedener Polizeivertreter haben sie deutlich gemacht, dass das ProstG nach ihrer Ansicht kontraproduktiv sei und die Ermittlungsarbeit behindere. Daher sei das ProstG rückgängig zu machen.
Anders hingegen *Minzel*, der das Dortmunder Modell der offenen Zusammenarbeit lobt und von einer Verbesserung seit Einführung des ProstG spricht.[849]

Aber auch die unterschiedlichen Richtungen der Wissenschaft haben Veröffentlichungen zur Sexarbeit gemacht. Teilweise erzeugen diese ein Bild von Zwang und Gewalt, teilweise von unabhängigen Frauen, die diese Art des Erwerbs bewusst und freiwillig selbst gewählt haben. Diese verschiedenen Darstellungen können von verschiedenen Akteuren der Implementierung zur Untermauerung der eigenen Argumentation genutzt werden.

Die Kirchen sind Betreiber der größten Beratungsnetzwerke in Deutschland. Sie haben zur Sexarbeit eine eher ablehnende Haltung, da sie Sexualität mit Beziehungen verbinden und käufliche Sexualität ablehnen. Dennoch haben die von den Kirchen finanzierten Beratungsstellen auch mit Sexarbeitern zu tun. In der evangelischen Kirche gibt es daher Ansätze an einer Verbesserung der Situation für Sexarbeiter mitzuwirken, die katholische Kirche steht dem ProstG kritisch

---

[849]Siehe an anderer Stelle der Dissertation. *Minzel* ist inzwischen pensionierter Kriminalbeamter aus Dortmund.

gegenüber, hält dies für den falschen Weg und fördert hauptsächlich den Ausstieg aus der Sexarbeit.

Auch die Behörden nehmen Einfluss durch die Art und Weise, wie sie mit den Sexarbeitern umgehen und welche Bedingungen sie an die legale Sexarbeit stellen. Zu nennen sind hier vor allem das Gewerbe- und das Finanzamt. Je nach Bundesland herrschen unterschiedliche Handhabungen, die teilweise dazu beitragen, dass die Sexarbeiter an einer Transparenz und einer Änderung der Verhaltensweisen in ihrem Gewerbe keinerlei Interesse haben und sich an einer Implementierung des ProstG nicht beteiligen.

2.) Akteure: Interesse an der Zielerreichung des ProstG und Mitwirkung an der Implementierung

Die zuvor genannten Akteure haben ganz unterschiedliche Interessen an einer Implementierung und Zielerreichung des ProstG und wirken an dieser daher unterschiedlich mit.

a.) Sexarbeiter und Betreiber

Ein Teil der Sexarbeiter und Betreiber wollen Rechtssicherheit und eine gesellschaftliche Anerkennung ihrer Tätigkeit. Sie wollen die Rechte, die andere Erwerbstätige oder Unternehmer auch haben und gesetzlich einheitlich geregelte Pflichten, insbesondere eine Transparenz der Steuerabgaben. Insofern sind sie an einer Zielerreichung interessiert, die Mitwirkung an der Implementierung beschränkt sich allerdings auf die Teilnahme vereinzelter Sexarbeiter und Betreiber an Fachtagungen und Diskussionsrunden. Ein Bordellbetreiber hat, in Zusammenarbeit mit einem Rechtsanwalt, den Entwurf zu einem Bordellgesetz (BordG) vorgelegt, der jedoch kaum Resonanz fand.

Ein anderer Teil der Sexarbeiter und Betreiber hat ein Interesse daran, dass die Sexarbeit weiter eine unregulierte Grauzone bleibt, in der wenig Rechte, aber dafür auch keine Pflichten existieren.
Es gibt wenig aktive Mitwirkung von Sexarbeitern an den Tagungen und Seminaren der Beratungsstellen zur Verbesserung der Situation, zum anderen lässt sich am Beispiel der Niederlande, in denen die Prostitutionspolitik bereits seit

mehreren Jahren liberaler und transparenter ist, feststellen, dass vielen Sexarbeitern die Pflichten, insbesondere die Steuerabgaben, zu viel sind und sie daher lieber in der Anonymität bleiben und von ihren „neuen Rechten“ keinen Gebrauch machen wollen.
Hinzu kommt, dass das Misstrauen der Sexbranche gegenüber dem Staat und der Polizei aufgrund der gemeinsamen Vergangenheit sehr groß ist. Die wenigsten Sexarbeiter können sich ein „partnerschaftliches“ miteinander von Polizei und Sexdienstleistern vorstellen, da in letzter Zeit auch vermehrt Sperrgebiete kontrolliert und Ordnungsgelder verhängt werden. Auch Stadtteile, die zwar Sperrgebiete sind, in denen aber seit Jahrzehnten Prostitution geduldet wurde, werden nun „geräumt“. Ähnliches ist auch in den Niederlanden zu beobachten, wo die traditionellen Rotlichtviertel in Amsterdam nach und nach in Künstlerviertel umgewandelt und die Sexarbeiter verdrängt werden.

Das Interesse ist demnach ambivalent. Generell werden eine gesellschaftliche Anerkennung der Sexarbeit und der Sexarbeiter sowie eine Verbesserung der Arbeitsbedingungen gewollt, andererseits herrscht großes Misstrauen und Unsicherheit bzgl. der Pflichten, Steuerabgaben und dem Verlust der Anonymität.

Hinzu kommt, dass die Sexarbeiter eher Einzelgänger sind, die sich in den verschiedenen Arten der Sexarbeit, aber auch innerhalb eines Bereiches, von den anderen abgrenzen und oftmals damit argumentieren, dass sie selbst ja nur vorübergehend in der Sexarbeit tätig sind. Zu echten Zusammenschlüssen untereinander kommt es selten, da jeder Sexarbeiter um seine Kunden werben muss und sich, unter diesem Konkurrenzdruck, selten Freundschaften bilden.

Es kann daher festgestellt werden, dass es von Seiten der Sexarbeiter zwar den Wunsch zur Anpassung verschiedener Gesetze an das ProstG gibt, z.B. im Bereich der Werbung oder des Gewerbe- und Baurechtes, dass sie aber generell eine Arbeit in der Anonymität, die sie selbstbestimmt beginnen oder aufhören können, einer geregelten und erfassten Tätigkeit vorziehen und sich daher auch nur in sehr geringem Maße an einer Implementierung des ProstG beteiligen.

Eine geregelte, transparente und von den Behörden überwachte Unternehmerschaft ist nur für diejenigen interessant, die sich bereits jetzt an geltendes Recht halten und z.B. keine Wuchermieten für die Zimmer verlangen. Alle anderen dürften mit dem Betreiben von Bordellen und Laufhäusern im halbtransparenten Bereich erheblich höhere Gewinne machen, als dies der Fall wäre, wenn die Buchhaltung dem Finanzamt und den Steuerbehörden nachvollziehbar und kontrollierbar vorlägen.

Der UEGD spricht sich deutlich für eine Weiterentwicklung des ProstG aus, da die bestehenden Regelungen nach ihrer Ansicht nicht ausreichen. Sie begrüßen die Diskussion um die Erlaubnispflicht von Bordellen, allerdings lehnen sie eine Sonderregelung für Betreiber außerhalb der Gewerbeordnung ab, soweit erörtert wird, dass die „ gewerberechtliche Nachschau“ in Sexdienstleistungsbetrieben nicht, wie üblich, durch das Gewerbeamt, sondern durch die Polizei erfolgen soll.

Eine mögliche Reglementierung der Anzahl der Betriebe sehen sie nicht als Gefahr, sondern als Vorteil, da mit der EU-Osterweiterung nicht nur eine große Anzahl Sexarbeiter, sondern auch Betreiber und Zuhälter nach Deutschland gekommen sind. Dadurch hat sich der Sexdienstleistungsmarkt von einem „Angebotsmarkt in einen Nachfragemarkt“ verwandelt. Nach Aussage von *Rettig*[850] kommt es so zu einem Rückgang der Auslastungsgrade der Betriebsstätten und zu einem Preisverfall.[851]

Er bemängelt, dass weder kommunal noch bundesweit Vorschläge des Unternehmerverbandes zu Änderungen und Verbesserungen aufgegriffen würden.

Der UEGD fordert neben der Erlaubnispflicht auch eine Art „Sachkundetest“ für Betreiber einzuführen. *Rettig* geht davon aus, dass die meisten Rechtsverstöße seitens der Betreiber auf schlichter Rechtsunkenntnis und/oder mangelnder Erfahrung in diesem Bereich beruhen.

---

850 *Holger Rettig* ist Präsident des UEGD.

851 Gespräch mit *Rettig* vom UEGD über Ansichten und Einstellungen des UEGD vom 31.03.2011 und http://uegd.de/index.php?option=com_content&view=article&id=375:neujahrswuensche&catid=47:uegd-nachrichten&Itemid=100066.
„Im Hauptsegment des Verbandes, dem Prostitutionsgewerbe hat der zunehmende Preisverfall zu weiteren Umsatzeinbußen wie in den Jahren zuvor- geführt. Ursächlich ist das Überangebot an sexuellen Dienstleistungen, verstärkt noch durch den Zuzug von Prostituierten aus Bulgarien und Rumänien (EU-Erweiterung 2007). Problematisch ist auch die illegal ausgeübte gewerbliche Wohnungsprostitution, die ein sehr starkes Wachstum verzeichnet. Da sich das Prostitutionsgewerbe z. Zt. ordnungspolitisch in einer Art »Schwebezustand« befindet, weil Prostitution nicht mehr sittenwidrig ist, wird von der Polizei und Justiz nicht mehr viel unternommen um diese Kleinstbordelle zu prüfen. Weil sie aber auch nicht als Gewerbe angemeldet sind, werden sie ebenso wenig gewerberechtlich überprüft. Ein Handlungskonzept ist von der Politik zwingend zu erarbeiten (mit Unterstützung des UEGD).“

b.) Gerichte

Die Gerichte haben die rechtlichen Vorgaben weitgehend ausgelegt, umgesetzt und in einigen Bereichen Klarheit geschaffen. Die Mitwirkung an der Implementierung beschränkt sich bei ihnen auf die Erfüllung ihrer eigentlichen Aufgabe, der Anwendung und Auslegung von Gesetzen.

c.) Beratungsstellen

Wie bereits aufgezeigt, gibt es eine Vielzahl von unterschiedlichen Beratungsstellen und daher auch unterschiedliche Interessen.

(1) Opferarbeit, Beratung von Migranten

Die Mehrzahl der Beratungsstellen beschäftigt sich nur zu einem kleinen Teil mit den Sexarbeitern und zu einem größeren Teil mit der Opferarbeit.

Im Bereich der Beratung von Migranten spielt es eine Rolle, ob Sexarbeit auch im Rahmen von Arbeitsverträgen ausgeübt werden kann bzw. ob sie als selbständige Tätigkeit von der entsprechenden Person in Deutschland ausgeübt werden darf. Es spielen hier eine Vielzahl von Verordnungen eine Rolle, z.B. bezüglich der Aufenthaltsgenehmigung, §§ 2, 18-21 AufenthG, § 7 SGB IV.

Des Weiteren wird im Zusammenhang mit der Sexarbeit oftmals die Problematik der sogenannten „Zwangsprostituierten“ diskutiert. Hierbei handelt es sich um Personen, die der Sexarbeit nicht aus eigenem Antrieb heraus nachgehen, sondern die mit Gewalt, Drohung oder Nötigung zur Sexarbeit gezwungen wurden. Nach dem Aufspüren solcher Opfer durch die Polizei, stellt sich häufig die Frage, wie es mit der betreffenden Person nun weiter geht. Häufig gehen die Beratungseinrichtungen bereits mit der Polizei gemeinsam zu den Razzien, um aufgefundene Opfer direkt betreuen und ihnen ihre Hilfe anbieten zu können. Oftmals sind sie, noch vor den Polizeibeamten, die ersten, die mit den Opfern in Kontakt und ins Gespräch kommen. Es stellt sich dann die Frage, ob das Opfer gegen die Täter aussagen will, wie das Opfer nach dem Auffinden versorgt wird und ob und wann es in sein Heimatland zurückkehrt.

Da die meisten Beratungseinrichtungen ihren Arbeitsschwerpunkt in der Beratung und Begleitung von Opfern haben, da Opferschutz rechtspolitisch und gesetzgeberisch in den letzten Jahren das vorherrschende Thema war und daher auch die entsprechenden finanziellen Mittel für die Beratungsstellen zur Verfügung gestellt wurden, werden die Forderungen nach einem Bleiberecht sowie besserer Versorgung der Opfer laut und kontinuierlich gefordert. Mit dem ProstG hat dies aber keine Berührungspunkte, so dass diese Forderungen für „Zwangsprostituierte" auf den ersten Blick eine Verbindung mit dem ProstG suggerieren, die aber tatsächlich nicht besteht, denn das ProstG wendet sich an freiwillig arbeitende legale Sexarbeiter, auf Menschenhandelsopfern trifft dies nicht zu. Die Beratungseinrichtungen haben daher nur ein sehr begrenztes Interesse an der Implementierung des ProstG und ein größeres Interesse daran Eingriffs- und Kontrollmöglichkeiten zu schaffen, um Opfer von Menschenhandel aufzufinden und ihnen bestmöglich helfen zu können.

Auch die oben bereits angesprochenen Frauen, die in der Sexarbeit weiterhin einen Ausdruck des Patriachats sehen und der Ansicht sind, dass keine Person der Sexarbeit freiwillig nachgeht, haben kein Interesse an einer Implementierung, sondern setzen sich für ein Verbot der Sexarbeit, bzw. starke Kontrollen dieser ein, um die „Täter" einem Gerichtsverfahren zuführen und die Personen aus der Sexarbeit „herausholen" zu können. Sie befürworten allenfalls das Ziel der Verbesserung der Ausstiegshilfen für Sexarbeiter. Ihre Position erinnert in vielen Punkten an die Auffassung der Frauen am Ende des 19ten und Anfang des 20sten Jahrhunderts, welche im 1. Kapitel dargelegt wurde. Auch sie sahen in der Prostitution die Unterdrückung der Frau und konnten sich eine frei gewählte Tätigkeit in diesem Bereich, die nicht auf größter Armut oder irgendwie gearteter Krankheit beruht, nicht vorstellen. Auch für sie ging es hauptsächlich um die Verbesserung der Ausstiegsmöglichkeiten, die damals noch stark reglementiert waren und die strikte Trennung von sittlich anständigen und sittlich verwerflich handelnden Frauen.
Auch hier ist eine Unterstützung zur Implementierung des ProstG nicht zu erwarten, eher ein Bemühen hin zu einem Verbot der Sexarbeit nach schwedischem Vorbild.

(2) Sexarbeit

Einige Beratungseinrichtungen beschäftigen sich neben der Opferarbeit auch mit Sexarbeitern; andere, wenn auch wenige, sogar ausschließlich nur mit Sexarbeitern.

Die Ansichten dieser Beratungseinrichtungen sind getragen von den Erfahrungen und Berichten der Sexarbeiter auf dem Straßenstrich. Es handelt sich hier um wenige Einrichtungen, die aktiv an der Diskussion und deren Namen immer wieder im Zusammenhang mit Fachtagungen, Stellungnahmen, Presseerklärungen oder Aktionen auftauchen.[852]

Nachfolgend soll ein kurzer Ausschnitt der Arbeit der Beratungsstellen gegeben werden.

(a) Hydra e.V.

„Hydra" war, wie bereits im 1. Kapitel beschrieben, die erste Selbsthilfegruppe von Prostituierten. Im Jahre 2010 feierten sie ihr 30jähriges Bestehen. Nachdem die Gründung durch Nichtprostituierte erfolgte, änderte sich dies kurz darauf und „Hydra" wurde von Prostituierten geleitet. Im Laufe der Zeit hat sich dies erneut gewandelt und „Hydra" besteht nun aus einem Team von Fachfrauen aus den Bereichen Sozialarbeit, Gesundheit und Verwaltung. Die Schwerpunktsetzung ist aber gleichgeblieben, noch immer beschäftigt sich „Hydra" mit Sexarbeit und Sexarbeitern. So nahmen sie in ihrer Zeitung „Nachtexpress" im Jahre 2003 kritisch zum Wunsch der Stadt Berlin Stellung, eine privilegierte Beratung für Opferzeugen durch Hydra anzubieten. Um einer Kürzung der Finanzierung durch die Stadt zu entgehen, mussten Kapazitäten für die Sexarbeiter gestrichen werden, was Hydra unter Protest tat.[853]
Auch zum Bereich der Wohnungsbordelle und bordellartigen Betriebe äußerte sich „Hydra" im Sommer 2003. Im „Nachtexpress" riet sie entsprechende Betriebe unter den Begriffen „Institut für Körpererfahrung", „Zimmervermietung"

[852]Hierbei handelt es sich um Hydra e.V., Dona Carmen e.V., Kassandra e.V., Kober, Madonna e.V., Nitribitt e.V. und Phönix e.V. Alle (bis auf Dona Carmen) sind auch Mitglieder im Bufas.
[853]Nachtexpress Sommer 2003, „Hydras Angebotsprofil verändert sich auf Druck des Frauensenates".

oder „Massagesalon“ anzumelden, um so der Schließung in Wohn- und Mischgebieten durch das Bauamt der Stadt zu entgehen.
Auch die Freierbestrafung und Pauschalbesteuerung wurde thematisiert und kritisiert. Die Freierbestrafung ist nach ihrer Ansicht deshalb problematisch, weil es für die Freier nur in extremen Ausnahmefällen ersichtlich ist, ob der Sexarbeiter freiwillig oder unter Zwang arbeitet. Die Pauschalbesteuerung wird wegen der mit ihr für den Sexarbeiter verbundenen Ungewissheit abgelehnt. Diesbezüglich wurde zur eigenen Anmeldung beim Finanzamt geraten.
In einem Interview vom 23.07.2010 äußerte *Kellerhof*[854] unter anderem, dass sie die Anbindung des ProstG beim BMFSFJ für verfehlt halte, da so eine starke Vermischung mit anderen Themen wie Gewalt und Menschenhandel stattfinden würde. Die meisten Sexarbeiter hätten sich aber selbstbestimmt für diese Arbeit entschieden und bräuchten daher eine arbeitsrechtliche Absicherung. Aus diesem Grunde sollte das ProstG beim Arbeitsministerium verankert werden, Sexarbeit als Beruf anerkannt und klare Arbeits-, Hygiene- und Preisstandards festgelegt werden. Des Weiteren könnten nach ihrer Ansicht dann Berufsgenossenschaften gegründet werden und an Bordelle Sterne für die Qualität vergeben werden, ähnlich wie bei Hotels. „Die meisten Kunden möchte ja schließlich politisch korrekt bedient werden.“[855]

(b) Madonna e.V.

Madonna e.V., die seit 19 Jahren bestehen, sind bereits seit 1994 immer wieder in verschiedenen EU-Projekten eingebunden und haben darüber hinaus, gemeinsam mit vier anderen Hurenverbänden[856] die aus der Selbsthilfebewegung hervorgingen, im Jahre 2009 den ersten Bundesverband der Fachberatungsstellen für Sexarbeiter namens „Bufas“ gegründet.

Madonna berät Frauen beim Einstieg in die Sexarbeit, bei der Auswahl des richtigen Arbeitsplatzes und unterstützt in der Weiterentwicklung erworbener Kompetenzen. Seit 1998 bieten sie immer wieder Basisqualifizierungen speziell für Sexarbeiter an, die in andere Sparten wechseln wollen. Madonna vermittelt auch

---

[854] *Simone Kellerhoff*, Mitarbeiterin bei „Hydra“.
[855] http://www.mz-web.de/servlet/ContentServer?pagename=ksta/page&atype=ksArtikel&aid=1277474023240,Titel „Sterne für die Bordell-Qualität“, Interview vom 23.07.10.
[856] Hydra e.V., Cassandra e.V., Nitribitt e.V. und Tamara e.V.

an andere Bildungsträger und begleitet Sexarbeiter bei allen Fragen rund um die berufliche Weiterqualifizierung.
Nach der Überzeugung von Madonna ist die „Selbsthilfe der Königinnenweg der Beratungsarbeit". Daher fördern und unterstützen sie immer wieder den Austausch der Sexarbeiter untereinander. So sind bisher drei Veröffentlichungen von Sexarbeitern für Sexarbeiter entstanden.[857] Darüber hinaus arbeitet Madonna mit anderen Organisationen zusammen und richtete bisher drei Hurenkongresse/Fachtagungen Prostitution aus.

Auf der Kommunalakademie im Oktober 2009 „Raus aus der Grauzone" in Essen sprach *Eickel*[858] über die Frage: „Wie kann die rechtliche Lage arbeitnehmerähnlicher Freiberufler/innen in teilweise schwierigen sozialen Situationen verbessert werden?".
Im Juli 2010 gab Madonna eine Stellungnahme zur Einführung der Vergnügungssteuer ab, in der sie ausdrücklich erklärten, dass es sich bei der Sexarbeit nicht um eine Vergnügungsveranstaltung, sondern um eine Dienstleistung handele und eine Pauschale aufgrund der sehr unterschiedlichen Einnahmehöhe ungerecht sei.[859]

Madonna arbeitet aktiv an der Implementierung des ProstG mit und setzt sich kontinuierlich für die Verbesserung der Situation von Sexarbeitern ein. Sie nutzen hierfür sowohl Stellungnahmen und offene Briefe, als auch Tagungen und Kontakte zu anderen Organisationen wie etwa ver.di.
Das Interesse an der Zielerreichung des ProstG ist groß und ausschließlich auf die Sexarbeiter fokussiert.

(c) Dona Carmen e.V.

Dona Carmen e.V. ist eine Prostituierten Selbsthilfeorganisation und engagiert sich seit ihrer Gründung 1998 für die sozialen und politischen Anliegen von

---

[857] Das Magazin „Auspuff" (1998), die Broschüre „Packungsbeilage" (2004) und die Broschüre „Beruf Hure" (2003).
[858] *Mechthild Eickel* ist ständige Mitarbeiterin bei Madonna.
[859] http://www.madonna-ev.de/index.php?option=com_content&task=blogsection&id=1&Itemid=56, „Stellungnahme zur Vergnügungssteuer für Prostituierte und Prostitutionsbetriebe: Städte und Kommunen haben neue Steuerquelle entdeckt."

Sexarbeitern. Eine Vernetzung mit anderen Beratungseinrichtungen findet nur in sehr geringem Umfang statt.
Sie betreibt eine informative Homepage und gibt eine mehrsprachige Prostituierten Zeitung „La Muchacha" heraus.[860] Diese beschäftigt sich mit allen aktuell relevanten Bereichen in der Sexarbeit.[861] Mit den örtlichen Betreibern hat Doña Carmen Qualitätsstandards für Bordelle ausgehandelt. Sie bemühen sich um vertraglich geregelte Beschäftigungsverhältnisse für Sexarbeiter und treten für die Anerkennung von Sexarbeit als Beruf ein. Für Sexarbeitsmigranten fordert Doña Carmen die Möglichkeit einer geregelten Migrationcard („Green Card für ausländische Prostituierte").
Sie bieten sowohl Beratung in ihren Räumen, als auch telefonisch oder bei aufsuchender Arbeit an, darüber hinaus führen sie immer wieder Informationsabende oder Diskussionsveranstaltungen durch.
Eine institutionalisierte Kooperation mit der Polizei lehnt sie entschieden ab. Aus diesem Grund erhält der Verein keine finanzielle Unterstützung seitens der Stadt Frankfurt und finanziert sich ausschließlich über Fördermitglieder und private Spenden.
Neben den momentan viel diskutierten Themen wie Freierbestrafung und Pauschalbestreuerung, zu denen sie in beiden Fällen eine stark ablehnenden Haltung einnehmen, weil es nach ihrer Ansicht eine Benachteiligung der Sexarbeiter gegenüber anderen Dienstleistern darstellt, engagieren sie sich im tagesaktuellen Geschehen, wie z.B. der Verleihung des Ludwig-Börne-Preises an *Schwarzer*. Hierzu riefen sie eine Demonstration ins Leben, da *Schwarzer* eine ablehnende Haltung zur Sexarbeit einnimmt und eine Freiwilligkeit bei der Entscheidung zu dieser Tätigkeit grundsätzlich verneint.[862]

Auch die Forderung von *Rall* nach der Wiedereinführung der Pflichtuntersuchungen lehnen sie entschieden ab. Die von *Rall* angegebene Argumentation, dass so Opfer von Menschenhandel besser entdeckt werden könnten, halten sie für völlig verfehlt und verweisen darauf, dass einige Gesundheitsämter bereits 25 Jahre vor der bundeseinheitlichen Aufhebung des Zwangs zur Untersuchung

[860] www.donacarmen.de und „La Muchacha".
[861] Als Beispiel sie hier nur auf die aktuelle Ausgabe Nr. 8/2011 verwiesen.
[862] Spiegel online 31.10.2007, Interview zwischen *Schwarzer* und *Reimann,* „Die Freiwilligkeit ist ein Mythos".

aus dem Jahre 2000 diese einstellten, da sie den Pflichtuntersuchungen selbst kritisch gegenüberstanden.[863]

Auf ihrer Homepage hat Dona Carmen ein gewerbe- und steuerrechtliches Forderungspapier veröffentlicht.[864] Hierin fordert sie u.a. die Prostitution als freien Beruf anzuerkennen und in den Katalog des § 18 EStG aufzunehmen, Doppelbesteuerungsabkommen auch für Prostitutionsmigrantinnen anzuerkennen, das sog. „Düsseldorfer Verfahren" als berufsgruppenspezifische Diskriminierung nicht einzuführen, keine verdachtsunabhängigen Kontrollen der Steuerfahndung in Bordellen zuzulassen, keine persönlichen Daten von Prostitutionskunden aufzunehmen, eine zeitlich begrenzte Steueramnesie für Prostituierte einzuführen und eine staatlich finanzierte Informationskampagne zur steuerlichen Aufklärung im Prostitutionsgewerbe durchzuführen.

Anlässlich des Internationalen Hurentags am 2. Juni 2010 forderte Doña Carmen:

- Vollständige Entkriminalisierung von Prostitution!
- Schluss mit der Politik gesellschaftlicher Ausgrenzung gegenüber den im Prostitutionsbereich Tätigen! Strafrechtlich geahndete Tätigkeiten im Bereich Prostitution dürfen nicht mit kriminellen Handlungen des sexuellen Missbrauchs auf eine Stufe gestellt werden.
- Entfernung prostitutionsspezifischer Verurteilungen aus dem „erweiterten Führungszeugnis" für Beschäftigte im kinder- und jugendnahen Bereich!

In dem durch die Bundesregierung am 01.05.2010 beschlossenen „5. Gesetz zur Änderung des Bundeszentralregisters", welches den Arbeitgebern die Möglichkeit zur Einholung eines erweiterten Führungszeugnisses gibt, sehen sie eine Diskriminierung von Sexarbeitern. Von den 20 Straftatbeständen, die in dem erweiterten Führungszeugnis aufgenommen werden, sehen sie 6 als Anti-

---

[863]La Muchacha, Dona Carmen, Nr. 8/2011, "BKA will Zwangsuntersuchung", S. 1 „Die Frage der medizinischen Versorgung von Prostituierten dürfe mit Fragen der Kriminalitätsbekämpfung nicht vermengt werden", S. 18 „...reagierten die von uns informierten Mitarbeiter/innen großstädtischer Gesundheitsämter zustimmend auf unsere Kritik am BKA".

[864]http://www.donacarmen.de. Der Beitrag wurde am 4. März 2008 veröffentlicht und unter Aktuelles, Recht, Stellungnahmen abgelegt.

Prostitutions-Paragrafen an.[865] „Eigentlich gehören diese die Prostitution diskriminierenden Paragrafen längst raus aus dem Strafgesetzbuch. Prostitution ist ein legalisierter Beruf und mithin über das Arbeits-, Zivil- und öffentliche Recht zu regulieren. Doch die 2002 erfolgte rot-grüne Legalisierung von Prostitution verzichtete auf eine konsequente Entkriminalisierung. Nun wird an diese Strafrechtsbestimmungen in gewohnt stigmatisierender Weise angeknüpft: Alle nach diesen Paragrafen verurteilten Personen gelten fortan als potenzielle Kinderschänder, die per Berufsverbot von sämtlichen kinder- und jugendnahen Betätigungen auszuschließen sind. Explizit benannt wurde diese Zielvorgabe bereits in dem 2005 neu ins SGB VIII eingeführten § 72 a, damals allerdings ausschließlich für den Kinder- und Jugendhilfebereich."[866]

Dona Carmen setzt sich ausschließlich für die Rechte der Sexarbeiter ein und hat ein großes Interesse an der Angleichung der verschiedenen Rechtsgebiete an das ProstG. Sie versuchen durch Veranstaltungen und Diskussionen die Bevölkerung auf die Probleme und die Arbeitsbedingungen der Sexarbeiter aufmerksam zu machen.[867]

Kritisch nehmen sie Stellung zu angeblichen Erfolgen, wie z.B. dem „Dortmunder Modell" und zeigen Beteiligungen und Verbindungen auf, die sich auf den ersten Blick nicht erschließen.[868]

Mit ihrer Haltung und der Art ihres deutlichen Protestes gegen Forderungen oder Zustände, die nach ihrer Ansicht zum Nachteil für Sexarbeiter gereichen, nehmen sie eine Sonderstellung unter den Beratungsstellen in Deutschland ein, von denen sie sich auch zu einem Teil kritische abgrenzen.

---

[865] § 180a StGB (Ausbeutung von Prostituierten), §181a StGB (Zuhälterei), § 184 e StGB (Ausübung der verbotenen Prostitution), § 184f StGB (Jugendgefährdende Prostitution), § 232 StGB (Menschenhandel zum Zweck der sexuellen Ausbeutung), § 233a StGB (Förderung des Menschenhandels).

[866] Pressemitteilung: 2. Juni – Internationaler Hurentag, Staatliche Anti-Prostitutions-Politik unter dem Deckmantel von Kinder- und Jugendschutz, http://www.donacarmen.de/?p=426.

[867] Anlässlich der Debatten und Schließungen der Flatrate Bordelle „Pussy Club" organisierten sie z.B. eine Podiumsdiskussion zu diesem Thema.

[868] Siehe „La Muchacha" aus März 2011.

(d) Kober

Kober in Dortmund ist eine Beratungsstelle auf dem Straßenstrich, die sich mit Sexarbeitern beschäftigt. Sie bieten ein niedrig schwelliges Angebot an, welches auf einer Beratungsstelle, einem offenen Cafe Treff und einem Beratungscontainer direkt am Straßenstrich beruht.

Sie sind an einer Verbesserung der Lage für die Sexarbeiter interessiert und bemüht sich an einer Implementierung mitzuwirken, obwohl sie Teil des Sozialdienstes der katholischen Kirche sind, die die Sexarbeit als Sünde ablehnt.

Ihr Ziel liegt darin die Sexarbeiter zu unterstützen, ihre materielle, gesundheitliche und persönliche Situation zu stabilisieren und zu verbessern. Hierzu bieten sie neben Einzelgesprächen auch Beratung und Information zu rechtlichen oder gesundheitlichen Themen an.

Der Straßenstrich in der Dortmunder Nordstadt wurde in ein Industriegebiet gelegt, um Konflikte mit Anwohnern zu vermeiden. Dennoch gibt es seit Sommer 2009 einen erheblichen Protest gegen den Straßenstrich.
Eltern aus dem Stadtbezirk „Nordstadt“, fotografierten die Sexarbeiter heimlich und machten aus den Fotos Postkarten, die sie an 300 Entscheidungsträger der Stadt mit der Aufforderung verschickten, ihren Kindern solche Alltagserfahrungen zu ersparen.[869] Gegen diese Aktion, die die Rechte der Sexarbeiter durch ein „Zwangsouting“ massiv verletzte, wandte sich Kober in einer Stellungnahme aus Juni 2009, in der sie darauf hinwiesen, dass mit solchen Aktionen die Sexarbeiter wieder in die Sperrgebiete gedrängt würden, da sie sich nur da vor den „Fotoattacken“ sicher fühlten. Darüber hinaus prangerten sie an, dass einige Väter ihre Kinder im Kindersitz mit auf den Straßenstrich nähmen.[870]

Darüber hinaus verlassen einige Sexarbeiter nach Einführung der Sexsteuer im August 2010 den eingerichteten Strich in der Ravensberger Straße, um in Gebiete abzuwandern, in denen sie sich vor Kontrollen bzgl. ihrer Steuerpflicht sicher

[869] „Drastischer Hilferuf der Nordstadteltern“, Ruhr-Nachrichten vom 07.07.2009 http://www.ruhrnachrichten.de/lokales/dolo/Dortmund;art930,605436.
[870] Stellungnahme der Beratungsstelle KOBER zur „Schock-Postkarten-Aktion“ der Dortmunder Nordstadteltern-Initiative, http://www.kober-do.de/.

fühlen. Dies führt bei den Anwohnern zu vermehrtem Protest, in den sich auch die Parteien eingeschaltet haben. Während die Grünen den Standort Ravensberger Straße in Frage stellen, will die CDU den Straßenstrich gleich komplett schließen und die Sexarbeiter in ein „am Stadtrand zu bauendes Eros-Center“ umsiedeln.[871] Mit Ratsbeschluss vom 31.03.2011 wurde die Schließung des Straßenstrichs beschlossen. Das gesamte Dortmunder Stadtgebiet soll zum Sperrgebiet erklärt werden, damit ist auch die Zukunft von Kober ungewiss.[872]

(e) Kassandra e.V.

Kassandra e.V. wurde 1987 von Prostituierten, Ex-Prostituierten und Frauen aus anderen Berufen gegründet.

Sie bieten Beratungsgespräche zum Ein-, Aus- und Umstieg in die Sexarbeit sowie Hilfe bei Fragen und Problemen sowie Krisenintervention an. Darüber hinaus unterstützen sie die Sexarbeiter auch bei Behördengängen und Gesundheitsfragen.
Ziel ist es, nicht nur für die Sexarbeiter vor Ort da zu sein, sondern auch die Arbeits- und Lebensbedingungen von Sexarbeitern allgemein zu verbessern, die Öffentlichkeit für die Belange der Sexarbeitern zu sensibilisieren sowie eine rechtliche und soziale Gleichstellung zu erreichen.

Seit April 2010 bietet Kassandra ein Projekt zur Qualifizierung und beruflichen Neuorientierung für ausstiegsinteressierte Sexarbeiter an. Dieses Projekt „OPERA“ (Orientieren Probieren Erfahren Ausbilden) ist insgesamt auf einen Zeitraum von 36 Monaten ausgelegt. Die Zeit ist in drei verschiedene Phasen aufgeteilt: Orientierungs- und Erprobungsphase (sechs Monate), Qualifizierungsphase (sechs Monate), individuelle Ausbildungsphase (bis zu 24 Monate). Das Projekt wird vom BMFSFJ unterstützt.

---

[871] http://www.derwesten.de/staedte/dortmund/Mega-Bordell-gegen-den-Strassenstrich-in-Dortmund-id4343812.html vom 28.02.2011.
[872] http://www.ksta.de/html/artikel/1300555264232.shtml. „Ganz Dortmund wird zum Sperrbezirk“.

Kassandra e.V. ist an der Umsetzung der Ziele des ProstG interessiert und wirkt an einer Implementierung des ProstG, z.B. durch das Projekt „OPERA“, das den Sexarbeitern den Ausstieg aus der Sexarbeit erleichtern soll, mit.

(f) Nitribitt e.V.

Auch Nitribitt e.V. ist eine seit 1987 bestehende Beratungseinrichtung, die sich um die Belange der Sexarbeiter kümmert. Sie bieten persönliche Beratungen zum Ein- und Ausstieg sowie zu rechtlichen und gesundheitlichen Fragen an, organisiert Informationsveranstaltungen für Sexarbeiter und betreibt einen offenen Treff, um den Erfahrungsaustausch untereinander zu fördern. Darüber hinaus bemühen sie sich den Vorurteilen und Bedenken gegen Sexarbeit mit öffentlichen Veranstaltungen entgegenzuwirken. So veranstalteten sie am 07.09.2010 einen „Tag der offenen Tür“ in ihrer Beratungsstelle. Hier konnten von Bürgern Fragen an Sexarbeiter zu ihrer Arbeit gestellt werden und die Arbeit der Beratungsstelle wurde vorgestellt. Der Tag stand unter dem Motto „Was Sie schon immer über Prostitution wissen wollten, aber nie zu fragen wagten“.
An der Implementierung des ProstG besteht ein großes Interesse und hieran wird beispielsweise durch das Abbauen von Begegnungshemmungen, mitgewirkt.

(g) Phönix e.V.

Auch Phönix e.V. bietet Beratung, Informationen und Hilfe für Sexarbeiter zu den Themen Ein- oder Ausstieg sowie Gesundheits- und Rechtsfragen an. Darüber hinaus begleiten sie bei Behördengängen u. ä. Gemeinsam mit der AIDS- und STD-Beratungsstelle der Region Hannover, dem Fachbereich Gesundheit und dem Projekt „La Strada“ betreiben sie einen Beratungscontainer auf dem Straßenstrich in Hannover.
Phoenix setzt sich durch Öffentlichkeitsarbeit auch ganz allgemein für den Abbau gesellschaftlicher Diskriminierung von Sexarbeitern ein, um so die Situation der Sexarbeiter langfristig und nachhaltig zu verbessern. Dieses Ziel versucht Phoenix insbesondere über Lobbyarbeit in Form von Gesprächen mit Politikern, Gesprächen mit Medien wie Presse, Radio und Fernsehen und durch öffentliche Aktionen, wie z.B. zum Welt-AIDS-Tag oder bei besonderen Anlässen wie EXPO 2000, der Cebit-Messe oder der Fußballweltmeisterschaft 2006 zu erreichen.

Auch Phönix hat ein Interesse an der Zielerreichung des ProstG und arbeitet an einer Implementierung mit.

(h) Tamara

Diese Beratungsstelle der ev. Kirche hat das Ziel der gesellschaftlichen Ausgrenzung und Diskriminierung von Sexarbeitern entgegenzuwirken. Durch individuelle Beratung sollen den Sexarbeitern neue berufliche und private Perspektiven aufgezeigt werden. Tamara bietet mit dem Projekt „ProfiS“ ein kostenloses Coaching für Sexarbeiter an ihrem Arbeitsplatz an. Hier werden während der Arbeitszeit auf Wunsch des Sexarbeiters bestimmte Themenbereiche praxisorientiert vermittelt.

(i) Mimikry

Die vom ev. Hilfswerk getragene Einrichtung Mimikry ist eine Beratungsstelle für Sexarbeiter.
Ziel ist es, die Lebens- und Arbeitsbedingungen in der Sexarbeit zu verbessern und einen positiven Einfluss auf die öffentliche Meinung über die Prostitutionstätigkeit auszuüben. Ebenso wird versucht, individuelle Alternativen zur Sexarbeit aufzuzeigen und präventiv tätig zu werden. Sie betreiben aufsuchende Arbeit und engagieren sich in der Öffentlichkeit gegen die Diskriminierung von Sexarbeitern und für die Anerkennung der Prostitution als eine berufliche Tätigkeit.
Viermal im Jahr gibt Mimikry ein aktuelles Informationsblatt für Sexarbeiter heraus, welches sie auf ihren Rundgängen verteilten.

(3) Kirchen

Die Kirchen haben zu den Zielen des ProstG und seiner Implementierung einen ambivalenten Standpunkt. Zum einen wollen sie die Situation für die Sexarbeiter verbessern, auf der anderen Seite lehnt vor allem die katholische Kirche die Sexarbeit als Sünde ab.

Beratungseinrichtungen, die von den Kirchen getragen werden, haben daher zumeist in erster Linie den Auftrag, die Sexarbeiter bei einem Ausstieg aus der

Sexarbeit zu unterstützen.[873] Solwodi geht noch weiter und fordert mit ihrer „Reform des ProstG“ sogar letztlich eine Abschaffung des ProstG und ein Verbot der Sexarbeit, da diese, nach ihrer Auffassung, eklatant gegen die Menschenwürde verstößt.[874]

Die Kirchen richten immer wieder Tagungen, Veranstaltungen und Seminare zur Sexarbeit aus und schaffen damit ein Forum, in dem Netzwerke entstehen können. Die Teilnehmer solcher Veranstaltungen sind möglicherweise vermehrt der gleichen Ansicht, wie die ausrichtende Glaubensrichtung und so können starke Netzwerke gebildet werden, die durch die Kirche mit finanziellen Mitteln und Personal ausgestattet werden.

(a) Evangelische Kirche/Evangelische Frauenarbeit in Deutschland (EFD)

Die evangelische Kirche verfolgt einen Ansatz, der die Verbesserung der Situation der Sexarbeiter fokussiert. Hierbei geht es primär um den Ausstieg und weniger um die Verbesserung der Lebens- und Arbeitsbedingungen. Es finden sich aber auch in der evangelischen Kirche Stimmen, die für ein Verbot der Sexarbeit plädieren.

Auf der Homepage des Diakonischen Werkes der EKD sind unter der Überschrift „Prostitution und Menschenhandel“ verschiedene Texte abgelegt. Bereits die Überschrift macht deutlich, dass davon ausgegangen wird, dass beide Bereiche eng miteinander verbunden sind und in der Prostitution eine Vielzahl von Opfern zu finden sind. Entsprechend beginnt der Text: „Die Lebenssituation von Frauen und Mädchen in der Prostitution ist oft von großer Not gekennzeichnet: Sie erleiden Gewalt durch Zuhälter und Freier, werden ausgebeutet, entwürdigt und gesellschaftlich ausgegrenzt. Hohe gesundheitliche Risiken und Krankheiten gehören ebenso zu ihrem Alltag wie Abhängigkeiten verschiedenster Art“.[875] Damit erfolgt eine Verallgemeinerung, die davon ausgeht, dass es sich bei der Sexarbeit um ein Leid handelt, das aus großer Not heraus aber nicht nach freier Entscheidung unter Alternativen gewählt wird.

---

[873] Ausnahmen wurden mit Kobra und Tamara bereits weiter oben beschrieben.
[874] http://www.solwodi.de/fileadmin/_medias/images/photos/pressekampagne/2_Argumentationspapier_neu_05_03_09.pdf.
[875] http://www.diakonie.de.

Am 14.11.2008 veröffentlichte der Beirat des Frauenreferates der EKiR ein Positionspapier zur Prostitution mit dem Titel „Ein differenzierter Blick auf die Prostitution“[876], in dem zunächst eine Einteilung der Sexarbeiter in drei Gruppen vorgenommen wurde. Danach gehören der ersten Gruppe ca. 60-80 % aller geschätzten 400.000 Sexarbeiter in Deutschland an. Sie sind Arbeitsmigranten aus aller Welt und in dieser Gruppe gibt es, nach Ansicht des Frauenreferates, eine Vielzahl von illegal hier lebenden Frauen. Die zweite Gruppe besteht aus Frauen, die legal nach dem ProstG arbeiten. Die dritte Gruppe sind die Opfer von Menschenhandel und nicht Prostituierte im eigentlichen Sinne.
Weiter werden insgesamt 8 Bereiche mit Handlungsbedarf aufgezeigt, einige beziehen sich auf den kircheninternen Umgang mit der Sexarbeit, andere fordern von Gesellschaft, Politik, Wirtschaft und Erziehung ein Umdenken.
„Bildung und Erziehung müssen Mädchen und insbesondere auch Jungen ein Leitbild von Sexualität vermitteln, das von Achtsamkeit und Verantwortung geprägt ist ... Die Politik muss Reintegrations- und Rehabilitationsprogramme für Aussteigerinnen entwickeln ... Gesetzliche Maßnahmen, die die Ausbeutung erschweren, müssen entwickelt werden.“ Hier wird in die Überlegungen mit einbezogen, dass es auch die zweite Gruppe, nämlich die freiwillig arbeitenden Sexarbeiter, gibt.

Im Oktober 2005 gab die Evangelische Frauenarbeit in Deutschland e.V. ein ganzes Themenheft unter dem Titel „Gegen Frauenhandel Fakten-Hintergründe-Strategien-Tagungsdokumentation“ heraus. Ein großes Thema war darin die sog. „Freierbestrafung“. Unter anderen äußerte sich *Käßmann*[877] zu der Thematik. Sie sah es als Skandal an, dass in Deutschland jeden Tag nach Schätzungen eine Millionen Männer zu einer Prostituierten gehen. Die vielen Sexanzeigen in den Medien hielt sie für menschenunwürdig. „Eine halbe Seite Sexangebote in einer normalen Zeitung, das ist pervers.“[878]

[876]http://www.ekir.de/ekir/dokumente/Positionspapier_zur_Prostitution_Endfassung-14-11-08.pdf.
[877]*Margot Käßmann,* ehemalige Vorsitzende der ev. Kirche und jetzt Prof. in Bochum.
[878]Mitteilungen der ev. Kirche, S. 7.

Eine differenziertere Haltung nimmt im gleichen Heft *Rosowski*[879] ein, der feststellt, dass sich „Tendenzen einer Kriminalisierung des Sexgeschäftes und der Legalisierung desselben unversöhnlich gegenüber stehen. Dabei kommt in der Regel die Differenzierung zu kurz. Vor allem muss zwischen Menschenhandel zu Zwecken der Zwangsprostitution und der Prostitution im Allgemeinen unterschieden werden. Das gilt auch bei der Diskussion um die Freierbestrafung. Hier wird nicht selten die Not der zur Prostitution gezwungenen Frauen für die moralische und sittliche Verurteilung der Prostitution insgesamt instrumentalisiert".[880] Weiter stellt er fest: „Das Phänomen der Prostitution wird uns als gesellschaftliche Erscheinung noch auf absehbare Zeit erhalten bleiben. Und da nutzt es nichts, sie zu skandalisieren – es gilt sie zu analysieren und dort Gestaltungsräume zu nutzen, wo sie sich bieten."[881] Damit vertritt er eine Ansicht, die sich den Ansichten und Forderungen der Beratungseinrichtungen annähert.

Auch *Daumüller*[882] nimmt eine kritische Haltung zur Freierbestrafung ein und führt als Argument an, dass in Italien mittlerweile deutlich mehr Menschenhandelsopfer durch Hinweise und Anzeigen von Freiern, als durch die Ermittlungen der Polizei identifiziert werden.[883] Sie plädiert damit gegen eine Freierstrafbarkeit zum Schutze von Menschenhandelsopfern, eine Position, die auch einige Beratungseinrichtungen einnehmen und die von der Polizei und Teilen der Politik hartnäckig versucht wird zu entkräften.

Ein Grundsatzpapier der Diakonie beschreibt die Positionen der evangelischen Kirche dergestalt, dass „ein Spannungsfeld zwischen der sozialethischen Bewertung von Prostitution einerseits und der fachpolitischen Arbeit in Bezug auf Schaffung von Rahmenbedingungen sowie der Ausgestaltung eines wirksamen Hilfssystems andererseits besteht. Danach gilt Prostitution zwar grundsätzlich als nicht wünschenswert, weil sie nicht zu trennen sei von Gewalt, Entwürdigung und Ausbeutung. Andererseits ist Prostitution in unserer Gesellschaft ein Massenphänomen, mit dem es umzugehen gilt. Hohe moralische Ansprüche allein sind nicht hilfreich und dürfen vor allem nicht dazu führen, notwendige

[879]Theologe und Historiker, Hauptgeschäftsführer der Männerarbeit der ev. Kirche in Deutschland.
[880]Mitteilungen der ev. Kirche, S. 25, 26.
[881]Mitteilungen der ev. Kirche, S. 29.
[882]Referentin für Familienpolitik beim Diakonischen Werk der ev. Kirche in Deutschland.
[883]Mitteilungen der ev. Kirche, S. 33.

Verbesserungen von Rahmenbedingungen, wie z.B. die sozialrechtliche Anerkennung dieser Tätigkeit, zu verweigern."[884]
„Jeglicher Fortschritt entsteht aus Leiden am Bestehenden, dem Zwang zu reagieren und damit der positiven Auslösung von Spannungsfeldern."[885]

Neben diesen sehr offenen Haltungen gibt es aber auch Stimmen in der evangelischen Kirche, die die Sexarbeit lieber verbieten, als die Situation für die Frauen verbessern wollen. Eine solche beschreibt *Kirchhoff.*[886] Ihr Einstiegszitat kommt aus dem Munde von *Huber*[887], anlässlich einer Anfrage von Prostituierten, in seiner Kirche die Auftaktveranstaltung des Hurenfestivals 2000 feiern zu dürfen. Er lehnte diesen Wunsch mit dem Argument ab: „Die Kirche hält es mit der Würde der Frau (für) unvereinbar, dass ihr Körper zur käuflichen Ware gemacht wird.".
Daraus zieht die Autorin den Schluss, dass er damit ein öffentlichkeitswirksames Urteil fällt, welches lautet: „Kirche ist gegen Prostitution und deshalb gegen Prostituierte in der Kirche."[888] Dies sieht die Autorin kritisch und hinterfragt es. Ähnlich wie *Rosowski* und der Frauenrat der EKiR differenziert sie zwischen Opfern und selbstbestimmt handelnden Sexarbeitern. „Die Motive der Frauen gleichen den Motiven, die andere Menschen zu ihrer Arbeit veranlassen: mehr Geld verdienen als durch andere Tätigkeiten … Allerdings prägt die Arbeit die Frauen. Diese Tatsache ist nicht berufsspezifisch. In jedem Arbeitsbereich bringen Menschen sich selbst (nicht nur ihren Körper!) als Produktionsmittel ein und das hat immer Konsequenzen für ihre sonstigen Lebensvollzüge. In welchem Maße und in welcher Weise ihre Arbeit sie prägt, hängt nicht nur an der Tätigkeit selbst und an der Professionalität der Frau, sondern ganz entscheidend an den gesellschaftlichen Bedingungen, unter denen sie ihrer Tätigkeit nachgeht."[889]

---

884 Mitteilungen der ev. Kirche, S. 33.
885 Mitteilungen der ev. Kirche, S. 33.
886 Prof. *Renate Kirchhoff* ist an der ev. Hochschule Freiburg als Theologin.
887 Prof. *Huber* ist Bischof der Berlin-Brandenburgischen Kirche. war
888 *Kirchhoff*, S. 55 ff.
889 *Kirchhoff*, S 58, 59.

(b) Katholische Kirche

Auch in der katholischen Kirche werden verschiedene Ansichten vertreten, allerdings wird hauptsächlich auf die Sünde der Prostitution verwiesen.
Im Katechismus der Katholischen Kirche steht unter Nr. 2355: „Prostitution verletzt die Würde der Person, die sich prostituiert und sich dadurch zum bloßen Lustobjekt anderer herabwürdigt. Wer sie in Anspruch nimmt, sündigt schwer gegen sich selbst: er bricht mit der Keuschheit, zu der ihn seine Taufe verpflichtet hat, und befleckt seinen Leib, den Tempel des Heiligen Geistes [Vgl. 1 Kor. 6, 15-20.]. Prostitution ist eine Geißel der Gesellschaft. Sie betrifft für gewöhnlich Frauen, aber auch Männer, Kinder oder Jugendliche (in den beiden letzteren Fällen kommt zur Sünde noch ein Ärgernis hinzu). Es ist immer schwer sündhaft, sich der Prostitution hinzugeben; Notlagen, Erpressung und durch die Gesellschaft ausgeübter Druck können die Anrechenbarkeit der Verfehlung mindern.“[890]

Am 20.06.2007 wurde nach vierjähriger Arbeit die Handreichung „Leitlinien für die Straßenpastoral“[891] vorgestellt. In der 60-seitigen Handreichung ruft der Vatikan zu größerem Einsatz gegen Frauenhandel und Prostitution auf. In den Leitlinien heißt es „Prostitution ist eine moderne „Form von Sklaverei“. Weiter fordert der Vatikan in der Handreichung eine Bestrafung der Freier und spricht sich für die Linie der schwedischen Gesetzgebung aus.[892]

Eine ähnliche Haltung wird auch in einem Bericht des katholischen Nachrichtendienstes vom 08.07.2003 deutlich. In ihm nimmt *Liminski*[893] Anstoß an einer Äußerung des Politikers *Beck*[894] in der dieser sagte: „Die Inanspruchnahme der Dienste von Prostituierten ist keine Verletzung des Ehrenkodex von Volksvertretern, solange sich der Freier ordentlich benimmt, korrekt bezahlt und ein Kondom benutzt.“[895] Der Autor kritisiert: „Es gehört Mut dazu, heute ein Wort

[890] http://www.vatican.va/archive/DEU0035/_P8B.HTM.
[891] Die Leitlinien wurden am 20.06.2007 veröffentlicht und gehen zu einem großen Teil auf das Internationale Treffen der Seelsorger für die Befreiung der Straßen-Frauen zurück.
[892] http://www.katholisch.de/12202.html.
[893] Kommentar von Dipl. pol. *Jürgen Liminski,* Journalist und Moderator, „Friedmann und die Folgen: Versinkt die deutsche Politik in Sittenlosigkeit?“.
[894] *Volker Beck*, Bundestagsabgeordneter Bündnis 90/Die Grünen.
[895] http://www.kath.net/detail.php?id=5517.

gegen die Schande der Prostitution zu sagen oder auch gegen die Sittenlosigkeit und die Perversion des Denkens und Handelns. Der Pranger der öffentlichen Verurteilung ist nah.“[896]

Die katholische Kirche führt immer wieder Tagungen zu den Themen Sexarbeit und Menschenhandel durch. Auf der Tagung vom 18.-20.03.2008 in Trier[897] waren unter anderem mehrere Vertreter der Kriminalpolizei sowie des BKA geladen. Diese Vorträge, in denen unter anderem die Wiedereinführung der Pflichtuntersuchungen für Sexarbeiter gefordert wurde und über ein noch laufendes Verfahren berichtet wurde, sorgten im Nachgang für viele Diskusionen.

Immer wieder wird von unterschiedlichen Stellen und auch von der katholischen Kirche eingefordert, dass Kindern und Jugendlichen geholfen werden soll, eine verantwortliche Sexualität zu entwickeln und zu leben.[898] Von der Jugendarbeit wird erwartet, dass das Thema Sexualität nicht tabuisiert wird, sondern sich die Mitarbeiter sexualpädagogisch qualifizieren. Nicht definiert wird, was unter einer „verantwortlichen Sexualität“ verstanden werden soll.

(c) Kirchlich getragene Einrichtungen

Wie bereits erwähnt, gibt es eine Vielzahl von Einrichtungen, die bei den Kirchen angesiedelt sind oder von diesen finanziell unterstützt werden.

FIM e.v.

FIM e.V.[899] veröffentlichte 2005 ein Positionspapier zur Freierbestrafung, indem klargestellt wurde, dass sie sich nicht für die Abschaffung der Prostitution, sondern für die Sanktionierung von Gewaltverhältnissen innerhalb der Prostitution, einsetzen.[900] FIM befürwortet eine Freierbestrafung, da von einer Gesetzeslücke ausgegangen wird.

---

896 http://www.kath.net/detail.php?id=5517.
897 Tagung zum Thema „Prostitutionsland Deutschland? Eine Bilanz nach dem ProstG 2002“, Veranstaltung der Katholischen Akademie Trier.
898 http://www.katholisch.de/7591.html.
899 Frauenrecht ist Menschenrecht e.V., Beratungs- und Informationsstelle für Migrantinnen.
900 http://www.fim-frauenrecht.de/pdf/position.pdf.

Sie versuchen die evangelisch kirchliche Sicht und die Belange der Sexarbeiter zusammenzubringen, berücksichtigen dabei aber nicht, welche Folgen eine Freierstrafbarkeit auf die Sexarbeiter direkt hätte. Das FIM hält direkten Kontakt zu Sexarbeitern, da sie, in Folge einer Bürgerinitiative aus dem Jahre 2005, Sexarbeiter direkt in Bordellen aufsuchen.
Hintergrund hierfür war die heute noch aktive Bürgerinitiative „bi-gegen-Bordell“ aus dem Jahre 2005. Diese Initiative versuchte zwischen 2005 und 2006 ein Laufhaus in Marburg zu verhindern. Die Initiative scheiterte mit diesem Anliegen. Der damalige Bürgermeister der Stadt *Kahle* (Die Grünen) richtete jedoch aufgrund der Proteste eine Beratungsstelle für Frauen in der Prostitution ein. Diese Dienstleistung wird vom FIM geleistet. Zwei Mitarbeiter des FIM besuchen regelmäßig die Marburger Bordelle und halten Kontakt zu den Frauen. Aus dieser Arbeit soll ein „runder Tisch Prostitution“ im Rathaus entstanden sein. Dieser hat das Ziel eine gesetzliche Grundlage zur Erlaubnispflicht von Bordellen auf den Weg zu bringen. Auf diese Weise könnten dann Standards festgeschrieben werden, die die Arbeits- und Lebensbedingungen von Frauen in der Prostitution sicherer machen.[901] Der runde Tisch erarbeitete unter dem Titel „Gewerberechtliche Regulierung von Prostitutionsstätten“ ein dreizehnseitiges Papier, in dem die Vorteile einer gesetzlichen Grundlage zur Erlaubnispflicht von Bordellen ausführlich dargestellt werden.[902]
Darüber hinaus wurde ein Flyer unter dem Titel „Mehr Licht im Rotlicht durch gewerberechtliche Regulierung, Erlaubnispflicht für Bordelle“ erstellt.[903]

Dem runden Tisch wird von Dona Carmen vorgeworfen, dass er in Wirklichkeit nur ein Instrumentarium des BKA ist.[904]

Franka e.V.

Franka e.V., eine kirchliche Beratungsstelle, wurde anlässlich ihrer Aktion zur Fußball-WM 2006 in Deutschland bekannt. Sie starteten eine Postkartenaktion

[901] http://www.marburg.de/detail/79381.
[902] http://www.stadtbücherei-marburg.de/sixcms/media.php/20/AusarbeitungzurErlaubnispflichtvonProstitutionsstätten.pdf
[903] http://www.stadtbuecherei-marburg.de/sixcms/media.php/20/FlyerMehrLichtimRotlicht.pdf
[904] La Muchacha, Dona Carmen, Nr.8/2011, “Kommt der “Bordell-TÜV”?“, S. 32.

unter dem Titel „Schau hin – schau genau: Das gibt es auch bei uns“.[905] Hierfür verteilten sie 25.000 bunte Postkarten in Kassel und Nordhessen auf denen eine blonde Frau abgebildet war, dazu der Text:

„Eine Prostituierte, die z.B.
- verängstigt ist oder weint
- die willenlos alle Kundenwünsche erfüllt
- die in verschlossenen Räumen arbeitet
- die wenig oder kein Deutsch spricht
- die minderjährig ist
- die das Geld für ihre Dienste nicht selbst in Empfang nimmt
- die nicht auf den Gebrauch eines Kondoms besteht
- deren Körper Spuren von Misshandlungen aufweist,

könnte ein Opfer von Menschenhandel sein und Hilfe brauchen.“

Diese Aktion wurde von anderen Beratungsstellen zum Teil scharf kritisiert, weil sie den Eindruck erweckte, dass es in Deutschland, gerade zur WM, eine Vielzahl von Zwangsprostituierten gäbe. Damit wurden viele Freier abgeschreckt und den Sexarbeitern Verdienstmöglichkeiten verbaut. Die Aktion wurde von vielen kirchlichen Beratungsstellen und auch den Kirchen selbst unterstützt.

Solwodi e.V.

Bei den kirchlichen Organisationen sticht Solwodi besonders hervor.[906] Gegründet von der Ordensschwester *Ackermann* war sie zeitweilig einer der Wortführer in den Diskussionen rund um die Sexarbeit. Solwodi vertritt eine deutlich opferorientierte Position.

---

[905] Mitteilungen der ev. Kirche, S. 55.

[906] Solwodi e.V. ist die Abkürzung für Solidary with woman in distress e.V. und wurde 1985 in Kenia von der Ordensfrau Schwester *Lea Ackermann* als Ausstiegsprojekt für Frauen in der Elendsprostitution gegründet. Seit 1988 engagiert sich Solwodi mit inzwischen 12 Beratungsstellen und 7 Schutzwohnungen für Migranten, die in Not geraten sind: vor allem als Opfer von Menschenhandel und Zwangsprostitution, auch in Deutschland.

Am 25.11.2008 startete Solwodi unter Mithilfe von *Bayerl*[907] und *Sporer*[908] eine Kampagne für eine Reform des Prostitutionsgesetzes. Hierfür erarbeiteten sie verschiedene Materialien[909]:

- Forderung für eine Gesetzesreform und deren Begründung
- Argumentationspapier mit Informationen und Überlegungen, auf denen die Kampagne basiert
- Vorformulierter Brief mit den Solwodi-Forderungen, den UnterstützerInnen an die federführende Bundesfrauenministerin *von der Leyen* schicken können
- Vorformulierter Brief an die Bundesjustizministerin *Zypries*
- Vorformulierter Brief an die Bundestagsabgeordnete des jeweiligen Wahlkreises der UnterstützerInnen
- Unterschriftenliste für Aktionen und zum Herumreichen im Verwandten-, Freundes- und Bekanntenkreis
- Kommentar „Meine grundsätzliche Haltung zur Prostitution" von Schwester *Mayrhofer*, Ordensfrau und SOLWODI-Fachberatungsstellenleiterin in Osnabrück
- Pressemitteilung.

In ihrem Forderungspapier kritisiert Solwodi, dass das Rotlichtmilieu „salonfähig geworden" sei[910] und „das ProstG nicht die Prostituierten, sondern Zuhälter und Bordellbetreiber besser gestellt habe".[911] Daher fordern sie die „Abschaffung der Prostitution" unter Bezugnahme auf Art. 3, Abs. 2 GG.[912]
Gemeinsam mit dem Augsburger Kriminaldirektor *Bayerl* fordert Solwodi:

[907] *Klaus Bayerl* ist Leiter der Kriminalpolizei Augsburg. Er leitete das Polizeiteam, welches gegen die Betreiber des Augsburger Großbordell „Colosseum" ermittelte. Die Anklage lautete auf „dirigistische Zuhälterei", das LG Augsburg eröffnete das Verfahren jedoch unter Hinweis auf das ProstG nicht.

[908] Kriminalhauptkommissar in Augsburg und ebenfalls an den Ermittlungen zum Augsburger „Colosseum" beteiligt.

[909] http://www.solwodi.de.

[910] Forderung für Gesetzesreform und deren Begründung, http://solwodi.de/536.98.html, „Im Namen der Menschenwürde: SOLWODI-Kampagne für eine Reform des Prostitutionsgesetzes, Forderungen und deren Begründung", S. 1.

[911] Forderung für Gesetzesreform und deren Begründung, S. 2, „Die SOLWODI-Reformvorschläge".

[912] Forderung für Gesetzesreform und deren Begründung, S. 2, „Die SOLWODI-Reformvorschläge".

- Keine abhängige Beschäftigung von Prostituierten, sondern ausschließlich selbstständige Tätigkeit ohne Weisungsbefugnisse Dritter
- Strafrechtliche Verfolgung jeglicher Eingriffe in das Selbstbestimmungsrecht sowie jeglicher Einschränkung der Dispositionsfreiheit von Prostituierten
- Aufhebung des „Vermieterprivileg", das es Betreibern so genannter Laufhäuser und anderer Prostitutionsstätten ermöglicht, horrende Zimmermieten zu verlangen
- Heraufsetzung des Schutzalters Heranwachsender in der Prostitution auf 21 Jahre
- Bestrafung von Freiern, die wissentlich mit Zwangsprostituierten verkehren
- Wiedereinführung der regelmäßigen Pflichtuntersuchung von Prostituierten, verbunden mit psycho-sozialen Beratungsangeboten in den Gesundheitsämtern und
- staatlich finanzierte, flächendeckende Ausstiegsberatungen für Prostituierte sowie spezielle Qualifizierungs- und Förderprogramme für den Einstieg in ein normales Berufsleben."[913]

Skeptisch beurteilt Solwodi die Diskussion rund um die Konzessionierung von Bordellen. Sie bezweifeln, dass Behörden die Zwangssituation von Frauen entdecken können. Außerdem befürchten sie, dass „die erteilte Erlaubnis zum Eröffnen und Führen eines Bordells sowie die erfolgreich absolvierte „Zuverlässigkeitsprüfung", die Befürworter der Konzessionierung angeregt haben, die Bordellbetreiber „noch gesellschaftsfähiger macht" und es ihnen „unter dem Deckmantel der sauberen Geschäftsführung noch ungestörter möglich ist, Frauen auszubeuten."[914]

Die Forderungen von Solwodi sind nach eigenen Angaben[915] vom „Augsburger Weg" inspiriert. Dieser wurde von *Sporer*[916] konzeptioniert und fordert die Auf-

[913]Forderung für Gesetzesreform und deren Begründung, S. 3, 4, „Die SOLWODI-Reformvorschläge".
[914]Forderung für Gesetzesreform und deren Begründung, S. 4, „Die SOLWODI-Reformvorschläge".
[915]Argumentationspapier Solwodi. S. 8.
[916]*Helmut Sporer* ist Leiter des Kommissariats I, Augsburg, Schwerpunkt Gewalt- und Sexualdelikte.

hebung der Gleichstellung von Prostitution mit herkömmlichen Beschäftigungsverhältnissen. Danach müsste eine ProstG-Reform verbindlich vorschreiben, „dass Prostituierte ausschließlich selbstständig tätig sein dürfen". Nach *Sporer* ist „die einzige Regelung, die Prostituierte wirklich schützt, die Unterbindung jeglicher Einflussnahme Dritter auf sie und somit der unverhandelbare Schutz ihrer Intimsphäre." Daher fordert er jeden Eingriff in das Selbstbestimmungsrecht einer Prostituierten und jede Einschränkung ihrer Dispositionsfreiheit strafrechtlich zu verfolgen.[917]
Darüber hinaus fordert er die Festsetzung eines Mindestalters von 21 Jahren für Prostituierte und die Wiedereinführung der regelmäßigen Gesundheitsuntersuchungen. „Das diene ihrem eigenen Gesundheitsschutz, aber auch dem ihrer Kunden und deren Angehörigen." Er geht davon aus, dass der Gang zum Gesundheitsamt oft die einzige Möglichkeit für Frauen in der Prostitution ist, sich dem Zugriff von Zuhältern und Bordellbetreibern zu entziehen. „Daher sei es sinnvoll, an die Gesundheitsämtern Beratungsstellen für Prostituierte anzugliedern."[918]

Auch eine Einordnung als Gewerbebetrieb sieht er problematisch: „Mit der Eingliederung in das Gewerberecht wird der Besonderheit diese Branche nicht Rechnung getragen, vielmehr wird dieser Bereich schleichend bagatellisiert. Im Gegensatz zum „normalen" Gewerbe ist die Prostitution faktisch ein Handel mit der Menschenwürde, ein Geschäft mit dem intimsten Bereich und mit keinem anderen Geschäftsbereich vergleichbar. Wegen der enormen Verdienstmöglichkeit ist Prostitution auch immer mit kriminogenen Faktoren verflochten. Kurz gesagt: Die Kriminellen bewegen sich mit der gleichen Wahrscheinlichkeit im Umfeld der Prostitution, wie die Motte im Licht."[919]

Nachdem die gewünschte öffentliche Resonanz weitgehend ausblieb, wurde im Solwodi Rundbrief Nr. 79, im April 2009, die Kampagne wieder aufgenommen. Unter der Überschrift „ProstG-Kampagne: Wir machen weiter!" teilte Solwodi mit, dass ihre Aktion bisher kein „durchschlagender Erfolg" gewesen sei. Auf die Zusendung des Forderungspapiers an *von der Leyen,* als zuständige Ministerin, erhielten die Absender einen sechsseitigen Antwortbrief vom BMFSFJ. In

[917] Argumentationspapier Solwodi, S. 8, siehe auch *Sporer*, S. 235-240.
[918] Argumentationspapier Solwodi, S. 8.
[919] *Sporer* im Argumentationspapier Solwodi, S. 10.

diesem Brief wird nach Meinung von Solwodi der Eindruck erweckt, „die Kampagne sei völlig unbegründet“.[920]

Als Antwort auf den Brief des BMFSFJ verfasste Solwodi seinerseits am 26.03.2009 einen neunseitigen Brief, in dem sie zu dem einzelnen Vorbringen nochmals Stellung nahmen.[921] Hierin sprach sich Solwodi erneut ausdrücklich für die Einführung des schwedischen Modells und einer Heraufsetzung der Mindestaltersgrenze für die Prostitutionsausübung auf 21 Jahre aus. Des Weiteren forderten sie verpflichtende Untersuchungen beim Gesundheitsamt und eine Strafbarkeit jeglicher Weisung an eine Prostituierte.

Am 25.11.2009 veröffentlichte Solwodi das Ergebnis der im Rahmen der Reform gesammelten Unterschriften. Die Aktion wurde im Sommer mit der Aktion gegen Flatrate-Bordelle verbunden. Insgesamt wurden 18.000 Unterschriften (6.500 davon aus dem Aktionsbündnis der Fellbacher Bürger gegen Flatrate-Bordelle) gesammelt. Diese wurden am 03.11.2009 dem Fellbacher Oberbürgermeister *Palm* übergeben. Dieser sollte, als Mitglied des Landtags, mit Nachdruck darauf hinwirken, dass die Landesregierung von Baden-Württemberg eine Bundesratsinitiative zur Änderung des ProstG einbringt.[922]
Die von Solwodi gesammelten 11.500 Unterschriften wurden am 27.11.2009 der Bundesjustizministerin *Leutheusser-Schnarrenberger* übergeben.[923] *Thoma*, *Ackermann* sowie zwei weitere Mitarbeiter von Solwodi überbrachten die Unterschriften und führten ein Rechtsgespräch mit der Bundesjustizministerin. Eine Freierbestrafung lehnte diese im Gespräch ab, sie zeigte sich jedoch bereit „weitere Rechtstatsachenforschungen zu unterstützen und die Frage nach den negati-

---

[920] Solwodi Rundbrief Nr. 79.

[921] www.solwodi.de, Solwodi Kampagne für eine Reform des ProstG.

[922] Im Sommer 2009 starteten, anlässlich der Eröffnung des Flatrate-Bordells „Pussy Club“ in Fellbach, alle Fraktionen des baden-württembergischen Landtages eine gemeinsame parlamentarische Initiative (Drs. 14/4805 vom 09.07.2009)

[923] www.solwodi.de, Aktion Reform des ProstG, Neuigkeit Details vom 25.11.2009 „18.000 Unterschriften für ProstG-Reform und gegen Flatrate-Bordelle“, sowie Presseerklärung „Aktionsbündnis gegen Sex-Flatrate fordert rechtliche Konsequenzen“ unterzeichnet von *Pollert-Ebinger, Wertenbach* und *Bäder*. Solwodi Rundbrief Nr. 83 aus März 2010 „Unterschriftenübergabe und Fachgespräch im Bundesjustizministerium“.

ven Konsequenzen des ProstG für die Strafverfolgung des Frauenhandels verstärkt zu thematisieren."[924]

In ihrem Rundbrief schrieb Solwodi dazu, dass es ihrer Ansicht nach nicht sein kann, dass Ausbeutung erst bei einem Einbehalten des Entgeltes für die sexuelle Dienstleistung von über 50% beginnt und „angebliche Freiwilligkeit entscheide". Solwodi forderte erneut die Prostitution gesamtgesellschaftlich neu als Verletzung des Gleichstellungsgebotes und der Würde der Frau zu bewerten.

d.) Netzwerke

Einige der Beratungseinrichtungen sind durch Netzwerke miteinander verbunden und stehen in regem Austausch miteinander. Aus diesen Netzwerken entstehen immer wieder interessante Veranstaltungen und Veröffentlichungen, die sich mit der Sexarbeit beschäftigen. Die größten und aktivsten Zusammenschlüsse sind die AG Recht und der KOK e.V., welche nachfolgend kurz vorgestellt werden.

(1) AG Recht

Die bundesweite AG Recht ist ein Zusammenschluss von Hurenorganisationen und Beratungsstellen für Sexarbeiter, die sich seit 1986 mit den gesellschaftlichen und rechtlichen Rahmenbedingungen der Sexarbeit beschäftigt.[925] Die Mitglieder sind weitgehend Beratungsstellen auf Straßenstrichen. Die Forderungen und Argumentationen sind daher stark an die Praxis angelehnt. Es werden unregelmäßig Pressemitteilungen herausgegeben.[926]

---

[924] Solwodi Rundbrief Nr. 83 aus März 2010 „Unterschriftenübergabe und Fachgespräch im Bundesjustizministerium", http://www.solwodi.de/536.0.html „Im Namen der Menschenwürde, SOLWODI Kampagne für die Reform des ProstG".

[925] Mitglieder sind: Amnesty für Woman/TAMPEP-Germany (Hamburg), Hydra (Berlin), Kassandra (Nürnberg), Madonna (Bochum), Marikas (München), Mimikry (München), Kober (Dortmund), Mitternachtsmission (Dortmund), Nitribitt (Bremen), Phönix (Hannover) und Tamara (Frankfurt am Main).

[926] Bisher erschienen: Stellungnahme der AG Recht der deutschen Hurenbewegung
- ein Jahr ProstG (April 2003).
- zwei Jahre ProstG (August 2004).
- Das Menschenhandelskomplott, eine Aufklärungsschrift (März 2005).
- Pressemitteilung, Kampagnen zur Fußballweltmeisterschaft haben Prostituierten geschadet! (November 2006).

In der Stellungnahme aus August 2004 ist ein Forderungskatalog zur Verbesserung der rechtlichen Situation von Sexarbeitern aufgeführt. Folgende Forderungen wurden formuliert:

1. § 181 a StGB muss dahingehend nachgebessert werden, dass für potenzielle ArbeitgeberInnen von Prostituierten Rechtssicherheit besteht.
2. Streichung der Unsittlichkeit/Sittlichkeit von Prostituierten aus dem GaststättenG/Gewerberecht. Ohne ArbeitgeberInnen kann es keine Arbeitsverträge geben!
3. Streichung § 46, Ziff. 3 AuslG „...Ausübung der Gewerbeunzucht...“ sowie der rechtlichen Verbesserung der Situation von Migrantinnen in der Prostitution
4. Erlass von Durchführungsrichtlinien zum ProstG
5. Stichtagsregelung für die Anmeldung beim Finanzamt
6. Stichtagsregelung bei der Sozialversicherung. Die Vorversicherungszeit muss abgeschafft werden, da Prostituierte sich vorher nicht unter dieser Bezeichnung versichern konnten.
7. Überprüfung der Sperrgebietsverordnung und des Werbeverbots.
8. Bereitstellung von Mitteln für ein dichteres Netz bzw. eine Personalverstärkung bei Beratungsstellen für Prostituierte. Die wenigen bestehenden Einrichtungen arbeiten bereits jetzt über ihre Kapazitätsgrenzen hinaus, so dass eine flächendeckende Information und Beratung über die Komplexitäten der neuen Gesetzeslage mit bestehenden Mitteln nicht mehr zu leisten ist.“[927]

Seit 2008 ist keine Stellungnahme mehr erfolgt, was möglicherweise daran liegt, dass die meisten der beteiligten Beratungsstellen mit der Gründung des Bufas befasst waren.

- Pressemitteilung, Prostitutionsgesetz: Boykott von Ländern und Kommunen lässt Gesetz ins Leere laufen (November 2006).
- Stellungnahme zur Verankerung von Arbeits- und Hygienestandards in der Prostitution (März 2008)
- Prostitution und Menschenrechte (Dezember 2008).

[927]Stellungnahme der AG Recht der deutschen Hurenbewegung in Deutschland, zwei Jahre ProstG (August 2004), http://www.madonna-ev.de/index2.php?option=com_docman&task=doc_view&gid=25&Itemid=50.

(2) KOK e.V.

Der KOK e.V.[928] will, sowohl national als auch international, die Schnittstelle zwischen Fachberatungsstellen, Politik, Öffentlichkeit sowie relevanten Kooperationspartnern bilden. In diesem Zusammenhang ist er ständiges Mitglied in der Bund-Länder-Arbeitsgruppe Frauenhandel (B-L-AG)[929], die beim BMFSFJ angesiedelt ist und von dort koordiniert wird.
In einem seiner Positionspapiere nimmt der KOK zur Sexarbeit in Deutschland Stellung und legt darin besonderen Wert auf eine Unterscheidung zwischen Sexarbeit und Frauenhandel. Die freiwillige Entscheidung zu dieser Tätigkeit soll anerkannt und mit Achtung und Respekt behandelt werden. Das Absprechen der Möglichkeit sich freiwillig für eine Tätigkeit in der Prostitution zu entscheiden missachtet nach ihrer Ansicht die Selbstbestimmung und die eigene Verantwortung.“[930]

Dem Gedanken der Konzessionierung von Bordellen steht der KOK aufgeschlossen gegenüber, mahnt jedoch dringend an, bei diesen Überlegungen die Praxis mit einzubeziehen.[931] Weiter fordert er eine bundeseinheitliche rechtlich abgesicherte Besteuerungsregelung. Eine Weigerung der Bundesregierung zur Wiedereinführung des Straftatbestandes der Förderung der Prostitution wird ausdrücklich begrüßt. Der Argumentation, dass „es aus rechtsstaatlichen Gründen nicht überzeugen kann, ein Verhalten, das als nicht strafwürdig einzustufen

---

[928] KOK e.V. steht für Koordinierungskreis gegen Frauenhandel und Gewalt an Frauen im Migrationsprozess. Er wurde 1987 von Fachberatungsstellen gegründet. Mitglieder des KOK sind: agisra Köln e.V., Amnesty for Woman, Autonomes Frauenhaus Kassel, Ban Ying e.V., BBMeZ, Belladonna e.V., Diakonisches Werk EN/Hagen, Hurenselbsthilfe e.V., contra Kiel, Deutscher Caritas Verband, Dortmunder Mitternachtsmission, Eine Welt Zentrum Herne, Fachberatungsstelle Erfurt, Frauenberatungsstelle Düsseldorf e.V., Fach- und Beratungsstelle Nachtfalter, FiM e.V., FIZ-Fraueninformationszentrum, FRANKA e.V., Hydra e.V., IFFF Internationale Frauenliga für Frieden und Freiheit, in Via, JADWIGA, KARO, KOBRA, KOBRAnet Zittau, KOOFRA e.V., Mitternachtsmission Heilbronn, NADESCHDA, Nitribitt e.V., ONA e.V., Phoenix, Solwodi e.V., Sozialdienst katholischer Frauen e.V., Terre des Femmes e.V., Vera.

[929] Die B-L-AG Frauenhandel wurde 1997 eingerichtet und bildet seither den Rahmen für einen kontinuierlichen, länderübergreifenden Fach- und Informationsaustausch zum Thema Frauenhandel zwischen beteiligten Behörden sowie Nichtregierungsorganisationen aus Bund und Ländern.

[930] www.kok-buero.de/weitere Themen/Prostitution.

[931] „Zur Presseerklärung der Bundesregierung vom 24.01.2007 zum Prostitutionsgesetz sowie zum Bericht der Bundesregierung zu den Auswirkungen des Gesetzes zur Regelung der Rechtsverhältnisse der Prostituierten“, Stellungnahme des KOK vom 20.02.2007.

ist, nur deshalb weiter als strafbar zu behandeln, weil es über diesen Weg im Einzelfall möglich sein könnte, Anzeichen für schwere Delikte wie Zwangsprostitution und Menschenhandel zu finden, wird widersprochen. Des Weiteren sei es Aufgabe eines rechtsstaatlich orientierten Strafrechts, Rechtsgüter zu schützen und nicht Eingriffsmöglichkeiten zur Gefahrenabwehr zu eröffnen."[932]

Im Jahre 2010 fanden die ersten beiden gemeinsam mit dem BKA durchgeführten Workshops in Berlin statt.[933] Ziele waren der Erfahrungsaustausch, die Erarbeitung von Lösungsvorschlägen zu aktuellen Problemfeldern sowie die weitere Verbesserung der Zusammenarbeit von Ermittlern und Fachberatungsstellen durch Perspektivenwechsel und Ausbau der Kontakte.[934]

Zwar ist der KOK sehr aktiv, sein Schwerpunkt liegt jedoch, wie bereits dem Namen zu entnehmen ist, im Frauenhandel und damit im Opferbereich. Auch die gemeinsam abgehaltenen Tagungen mit dem BKA legen diesen Schluss nahe. Fraglich ist jedoch, wie der Wunsch nach mehr Kontroll- und Eingriffsbefugnissen auf Seiten des BKA und die Interessen der Sexarbeiter an einer Verbesserung ihrer Arbeitsbedingungen, zu denen auch die Vermeidung von Repressalien und Umsatzeinbußen durch Razzien und Kontrollen gehören, verbunden werden kann.

e.) Verbände, Gewerkschaften

Neben den Beratungseinrichtungen und den Netzwerken könnten auch die Verbände und Gewerkschaften zur Zielerreichung beitragen, wenn ihr eigenes Interesse mit denen der Implementierung und den Interessen der Sexarbeiter identisch ist.

---

932 „Zur Presseerklärung der Bundesregierung vom 24.01.2007 zum Prostitutionsgesetz sowie zum Bericht der Bundesregierung zu den Auswirkungen des Gesetzes zur Regelung der Rechtsverhältnisse der Prostituierten", Stellungnahme des KOK vom 20.02.2007.

933 Am 15./16.04.2010 unter dem Titel „Follow-up Veranstaltung zu dem Workshop aus dem Jahr 2000 – Verbesserung der Zusammenarbeit zwischen Fachberatungsstellen und Polizei" und am 02./03.08.2010 unter dem Titel „Aktuelle Erscheinungsformen des Menschenhandels zum Zwecke der sexuellen Ausbeutung am Beispiel von bulgarischen und rumänischen Betroffenen".

934 KOK-Newsletter 02/10, S. 6.

(1) Bufas

Der Bufas wurde 2009 als Verein gegründet und ist seit 2010 als solcher eingetragen. Seine Mitglieder sind Beratungseinrichtungen für Sexarbeiter, die teilweise schon seit mehreren Jahren gemeinsam arbeiten und auch weitgehend alle in der AG Recht und/oder im KOK e.V. vertreten sind.

Ziel des Bufas ist eine dauerhafte Verbesserung der Arbeits- und Lebensbedingungen sowie eine rechtliche und soziale Gleichstellung von Sexarbeitern zu erreichen. Ferner soll die Entkriminalisierung und Entstigmatisierung der Sexarbeit und der in ihr Tätigen vorangebracht werden. Damit vertritt der Bufas Ziele, die sich auch das ProstG gesetzt hat.

Im Juni 2010 wurde eine Stellungnahme zur Diskussion um die Wiedereinführung der Pflichtuntersuchungen veröffentlicht.[935] Darin lehnen sie die Wiedereinführung aus sieben Gründen ab. Unter anderem verweisen sie darauf, dass die WHO verlangt, dass die Präventionspolitik und –praxis (in Bezug auf HIV) alle Maßnahmen eliminiert, die nicht auf freiwilliger Basis stattfinden oder Maßnahmen, die subtilen Druck ausüben.[936]

(2) Der Bundesverband sexuelle Dienstleistungen[937]

Der Bundesverband sexuelle Dienstleistungen schloss sich 2002 auf Bundesebene zusammen und nimmt die Anliegen der Betriebe mit erotischen Dienstleistungen wahr.

Ziele sind gemäß ihrer Homepage: „Die Beseitigung bestehender gesetzlicher Behinderungen des Erotischen Dienstleistungsgewerbes, die Förderung des Ansehens von Erotik-DienstleisterInnen, die Entwicklung von Qualitätsstandards verbunden mit der Vergabe eines Gütezeichens und Einflussnahme auf Verordnungen und Gesetze.“ [938]

[935] http://www.bufas.net/DOKUMENTE/Stellungnahme_Pflichtuntersuchungen.pdf.
[936] www.euro.who.int/Document/E937.pdf.
[937] Sitz Berlin.
[938] http://www.busd.de/index.php?id=47.

Sie möchten ein realistisches Bild des erotischen Dienstleistungsgewerbes zeigen und wünschen sich seriöse Unternehmen, die frei von Kriminalität und Korruption sind und in Zusammenarbeit mit Behörden und Polizei geführt werden.

Damit stehen sie an der Seite der Sexarbeiter, nehmen aber nicht deren Wünsche nach mehr Rechten auf, sondern stellen die Belange ihrer Mitglieder in den Vordergrund. So können sie möglicherweise auf bessere Arbeitsbedingungen für Sexarbeiter hinwirken und auch das Ansehen dieser verbessern, womit sie Teile der Ziele des ProstG anstreben. Da es sich um einen Interessenverband der Betreiber handelt, der Rechts- und Planungssicherheit für seine Mitglieder anstrebt, liegt dort auch hier Hauptanliegen.

(4) Unternehmerverband Erotik Gewerbe Deutschland e.V.[939]

Der Unternehmerverband vertritt die Interessen von Unternehmen, die erotische Dienstleistungen anbieten.

Seine Ziele bestehen laut Homepage darin, rechtliche Rahmenbedingungen transparent zu machen und so den politischen Willen zur Beseitigung des Sittlichkeitsmakels in Gesellschaft und Verwaltung zu fördern.
Außerdem sehen sie sich als eine Gemeinschaft, die Informationen, rechtliche Beratung und Unterstützung für seine Mitglieder anbietet.[940]

Vertreter des UEGD sind auf den Kommunalakademien 2009, 2010 sowie sonstigen Veranstaltungen zur Thematik Sexarbeit vertreten.

ist → seit 2011

Nach dem Koalitionsvertrag von Rot/Grün in NRW sollte ein runder Tisch zur Sexarbeit gegründet werden, welcher im Januar 2011 erstmalig tagte. Neben verschiedenen Vertretern der beteiligten Ämter und Behörden, waren auch Vertreter der Beratungseinrichtungen, des Landeskriminalamtes und des UEGD anwesend. Thema des zweiten Treffens im März 2011 war eine Situationsanaly-

---

939 http://www.uegd.de/.
940 Homepage www.uegd.de, „Gemeinsam sind wir stark…der Einzelne ist nur Bittsteller.

se zur Sexarbeit in NRW. Hierzu machte auch der UEGD eine Präsentation, die auf der Homepage abrufbar ist.[941]

Darüber hinaus wurde eine Statistik zu den Delikten im Zusammenhang mit der Sexarbeit erstellt, die den Zeitraum 2000 bis 2009 untersucht. Dieses Dokument ist ebenfalls über die Homepage abrufbar. Hierfür wurden die PKS, das Bundeslagebild Menschenhandel und die Verurteilten Statistik miteinander ins Verhältnis gesetzt. Es ergab sich daraus ein starker Rückgang in allen Bereichen.[942]

Die Einführung einer Erlaubnispflicht für Bordellbetreiber wird grundsätzlich befürwortet, Sonderregelungen außerhalb des Gewerberechtes aber abgelehnt. Der UEGD setzt sich für die Verbesserung des Ansehens und der Wahrnehmung von Sexarbeit ein und engagiert sich so nicht nur für die Betreiber, sondern hilft damit das öffentliche Bild der Sexarbeit zu relativieren.

(3) Ver.di

Die Gewerkschaft ver.di ist mit Einführung des ProstG in der Lage auch die Rechte von Sexarbeitern zu vertreten, die in den Fachbereich 13 eingruppiert wurden, in dem alle die Berufe und Tätigkeiten gesammelt werden, die keine eigene Gruppe bilden.
Des Weiteren wurde ein Projektbüro „Arbeitsplatz Prostitution“ eingerichtet, welches von *Mitrovic*[943] geleitet wird.
Dieses Projektbüro erarbeitete auf Grundlage der Studie „Arbeitsplatz Prostitution“ einen Musterarbeitsvertrag. Dieser unterschied sich jedoch nur in wenigen Punkten von einem „normalen“ Arbeitsvertrag.[944]

Eine organisierte Vertretung der Rechte der Sexarbeiter hat bisher[945] nicht statt

[941] http://www.uegd.de/index.php?option=com_content&view=article&id=948:runder-tisch-nrw&catid=1:home&Itemid=100001.
[942] www-uegd.de. Bundeslagebild Rotlicht-Kriminalität.
[943] *Emilija Mitrovic,* Dozentin an der Hochschule für angewandte Wissenschaft in Hamburg zum Themenbereich Prostitution und Frauenhandel, Mitarbeit im Arbeitskreis „undokumentierte Arbeit“ bei ver.di Hamburg, seit 1988 im BdWi.
[944] Interview mit *Emilija Mitrovic*, Hydra Nachtexpress Sommer 2004. Arbeitsvertrag abrufbar unter http://www.verdi.de/besondere-dienste.hamburg/themen/arbeitsplatz:prostitution /download/data/studie_deutsch.pdf, S. 13, 14.
[945] Stand März 2011.

gefunden. Dies könnte unter anderem daran liegen, dass, falls überhaupt, nur sehr wenige Sexarbeiter in arbeitsvertraglich geregelten Beschäftigungsverhältnissen arbeiten und diese wahrscheinlich nicht in die Gewerkschaft eingetreten sind.

Mitrovic führte eine Feldstudie für ver.di durch[946], die mittels Interviews in sieben deutschen Großstädten den folgenden Fragen nachging:

- Welche Veränderungen haben sich nach den Gesetzesänderungen real ergeben?
- Welche Praxisrelevanz hat das ProstG für verschiedene Einrichtungen wie Beratungsstellen, Gesundheitsämter, Polizei, Ordnungsämter, Arbeitsämter, Krankenkassen, Sozialversicherungsträger, Finanzämter, Polizei etc.?
- Welche Praxisrelevanz hat das Gesetz für die Prostituierten in den verschiedenen Arbeitsfeldern der Prostitution?

Unter dem Punkt 9.7 zieht die Verfasserin ein Resümee der Interviews mit den Sexarbeitern: „Kaum eine der befragten Prostituierten nahm eine Besserstellung ihrer Situation durch das Prostitutionsgesetz wahr. Viele wollen in der Anonymität bleiben. Ihre Begründung dafür in den Interviews:

- weil sie ein Doppelleben führen
- weil sie Prostitution für keinen anständigen Beruf halten
- weil sie die Vorurteile gegen Prostitution für nicht abbaubar halten
- weil sie die gesellschaftlichen Vorurteile teilen
- weil sie keine Abgaben zahlen wollen (Steuern, Sozial- und Rentenversicherung)
- weil sie der Prostitution sowieso nur für eine begrenzte Zeit nachgehen wollen.[947]

In ihrem Fazit formuliert die Autorin: „Zusammenfassend lässt sich schlussfolgern: das Prostitutionsgesetz ist ein richtiger Schritt, wenn es darum geht, die gesellschaftliche Doppelmoral in Bezug auf die in der Prostitution Tätigen abzubauen. Eine wirkliche Veränderung in der Arbeitsrealität der SexarbeiterInnen hat durch das Gesetz nicht stattgefunden. Es sind nur sehr wenige sozialversicherungspflichtige Arbeitsverhältnisse abgeschlossen worden, der Musterar-

[946] „Arbeitsplatz Prostitution, Ein Beruf wie jeder andere?“, Studie von *Emilija Mitrovic*.
[947] Arbeitsplatz Prostitution, S. 105.

beitsvertrag, der von der Vereinten Dienstleistungsgewerkschaft ver.di entwickelt worden ist und den SexarbeiterInnen weitgehende Rechte – wie in anderen Normalarbeitsverhältnissen einräumt, ist bislang nicht zur Anwendung gekommen. Nur wenige SexarbeiterInnen haben sich seit der neuen Gesetzeslage im Engagement für ihre Rechte geoutet.“[948]

Ver.di vertritt, ähnlich wie einige Beratungseinrichtungen, die Ansicht, dass es sich bei der Sexarbeit um eine Dienstleistung handelt, die rechtlich geregelt und anerkannt werden sollte. Auf einer int. Konferenz 2005[949] verabschiedete ver.di daher das Statement: „Sexarbeit ist Arbeit und Beruf. Sexarbeiterinnen brauchen den gleichen Schutz ihrer Arbeits-, Sozial- und Menschenrechte, wie andere ArbeiterInnen auch. Sie brauchen soziale Rechte, wie den Anschluss an die Sozialversicherung, an die Gesundheitsfürsorge und Mindestlöhne.“[950]
Bereits 2003 äußerte *Mitrovic*, „die Sexarbeit könne, nach Ansicht von ver.di, auch nicht als Dienstleistung wie jede andere angesehen werden. „Daher setzt sich die Dienstleistungsgesellschaft ver.di konkret für die Rechte und soziale Besserstellung von Sexarbeitern ein, auch wenn sie nicht Gewerkschaftsmitglieder sind. Prostitution ist keine Arbeit wie jede andere, aber Sexarbeiter müssen die gleichen Rechte haben wie jeder andere. Dafür macht ver.di sich stark.“ [951]

Es steht zu vermuten, dass weder auf Seiten der Sexarbeiter ein Interesse an einer Gewerkschaftszugehörigkeit besteht noch von ver.di aktiv um die Sexarbeiter geworben wird. Da beide Seiten somit kein sonderlich großes Interesse aneinander zu haben scheinen, wird die Unterstützung durch Verdi hauptsächlich aus
- zur Verfügung stellen von Räumen,
- Unterstützung bei organisatorischen Fragen oder
- der Beauftragung von Wissenschaftlern zur Evaluierung des Bereiches Sexarbeit

bestehen.

---

[948]Arbeitsplatz Prostitution, S. 115.
[949]„Prostitution und Frauenhandel“, Veranstalter waren die Friedrich-Ebert-Stiftung und ver.di.
[950]*Mitrovic,* ver.di Zeitschrift, S. 4.
[951]http://besondere-dienste-hamburg.ver.di.de/arbeitsplatz_prostitution, Statement zu den gewerkschaftlichen Perspektiven im Umgang mit dem neuen Prostitutionsgesetz für den Arbeitskreis Prostitution beim Bundesvorstand der Gewerkschaft ver.di S. 2, 3, verfasst von *Emillija Mitrovic*, aus dem Jahre 2003, Homepage ver.di.

f.) Politik

Die Politik zeigt kein Interesse an der Erreichung der Ziele des ProstG oder an einer Implementierung. Im Gegenteil sie lehnen eine Beschäftigung mit dem Thema ab, setzen auch nach der kritischen Evaluierung 2007 keine der aufgezeigten Möglichkeiten um, mit Ausnahme der Förderung der 2010 begonnenen Modellprojekte zum Ausstieg aus der Sexarbeit und dem Engagement im Rahmen der Diskussionen zu bzw. gegen die Flatrate-Bordelle.

g.) Medien

Auch die Medien haben kein Interesse an einer Implementierung oder Normalisierung der Sexarbeit, da, wie bereits dargelegt, gerade der „verruchte" Charakter der Sexbranche für die Zuschauer den Anreiz bildet und den Medien Einschaltquoten oder erhöhte Auflagen beschert.

3.) Motivation der Akteure zur Implementierung und Zielerreichung des ProstG

Ebenso, wie die Interessen an der Zielerreichung und der Implementierung des ProstG variieren, unterscheiden sich auch die Motivationen der Akteure.

a.) Persönliche Ziele

Die Beratungseinrichtungen, welche sich nicht ausschließlich aus Spenden finanzieren, haben selbstverständlich ein Interesse daran, dass die Träger weiter finanzielle Mittel zur Verfügung stellen, damit die Arbeit fortgesetzt werden kann und die Arbeitsplätze gesichert sind. Dies führt dazu, dass die Arbeit möglicherweise nicht an dem ausgerichtet wird, was erforderlich ist, sondern an dem, was gewünscht wird.
Nur eine Beratungsstelle, die sich vollständig selbst finanzieren, ist in ihren Zielen frei von fremden Einflüssen, aber dadurch auch personell und finanziell sehr eingeschränkt.

b.) Vorgegebene Ziele

Wenn Beratungseinrichtungen finanziert werden, soll damit von den Trägern ein bestimmter, von ihnen als wichtig erachteter Bereich, abgedeckt werden. Somit werden den Mitarbeitern Vorgaben gemacht, um welche Bereiche sie sich vorrangig kümmern sollen. Hierbei spielen die Einstellung des Trägers, politische oder moralische Gesichtspunkte und die Zusammensetzung der Trägerschaft eine Rolle. Nicht immer stimmen die vorgegebenen Ziele mit dem überein, was in der Praxis relevant wird. Die Mitarbeiter können dann zwar im Rahmen ihrer Arbeitszeit auch andere Problembereiche abdecken, aber nur, wenn sie hierfür Zeit und Kapazitäten über haben. Sie können sich aber nicht öffentlich für diese, vom vorgegebenen Ziel abweichende, Tätigkeit einsetzen. Ist Hilfe für Menschenhandelsopfer die vorgegebene Zielrichtung, würde es die Träger verwundern und möglicherweise verärgern, wenn der Hauptarbeitsbereich in der Beratung von Sexarbeitern und der Mitwirkung an Kampagnen und Veranstaltungen zur Anerkennung der Sexarbeit als Beruf liegt.

c.) Politische Ziele

Manche Akteure verfolgen auch politische Ziele. Sie wollen gewählt werden und suchen sich daher Aufgaben und Bereiche heraus, die öffentlichkeitswirksam in Szene gesetzt werden können und eine breite Unterstützung in der Bevölkerung finden. Hierfür dürfte sich ein Opfer deutlich besser eignen, als ein Sexarbeiter, der sich gegen die Höhe der Pauschalsteuer wehrt.

d.) Pragmatische Hilfe

Manche Motivationen entstehen aber auch, wie bei den Hurenselbsthilfeprojekten, aus dem Erleben selbst. Wenn sich Menschen zusammenfinden, um bei erkannten Problemen anderen zu helfen, ist die erste Priorität meistens die individuelle Beratung und Hilfe für die Personen, die vor Ort Hilfe suchen. Erst in einem zweiten Schritt und bei vorhanden sein von personellen, energetischen und finanziellen Mitteln, kann an einer Verbesserung der Situation insgesamt gearbeitet werden.

4.) Veröffentlichungen und wissenschaftliche Studien zur Sexarbeit/Prostitution

Zu den Themen rund um die Sexarbeit bzw. Prostitution sind eine Vielzahl von Veröffentlichungen erschienen. Es werden exemplarisch einige Beiträge sowie eine Auswahl an wissenschaftlichen Studien vorgestellt, welche das Thema tangieren.

a.) Veröffentlichungen der Medien

Zeitungen und Fernsehen berichten meist immer dann über Sexarbeit, wenn es einen aktuellen Anlass gibt, wie etwa die Eröffnung eines neuen Großbordells oder die Einführung einer neuen Geschäftsart wie dem „Geizhaus“ oder den Flatrate-Bordellen „Pussy Club“.
Eine sachliche Berichterstattung, die die Probleme und Schwierigkeiten der legal arbeitenden Sexarbeiter aufzeigt, wie die Belastungen durch ein „Doppelleben“ oder die rechtlichen Schwierigkeiten, ist fast nicht vorhanden. Damit wird in der Öffentlichkeit ein Bild erzeugt, dass die Sexarbeit weiter eng mit Gewalt und Drogen verbindet und die Sexarbeiter als Opfer darstellt.

Manche vertreten ihre ablehnende Haltung gegenüber der Sexarbeit auch kontinuierlich, wie *Schwarzer*, die in fast jeder Ausgabe der EMMA über Sexarbeit berichtet.

Allerdings gibt es auch den Versuch das Thema Sexarbeit durch Experten diskutieren zu lassen, wie in der Sendung „Menschen bei Maischberger“ aus den Jahren 2007 und 2009.

Trotz der eher negativen Berichterstattung über die Sexarbeit scheint dennoch bei einem Teil der Bevölkerung die Meinung vor zu herrschen, dass es sich bei der Sexarbeit auch um eine freiwillig gewählte Tätigkeit handeln kann. Die meisten dürften aber den Eindruck haben, dass die Zahl der Opfer von Menschenhandel in diesem Gewerbe viel höher ist, als sie es nach den Statistiken ist. Dies beruht darauf, dass es erheblich mehr Berichte über „Opfer in der Sexarbeit“ gibt, als Berichte über den Alltag eines Bordellbetreibers und eines Sexarbeiters.[952]

Nachfolgend sollen nur exemplarisch einige Veröffentlichungen aufgezeigt werden, die deutlich machen, wie das Thema in den Medien behandelt wird.

(1) Die Zeitschrift EMMA

Wenige Medien berichten so kontinuierlich über Sexarbeit und haben eine so deutliche Position zu dem Thema, wie die Zeitschrift EMMA.
Im Jahre 2007 veröffentlichte der Spiegel ein mit *Schwarzer*[953] geführtes Interview[954] mit dem Titel „Die Freiwilligkeit ist ein Mythos“. Das Interview fand viel positive und negative Resonanz.

Auf die Frage, ob die Legalisierung der Prostitution auch dazu beigetragen hätte, dass Unterdrückung, Zwang und Gewalt nachgelassen haben, antwortete *Schwarzer*, dass das Gegenteil der Fall sei. Zwang und Gewalt seien mehr geworden, da die Polizei weniger Möglichkeiten zur Kontrolle von Bordellen und Modelwohnungen habe als vorher. Im Gegenzug hätten die Bordellbetreiber aber mehr Möglichkeiten, auch ganz legal Druck auf Prostituierte auszuüben. Als Beispiel nannte sie das Großbordell „Colosseum“ in Augsburg.
Sie forderte ein Recht auf Aufenthalt und Ausstiegshilfe für befreite Zwangsprostituierte, deren Zahl laut BKA in jüngster Zeit ansteige und unter denen erfahrungsgemäß viele Minderjährige seien. Auch geht sie davon aus, dass keine Frau freiwillig der Prostitution nachgehe und formuliert im Interview: „Die Freiwilligkeit ist ein Mythos – kräftig genährt von denen, die von Menschenhandel und Prostitution profitieren.“

Zum Abschluss des Interviews erhebt sie die Forderungen offensive Ausstiegshilfen zu praktizieren, mehr Mittel für die Polizei bereit zu stellen, die Strafbarkeit der Förderung der Prostitution wieder einzuführen, Prostitution als Verstoß gegen die Menschenwürde zu definieren und menschenverachtende Anzeigen in

[952] Auf eine solche Annahme lässt sich zumindest aus der Umfrage in der Sendung „Menschen bei Maischberger 2009“ schließen.
[953] *Alice Schwarzer* ist Herausgeberin und Redakteurin der Zeitung EMMA.
[954] http://www.spiegel.de/politik/deutschland/0,1518,513846,00.html. Das Interview führte *Anna Reimann*.

Zeitungen sowie Verkehr ohne Kondom zu verbieten. Sie schließt das Interview mit der Forderung: „Wir müssen endlich Schluss machen mit dem Oh-la-la-Mythos von der Prostitution - und aufklären über die bittere, verzweifelte Realität von Frauen in der Prostitution."
Ihre kritische bis ablehnende Haltung gegenüber der Sexarbeit wird auch in anderen Artikeln der „Emma" deutlich.[955]

Im Nachgang zu dem Interview wurde im Spiegel-Online-Forum, auf der Polit-Debatten-Plattform www.dieGesellschafter.de, auf Erotik-Websites und in Blogs heftig diskutiert.
Schwarzer selbst nahm in der Zeitung „Emma" Stellung zu dem Interview und den danach geführten Debatten und Diskussionen.[956] Sie bezeichnete die Zeitung „taz", als das zentrale Propagandablatt der „Prostitution-ist-ein-Beruf-wie-jeder-andere-Ideologie". Sie griff in ihrem Artikel *da Costa José* [957] an, die im taz-Artikel erklärt hatte, „dass die Prostitution in unteren Schichten schon immer ein legitimes Mittel zum Überleben gewesen, ja, mehr noch, dass sie eine Rebellion gegen das Patriarchat mit seiner Hausfrauen-Ehe gewesen sei."

Schewe-Gerigk[958] schrieb zum Interview mit *Schwarzer* auf Spiegel Online: „Die immer gleichen Horrorstories über die Auswirkungen des Gesetzes, die uns *Schwarzer* erzählt, finde ich fast schon peinlich. Egal ob freiwillig oder nicht: Frauen (und Männer) gehen dieser Tätigkeit nach. Es gibt eine große Nachfrage nach Prostitution. Sie ist Realität. So ist das nun mal."[959]

---

[955] „Statt Reform Großbordelle", http://www.emma.de/statt_reform_grossbordelle_1_2008.html, Ausgabe Emma Jan./Febr. 2008; „Der unmoralische Staat", http://www.emma.de/prostitution_der_unmoralische_staat_2006_5.html, Ausgabe Sept./Okt. 2006, Autorin *Alice Schwarzer*, „Das Gesetz schützt Zuhälter", http://www.emma.de/gesetz_schuetzt_zuhaelter_2006_4.html, Ausgabe Sept./Okt. 2006; „Arbeitsamt vermittelt Prostituierte!", http://www.emma.de/394.html, Ausgabe Mai/Juni 2005, Autorin *Alice Schwarzer*.

[956] http://www.emma.de/statt_reform_grossbordelle_1_2008.html, Ausgabe Emma Jan./Febr. 2008, „Statt Reform Großbordelle".

[957] Von *Schwarzer* als gelernte Filmproduktionsleiterin und Gelegenheits-Callgirl bezeichnet.

[958] Geschäftsführerin und frauenpolitische Sprecherin Der Grünen Bundestagsfraktion und Mitinitiatorin des ProstG.

[959] http://www.emma.de/statt_reform_grossbordelle_1_2008.html., Ausgabe Emma Jan./Febr. 2008.

(2) „Neue Todsünden, Die katholische Kirche will eine Moraldiktatur“

So titelte die *„Welt online“* am 11.03.2008 über einem Artikel[960], der sich mit dem „neuen Sündenkatalog der katholischen Kirche“ beschäftigte. „Für den Vatikan gelten Umweltverschmutzung, Abtreibungen, Genmanipulationen, Profitgier, die andere Menschen in die Armut treibt, exzessiver Reichtum und Prostitution als „schwere Sünden“.“[961]

Der Autor hinterfragt diesen „neuen Katalog“ und gelangt zu der Erkenntnis, dass der Vatikan „hier explizit von „sozialen Sünden“ redet“ und dies neu und „brandgefährlich“ sei. „Hier wird nicht das Individuum verantwortlich gemacht für seine Sünden, sondern das Gemeinwesen. Dementsprechend wäre die Lösung nicht die individuelle Umkehr, sondern eine soziale Revolution.“[962]

(3) „Kirche soll Prostituierte nicht ausgrenzen“

Im Juni 2009 berichtete die *„Welt online“* anlässlich des internationalen Hurentages über Sexarbeit.[963] Dabei wurde ein Gottesdienst in Bochum, der gemeinsam mit Madonna e.V. durchgeführt wurde, um auf die Situation von Sexarbeitern aufmerksam zu machen und die Äußerungen von *Zypries,* den Zeugenschutz für Zwangsprostituierte zu verbessern, in einem Absatz genannt. „Das Frauenreferat im Kirchenkreis Bochum kritisiert anlässlich des Internationalen Hurentages die Ausgrenzung von Prostituierten aus der Gesellschaft. Die Gesellschaft akzeptiere Prostitution, nicht aber die Prostituierten. Justizministerin Zypries will den Zeugenschutz für Zwangsprostituierte verbessern.“ Der Rest des Artikels ist ähnlich vermischt. Ganz deutlich tritt hier zu Tage, dass die Diskussion über Sexarbeit und die Assoziation von Zwangsprostitution bei vielen, selbst bei Journalisten, so eng verbunden sind, dass eine Trennung von zwei völlig verschiedenen Thematiken nicht möglich ist.

---

960 http://www.welt.de/meinung/article 1787118/Die_katholische_Kirche_will_eine_Moraldiktatur.html, Autor *Alan Posener*.

961 http://www.welt.de/meinung/article 1787118/Die_katholische_Kirche_will_eine_Moraldiktatur.html.

962 http://www.welt.de/meinung/article 1787118/Die_katholische_Kirche_will_eine_Moraldiktatur.html.

963 http://www.welt.de/politik/article3878794/Kirche-soll-Prostituierte-nicht-ausgrenzen.html, Artikel Welt online vom 07.06.2009.

(4) Menschen bei Maischberger 2007 und 2009

Zweimal nahm sich *Maischberger* des Themas in den letzten Jahren in der ARD an. Das erste mal 2007 unter dem Titel: „Hure – Ein ganz normaler Beruf?“[964] und 2009 unter dem Titel: „Sex als Ware, sollte Prostitution verboten werden?“[965]

In der Sendung aus 2007 gingen die Wortbeiträge oftmals durcheinander, was bei der Zusammensetzung der Gästeliste auch nicht weiter verwunderte. *Paulus* und *Kues* beklagten sich über das ProstG, welches nach ihrer Ansicht ein reines Zuhälterschutzgesetz sei. *Paulus* bezweifelte sogar, „dass es überhaupt rechtsstaatliche Methoden gegen solche mafiöse Subkultur gebe, die über völlig eigene Wertvorstellungen verfüge.“ *Hausschild-Schön* ereiferte sich über Werbung für „Gang Bangs“ und „Ganzkörperbesamung“ während *Julia* sich über ein Bußgeld beschwerte, welches sie erhielt, weil sie in einer Gemeinde mit weniger als 50.000 Einwohner mit ihrem „Dienstwagen“ parkte, diese kleinen Gemeinden aber Sperrgebiete seien. Abgerundet wurde der Gesprächskreis mit *Gerhardinger*, der Räumlichkeiten zur Ausübung der Sexdienstleistungen gegen Bezahlung zur Verfügung stellt und seinen bevorstehenden Börsengang mit dem Spruch „Lust auf Gewinn. Immobilien Investment mit Potenz(ial)“ bewarb sowie *Domenica,* die sich gewohnt selbstsicher an keine Rednerreihenfolge hielt und gegen die *Maischberger* nicht ankam. Insgesamt gingen die Ebenen durcheinander. Es entstand keine sachlich weiterführende Diskussion.

Anders hingegen verlief die Sendung 2009. Hier dominierten die sachliche Art von *Christiansen* und *Laura*. Es wurde deutlich, dass es innerhalb der Ausübung der Sexarbeit verschiedene Facetten gibt, dass aber die Seite des freiwillig arbeitenden Teilzeitsexarbeiters weit größer ist, als die Medien und Gegner des ProstG dies gerne zugeben möchten. Einig waren sich die Teilnehmer darin,

---

[964]Gäste waren *Manfred Paulus* (Kriminalhauptkommissar), *Julia* (Sexarbeiterin), *Hermann Kues* (Staatssekretär unter Frau *von der Leyen*), *Inge Hauschildt-Schön* (Bordellgegnerin aus Magdeburg), *Felicitas Schirow* (Bordellbetreiberin), *Alexander Gerhardinger* (Immobilienentwickler und Bordellbesitzer aus Wien) und Domenica (Sexarbeiterin).

[965]Gäste waren *Manfred Paulus* (Kriminalhauptkommissar), *Laura* (Prostituierte), *Anke Christiansen* (Bordellbesitzerin Geizhaus HH), *Andreas Marquart* (Ex-Zuhälter), *Rolf Eden* (Playboy und Freier), *Sabine Constable* (Mitarbeiterin Gesundheitsamt Stuttgart und Beraterin bei La Strada).

dass das ProstG insgesamt nur für sehr wenige Frauen etwas gebracht habe. Der von *Constable* gelobte schwedische Weg wurde von *Paulus* kritisch beäugt. Er vertrat die Ansicht, dass das ProstG festschreiben sollte, dass nur selbstständige und keinerlei weisungsgebundene Prostitution erlaubt sein dürfe. Damit schloss er sich ausdrücklich dem sog. „Augsburger Weg“ an. Er nannte das ProstG ein „Zuhälterschutzgesetz“. *Eden*, als beispielhafter Freier eingeladen, war insgesamt in seinen Äußerungen unangemessen und mit Sicherheit kein repräsentativer Freier.

Umfragen zu der Sendung auf der Straße einer bundesdeutschen Großstadt ergaben, dass sich in mehreren Stunden kein Bürger fand, der für ein Verbot der Prostitution war, lediglich einige taten sich schwer mit der Aussage „Prostitution sei ein Beruf wie jeder andere“.

Fazit der Sendung, die mit der Frage gesendet wurde „Sollte Prostitution verboten werden“ muss daher deutlich „Nein“ lauten.

b.) Wissenschaftliche Studien

Das Thema Sexarbeit berührt verschiedene Disziplinen. Zu nennen sind hier die Volkskunde im weitesten Sinne[966], die Psychologie[967], die Soziologie[968] und die Frauenforschung[969]. Auf allen diesen Gebieten, auch in der Rechtswissenschaft gibt es Untersuchungen und Studien, die sich mit der Thematik befassen.[970]

(1) Befragung von Sexarbeitern, empirische Studie

Die Tampep international Foundation[971] führt seit 1997 kontinuierlich alle zwei Jahre eine Befragung von Sexarbeitern durch, um die Veränderungen innerhalb

---

[966] z.B. *Friederike Küchli* und, *Sabine Kienitz.*

[967] Untersuchungen nach der „klassischen Anlagetheorie“ in der die Entscheidung der Frau in die Sexarbeit zu gehen mit einem Defekt in ihrer biologischen Veranlagung erklärt wird. Auch im psychoanalytischen Ansatz wird Sexarbeit als deviantes Verhalten von Prostituierten gedeutet, wobei Missbrauchserfahrungen in der Kindheit, Feindseligkeiten gegen Männer, sexuelle Frigidität und Abwehr der eigenen Homosexualität als Gründe für den Einstieg von Frauen in die Prostitution beschrieben werden.

[968] z.B. *Brückner, Oppenheimer.*

[969] z.B. *Schuhmann/Giesen* und *Dorothea Röhr.*

[970] z.B. *Leo, Gleß.*

[971] Tampep wurde 1993 gegründet. Ziele sind die Verbreitung der Tampep-Methodologie, die auf dem Grundsatz gegenseitigen Respekts basiert und die Einbeziehung der Sexarbeiter voraussetzt. Es sollen die Durchsetzung der Menschen- und Bürgerrechte der migrierten weibli-

der Sexindustrie, das bestehende soziale und gesundheitliche Angebot sowie die Lebens- und Arbeitsbedingungen von migrierten Sexarbeitern zu beobachten und zu analysieren.[972] Der Bericht „Sex work in Europe“ beschäftigt sich mit der empirischen Erhebung und Analyse über Situation, Mobilität sowie Lebens- und Arbeitsbedingungen von Sexarbeitern in 25 EU-Ländern.[973]
In diesem Bericht wird unter anderem dargelegt, wie sich der Anteil der Sexarbeiter in Europa mit Migrationshintergrund von 2006 zu 2008 gewandelt hat.[974]

Land	**2006**	**2008**
Gestiegen		
Deutschland	60 %	65 % Anstieg um 5 %
Finnland	60 %	69 % Anstieg um 9 %
Dänemark	50 %	65 % Anstieg um 15 %
Italien	80 %	90 % Anstieg um 10 %
Luxemburg	70 %	92 % Anstieg um 22 %
Spanien	70 %	90 % Anstieg um 20 %
Gleichbleibend		
Norwegen	70 %	70 %
Schweiz	75 %	75 %
Gesunken		
Griechenland	80 %	73 % Gesunken um 7 %
Frankreich	80 %	61 % Gesunken um 19 %
Belgien	75 %	60 % Gesunken um 15 %
Niederlande	70 %	60 % Gesunken um 10 %
Portugal	60 %	56 % Gesunken um 4 %

chen und transgender Sexarbeiter gefördert werden. Weitere Ziele sind die Weiterentwicklung und Durchführung effektiver Gesundheitsförderung sowie HIV/STD Präventionsstrategien und Interventionsmöglichkeiten für migrierte Sexarbeiter. Weiter sollen qualitative und quantitative Daten im Bereich Sexarbeit gesammelt und verwendet werden. http://tampep.eu/.

[972] http://www.amnestyforwomen.de/_notes/FInal%20Report%20TAMPEP%208%20BRD%202009.pdf, S. 13.

[973] „Sex work in Europe, A maping of prostitution scene in 25 european countries”, http://tampep.eu/documents/TAMPEP%202009%20European%20Mapping%20Report.pdf.

[974] „Sex work in Europe, A maping of prostitution scene in 25 european countries”, die nachfolgende Tabelle wurde aus den Tabellen der Regionen Nord, Ost, Süd und West aus dem Bericht, S. 22-29 erstellt.

Die Studie zeigt weiter, wie sich 2008 die Arbeitsplätze der Sexarbeiter mit Migrationshintergrund (Migranten) und ohne Migrationshintergrund (Nationale) unterschieden.[975]

2008	**Straßen**	**Auto-straßen**	**Parks u.ä.**	**Club, Bars, Bordelle**	**Wohnungen, Schaufenster**	**Escort**
National	23 %	11 %	4 %	29 %	25 %	8 %
Migranten	20 %	8 %	3 %	38 %	20 %	11 %

Danach arbeiteten die meisten Sexarbeiter mit Migrationshintergrund in Räumen und Bars und nicht, wie möglicherweise erwartet wurde, auf der Straße.
Amnesty for woman[976] ist aktiv bei Tampep und der deutsche Ansprechpartner der Organisation. Sie waren maßgeblich an den unter Tampep aufgeführten Projekten beteiligt und haben darüber hinaus für Hamburg einen eigenen Bericht vorgelegt, der sich auf den Zeitraum November 2008 bis September 2009 bezieht.[977]
Der Bericht wurde in Zusammenarbeit mit CASAblanca[978] erstellt. Die Hamburger Polizei geht davon aus, dass innerhalb des Berichtszeitraumes in Hamburg ca. 2.450 Frauen in der Prostitution tätig waren.[979] Darunter waren ca. 1.400 Frauen mit Migrationshintergrund (57 %). Die Polizei geht weiter davon aus, dass sich 10 % illegal in Hamburg aufhalten.
Die Befragung ergab, dass heute mehr Frauen aus Bulgarien, Ungarn, Lettland und Litauen in Hamburg arbeiten als früher, da die Einreise und Arbeitsbedingungen durch die EU-Erweiterung vereinfacht wurden. Die Zahl der Sexarbeiter aus Polen, Russland, Ukraine und Weißrussland nimmt dagegen ab. Nach An-

[975] „Sex work in Europe, A maping of prostitution scene in 25 european countries", Bericht S. 32.
[976] http://www.amnestyforwomen.de/.
[977] Der Bericht heißt „Hamburg: Gesundheitliche Aufklärungsarbeit für migrierte Sexarbeiterinnen und ihre Kunden, Endbericht November 2008-September 2009" http://www.amnestyforwomen.de/_notes/FInal%20Report%20TAMPEP%208%20BRD%202009.pdf
[978] Centrum für AIDS und sexuell übertragbare Erkrankungen in Altona, Dienststelle der BSG.
[979] Bericht „Rotlicht in Hamburg" von *Detlef Uebben*, Dienstleiter des Landeskriminalamtes LKA 65, Februar 2009.

gaben der Sexarbeiter schaffen die Frauen aus den GUS-Staaten nun vermehrt in Polen an, da die Preise dort ähnlich hoch sind wie in Deutschland.
Sehr hoch war auch der Anteil der thailändischen Sexarbeiter in Hamburg. Die Anzahl der neuen Massagesalons, welche auch sexuelle Dienstleistungen anbieten, stieg laut Bericht.
Die Schlussfolgerung des Berichtes zeigt zwei Fakten als wichtigste Ergebnisse. Zum einen wurde festgestellt, dass der größte Teil der in Hamburg arbeitenden migrierten Sexarbeiter einen legalen Status haben[980] und diese die Selbstständigkeit als vorzugswürdige Arbeitsvariante ansehen. Um diese Entwicklung zu fördern wird vorgeschlagen entsprechende Informationen zur Selbstständigkeit in allen relevanten Sprachen zu verfassen und die zuständigen Behörden entsprechend vorzubereiten.
Zum anderen wurde festgestellt, dass die Mobilität unter den Sexarbeitern weiter steigt, daher ist eine aufsuchende Straßensozialarbeit die wichtigste Form Sexarbeiter auch in Appartements, Clubs, Massagesalons und Bordellen zu erreichen.

(2) Rechtswissenschaft

Es sind unterschiedliche Arbeiten zu dieser Thematik erschienen, nachfolgend werden jedoch nur zwei von Strafrechtlern verfasste Aufsätze dargestellt, um aufzuzeigen, das das ProstG und die Änderungen im StGB auch auf Seiten der Rechtswissenschaftler kritisch gesehen werden.

(a) „Neue Änderung des Sexualstrafrechts durch das Prostitutionsgesetz"[981]

In seinem so betitelten Aufsatz bezieht *Schroeder*[982] im Jahre 2002 zum ProstG Stellung. Nach einer kurzen Abhandlung der drei geplanten Paragraphen des ProstG kommt er zu dem Schluss: „Entgegen dem hochtrabenden Gesetzestitel geht es also nicht um „die Rechtsverhältnisse" der Prostituierten, sondern um Forderungen aus der Prostitution." Er kritisiert die schwere Abgrenzbarkeit von § 180 a Abs. 1 Nr. 2 und § 181 a Abs. 1 Nr. 1 StGB. „...Als neue Überschrift hat der Gesetzgeber gewählt „Ausbeutung von Prostituierten". Diese Überschrift

[980] 25 % aus den neuen EU-Ländern und 55 % außerhalb der EU.
[981] Aufsatz aus dem Jahre 2002.
[982] Prof. Dr. Dr. h.c. *Friedrich-Christian Schroeder*, Regensburg.

deckt sich nun aber genau mit dem Inhalt des § 181 a Abs. 1 Nr. 1 StGB, der ausbeuterischen Zuhälterei. Damit werden die Grenzen zwischen den verschiedenen Tatbeständen der Ausnutzung der Prostitution, die immer mehr verschwimmen, noch mehr verwischt."[983] Auch den § 180 a Abs. 2 hält er für missglückt. „§ 180 a Abs. 2 Nr. 1 StGB stellt die Gewährung von Wohnungen zur Ausübung der Prostitution an Personen unter 18 Jahren unter Strafe. ... Damit wurde die frühere Einschränkung der Einschränkung zur positiven Strafbarkeit. Damit wurde aber die Beschränkung auf die Wohnungsgewährung völlig sinnlos; sinnvoll wäre allenfalls die Strafbarkeit der Förderung der Prostitution von unter 18-jährigen schlechthin. Das gleiche gilt für § 180 a Abs. 2 Nr. 2 StGB, der die Ausbeutung von Personen, deren der Täter zur Ausübung der Prostitution Wohnung gewährt, unter Strafe stellt. Da die Ausbeutung anderer Personen, die der Prostitution nachgehen, nach § 181 a Abs. 1 Nr. 1 StGB als „Zuhälter" mit Freiheitsstrafe von sechs Monaten bis zu fünf Jahren bedroht ist, ist § 180 a Abs. 2 Nr. 1 StGB eine skurrile Privilegierung der Zuhälterei bei gleichzeitiger Wohnungsgewährung."

Die Einschränkung des § 181 a Abs. 2 StGB wurde durch die Worte „wer die persönliche oder wirtschaftliche Bewegungsfreiheit einer anderen Person dadurch beeinträchtigt, dass er gewerbsmäßig die Prostitutionsausübung der anderen Person durch Vermittlung sexuellen Verkehrs fördert und im Hinblick darauf Beziehungen zu ihr unterhält, die über den Einfluss hinausgehen" beschränkt. „Die Änderung durch das ProstG stellt daher den Versuch dar, dem Tatbestand endlich ein Rechtsgut zu implantieren. Es ist aber schwer vorstellbar, wie durch die Vermittlung sexuellen Verkehrs jemandes Freiheit beeinträchtigt werden können soll. Dies ist nur durch eine Anhaltung zur Prostitution möglich, die aber unter § 181 a Abs. 1 Nr. 2 StGB fällt. Überdies ist die „persönliche oder wirtschaftliche Bewegungsfreiheit" reichlich skurril. Offensichtlich hat man die Formulierung „persönliche oder wirtschaftliche Freiheit" gescheut und nach einer Einschränkung gesucht. Dem Tatbestand ist durch die Neufassung jeglicher Anwendungsbereich genommen; man hätte ihn ehrlicherweise abschaffen sollen."

Sein Fazit lautet: „Das Prostitutionsgesetz wollte offensichtlich eine umfassende Revision der Strafvorschriften über die Reglementierung der Prostitution vermeiden und hat sich daher auf zwei kleine Änderungen, nämlich eine Streichung

[983] so auch *Schroeder,* JZ 1995, S. 237.

und eine Einfügung von einem einschränkenden Merkmal beschränkt. Es hat sich jedoch wieder einmal gezeigt, dass gerade solche eingeschränkten Reformen das ganze System eines strafrechtlichen Regelungskomplexes durcheinander bringen können.“

(b) „Zum Einfluss des Prostitutionsgesetzes auf das Strafrecht“[984]

Heger[985] führt in seinem gleichlautenden Aufsatz aus dem Jahre 2003 ausführlich die Beziehung der §§ 180 a, 181 a StGB zum ProstG auf.
Er erläutert, dass § 3 ProstG ein eingeschränktes Weisungsrecht des Arbeitgebers voraussetze, welches nach dem Willen des Gesetzgebers jedenfalls Ort und Zeit des Bereithaltens zu sexuellen Dienstleistungen erfasse. Berücksichtigt man darüber hinaus die §§ 1 und 2 ProstG kann nach seiner Ansicht das Aufstellen von Dienst- und Schichtplänen keine Abhängigkeit der Prostituierten mehr begründen.[986] Da das Betreiben eines Bordells legal ist, kann auch das Bestimmen einer einheitlichen oder angemessenen Arbeitskleidung von dem eingeschränkten Bestimmungsrecht des Arbeitgebers erfasst sein. „Damit kann sich die in § 180 a I StGB normierte persönliche Abhängigkeit nur noch darin äußern, dass der Täter Bestimmungen trifft, die zu einer Verletzung des sexuellen Selbstbestimmungsrechts der Prostituierten führen: das ist aber erst der Fall, wenn die Vornahme konkreter sexueller Handlungen vorgegeben wird.“[987]
Bei § 181 a I Nr. 2 StGB besteht die Problematik, dass zivil- und öffentlichrechtlich legalisierte Bereiche durch das Strafrecht wieder in den Bereich des Unzulässigen zurückgeworfen werden. Daher erscheint dem Verfasser eine enge Auslegung der einzelnen Tatbestandsmerkmale notwendig.[988] Aus dem Urteil des BGH aus 2002[989] ergibt sich nach Auffassung *Hegers*, dass ein grundsätzlicher Tatbestandsausschluss des § 181 a I Nr. 2 StGB bestehe, wenn der Sexarbeiter sich völlig freiwillig in den Bordellbetrieb eingegliedert habe.[990]

[984] Aufsatz aus dem Jahre 2003.
[985] wiss. Ass. Dr. *Martin Heger*, Tübingen.
[986] *Heger*, S. 351; *Horn*, § 180 a, Rd-Nr. 7.
[987] *Heger*, S. 351, 352.
[988] *Heger*, S. 353.
[989] BGH NStZ-RR 2002, S. 232 - 233) „nicht deshalb notwendig ausscheidet, weil sich die Geschädigte … dem Angeklagten im wesentlichen freiwillig unterworfen hat“.
[990] *Heger*, S. 354.

Die Berechtigung des § 180 b Abs. 1 Nr. 1 StGB zweifelt *Heger* an. Für einen Bordellbetreiber muss es nach seiner Ansicht möglich sein, dass er als Arbeitgeber Personen anwerben oder „bei der Stange halten“ kann, die der Prostitution nachgehen. Weiß ein Bordellbetreiber, dass eine Person arbeitslos ist oder ihr der Wohnungsverlust droht, hat er Kenntnis von einer Zwangslage. Wirkt er nun durch Überreden oder Versprechungen oder aber nur ein gutes Arbeitsangebot auf die Person ein, bewegt er sich im strafbaren Bereich.[991] „Eine sinnvolle Abgrenzung wird vollends unmöglich, wenn der Bordellbetreiber der Person i.S.v. § 1 S. 2 ProstG rechtswirksam für das Bereithalten zu sexuellen Dienstleistungen in seinem Bordell ein Entgelt verspricht.“[992]

(3) Soziologie

Die soziologische Studie „Lebenssituation Prostitution, Sicherheit, Gesundheit und soziale Hilfen“[993] entstand im Rahmen des nationalen Aktionsplans der Bundesregierung aus dem Jahre 1999 zur Bekämpfung von Gewalt gegen Frauen. Ziel der Studie sollte die Darlegung der Lebens- und Arbeitssituation von Frauen in der Prostitution unter besonderer Berücksichtigung ihrer Gesundheit und Gewalterfahrungen, die Auswirkungen des ProstG auf die Frauen und die Erreichbarkeit der Frauen durch soziale und gesundheitliche Hilfseinrichtungen sowie die Einflussnahme durch Einrichtungen der öffentlichen Ordnung sein.[994] Aus den geführten Interviews ergab sich, dass die meisten Frauen einen mittleren bis höheren Bildungsabschluss aufwiesen. Ca. die Hälfte der Frauen waren drogengebrauchend und arbeiteten anders, als landläufig vermutet wird, nicht auf dem Straßenstrich, sondern in Appartements, Hotels, Clubs oder Bordellen. Damit wurde aufgezeigt, dass, auch wenn die Studie vielleicht nicht repräsentativ ist, Vorurteile und Meinungen durch wissenschaftliche Ausleuchtung des Themas behoben und neue Wege zur Verbesserung der Lage beschritten werden können.

---

[991] *Heger*, S. 354.
[992] *Heger*, S. 354.
[993] Studie von *Brückner/Oppenheimer* aus dem Jahre 2006. Prof. Dr. *Margit Brückner*, Soziologin und Gruppenanalytikerin/Supervisorin an der Fachhochschule Frankfurt am Main, Studiengang Sozialarbeit. Dr. phil. M.A. *Christa Oppenheimer*, Sozialwissenschaftlerin und Diplom-Sozialarbeiterin ist als wissenschaftliche Mitarbeiterin an der Hochschule Darmstadt tätig.
[994] *Brückner/Oppenheimer*, S. 22.

(4) Volkskunde

Eine ältere Studie entstand durch das Praktikum einer Volkskundlerin bei der Beratungsstelle Kassandra in Nürnberg.[995] Die Autorin kommt zu dem Ergebnis, dass das Bild der Prostituierten in unserer Gesellschaft oftmals eine Hemmschwelle beim Einstieg in die Prostitution ist. Diese wird herabgesetzt, wenn man bereits jemanden kennt, der im Sexgewerbe tätig ist oder anderweitig mit dem Milieu vertraut ist.[996]

Weiter kommt sie zu dem Schluss, dass das „Doppelleben", das die meisten Prostituierten führen, eine große psychische Belastung darstellt. Das permanente Sich-Verstellen-Müssen und die mangelnde Möglichkeit, über erlebtes zu sprechen sowie die ständige Angst vor Enttarnung belastet die Frauen sehr. „Das Bild der Prostituierten in der Bevölkerung ist noch immer von negativen Vorurteilen besetzt und die Frauen fürchten eine gesellschaftliche Stigmatisierung, wenn ihre Sexarbeit bekannt wird."[997]

Interessant und meines Wissens bisher nicht wissenschaftlich weiter verfolgt, wurde ihr Denkansatz zur Wechselwirkung zwischen Sperrgebieten und Häufigkeit des Vorkommens von Zuhältern. „In Nürnberg sind Sperrgebietsverordnungen nicht so rigide, wie z.B. in Hamburg oder Frankfurt. Deswegen gibt es kein Zuhälterwesen, das bestimmte Gebiete kontrolliert. Eine Frau, die sich entscheidet in der Prostitution zu arbeiten, muss nicht um einen Standplatz kämpfen. Sie hat die Möglichkeit sich ganz normal bei einem Bordellbesitzer oder Appartementbetreiber um ein Zimmer bzw. eine Anstellung zu bewerben. Ein Zuhälter, der sie ins Milieu einführt, ist obsolet. In Städten wie Hamburg oder Frankfurt, in denen brutale Zuhälter Ringe regieren und gegenseitig um die Einflussbereiche kämpfen, ist die Chance der Frauen, ohne Zuhälter zu arbeiten, wesentlich geringer. In Hamburg haben zum Beispiel 80 Prozent der Sexarbeiter Zuhälter, wobei diese meist fast den gesamten Prostitutionserlös einbehalten. Dieser Umstand erklärt mitunter, warum sich auf Dauer dort kein selbstbewusstes Huren-

[995] „Kampf um Respekt, Eine ethnografische Studie über Sexarbeiterinnen", Studie von *Martina Schuster* aus dem Jahr 2003. *Schuster* ist Volkskundlerin, sie studierte an der Ludwig-Uhland-Universität, Tübingen und arbeitet bei service e.V. – Sex Workers Rights International.

[996] *Schuster*, S. 44, 45.

[997] *Schuster*, S. 46, 47, 50 ff., 113.

projekt etablieren konnte. Ein Zuhälter hat sicherlich kein Interesse an einer politischen Emanzipation seiner Prostituierten."[998]

Ebenfalls interessant ist ihre Untersuchung zum Burn-out bei Prostituierten. Erfahrungen aus anderen Forschungen, dass Frauen psychisch und physisch durch die Prostitution „zerstört" werden, konnte die Autorin in ihrer Studie nicht bestätigen. Alle Interviewpartner betonten, dass sie sich als Geschäftsfrauen sähen und Dienstleistungen anbieten würden. Keine sprach vom Verkauf ihres Körpers oder ihrer Seele, keine zeigte Schamgefühle bezüglich ihrer Sexarbeit.[999] Sie gelangt zu der These, „dass psychische Probleme nicht per se durch die Ausübung von Sexarbeit verursacht werden, sondern dass sie häufig auf einen berufsbedingten gesundheitlichen Entkräftungsprozess, das so genannte Burn-out-Syndrom zurückzuführen sind."[1000] Dies belegt sie durch einen Vergleich der Ursachen und Symptome des Burn-out und der Arbeits- und Lebenswelt der Prostituierten, in dem sie zu dem Ergebnis kommt, dass eine Anbindung an ein Hurenprojekt (in diesem Fall Kassandra) die Belastungen abmildern kann, da der Sexarbeiter Unterstützung durch Kollegen erfahre, was vielen anderen Sexarbeitern verwehrt bliebe.[1001]
Sie zieht daraus den Schluss, „dass berufsinhärente Schwierigkeiten bisher nicht sozialpsychologisch erklärt werden, da Sexarbeit nicht als Beruf anerkannt ist. In der Literatur werden psychische Probleme von Prostituierten häufig mit der „Opferthese" begründet. Dadurch ist der Blick auf die Gemeinsamkeiten von Sexarbeit und sozialen Dienstleistungsberufen versperrt."[1002]

Die Studie wurde von Utz[1003] rezensiert. Darin öffnet er noch einen anderen Blickwinkel auf das Thema der gesellschaftlichen Liberalisierung der Prostitution. Er merkt an, dass eine gesellschaftliche Legitimierung der Sexarbeit noch

---

[998] *Schuster*, S. 79.
[999] *Schuster*, S. 99-101, anders z.B. *Hoigard/Finstadt*, S. 158 ff.
[1000] *Schuster*, S. 102, zu einem ähnlichen Ergebnis kommt auch die Untersuchung von *Leopold/Steffan*, S. 12 die feststellen, dass der Ausstiegswunsch vieler Prostituierter vor allem Resultat eines psychischen, gesundheitlichen und zum Teil ökonomischen „Entkräftungsprozess (Burn out)" zu sein scheint, der das Gefühl vermittelt, den teilweise extrem ressourcenbeanspruchenden, „harten" Prostitutionsalltag nicht mehr bewältigen zu können.
[1001] *Schuster,* S. 103-114.
[1002] *Schuster,* S. 117.
[1003] Prof. Dr. *Richard Utz* ist an der Fachhochschule für Sozialwesen Mannheim tätig. Die Rezension wurde veröffentlicht unter www.socialnet.de/rezensionen/3511.php.

lange nicht hieße, dass damit Freiheit und Selbstbestimmung als solche auch für alle in der gleichen erhofften und erwünschten Weise verwirklicht werden können. „Die Sexarbeit dürfte dann im Idealfall zwar arbeitsrechtlich geregelt und öffentlich anerkannt sein, sie würde aber den Mechanismen des Sexmarktes unterworfen werden. An die Stelle der Regeln von Moral und Sittlichkeit würde die freie Konkurrenz auf dem Sexmarkt treten und hier, wie überall, Gewinner und Verlierer, also Abhängigkeiten und Ungleichheiten erzeugen, die in ihrer Gnadenlosigkeit und Brutalität der moralischen oder sittlichen Verachtung in nichts nachstehen dürften, allerdings mit einem gravierenden Unterschied: Frau ist kein Opfer, sie hat sich frei und selbstbestimmt für den Verkauf ihrer Sexualität entschieden und muss ihre Niederlage der eigenen Person, dem eigenen Körper, der eigenen Sinnlichkeit alleine zuschreiben, und zwar ungeachtet der gesellschaftlichen Verhältnisse - ein typisch marktliberaler Kurzschluss."

(5) Sozialwissenschaft

Eine der ersten sozialwissenschaftlichen Studien zur Prostitution, welche bereits im 1. Kapital angesprochen wurde, ist die von *Giesen/Schumann.*[1004] Den Anstoß zur Arbeit gaben Anfang der 70er Jahren die Prostituierten Bewegungen in den USA und Frankreich, die teilweise mit den nationalen Frauenbewegungen zusammenarbeiteten und viele neue Aspekte in die feministische Debatte einbrachten. Die Autoren wollten herausfinden, wie es um die Stellung der Prostituierten in Deutschland und das Verhältnis zur Lesben- und Frauenbewegung bestellt ist.[1005] Sie untersuchten unter anderem, inwieweit die befragten Prostituierten sich eine Organisation untereinander vorstellen könnten. Ergebnis war, dass positive private Beziehungen der Frauen untereinander selten sind. Als Grund wird zum einen die Konkurrenzsituation, zum anderen der Versuch die private Beziehung möglichst wenig vom Arbeitsbereich tangieren zu lassen, gesehen.[1006] Als weiterer Grund wird ein mangelndes Solidaritätsgefühl aufgrund

[1004] „An der Front des Patriarchats. Bericht vom langen Marsch durch das Prostitutionsmilieu", Studie aus dem Jahre 1980 von *Giesen/Schumann*. *Rose-Marie Giesen*, Studium von 1973-1977 an der Freien Universität Berlin Soziologie, Politologie, Psychologie, Religionswissenschaften und Rechtswissenschaft. *Gunda Schumann*, Studium von 1973-1977 an der Freien Universität Berlin Soziologie, Politologie, Psychologie, Religionswissenschaften und Rechtswissenschaft

[1005] *Schuhmann/Giesen*, S. 11.

[1006] *Schuhmann/Giesen,* S. 176.

eines gewissen „Standesdünkels“ genannt. Darunter wird die Einstellung verstanden, die andern sind nicht so wie ich, ich bin was Besseres und daher habe ich mit denen auch nichts zu tun. Ferner werden Zuhälter, öffentliche Diskriminierung und eine skeptische Einstellung zu Feministinnen und Frauenverbänden als Gründe genannt.[1007]

Die Autoren kommen zu dem Fazit, dass „die Einsicht in das ökonomische Verhältnis zwischen den Geschlechtern, ihre finanzielle Unabhängigkeit und ein Verhalten, dass der weiblichen Rolle nicht entspricht, die Prostituierte von einer heimlichen Rebellierenden zu einer politisch bewussten Vorkämpferin machen kann“.[1008]

Diese Vision hat sich nicht bestätigt, hingegen ist das dargestellte mangelnde Interesse an einer Organisation noch immer vorhanden.

In ihrem Buch „Das Prostitutionsgesetz, Aktuelle Forschungsergebnisse, Umsetzung und Weiterentwicklung“[1009] versuchen die Autoren[1010] einen Beitrag zur Umsetzung des ProstG zu leisten. Gleichzeitig verstehen sie sich als eine Initiative für eine breite gesellschaftliche Debatte über unterschiedliche Bewertungen von Prostitution. Dazu wurde ein interdisziplinäres Spektrum fachlicher Beiträge zusammengestellt. Ein solcher interdisziplinärer Zusammenschluss ist notwendig, um die vielfältigen Bereiche zu beleuchten und fachlich bearbeiten zu können.

[1007] *Schuhmann/Giesen,* S. 178, 180.

[1008] *Schuhmann/Giesen,* S. 183.

[1009] Buch aus 2009 von *Kavemann, Rabe*. Ass. iur. *Heike Rabe*, 2004-2006 Mitarbeiterin im sozialwissenschaftlichen FrauenForschungsInstitut (SoFFI) seit Anfang 2008 am sozialwissenschaftlichen Frauenforschungsinstitut Freiburg im Auftrag des Bundeskriminalamtes an einer Studie zu Opfern von Menschenhandel zum Zwecke der sexuellen Ausbeutung beschäftigt.

Prof. Dr. *Barbara Kavemann*, Dipl. Soziologin und Honorarprofessorin an der katholischen Hochschule für Sozialwesen in Berlin. Von 2004-2006 Mitarbeiterin im sozialwissenschaftlichen FrauenForschungsInstitut (SoFFI) und seit Anfang 2008 im Auftrag des Bundeskriminalamtes an einer Studie zu Opfern von Menschenhandel zum Zwecke der sexuellen Ausbeutung tätig. Mitarbeit bei CAHRV (Coordination, Action on Human Rights Violations), Im European Network on Gender, Conflict and Violance sowie GIG-net – Forschungsnetz Gewalt im Geschlechterverhältnis.

[1010] *Kavemann/Rabe*, S. 10.

(6) Wirtschaftssoziologie

Tjaden[1011] hat in seinem Aufsatz „Arbeiterbewegung und Prostitution“ eine mögliche Begründung für die nur zurückhaltenden Aktivitäten der Gewerkschaft geliefert. Er zieht ein kurzes historisches Resümee über die Einstellung zur Prostitution berühmter Personen. So hat *Engels*[1012] in seinem Buch[1013] aus 1884 einen Zusammenhang zwischen monogamer Einzelehe und Prostitution hervorgehoben. Beides waren nach seiner Auffassung Institutionen der Herrschaft von Männern über Frauen. Die gewerblichen Sexdienstleister wurden geächtet und ausgestoßen, um so nochmals die unbedingte Herrschaft der Männer über das weibliche Geschlecht als gesellschaftliches Grundgesetz zu proklamieren.
Bebel[1014] übernahm die Ansicht von *Engels* und sah die Ehe und die Prostitution als zwei Seiten einer Medaille an. Er behandelte beide Institutionen als von einer kapitalistisch geprägten Gesellschaft ausgeübte diskriminierende Rolle des bürgerlichen Staates gegen Frauen. Er unterschied jedoch selbst zwischen „ehrbaren Frauen“ und „Prostituierten“ und diffamierte die gewerblichen Sexarbeiter damit.[1015]

Zetkin[1016] ging auf einer Rede auf dem SPD-Parteitag 1869 davon aus, dass die proletarische Frau durch die Ausbeutung ihrer kapitalistischen Arbeitskraft zu Hungerlöhnen und der daraus erwachsende Zwang zur gewerblichen Sexarbeit, ihren Pflichten als Mutter und Gattin entfremdet würden. Nach ihrer Ansicht gehörten die Prostituierten zum „Lumpenproletariat“ und die sozialistische Gesellschaft müsse sie wieder in die Gemeinschaft der Arbeitenden zurückführen.[1017]

[1011] Prof. *Karl Hermann Tjaden* ist emeritierter Professor für Politische Ökonomie und Wirtschaftssoziologie an der Universität Kassel. Er ist im erweiterten Bundesvorstand des BdWi.
[1012] *Friedrich Engels (1820-1895).*
[1013] „Der Ursprung der Familie, des Privateigentums und des Staates“ in *Marx-Engels-Werke* (MEW) S. 59, 69.
[1014] *August Ferdinand Bebel (1840-1913)* war Mitbegründer der SAPD aus der die SPD hervorging. 1892 wurde er einer der beiden Vorsitzenden der SPD.
[1015] „Die Frau und der Sozialismus, S. 4, 142, 149f.
[1016] *Clara Josephine Zetkin (1857-1933)* war eine sozialistische deutsche Politikerin (SPD und KPD) und Frauenrechtlerin.
[1017] „Nur mit der proletarischen Frau wird der Sozialismus siegen“, S. 208ff., 216; und „Richtlinien für die kommunistische Frauenbewegung“, S. 246, 255.

Kollontai[1018] vertrat die Auffassung, dass die Stellung der Frau in der Gesellschaft einzig und allein von ihrer Stellung in der Produktion abhänge. „Nur die gesellschaftlich nützliche Arbeit kann die Frau befreien. Prostitution sei als Verletzung der „allgemeinen Arbeitspflicht" zu verurteilen." Darum seien Prostituierte und Frauen, die der allgemeinen Arbeitspflicht nicht nachkommen und keine Kleinkinder zu versorgen hätten, zur Zwangsarbeit zu verurteilen.[1019]

Tjaden nimmt daher an, dass die in allen Teilen der Welt und zu allen Zeiten vorhandene Neigung, sich der Problematik der Prostitution nicht zu stellen, nicht nur mit kleinbürgerlicher Prüderie, sondern auch damit zu tun hat, „dass man sich an der allgemeinen gesellschaftlichen Ächtung gewerblicher Sexdienstleistungen beteiligt hat, so sehr man sich in „linken" und „kirchlichen Kreisen" auch beeilt, die angenommene soziale Situation von Prostituierten zu bemitleiden." Er regt an, über bereits erfolgte Ansätze hinaus weitere differenzierte empirische Erhebungen und Untersuchungen über die Arbeitsplätze und Arbeitsbedingungen in diesem Gewerbe durchzuführen, um der Diskriminierung der Sexarbeiter entgegenzuwirken und einen Sinneswandel herbeizuführen, der aus einer verachteten Prostituierten eine anerkannte Sexdienstleisterin macht."

(7) Kultur-historische Literatur

Das Thema Sexarbeit ist auch im Rahmen eines Buches mit kultur-historischem Hintergrund bearbeitet worden.[1020] Das Buch ist eine Mischung aus Texten und Bildern, untergliedert in verschiedene Themenbereiche. Auf unterhaltsame Weise zeigt es die Vielfältigkeit der Sexarbeit, ergänzt durch wörtlich abgedruckte Interviews. Es zeigt, dass das „Rotlichtmilieu" ähnlich wie die „Arbeiterwelt" ihre Faszination hat, die durchaus künstlerisch fruchtbar genutzt werden kann.

Neben dem Buch wurde eine Wanderausstellung zum „Arbeitsplatz Prostitution" und eine szenische Lesungen zur Sexarbeit geschaffen. Diese künstlerischen

---

[1018] *Alexandra Michailowna Kollontai* (1872-1952) war Feministin, Sozialistin, russ. Revolutinärin, Diplomatin und Schriftstellerin.

[1019] „Die Situation der Frau in der gesellschaftlichen Entwicklung, vierzehn Vorlesungen vor Arbeiterinnen und Bäuerinnen", S. 225f, 228.

[1020] „Sexarbeit, Prostitution – Lebenswelten und Mythen". Das Buch erschien anlässlich der Ausstellung Sexarbeit, Prostitution - Lebenswelten und Mythen im Museum der Arbeit in Hamburg. Hrsg. ist *Elisabeth von Dücker*.

Projekte sollen einen neuen Kreis der Gesellschaft erreichen, die normalerweise nicht mit der Sexarbeit oder den Problemen der darin arbeitenden Menschen in Kontakt kommen. Dies ist ein neuer Ansatz das Thema Sexarbeit einer breiteren Masse näherzubringen. Es gibt allerdings sowohl zur Ausstellung als auch an der Lesung Kritik, dass sie die Sexarbeit als zu positiv darstellen und das Elend und die Gewalt der Szene vernachlässigt würde.

5.) Zusammenfassung und Fazit des 6. Kapitels

Die Forderungen und der Arbeitsschwerpunkt der verschiedenen Organisationen und Vereine sind sehr unterschiedlich.

Viele beschränken ihre Tätigkeit auf die Beratung und Betreuung von drogengebrauchenden Sexarbeitern oder Menschenhandelsopfern und bieten zusätzlich noch Ausstiegshilfen an. Da die Mehrzahl der Beratungseinrichtungen in diesem Bereich tätig ist, wird stärker als die Implementierung des ProstG, ein ausländerrechtliches Bleiberecht und verstärkter strafrechtlicher Opferschutz gefordert.[1021]
Neben dem Bleiberecht für Frauen, die bereit sind im Strafprozess gegen die Angeklagten auszusagen, sollen auch Frauen bleiben können, die medizinisch versorgt werden müssen und bei denen eine entsprechende Versorgung im Heimatland nicht gewährleistet ist, wie z.B. bei einer Infizierung mit HIV. Diese Forderungen treten immer wieder im Zusammenhang mit Sexarbeit auf, obwohl beide Bereiche eigentlich nur gemeinsam haben, dass manchmal Menschenhandelsopfer als Zwangsprostituierte ausgebeutet werden. Gerade von den Organisationen, die sich verstärkt mit Menschenhandelsopfern beschäftigen, werden Sexarbeit und Menschenhandel oft gleichgesetzt.[1022]
Diese ungenaue Grenzziehung und Nennung von Sexarbeit und Menschenhandel in einem Atemzug führt zu einer verzerrten Wahrnehmung. Es handelt sich um unterschiedliche Bereiche. Auf der einen Seite der legal, oder auch illegal, aber freiwillig arbeitende Sexarbeiter, auf der anderen Seite die Opfer von Menschenhandel. Dass eine klare Abgrenzung nicht erfolgt, liegt auch daran, dass es schwer ist zu definieren, wann jemand Opfer von Menschenhandel, Opfer der Umstände oder freiwillig tätiger Sexarbeiter ist. Arbeitet jemand, der das Geld

---

[1021] z.B. von Kobra, Solwodi, katholische kirchliche Jugend KJG, KOK, FIZ, Terre des Femmes, agisra.
[1022] Kritik, die auch die Dortmunder Mitternachtsmission bemängelt, siehe an anderer Stelle.

für seine Familie braucht, freiwillig? Oder der, der nur eine halbe Stelle „normaler Arbeit“ hat und nicht auf einen Zuschuss vom Sozialamt angewiesen sein will? Oder derjenige, der sich einfach ein wenig mehr Luxus gönnen möchte? Und was ist mit den Menschen, die nach Deutschland kommen, um hier als Sexarbeiter zu arbeiten und die Verdienstmöglichkeiten oder die Umstände falsch einschätzen? Die Frage der Freiwilligkeit ist eine schwierige. Nicht umsonst ist der Begriff bei den Soziologen stark diskutiert.
Eine Lösung und eine klare Abgrenzungsdefinition kann auch hier nicht gefunden werden. Deutlich gemacht werden soll aber, dass zwar manchmal die Umstände in die Sexarbeit zwingen, dies aber nicht immer unfreiwillig und ungewollt geschieht. Für manche Frauen ist es die für sie bessere Alternative. Sie könnten sicherlich auch in anderen Gewerben, beispielsweise als Reinigungskraft oder Kellnerin, arbeiten, doch das wollen viele nicht.

Das ausländerrechtliche Bleiberecht hat mit der Diskussion um das ProstG nichts zu tun. Die Zielgruppe des ProstG hat keine Schnittmenge mit den Opfern von Menschenhandel, denn Zielgruppe des ProstG sind die legal arbeitenden und sich frei für diese Arbeit entschiedenen EU-Bürger. Ein in diesem Zusammenhang bestehendes Problem ist sicherlich die Nicht-Anerkennung gewisser Berufsabschlüsse aus dem Ausland in Deutschland. Eine Vereinfachung der Anerkennung würde bewirken, dass viele Frauen aus EU-Ländern in ihren erlernten oder zuvor ausgeübten Berufen Geld verdienen könnten und nicht auf die Sexarbeit als Erwerbsquelle zurückgreifen müssten.

Hinter der Diskussion stehen Versuche, die Menschenhandelsopfer für die Bestrafung der Täter heranzuziehen bzw. einen Aufgabenbereich der Beratungsstellen zu sichern. Die legal arbeitenden Sexarbeiter nehmen an dieser Diskussion nicht teil und haben auch keinen Nutzen von verstärktem strafrechtlichen Opferschutz bzw. einem ausländerrechtlichen Bleiberecht.

Die katholische und evangelische Kirche engagieren sich beide stark im Bereich Menschenhandel und führen hierzu immer wieder Tagungen durch. Die kirchlich getragenen Organisationen haben ihren Schwerpunkt damit im Menschenhandel und in der Hilfe zum Ausstieg aus der Sexarbeit und scheiden damit weitgehend als Akteure zur Implementierung des ProstG und damit zur Verbesserung der Arbeitsbedingungen aus.

Der Bundesverband sexuelle Dienstleistungen und ver.di bemühen sich um eine bessere rechtliche Situation und veröffentlichen hierzu.
Während der Bundesverband insgesamt aktiv ist, beschränkt sich die Tätigkeit bei ver.di größtenteils auf *Mitrovic*. Von einer „Mobilisierung“ der Sexarbeiter kann in keiner Weise die Rede sein. Ver.di entfaltet wenig Aktivität hinsichtlich der Mobilisierung und Organisierung von Sexarbeitern zur Durchsetzung von besseren rechtlichen Rahmenbedingungen und hat damit bisher auch nicht zu einer Implementierung beigetragen. Auch der Bundesverband legt seine Schwerpunkte mehr auf die Betreiber als auf die Sexarbeiter.

KOK und AG Recht treten an die Öffentlichkeit heran und bemühen sich, ihre Forderungen und Vorschläge an entsprechender Stelle anzubringen, um eine Verbesserung zu erreichen, allerdings spielen hierbei eine Vielzahl von Themen eine Rolle und die Mitglieder beider Netzwerke scheinen aktuell mit anderen Projekten befasst zu sein, jedenfalls gibt es keine aktuellen Veröffentlichungen.

Die Forderungen nach der Wiedereinführung der Pflichtuntersuchung und der Freierstrafbarkeit trägt nicht dem Wunsch der Sexarbeiter Rechnung. Vielmehr scheint es bei der Forderung um eine bessere Überwachung und die Erweiterung von Eingriffsbefugnissen für die Polizei zu gehen. Damit erfolgt auch hier keine Fokussierung auf die Verbesserung der Arbeitsbedingungen und die Stellung der Sexarbeiter, sondern es wird eine Stellvertreterdebatte geführt, die auf andere Ziele und Schwerpunkte abzielt.
Beide Forderungen hätten für die Sexarbeiter vermutlich mehr Nachteile als Vorteile, da wahrscheinlich dann, wie bereits in Schweden, die „normalen“ Freier aus Angst vor einer eventuellen Strafbarkeit wegbleiben würden. Es stünde auch nicht zu erwarten, dass durch die Einführung der Freierbestrafung weniger Konkurrenz herrschen würde, denn die Aufdeckung von Menschenhandelsopfern würde hierdurch nicht vereinfacht werden, sondern vielmehr erschwert, da Anzeigen und Hinweise von Freiern ausbleiben würden. Die Pflichtuntersuchung spricht dem Sexarbeiter das Recht und die Fähigkeit ab selbst für die eigene Gesundheit verantwortlich handeln zu können.

Auch seitens der Medien kann kaum Unterstützung erwartet werden. Fernsehsender und Zeitungen sind Unternehmen, die sich an Einschaltquoten und Auflagen orientieren und die mit ihren Informationen eine bestimmte Zielgruppe ansprechen wollen. Mit wenigen Ausnahmen besteht daher eher ein Interesse an „reißerischen Storys“ über „Sex und Gewalt“, die beim Leser/Zuschauer starke Emotionen auslösen können, als an sachlichen Informationen.

Zusammenfassend lässt sich damit sagen, dass die Diskussionen zwar teilweise vom guten Willen zur Änderung getragen sind, sie aber mangels Teilnahme von Sexarbeitern an der Diskussion in den meisten Fällen andere Ziele verfolgen, als bessere Arbeitsbedingungen zu schaffen. Im Vordergrund stehen häufig moralische Wertvorstellungen und die Frage der Finanzierung der eigenen Beratungsstelle. Es sind Ansätze zu einer sachlichen Diskussion vorhanden, diese müssen jedoch noch weiter ausgebaut werden, um eine wirklich sinnvolle Hilfe für Sexarbeiter darzustellen.

Nicht nur die Gesellschaft, sondern auch viele der Akteure, die eigentlich eine pragmatische Hilfe für aktive Sexarbeiter darstellen sollten, können die Sexarbeit nicht als riskanten Beruf akzeptieren. Im Vordergrund steht, aus unterschiedlicher Motivation heraus, die Hilfe für „Opfer“. Darüber hinaus wird von den meisten eine Eingruppierung in die Guten (Sexarbeiter) und die Bösen (Betreiber von Sexdienstleistungsbetrieben) vorgenommen und vereinzelt werden sogar Aussagen getroffen wie: „Bordellbetreiber dürfen keine Besserstellung erlangen, das ProstG darf nur den Prostituierten dienen, nicht aber den Bordellbetreibern nutzen“[1023]. Diese eingeschränkte Sicht verhindert jedoch eine Normalisierung des Milieus und damit auch die Verbesserung der Arbeitsbedingungen. Zwar gibt es ohne Zweifel auch Betreiber, die als „kriminell“ bezeichnet werden können, eine generelle Pauschalierung schließt aber aus, dass es auch andere gibt, die an der Verbesserung der Situation mitarbeiten wollen und müssen, um Veränderungen zu erreichen. Solche Betreiber gibt es aber, wie auf den Fachtagungen 2009 und 2010 deutlich wurde. Ohne sie werden die Ideen zur Verbesserung, ebenso wie bei Diskussionen ohne Einbeziehung von Sexarbeitern, an der Realität und der Umsetzung scheitern.

Die wirklich als Akteure teilnehmenden Einrichtungen sind in ihren Energie- und Personalressourcen zu gering, um eine wirkliche pragmatische Hilfe für alle

[1023] So u.a. Solwodi, Kirchen u. a.

aktiven Sexarbeiter zu sein. Sie können allenfalls lokal oder durch den Versuch von Zusammenschlüssen Hilfen anbieten.

Eine einheitliche Strategie zur Umsetzung der Ziele des ProstG ist bisher nicht erkennbar.

Zwar kann Hoffnung in den neu gegründeten Bufas gesetzt werden, ob diese sich aber erfüllen wird, kann man erst zukünftig sehen und schlussendlich muss man sich die Frage stellen, ob eine Implementierung des ProstG mit allen Konsequenzen, die auch Pflichten der Sexarbeiter beinhalten, von diesen wirklich gewollt wird. Sollte nämlich die Mehrzahl lieber weiterhin selbständig und weitgehend steuerfrei arbeiten wollen und gar kein Interesse an einer Transparenz des Gewerbes haben, wären auch die Anstrengungen der Akteure der Implementierung nur Stellvertreterhandlungen, die an den Wünschen und Zielen der Sexarbeiter vorbei gehen.

7. Kapitel

Zielerreichung des ProstG und Strategien zur Umsetzung

Nach allem vorstehenden ist fraglich, ob das ProstG ausreichend implementiert werden kann, um die mit dem ProstG angestrebten Ziele erreichen zu können bzw. ob bereits Ziele des ProstG erreicht wurden.

Die Gutachten der Evaluation haben gezeigt, dass bis zum Jahr 2006 nur ein kleiner Teil der mit dem ProstG verbundenen Ziele erreicht worden sind. Eine merkliche Reaktion auf die Gutachten sowie andere Veröffentlichungen seitens der Regierung oder des Gesetzgebers hat es bisher nicht gegeben.

Um das Programm eines Gesetzes zu implementieren bedarf es neben den Akteuren auch Strategien. Welche Akteure in Betracht kommen, wurde bereits erläutert. Zu untersuchen ist nun, ob bezüglich der Regulierung des Arbeitsbereiches und der Grauzone innerhalb der Sexarbeit Strategien entwickelt wurden und werden, die zu einer Implementation führen. Außerdem wurden mit dem ProstG sowohl rechtliche als auch gesellschaftspolitische Ziele verfolgt. Untersucht werden soll nun, inwieweit eine Implementierung und die Ziele erreicht worden sind.

1.) Rechtliche Ziele des ProstG

Die rechtlichen Ziele des ProstG waren zum einen die Abschaffung der Sittenwidrigkeit und zum anderen die Legalisierung der Sexarbeit.

Diese Ziele können nur durch Anwendung der Normen und entsprechende Auslegung durch die Rechtsprechung implementiert werden. Zu einem Teil ist dies in den letzten Jahren erfolgt, wie nachstehend zusammengefasst wird.

Eine Ausnahme bildet jedoch das „große Ziel des ProstG“ die Einklagbarkeit von Forderungen gegen säumige Freier. Hier gab es weder Klageverfahren noch Urteile, was zu erwarten war, da in der Branche Vorkasse üblich ist.

a.) Abschaffung der Sittenwidrigkeit

Die Abschaffung der Sittenwidrigkeit sollte verschiedene Ziele des ProstG ermöglichen. Sie sollte den Sexarbeitern

- den Beitritt in einer Kranken- und Sozialversicherungen ermöglichen,
- die Möglichkeit geben, ihre Forderungen gegenüber säumigen Freiern einzuklagen und
- die Möglichkeiten zum Abschluss von Arbeitsverträgen schaffen.

(1) Wegfall der Sittenwidrigkeit

Der Wegfall der Sittenwidrigkeit ist noch immer umstritten.[1024] Während das VG Berlin und der BGH vom Wegfall der Sittenwidrigkeit ausgehen, ist das OLG Schleswig anderer Ansicht.[1025] Zwar wird dies im entsprechenden Urteil nicht deutlich formuliert, jedoch findet sich die Passage: „Da Menschen nicht gehindert werden können, ihre eigene Menschenwürde zu missachten, steht es dem Gesetzgeber frei die Folgen solcher Handlungen auch rechtlich abweichend von §§ 138, 812, 817 BGB zu regeln, wie es nunmehr im Prostitutionsgesetz geschehen ist. Das ändert an dem Sittenwidrigkeitsurteil über den zugrunde liegenden Verpflichtungsvertrag nichts.“[1026]

Das VG Berlin stellte hingegen bereits im Jahre 2000 fest, „… Prostitution, die von Erwachsenen freiwillig und ohne kriminelle Begleiterscheinungen ausgeübt wird, ist nach den heute anerkannten sozialethischen Wertvorstellungen in unserer Gesellschaft - unabhängig von der moralischen Beurteilung - im Sinne des Ordnungsrechts nicht (mehr) als sittenwidrig anzusehen.

Für die Feststellung der heute anerkannten sozialethischen Wertvorstellungen in unserer Gesellschaft darf der Richter nicht auf sein persönliches sittliches Gefühl abstellen, sondern muss auf empirische Weise objektive Indizien ermitteln; dazu kann es geboten sein, neben Rechtsprechung, Behördenpraxis, Medienecho und (mit Einschränkungen) demoskopischen Erhebungen auch Äußerungen von Fachleuten und demokratisch legitimierten Trägern öffentlicher Belange einzu-

[1024]Siehe Meinungsstreit im 4. Kapitel, 2.) a.).

[1025]OLG Schleswig, Urteil vom 13.05.2004 (NJW 2005, S. 225f); Urteil VG Berlin Az. 35 A 570/99 (NJW 2001, S. 983); Beschluss des BGH vom 07.05.2003, Az. 5 StR 536/02; Beschluss des Bayr. OLG vom 08.09.2004, Grundeigentum 2005, S. 59, 60.

[1026]OLG Schleswig, Urteil vom 13.05.2004, NJW 2005, S. 227.

holen, um den Inhalt von „öffentlicher Ordnung" bzw. „Unsittlichkeit" weiter zu konkretisieren.
Wer die Menschenwürde von Prostituierten gegen ihren Willen schützen zu müssen meint, vergreift sich in Wahrheit an ihrer von der Menschenwürde geschützten Freiheit der Selbstbestimmung und zementiert ihre rechtliche und soziale Benachteiligung ..."[1027]

In der Rechtsprechung[1028] ist eine Tendenz erkennbar, die gesetzgeberische Entscheidung für das ProstG als grundsätzliche Abkehr vom Sittenwidrigkeitsurteil anzuerkennen. So hat der 5. Strafsenat des BGH in einer Entscheidung vom 07.05.2003 festgestellt, nach der „nunmehr getroffenen Wertentscheidung (§ 1 ProstG) seien die Rechtsgeschäfte im Zusammenhang mit der Prostitution nicht gemäß § 138 I BGB sittenwidrig und nichtig".[1029] Der 3. Zivilsenat hatte sich bereits im November 2001, vor Inkrafttreten des ProstG, von der Rechtsprechung des 11. Zivilsenats, der Telefonsex für sittenwidrig gehalten hatte[1030], mit folgenden Ausführungen abgegrenzt: „Soweit es darum geht, ob Verträge wegen Verstoßes gegen die Standards der (noch) herrschenden Sexualmoral sittenwidrig und deshalb nichtig sind, hat in den vergangenen Jahrzehnten eine erhebliche Liberalisierung stattgefunden. Der Wandel der Moralvorstellungen ist durch den Entwurf eines Gesetzes zur Verbesserung der rechtlichen und sozialen Situation der Prostituierten deutlich geworden und auch von der höchstrichterlichen Rechtsprechung verzeichnet worden. Es erscheint daher schon jetzt zweifelhaft, ob der Rechtsprechung des 11. Zivilsenats weiterhin zu folgen ist. Jedenfalls dann, wenn dieser Entwurf Gesetzeskraft erlangen sollte, stellt sich die Frage der rechtlichen Bewertung von Telefonsex-Verträgen völlig neu."[1031]
Auch eine Entscheidung des Bayrischen Obersten Landesgerichts vom 08.09.2004 spricht dafür, dass mehrheitlich von der „Abschaffung" der Sittenwidrigkeit ausgegangen werden kann. Dort wird Folgendes ausgeführt: „Aus heutiger Sicht erscheint es dem Senat zweifelhaft, ob eine in der Rechtsgemeinschaft eindeutig herrschende Auffassung über die nicht nur individualethische, sondern sozialethische Verwerflichkeit der Prostitutionsausübung festgestellt

[1027] VG Berlin, Urteil vom 01.12.2000, Az. 35 A 570/99, „Cafe Psst".
[1028] siehe weitere Beispiele in *Pöltl*, S. 184, 185.
[1029] BGH-Beschluss vom 07.05.2003, Az. 5 StR 536/02.
[1030] BGH NJW 1998, S. 2895, 2896.
[1031] BGH Urteil vom 22.11.2001, Az. III ZR 5/01.

werden kann.[1032] Jedenfalls hat das Bundesverwaltungsgericht[1033] zutreffend festgestellt, der Gesetzgeber habe sich bei Erlass des Prostitutionsgesetzes von der Erwägung leiten lassen, dass nach überwiegender Auffassung die Prostitution nicht mehr als sittenwidrig angesehen werden könne und dass durch dieses Gesetz ein Wandel der sozialethischen Vorstellungen zum Ausdruck gekommen sei."[1034]

(2) Sexarbeit und Werbung

Nach der Abschaffung der Sittenwidrigkeit der Sexarbeit wurden die Regelungen zur Werbung konkretisiert.
Das OLG Zweibrücken hat in seinem Beschluss aus 2008 zur Frage des Werbeverbotes Stellung genommen.[1035] Es führt hierin aus, dass eine Werbung mit detaillierten Leistungsbeschreibungen sowie Zeit- und Preisangaben eklatant dem Anforderungsprofil des BGH an eine zulässige Werbung widerspräche. Hintergrund sind drei vom BGH ergangene Entscheidungen am 13.07.2006, in denen Kriterien für eine zulässige Werbung festgelegt wurden.[1036] Der 1. Zivilsenat des BGH vertrat darin die Auffassung, „dass seit dem Inkrafttreten des ProstG an einem generellen Verbot jeder Werbung für entgeltliche sexuelle Handlungen nach § 120, Abs. 1, Nr. 2 OWiG nicht mehr festgehalten werden kann. Das Verbot sei daher auf solche Fälle zu beschränken, in denen eine konkrete Beeinträchtigung von Rechtsgütern der Allgemeinheit oder des Jugendschutzes eintritt. Eine solche konkrete Beeinträchtigung sei dann anzunehmen, wenn die Werbung nach Aufmachung, Inhalt oder Umfang nicht in der gebotenen zurückhaltenden Form erfolge oder nach Art des Werbeträgers und seiner Verbreitung geeignet sei, die schutzbedürftigen Rechtsgüter zu gefährden. Eine grob anstößige Form der Belästigung anderer gem. § 119 OWiG sei nicht erforderlich."

Aufgrund dieser BGH Urteile dürften die meisten Annoncen und Werbungen für Sexarbeit keine Ordnungswidrigkeit im Sinne des § 120 OWiG mehr darstellen.

[1032] Bayrisches OLG 2004, S. 244, 245f., NZM 2004, S. 949, 950.
[1033] BVerwG NVwZ 2003, S. 603, Entscheidung zur gaststättenrechtlichen Genehmigungsfähigkeit eines Swingerclubs.
[1034] Beschluss des BayObLG vom 08.09.2004 in Grundeigentum 2005, S. 59, 60.
[1035] Beschluss vom 07.04.2008, Az. 1 Ss 178/07, MMR 2008, S. 468.
[1036] BGH Urteile vom 13.07.2006, Az. 1 ZR 241/03, Az. 1 ZR 231/03 und Az. 1 ZR 65/05 in NStZ 2008, S. 87.

Auch zwei Amtsgerichte sahen die derzeitige Regelung der Werbung kritisch.[1037]

(3) Vermittlung durch die Agentur für Arbeit

Eindeutig geregelt ist inzwischen, dass die Agentur für Arbeit keinerlei Vermittlungstätigkeit im Bereich der Sexarbeit entfalten darf, obwohl diese als nicht mehr sittenwidrig gilt.

Das BSG stellte in seinem Urteil vom 06.05.2009[1038] klar, dass die Agentur für Arbeit einem Bordellbetreiber keine Prostituierten vermitteln muss und auch nicht sollte. Hintergrund war der Wunsch eines Bordellbetreibers, der sozialversicherungspflichtige Beschäftigungsverhältnisse mit Sexarbeitern eingehen wollte und hierfür Damen aus Deutschland und den EU-Staaten suchte. Die Agentur für Arbeit lehnte diesen Wunsch ab, da die Vermittlung nach ihrer Ansicht gegen die guten Sitten verstoßen würde.
Das BSG bestätigte diese Ansicht. Es formulierte in seiner Urteilsbegründung: „Die Beklagte hat den Vermittlungsauftrag zu Recht abgelehnt. Es kann dahingestellt bleiben, ob die Arbeitsverhältnisse, deren Vermittlung der Kläger wünscht, unter das Verbot des § 36, Abs. 1 SGB III fallen, das heißt gegen ein Gesetz oder die guten Sitten verstoßen. Jedenfalls ist die Beklagte nach § 35, Abs. 1 SGB III nicht verpflichtet, dem Kläger in diesem Bereich Arbeitsvermittlung anzubieten. Denn die aktive Förderung des Zustandekommens solcher Arbeits- bzw. Beschäftigungsverhältnisse durch einen Träger öffentlicher Gewalt lässt sich nicht mit der Wertordnung des Grundgesetzes vereinbaren. Dieses Ergebnis wird auch durch die Regelungen des Prostitutionsgesetzes bestätigt, das den Prostituierten, ausschließlich zu ihrem Schutz, einen Vergütungsanspruch zubilligt und ihnen den Zugang zur Sozialversicherung ermöglicht."[1039] Daraus wird deutlich, dass das BSG eine Unvereinbarkeit des GG mit der Sexarbeit annimmt und das ProstG nur als Verbesserung der rechtlichen Lage der Sexarbeiter, aber eben nicht als Anschauungswandel begreift.

[1037] AG Heidelberg, NJW-RR 1998, S. 260; AG Berlin-Köpenik, NJW 2002, S. 1885.

[1038] BSG Az: B 11 AL 11/08, Bundessozialgericht Terminvorschau Nr. 25/09 vom 30.04.2009 Nr. 6.) Az. vorangehende Instanzen SG Speyer Az. S 10 AL 1020/04; LSG Rheinland Pfalz Az.: L 1 AL 97/06.

[1039] Bundessozialgericht Terminbericht Nr. 25/09 vom 06.05.2009, Az. B 11 AL 11/08 R, WzS 2009, S. 186-187 und SGB 2009, S. 411.

(4) Abgrenzung zwischen selbständiger Tätigkeit und abhängiger Beschäftigung

Das hessische LSG Darmstadt hat sich in seinem Beschluss vom 26.03.2009 mit der Abgrenzung zwischen abhängigen Beschäftigungsverhältnissen und selbstständiger Tätigkeit bei Sexarbeitern beschäftigt.[1040]
Im zugrunde liegenden Sachverhalt zahlten die männlichen Gäste 55,- € Eintritt, eine halbe Stunde mit einem Sexarbeiter kostete weitere 55,- €. Davon gaben die Sexarbeiter 20,- € pro Kunde an die Betreiberin des Hauses ab. Hatte ein Sexarbeiter zwei Freier am Abend musste er darüber hinaus 5,- €, ab drei Freier 10,- €, für Getränke und Kondome an die Betreiberin abgeben. Über ihre Kunden führten die Sexarbeiter Strichlisten hinter der Theke.

Das LSG erläuterte in seinem Beschluss eine Modifizierung der Anhaltspunkte für eine abhängige Beschäftigung durch das ProstG.[1041] Mit § 1, S. 2 ProstG wird für das Sozialversicherungsrecht klargestellt, dass Prostitution sowohl selbstständig als auch im Rahmen eines Beschäftigungsverhältnisses mit allen sozialversicherungsrechtlichen Konsequenzen ausgeübt werden kann.[1042] Die Tätigkeit, auf die sich die Prüfung des Vorliegens einer Beschäftigung bezieht, ist dabei jedoch nicht die sexuelle Handlung selbst, sondern dass sich die Prostituierte für die Erbringung derartiger Handlungen gegen ein vorher vereinbartes Entgelt für eine bestimmte Zeitdauer „bereithält".[1043] Gerade die Existenz von Zuhältern wertete das Gericht gegen die Annahme eines Beschäftigungsverhältnisses. „Eine zu Tage tretende Weisungsabhängigkeit der Prostituierten zum Zuhälter schließt im Verhältnis zur Antragstellerin ein Weisungsrecht aus".[1044]

Das LSG führt weiter aus: „Konsequent regelt § 3 ProstG, dass bei Prostituierten das eingeschränkte Weisungsrecht im Rahmen einer abhängigen Tätigkeit der Annahme einer Beschäftigung im Sinne des Sozialversicherungsrechts nicht entgegensteht. § 1 Satz 2 und § 3 ProstG enthalten damit, nach Auffassung des

[1040] Hessisches LSG Darmstadt, Beschluss vom 26.03.2009, Az. L 1 KR 331/08 BER.
[1041] Hessisches LSG Darmstadt, Beschluss vom 26.03.2009, Az. L 1 KR 331/08 BER.
[1042] vgl. BT-Drs. 14/5958, S. 5.
[1043] Hessisches LSG Darmstadt, Beschluss vom 26.03.2009, Az. L 1 KR 331/08 BER, S. 10, Rd-Nr. 28, mit Verweis auf § 1, Satz 2 letzter Halbsatz ProstG.
[1044] Hessisches LSG Darmstadt, Beschluss vom 26.03.2009, Az. L 1 KR 331/08 BER, S. 12, Rd-Nr. 31.

Senats, Vorgaben für die bei der Anwendung des § 7, Abs. 1 SGB IV vorzunehmende Gewichtung der typusbildenden Merkmale: Ein typusbildendes Merkmal von erheblicher Bedeutung ist für ein Beschäftigungsverhältnis die Vereinbarung bzw. die tatsächliche Handhabung des „Bereithaltens" zu sexuellen Handlungen. Tragende Indizien ergeben sich aus einer entsprechenden Vergütungsstruktur mit einem Vergütungsanteil bereits für das Bereithalten und einer hierauf bezogenen Eingliederung in die Arbeitsorganisation des Weisungsgebers. Sind Indizien für ein Weisungsrecht nur gering ausgeprägt, so spricht dies allein noch nicht mit erheblichem Gewicht gegen eine Beschäftigung bzw. auch nicht für eine Selbstständigkeit. Art. 1 § 3 ProstG kann hingegen bereits nach dem Wortlaut nicht als Vermutungs- oder Beweislastregelung zugunsten der Beschäftigung verstanden werden. Vielmehr ermöglicht die Vorschrift erst eine der verfassungsrechtlichen Fundierung des sexuellen Selbstbestimmungsrechts genügende Anknüpfung der sozialversicherungspflichtigen Beschäftigung an eine „Abhängigkeit". Der gesetzliche Hinweis auf ein eingeschränktes Weisungsrecht entspricht der Abschwächung des Weisungsrechts in anderen Bereichen, ist aber von materiell-rechtlicher und nicht von beweisrechtlicher Bedeutung. Ungeachtet aller mit dem ProstG verbundenen Zielkonflikte[1045] stehen nach der gesetzlichen Wertung Prostitution als Beschäftigung und Prostitution als selbstständige Tätigkeit abstrakt gleichrangig nebeneinander."

Da die Sexarbeiter das Entgelt für ihre sexuellen Dienste selbst kassierten, sah das LSG in der Abgabe der 20,- € an die Betreiberin eine Gegenleistung für die zur Verfügung gestellte Infrastruktur. Ob die Honorarstruktur (55,- € pro halbe Stunde) von der Betreiberin vorgegeben wurde, ließ das LSG dahinstehen, denn selbst bei verbindlicher Vorgabe würde dies nicht zwingend gegen eine Selbstständigkeit sprechen.[1046]

Das Führen der Strichliste über die Freier der einzelnen Sexarbeiter wertete das Gericht als eine nachvollziehbare Kontrolle jedoch nicht zwingend als Überwachung des Bereithaltens.[1047]

Die 35,- € verbleibender Verdienst nach einer sexuellen Dienstleistung bei dem Sexarbeiter erfolgte nach Auffassung des Gerichts als Zahlung des Freiers eben

[1045]dazu näher eingehend: *Budde*, S. 29 ff. und S. 238 ff.

[1046]Hessisches LSG Darmstadt, Beschluss vom 26.03.2009, Az. L 1 KR 331/08 BER, S. 11, Rd-Nr. 30.

[1047]Hessisches LSG Darmstadt, Beschluss vom 26.03.2009, Az. L 1 KR 331/08 BER, S. 11, Rd-Nr. 30.

für diesen Dienst und nicht als Zahlung der Betreiberin des Hauses für die Bereithaltung.[1048]

Letztlich wurde das Bereitstellen von Speisen und Getränken für die Sexarbeiter, die sich, wie die Gäste, am Buffet bedienen konnten, „als zu bezahlendes Angebot an selbstständige Prostituierte“ angesehen.[1049]

Auch das „Fehlen von eigener Betriebsstätte und fehlenden Betriebsmitteln“ ließen nach Ansicht des Gerichts keinen Rückschluss zu, da „für Betriebsmittel regelmäßig keine größeren Investitionen erforderlich sind und diesem Kriterium daher für die Abgrenzung kein hohes Gewicht zukommt.“ Vor allem im „Milieu“ sind „auch Erscheinungsformen von Bordellen denkbar, die sich weitestgehend auf das Vermieten von Zimmern an selbstständige Sexarbeiter beschränken“.[1050]

b.) Legalisierung des Gewerbes

Ein weiteres Ziel des ProstG war die Legalisierung des Gewerbes und damit die Beseitigung krimineller Strukturen und die Schaffung von vergleichbaren Rechten und Pflichten zwischen dem Sexdienstleistungsgewerbe und anderen Dienstleistungs- und Gewerbetreibenden. Trotz der Legalisierung unterscheiden sich aber einige Regelungen noch von denen anderer Gewerbearten.

(1) Sperrgebietsverordnung und ProstG

Unstrittig ist die Auffassung, dass das ProstG keinen Einfluss auf die Sperrgebietsverordnung hat.[1051] Das BVerfG hat sich mit seinem Nichtannahmebeschluss vom 28.04.2009[1052] zum Zusammenhang zwischen ProstG und Sperrgebietsverordnung geäußert.

[1048] Hessisches LSG Darmstadt, Beschluss vom 26.03.2009, Az. L 1 KR 331/08 BER, S. 12, Rd-Nr. 30.

[1049] Hessisches LSG Darmstadt, Beschluss vom 26.03.2009, Az. L 1 KR 331/08 BER, S. 12, Rd-Nr. 32.

[1050] Beschluss des hessischen LSG Darmstadt vom 26.03.2009, Az. L 1 KR 331/08 BER, S. 12, 13, Rd-Nr. 32.

[1051] Nichtannahmebeschluss des BVerfG vom 28.04.2009, Az. 1 BvR 224/07 (NVwZ 2009, S. 905ff.)

[1052] BVerfG vom 28.04.2009, 1 BvR 224/07, Nichtannahmebeschluss des 1. Senates, NVwZ 2009, S. 905-908.

Der Beschwerdeführer hatte eine Klage zur Zulässigkeit von Wohnungsbordellen in Sperrgebieten erhoben. Er führte aus, dass das ProstG die Prostitution vom Makel der Sittenwidrigkeit befreit habe und die Sperrgebietsverordnung nicht greife, weil die Ermächtigungsgrundlage in Art. 297 EGStGB gegen Art. 12 GG verstoße und somit verfassungswidrig sei.
Das Verfassungsgericht führt in seinem Beschluss aus, dass § 297, Abs. 1, S. 2 EGStGB verfassungsgemäß sei. „Durch den Erlass des ProstG war der Gesetzgeber nicht gehindert, die Verordnungsermächtigung in Art. 297 EGStGB aufrechtzuerhalten. Das Rechtsstaatsprinzip aus Art. 20, Abs. 3 GG verpflichtet den Gesetzgeber zur Normklarheit und Widerspruchsfreiheit der von ihm getroffenen Regelungen. Diese Pflicht hat der Gesetzgeber nicht verletzt.“[1053]

„Die Ermächtigung zum Erlass einer Sperrgebietsverordnung nach Art. 297, Abs. 1, S. 1, Nr. 2 EGStGB stellt eine Berufsausübungsregelung dar. Berufsausübungsregelungen dürfen vom Gesetzgeber getroffen werden, wenn sie durch vernünftige Erwägungen des Gemeinwohls gerechtfertigt sind, die gewählten Mittel zur Erreichung des verfolgten Zwecks geeignet und erforderlich sind und die durch sie bewirkte Beschränkung den Betroffenen zumutbar ist. Diese Voraussetzungen sind im Hinblick auf beide Schutzzwecke des Art. 297 EGStGB erfüllt.“[1054]

(2) Sexarbeit und Menschenhandel

Unklar war aufgrund der Formulierungen und der Fokussierung auf Opferthematiken auch die Abgrenzung zwischen Sexarbeit und Menschenhandel.

Gerade der § 232 StGB führte nach der Neufassung zur Unklarheit, was das Tatbestandsmerkmal „dazu bringen“ genau umfasst. Mittlerweile ist es durch die Rechtsprechung restriktiv ausgelegt.[1055] Es reicht nicht schon jedes Angebot die

[1053]Nichtannahmebeschluss des BVerfG vom 28.04.2009, S. 5, Rd. 18, NVwZ 2009, S. 905-908.
[1054]Nichtannahmebeschluss des BVerfG vom 28.04.2009, S. 6, Rd. 22, NVwZ 2009, S. 905-908.
[1055]OLG Hamm, Beschluss vom 11.05.2010, Az. III-2 Ws 86/10; BGH Entscheidung vom 13.01.2010, Az. 3 StR 507/09; BGH Beschluss vom 07.07.2009, Az. 3 StR 132/09; BGH Entscheidung vom 18.04.2007, Az. 2 StR 571/06, BGH Entscheidung vom 07.04.2005, Az. 2 StR 524/04.

Prostitution ausüben zu können. Vielmehr muss der Täter ein solches Angebot an eine bestimmte unter 21 Jahre alte Person herantragen und so intensiv auf die Person einwirken, dass eine freie Willensentscheidung nicht mehr möglich ist. „Der Täter muss einen bislang nicht vorhandenen Entschluss des Opfers, ein solches Beschäftigungsverhältnis einzugehen, hervorrufen oder das Opfer von seinem Entschluss, die Beschäftigung aufzugeben, abbringen."[1056]

Ebenfalls nicht klar war das Tatbestandsmerkmal „bestimmen" in § 181 a, Abs. 1, Nr. 2 StGB.

Die Staatsanwaltschaft Augsburg ermittelte in zwei Verfahren gegen die Betreiber des Bordells „Colosseum". In beiden Fällen ergingen Nichteröffnungsbeschlüsse des LG Augsburg.[1057] Die von der Staatsanwaltschaft in einem der Fälle eingelegte sofortige Beschwerde[1058] wurde vom Oberlandesgericht München am 12.04.2010 als unbegründet verworfen.[1059] Darüber hinaus sind bisher auch zwei Urteile des BGH ergangen. Damit ist von Seiten der Rechtsprechung eine Auslegung des „Bestimmens" in § 181 a StGB und damit die Abgrenzung zwischen dirigierender Zuhälterei und erlaubter Regelung der Arbeitsausübung getroffen worden.[1060] Im Urteil des BGH aus dem Jahre 2010 wurde das BGH Urteil aus dem Jahre 2003 bestätigt, in dem klargestellt wurde: „Zu einer strafrechtlich relevanten Beeinträchtigung des Selbstbestimmungsrechts (der Prostituierten) ungeeignet sind danach allerdings Regelungen der Prostitutionsausübung, die auch hinsichtlich der Erbringung anderer Dienstleistungen wirksam zu vereinbaren gewesen wären (BGH 2003, S. 319). Mithin scheidet die Festlegung von Zeit, Ort und Mindestentgelten als „bestimmen" im Sinne der Strafvorschriften grundsätzlich aus."[1061]

[1056]BGH StraFo 2009, S. 429f; NStZ-RR 2004, S. 233 f.

[1057]Nichteröffnungsbeschluss vom 16.08.2006, LG Augsburg, Az. 8 Kls 312 Js 115537/05 und Nichteröffnungsbeschluss des LG Augsburg 17.12.2009, Az. 9 Kls 504 Js 106939/08

[1058]Sofortige Beschwerde der Staatsanwaltschaft vom 11.01.2010, begründet am 21.01.2010, Az. 4 Ws 115/10 GenStA München.

[1059]Beschluss des OLG München, 3. Strafsenat vom 12.04.2010, Az. 3 Ws 101 – 105/10.

[1060]Nichteröffnungsbeschluss vom 16.08.2006, LG Augsburg, Az: 8 Kls 312 Js 115537/05 und Nichteröffnungsbeschluss des LG Augsburg vom 17.12.2009, Az. 9 Kls 504 Js 106939/08, BGHSt 48, 314 vom 01.08.2003 und BGH Urteil vom 10.02.2010, veröffentlicht in NJ 6/10, S. 258, 259.

[1061]BGH Urteil vom 10.02.2010, NJ 6/10, S. 258.

Durch die erfolgten höchstrichterlichen Entscheidungen dürfte damit ein gewisses Maß an Einschränkung der Ermittlungsverfahren erfolgt sein.

(3) Wohnungsprostitution

Klärungsbedarf besteht noch bezgl. der Regelungen zur Wohnungsprostitution. Das Bundesverwaltungsgericht ließ in seiner Entscheidung aus dem Jahre 1983 offen, ob es sich bei einem Bordellbetrieb um eine Vergnügungsstätte im Sinne der Baunutzungsverordnung handele und sie damit in erster Linie den Kerngebietsstätten und in zweiter Linie den besonderen Wohngebieten zugeordnet seien. Später qualifizierte es ein Bordell grundsätzlich als gewerbliche Nutzung und zwar auch, wenn die Prostitutionsausübung mit einer Wohnungsnutzung einhergeht.[1062]

Andere Verwaltungsgerichte ordneten den Bordellbetrieb nur vereinzelt als Vergnügungsstätte ein.[1063] Weit überwiegend wurden prostitutive Einrichtungen in der Rechtsprechung als gewerbliche Nutzungen bzw. Gewerbebetrieb im bauplanungsrechtlichen Sinne beurteilt.[1064]
Die Einordnung ist auch im Schrifttum strittig. Sie reicht von der Einordnung als Vergnügungsstätte[1065] bis zur freiberuflichen Tätigkeit i.S. des § 13 BauNVO[1066].

Ein wegweisendes Urteil zu Wohnungsbordellen fällte das VG Berlin am 06.05.2009, in dem auch die bestehenden Mängel deutlich gemacht wurden.[1067]
Die Kammer des VG Berlin ging in seinem Urteil von einer Einordnung als Gewerbebetrieb sui generis aus, da der Begriff Vergnügungsstätte zwar nicht

---

[1062]BVerwG Beschluss vom 29.10.1997, Az. 4 B 8/97, NVwZ-RR 1998, S. 540 und BVerwG Beschluss vom 28.06.1995, Az. 4 B 137/95, NVwZ-RR 1996, S. 84.
[1063]8. Senat VG Mannheim, Urteil vom 17.10.1996, Az. 8 S 2136/96 und 6. Kammer VG Sigmaringen, Urteil vom 23.10.1997, Az. 6 K 923/97.
[1064]u.a. VGH Mannheim, Beschluss vom 09.08.1996, Az. 8 S 1987/96, NVwZ 1997, S. 61; VGH München, Beschluss vom 19.05.1999, Az. 26 ZB 99.770, GewArch 1999, S. 945, 946; OVG Berlin, Beschluss vom 09.04.2003, Az. 2 S. 5.03, GewArch 2003, S. 498, 499; OVG Berlin-Brandenburg, Beschluss vom 14.11.2005, Az. 10 S. 3.05; VG Berlin, Beschluss vom 19.09.2006, Az. 19 A 211.06.
[1065]*Stühler,* S. 861, S. 866 f.
[1066]*Rhein/Zietzen*, S. 267, S. 280.
[1067]VG Berlin vom 06.05.2009, GewArch 2009, S. 322 ff.; Urteil des BVerwG vom 25.11.1983, Az. 4 C 21.83.

gesetzlich definiert sei, aber einen Sammelbegriff für besondere Gewerbebetriebe darstelle, bei denen in unterschiedlicher Ausprägung die kommerzielle Unterhaltung und Freizeitgestaltung im Vordergrund stehe, die meist durch eine Lärmbelästigung für die Umgebung gekennzeichnet sei[1068]. Weiter sei bei der Zulässigkeit prostitutiver Einrichtungen das Störpotenzial eines solchen Betriebes zu berücksichtigen. Die frühere Rechtsprechung ging hier typisierend vor und ordnete regelmäßig ein Störpotential zu, oftmals in Verbindung mit dem Verweis auf milieubedingte Begleiterscheinungen oder dem städtebaulich unerwünschten „Trading-Down-Effekt“[1069].

Auch Zivilgerichte entschieden derart. Das OLG Zweibrücken entschied beispielsweise, dass Wohnungseigentümer untereinander die Nutzung der Wohnung für sog. „Hausfrauensex“ untersagen können. Die Prostitution überschreite die Grenze der berechtigten Nutzung einer Eigentumswohnung.[1070]

Der Begriff der Wohnungsprostitution bleibt in der Rechtsprechung, ebenso wie die Unterscheidung zwischen Bordell und bordellartigem Betrieb, ohne einheitliche Struktur oder Begründung. Der VGH Mannheim hat Wohnungsprostitution zu bordellartigen Betrieben abgegrenzt, indem er davon ausging, dass bei der Wohnungsprostitution der Sexarbeiter auch in dem betreffenden Gebäude wohnen muss.[1071] Da aber auch manche Bordelle Zimmer für die Sexarbeiter bereit halten, scheint diese Abgrenzung nicht geeignet zu sein. Auch eine Einordnung, bei der auf die „allgemeine sozialethische Bewertung“ abgestellt wird, ist nicht geeignet, da dem Baurecht eine Wertung der Nutzung in sozialethischer Hinsicht fremd ist.[1072]
Die Kammer ist der Auffassung, dass es darauf ankommt, ob die prostitutive Einrichtung dem Gesamtgebäude eine Prägung gibt oder nicht. Größe des Be-

---

[1068]VG Berlin, Urteil vom 06.05.2009, S. 10/11, GewArch 2009, S. 322-326 mit Verweis auf *Jahn*, S. 280 f.
[1069]VG Berlin, Urteil vom 06.05.2009, S. 11/12, GewArch 2009, S. 322-326, OVG Berlin-Brandenburg, Beschluss vom 14.11.2005, Az. 10 S 3.05; OVG Rheinland-Pfalz, Beschluss vom 15.01.2004, Az. 8 B 11983/03; OVG Rheinland-Pfalz, Beschluss vom 09.02.2007, Az. 8 B 10019/07; VG Stuttgart, Urteil vom 22.10.2003, Az. 3 K 1019/03.
[1070]OLG Zweibrücken, Urteil vom 08.01.2008, Az. 3 W 257/07, 3. Zivilsenat, ZWE 2009, S. 142, 143.
[1071]VGH Mannheim, Urteil vom 24.07.2002, Az. 5 S 149/01, GewArch 2003, S. 496, S. 498.
[1072]BVerwG Urteil vom 25.11.1983, Az. 4 C 21.83, S. 15, BVerwGE 68, S. 213-220, NJW 1984, S. 1574-1576.

triebes, Öffnungszeiten und Betriebsabläufe bilden dann den Maßstab und Rahmen für die Frage der Gebietsverträglichkeit.[1073]

Auch die im Rahmen des Verfahrens vor dem VG Berlin befragte zuständige Sachbearbeiterin des Gesundheitsamtes definierte ein Wohnungsbordell danach, dass dort eine erhöhte Diskretion sowohl für die Sexarbeiter als auch für die Kunden herrsche.[1074]
Die vorsitzende Richterin wies am Ende der Urteilsbegründung nochmals ausdrücklich darauf hin, dass mit den Mitteln des Baurechts keine präventive Kontrolle ausgeübt werden könne und solle. Für diese ordnungsrechtlichen Belange stelle das allgemeine und besondere Gewerberecht Kontrollinstrumentarien zur Verfügung. Sie nahm auf *Renzikowski* Bezug und führte aus, dass „strafrechtliche Interventionsmöglichkeiten abgebaut wurden, ohne dass dadurch entstandene Kontrolldefizite durch andere Regelungen geschlossen wurden".[1075] Dieses gesetzliche Regelungsdefizit kann nicht durch das Baurecht ausgeglichen oder aufgefangen werden. Insbesondere verbietet sich eine Einschränkung an sich zulässiger baulicher Nutzung im Wege des Rückgriffs auf sozialethische Betrachtungsweisen bei der bauplanungsrechtlichen Beurteilung zur Begründung eines im Übrigen gar nicht feststellbaren Störpotenziales."[1076]

(4) Steuern

In diesem Bereich gibt es noch einen erheblichen Klarstellungs- und Regelungsbedarf.

Das sog. „Düsseldorf Verfahren" ist bisher gesetzlich nicht geregelt, wird aber dennoch in vielen Städten angewendet, wobei die Höhe, welche als „Pauschale" angesetzt wird, unterschiedlich ist.[1077]

[1073]BVerwG Urteil vom 25.11.1983, Az. 4 C 21.83, S. 14, BVerwGE 68, S. 213-220, NJW 1984, S. 1574-1576; BT-Drs. 16/5068 vom 20.04.2007.

[1074]BVerwG Urteil vom 25.11.1983, Az. 4 C 21.83, S. 18. BVerwGE 68, S. 213-220, NJW 1984, S. 1574-1576.

[1075]*Renzikowski*, GewArch 2008, S. 432, 435.

[1076]BVerwG Urteil vom 25.11.1983, Az. 4 C 21.83, S. 23, BVerwGE 68, S. 213-220, NJW 1984, S. 1574-1576.

[1077]http://www.finanztip.de/recht/steuerrecht/steuerfahndung-im-bordell.htm „... In einigen Bundesländern wird bereits seit etlichen Jahren ein pauschaliertes Besteuerungsverfahren praktiziert (sog. „Düsseldorfer Verfahren"). Dabei handelt es sich um ein gesetzlich nicht

Der BFH musste sich mit dem „ Düsseldorfer Verfahren“ beschäftigen, da ein Betreiber aus Frankfurt/Main gegen die Besteuerung geklagt hatte. Der BFH hielt die von der Steuerfahndung durchgeführten Kontrollbesuche „in angemessener und zumutbarer Häufigkeit - im Rahmen des Auftrags der Steuerfahndung zur Aufdeckung und Ermittlung unbekannter Steuerfälle“ für zulässig. Der mögliche (Neben-)Effekt, die Sexarbeiter zu veranlassen, ihre steuerlichen Pflichten zu erfüllen bzw. am „Düsseldorfer Verfahren“ teilzunehmen, ist mit dem Ermittlungsauftrag der Steuerfahndung nicht unvereinbar.“[1078]

Die Stadt Köln führte die Sexsteuer im Jahre 2004 ein. Von jedem Sexarbeiter sind pro Monat 150,- € oder pro Tag 6,- € an die Stadt zu zahlen. Die Steuer wird für „die gezielte Einräumung der Gelegenheit zu sexuellen Vergnügungen in Bars, Sauna-, FKK- und Swingerclubs oder Kraftfahrzeugen" erhoben. [1079] Die eingereichte Klage mehrerer Betreiber wurde vom Verwaltungsgericht Köln abgelehnt. Für unwirksam erklärten sie allerdings die Regelung, dass eine Pauschalabgabe von 150,- € je Raum und angefangenem Kalendermonat gezahlt werden müsse. Betreiber von Bordellen, in denen die Besucher Eintritt bezahlen müssen, haben täglich drei Euro pro zehn Quadratmeter Fläche an Steuern zu entrichten.[1080]
Laut *Frantzen*[1081] bringt die Sex-Steuer der Stadt Köln Einnahmen von etwa 800.000 € im Jahr. Die Steuer war aus Gerechtigkeitsgründen eingeführt worden, wie eine Sprecherin der Stadt sagte. Vor Erhebung der Abgabe habe „diese Branche kaum zur Finanzierung des Gemeinwesens beigetragen".[1082]

Nachdem verschiedene Städte und Gemeinden ebenfalls Interesse an der Einführung einer solchen Steuer bekannt gaben, entschied das OVG Münster am 18.06.2009, dass es sich bei der Sexsteuer um eine neue Steuer handelt, für die

---

geregeltes, vereinfachtes Vorauszahlungsverfahren, an dem sich die Betreiber von Bordellen und bordellähnlichen Betrieben und die dort arbeitenden Prostituierten freiwillig beteiligen können.“

[1078]BFH, Beschluss vom 22.12.2006, Az. VII B 121/06, BFHE 216, S. 38, www.bundesfinanzhof.de/www/entscheidungen/2007.2.28/7B12106.html.

[1079]Rechtsgrundlage: §§ 2 Nr. 7, 6, 12 (1) und 14 (1) der Vergnügungssteuersatzung der Stadt Köln vom 19.12.2003 in der Fassung vom 14.04.2004 über im Stadtgebiet Köln durchgeführte vergnügungssteuerpflichtige Veranstaltungen.

[1080]Verwaltungsgericht Köln, Az. 23 K 4180/04 u.a.

[1081]Leiter des Kölner Kassen- und Steueramts, *Josef Rainer Frantzen*.

[1082]http://www.spiegel.de/wirtschaft/0,1518,493925,00.html, spiegel online vom 11.07.2007.

bei der erstmaligen Erhebung Innen- und Finanzministerium zustimmen müssen.[1083] Damit wurde das Wesen der Sexsteuer geklärt.[1084]

Die Einführung der Sexsteuer in Dortmund im Jahre 2010 brachte nicht so viele Einnahmen, wie sich die Stadt erhofft hatte. Es wurde daher im Dezember 2010 eine weitere Möglichkeit geschaffen, die tägliche Sexsteuer zu entrichten. Es können in einem Club in Dortmund sogenannte „Tagestickets" für 6,-- € anonym erworben werden. Durch diese vereinfachte Zahlungsart hofft die Stadt, mehr Sexarbeiter zu erreichen.[1085]

2.) Gesellschaftspolitische Ziele des ProstG

Bei den Überlegungen zum ProstG spielten auch gesellschaftspolitische Ziele wie eine Verbesserung der Möglichkeiten zum Ausstieg aus der Sexarbeit, eine Befreiung der Sexarbeit von der Begleitkriminalität und von Vorurteilen, die Schaffung besserer Lebens- und Arbeitsbedingungen für die Sexarbeiter sowie eine Aufhellung und Transparenz des Gewerbes eine große Rolle.

Anders als bei den rechtlichen Zielen bedarf es zur Erreichung dieser Ziele neben den Akteuren auch Strategien und Aktivitäten zur Umsetzung.

Bisher gibt es für einige wenige Bereiche Überlegungen und Diskussionen, wie die Situation geändert werden kann. Ob damit tatsächlich eine Verbesserung der Situation für die Sexarbeiter einhergeht und die Ziele des ProstG erreicht werden können, muss sich erst zeigen, kann aber kritisch gesehen werden.

Die angestellten Überlegungen beziehen sich ausschließlich auf Bordelle und bordellähnliche Betriebe, der Straßenstrich sowie die Wohnungsprostitution oder das Internet spielen hierbei keine Rolle. Damit sind wesentliche Teile der Arbeitsbereiche von Sexarbeitern von den Diskussionen aktuell nicht betroffen.

[1083] OVG Münster, NJW 2010, S. 102, 103; ttp://www.focus.de/panorama/welt/gelsenkirchen-stadt-muss-sex-steuer-stoppen_aid_409449.html.

[1084] Ob eine solche Steuer im Vergleich mit anderen Dienstleistungsbetrieben angemessen und gerecht ist, ist eine Frage, die an dieser Stelle nicht geklärt werden kann.

[1085] http://www.radio912.de/infos/dortmund/nachrichten/art749,141472 vom 01.03.2011.

a.) Befreiung der Sexarbeit von der Begleitkriminalität

Zur Befreiung der Sexarbeit von der Begleitkriminalität wird hauptsächlich das Gewerberecht als Steuerungsinstrument diskutiert.
Damit soll eine bessere Kontrolle der Bordelle und Bordellbetreiber sowie eine Verbesserung der Arbeitsbedingungen innerhalb der Bordelle erreichen werden.

(1) Vorschlag: Gewerberechtliche Kontrolle als Lösungsansatz

In Bezug auf die Entkriminalisierung und die Verbesserung von Arbeitsbedingungen ist der derzeitige Hauptdiskussionspunkt die Einführung der Erlaubnispflicht für Bordellbetreiber. Mit dieser Erlaubnis sollen ggf. Auflagen und eine Kondom Pflicht verknüpft werden. Baden-Württemberg hat einen entsprechenden Antrag in den Bundesrat eingebracht. Danach sollen Prostitutionsstätten stärker reglementiert werden.[1086]

Die Einführung der Erlaubnispflicht wird auf verschiedenen Ebenen diskutiert, jeweils inspiriert von verschiedenen Motivationen und Erwartungen. Sie reichen von einer vollständigen Ablehnung des Vorschlags, über die Hoffnung auf Verringerung der Konkurrenz, Abdrängung der organisierten Kriminalität, besseren Kontroll- und Überwachungsmöglichkeiten bis zu der Möglichkeit, durch die Ablehnung der Anträge die Anzahl der Bordelle zu minimieren oder gar in bestimmten Bereichen ganz abschaffen zu können. Ferner soll mit der Erlaubnispflicht die Einhaltung bestimmter Standards bei den Arbeitsbedingungen erreicht werden.

(a) Befürworter des Vorschlags und ihre Argumentation

Der Vorschlag wird von den Netzwerken, den Gewerbeämtern sowie verschiedenen Wissenschaftlern beraten und diskutiert. Nachfolgend wird eine Auswahl der Argumentationen dargestellt.

[1086] „Bundesrat erwägt Kondom Pflicht in Bordellen“, Spiegelonline Artikel vom 28.05.2010. http://www.spiegel.de/panorama/gesellschaft/0,1518,697267,00.html.

(aa) KOK e.V.

In seiner Stellungnahme[1087] geht der KOK auf die Einführung einer Erlaubnispflicht für Bordelle ein. Grundsätzlich wird diese sowie auch die mit einer Erlaubnispflicht einhergehende Überlegung zur Einführung einer Zuverlässigkeitsprüfung ausdrücklich begrüßt. Verbunden mit diesen Überlegungen, ist die Hoffnung, dass so gute Standards für die Arbeitsbedingungen der Sexarbeiter geschaffen werden.

„Allein die Einführung einer Erlaubnispflicht ohne die Implementierung von Standards in anderen Gesetzen z.B. im Gewerbe-, Bau-, Steuer- und Zivilrecht sowie die Schaffung von Hygienestandards, wird nicht zu verbesserten Rahmenbedingungen für die Sexarbeit führen.“ [1088] Bezgl. des Erteilens von Auflagen fordern sie als Voraussetzung eine Kategorisierung und genaue Definition der einzelnen Arbeitsstätten.[1089] Hinsichtlich der Kontrollmöglichkeiten sollte nicht die Ausdehnung polizeilicher Kontrollbefugnisse im Vordergrund stehen, im Falle von Kontrollen sollten diese primär von Gesundheits-, Gewerbe-, Ordnungs- und Bauämtern erfolgen. Der KOK regt an, das die an den Kontrollen beteiligten Behörden miteinander kooperieren und die gewonnenen Informationen austauschen.“[1090]

(bb) Paradigmenwechsel im Zusammenhang mit der Geschichte der Prostitution

Gurlit[1091] beschäftigt sich mit dem Paradigmenwechsel im Zusammenhang mit der Geschichte der Prostitution. Sie fragt sich: „Wenn nunmehr verstärkt das Gewerberecht als Steuerungsressource in das Blickfeld gerät, so geht es vor allem um die Frage, ob und in welchem Umfang das Polizeirechtsmodell durch

[1087] Stellungnahme des KOK e.V. (Bundesweiter Koordinierungskreis gegen Frauenhandel und Gewalt an Frauen im Migrationsprozess), Hydra e.V. und Phönix e.V. vom 31.03.2008. Regulierung von Prostitution und Prostitutionsstätten – Ein gangbarer Weg zur Verbesserung der Situation der Prostituierten und nachhaltigen Bekämpfung des Menschenhandels?“

[1088] Stellungnahme des KOK e.V., Hydra e.V. und Phönix e.V. vom 31.03.2008, S. 3.

[1089] Stellungnahme des KOK e.V., Hydra e.V. und Phönix e.V. vom 31.03.2008, S. 3.

[1090] Stellungnahme des KOK e.V., Hydra e.V. und Phönix e.V. vom 31.03.2008 S. 3.

[1091] Prof. Dr. *Elke Gurlit* ist Lehrstuhlinhaberin für Staats- und Verwaltungsrecht, Rechtsvergleichung und Europarecht an der Universität Mainz, „Das Gewerberecht als Regelungsregime der Prostitution“.

das ordnungsrechtliche Modell des öffentlichen Wirtschaftsrechts abgelöst wird.“[1092]

Im Weiteren geht sie auf die Frage ein, ob die selbstständig ausgeübte Sexarbeit ein Gewerbe ist. Dies wird z.B. von *v. Gahlen* verneint, „da die Atypik der Sexarbeit dem entgegenstehe und die Prostitution nach ihrem Gesamtbild nicht den Vorstellungen entspräche, die man mit einem Gewerbe verbinde“.[1093] Damit wendet sie eine „Gesamtbildtheorie“ an, die *Gurlit* aufgrund ihrer Unbestimmtheit ablehnt. Sie sieht diese „als geeignet an Versteinerungstendenzen des Gewerberechtes Vorschub zu leisten und geht davon aus, dass die selbstständig ausgeführte Prostitution durchaus ein Gewerbe ist.“[1094]

Bezüglich der gewerberechtlichen Regulierung von Prostitutionsbetrieben will sie zunächst eine Analyse des anwendbaren gewerberechtlichen Instrumentariums und die Bestimmung des weiteren Regelungsbedarfes untersuchen, denn „es müsse Klarheit darüber bestehen, in welchen betrieblichen Formen Prostitution ausgeübt wird.“[1095]

Als Argumente für eine Erlaubnispflicht sieht sie:[1096]

- die besonderen Risiken und Gefährdungen, die mit dem Betrieb eines Bordells oder bordellähnlichen Betriebes einhergehen,
- mittelbar werden durch ein präventives Kontrollregime kriminalpolizeiliche Bedürfnisse zur Ermittlung von Straftaten nach §§ 180 ff., 232 ff. StGB durch die Vergrößerung des „Hellfeldes“ gefördert,
- eine Genehmigung würde für die Betreiber Rechtssicherheit schaffen und zugleich Anreiz sein in angemessene Arbeitsbedingungen zu investieren. „Der Investitionsschutz und der Wettbewerbsvorsprung gegenüber „schwarzen Schafen“ veranlasst deshalb nicht wenige Bordellbetreiber, ein präventives Kontrollverfahren zu fordern,
- mit der Erlaubnispflicht könnte ein Beitrag zur Rationalisierung der rechtspolitischen Diskussion um die Einführung der sog. Freierstrafbarkeit geleistet werden. Denn der Schuldvorwurf lässt sich leichter begrün-

[1092] *Gurlit* 2008, S. 427.
[1093] *v. Gahlen*, Rd-Nr. 441 f.
[1094] *Gurlit* 2008, S. 427.
[1095] *Gurlit* 2008, S. 429.
[1096] *Gurlit* 2008, S. 430.

den, wenn ein Kunde wissentlich in einem nicht genehmigten Bordell sexuelle Leistungen in Anspruch nimmt."

Sie kommt weiter zu dem Schluss, dass die Regelungskompetenz für das Bordellgewerbe beim Bund liege.[1097]
Mit einem Blick auf das „Dortmunder Modell" schließt sie ihren Aufsatz und gelangt zu der Annahme, dass dieses „Experiment der „Vergewerberechtlichung" die Arbeitsbedingungen der Prostituierten verbessert habe und sich so das prostitutive Umfeld aufhellen lasse".[1098]

(cc) Runder Tisch Marburg

Der runde Tisch Marburg hat zum Thema Erlaubnispflicht zwei Veröffentlichungen gemacht.[1099] In der dreizehnseitigen Stellungnahme wird als Ziel der Erlaubnispflicht angeführt, dass Sexarbeiter besser geschützt werden könnten. Im Flyer wird dieses Ziel noch ergänzt mit den Zielen der Kontrolle und Verfolgung von Straftaten sowie der gewerberechtlichen Gleichbehandlung von Sexarbeit.

Die Verfasser der Stellungnahme führen aus, dass in Hessen ein Problem der Legitimierung von polizeilichen Kontrollen in Bordellen, Laufhäusern etc. bestünde. Die Polizei dürfe nach dem Landesgesetz solche Betriebe nur im Rahmen einer dringenden Gefahr für Leib und Leben durchsuchen. Da diese selten vorlägen, sei eine regelmäßige Überwachung von Prostitutionsstätten nicht möglich. Diese eingeschränkte Kontrollmöglichkeit wird als Nachteil für die Sexarbeiter gewertet.
Die Autoren kritisieren, dass der Gesetzgeber im Rahmen des ProstG versäumt habe, in aller Klarheit und durch explizite Erklärungen die „Sittenwidrigkeit"

[1097] *Gurlit* 2008, S. 431.
[1098] *Gurlit* 2008, S. 431. Ganz anderer Ansicht ist dagegen Dona Carmen: „Nicht mehr Freiheiten, sondern mehr Rechtsunsicherheit für Prostituierte – das ist unterm Strich das Ergebnis des „Dortmunder Modells", La Muchacha, Nr.8/2011, S. 5.
[1099] „Gewerberechtliche Regulierungen von Prostitutionsstätten" Stellungnahme des runden Tisch „Prostitution" der Stadt Marburg, aus dem Jahre 2008, http://www.marburg.de/sixcms/media.php/20/Ausarbeitung%20zur%20Erlaubnispflicht%20von%20Prostitutionsst%E4tten.pdf und „Mehr Licht im Rotlicht" Flyer „Mehr Licht im Rotlicht", http://www.marburg.de/sixcms/media.php/20/Flyer%20Mehr%20Licht%20im%20Rotlicht.pdf.

abzuschaffen, daher mangele es dem ProstG an Ausstrahlungswirkung auf andere Rechtsgebiete und Gesetze.
Aufgegriffen wird die Entscheidung des Bund-Länder-Ausschusses Gewerberecht, die Prostitution nicht als Gewerbe anzuerkennen, da u.a. die Tätigkeit der Prostituierten eine höchstpersönliche sei und eine gewerberechtliche Überwachung weder als sinnvoll, noch für durchführbar erachtet wird.
Auch ist die Sexarbeit weder in § 6 GewO noch in Spezialgesetzen als freiberufliches Gewerbe aufgeführt.

Eine Lösung für die Versäumnisse des Gesetzgebers wird in einem System der Legalisierung mit konkreten Ge- und Verboten über das Gewerberecht gesehen. „Geeignete zukünftige Maßnahmen für den Bereich des Rotlichtmilieus zeigen sich in der Abkehr von der Verschärfung strafrechtlicher Möglichkeiten hin zu anderen Lösungen." Weiter führen sie aus: „Ziel einer gesetzlichen Grundlage muss sein, die Gefahren der Prostitution für die Prostituierten und die Allgemeinheit zu erkennen und diesen angemessen zu begegnen."[1100]

Es wird vorgeschlagen eine gesetzliche Vorschrift in Anlehnung an das GaststättenG zu formulieren. Darin soll auch die Möglichkeit der Erteilung von Auflagen geregelt werden, diese sollen Sicherheitsvorschriften (z.B. Notrufsystem), den Schutz Minderjähriger, die Umsetzung und Einhaltung von Arbeitsschutz- und Gesundheitsvorschriften und eine Kondom Pflicht enthalten sowie vor Mietwucher und Belästigung der Nachbarn schützen.

Die Verfasser sind der Meinung, dass die Einführung einer bundeseinheitlichen Erlaubnispflicht für Prostitutionsstätten die Sexarbeit transparenter machen und entkriminalisieren würde. Ferner könnte auf die positiven Erfahrungen mit den erlaubnispflichtigen Gewerbearten zurückgegriffen werden.
Darüber hinausgehend schlagen sie vor, dass Prostitution außerhalb von Prostitutionsstätten zumindest anzeigepflichtig sein sollte.[1101]

Diese Maßnahmen führen nach Ansicht der Verfasser zu „Mehr Licht im Rotlicht". Sie hoffen auf eine „zuhälterfreie Zone", Kondom Pflicht, Vermeidung von Dumpingpreisen und die Unterbindung von Sex mit Minderjährigen.[1102]

[1100] Stellungnahme, S. 9.
[1101] Stellungnahme, S. 13.

(dd) Gewerbeamt Hannover

Auf der Fachtagung der Kommunalakademie der Friedrich-Ebert-Stiftung 2009 in Essen[1103] hielt *Giese*[1104] einen Vortrag zur Erlaubnispflicht von Bordellen.

In Hannover gibt es seit mehr als 10 Jahren einen runden Tisch Prostitution.[1105] Themen sind unter anderem die Gewerbeanzeigepflicht für Sexarbeiter, die Erlaubnispflicht für Bordellbetreiber, die Erlaubnispflicht für den Getränkeausschank in Bordellen, das Bau- und Bauplanungsrecht sowie Werbung für Sexarbeit. Im Rahmen der hier in Rede stehenden Erörterung über die Erlaubnispflicht für Bordellbetreiber skizzieren sie verschiedene rechtliche Möglichkeiten:
Erlaubnispflicht für Bordelle in der Gewerbeordnung

- als personen- und raumgebundene Erlaubnis
- als persönliche Erlaubnis
- als überwachungspflichtiges Gewerbe nach der Gewerbeordnung.

Vorteile werden in der Erlaubnispflicht seitens der Arbeitsgruppe darin gesehen, dass:

- eine Entkriminalisierung der Prostitution stattfinden kann,
- Möglichkeiten für die Prostituierte bestehen, sich über den Betrieb zu informieren
- ein Druckmittel für Behörden und Polizei gegenüber illegalen Betreibern geschaffen wird und
- eine Lücke geschlossen wird, die ein Ausweichen der Betreiber in die „nichtgewerbliche Verwaltung, Vermietung und Verpachtung“ ermöglicht.

1102 Flyer „Mehr Licht im Rotlicht durch gewerberechtliche Regulierung: Erlaubnispflicht für Bordelle“.

1103 „Raus aus der Grauzone“ Perspektiven des Umgangs der Kommunen mit der Sexdienstleistungsbranche vom 14.10.2009.

1104 *Karl-Heinz Giese* ist Sachgebietsleiter für Gewerbeangelegenheiten und Verbraucherschutz der Stadt Hannover.

1105 Mitglieder der Arbeitsgruppe sind: der kommunale Kriminalpräventionsrat der Stadt Hannover, die Polizeidirektion Hannover, das Fachkommissariat Milieu; Vertreter der Landeshauptstadt Hannover aus den Fachbereichen Recht und Ordnung, Gewerberecht, Veterinärwesen, Planen und Stadtentwicklung, Stadtplanung und Bauordnung. Aus der Region Hannover der Fachbereich Gesundheit, die Staatsanwaltschaft Hannover sowie die Beratungsstellen Kobra und Phönix e.v.

Als Eingriffsmöglichkeiten sieht der Entwurf den Widerruf der Erlaubnis bei nachhaltiger Nichtbeachtung von Auflagen anderer Behörden, bei Beschäftigung oder Vermietung von Räumen an sich illegal aufhaltende Sexarbeiter und eine Schließung des Betriebes bei Verstoß gegen die Erlaubnispflicht vor.

Auf der Tagung „Raus aus der Grauzone“ im Oktober 2009 machte *Giese* erneut Vorschläge „zur gewerbe-, bauplanungs-, bauordnungs-, und arbeitsstättenrechtlichen Einordung von Sexarbeit und Sexdienstleistungsbetrieben“.[1106]

Bisher werden Gewerbeanmeldungen von Sexarbeitern in Hannover angenommen, jedoch nicht für die Tätigkeit Sexarbeit.[1107] Bordellbetreiber werden zur Gewerbeanmeldung aufgefordert, jedoch nicht die Betreiber von Wohnungsbordellen. Bauordnungsrechtlich wird nur gegen Wohnungsbordelle vorgegangen, gegen die auch Beschwerden vorliegen.

Als Idee zur Verbesserung des Status quo gibt es die Überlegungen, die Sexarbeit als gewerberechtlich anmeldepflichtige Tätigkeit ins Gewerberegister aufzunehmen und eine Erlaubnispflicht für Bordelle einzuführen. Auf diese Weise soll Rechtssicherheit und Transparenz geschaffen und die Position der Sexarbeiter gestärkt werden.
Die Gewerbeanzeigepflicht für Sexarbeiter soll gem. § 14 GewO für Selbständige erfolgen. Für unselbständig Tätige sollen Arbeitsverträge geschlossen werden. Die Bordellbetriebe sollen erlaubnispflichtig werden, dies gilt auch für Mischbetriebe. Eine Erlaubnis ist zu versagen, wenn die persönliche Zuverlässigkeit des Gewerbetreibenden nicht gesichert ist, d.h. wenn eine einschlägige Voreintragung oder Verurteilung wegen Körperverletzung, Menschenhandel, Unterschlagung, Erpressung etc. vorliegt. Bei nachhaltiger Nichtbeachtung von Auflagen oder Anordnungen kann die Erlaubnis widerrufen werden. Die Gewerbeerlaubnis bezieht die örtliche und räumliche Lage mit ein.

[1106] Kommunal Akademie der Friedrich-Ebert-Stiftung am 14.10.2009 in Dortmund, „Raus aus der Grauzone“.
[1107] Grund hierfür ist der Erlass des Wirtschaftsministeriums Niedersachsen.

Die durch die Erlaubnispflicht geschaffene Transparenz soll dem kriminellen Milieu den Nährboden entziehen.[1108]

(ee) Landesregierung Baden-Württemberg und Saarland

In einer Bundesratsinitiative vom 06.06.2010 forderte die baden-württembergische Landesregierung[1109] die Einführung größerer Kontrollmöglichkeiten der Prostitutionsstätten durch Polizei und Ordnungsbehörden.[1110] Dies soll der Bekämpfung von Menschenhandel, der Bekämpfung von Zwangsprostitution sowie dem Schutz der Jugend und der Prostituierten dienen. Die Erlaubnis soll staatlich befristet erteilt werden und mit Auflagen wie Verbesserungen des Versicherungs-, Arbeits- und Gesundheitsschutzes verbunden sein. Anlass für die Bundesratsinitiative sei, laut *Stolz*[1111], die Diskussion um die Flatrate-Bordelle gewesen.

Am 11.02.2011 stellten die Länder Baden-Württemberg und Saarland einen Antrag zur „Entschließung des Bundesrates – Stärkere Reglementierung des Betriebs von Prostitutionsstätten“. Hierin fordern sie neben der Einführung der Erlaubnispflicht auch ein uneingeschränktes Auskunftsrecht der zuständigen Behörde bzgl. des BZR des Antragstellers und ein Verbot des ungeschützten Geschlechtsverkehres. Bei einem Verstoß hiergegen sollen Sanktionsmöglichkeiten gegen den Betreiber geschaffen werden.[1112]

(ff) UEGD

Der UEGD spricht sich ebenfalls für die Einführung einer Erlaubnispflicht aus und schlägt darüber hinaus noch eine Art „Sachkundeprüfung“ vor, um sicher zu

---

[1108] Alle Angaben sind dem Vortag von *K.-H. Giese* auf der Fachtagung „Raus aus der Grauzone“ vom 14.10.2009 entnommen.

[1109] Ministerpräsident *Stefan Mappus* steht seit dem 10.02.1010 an der Spitze einer Koalition aus CDU und FDP/DVP, nachdem *Oettinger* Anfang 2010 nach Brüssel wechselte. Die Koalition ging aus der Wahl am 26.03.2006 mit einer Mehrheit, wie bereits in den letzten beiden Legislaturperioden, hervor. Dem 14. baden-württembergischen Landtag gehören insgesamt 139 Abgeordnete an: Davon kommen 69 Abgeordnete von der CDU und 38 von der SPD. 17 Mandate entfallen auf Die GRÜNEN und 15 auf die FDP/DVP.

[1110] http://www.sozialministerium-bw.de/de/Meldungen/231653.html, Überschrift: „Stolz stellt im Bundesrat Initiative zur stärkeren Reglementierung von Bordellen vor.“

[1111] Dr. *Monika Stolz* ist Arbeits- und Sozialministerin in Baden-Württemberg.

[1112] BR Drs. Nr. 314/10 vom 11.02.2011, TOP 22, S. 22, 22a.

stellen, dass die Betreiber sich im Bereich der Sexdienstleistungsunternehmen mit den teilweise schwierigen rechtlichen Bestimmungen auf Bundes- und Länderebene auskennen. *Rettig* geht davon aus, dass die meisten Rechtsverstöße seitens der Betreiber auf Rechtsunkenntnis zurückzuführen sind.

Durch die Einführung der Erlaubnispflicht soll eine Marktregulierung stattfinden, die seit der EU-Osterweiterung notwendig geworden sei, da es derzeit „zu viele Prostitutionsstätten“ gäbe. Der Markt habe sich von einem „Angebots- in einen Nachfragemarkt“ gewandelt, daher sehe man einer Reglementierung positiv entgegen.[1113]

Entschieden wehren sich die Betreiber aber gegen eine mögliche Sonderregelung zum Gewerberecht, nach der die zulässige Nachschau nicht durch das Gewerbeamt, sondern die Polizei durchgeführt werden soll.

(b) Ablehnung der Erlaubnispflicht „Sexarbeit ist kein Gewerbe“

Von vielen wird die Erlaubnispflicht für Bordelle aber auch abgelehnt.

(aa) Bund-Länder-Ausschuss Gewerberecht

Nach dem In Kraft treten des ProstG fand am 18./19.06.2002 die 91. Tagung des Bund-Länder-Ausschusses Gewerberecht zu der Frage statt, ob die Sexarbeit nun als Gewerbe einzuordnen sei oder nicht.[1114]
Mit abweichenden Begründungen waren sich alle Teilnehmer einig, dass dies nicht der Fall sei. Als Begründungen wurde angeführt[1115]:

- dass das ProstG an der gewerberechtlichen Einstufung als „sozial unwertige“[1116] Tätigkeit nichts geändert habe,
- dass die Tätigkeit der Prostituierten als höchstpersönliche, nicht vertretbare Dienstleistung in ganz besonderem Maße einer subjektiven Beurteilung

[1113]Gespräch mit *Rettig* vom UEGD am 31.03.2011.
[1114]http://www.bmfsfj.de/doku/prostitutionsgesetz/03030202_print.html, siehe auch *Schönleiter* GewArch 2002, S. 319.
[1115]Entnommen aus: http://www.bmfsfj.de/doku/prostitutionsgesetz/03030202_print.html.
[1116]Näheres zu „sozial unwertig“ im 4.) Kapitel, 2.), b.).

unterworfen ist, daher habe die Tätigkeit Merkmale, die die Gewerbsmäßigkeit im Vergleich zu sonstigen Dienstleistungen in Frage stellen und
- es wurde unter Hinweis auf die Entstehungsgeschichte des ProstG eine Auswirkung auf das Gewerberecht verneint und darauf abgestellt, dass eine sinnvolle gewerbliche Überwachung nicht durchführbar sei.

Bezüglich der Frage, ob der Betrieb eines Bordells als Gewerbe zu betrachten sei, herrschte Uneinigkeit. Baden-Württemberg, Bayern, Bremen, Thüringen und Sachsen verneinten diese Frage, weil sie nach wie vor von der „Unsittlichkeit" solcher Betriebe ausgingen. Die Vertreter der übrigen 11 Bundesländer waren der Auffassung, dass straffrei betriebene Bordelle nunmehr als Gewerbe einzustufen seien und damit auch den gewerberechtlichen Vorschriften unterlägen.[1117]
Es wurde der Beschluss gefasst, den Vollzugsbehörden ein Vorgehen in Bezug auf die Handhabung mit Anträgen zur Sexarbeit zu empfehlen. Dies umfasst insgesamt 4 Ziffern, wobei Baden-Württemberg und Thüringen die Beschlusslage zu Ziffer 1 lediglich im Ergebnis teilten und die Ziffern 2 bis 4 aus Rechtsgründen nicht mittrugen. Daraus folgt, dass in Baden-Württemberg und Thüringen der Beschluss auch nicht umgesetzt wird.
Jedoch bleiben Bordelle oder bordellähnliche Betriebe auch hier nicht gänzlich unreguliert. Vielmehr werden sie als Zimmervermietung oder Beherbergungsstätte angezeigt.

Die Empfehlung des Bund-Länder-Ausschusses lautet:
„Die Prostitution ist auch nach Inkrafttreten des Prostitutionsgesetzes kein Gewerbe im Sinne der Gewerbeordnung. Selbständige Prostituierte müssen daher weder eine Gewerbeanzeige erstatten noch einen Antrag auf Erteilung einer Reisegewerbekarte für die Ausübung sexueller Handlungen mit Dritten stellen. Entsprechende Gewerbeanzeigen und Anträge sind abzuweisen."[1118]

Nach dem Erlass des niedersächsischen Ministeriums für Wirtschaft, Technologie und Verkehr vom 05.08.2002 ist zwar die Sperrwirkung der Sittenwidrigkeit entfallen, der Vollzug von Gewerbeordnungen und Gaststättengesetzen sollte

[1117] http://www.bmfsfj.de/doku/prostitutionsgesetz/03030202_print.html, siehe auch *Schönleiter,* GewArch 2002, 319.
[1118] *Minzel*, S. 75-79.

sich jedoch an den Ergebnisniederschriften des Bund-Länder-Ausschuss ausrichten.[1119]

In ihrem Bericht über die Auswirkungen des ProstG vom 25.01.2007 hatte die Bundesregierung den Bund-Länder-Ausschuss aufgefordert, aufgrund der Ergebnisse des Berichtes die gewerberechtlichen Auswirkungen neu zu diskutieren.[1120]

2007

Am 23./24.05.2007 fand die 101. Sitzung des Bund-Länder-Ausschuss Gewerberecht statt. Teilnehmer waren Vertreter des Bundeswirtschaftsministeriums sowie Vertreter der Wirtschaftsministerien der 16 Bundesländer. Eine Änderung der Empfehlung des Bund-Länder-Ausschusses erfolgte trotz Prüfauftrag im Bericht der Bundesregierung nicht. Die Empfehlung lautete:

„Der Ausschuss hält nach erneuter Diskussion an seiner Bewertung fest, dass Prostitution kein Beruf wie jeder andere und damit nach wie vor auch kein Gewerbe ist. Unabhängig davon kommt der Ausschuss zu dem Ergebnis, dass das Gewerberecht keine geeigneten Instrumente zur Verfügung stellt, um die Kontrolle gewerblicher Betätigung im Zusammenhang mit sexuellen Dienstleistungen effizienter zu gestalten. Vielmehr wurde die Gefahr gesehen, dass die Prostitution im Falle der von den Betroffenen oftmals nicht gewünschten Anwendung des Wirtschaftsordnungsrechts, z.B. BBauG, GewO, noch stärker in die Illegalität gedrängt würde, was im Widerspruch zu den Zielen des ProstG steht."[1121]

Damit hat der Bund-Länder-Ausschuss seine Position erneut ausdrücklich bekräftigt. Der Ausschuss sieht gerade in den Sonderbestimmungen zur Sexarbeit, wie dem Ausschluss aus der Arbeitsvermittlung, die Legitimation ihrer Ansicht.

[1119]http://www.hannover.de/data/download/doku/AGBehoerde.pdf; „Umgang mit dem ProstG und seinen Auswirkungen in der Landeshauptstadt Hannover", Broschüre auf Initiative der Arbeitsgruppe „Milieu, Prostitution. Menschenhandel.

[1120]http://dip21.bundestag.de/dip21/btd/16/053/1605365.pdf

[1121]*Schönleiter/Stanger*, S. 322.

bb.) Schutz der Sexarbeiter, nicht Anerkennung des Gewerbes

Eine ähnliche Ansicht vertritt *Ottemyer*[1122]. Sie geht davon aus, dass das Ziel des ProstG nicht die Anerkennung der Sexarbeit als normales Gewerbe war, sondern der Schutz der darin Tätigen und die Erleichterung ihres Ausstiegs aus der Sexarbeit.[1123]

cc.) Fraktion Die Linke

Anlässlich des Internationalen Hurentages am 02.06.2010 sprach sich *Möhring*[1124] gegen die Bundesratsinitiative der baden-württembergischen Landesregierung aus, da der Fokus der polizeilichen Kontrolle dem Ziel des ProstG entgegenstehe und es bei der Initiative nur um „Belästigungen für die Jugend und die Allgemeinheit sowie ihre Umwelt" aber nicht um die Arbeitsbedingungen der Betroffenen ginge. Eine wirkliche Verbesserung der Lebens- und Arbeitsbedingungen könne es nach ihrer Ansicht nur durch die Anpassung entscheidender Gesetze und Verordnungen geben.[1125]

dd.) Dona Carmen

Im Zuge der Diskussionen um die Erlaubnispflicht für Bordellbetreiber und Gewerbescheine für Sexarbeiter fordert Dona Carmen die Anerkennung der Sexarbeit als freiberufliche Tätigkeit. Dem liegt zugrunde, dass angenommen wird, dass das Gewerberecht nicht auf die Sexarbeit angewendet werden kann und eine Benachteiligung der Sexarbeiter entstehen würde. Hierauf hätte bereits der Gesetzesentwurf 1996, der damaligen Hurenbewegung, in Art. 9 hingewiesen, in dem es hieß: „Die Gewerbeordnung findet keine Anwendung auf die Prostitution".[1126]

[1122] *Monika Ottemyer*, Referatsleiterin II B 3 im Bundesministerium für Wirtschaft und Technologie.

[1123] Reader BMFSFJ, S. 32 ff.

[1124] *Cornelia Möhring* in frauenpolitische Sprecherin der Fraktion Die Linke.

[1125] http://www.cornelia-moehring.de/nc/politik/presse/detail/browse/2/zurueck/presse-16/artikel/prostituierte-brauchen-mehr-rechtssicherheit-statt-repression.

[1126] La Muchacha, Dona Carmen, Nr. 8/2011, S. 1, "Selbstständige Prostitution: Anerkennung als freier Beruf!".

Auch gegen eine Erlaubnispflicht für Bordellbetreiber spricht sich Dona Carmen aus. „Bedurfte es bisher noch einer Gefahr im Verzuge oder eines begründeten Verdachts“ sollen demnächst „anlass- und verdachtsunabhängige Kontrollen“ möglich sein“.[1127] Sie kritisieren diverse Vergleiche der Sexarbeit mit anderen Bereichen, in denen eine Erlaubnispflicht bereits besteht.[1128] Der Unterschied besteht nach ihrer Ansicht in den Ordnungs- und Sonderrechten, welche nur für die Prostitution gelten, z.B. strafrechtlicher Schutz vor Ausbeutung.[1129]
„...das bestehende staatliche Überwachungs- und Kontrollreglement gegenüber der Prostitution (bleibt) stets unerwähnt... Eine zu den bestehenden Kontrollen hinzugefügte, zusätzliche Überwachung in Form einer gewerberechtlichen Erlaubnispflicht für Bordelle ist weder notwendig noch dringlich. Denn kein Bierzelt, kein Gebrauchtwagenhändler und keine Frittenbude ist in Deutschland so gut überwacht wie ein Bordell, wo sich Polizei, Zoll, Bau-, Ordnungs-, Finanzamt und Ausländerbehörde die Klinke in die Hand geben.“[1130]

ee.) Nebenbereiche, die von der Erlaubnispflicht nicht berührt würden.

Durch die Einführung einer Erlaubnispflicht würde die Frage der Personalbeschaffung für die Bordellbetreiber aus dem In- und Ausland nicht geregelt. Diese ist aber wichtig, wenn ein „erlaubtes“ Bordell weiterhin unterschiedliche und wechselnde Sexarbeiter für seine Kunden einstellen möchte. Ansonsten setzen die Betreiber sich stetig der Gefahr aus, ihre Konzession wieder zu verlieren, wenn sie selbst Sexarbeiter anwerben oder untereinander vermitteln.

Mit der Einführung der Erlaubnispflicht wird möglicherweise eine Erhöhung der Anzahl der „Strohmänner“ als Betreiber einhergehen. Damit stellt sich die Frage, ob eine Erlaubnispflicht nicht zu einer Erhöhung der Kriminalisierung beitragen und somit kontraproduktiv wirken würde.

[1127]La Muchacha, Dona Carmen, Nr. 8/2011, S. 32, “Kommt der Bordell-TÜV? Bordelle, Bierzelte und Frittenbuden“.
[1128]z.B. „Pommes-Buden“, Vergleich von *Vahldieck* (CDU), am 17.11.2010, „Gebrauchtwagenhändler“, Vergleich des runden Tisches Marburg aus dem Jahre 2008 und „Bierzelte“, Vergleich von *von der Leyen* aus dem Jahre 2007. La Muchacha, Dona Carmen, Nr. 8/2011, S. 32, “Kommt der Bordell-TÜV? Bordelle, Bierzelte und Frittenbuden“.
[1129]Dona Carmen, Nr. 8/2011, S. 32, “Kommt der Bordell-TÜV? Bordelle, Bierzelte und Frittenbuden“.
[1130]Dona Carmen, Nr. 8/2011, S. 32, “Kommt der Bordell-TÜV? Bordelle, Bierzelte und Frittenbuden“.

Ein weiter zu beachtender Punkt ist die möglicherweise mit der Erlaubnispflicht einhergehende Erhebung einer Erlaubnissteuer. Eine solche gibt es bereits, als sog. „Gaststättenerlaubnissteuer“, in Hessen.[1131] Diese Kosten müssten von den Betreibern getragen werden. Zwar handelt es sich um eine einmalige Gebühr, es ist aber anzunehmen, dass die Betreiber versuchen werden, diese zu umgehen.

Möglicherweise wird mit der Erteilung der Erlaubnis auch eine Beschränkung der Anzahl der anzustellenden oder anwesenden Sexarbeiter, der Zimmer, der Größe des Bordells, der Praktiken (z.B. Kondompflicht), der Öffnungszeiten oder anderes verbunden.
Die Historie hat gezeigt, dass eine Konzessionierung nicht vor Strafe schützt. In der deutschen Vergangenheit wurden konzessionierte Bordellwirte, wie im 1. Kapitel dargestellt, trotzdem wegen Kuppelei bestraft. Wichtig könnte dies im Hinblick auf den aktuellen § 232 StGB sein, denn trotz erfolgter Erlaubnis dürfen unter 21 jährige Sexarbeiter nur unter bestimmten Voraussetzungen beschäftigt werden.

(2) Seitenblick auf die erlaubnispflichtigen Spielhallen

Anlässlich der Diskussionen rund um die Erlaubnispflicht für Bordelle wird ein Seitenblick auf ein Gewerbe mit einigen Parallelen gemacht – die Spielhallen.

Die Erlaubnispflicht wird von den beteiligen Diskussionsteilnehmern als Möglichkeit gesehen, die Betreiber stärker vor Inbetriebnahme des jeweiligen Betriebes zu kontrollieren und so bessere Einblicke in die Struktur und den Aufbau des Betriebes zu erhalten. Des Weiteren soll damit auch der Kriminalität entgegengewirkt werden. Die Bordellbetreiber versprechen sich eine Verbesserung ihres Images in der Bevölkerung.

Ähnliche Überlegungen haben auch bezüglich der Spielhallen in den letzten 50 Jahren stattgefunden. Es soll daher im Folgenden kurz die Geschichte der Konzessionierung von Spielhallen aufgezeigt und die damit verbundenen Probleme

---

[1131] http://www.spd-wohratal.de/20-2.pdf, Satzung über die Erhebung einer Gaststättenerlaubnissteuer. Diese Steuer beträgt mindestens 300,- € und richtet sich nach der flächenmäßigen Größe des Betriebes.

geschildert werden. Diese Erfahrungen sollten in die Überlegungen zur Einführung einer Erlaubnispflicht bei Bordellen mit einbezogen werden.

(a) Aktuelle gesetzliche Regelung

Es wird zwischen Spielbank und Spielhalle unterschieden. Spielbanken sind im Gegensatz zu Spielhallen staatlich konzessioniert, öffentlich überwacht und seitens der Steuerbehörden kontrolliert. Im Folgenden wird sich auf die Darstellung der Spielhallen, welche der Erlaubnis des Gewerbeamtes bedürfen, beschränkt.

Nach den Informationen der IHK handelt es sich bei dem Betrieb einer Spielhalle oder eines ähnlichen Unternehmens gem. § 33 Abs.1 GewO um ein erlaubnispflichtiges Gewerbe.[1132] Die Erlaubnis ist persönlicher und sachlicher Natur, d.h. sie ist an eine bestimmte Person, an bestimmte Räume und an eine bestimmte Betriebsart gebunden. Voraussetzungen für die Erlaubnis sind die Zuverlässigkeit des Antragstellers, ordnungsgemäße Räume sowie der Ausschluss einer Gefährdung von Kindern und Jugendlichen. Als Antragsunterlagen sind einzureichen:

- gültige Baugenehmigung und Schlussabnahme des Gebäudes
- steuerliche Unbedenklichkeitsbescheinigung des Finanzamtes des Wohn-/Gewerbeortes der letzten drei Jahre
- Führungszeugnis
- Auszug aus dem Gewerbezentralregister
- Bescheinigung, dass keine Eintragung in der Schuldnerliste vorliegt sowie
- bei juristischen Personen ein Auszug aus dem Handels- und Vereinsregister.

Zudem ist eine flächendeckend gerätebezogene pauschale Vergnügungssteuer, welche in den Steuersätzen von Bundesland zu Bundesland unterschiedlich hoch ist, zu zahlen. Die Beträge liegen zwischen ca.46,- € (einfacher Satz Brandenburg) pro Gerät und Monat und 306,78 € (Berlin).[1133]

[1132] http://www.dienstleister-info.ihk.de/branchen/Automatenwirtschaft/Merkblaetter/Fertig_Markblatt_Spielhalle.pdf.

[1133] Alle Angaben entnommen aus http://www.dienstleister-info.ihk.de/branchen/Automatenwirtschaft/Merkblaetter/.pdf, „IHK Eröffnung einer Spielhalle oder eines ähnlichen Unternehmens".

Derzeit stehen nach Schätzungen von *Füchtenschnieder*[1134] rund ein Drittel aller Spielautomaten in Gaststätten. Die Anzahl der Automaten hat sich seit 2005 um ein Viertel auf ca. 230.000 Stück vergrößert. Die vorgeschriebene Spielzeit für Einzelspiele beträgt derzeit 5 Sekunden, der maximale mögliche Gewinn pro Stunde ist auf 500,-- €, der maximale Verlust pro Stunde auf 80,-- € begrenzt.[1135]

(b) Historie

Die neuere Geschichte der Spielhallen beginnt in den 1950er Jahren. Zunächst als „Groschengräber“ und „gewissenlose Taschengeldräuber“ verschrien, erlebten sie 1959 einen Reputationsanstieg.
Dieser resultierte zum einen aus einer Änderung des § 33 d GewO aus dem Jahre 1955. In einer Spielhalle durften danach nur noch zwei Glücksspielautomaten und darüber hinaus nur Unterhaltungsautomaten (Billard, Flipper etc.). aufgestellt werden. Hierüber waren die Spielhallenbetreiber verärgert, brauchten die Unterhaltungsautomaten doch erheblich mehr Platz und warfen nicht annähernd so hohe Gewinne ab, da die durchschnittliche Spieldauer gegenüber den Automaten (damals 15 Sek.) erheblich länger war.
Zum anderen resultierte der Reputationsanstieg aus der Einführung des Jugendschutzes (Eintritt erst ab 18 Jahre) aus dem Jahre 1957. Die Altersgrenze galt jedoch nur für das Betreten von Spielhallen, in Lokalen, Wirtschaften etc. durften auch unter 18jährige weiter an Spielautomaten spielen. Dort wurden nun verstärkt Automaten aufgestellt, da gerade die Kombination aus Alkohol, „Kneipenflaire“ und Glücksspielautomaten eine hohe Anziehungskraft auf die Jugendlichen und Heranwachsenden ausübte. Hinzu kam, dass Jugendliche aufgrund der Zutritts Beschränkungen nun auch die Unterhaltungsgeräte in den Spielhallen nicht mehr nutzen konnten. Da es solche in Lokalen gar nicht gab, hatten sie nun nicht mal mehr die Auswahl, sondern konnten nur an Glücksspielautomaten spielen.

Der Verband der Glücksspielautomaten hatte sich bereits Anfang der 1950er Jahre, wegen der schlechten Presse, von den Spielhallen distanziert und sich den Lokalen zugewandt. Ihnen war diese Entwicklung daher willkommen, die Gerätelobby bildete nun ein starkes Bündnis mit den Gastwirten.

[1134] *Ilona Füchtenschnieder* vom Fachverband Glücksspielsucht.
[1135] http://www.spiegel.de/panorama/gesellschaft/0,1518,750080,00.html vom 14.03.2011.

Die Spielhallen-Funktionäre wandten sich an das Bundeswirtschaftsministerium mit der Bitte, doch zumindest die zahlenmäßige Beschränkung aufzuheben. Ihr Wunsch wurde jedoch lange nicht erhört. Weiter wurde vorgeschlagen Spielhallen zu konzessionieren, pro 50.000 Einwohner eine Spielhalle. Im Gegenzug sollten die Glücksspielautomaten aus den Lokalen entfernt werden. Die Argumente lauteten dahingehend, dass Spielhallen am ehesten zum Aufstellen von Glücksspielautomaten geeignet seien, da nur hier Jugendliche ferngehalten werden könnten. Außerdem würden viele Spielhallenbetreiber pensionierte Polizeibeamte als Kontrolleure beschäftigen, die die Jugendlichen fern halten könnten. Die Bundeszentrale der „Aktion Jugendschutz" unterstützte diese Forderung.[1136] Die Forderung wurde aber nicht umgesetzt. Auch die für 1968 geplante „große Spielreform" fand nicht statt.
1971 wurde auf einer Versammlung des Hamburger Verbandes Fachgruppe Spielhallen unter TOP 2 eine Einigung dahingehend erzielt, dass man nunmehr gegenüber den entsprechenden Stellen auf drei Glücksspielgeräte pro Spielhalle plädierte. Dies sei erforderlich, um die Existenz der Spielhallen zu sichern.
Mit der Änderung der Verordnung aus dem Jahre 1979 wurde dieser Forderung stattgegeben.[1137]

1985 wurde der § 3 der SpielV erneut geändert.[1138] Hintergrund war, dass die Spielhallenbetreiber der Beschränkung der Anzahl der erlaubten aufzustellen Geldspielgeräte dadurch entgingen, dass sie benachbarte Räumlichkeiten mieteten und für jede Räumlichkeit eine eigene Erlaubnis beantragten und somit je Spielhalle drei Spielgeräte aufstellen durften.
Dieses „Unterlaufen" der SpielVO führte zu einer Änderung. Bei Spielhallen wurde eine Höchstzahlbegrenzung mit der Quadratmeterzahl der Spielhalle kombiniert. Danach durfte pro 15 qm nur ein Geldspielautomat, insgesamt nicht

---

[1136] http://wissen.spiegel.de/wissen/dokument/dokument-druck.html?id=42622544&top=SPIEGEL,
Artikel im Spiegel vom 09.09.1959, S. 48, Heft 37, 1959, „Spielhallen, Moralische Anstalten".
[1137] Verordnung über Spielgeräte und andere Spiele mit Gewinnmöglichkeit vom 28.11.1979, veröffentlicht im Bundesgesetzblatt, Jahrgang 1979, Teil I.
[1138] Verordnung zur Änderung der Spielverordnung vom 11.12.1985, In Kraft getreten am 11.12.1985, veröffentlicht BR-Drs. 496/85, S. 9, 10.

mehr als 10 Geräte aufgestellt werden. Diese Regelung traf jedoch auch auf Kritik.[1139]

In der Neufassung aus dem Jahre 2006 wird die Quadratmeterzahl pro Geld-/Warenspielgerät auf 12 qm abgesenkt und die Höchstzahl auf 12 aufgestockt.[1140]

(c) Ausblick

Bisher fallen Spielhallen und Glücksspielautomaten nicht unter den Glücksspielstaatsvertrag.[1141] Dieser läuft jedoch Ende 2011 aus und muss, aufgrund eines Urteils des Europäischen Gerichtshofes aus September 2010, überarbeitet werden.[1142] Die Länder sprechen sich zunehmend dafür aus, eine schärfere Regulierung von Automatenspielen zu erreichen und wollen daher eine Zuständigkeit der Länder, statt wie bisher des Bundes.[1143]

Stadelmaier[1144] führte hierzu aus, dass die Bundesregierung seit Jahren keine notwendigen Regelungen treffen würde und es deshalb einen „Wildwuchs bei Spielhallen gäbe, der große Soziale und Suchtprobleme sowie Kriminalität im Umfeld der Spielstätten nach sich gezogen habe."[1145]

Dyckmans[1146] sprach sich darüber hinaus für strengere Maßnahmen beim gewerblichen Automatenspiel aus. Sie schlägt vor, eine sogenannte Spielerkarte einzuführen, die ein jeder Spieler vor Beginn des Spielens erwerben müsste und die für jeden Spieler eine Höchstverlustgrenze gespeichert habe. Außerdem müssten Spielhallenbetreiber nachweisen, dass sie in der Lage seien problemati-

---

[1139] Näheres hierzu *Dickersbach* (Richter am BVerwG).

[1140] Verordnung über Spielgeräte und andere Spiele mit Gewinnmöglichkeit (Spielverordnung-SpielV), Neufassung vom 27.01.2006, § 3.

[1141] Staatsvertrag zum Glücksspielwesen in Deutschland, In Kraft getreten am 01.01.2008

[1142] In seinem Urteil vom 8. September 2010, Az. C 316/07, hat der Europäische Gerichtshof entschieden, dass das im aktuellen Glücksspielstaatsvertrag verankerte Sportwettmonopol für staatliche Anbieter nicht gerechtfertigt ist und der Vertrag daher geändert werden muss.
Ein neuer Entwurf wurde durch Prof. Dr. *Martin Nolte* im Auftrag des DOSB erarbeitet. www.dosb.de/uploads/media/Glücksspielvertrags-Entwurf.de.

[1143] http://www.n24.de/news/newsitem_6521458.html vom 10.03.2011 „Länder wollen Lotteriemonopol erhalten".

[1144] *Martin Stadelmaier*, Chef der Staatskanzlei von Rheinland-Pfalz.

[1145] http://www.noz.de/artikel/49884147/spielhallen-im-visier-der-laender vom 14.12.2010, Neue Osnabrücker Zeitung.

[1146] *Mechthild Dyckmans* ist die Bundesdrogenbeauftragte.

sche und pathologische Spieler zu erkennen und ihnen Hilfsmöglichkeiten zu eröffnen.[1147]
Als weitere Änderungen werden eine Erhöhung der Mindest-Einzelspielzeit von derzeit 5 auf 15 – 20 Sekunden, eine Absenkung der maximalen Gewinnhöhe pro Stunde von 500,-- € auf 300,-- € sowie eine Herabsetzung des maximal möglichen Verlustes pro Stunde von derzeit 80,-- € auf 48,-- € diskutiert.[1148]
Am 10.03.2011 berieten die Ministerpräsidenten der Länder erneut über den Glücksspielstaatsvertrag. Für den 06.04.2011 ist eine Sonderkonferenz geplant, bis zu der sich die Ministerpräsidenten auf eine Neuordnung des Glücksspielmonopols und mögliche strengere Auflagen für Spielautomaten verständigen wollen.

(3) Erkenntnisse aus der Erlaubnispflicht für Spielhallen in Bezug auf die Einführung derselben bei Bordellen

Mit der Erlaubnispflicht für Spielhallen waren ähnlich hohe Erwartungen verknüpft, wie heute mit der Einführung bei Bordellen.

In den 1950er Jahren versuchte man die „Groschengräber“ stillzulegen und durch zwei gezielte Vorschriften „unschädlich“ zu machen. Zum einen durften nur noch zwei Glücksspielautomaten aufgestellt werden, zum anderen war der Zutritt für unter 18jährige verboten. Erreicht wurde damit aber nur eine Verlagerung, welche die Kontrolle über den gewollten Jugendschutz verhinderte. Der Zugang in nahezu jedem Lokal und jeder Wirtschaft in Kombination mit Alkohol verschärfte das Problem mehr, als es dieses behob.

Die Einführung einer Erlaubnispflicht für Spielhallen hat nicht dazu geführt, dass sie nunmehr als moralisch unbedenkliche Stätten aufgesucht werden können. Vielmehr gelten sie nach wie vor als zumindest „halb verrucht“ und werden sowohl von Anwohnern als auch der Polizei besonders argwöhnisch betrachtet.

[1147] http://www.n24.de/news/newsitem_6521458.html vom 10.03.2011 „Länder wollen Lotteriemonopol erhalten“.
[1148] http://www.spiegel.de/panorama/gesellschaft/0,1518,750080,00.html vom 14.03.2011.

In einem Artikel der SZon spricht sich die Polizei für „die Zentrierung von Spielhallen im Stadtzentrum aus“, da die Spielhallen, meist eine Gebietsabwertung mit sich brächten.[1149]

Im Rahmen einer SPD-Podiumsdiskussion „Spielhallen“ vom 28.03.2009 warnte der Soziologe *Hermann*[1150] vor einem geplanten Spielzentrum, welches Anstoß dieser Diskussion war. Er äußerte sich wie folgt: „Im Umfeld einer großen Spielhalle nimmt die Delinquenz zu – das ist wissenschaftlich eindeutig belegt. Das könne langfristig „sehr gefährlich sein“. Denn über Kriminalität im Umfeld von Spielhallen könne in einer Art Schneeballeffekt ein ganzes Stadtviertel verkommen.“[1151] Der anwesende Staatsanwalt[1152] pflichtete ihm bei und äußerte: „Spielhallen sorgen für deutlich erhöhte Kriminalität, namentlich mit Überfällen auf die Spielhallenaufsicht, Einbrüchen, Schlägereien, Einsatz von Falschgeld und Gerätemanipulationen.“ Als weitere Beeinträchtigung wurde all abendlicher Lärm, Müll und „Leute die überall hin pinkeln“ angeführt.

Auch die Gerüchte, dass Spielhallen zur Geldwäsche oder als Umschlagplatz für allerhand kriminelles Gut benützt würden und nicht zuletzt die neuerdings häufiger auftretende Sorge, dass sich die organisierte Kriminalität in diesem Bereich bewegt und diverse Spielhallen bereits betreibt, zeigen, dass auch eine Erlaubnispflicht wenig Probleme lösen kann. So beklagte *Giese*[1153], anlässlich eines Gespräches zu den Überlegungen zur Erlaubnispflicht bei Bordellen, dass auch bei den Spielhallen die Betreiber teilweise Strohmänner seien, die die Spielhalle einen Tag nach einer Razzia mit einem neuen Betreiber neu anmelden.

Die Einführung einer Erlaubnispflicht für Bordellbetreiber könnte ebenfalls dazu führen, dass Hinterzimmer in Lokalen zu „heimlichen Bordellen“ umgebaut werden, um die Erlaubnispflicht zu umgehen. Ähnlich wie bei den Spielhallen würde damit eine Verdrängung erfolgen, die eine Überwachung und einen Zugang für Beratungseinrichtungen unmöglich machen und die Arbeitsbedingun-

---

[1149] http://www.szon.de/lokales/ravensburg/stadt/200909271413.html, Artikel vom 27.09.2009 unter der Überschrift: „Ravensburg, Polizei: Spielhallen ins Zentrum“, Autor *Bernd Adler*.
[1150] Soziologe *Dr. Michael C. Hermann.*
[1151] http://www.spd-weingarten.de/index.php?nr=21553&menu=10.
[1152] *Jörg Borgenrieder.*
[1153] *Karl-Heinz Giese* ist Sachgebietsleiter für Gewerbeangelegenheiten und Verbraucherschutz der Stadt Hannover.

gen für die Sexarbeiter verschlechtern würde. Darüber hinaus würden mehr Möglichkeiten zur Reglementierung oder Verhinderung der Niederlassung von Bordellen geschaffen. Dies würde den Markt möglicherweise so eingrenzen, dass eine Konkurrenzsituation, welche für die Sexarbeiter und Freier von Vorteil sein dürfte, verhindert wird.

Weitere Folge könnte sein, dass kreative Betriebsmodelle gestaltet würden, die nicht unter die Erlaubnispflicht fallen und mehr Wohnungsbordelle „im Geheimen" betrieben würden.

Bei „Hinterzimmer-Bordellen" würde auch die Schamgrenze zum Bordellbesuch wegfallen. Die Sorge beim Betreten „gesehen zu werden" entfiele und seitens der Sexarbeiter oder Betreiber könnte die Alkoholisierung der Gäste zur Verführung ausgenutzt werden.

Diese Überlegungen sollten in die aktuelle Diskussionen mit einbezogen werden.

(4) Fazit zur Befreiung der Sexarbeit von Begleitkriminalität durch gewerberechtliche Kontrolle

Die Einführung einer Erlaubnispflicht und die daraus resultierenden Eingriffsmöglichkeiten in Kombination mit dem § 232 StGB in seiner jetzigen Fassung und einer noch nicht bundesweit geregelten steuerrechtlichen Regelung bietet eine Vielzahl von Möglichkeiten Betriebe im Sexdienstleistungsgewerbe zu stören oder zu verbieten.

Gerade die Argumente, die für die Einführung einer Erlaubnispflicht angeführt werden: „prostitutionsnahe Straftaten erfordern eine hohe Kontrolldichte, die gewerberechtliche Kontrolle soll Ergänzung zur polizeilichen Kontrolle sein"[1154] machen dies deutlich.

Will man den Weg der Erlaubnispflicht gehen, sollte weitgehend in den Formulierungen auf unbestimmte Rechtsbegriffe verzichtet werden, damit von vorne

---

[1154]Reader BMFSFJ, S. 11.

herein keinerlei Möglichkeit für eine individuelle Auslegung der Bundesländer besteht und eine Einheitlichkeit gewährleistet werden kann. Weiter müsste eine genaue Beschreibung der Betriebe erfolgen, die der Erlaubnispflicht unterliegen.

Die Einführung einer Erlaubnispflicht könnte mehr Transparenz in das Sexdienstleistungsgewerbe bringen und bessere Kontrollmöglichkeiten schaffen. Der Markt könnte da reguliert werden, „wo zu viele Angebote bestehen und ein Preisverfall einsetzt". Möglich wäre auch eine Angleichung der Sexdienstleistungsbetriebe an andere Unternehmen und Gewerbe. Damit könnte die Sonderstellung der Sexarbeit minimiert und dazu beigetragen werden, dass die Sexarbeit als Dienstleistungsgewerbe anerkannt wird.

Die Erlaubnispflicht könnte aber auch dazu führen, dass sich die nicht zugelassenen Betreiber Möglichkeiten suchen, wie sie ihren Betrieb auch ohne Erlaubnis führen können, sei es illegal oder durch Entwicklung neuer, nicht von der Erlaubnispflicht umfassten Geschäftsmodellen. Hier wären dann Polizei und Gesetzgeber gefragt, dem Einhalt zu gebieten. Schaffen sie dies nicht, könnte es zu einer erneuten Verallgemeinerung der „Sexarbeit als Kriminell" kommen, die Debatten über Opfer von Menschenhändlern und Zuhältern würde erneut dominieren. Ein Beispiel hierfür gab jüngst der Dortmunder Straßenstrich. Nachdem sich in der Umgebung des Straßenstriches die Kriminalität ausdehnte und Sexarbeiter, zur Umgehung von Kontrollen zur Steuerpflicht, in Nebenstraßen anschafften, wurde auf der Ratssitzung am 31.03.2011 die Schließung des gesamten Straßenstrichs beschlossen, nachdem es der Polizei und der Stadt zuvor nicht gelungen war, die Situation in den „Griff zu bekommen".

Gehen mit der Erlaubnispflicht höhere Kosten durch Buchhalter, Umbaumaßnahmen etc. einher, kann dies auch zu einem Anstieg der Preise innerhalb von Bordellen oder ähnlichen Betrieben führen und damit einen vermehrten Zustrom von Freiern auf den Straßenstrich oder zu illegalen Bordellen auslösen.

Eine weitere Problematik liegt darin, dass die persönliche Zuverlässigkeit keinerlei einschlägige Vorstrafen zulässt. Da dies aber gerade in diesem Dienstleistungsbereich häufiger vorkommt, ist zu befürchten, dass es zu einer Verstärkung des sogenannten „Strohmann-Problems" kommt. Vorbestrafte Betreiber werden „unbescholtene" Komplizen als Geschäftsführer einsetzen und ein so kompliziertes System erschaffen, so dass die wahren Betreiber und Hintermänner nur schwer zu ermitteln sind. Ein Problem, welches heute schon besteht, würde somit verstärkt und intensiviert werden. Die Problematik stellt sich in diesem Bereich besonders, weil bis 2002 die „Förderung der Prostitution" gem. § 180a StGB noch strafbar war. Betreiber, die sich hier durch „gute Arbeitsbedingungen" strafbar gemacht haben und nun einen dementsprechenden Eintrag in ihrem Register haben, dürfen keine Erlaubnis erhalten. Ob sich diese Befürchtungen bewahrheiten, oder sie, wie einstmals die Befürchtungen mit In Kraft treten des ProstG könnten keine Kontrollen mehr zum Aufspüren von Menschenhandelsopfern gemacht werden, nicht bewahrheiten, muss sich erst zeigen.

Eine andere Schwierigkeit liegt in der unterschiedlichen Handhabung der einzelnen Bundesländer. Ist eine Behörde dem „Sexdienstleistungsgewerbe" generell nicht positiv oder zumindest neutral gegenüber eingestellt, bietet eine Erlaubnispflicht hinreichend Möglichkeiten derartige Betriebe nahezu vollständig zu unterbinden oder mit „betriebsbedingten Störungen" zu überziehen, so dass das Etablissement letztlich schließen muss.
Bereits heute ist an den Handhabungen in Hessen und Bayern ein deutlich anderer Weg zu erkennen als in NRW oder Niedersachsen.

Notwendig ist bei den Beratungen zur Erlaubnispflicht die Praxis aktiv einzubeziehen, also Beratungseinrichtungen, Bordellbetreiber, Sexarbeiter etc. um mögliche Umsetzungsschwierigkeiten in der Praxis gleich bei der Planung und Umsetzung einer solchen Änderung zu bedenken.

In einem Vortrag von *Giese* machte dieser am Ende eine provokante und anregende Schlussbemerkung[1155]: „Warum eröffnen die Städte nicht selbst ein Bordell? So wie die Stadt Schwimmbäder betreibt, könnte sie auch Bordelle betreiben."
Denkt man diese Idee weiter kommt man dazu, dass in diesem Bordell dann zumindest verwaltungsrechtlich alles mit „rechten Dingen" zu ginge.
Nun ist bekannt, wie es mit den städtischen Schwimmbädern etc. bestellt ist. Sie schreiben früher oder später rote Zahlen. Fraglich ist also, ob ein städtisches Bordell nicht ein ähnliches Schicksal ereilen würde.

[1155]Kommunal Akademie der Friedrich-Ebert-Stiftung am 14.10.2009 in Dortmund, „Raus aus der Grauzone.

Es kann vermutet werden, dass sich der Verwaltungsaufwand auf die Preise nieder schlagen würde. Darüber hinaus müsste man städtische Angestellte finden, die bereit sind, in einem solchen Etablissement in der Verwaltung, Kontrolle etc. zu arbeiten.
Hinzu kommt, dass Sexarbeiter und Freier wahrscheinlich gleichermaßen beunruhigt sind, dass ihre Daten und Gesichter den Behörden nun so offen bekannt sind.
Möglicherweise würde es aber auch als Chance angesehen, frei von jedem Zweifel an der Legalität des eigenen Handelns, Sexdienstleistungen anzubieten oder zu konsumieren. Vielleicht könnte so langfristig ein Zurückdrängen der organisierten Kriminalität im Rotlichtbereich bewirkt werden.
Auf jeden Fall würden die landes- und bundesgesetzlichen Regelungen und Diskussionen auf eine Basis gestellt, die deutliche Einflüsse aus der Praxis hat.

Realistisch betrachtet ist es allerdings zu bezweifeln, dass es eine Stadt oder Gemeinde in Deutschland geben wird, die ein städtisches Bordell eröffnen würde. Allein die abstrakte Befassung mit dem Thema ist für viele Städte heikel. Selbst Städte, die hinsichtlich ihrer Prostitutionspolitik Vorreiter sind, wie Köln, Dortmund und Hannover, sind für einen solchen Schritt noch lange nicht bereit. Vielleicht ist es aber eine Idee, die sich über die Jahre entwickelt und in 10-20 Jahren Realität werden kann, denn ganz neu ist sie freilich nicht. Bereits in den Jahren 1972/1973 schlug *Sjöholm* in Schweden staatliche Bordelle vor.[1156] Der Vorschlag wurde u.a. von den eigenen Parteigenossen abgelehnt, da Prostitution nach ihrer Ansicht eine für das Individuum schädliche Tätigkeit und kein von der Gesellschaft sanktionierter Beruf sei.[1157]

Trotz aller Diskussionen und Überlegungen besteht bei der Erlaubnispflicht ein zentrales Problem – der Entschluss des Bund-Länder-Ausschuss Gewerberecht – der an der Sittenwidrigkeit der Sexarbeit im Gewerberecht festhalten will.

[1156]*Sten Sjöholm* war Mitglied der liberalen Volkspartei, seiner Argumentation lag die Annahme zugrunde, dass die sexualliberale Welle der 1960er Jahre zu einer größeren Akzeptanz von Sexclubs geführt habe jedoch die Situation von Prostituierten nicht verbessert worden sei. Daher appellierte er an den Staat seine Verantwortung wahr zu nehmen und den in der Branche arbeitenden durch staatliche Bordelle eine sicherere Zukunft zu bringen. Angaben entnommen aus *Sten Sjöholm*: „Om statlig bordellverksamhet“ in Motion 1972: 59 vom 11. Januar 1972.
[1157]Motion 1972: 310 vom 21.01.1972.

b.) Schaffung besserer Arbeitsbedingungen für Sexarbeiter

Zur Verbesserung der Arbeitsbedingungen sind bisher nur vereinzelte Vorschläge gemacht worden. Die Erarbeitung von Mindeststandards oder Hygienerichtlinien ist bisher nicht erfolgt.

(1) Vorschlag: „Gütesiegel“ für Bordelle und Sexarbeiter

Ein Vorschlag beschäftigt sich damit, wie sich Bordelle und Sexarbeiter aus der Masse herausheben und nach außen deutlich machen können, dass sie besonders gute Arbeitsbedingungen, besondere Angebote oder die Sicherheit vermitteln können, dass sich Freier in ihren Räumen nicht der Gefahr einer Razzia aussetzen, da der Betrieb von Behörden regelmäßig kontrolliert wird.

In Betracht käme z.B. ein Gütesiegel, an dem Freier erkennen können, dass der Betrieb gewisse Hygienestandards einhält, die Sexarbeiter dort ordnungsgemäß arbeiten und sie sich nicht der Gefahr des Erwerbs einer Dienstleistung mit einem diese unfreiwillig erbringenden Sexarbeiter aussetzen.[1158] Die Frage ist aber, wer soll einheitliche Standards überprüfen? Sollen Behörden und Ämter, wie in der Gastronomie, Sterne vergeben? Bei Bordellen vielleicht statt Sterne Kondome? Die Idee mutet merkwürdig an und ist es auch. Der Sexdienstleistungsbereich würde damit in noch mehr verschiedene Klassen unterteilt, als er das ohnehin schon ist. Zimmerpreise dürften in den ausgezeichneten Bordellen noch höher sein, als in nicht ausgezeichneten Bordellen und ob die Verdienstmöglichkeiten steigen, ist ungewiss. Letztlich ist es nur ein Teil der Freier, denen es aufs Ambiente und die Hygiene sowie gute Arbeitsbedingungen für die Sexarbeiter ankommt. Der größere Teil ist wohl eher auf der Suche nach gutem Sex zum kleinen Preis. Indiz hierfür war der Ansturm auf die Flatrate Bordelle und die Entwicklung der sog. „Geizhäuser“. Bliebe also nur der Hinweis für Sexarbeiter, dass es in diesem Haus besonders gute Arbeitsbedingungen gibt. Es kann aber davon ausgegangen werden, dass sich so etwas in der Szene ohnehin schnell herumsprechen wird.

[1158] Idee eines Sexarbeiters auf der 40. Fachtagung Prostitution.

Auch die Idee den Freiern die Sicherheit zu geben, dass in dem entsprechenden Etablissement keine Razzia durchgeführt wird, kann nicht umgesetzt werden. Wer sollte diese Sicherheit geben? Kontrollieren die Behörden um 18.00 Uhr die Arbeitserlaubnis der Sexarbeiter, könnten um 22.00 Uhr dennoch Opfer von Menschenhandel oder „Schwarzarbeiter" tätig sein und dann müsste die Polizei bei Verdacht eine Razzia durchführen und das Etablissement kontrollieren. Damit wäre der Ruf dieses und das Vertrauen der Freier in die Zusicherung ihrer Anonymität und Privatsphäre unwiederbringlich verloren.

Ein Gütesiegel scheint nicht das richtige Mittel zu sein, um die Situation der Sexarbeiter und Bordellbetreiber zu verbessern. Sexarbeiter können sich auch heute schon übers Internet informieren, wo sie arbeiten möchten und Freier werden sich das Bordell nach ihren Bedürfnissen und Geldbeuteln aussuchen.

(2) Vorschlag: Wiedereinführung der Pflichtuntersuchungen

Von einigen Vertretern der Ordnungsbehörden in NRW wurde auf der Fachtagung „Raus aus der Grauzone" die Ansicht vertreten, dass viele Sexarbeiter sich die Pflichtuntersuchungen zurück wünschen würden, weil sie so mit ihrer „Gesundheit" werben könnten. Der Gang zum Arzt oder Gesundheitsamt steht allerdings auch heute allen Sexarbeitern offen, so dass diese Argumentation zur Wiedereinführung nicht greift.
Es ist auch schwer vorstellbar, wie mit einem ärztlichen Nachweis Werbung gemacht werden soll, denn der ärztliche Bericht sagt nur etwas über die Vergangenheit aus. In der Zwischenzeit und seien es nur wenige Stunden, kann der Sexarbeiter sich mit einer Geschlechtskrankheit oder sogar HIV infiziert haben.

Die regelmäßige Überwachung kann somit zur vermeintlichen Sicherheit der Freier beitragen, bewirkt aber auch, dass dann öfter die Nachfrage nach Sex ohne Kondom aufkommen wird. Der Freier hat möglicherweise ebenfalls einen schriftlichen Nachweis, dass er vor kurzem gesund war. Die gleichen Diskussionen wurden bereits anfand des 20ten Jahrhunderts geführt.[1159]

[1159]Siehe 1. Kapitel.

(3) Vorschlag: „Das Bordellgesetz“

Ein Bordellbetreiber aus Karlsruhe hat gemeinsam mit seinem Anwalt ein „Gesetz über die Erlaubnis von Bordellen und bordellartigen Betrieben“ (BordG) entworfen. Der Entwurf wurde verschiedenen Rechtsprofessoren und politischen Akteuren zugesandt. Außer einem Dankschreiben erfolgte jedoch nach Angabe der Verfasser keinerlei Resonanz.
Kernpunkt des insgesamt 19 Paragraphen umfassenden BordellG ist eine Erlaubnispflicht für Bordellbetreiber, bei der das Gewerberecht Anwendung finden soll. Eine Ausnahme von der Erlaubnispflicht ist für den Fall vorgesehen, dass durch den Betreiber selbst der Sexarbeit nachgegangen wird oder diese in kleinen, nicht gewerblichen Einheiten, möglich gemacht wird.[1160]

c.) Verbesserung der Ausstiegsmöglichkeiten für Sexarbeiter

Obwohl bereits in den Evaluationen des ProstG aus dem Jahr 2007 bemängelt wurde, dass bisher nichts zur Unterstützung ausstiegswilliger Sexarbeiter seitens der Regierung unternommen worden wäre, rief das BMFSFJ erst 2009 zur Projektbewerbung auf, um praktikable und individuelle Unterstützungsformen zu finden.

Am 12.02.2009 wurde auf der Startseite des BMFSFJ ein neues Projekt der Bundesregierung vorgestellt.[1161] Bis zum 31.03.2009 konnten sich Vereine und Organisationen, die Projekte zur Unterstützung des Ausstiegs aus der Prostitution entwickelt hatten, im Rahmen eines „Interessenbekundungsverfahren für ein Modellprojekt“ beim BMFSFJ bewerben.

In diesem, zunächst auf max. 5 Jahre angelegten Modellprojekt, sollen an 3-4 Standorten der Bundesrepublik innovative Ansätze für die Unterstützung von Sexarbeitern beim Ausstieg erprobt werden. Diese über den Einzelfall hinausge-

[1160] § 2, Abs. 2 BordG.
[1161] http://www.bmfsfj.de/bmfsfj/generator/BMFSFJ/Service/ausschreibungen,did=120164.html.

hende Kooperation unterschiedlicher Akteure und Hilfssysteme soll dann auf ihre Übertragbarkeit an andere Standorte überprüft werden.[1162]

Diese Unterstützung zum Ausstieg aus der Sexarbeit ist ein erster Schritt zur Erreichung des Zieles aus dem ProstG. Ob nach erfolgreichem Abschluss der Modellprojekte daraus wirklich eine bundesweite Hilfe zum Ausstieg wird, welche auch durch das BMFSFJ weiter finanziert wird, bleibt abzuwarten.

d.) Aufhellung und Transparenz der Grauzone Sexarbeit

Ein weiteres Ziel des ProstG war die Transparenz des Gewerbes und damit die Möglichkeit dieses zum einen besser Überwachen zu können und zum anderen Pflichten von Unternehmern und Sexarbeitern gegenüber dem Staat besser einfordern zu können.

Bisher ist dies nur in eng begrenztem Umfang gelungen. Ein Beispiel ist das „Dortmunder Modell", welches offiziell seit 2002 existiert.[1163]
Grundlage ist ein „runder Tisch" unter Mitwirkung der Polizei, der Staatsanwaltschaft, der Beratungsstellen, des Ordnungs- und Bauordnungsamtes, der Ausländerbehörde, der Finanzbehörde, der ARGE, der Landesversicherungsanstalt, Betreibern von bordellähnlichen Betrieben und Bordellen sowie selbständigen Sexarbeitern. Auch die Dortmunder Mitternachtsmission ist aktiv.[1164]

Ursprung des runden Tisches[1165] war nach Angaben von *Minzel*[1166] der sog. „Dortmunder Weg". Im Januar 2002 erfolgte in NRW ein Erlass, nach dem sich

---

[1162]Zuständig für dieses Modellprojekt ist das BMFSFJ, Referat 403, „Schutz von Frauen vor Gewalt", Bonn. Ausgewählt wurden bisher zwei Projekte, „PINK" vom Diakonischen Werk Freiburg (Baden-Württemberg) und „OPERA" von Kassandra aus Nürnberg.

[1163]Dona Carmen zeigt in La Muchacha Nr. 8/2011 auf, dass sie daran erhebliche Zweifel hegen. „Dortmunder Landrecht. Kritische Anmerkung zum „Dortmunder Modell" einer gewerberechtlichen Reglementierung von Prostitution", S. 4-6.

[1164]Die Zusammensetzung und die Zielsetzung wird von Dona Carmen abweichend gesehen. La Muchacha Nr. 8/2011, „Dortmunder Landrecht. Kritische Anmerkung zum „Dortmunder Modell" einer gewerberechtlichen Reglementierung von Prostitution", S. 6, „Das „Dortmunder Modell" ist ein Modell der Eindämmung von Prostitution, ihrer verschärften Kontrolle und Überwachung sowie ein Modell des praktizierten Rechtsbruchs unter Einbeziehung zivilgesellschaftlicher Akteure."

[1165]Der „runde Tisch" hatte bei den Beteiligten unterschiedliche Namen. Die Dortmunder Mitternachtsmission sprach vom „runden Tisch Prostitution", die Polizei hingegen vom „runden

sowohl Bordellbetreiber als auch Sexarbeiter mit einem Gewerbe anmelden konnten. Im April 2002 wurde dieser Erlass durch einen neuen dahingehend geändert, dass sich nur noch Bodellbetreiber gewerblich anmelden konnten, nicht jedoch Sexarbeiter. Dortmund ignoriert diesen zweiten Erlass, daher kann in Dortmund, als einzige Stadt in NRW, ein Gewerbe als Sexarbeiter angemeldet werden.

Minzel vom Polizeipräsidium Dortmund zog im September 2007 eine positive Bilanz des „Dortmunder Modells“.[1167] Die Betriebe wurden zunächst in verschiedene Gruppen eingeordnet. Bordellartige Betriebe ab drei Sexarbeitern benötigen eine Gewerbeanmeldung, Clubs müssen darüber hinaus ggf. eine entsprechende Nutzungsänderung beantragen, die in reinen und allgemeinen Wohngebieten jedoch nicht erteilt wird. Im Bereich der Wohnungsprostitution in reinen und allgemeinen Wohngebieten wird bei Nutzungsänderung grundsätzlich keine baurechtliche Genehmigung verlangt.
Straßenprostituierte können eine Reisegewerbekarte beantragen, diese Beantragung ist jedoch nicht zwingend. Der Straßenstrich ist von der Stadt genehmigt und beinhaltet sowohl einen Beratungscontainer von Kober als auch sog. „Verrichtungsboxen“.
Bordellbetreiber wurden aufgefordert ihre Betriebe anzumelden und ggf. Konzessionen für den Ausschank alkoholischer Getränke einzuholen. Dieser Aufforderung kamen elf Betreiber nach, ferner hielten sie die bei ihnen tätigen Sexarbeiter an, sich steuerlich anzumelden.
Im Rahmen des runden Tisches wurden zwei Broschüren[1168] in jeweils sieben Sprachen verfasst, außerdem wurde Sexarbeitern und Bordellbetreibern die Gelegenheit gegeben, mit den Vertretern des runden Tisches ohne Presse Fragen und Anmerkungen zu erörtern.
Minzels Fazit nach 5 Jahren „Dortmunder Modell“ ist positiv. Die Prostitution wurde durch die klare Lage für Bordellbetreiber und Sexarbeiter sowie den offenen Umgang miteinander entkriminalisiert. Hinzu kommt eine gute Kommu-

---

Tisch Menschenhandel“, *Geißler-Hehlke*, Homepage Dortmunder Mitternachtsmission, http://www.standort-dortmund.de/mitternachtsmission und *Minzel*„ S. 77).

[1166] Ehemaliger Kriminalhauptkommissar in Dortmund.

[1167] http://standort-dortmund.de/mitternachtsmission/, Veröffentlichungen und *Minzel*.

[1168] Hinweise zur Ausübung der Prostitution in Dortmund und Steuerwegweiser für Erotikdienstleistende.

nikation unter einander, Sexarbeiter und Bordellbetreiber melden Straftaten und zeigen illegal geführte Betriebe an.

Das Dortmunder Modellprojekt funktionierte angeblich gut, dennoch wurde am 31.03.2011 vom Stadtrat beschlossen, das der legale Straßenstrich geschlossen und ganz Dortmund zum Sperrgebiet erklärt werden soll. Dies ist ein Rückschritt für den Versuch einer Verbesserung der Bedingungen auf dem Straßenstrich.

Eine andere Sicht zum „Dortmunder Modell" vertritt Dona Carmen. Schon zur Entstehung berichten sie einen anderen Sachverhalt. Danach stand am Beginn ein polizeilich repressives Konzept aus dem Jahre 1995, welches eine Zusammenarbeit der Polizei mit dem Ausländer- und Ordnungsamt vorsah. „Ziele waren u.a. die „kontrollierte Duldung der gewerberechtlich zulässigen und genehmigten sowie die Schließung illegaler Betriebe." Anders als in *Minzels* Darstellung waren nach ihren Angaben die Betreiber keine Verfahrensbeteiligten, sondern „allenfalls Betroffene des Verfahrens". Seit 2002 gäbe es auch Probleme mit der Erteilung von Gaststättenkonzessionen. Da für die Erteilung dieser Konzession sowohl ein polizeiliches Führungszeugnis, als auch steuerliche Unbedenklichkeitsbescheinigungen vorgelegt werden müssen, seien einige Betriebe dazu übergegangen nur noch Getränkeautomaten aufzustellen und auf Alkoholausschank ganz zu verzichten. Ebenfalls kritisiert wird die Entscheidung Dortmunds, Gewerbescheine für Sexarbeiter auszustellen, obwohl es dafür keine Rechtsgrundlage gab und gibt. „Damit handelte die Stadt bewusst rechtswidrig." Sie ziehen daraus den Schluss, dass „Polizei-Interessen hinsichtlich der Überwachung des Prostitutionsgewerbes offenbar über dem Recht stehen".[1169]

3.) Zukunft der Diskussionen

Es gibt Hoffnung, dass nach dem jahrhundertelangen Reden über Prostitution und Sexarbeit nun ein Diskurs mit den Sexarbeitern und Bordellbetreibern gemeinsam geführt wird. Allerdings ist diese Hoffnung derzeit noch sehr klein, da

[1169]La Muchacha, Dona Carmen, Nr. 8/2011, S. 4-6, "Dortmunder Landrecht, Kritische Anmerkungen zum Dortmunder Modell einer gewerberechtlichen Reglementierung von Prostitution".

nur sehr wenige Sexarbeiter an den Diskussionen teilnehmen. Bei den Bordellbetreibern kann dies zuversichtlicher gesehen werden.

Seit ca. vier Jahren gibt es verstärkte Aktivitäten im Bereich der Beratungseinrichtungen. Es werden Seminare abgehalten, in denen gemeinsam mit den verschiedenen Ämtern, Bordellbetreibern und Wissenschaftlern Verbesserungs- und Lösungsvorschläge erarbeitet werden. Im Jahre 2009 gab es neben der Fachtagung Prostitution auch die Kommunalakademie in Essen „Raus aus der Grauzone“ von der in der Arbeit an verschiedenen Stellen bereits berichtet wurde.

Seit kurzem existiert auch ein Bündnis der Fachberatungsstellen für Sexarbeiter e.V. (Bufas). Dieses wurde Ende 2009 von 5 Hurenverbänden[1170] gegründet.[1171] Im Juni 2010 waren schon 10 Fachberatungsstellen Mitglied im Bufas.[1172] Die Mitglieder sind größtenteils seit Jahren aktiv an den Diskussionen zum ProstG beteiligt. So sind unter anderem auch erklärte Ziele des Bufas:
- Forderungen in Gesetzgebungs- und Entscheidungsprozesse einzubringen,
- Lobbyarbeit auf nationaler und internationaler Ebene zu betreiben und
- eine Förderung der Selbstorganisation von Sexarbeitern zu erreichen.

Die Wichtigkeit gerade des letzten Punktes wurde im Rahmen der Arbeit immer wieder deutlich. Der Bufas erhält daher auch Unterstützung durch einen Beirat aus Sexarbeitern. Es besteht daher begründete Hoffnung, dass der Bufas als Ansprechpartner für Politik und Gesetzgebung agieren und somit auch Erfahrungen aus der Praxis in die Diskussionen mit einfließen lassen kann. Abzuwarten bleibt, wie der Bufas personell und finanziell ausgestattet sein wird und wie viel Zeit und Engagement die Mitglieder in die Erreichung der selbstgestreckten Ziele investieren können.

a.) Zusammenkünfte 2010

Der Austausch und die Vernetzung untereinander ist einer der wichtigsten Punkte im Bemühen um Verbesserungen rund um die Sexarbeit. Auch im Jahr 2010

[1170] Hydra e.V., Madonna e.V., Nitribitt e.V., Cassandra e.V. und Tamara e.V.

[1171] www.bufas.net.

[1172] Amnesty for Woman Städtegruppe Hamburg e.V., Dortmunder Mitternachtsmission e.V., Hydra e.V., Kassandra e.V., Kober e.V., Madonna e.V., Marikas e.V., Mimikry e.V., Nachtfalter e.V., Phoenix e.V.

fanden Zusammenkünfte statt, von denen nachfolgend einige kurz mit ihrer jeweiligen Themenstellung aufgeführt werden.

Die Internetplattform sexworker.at[1173] plante, sich vom 11.-14.02.2010 in Würzburg zu treffen, um zu beraten, ob die über die Jahre immer weiter gewachsene Plattform in einen Verband umgewandelt werden sollte. Das Treffen sowie die Umwandlung fanden jedoch bisher nicht statt, weil es organisatorische Schwierigkeiten gab.

Vom 26.-30.04.2010 sollte es in Kochel zwei aneinander anschließende Tagungen[1174] geben. An beiden Tagungen sollten Vertreter der unterschiedlichen Diskussionsgruppen rund um das ProstG teilnehmen. Ähnlich wie bereits die Kommunalakademie in Essen im Jahre 2009 sollte sie dazu dienen, die verschiedenen Behörden, Sexarbeiter, Bordellbetreiber und Beratungseinrichtungen an einen Tisch zu bringen und in Arbeitsgruppen für alle praktisch umsetzbare Ausgestaltungen und Verbesserungen rund um das ProstG zu diskutieren. Die Tagungen fanden jedoch nicht statt, da die Beratungshilfeeinrichtungen bereits während der Vorbereitungen im März 2010 signalisierten, dass sie an den Tagung aus zeitlichen und personellen Gründen nicht teilnehmen könnten, einige Bordellbetreiber hatten bereits zugesagt.

Am 14.10.2010 gab es eine Fortsetzung der Kommunalakademie „Raus aus der Grauzone“[1175], die in den Räumen der Friedrich-Ebert-Stiftung in Bonn stattfand und auf der ebenfalls über mögliche Änderungen und gangbare Wege zur Verbesserung der Bedingungen in der Sexarbeit mit allen beteiligten Gruppen beraten wurde.

[1173] www.sexworker.at. Auf der Homepage findet sich als erstes folgender Satz: „Mehr als 55.000 Beiträge, Infos, Diskussionen, Links, Tipps, Ressourcen zum Thema Sexarbeit, Prostitution, Escort, Agenturen, Ein- bzw. Ausstiegsberatung, Soziologie, Psychologie, Politik, Hilfestellung für Prostituierte in Österreich und Deutschland und vieles mehr, in einer großartigen Community.“ Stand Oktober 2010.

[1174] Die Tagungen sollten unter den Titeln „Ansätze zur Regulierung der Sexdienstleistungensbranche – das Modell der dynamischen Konzessionierung und die Herausforderung der Praxis“ (26.-28.04.) und „Ein durchgängig legaler Betriebsalltag als Voraussetzung der Normalisierung der Sexdienstleistungsbranche“ (28. bis 30.04.) stattfinden.

[1175] Seminarprogramm der Friedrich-Ebert-Stiftung, Seminar-Nr. 17550024 „Wege aus der Grauzone – Perspektiven des Umgangs der Kommunen mit der Sexdienstleistungsbranche II“.

Das Forum Sexworker.at hat dem UN-Ausschuss gegen Folter und unmenschliche Behandlung einen Schattenbericht vorgelegt, in dem die Art und Weise der verpflichtenden wöchentlichen medizinischen Untersuchung in Wien gerügt wird. Das Komitee zeigte sich besorgt über den Bericht und rief den Staat Österreich dazu auf in Zukunft zu gewährleisten, dass die Untersuchungen in einer Umgebung durchgeführt werden, in der die Intimsphäre geschützt und ein Augenmerk auf die Würde der Frau gelegt wird.
In Bezug auf diese Entwicklung fand vom 22.-26.11.2010 für Deutschland eine Sitzung der Pre-Sessional-Working Group des Ausschusses für ökonomische, soziale und kulturelle Rechte statt.

b.) Diskussionsthemen

Im Bereich der Sexarbeit werden in jüngerer Zeit mehrere Vorschläge diskutiert. Die Vorschläge kommen aus ganz unterschiedlichen Richtungen. Teilweise werden sie von den Beratungseinrichtungen, teilweise von Bordellbetreibern, Behördenleitern oder Personen mit einem Engagement für Sexarbeiter entwickelt. Der Zugang erfolgt daher aus ganz unterschiedlichen Blickwinkeln und setzt unterschiedliche Prioritäten. Die Schwierigkeit besteht darin, die Vorschläge gemeinsam zu diskutieren und weiterzuentwickeln. Bisher geschieht dies teilweise durch Schriftstücke, die per Email an alle Diskussionsteilnehmer geschickt werden oder auf Tagungen, bei denen jedoch selten alle Beteiligten anwesend sind.

(1) Umstrukturierungen bei den Beratungsstellen

Die Beratungsstellen sind zunehmend mit einer Vielzahl von Problemen konfrontiert. Sie decken den gesamten Bereich der Konfliktberatung, der Ein- und Ausstiegsberatung, der Gesundheitsaufklärung, der Schwangerschaftsberatung, der Suchtberatung, oftmals der seelsorgerischen Beratung und andere Bereiche ab.

Dafür sind die Berater, die oftmals Sozialarbeiter, Sozialpädagogen, selten auch Psychologen sind, nicht ausgebildet und für diese Aufgabenvielfalt reicht auch ihre verfügbare Stundenanzahl nicht aus. Es muss daher auch darum gehen, diese zu entlasten, damit sie ihrer eigentlichen Aufgabe, der Beratung der Sexarbeiter sowie der Hilfe beim Ein- und Ausstieg wieder nachgehen können.

Es gibt hierfür zwei Möglichkeiten. Es kann versucht werden, die Ratsuchenden an die jeweiligen Fachstellen zu verweisen, also Pro Familia, Gesundheitsamt, Finanzamt, Seelsorgeeinrichtungen etc. Dann müssten Flyer, Visitenkarten usw. in verschiedenen Sprachen vorrätig sein. Die andere Möglichkeit wäre, dass Vertreter der einzelnen Bereiche in die Beratungscontainer eingeladen werden, sofern denn Container vorhanden sind.

Entscheidet man sich für die zweite Lösung, für die z.B. sprechen würde, dass bei vielen Sexarbeitern eine erhebliche Hemmschwellen besteht, alleine zu Behörden und Ämtern zu gehen, müsste per Aushang in verschiedenen Sprachen deutlich gemacht werden, an welchem Tag welcher Ansprechpartner anwesend ist. Es müssten ggf. auch Dolmetscher zur Verfügung stehen, möglicherweise in Form eines anderen Sexarbeiters, der beide Sprachen sprechen kann und für die Tätigkeit ein gewisses Entgelt erhält. Dies würde auch zu einer besseren Vernetzung untereinander führen.
Es müsste Ansprechpartner vom Gesundheitsamt geben, damit diese alle Fragen rund um Geschlechtskrankheiten, Verhütung und Gesundheitsvorsorge beantworten können.
Es müsste von Zeit zu Zeit jemand von Pro Familia anwesend sein, um Schwangerschafts- und Abtreibungsberatung sowie ein- bis zweimal monatlich eine Rechts- und Steuerberatung durchgeführt werden.
Wünschenswert wäre sicher auch eine Einstiegsberatung durch eine qualifizierte Person. Hier würde sich möglicherweise eine Institution wie die IHK anbieten. Im Rahmen der Einstiegsberatung könnten alle steuerlichen und rechtlichen Anforderungen erläutert werden und durch Aushändigung einer Broschüre oder ähnlichem wichtige Verhaltenstipps für Sexarbeiter gegeben werden.

Zu überlegen ist jedoch, ob es sinnvoll ist, alle Berater und Ärzte in die Beratungscontainer auf den Straßenstrich zu holen und so eine Parallelwelt zu schaffen. Eine Integration von Sexarbeitern und eine Normalisierung des Gewerbes könnte so nicht erreicht werden. Indem man den Sexarbeitern einen so niedrigschwelligen Zugang gewährt, vermittelt man ihnen den Eindruck, dass man ihnen nicht zutraut die entsprechenden Stellen alleine aufzusuchen.

Neben diesen Bedenken stellt sich auch die Frage nach der Finanzierung eines solchen Beratungsangebotes vor Ort.

In ihrem Vortrag auf der Kommunalakademie 2009[1176] sprach *Eickel*[1177] zum Thema „Wie kann die rechtliche Lage arbeitnehmerähnlicher Freiberufler/innen in teilweise schwierigen sozialen Situationen verbessert werden?“ Sie stellte als Ausgangsvoraussetzungen ihres Vortrages folgende Punkte vor:

- Sexarbeit ist eine Erwerbstätigkeit und soll anderen Erwerbstätigkeiten und Wirtschaftszweigen gleich gestellt werden.
- Besonderheiten der Regulierung sollen sich allein auf inhaltliche Besonderheiten der Tätigkeit beziehen.

Zu der Frage „Wie kann soziale Betreuung dazu beitragen, diese Ziele zu erreichen?“ erläuterte sie, dass sich soziale Betreuung von der psychosozialen Beratung einer Randgruppe zur parteilichen beruflichen Beratung einer Gruppe von Erwerbstätigen entwickeln muss. Bei der beruflichen Beratung müssen die Themen Motivation, Eignung und Neigung, die für diese Tätigkeit erforderlichen Kenntnisse und Fähigkeiten, Arbeitsbereiche, relevante Gesetze, Rechte und Pflichten in der Sexarbeit und mögliche, dem Sexarbeiter begegnende Schwierigkeiten, im Vordergrund stehen. Die Beratung muss darauf ausgerichtet sein, dass Sexarbeiter sich professionalisieren, legalisieren und vernetzen können, um ggf. Hilfe und Unterstützung organisieren und Interessen gemeinsam vertreten zu können.

Im Vortrag wurden verschiedene Regulierungsmöglichkeiten wie Gewerbeanmeldung, Kontrolle durch Gewerbeaufsicht, Bauordnungsrecht und Erlaubnispflicht angesprochen. Darüber hinaus zeigte sie die Kontrolle durch Sozialversicherungen zur Feststellung faktisch abhängiger Beschäftigungsverhältnisse auf, mittels derer eine Sicherung der damit verbundenen Vorteile für die Arbeitnehmer sowie die Erarbeitung und Umsetzung von Standards in der Sexarbeit erreicht werden könnten. Diese Regulierungsmöglichkeiten greifen nach ihrer Ansicht aber nur, wenn die Sexarbeit entstigmatisiert und entkriminalisiert wird. Sexarbeiter müssen über ihre Rechte informiert und bei der Durchsetzung unterstützt werden, parteiliche Beratung und Unterstützung müssen verbindlich in-

---

[1176] Kommunalakademie in Essen „Raus aus der Grauzone“, Oktober 2009.
[1177] *Mechthild Eickel* ist bei Madonna e.V. in Bochum tätig.

stalliert und Interessenvertretungen von Sexarbeitern und Unternehmen in der Sexdienstleistungsbranche in alle Entscheidungen mit einbezogen werden. Weiter müssen Interessenverbände auf Seiten der Sexarbeiter und der Unternehmer oder Arbeitgeber gegründet und unterstützt werden.

(2) Polizei als Sicherheitsgewerbe

Als „Einfallstor" für die organisierte Kriminalität wurde von Teilnehmern der Fachtagungen der Bereich des Türsteher-/Sicherheitsgewerbes genannt.[1178]
Ein Vorschlag im Rahmen der Kommunalakademie 2009 war, dieses „Einfallstor" dadurch zu schließen, dass gewisse Etablissements keine freien gewerblichen Firmen mehr mit den Sicherheitsaufgaben betrauen dürfen, sondern diese durch Polizisten wahrnehmen lassen müssen. Der Betreiber müsste die Beamten für die Arbeitszeit selbstverständlich auch bezahlen. Ein ähnliches System, wie es bereits jetzt teilweise bei Großveranstaltungen wie Fußballspielen eingesetzt wird.

Es ist allerdings nur schwer vorstellbar, dass ein Bordell oder ein Laufhaus mit Beamten vor der Türe keinerlei finanzielle Einbußen hinnehmen müsste, da dies, auch wenn die Polizisten in Zivilkleidung auftreten würden, doch viele Freier abschrecken dürfte und sich auch die Sexarbeiter beobachtet fühlen könnten. Außerdem wären die Kosten wahrscheinlich um einiges höher, als dies bei gewerblichen Türstehern der Fall ist. Gerade in Zeiten der Wirtschaftskrise, die auch die Bordelle etc. betrifft, dürften dies Ausgaben darstellen, die die Betreiber an anderer Stelle versuchen werden einzusparen bzw. wieder einzunehmen. Dies könnte etwa durch höhere Zimmermiete erfolgen.
Außerdem sind nur einige gewerbliche Sicherheitsfirmen „kriminalitätsnah", andere Firmen hingegen sind nicht in kriminelle Machenschaften verwickelt. Diese würden sich für eine solche Aufgabe eignen und wären von einer Ausgrenzung direkt betroffen. Auch würde eine solche Ausnahmeregelung die Normalisierung des Gewerbes verhindern.

[1178]So auch spiegelonline vom 1.03.2010, 0 http://www.spiegel.de/panorama/justiz/0,1518,681069,00.html, „Polizei stoppt Kolonne der Hells Angels, kriminelle Rockergruppierungen drängen in Schleswig-Holstein zunehmend in legale Geschäftsbereiche wie Tattoshops, offizielle Bordelle oder die Security- und Türsteher-Szene."

Darüber hinaus klagt die Polizei bereits jetzt über Personalmangel und die finanzielle Lage der Länder erlaubt auch keine Hoffnung auf Besserung, so dass eher mit noch mehr Einsparungen zu rechnen ist. Es ist kaum vorstellbar, dass die Polizei genug Einsatzkräfte hat, um auch noch solche täglich anfallenden Sicherungsaufgaben zu übernehmen.

(3) Wiedereinführung der Pflichtuntersuchungen

Mit der Forderung der Wiedereinführung der Pflichtuntersuchung kann seitens der Sexarbeiter kein Vorteil verknüpft werden. Sie können sich auch jetzt im Rahmen der normalen Gesundheitsvorsorge regelmäßig untersuchen lassen.

Die Wiedereinführungsdebatte ist ein erheblicher Rückschritt in die Zeit vor dem ProstG. Es ist eine Scheindebatte mit der mehr Kontroll- und Eingriffsmöglichkeiten geschaffen werden sollen.
Fraglich ist in dem Zusammenhang auch, ob Menschenhändler ihre Opfer überhaupt zu diesen Pflichtuntersuchungen schicken würden und ob sich das Ziel, nämlich den Opfern ein paar Minuten ohne Aufsicht zu verschaffen, in denen sie um Hilfe bitten können, mit der Pflichtuntersuchung überhaupt realisieren ließe. Nahezu alle Beratungs- und Hurenselbsthilfeorganisationen sowie Mitarbeiter großstädtischer Gesundheitsämter sind gegen eine Wiedereinführung der Zwangsuntersuchung.[1179] Bedenklich ist auch, dass die Wiedereinführung mit kriminalpolitischen und nicht mit gesundheitspolitischen Gründen begründet wird.

Die Probleme in Österreich, die nach wie vor an der Pflichtuntersuchung festhalten, zeigen weitere Schwierigkeiten im Zusammenhang mit einer solchen auf.

(4) Ausschließlich selbstständige Tätigkeit

Auch dieser Punkt wird immer wieder erörtert. Ein Verbot von abhängigen Beschäftigungsverhältnissen würde das Problem nicht verbessern. Es gibt Beschäftigungsverhältnisse, in denen die Sexarbeiter nicht ausgebeutet werden und froh sind, dass sie regelmäßige Zahlungen erhalten, die sie einplanen können. Bei

[1179] La Muchacha, Dona Carmen, Nr. 8/2011, S. 1, 18, “BKA will Zwangsuntersuchungen”

einem Verbot der abhängigen Beschäftigung wäre auch ver.di als Gewerkschaft aus der Diskussion ausgeschlossen.

Fraglich ist auch, ob wirklich alle Sexarbeiter sich um alle kaufmännischen, steuerrechtlichen und organisatorischen Belange selber kümmern wollen und können. Jemand, der nur ein oder zwei Tage im Monat als Sexarbeiter arbeitet, hat höchstwahrscheinlich kein Interesse an einem solchen Bürokratieaufwand. Statt abhängig zu arbeiten, was sie bei einem Verbot der abhängigen Beschäftigung nicht mehr könnten, würden sie, mit an Sicherheit grenzender Wahrscheinlichkeit, „schwarz" arbeiten gehen.

Zu überdenken ist die Variante der Anerkennung der freiberuflichen Tätigkeit von Sexarbeitern, die Dona Carmen vertritt.[1180]

(5) Das Modell der dynamischen Konzessionierung

Das Modell der dynamischen Konzessionierung basiert auf einem Vorschlag von *Holtz*[1181], den dieser anlässlich der Planung zu den Tagungen in Kochel zu Diskussionszwecken per email versandte. Kernstück ist die Idee runder Tische. Diese sollen in jeder größeren Stadt eingerichtet werden. Die Geschäftsführung soll durch einen regionalen Sexarbeiter übernommen werden. Für diese Tätigkeit sollen Sexarbeiter im Rahmen eines „Hurenkarrieremanagements" unter bestimmten Bedingungen gefördert werden. Eine Erlaubnispflicht soll eingeführt und mit der Konzessionserteilung soll eine Konzessionsabgabe erfolgen, mit der die runden Tische, Beratungseinrichtungen und Qualifizierungsmaßnahmen finanziert werden sollen. Außerdem verpflichten sich die Betriebe bei Konzessionserteilung die Beschlüsse des runden Tisches umzusetzen.
Bei den runden Tischen soll eine Kommission eingerichtet werden, die regionale Arbeitsbedingungen festlegt und die mit Vertretern der Sexarbeiter und der Sexdienstleistungsbetreiber paränetisch besetzt sein soll. Vertreter der Kunden sollen beratend hinzugezogen werden. Es soll eine Einstiegs- und Anschlussqualifizierung von Sexarbeitern angeboten werden. Regionale Fachberatungsstellen

[1180] La Muchacha, Dona Carmen, Nr. 8/2011, S. 1, 2, "Selbständige Prostitution: Anerkennung als freier Beruf!".
[1181] *Norbert Holtz* ist Dipl. Kaufmann und Dipl. Politologe aus Hamburg und aktiv beteiligt an den Beratungen zur Verbesserung und Änderung der Bedingungen in der Sexarbeit.

und der runde Tisch sollen eng zusammenarbeiten, wobei kirchliche Beratungsstellen, die zum Teil von der Kirche und zum Teil von anderen Trägern finanziert werden, entweder von regionalen Trägern übernommen oder wegen „ideologischer Konkurrenz und damit Befangenheit gegenüber der Sexarbeit“ nicht mehr öffentlich gefördert werden sollen.
Der Vorschlag sieht weiter vor, die Straßenstriche von den Kommunen betreiben und Standplätze, ähnlich wie bei Wochenmärkten, gegen eine Konzessionsabgabe an einzelne Sexarbeiter zu vergeben und auf den Strichen für eine Infrastruktur, also Toiletten etc. zu sorgen.
Die Daten der Sexarbeiter sollen von einem regional gewählten Sexarbeiter verwaltet werden. Nur an dieser Stelle könnten die „Pseudonyme“ und die realen Namen in Einklang gebracht werden, Betreiber erhielten so keinerlei persönliche Daten ihrer Sexarbeiter, mit denen sie aber unter dem jeweiligen Pseudonym Verträge abschließen könnten.

Dieser Vorschlag birgt jedoch auch gewisse Gefahren, die bei einer Umsetzung bedacht und verhindert werden müssten.
Werden die Standplätze vergeben, muss sichergestellt werden, dass sich Zuhälter nicht auf Zeit eine gewisse Anzahl von Standplätzen sichern können und so eine Förderung der Zuhälter und eine Erschwerung für Sexarbeiter selbstständig zu arbeiten, erfolgt.

Wird ein regionaler Sexarbeiter gewählt, um die echten Namen und die Pseudonyme zu verwalten, müsste dieser das Vertrauen aller genießen. Es müsste sicher gestellt werden, dass dieser seine Machtstellung nicht ausnutzt und er müsste für diese sicherlich zeitaufwendige Tätigkeit entlohnt werden. Um auch hier keine Abhängigkeiten zu schaffen, dürfte er weder alleine von der Stadt/Kommune, noch alleine von den Sexarbeitern entlohnt werden.

4.) Zusammenfassung des 7. Kapitels

Die Implementation der rechtlichen Ziele des ProstG, also der Wegfall der Sittenwidrigkeit und die Einschränkung der Strafbarkeit im Zusammenhang mit der Sexarbeit, sind weitgehend durch die Rechtsprechung implementiert worden.

Das Ziel für Sexarbeiter eine Möglichkeit zu schaffen, ihre Forderungen einzuklagen wurde nicht erreicht, weil offensichtlich diesbezüglich kein Bedarf bei den Sexarbeitern besteht.

Anders ist es jedoch bei den gesellschaftspolitischen Zielen. Hier ist eine Implementierung noch nicht erfolgt und die Ziele des ProstG wurden bisher noch nicht erreicht. Zum einen dürfte es weitaus schwieriger sein Ziele, wie verbesserte Arbeitsbedingungen, im Gegensatz zu den rein rechtlichen Zielen, zu erreichen, da ein Gericht „lediglich" das geltende Recht im Einzelfall auslegen und anwenden muss, bei den gesellschaftspolitischen Zielen aber ganz neue Strukturen und Regelungen gefunden werden müssen. Zum anderen ist es für die Akteure schwierig, neben ihrer eigentlichen Arbeit als Beratungseinrichtung oder Sexarbeiter, gleichzeitig noch Zeit und Energie aufzubringen, hier Strategien zu entwickeln und diese auch noch wirksam umzusetzen.

Es gibt vereinzelte Ansätze und Überlegungen, die zum Teil ihren Ursprung in Überlegungen haben, die nicht in erster Linie mit einer Verbesserung der Situation für die Sexarbeiter zu tun haben, sondern von Gedanken der Regulierung und Überwachung inspiriert sind. Eine Zielfokussierung kann damit nicht erreicht werden.
Ob das Gewerberecht als Steuerungsinstrument geeignet ist und eine Erlaubnispflicht für Bordelle tatsächlich die beste Lösung für alle ist, sollte von einer unabhängigen Seite ausgiebig beleuchtet und analysiert werden, da die mit dieser Regelung verknüpften Ziele unterschiedlich sein dürften.

Insgesamt kann festgehalten werden, dass die bisherigen Akteure eine Implementierung der Ziele des ProstG nur dann erreichen können, wenn sie Strategien entwickeln, die Organisationen mit einbeziehen die das haben, was ihnen fehlt, nämlich Geld, Personal, Einfluss und juristische Ressourcen. Die Beratungs- und Hilfseinrichtungen müssen ihr fachliches Wissen und die Kontakte zu den Sexarbeitern einbringen und gemeinsam müssen dann Strategien und Kampagnen entwickelt werden, die zu Verbesserungen der Arbeitsbedingungen für die Sexarbeiter, bessere Ausstiegsmöglichkeiten sowie eine erhöhte Transparenz des Gewerbes zur Vermeidung von kriminellen Begleiterscheinungen führen.
Als solche Organisationen sind thematisch am besten die Gewerkschaften geeignet, hier insbesondere ver.di. Ob eine solche Kooperation über das bisher be-

stehende minimale Zusammenwirken hinaus zustande kommt und wie fruchtbar diese Zusammenarbeit sein wird, wird entscheidend dazu beitragen, ob die Ideen, die auf Zusammenkünften oder von einzelnen entwickelt wurden, umgesetzt werden können.

Die Akteure müssen darüber hinaus beginnen an neue Wege und Möglichkeiten zu denken, um ihre Ziele zu erreichen bzw. sie öffentlich zu machen und Unterstützer zu gewinnen. Zu prüfen wäre zum Beispiel, ob auf der Ebene der EU Unterstützung zu erhalten ist. Möglicherweise kann durch einen europäischen Zusammenschluss, wie beispielsweise Tampep, eine EU-Verordnung erwirkt werden, die vorsieht, die Stellung der Sexarbeiter zu verbessern und die unterschiedlichen nationalen Gesetze zu harmonisieren. Eine solche Verordnung würde von Deutschland umgesetzt werden müssen, unabhängig vom aktuellen Regierungsbündnis.

Was die Situation von Sexarbeitern angeht, sollte zusätzlich zu den Zielen, die mit der Einführung des ProstG gesetzt wurden, versucht werden zu erreichen, dass in jedem Bundesland ausreichend Beratungs- und Hilfseinrichtungen angesiedelt sind, die den Sexarbeitern zur Seite stehen und ihre Interessen in der Landespolitik vertreten können.

In Kiel ist die Beratungshilfeeinrichtung „contra" bisher ausschließlich für Frauen zuständig, die von Frauenhandel in Schleswig-Holstein betroffen sind. Es gibt es in ganz Schleswig-Holstein keine Anlaufstelle, außerhalb des Gesundheitsamtes, für Sexarbeiter und es wird auch keine aufsuchende Arbeit praktiziert. Dadurch ist der Informationsfluss derart eingeschränkt, dass betroffene Frauen von „contra" oftmals gar nicht erfahren. Im Jahre 2009 hat „contra" erfolglos versucht Bundesmittel für ein solches Projekt in Kiel einzuwerben. Immerhin bildete sich ein Arbeitskreis Prostitution in Kiel und Flensburg in dem 2010 eine Situationsbeschreibung zur Prostitutionsszene/Situation der Frauen in der Prostitution in Schleswig-Holstein erarbeitet wurde. Erstes Ziel soll sein kommunale Regelungen zu erarbeiten, welche umsetzbar und empfehlenswert wären, damit ein ganzes Bundesland wenigstens eine Anlauf- und Beratungsstelle für Sexarbeit erhält.

In diesem Zusammenhang sei auch auf die 2009 vom Land Rheinland-Pfalz neu gegründete Beratungseinrichtung für Sexarbeiter „Roxana“ verwiesen. Die Beratungseinrichtung wurde mit zwei Stellen, einer à 3 Stunden die Woche und einer à 19 Stunden die Woche für das gesamte Gebiet Rheinland-Pfalz, ausgestattet. Dass so eine effektive Arbeit nicht möglich ist, zumal es sich bei der Mitarbeiterin nicht um eine sogenannte „Insiderin“, also einen Sexarbeiter aus dem Gewerbe handelt, ist offenkundig.[1182]

Die beiden exemplarischen Beispiele zeigen, wie teilweise ganze Bundesländer nahezu keinerlei Beratungs- und Unterstützungsmöglichkeiten für Sexarbeiter anbieten. Dies muss dringend verändert werden. Ohne Ansprechpartner können sich die Sexarbeiter weder über ihre Rechte und Pflichten informieren, noch im Bedarfsfall Hilfe erreichen. Darüber hinaus haben sie keinerlei Möglichkeit ihre Interessen gegenüber dem Land und den Kommunen vertreten zu lassen oder an den bundesweiten Überlegungen der Akteure zur Implementierung der Ziele des ProstG teilzunehmen.

Insgesamt ist es erforderlich, dass neue Unterstützer für die Sexarbeiter gefunden werden, auch und vor allem außerhalb der bisher bestehenden Diskussionsteilnehmer. Es müssen Netzwerke geschaffen, ausgebaut und gepflegt werden und die Sexarbeiter dürfen nicht mehr mit den Opfern von Menschenhandel in einem Atemzug genannt werden, sondern es muss von den Akteuren eine Fokussierung auf die Interessen und Ziele der Sexarbeiter erfolgen. Außerdem müssen die Sexarbeiter selbst motiviert und organisiert werden, um bei der Erreichung einer Verbesserung mitzuwirken und ihre Erfahrungen einzubringen. Darüber hinaus wäre es wichtig, der Bevölkerung zu zeigen, dass ein Sexarbeiter ein ganz normales Leben führt und die gleichen Rechte und Pflichten übernimmt, wie jeder andere im Dienstleistungsbereich. Nur so kann auch der notwendige Rückhalt in der Gesellschaft für Änderungen erreicht werden.

Eine Implementation des ProstG kann nur erfolgen, wenn alle Stellen ein Interesse hieran haben. Solange die Behörden, Kommunen etc. dieses nicht haben, fällt eine große Gruppe aus dem Bereich der Implementationsträger heraus und erschwert diese. Die Kommunalakademien mit Vertretern der verschiedenen

---

[1182] Die Information stammt von der 40. Fachtagung Prostitution in Essen aus Oktober 2009.

Behörden und Ämtern ist ein erster Schritt, jedoch müsste daraus eine bundesweite Akademie werden und es müssten neue Ideen und Zusammenschlüsse zur Erreichung der mit dem ProstG angestrebten Ziele erreicht werden.

Für eine sinnvolle Implementierung des ProstG, wäre ein Zusammenschluss der Gewerkschaften[1183], Selbsthilfe- und Beratungsstellen, der Sexarbeiter selbst sowie Fachleuten aus dem rechtswissenschaftlichen, arbeitsrechtlichen, steuerrechtlichen, und sozialwissenschaftlichen Bereichen erforderlich. Hier müssten konstruktive Vorschläge und Strategien erarbeitet werden, die dann an ausgewählten Stellen öffentlichkeitswirksam präsentiert und der Politik direkt zugeleitet werden müssten.

[1183] ver.di, Bundesverband der sexuellen Dienstleister, Bufas, Unternehmerverband Erotik Gewerbe Deutschland e.V., Bundesverband des deutschen Erotikgewerbes und Voice of Escorts.

8. Kapitel

Gesamtergebnis

In den vorstehenden Kapiteln ist deutlich gemacht worden, welche Probleme, Argumente, Überlegungen und Diskussionen die Prostitution in den letzten 150 Jahren geprägt haben.

Abschließend sollen diese Informationen zusammengefasst und miteinander in Bezug gesetzt werden.[1184]

1.) Vergleich Historie und Gegenwart

Viele der heutigen Argumente und Diskussionen wurden bereits vor 150 Jahren geführt. Die Gesellschaft und die Stellung der Frau haben sich seit damals gewandelt, so dass sich die Frage stellt, ob die Argumente auch im heutigen Kontext wirklich dieselben sind oder ob sie inzwischen neue Inhalte und Zusammenhänge erhalten haben.

a.) Lage und Stellung der Frauen insgesamt damals und heute

Bereits bei der Gründung des ADF im Jahre 1865 äußerte *Schmidt*, dass die Frauenbewegung weniger den Widerstand egoistischer Männer als vielmehr die Teilnahmslosigkeit von Frauen fürchte, die sich in dem Zustand ewiger Kindheit und Unterordnung glücklich und zufrieden fühlten. Sie sah das Problem der Frauen vor allem im Nichterkennen der eigenen Situation.

Tatsächlich hatten sich viele Frauen mit ihrer Situation abgefunden. Die Frauen des 19ten Jahrhunderts hatten nur sehr wenige Rechte. Sie waren von ihren Ehemännern vollständig abhängig, da nur diese die Verfügungsgewalt über das Familieneinkommen hatten und sie zustimmen mussten, wenn die Frau einer Arbeit nachgehen wollte. Darüber hinaus wurden Frauen für ihre Arbeit sehr viel schlechter bezahlt, als ihre männlichen Arbeitskollegen. Vielen Frauen blieb

---

[1184] Alle nachfolgenden Angaben wurden in dieser Arbeit bereits an anderer Stelle, mit den entsprechenden Quellenangaben versehen, weshalb auf eine neuerlich Angabe in Fußnoten verzichtet wird, soweit es sich um Wiederholungen handelt.

in dieser Situation nur die Möglichkeit, sich mit Prostitution Geld für den Lebensunterhalt zu verdienen.
Hinzu kam, dass durch die Industrialisierung viele Arbeitsplätze wegfielen, die bisher mit Frauen besetzt waren. Die Frauen der bürgerlichen Schicht waren „nur noch" zuständig für den Haushalt und die Kinder. Selbst einer Arbeit nachzugehen, galt als unschicklich.

Bei den proletarischen Frauen, die größtenteils arbeiten gingen, reichte der Verdienst oftmals nicht zum Leben aus oder die Frauen wurden in Folge der Industrialisierung arbeitslos. Daher gingen einige der Prostitution nach, um ihren und den Lebensunterhalt ihrer Kinder sichern zu können.

In ihrer Unzufriedenheit begannen die Frauen damals über ihre Situation und die Gleichberechtigung nachzudenken. Bestärkt wurde dies durch das 1878 erschienene Buch von *Bebel*[1185], welches großen Einfluss auf das Bewusstsein der Frauen selbst und die Beurteilung ihrer Stellung in der Gesellschaft hatte.[1186]

Es bildeten sich sowohl bei den bürgerlichen, als auch bei den proletarischen Frauen Vereine und Gemeinschaften, die begannen, für eine Änderung der Verhältnisse zugunsten der Frauen einzutreten. Beide unterschieden sich in ihrer Konzeption jedoch grundlegend.

Die bürgerliche Frauenbewegung wollte ihre Anliegen und Forderungen innerhalb der bestehenden Wirtschafts- und Gesellschaftsordnung erkämpfen. Das Wahlrecht sollte als „Belohnung" für geleistete soziale Dienste der Frauen zuerkannt werden. Sie gründeten eine Vielzahl von Gemeinnützigen- und Wohltätigkeitsvereinen, wie Mädchenhäuser etc., in denen sie sich ehrenamtlich engagierten.

Die proletarische Frauenbewegung war organisatorisch in die sozialistische Arbeiterbewegung eingebettet. Eine Befreiung konnte sich nach ihrer Ansicht nur aus der Aufhebung der derzeitigen Gesellschaftsform ergeben. Die Frauenfrage

---

[1185] *August Bebel*, „Die Frau und der Sozialismus".
[1186] *Nave-Herz*, S. 18.

war daher nur ein Aspekt unter vielen, die mit einer klassenlosen Gesellschaft gelöst werden sollte.[1187]

Heute sind Frauen und Männer gesetzlich und gesellschaftlich gleichgestellt. Frauen können auch ohne Erlaubnis ihrer Ehemänner und Väter eine Arbeit oder ein Studium beginnen und es steht ihnen frei, zu heiraten wann und wen sie möchten.[1188] Frauen müssen nicht mehr beweisen, dass sie den Männern in Geist und Wissen ebenbürtig sind.

Dennoch sind beide Geschlechter in einigen Bereichen nur theoretisch und nicht tatsächlich gleichgestellt (z.B. in der Lohnpolitik, wo sie im Schnitt noch heute 23 % weniger Lohn erhalten, als ihre männlichen Kollegen. Dies erstaunt, wenn man sich vor Augen führt, dass dies ein Zustand ist, der nunmehr seit gut 150 Jahren von der Frauenbewegung versucht wird zu bekämpfen).
Da die Frauen der heutigen Zeit in einer Gesellschaft der vermeidlichen Gleichberechtigung aufgewachsen sind, empfinden sie möglicherweise nicht mehr den gleichen starken Antrieb zur Erreichung von Veränderungen, wie die Frauen im 19ten Jahrhundert. Sie vertrauen auf die staatlichen Hilfssysteme, eine Notwendigkeit soziale Lücken durch ehrenamtliche Arbeit auszugleichen wird immer seltener gesehen. Lediglich die Bereiche, die die Emotionen ansprechen, erfahren eine Beachtung. Der Aktionismus bündelt sich da, wo Hilfe für Opfer oder der Kampf gegen Gewalt gegen Frauen und Kinder aufgenommen wird.

Die Situation der Sexarbeiter wird nur am Rande wahrgenommen und eine Notwendigkeit zum ehrenamtlichen Engagement nicht gesehen.
Höchstwahrscheinlich erfolgt noch immer eine Eingruppierung der Sexarbeiter in
„nicht freiwillig gewählt“ = Opfer, was Mitleid und Hilfe hervorruft, oder „selbst gewählt und so gewollt“ = wusste worauf er sich einlässt, was allenfalls Gleichgültigkeit bewirkt.
Eine „selbstgewählte“ Situation scheint nur geringes Interesse zu wecken, was auch an anderen Branchen deutlich wird, z.B. Reinigungskräfte mit 2 bis 3 € Stundenlohn oder Verkäufer, die über Leiharbeitsfirmen zu schlechten Konditionen eingestellt werden.

[1187] *Nave-Herz*, S. 17.
[1188] Zumindest in den christlichen, westlichen Kulturkreisen.

Die Frauen von heute haben ein anderes Verständnis von Gerechtigkeit und Geschlechtergleichheit als damals. Unrecht und Ungleichheit wird von ihnen erkannt, insofern kann von „ewiger Kindheit“ heute nicht mehr gesprochen werden.
Es unterscheiden sich hier drei Gruppen:

- die Frauen, die selbst nicht von einer Ungerechtigkeit betroffen sind und dieses nur im emotionalen Bereich wahrnehmen und sich ggf. hier einbringen,
- die Frauen, die selbst von einer ungerechten Lohnpolitik oder anderem betroffen sind, dies aber hinnehmen und versuchen zu ignorieren, da sie es „eh nicht ändern können“ und
- die dritte Gruppe von Frauen, die versuchen Änderungen zu erreichen. Diese dritte Gruppe ist gemessen an den beiden anderen jedoch sehr klein.

Auch aus den Reihen der Sexarbeiter selbst kommen wenige Forderungen. Möglicherweise fühlen sich die Sexarbeiter in der Anonymität und der Undurchsichtigkeit des Gewerbes wohl. Sie erachten die Ziele des ProstG nicht als zwingend nötig, um eine Verbesserung ihrer Situation herbeizuführen. Vielleicht sind Frauen aber auch einfach bereit mehr hinzunehmen, sind leidensfähiger und eher bereit, sich mit den Umständen zu arrangieren und schon in kleinen Schritten große Erfolge zu sehen.

Von einer Frauenbewegung, wie sie im 19ten und 20ten Jahrhundert bestand, kann heute nicht mehr gesprochen werden. Die Frauen nehmen ihre Situation und die noch bestehenden Ungerechtigkeiten weitgehend hin. So dass das Zitat von *Schmidt* auch heute noch weitgehend zutreffend ist.

b.) Einordnung der Prostituierten/Sexarbeiter damals und heute

Prostituierte wurden von den Frauen im 19ten Jahrhundert unterteilt in die,

- die aus der Not heraus oder durch Zwang diese Tätigkeit ausübten und
- diejenigen, die aufgrund mangelnder Erziehung oder als „geborene Dirne“ in diesem Gewerbe tätig waren.

Eine freiwillige Entscheidung zu dieser Tätigkeit wurde damals nicht diskutiert und war für die Frauen des 19ten und Anfang des 20sten Jahrhunderts unvorstellbar.

Von einigen Frauen wurde die Prostitution als notwendiges Übel, von anderen als Gefahr für die Institution der Ehe und der Familie, von einer weiteren Gruppe als Ausdruck des von männlichen Interessen geprägten Staatsbildes oder sogar als Verrat an der Frauenbewegung angesehen. Fast alle grenzten sich deutlich von den Prostituierten ab, um nicht in den Verdacht zu gelangen, mit diesen Frauen persönlich zu tun haben. Auch die Forderung nach Abschaffung der Reglementierung der Prostitution, hatte ihre Gründe weniger in dem Wunsch für die Prostituierten bessere Bedingungen zu schaffen, als in der Angst, selbst von der Polizei unter dem Verdacht der Prostitution überprüft zu werden.

Prostitution wurde nicht als Arbeit angesehen. Prostituierte wurden verglichen mit Bettlern und Landstreichern. Der Zusammenhang zwischen Prostitution und Kriminalität lag nach dieser Ansicht im Willen der Lebensführung, der zum Triebhandeln verleite.

De *Beauvoir* äußerte 1960, dass nach ihrer Ansicht ein Verschwinden der Prostitution nur erreicht werden kann, wenn jede Frau Arbeit hat und freie Liebe ohne Hindernisse herrscht. Damit sah sie in der Prostitution auch keine freiwillige „Berufsentscheidung“, sondern eine Arbeit, die man aus mangelnden Arbeitsangeboten oder aus gesellschaftlichen Zwängen und sexuellen Bedürfnissen nutzte.

Heute wird die Sexarbeit von einigen als freiwillige Entscheidung zum Erwerb des Lebensunterhaltes oder als Ergänzung zu anderer Erwerbstätigkeit gesehen. Es gibt aber auch noch eine Gruppe, die noch heute der Ansicht ist, dass diese Tätigkeit nicht freiwillig ausgeübt werden kann. Zwar formulieren es wenige so deutlich wie *Schwarzer* mit ihrer „Die Freiwilligkeit ist ein Mythos“ Aussage, dennoch gehen viele davon aus, dass die Sexarbeiter entweder zu dieser Arbeit gezwungen werden oder aufgrund von Drogensucht oder Alternativlosigkeit diesem Gewerbe nachgehen. Daher wird die Sexarbeit gedanklich eng mit dem Menschenhandel oder der sog. „Zwangsprostitution“ verknüpft.

Damals wie heute sind bei den Hilfs- und Beratungseinrichtungen die Motivationen Sexarbeitern beim Ausstieg zu helfen und die Opferbetreuung dominierend. Aber anders als damals, wird heute über eine Freiwilligkeit diskutiert und es gibt Bestrebungen, nicht zuletzt durch das ProstG, die Lebens- und Arbeitsbedingungen der Sexarbeiter zu verbessern.

c.) Auflagen und Reglementierungen für Prostituierte/Sexarbeiter damals und heute

Die Prostituierten des 19ten und 20ten Jahrhunderts waren einer Vielzahl von Reglementierungen und Auflagen unterworfen. Selbst der Ausstieg war nicht nur von der eigenen Entscheidung abhängig, sondern, um bei der Polizei aus der Dirnenkartei gelöscht zu werden, bedurfte es bestimmter Bedingungen, die erfüllt werden mussten.

Heute existieren solche Auflagen und Reglementierungen nicht mehr. Im Jahre 2000 wurde die Pflichtuntersuchung abgeschafft und auch, wenn sie heute wieder von einigen gefordert wird, ebenso wie teilweise eine erneute Registrierung, ist es doch unwahrscheinlich, dass diese in nächster Zeit wieder eingeführt werden. Somit sind die Sexarbeiter heute in der Situation weitgehend frei den Ein- und Ausstieg sowie die Art und Weise ihrer Ausübung selbst zu bestimmen. Selbst wenn ein Bundesland oder eine Stadt verschärfte Auflagen für Sexarbeiter vorschreibt, z.B. München, steht es dem Sexarbeiter frei, in eine andere Stadt zu wechseln, bei der weniger Reglementierungen bestehen.

d.) Motivation für Engagement im Bereich der Prostitution damals und heute

Im 19ten und 20ten Jahrhundert waren die Prostituierten Zielgruppe für eine von den bürgerlichen Frauen dominierte Zeit der Wohltätigkeitsvereine und Mädchenheime. Über die Arbeit mit den „armen verirrten Mädchen und Frauen“ die zurück in ein ordentliches Leben geholt werden mussten, definierten sich die bürgerlichen Frauen, die aufgrund des Verlustes eines Teils ihrer Aufgaben im Haus und der Familie, ihre innere Leere ausfüllen wollten. Darüber hinaus gab es auch eine große Anzahl von Frauen, die das Frauenwahlrecht als Gegenleistung für ihre sozialen Dienste forderten.

Auch die proletarische Frauenbewegung sowie die SPD sahen die Prostituierten als Opfer einer kapitalistischen und patriarchalen Staatsform, die es zu reformieren galt. Teilweise wurden diese noch von einer Forderung nach einem Wandel in der Moral- und Sittenvorstellung der Gesellschaft ergänzt, die die Frauen durch das herrschende Idealbild der Ehefrau und Mutter, sowie der keuschen Mädchen, unterdrückte. Die Lösung wurde in einer wirtschaftlichen und sozialen Reform gesehen, etwa in Form des Sozialismus, der zu einem Verschwinden der Prostitution führen würde.

Die Prostitution des 19ten und 20ten Jahrhunderts diente als einer der Anknüpfungspunkte für die Verbesserung des Selbstbewusstseins und der Stellung der bürgerlichen Frauen sowie dem Kampf der proletarischen/politischen Frauen für die Änderung des Staatssystems, in welchem Frauen zu solch „schlimmen und unwürdigen Tätigkeiten" gezwungen waren.

Kontakte zwischen Prostituierten und der sonstigen Bevölkerung existierten fast gar nicht und die Prostituierten konnten auch in keinerlei Art und Weise an den geführten Diskussionen teilnehmen.

Auch heute noch gibt es zwischen Sexarbeitern und der „normalen" Bevölkerung wenig Berührungspunkte. Die Menschen, die in unmittelbarer Nähe zu Straßenstrichen oder Sexdienstleistungsgewerben leben, empfinden diese als Bedrohung für ihre Kinder oder fühlen sich gestört, weshalb bereits diverse Straßenstriche umgesiedelt wurden.

Die Beratungsstellen haben ein Interesse daran, die Aufgaben zu erfüllen, für die sie bezahlt werden und das sind in den meisten Fällen Beratungen und Hilfe für ausstiegswillige Sexarbeiter oder Opfer von Gewalt. Erst in zweiter Linie können sie sich mit dem Status Quo und eventuellen Verbesserungen beschäftigen. Um eine Angleichung der Gesetze und eine für die Sexarbeiter fühlbare Verbesserung der Arbeits- und Lebensbedingungen zu erreichen, braucht es aber Strategien.

Die Sexarbeiter selbst nehmen das ProstG als einen verunglückten und halbherzigen Gesetzgebungsversuch, der zeigt, dass sich die Politik nicht für ihre Belange interessiert und von dieser auch keine Unterstützung zu erwarten ist. Die Sexarbeiter selbst engagieren sich für eine Verbesserung der Situation, aber nur in geringem Umfang und nehmen kaum wahrnehmbar an den Diskussionen teil.

Das Misstrauen ist auf allen Seiten groß und eine interdisziplinäre Lösung mit allen Beteiligten wird bisher nicht gesucht.

e.) Gesetzliche Regelungen im Zusammenhang mit der Prostitution/Sexarbeit damals und heute

Mitte des 19ten Jahrhunderts waren Bordelle konzessioniert, die Betreiber konnten sich aber dennoch wegen Kuppelei strafbar machen. Es gab verschiedene Ansichten, wie dieser Zustand zu verbessern sei. Während die einen eine Legalisierung der Bordelle vorschlugen, forderten die anderen ein Bordellverbot und den Entzug aller Konzessionen. Die zweite Ansicht setzte sich durch und zunächst wurden alle Konzessionen aufgehoben. Praktisch hatte dies aber kaum Auswirkungen, da die Bordelle nahezu unverändert, nur jetzt ohne Konzessionen, fortbestanden.
Anfang des 20ten Jahrhunderts wurde der Widerspruch zwischen strafloser Prostitution und strafbarer Förderung der Prostitution aufgehoben. Zwar waren, bis auf Lübeck und Braunschweig, alle Länder für die Beibehaltung der Reglementierung, dennoch setzte sich die Abschaffung durch. Im Jahre 1927 trat das GeschlKrG in Kraft und legalisierte die Prostitution. Trotzdem sollte Prostitution nicht als Gewerbe wie jedes andere gelten.

Die KP ging 1929 noch einen Schritt weiter und forderte, nur die Kuppelei von unter 14jährigen und bei Jugendlichen die Kuppelei aus Eigennutz, Abhängigkeit oder List, unter Strafe zu stellen. Alles andere sei, nach ihrer Ansicht, durch das StGB abgedeckt oder ginge das Strafrecht nichts an. Der Vorschlag setzte sich nicht durch.

1933 ging man von einem Scheitern des GeschlKrG aus, welches erhebliche Umsetzungsschwierigkeiten hatte und unter einer unklaren Gesetzeslage litt. Die unterschiedlichen Handhabungen der Länder, trotz erlassener Ausführungsbestimmungen, bildeten sich erst langsam durch die höchstrichterliche Rechtsprechung zurück und erreichten eine relative Einheitlichkeit.

Auch in den 1960iger Jahren gab es noch unterschiedliche Regelungen innerhalb eines Bundeslandes. Die Diskussionen um die Prostitutionsparagraphen begannen erneut und im AE von 1966 wurden der Schutz der freien Willensbetätigung und des sexuellen Selbstbestimmungsrechtes sowie die Abschaffung der Zuhälterstrafbarkeit gefordert.

Erst im Jahre 2000 erfolgte die Abschaffung der Pflichtuntersuchungen. Das BKA und die lokalen Polizeibehörden beklagten dies, da sie davon ausgingen, dass nun kaum noch Opfer von Menschenhandel aufgespürt werden könnten. Eine Befürchtung, die sich an den Statistiken nicht belegen lässt, die sich aber dauerhaft hält.

Aufgrund verschiedener Aufforderungen wurde im Jahre 2001 das ProstG verabschiedet und trat 2002 in Kraft. Es regelt nur einen kleinen Teil und eine Anpassung an andere Gesetze unterblieb. Teilweise ging der Gesetzgeber davon aus, dass sich die anderen Rechtsgebiete von selbst anpassen würden, teilweise sah er Probleme und Widersprüche nicht oder wollte sie nicht regeln. Auch die Ergebnisse und klaren Vorschläge zu Änderungen, der 2007 veröffentlichten Evaluationen des ProstG, hatten keinerlei Auswirkungen.

Heute besteht eine Situation, wie sie bereits nach dem GeschlKrG von 1927 bestanden hat. Das ProstG wird nicht ausreichend implementiert, dahinter stehende Ideen werden nicht umgesetzt und eine Anpassung der anderen Rechtsbereiche hat nicht stattgefunden. Hinzu kommt, dass es in allen Bundesländern unterschiedliche Handhabungen gibt.
Damit gibt es kein schlüssiges Gesamtkonzept.

f.) Motivationen der Politik im Zusammenhang mit Regelungen zur Prostitution und Sexarbeit damals und heute

Im 19ten und 20ten Jahrhundert standen gesundheitliche Aspekte im Vordergrund. Aufgrund der Kriege, der Armut und des noch nicht erfundenen Penicillins stellten die Geschlechtskrankheiten ein großes Problem dar. Die Verbreitung der Krankheiten erfolgte, nach den Vorstellungen damaliger Zeit, hauptsächlich durch Prostituierte, die ihre Freier ansteckten, welche wiederum ihre Familien ansteckten.

Darüber hinaus wollte man die moralischen Werte der Ehe und Familie betonen und pönalisierte den außerehelichen Geschlechtsverkehr. Viele wollten darüber hinaus nicht, dass ihre Frauen und Töchter mit der Prostitution in Kontakt kamen und erst, als die Reglementierung genau das Gegenteil erreichte, nämlich dass immer öfter „anständige" Frauen polizeilich überprüft wurden, änderte sich die Ansicht und es wurde eine Abschaffung der Reglementierung beschlossen, die mit freiwilligen Untersuchungen einherging.

Nach Erfindung des Penicillins stand die Volksgesundheit zunächst nicht mehr im Fokus der Diskussionen, bis in den 1980er Jahren die Immunschwächekrankheit Aids ausbrach. Ähnlich wie damals gegen die Geschlechtskrankheiten, gab und gibt es kein wirksames Medikament gegen eine solche Infizierung und die Menschen fühlten sich erneut durch die Prostituierten bedroht, da diese im Verdacht standen, die Krankheit zu verbreiten.

Nachdem Ende der 1990er Jahre das Thema HIV in den Hintergrund trat, weil man davon ausging, dass nun überall Kondome verwendet würden und die Bevölkerung ausreichend aufgeklärt sei sowie Medikamente erfunden waren, um den Verlauf der Krankheit zu verzögern, standen andere Themen wie Opfer- und Jugendschutz im Mittelpunkt der Diskussionen. Eine sowohl vom UN-Ausschuss für die Beseitigung der Diskriminierung der Frau, als auch von der 5. Gesamtfrauenministerkonferenz 1995 geforderte Verbesserung der Situation der Prosituierten, wurden mit dem ProstG im Jahre 2002 umgesetzt.

2.) Fazit zum Vergleich Historie und Gegenwart

Das Interesse der Politik und der Gesetzgebung an den Sexarbeitern ist damals wie heute nur ein scheinbares, welches zur Erreichung anderer Ziele vorgegeben wird. Die Gesellschaft und die Stellung der Frau hat sich verändert, aber noch immer erfahren die Sexarbeiter keinerlei Unterstützung aus der Bevölkerung und sie werden auch nur bedingt in ihrer Berufswahl anerkannt.

Eine wahrnehmbare Frauenbewegung, die für die Verbesserung der Arbeits- und Lebensbedingungen von Sexarbeitern eintritt und sich nicht ausschließlich mit bestimmten Problembereichen beschäftigt, existiert derzeit nicht. Wenn es sich nicht um Opfer handelt, haben Frauen keine Lobby, die über soziale Netzwerke hinausgeht.

3.) Blickwinkel Opfer- und Jugendschutz

Wie bereits aufgezeigt, beschäftigte sich damals wie heute die Mehrheit der Vereine und Einrichtungen mit der Hilfe für Opfer oder der Hilfe zum Ausstieg aus der Sexarbeit bzw. der Rückkehr in ein „normales“ Leben.

Die Tolerierung der Sexarbeit führte in der Vergangenheit dazu, dass Rechtfertigungen für die Existenz der Prostitution gefunden wurden. Es wurde angenommen, dass es sich zum einen um sog. „geborene Dirnen“ und zum anderen um Frauen in existenzieller Not handelte. Letztere könnten im weitesten Sinne unter den Begriff Opfer gefasst werden, die ersteren wurden in sog. Erziehungsheime oder in Gefängnisse gebracht, um eine Verhaltensänderung zu erreichen. Es dominierten die strafenden und erzieherischen Argumente, die die Gesellschaft vor solchen Frauen schützen sollten. Die Volksgesundheit und die moralische Anschauung sollten geschützt und Müßiggang[1189] vermieden werden.

Heute werden Sexarbeiter nicht mehr mit Bettlern und Landstreichern gleichgesetzt und man geht auch nicht mehr von einer übersteigerten Triebhaftigkeit aus. Die Allgemeinheit muss nach unserer heutigen Ansicht, nicht mehr vor moralischem Verfall geschützt werden.
Vielmehr werden Sexarbeiter oftmals als Opfer der Umstände angesehen.
Vereine und Beratungseinrichtungen greifen ein, wo die Polizei Opfer aufspürt. Sie gehen mit zu Razzien und nehmen dort die aufgefundenen Sexarbeiter gleich vor Ort in ihre Obhut, in der sie verbleiben, bis das Verfahren gegen die Täter beendet ist oder sie in ihre Heimat zurückgekehrt sind. An diesem Vorgehen ist an sich nichts auszusetzen, traumatisierte Opfer verdienen ohne Zweifel jede erdenkliche Hilfe. Problematisch ist dieses Vorgehen aber da, wo die Sexarbeiter, welche selbst entschieden illegal hier arbeiten, noch vor der Vernehmung

[1189] Als solches wurde Prostitution angesehen, da sie nicht als Arbeit anerkannt war.

durch die Polizei, sich entscheiden müssen, ob sie von den Beratungseinrichtungen betreut werden oder ob sie sich selbst strafbar gemacht haben. Hier entsteht möglicherweise eine sehr weite Definition von Opfer, die auch dazu beiträgt, dass die Sexarbeit stets mit diesen in Verbindung gebracht wird. Aus dieser Konstellation erklären sich auch die Forderungen nach mehr Rechten und Möglichkeiten der Opfer und für den Fall einer Aussagebereitschaft vor Gericht.[1190]

Es wird angenommen, dass die Konfrontation von Kindern und Jugendlichen mit Sexarbeitern eine schädliche Wirkung hat. Daher sollen sie vor dem Aufeinandertreffen mit Sexarbeit bewahrt werden. Dafür wird nicht nur an der Sperrgebietsregelung festgehalten, sondern es wurde auch das Alter in § 232 StGB bei 21 Jahren belassen, statt es auf 18 Jahre abzusenken. Dass Kinder und Jugendliche einen besonderen Schutz benötigen, steht außer Frage. Die Frage ist nur, wie weit müssen sie geschützt werden? Standen im 19ten und 20ten Jahrhundert noch der Schutz der bürgerlichen Kinder vor der Konfrontation mit der Prostitution und damit auch der Sexualität an sich sowie die „Umerziehung gefallener Mädchen“ im Vordergrund, ist es heute die verstärkte Bestrafung der Personen, die unter 21jährige mit Sexarbeit konfrontieren, mit diesen Sex ausüben und/oder sie zur Sexarbeit auffordern. Der Schutzgedanke ist noch da, aber er hat sich gewandelt und es wird von staatlicher Seite aus versucht, diesen über Strafandrohung umzusetzen. In Kontakt mit Sexdarstellungen oder der Pornoindustrie kommen Kinder und Jugendlichen heute nicht mehr über die Sexarbeit selbst, sondern über den Konsum von Musik, Werbung, Filme sowie durch das Internet.[1191]

Eine Notwendigkeit, sich mit den bestehenden rechtlichen Problemen in der Sexarbeit und den Zielen des ProstG auseinanderzusetzen, wird nicht gesehen und eine Lösung der Konflikte auf die Ebene der Rechtsprechung verlagert.

[1190] Bezüglich dieser Thematik, die von mir nicht untersucht wurde, äußert sich u.a. *Thielmann*.
[1191] Z.B. http://www.welt.de/politik/deutschland/article9618373/Stephanie-zu-Guttenberg-warnt-vor-dem-Porno-Chic.html, Artikel vom 13.09.2010, indem Stephanie *zu Guttenberg* vor freizügigen Popstars, frauenfeindlichen Musiktexten und Topmodels im Fernsehen warnt, die den Kindern und Jugendlichen erschweren ein realistisches Selbstbild zu entwickeln und sie damit anfällig für Gewalt machen.

4.) Strategien der Akteure und Zielfokussierung

Ein neues Gesetz muss implementiert werden, um die angestrebten Ziele erreichen zu können. Hierfür sind Strategien und Akteure erforderlich, die die Implementierung betreiben, die Zielerreichung überprüfen und gegebenenfalls Verbesserungen oder Änderungen fordern.

Dass es bei der Umsetzung der mit dem ProstG angestrebten Ziele noch eines erheblichen Bedarfs an klarstellenden oder ergänzenden Regelungen und mehr Engagements aller Seiten bedarf, haben die Evaluationen, welche die Bundesregierung 2002 selbst in Auftrag gab, 2007 deutlich aufgezeigt. Hinzu kommen verschiedene Veröffentlichungen zu diesem Thema, die keinen Zweifel daran lassen, dass ohne eine Angleichung und Klärung des Verhältnisses benachbarter rechtlicher Thematiken, die Ziele nicht zu erreichen sind.

Der einzige wirklich diskutierte Vorschlag in diesem Bereich ist die Einführung der Erlaubnispflicht für Bordellbetreiber. Ob hier die Interessen der Sexarbeiter im Vordergrund stehen, ist fraglich. Näher liegt die Vermutung, dass es sich hierbei um den Versuch einer besseren Kontrolle und einer Reglementierung in einem Gewerbe handelt, welches auch 9 Jahre nach der Einführung des ProstG undurchsichtig ist.

Ein anderes, immer wieder aufkommendes Thema, ist die Freierbestrafung. Auch hier ist strittig, ob sie geeignet ist, eine Verbesserung der Lebens- und Arbeitsbedingungen der Sexarbeiter zu erreichen. Eine Entkriminalisierung des Gewerbes dürfte durch weitere Strafvorschriften aber nicht erreicht werden.

Ein wirkliches Konzept zur Transparenz des Gewerbes und damit auch der Kontrolle und Überwachung von Hygienestandards, Arbeitsbedingungen, Gesundheitsfürsorge und sonstiger Rechte und Pflichten existiert nicht.
Auch die Sexarbeiter selber schaffen es nicht sich so zu organisieren, dass sie wirklich konstruktive Vorschläge vorlegen können. Es ist allerdings, wie aufgezeigt, schon fraglich, ob sie überhaupt ein Interesse daran haben, denn es scheint so zu sein, dass sie sich mit der Undurchsichtigkeit des Sexarbeitsbereiches und der darin liegenden Möglichkeiten, trotz der damit verbundenen Gefahren und Nachteile, arrangiert haben. Es scheint der Wunsch zu dominieren, schnell und

einfach aus- und einsteigen zu können, selbstbestimmt zu arbeiten, eine Anonymität und Geheimhaltung der Tätigkeit nach außen nutzen zu können und wenig von dem verdienten Geld abgeben zu müssen.
Die Sexarbeiter, auf die Vorstehendes zutrifft, werden nicht an einer Transparenz des Gewerbes mitarbeiten, die für eine Implementierung aber nötig ist.
Sexarbeiter, die unfreiwillig arbeiten, werden nicht die Möglichkeit und auch kein Interesse daran haben, die Bedingungen in der Sexarbeit zu verbessern, da sie die Tätigkeit so schnell wie möglich aufgeben wollen.
Bleiben noch die Sexarbeiter, die ein Interesse an Arbeitsverträgen und geregelten transparenten Arbeitsstellen haben. Diese Gruppe dürfte sehr klein sein und sich bereits den Beratungsstellen angeschlossen haben.
Auch die Betreiber haben nur ein bedingtes Interesse an einer Änderung der Zustände. Die Verdrängung von Konkurrenz durch die Erlaubnispflicht, ist zwar ein Gesichtspunkt, der aber nicht im eigentlichen Sinn etwas mit dem ProstG, sondern mit wirtschaftlichen Unternehmergesichtspunkten zu tun hat.

Es bleibt somit festzuhalten, dass bisher ein Konzept oder eine Strategie zur Implementierung nicht existiert und darüber hinaus die Ausformung konstruktiver Vorschläge gerade erst begonnen hat.

5.) Gesamtergebnis der Arbeit

Die zu untersuchende Fragestellung war:

„Was hindert die unterstützenden Netzwerke an konstruktiven Vorschlägen und wieso werden in erster Linie strafrechtlicher Opferschutz, ausländerrechtliche Bleiberechte und Hilfen zum Ausstieg gefordert?“

Die Antwort darauf lautet:

Innerhalb der Akteure zur Implementierung des ProstG herrscht eine Vielfalt von Motivationen und Interessen. Die am wenigsten dominierenden Motivationen, sind die zur Erlangung von besseren Arbeits- und Lebensbedingungen für Sexarbeiter, die selbst kaum teilnehmen an den Diskussionen.
Die verschiedenen Bereiche der Sexarbeit haben kaum Berührungspunkte. Darüber hinaus gibt es auch innerhalb der gleichen Art der Sexarbeit verschiedene

Ausübungsmodelle. Das Interesse an der Zielerreichung des ProstG ist sehr gering, die meisten befürchten, dass sich die Zustände durch eine Transparenz des Gewerbes und eine umfassende Regulierung, eher verschlechtern als verbessern würden. Das Vertrauen in den Gesetzgeber scheint erschüttert zu sein.
Vielfältige Unterstützung, von gut organisierten und finanziell starken Partnern, erhalten nur die Einrichtungen, die sich auf Opferschutz spezialisiert haben.

Hinzu kommt, dass die Sexarbeit an sich ein moralisch vorbelastetes Thema ist, mit dem sich weder Politik noch Gesetzgeber gerne auseinander setzen wollen.

Für vom Menschenhandel Betroffene sind Opferschutz, Unterstützung und ausländerrechtliche Änderungen möglicherweise wichtige Forderungen, für Sexarbeiter sind sie es nicht. Auch Hilfen zum Ausstieg, die einer der Gründe für den Erlass des ProstG waren, können für Sexarbeiter wichtig sein, für die noch aktiven oder gerade beginnenden Sexarbeiter sind sie es aber nicht.
Die unterstützenden Netzwerke werden an konstruktiven Vorschlägen nicht im eigentlichen Sinne gehindert. Gemessen an der Zahl der Opferhilfseinrichtungen in Deutschland, sind sie jedoch in der Unterzahl und treten mit ihren oftmals nicht öffentlichkeits- und medienwirksam vorgetragenen Forderungen hinter den Opfereinrichtungen zurück. Hinzu kommt, dass sie, zumindest teilweise, mit ihrer eigentlichen Arbeit, der Beratung, schon zeitlich und in ihren Kapazitäten derart überfordert sind, dass für sonstige Arbeit, Tagungen und Aktionen kaum noch Energie und Zeit bleibt.

Das ProstG geht an den Bedürfnissen der Sexarbeiter vorbei und erzeugt bei diesen eine eher ablehnende Haltung. Ohne die Mitarbeit, der von einem Gesetz unmittelbar Betroffenen, kann eine sinnvolle Implementierung aber nicht erfolgen.

Es kann zusammengefasst werden, dass die Erfahrungen der Beratungseinrichtungen, die sich für die Sexarbeiter einsetzen, zu einem großen Teil auf den Erfahrungen aus der Arbeit auf dem Straßenstrich basieren.

Die Diskussionen drehen sich fast ausschließlich um die Erlaubnispflicht für Bordelle und die Polizei, die ihr Interesse darauf richtet, Kriminelle, Opfer und „heimliche" Bordelle aufzuspüren und möglichst umfassend zu kontrollieren.

Verschiedene Bereiche, verschiedene Probleme, verschiedene Ziele, verschiedene Interessen und verschiedene Forderungen machen eine Implementierung und eine Verbesserung der Arbeits- und Lebensbedingungen der Sexarbeiter schwierig.

Wie bereits in der Einleitung formuliert, hängt die erfolgreiche Regulierung teilweise noch illegal funktionierender Märkte davon ab, dass die auf dem Markt agierenden Akteure gezwungen werden sich umzustellen, was nur gelingen kann, wenn deren legitime Interessen berücksichtigt werden, ggf. auch über Selbstverpflichtungen. Ignoriert man die im Übrigen höchst heterogenen Motive und Interessen und unterschätzt man die Möglichkeiten illegal handelnder Netzwerke das Normprogramm zu unterlaufen, läuft die Regulierung ins Leere. Schon Anfang der 1980er Jahre stellten Rechtssoziologen daher die Hypothese auf:

„Die Heterogenität der Implementationsträger lässt sich ablesen an der Vielfalt der repräsentierten Sektoren, Ebenen und der Beteiligtenintensität hinsichtlich verschiedener implementationsbezogener Entwicklungsphasen. Je größer die diesbezügliche Heterogenität der Implementationsträger, desto schwieriger und prekärer die Implementation.“[1192]

[1192] *Grunow*, S. 142 ff.

Nirgends wird die Frau eingeschätzt nach dem Wert ihrer Arbeit, sondern immer nur als Sexualobjekt. Es ist daher beinahe unvermeidlich, dass sie für ihr Existenzrecht und das Recht, eine bestimmte Stellung einzunehmen, mit ihrer Gunst bezahlt. Deshalb ist es nur eine Frage der Nuancierung, ob sie sich nun einem Mann, inner- oder außerhalb der Ehe, verkauft oder aber vielen Männern.“[1193]

[1193] *Emma Goldman.*

Tabelle Gesamtübersicht der Beratungseinrichtungen

Name und email	Ort	Träger/ Finanzierung	gegründet	Arbeitsschwerpunkt: Hilfe für Opfer von Menschenhandel oder Gewalt (MH) Beratung, Information und Hilfe für Sexarbeiter (BH)	Mitglied im KOK e.V.[1194]
Agisra e.V. www.agisrakoeln.de	Köln	Paritätischer Gesamtverband und KOK e.V.	1993	MH u. Einsatz f. die Verbesserung der rechtl. und soz. Situation v. Migranten	ja
Amnesty for Woman www.amnestyforwo	Hamburg	Behörde für Schule, Jugend und Berufsausbildung, Amt für Jugend	1986	MH und Verbesserung der Rechte von Migranten	ja
BAN YING e.V. www.ban-ying.de	Berlin	Berliner Senatsverwaltung	1988	MH Beratung Migrantinnen mit Schwerpunkt Thailand und Philippinen	ja
BBMeZ www.menschen handel-bremen.de	Bremen	Verein für Innere Mission in Koop. mit der Bremer Kirche	Verein gegründet 1849	MH	ja
Contra Fachstelle gegen Frauenhandel in Schl.-Holstein	Kiel	Nordelbisches Frauenwerk und Land Schleswig-Holstein	1999	MH	ja

[1194]KOK e.V. bundesweiter 1987 von Fachberatungsstellen gegründeter Koordinierungskreis gegen Frauenhandel und Gewalt an Frauen im Migrationsprozess e.V.

Name und email	Ort	Träger/ Finanzierung	gegründet	Arbeitsschwerpunkt	Mitglied im KOK e.V.
Dona Carmen e.V. www.donnacarmen.de	Frankfurt am Main	Private Spenden	1998	BH, Verbesserung der sozialen und politischen Rechte von Sexarbeitern	nein
Dortmunder Mitternachtsmission www.standort-dortmund.de	Dortmund	Ev. Kirche, Stadt Dortmund, Land NRW und Diakonisches Werk	1918	BHP	ja
Fachberatungsstelle Schwestern vom guten Hirten	Erfurt	Internationale Ordensgemeinschaft	1991	Hilfe für junge Frauen und Mütter in Konfliktsituationen, Frauenschutzwohnung, Ausstiegshilfe für Prostituierte	nein
FIM-Frauenrecht ist Menschen-recht e.V. www.fim-frauenrecht.de	Frankfurt am Main	Diakonie, BGAG-Stiftung, Stadt Marburg, Land Hessen, ev. Kirche, u.a.	1980	MH, BH (regelm. Besuch von Bordellen)	ja
FIZ- Fraueninformations-zentrum www.frauen-aktiv.de	Stuttgart	Diakonisches Werk, Land Baden-Württemberg, Stadt Stuttgart	1989	MH, Beratung für Migranten	ja
FRANKA e.V. www.franka-kassel.de	Kassel	Diakonisches Werk Kurhessen-Waldeck	2001	MH	ja

Name und email	Ort	Träger/ Finanzierung	gegründet	Arbeitsschwerpunkt	Mitglied im KOK e.V.
Frauenberatungstelle Düsseldorf e.V. www.frauenberatungsstelle.de	Düsseldorf	Spenden, Förderverein	1982	MH	ja
Hurenselbsthilfe e.V.	Saarbrücken	Paritätischer Wohlfahrtsverband	1990	BH, MH für ausstiegswillige Prostituierte	ja
Hydra e.V. www.hydra-ev.de	Berlin	Öffentliche Gelder	1980	BH, Rechtl. und soziale Gleichstellung von Prost. mit anderen Erwerbstätigen	ja
IFFF- Int. Frauenliga für Frieden und Freiheit www.wilpf.de	Genf u.a. (Berlin)	Mitgliedsbeiträge	1915 in Den Haag	Berater der UNO, Kampf f. gleichbe. Beteiligung von Frauen im politischen, wirtschaftlichen und gewerkschaftlichen Bereich	ja
In Via Katholische Mädchensozialarbeit www.invia-berlin.de	Berlin	Kath. Kirche	1997	MH	ja

Name und email	Ort	Träger/ Finanzierung	gegründet	Arbeitsschwerpunkt	Mitglied im KOK e.V.
JADWIGA www.jadwiga-online.de	München, Nürnberg, Hof	Bayr. Staatsministerium für Arbeit und Sozialordnung, Familie und Frauen, Diakonisches	2000	MH	ja
Karo e.V. www.karo-ev.de	Plauen	Staatl. Fördermittel und Spenden	1994	MH	ja
Kassandra e.V. *www.kassandra-nbg.de*	Nürnberg	Arbeitskreis Frauen und Gesundheit	1987	BH, Rechtl. und soziale Gleichstellung von Prost. mit anderen Erwerbstätigen	ja
Kober www.kober-dortmund.beepworld.de	Dortmund	Teil des Sozialdienstes kath. Frauen		BH, Arbeitsschwerpunkt Straßenprostitution	ja
KOOFRA e.V. www.koofra.de	Hamburg	Stadt Hamburg	1999	MH	ja
Looks e.V. www.looks-ev.com	Köln	Spenden und Patenschaften	1995	BHP, Verbesserung der gesundheitl. und psychol. Situation von männl. Prostituierten	nein

Name und email	**Ort**	**Träger/ Finanzierung**	**gegründet**	**Arbeitsschwerpunkt**	**Mitglied im KOK e.V.**
Madonna e.V. www.madonna-ev.de	Bochum	Stadt Bochum, Land NRW, EU Gelder und priv. Spenden	1991	BHP, Rechtl. und soziale Gleichstellung von Prost. mit anderen Erwerbstät.	Ja
Mimikry www.mimikry.org	München	Ev. Hilfswerk Gemeinnützige GmbH	1989, entstand aus d. Mitter-nachtsmission München 1935	BHP	nein
Mitternachtsmission Heilbronn www.diakonie-heilbronn.de	Heilbronn	Kreisdiakonieverband		MH	ja
Nachtfalter www.nachtfalter-essen.de	Essen	Caritasverband, Stadt Es-sen, Gesundheitsamt	1989	MH, BHP, Ausstiegshilfe	ja
NADESCHDA www.frauenhilfe-westfalen.de	Herford	Ev. Frauenhilfe Westfalen	1987	MH, BHP	ja
Nitribitt e.V. www.nitribitt-bremen.de	Bremen	Senator für Soziales Bre-men und Spenden	1987	BHP	ja

Name und email	**Ort**	**Träger/ Finanzierung**	**gegründet**	**Arbeitsschwerpunkt**	**Mitglied im KOK e.V.**
ONA e.V. www.ona-berlin.de	Berlin		1999	MH vor allem Frauen aus Mittel- und Osteuropa	ja
Phönix e.V. www.phoenix-beratung.de	Hannover	Land Niedersachsen, Stadt Hannover, Bußgelder, Mitgliedsbeiträge und Spenden	1988	BHP	Ja 3 Projekte: „La Strada" „Kobra" und „Nachtschicht"
Projekt „**La Strada**"	Hannover	Phönix e.V.	1993	Anlauf- und Beratungs-stelle für drogenabhängige Mädchen und Frauen	ja
Projekt „**Nachtschicht**"	Hannover	Phönix e.V.	2005	Aufsuchende Arbeit im Beratungscontainer auf dem Straßenstrich	ja
Projekt: „**KoopKoMa**"	NRW	Kober und Madonna	2006	Berufl. Integration von Sexarbeitern	
ragazza! e.V. www.ragazza-hamburg.de	Hamburg	Behörde für Umwelt und Gesundheit und Spenden	1991	Hilfe für drogenabhängige und sich prostituierende Frauen	nein

Name und email	Ort	Träger/ Finanzierung	gegründet	Arbeitsschwerpunkt	Mitglied im KOK e.V.
Roxanne www.profamilia-rlp.de	Koblenz	Ministerium für Arbeit, Soziales etc. Rheinland Pfalz	2009	BHP	nein
sichtBar www.fif-kassel.de/ sichtbar	Kassel	Verein Frauen informieren Frauen e.V., Gesundheits-amt	1998	BHP	nein
Solwodi e.V. www.solwodi.de	Boppard Gesamt-verband, 4 Landesvereine, 1 Stiftung		1985 in Kenia	MH, Öffentlichkeits- und Lobbyarbeit, Betreuung von Opferzeuginnen	ja
Tamara www.diakonisches-werk-frankfurt.de /zefra/tamara.php	Frankfurt am Main	Ev. Verein für Innere Mis-sion und Diakonisches Werk		BHP Ausstiegshilfen für Prost. und entgegenwirken der gesell. Diskriminierung	nein
Terre des Femmes e.V. www.frauenrechte.de	Tübingen, Berlin u. 26 Städtegrup-pen	Spenden	1981	Einsatz für weltweites partnerschaftliches und gleichberechtigtes Ge-schlechterverhältnis	ja
Vera www.awo-lsa.de/vera	Magdeburg	Arbeiterwohlfahrt, Lan-desverband Sachsen-Anhalt e.V.	2000	MH, vorwiegend aus russ. sprachigen Ländern	ja

Tabelle Zusammenschlüsse

Name	Mitglieder und Zusammensetzung	Arbeitsschwerpunkt
Bundesverband sexuelle Dienstleistungen www.busd.de	Gegründet 2002	Anliegen der Betriebe mit erotischer Dienstleistung; Er strebt eine partnerschaftliche Zusammenarbeit auf allen Ebenen des gesellschaftlichen Lebens, mit staatlichen Institutionen sowie Industrie- und Handelskammer an.
Bufas e.V. **Bündnis der Fachberatungsstellen für Sexarbeiterinnen und Sexarbeiter** www.bufas.net	Fachberatungsstellen für Sexarbeiter. Gegründet 2009, eingetragen als Verein 15.04.2010 in Berlin	- Dauerhafte Verbesserung der Arbeits – und Lebensbedingungen von Sexarbeitern - Rechtliche und soziale Gleichstellung von Sexarbeitern mit anderen Erwerbstätigen - Entkriminalisierung der Sexarbeit und Entstigmatisierung der Sexarbeiter
KOK e.V.	Bundesweiter 1987 gegründeter Koordinierungskreis gegen Frauenhandel und Gewalt an Frauen im Migrationsprozess.	Ständiges Mitglied in der Bund-Länder-Arbeitsgruppe Frauenhandel (B-L-AG); Erstellung von Positionspapieren
Tampep	EU-weiter Zusammenschluss von 26 NGO in 25 Ländern. Hauptkoordinierungsstelle ist Amsterdam. Ein europ. Projekt, das unter direkter Einbeziehung der Sexarbeiter Forschung und aktive Intervention miteinander verbindet.	European network for HIV/STI Prebvention and Health Promotion among Migrant Sex Workers

Name	Mitglieder und Zusammensetzung	Arbeitsschwerpunkte
Unternehmerverband Erotik Gewerbe Deutschland e.V. www.UEGD.de	Als Mitglied können sich gebührenpflichtig Bordellbetreiber, Erotikbetreiber etc. aufnehmen lassen.	Wahrung und Förderung der wirtschaftlichen, rechtlichen und politischen Interessen seiner Mitglieder; Kompetenzzentrum in Sachen Recht und Steuern,; Schulung und Beratung seiner Unternehmer/-innen; Bekämpfung von unlauterem Wettbewerb, um Chancengleichheit zu gewährleisten; Zusammenarbeit mit den des Erotik Gewerbes beteiligten Institutionen (Behörden des Bundes, der Länder, der Gemeinden, Gewerkschaften, Selbsthilfeorganisationen); Weiterentwicklung des ProstG, um Transparenz und Rechtssicherheit zu erlangen; Änderung , bzw. Überarbeitung von Bundes- und Ländergesetzen sowie Verordnungen. (Angaben aus: http://www.bundestag.de/dokumente/parlamentsarchiv/sachgeb/lobbyliste/lobbylisteaktuell.pdf)
Ver.di	Eingruppierung im 13. Fachbereich Projektbüro „Arbeitsplatz Prostitution“	Schaffung eines Musterarbeitsvertrages Studien, Vorträge
„Voice of Escorts“ FFM www.voice-of-escorts.com	Gründung als Verein 2009, Mitglieder sind Escortagenturen und Interdependents	Festlegung von Richtlinien oder verbindlichen Standards für die Mitglieder des Vereins hinsichtlich des Verhältnisses Escortagenturen – Escortdamen und Escortbesuchern. „Wir möchten, dass in Zukunft ein realitätsnahes Bild der Branche Escort in der Gesellschaft entsteht und streben nicht zuletzt den Erfahrungsaustausch mit Behörden und öffentlichen Stellen an.“ (Homepage)

Diskussionspunkte und Ansichten in der Vergangenheit und Gegenwart[1195]

	Vergangenheit	Gegenwart
Abgrenzung zwischen erlaubter Tätigkeit und strafbarer Kuppelei bzw. strafbarer dirigierender Zuhälterei	**1871** Der Widerspruch zwischen konzessionierten Bordellen und dem Verbot der Kuppelei wurde vom Gesetzgeber nicht gelöst. **1927** Zur Frage, ob Prostitution als Erwerbstätigkeit anerkannt werden sollte, äußerte sich der Reformgesetzgeber nicht. **1927** Der Abgeordnete *Alexander* (KP) forderte den Begriff des Zuhälters enger zu fassen. Voraussetzung sollte sein, dass jemand einen anderen durch Gewalt oder durch Drohung mit Gewalt, zur Prostitution zwingt sowie, dass er sich unter Ausbeutung der Prostituierten aushalten lässt.	Erst die beiden Nichteröffnungsbeschlüsse des LG Augsburg in den Verfahren gegen das „Colosseum“ sowie die beiden Urteile des BGH klärten, dass das Bestimmen von Arbeitszeit, Arbeitskleidung und Art der Ausführung der Arbeit keine dirigierende Zuhälterei ist.

[1195]Die folgende Tabelle listet die in den vorangegangenen Kapiteln beschriebenen Argumentationen in verkürzter Form erneut auf. Alle Angaben wurden den vorausgegangenen Kapiteln dieser Arbeit entnommen.

	1973 Es existierten keine klaren Abgrenzungen zwischen erlaubter Nebentätigkeit und strafbarer Bordellierung	
Abschaffung aller Reglementierungen	**1900** Die Frauen des Proletariates sprachen sich gegen die Reglementierung und die Lex Heinze aus. Den § 361 Abs. 6 RStGB sahen sie als „Arbeitgeberparagraphen" an. **1902** Aufsatz von *Schmölder* in dem er die Abschaffung der Zwangsuntersuchung und der Reglementierung forderte, da diese zeitlich überholt seien. Die Zwangsuntersuchungen gäben den Männern nur ein trügerisches Gefühl von Sicherheit, dass die Prostituierten frei von Krankheiten seien. **1906** Der Abgeordnete *Mittermaier* forderte die Änderung des Widerspruchs, dass Prostitution erlaubt, aber die Förderung untersagt sei. Weiter	Forderung nach der Abschaffung aller Einschränkungen. Die Sperrgebiete sollen abgeschafft und eine Änderung des § 232 StGB vorgenommen werden. Klare Position gegen die Wiedereinführung der Pflichtuntersuchungen Forderung nach Abschaffung der Pauschalsteuer. Forderung die Freierstrafbarkeit nicht einzuführen und keine Razzien ohne konkreten Verdacht durchzuführen, bei denen Personalien von Sexarbeitern und Freiern aufgenommen werden.

	sprach er sich gegen die Reglementierung aus, die er für wertlos und schädlich hielt. Außerdem müsse der Zwang abgeschafft werden. **1908** Der BFMS forderte die Selbstbestimmung des Individuums. **1930** Die KP wollte ausschließlich Regelungen zum Jugendschutz beibehalten und sprach sich ansonsten für die freie Willensentscheidung erwachsener Personen zur Prostitution aus. **1936** *Hagemann* äußerte Kritik am sog. „polizeilichen Einfallen“ in Bordelle oder bordellartigen Betrieben, da dies nach seiner Meinung im Allgemeinen keinen besonderen Erfolg versprach. Durchschlagende Beweismittel würden selten gefunden, aber die Inhaber der Bordelle würden danach eine Vielzahl von	

	Beschwerden verfolgen. **1966** Der AE StGB sah nur noch den Schutz der freien Willensbetätigung und der sexuelle Selbstbestimmung vor, aber keine Strafbarkeit von Zuhältern mehr. **1968** *Hanack* forderte eine stärkere Anknüpfung an die sexuelle Selbstbestimmung und die Berücksichtigung der gegenseitigen Abhängigkeit von Prostituierten und Zuhältern. Der 47. deutsche Juristentag sprach sich dafür aus, nicht an einer Pseudomoral festzuhalten, sondern zu versuchen, die Prostituierten nicht an den Rand der Legalität zu drängen.	
Abschaffung der Reglementierung	**1880** Der „Kulturbund" forderte die Abschaffung der Reglementierung und der Zwangsuntersuchungen, in denen sie eine Verletzung der Würde aller	Ziel des ProstG 2002 war u.a. mehr Frauen den Ausstieg aus der Sexarbeit zu erleichtern.

	Frauen sowie eine gesetzliche Verankerung der Doppelmoral sahen. Darüber hinaus verhinderte die Reglementierung, ihrer Ansicht nach, einen Ausstieg aus der Prostitution und eine Rückkehr in ein „ordentliches Leben". **1924** In den Abschlussberatungen wurden die Anträge der einzelnen Länder berücksichtigt. Insbesondere die süddeutschen Länder versuchten hierbei das System der Reglementierung zu retten. **1927** Freigabe der Prostitution mit der Hoffnung, dass nun mehr Frauen leichter den Weg aus der Prostitution finden würden.	**2001** wollten die Bundesländer Bayern und Sachsen, dass die Länderkammer gegen das ProstG Einspruch einlegt. Vorwiegend die süddeutschen Länder versuchen die Sexarbeit und Bordelle zu kontrollieren und die CDU/CSU äußerte, dass sie das ProstG für einen falschen Schritt hielten.
Anerkennung der Sexarbeit als Tätigkeit	**1892** Der Abgeordnete *Statthagen* (SPD) forderte die Abschaffung des § 361 Nr. 6 StGB, da dieser Grundlage des Polizeireglements sei und die unteren Schichten belaste.	Sexarbeit wird in den meisten Bundesländern als Dienstleistung/Gewerbe anerkannt.

	Seit 1970 Es wird gefordert die Prostitution als „normale Arbeit“ anzusehen.	
Anhebung der Altersgrenze in der Prostitution von 18 auf 21 Jahre	**1922** DDP + DVP waren gegen die Anhebung der Altersgrenze von 18 auf 21 Jahre und DDP + SPD wollten die Beseitigung der Doppelmoral im Sexualleben. **1923** Diskussion um die Anhebung der Altersgrenze für straflose Prostitution von 18 auf 21 Jahre.	Im Jahre **2004/2005** gab es anlässlich der Neufassung des § 232 StGB eine Diskussion bzgl. der Altersgrenze. Ergebnis war eine mögliche Strafbarkeit der Beschäftigung von unter 21jährigen in der Sexarbeit.
Auseinanderfallen von Strafrecht und Moral	**1922** Erstmals wurde in den Diskussionen von einem Auseinanderfallen der moralischen und strafrechtlichen Beurteilung gesprochen.	**2002** Der Wegfall der Sittenwidrigkeit durch das ProstG und die Änderungen im Strafrecht sind für das Gewebe-recht kein Anlass, dort die Sexarbeit ebenfalls nicht mehr für sittenwidrig zu erachten. Politik und Gesellschaft haben erhebliche Probleme mit der Trennung beider Begriffe.

Beweisschwierigkeiten	**1869** Diskussion aller Abgeordneten um Beweisschwierigkeiten bei der Straßenprostitution.	Diskussionen über Beweisschwierigkeiten bei der Feststellung von Menschenhandelsopfern, wenn diese nicht bis zum Abschluss des Gerichtsverfahrens in Deutschland bleiben, bzw. generell nicht zur Aussage bereit sind. Daher gibt es Forderungen von Opferorganisationen, dass Aufenthalts- und Bleiberecht in Deutschland für Opfer von Menschenhandel zu ändern.
Eingriffsbefugnisse für die Polizei	**1889** *Bieber-Böhm* und der Verein „Jugendschutz“ forderten repressive Strategien gegen Prostitution und befürworteten eine Zwangserziehung sowie Strafandrohungen **1916** Prostituierte standen unter sittenpolizeilicher Aufsicht und mussten sich in so genannte „Dirnenlisten“ eintragen und registrieren lassen. Außerdem mussten sie sich regelmäßigen polizeiärztlichen Untersuchungen unter-	Polizei und BKA fordern verstärkte Eingriffsbefugnisse und die Abschaffung des ProstG, um die Bordelle umfassender kontrollieren zu können

	ziehen. **1923** Die Abgeordnete *Neuhaus* (Zentrum) sprach sich für eine restriktive Formulierung des Gesetzes und für einen umfassenden Zugriff der Polizeikräfte aus. **1973** Zur Rechtfertigung polizeilicher Reglementierung beriefen sich die Behörden neben Ermittlungsaufgaben bei der Strafverfolgung, auf die Kompetenzen zur Gesundheitsüberwachung.	
Erlaubnispflicht	**1939** Laut der „Essener Dienstanweisung" hatten die Prostituierten ein „Passbuch" mit sich zu führen. Die Mieten und sonstige Dienstleistungen unterlagen der polizeilichen Preiskontrolle.	Diskussion um die Erlaubnispflicht für Bordelle und Reisegewerbekarten für Sexarbeiter, um so die Arbeitsbedingungen und die Steuerabgaben festsetzen und kontrollieren zu können.
Freierbestrafung	**1897** Provokante Äußerung des Abgeordneten *Lenzmann* zur Strafbarkeit der Freier.	Forderung nach Einführung der Freierbestrafung von verschiedenen Seiten.

	1923 Forderung nach Freierbestrafung vom Abgeordneten *Schreiber-Krieger* (SPD).	
Geheimhaltungsmöglichkeit	**1923** Der Abgeordnete *Bäumer* sah ein Auseinanderfallen von moralischer und strafrechtlicher Beurteilung. **1927** Auch nach der Abschaffung der Reglementierung hielten viele Prostituierte ihre Tätigkeit aus Angst vor Repressalien geheim.	Forderungen einiger Vereinigungen, Prostitution als freiwillige Tätigkeit und als Beruf anzuerkennen. Die Sexarbeiter sollen ein Recht auf Geheimhaltung ihrer Tätigkeit gegenüber ihrem unmittelbaren Umfeld und der Gesellschaft haben, um gesellschaftliche Repressalien nicht befürchten zu müssen.
Hausfrauenprostitution	**1850** Die Prostitution in den Städten nahm aufgrund der Industrialisierung und dem Wegfall der Arbeitsmöglichkeiten für Frauen sowie wegen des schlechten Verdienstes von Frauen stark zu. **1918** Es wurde festgestellt, dass viele Hausfrauen und Alleinerziehende der Prostitution nachgingen.	Anstieg von Teilzeit- und Hausfrauenprostitution, aufgrund der weltwirtschaftlichen Krise und der niedrigen Renten bzw. Niedriglohnjobs.

Keine klarstellenden Regelungen	**1870** Die Abgeordneten einigten sich nicht über klare Regeln, wie mit konzessionierten Bordellwirten verfahren werden sollte. **1911** Es erfolgte keine Äußerung zu Abgrenzungsschwierigkeiten zwischen der Zulassung von Bordellen und Wohnungskuppelei. **1919** Die Frage über die Erhaltung der Regulierung der Prostitution, sollte nicht durch das RStGB, sondern durch die einzelnen Länder entschieden werden. **1927** Der Gesetzgeber traf keine Regelung im GeschlKrG, ob Prostitution als Erwerbstätigkeit anerkannt werden sollte, weil befürchtet wurde, dass Prostitution damit zu einer erlaubten, d.h. sittlich einwandfreien Handlung erklärt würde.	**2002** Es wurden die Rechtsbereiche nicht aufeinander und auf das ProstG abgestimmt. Es gibt verschiedene landesgesetzliche Handhabungen und Regelungen rund um die Sexarbeiter.

	1973 Es existierten keine klaren Grenzen zwischen erlaubter Nebenleistung und strafbarer Bordellierung. Die Grenze konnte nur der Kasuistik entnommen werden.	
Pflichtuntersuchungen	**1880** Der „Kulturbund“ forderte die Abschaffung der Pflichtuntersuchungen, da sie bei den Männern zu einer falschen Sicherheit führten. **1917** Vorschlag der eine zwangsweise Untersuchung bei dem Verdacht des Vorliegens einer Geschlechtskrankheit vorsah. **1922** Die DVP sah die Prostituierten als Hauptquelle der Geschlechtskrankheiten an.	**2009** Forderung von BKA und Solwodi e.V. nach Wiedereinführung der Pflichtuntersuchungen
Proletariat/finanzielle Not	**1890** Die proletarischen Frauen und die Frauen in der SPD sahen die Abschaffung der Prostitution als Endprodukt und Ziel wirtschaftlicher und sozi-	Auch heute sind viele der Ansicht, die Sexarbeit könne nur aus finanzieller Not heraus gewählt worden sein. Darüber hinaus wird die Vertreibung der Sexar-

	aler Reformen an. Die eine Strömung erhoffte sich dies durch den Sozialismus und die Befreiung der Arbeiterklasse sowie durch die Verbesserung von Lohn und Arbeitsbedingungen für Frauen. Die andere Strömung wendete sich zusätzlich hierzu noch gegen den Kapitalismus, denn dort, wo die Frauen nicht durch Not in die Prostitution getrieben würden, würde der offen gezeigte Luxus Begehrlichkeiten wecken. **1900** Der BFMS forderte gleichen Lohn für Frauen und Männer. **1922** Da die meisten Prostituierten aus der Arbeiterklasse kamen, wurde die Reglementierung der Prostitution als ein Klassengesetz angesehen.	beiter vom Straßenstrich teilweise als Versuch gesehen, die „Straßenkultur" des Proletariates zu beseitigen und eine „Verhäuslichung" zu erreichen.
Schutz der Allgemeinheit vor Schädigung	**1889** *Bieber-Böhm* sah in der Prostitution eine Gefährdung für Familien und Ehe, da rund 90 % der Männer unsittlich lebten	Ähnliche Ansichten vertritt die katholische Kirche noch heute, in dem sie die Sexarbeit als ansteckendes Geschwür sieht, dass nicht

	und davon rund 80 % mit Geschlechtskrankheiten infiziert seien, die dann in die Familien getragen würden und zu Unfruchtbarkeit führen könnten. **1924** Der Abgeordnete *Strathmann* (DNVP) äußerte, dass es Aufgabe des Strafrechts sei, die Allgemeinheit und ihre Glieder gegen die Schädigung einzelner zu schützen und es nicht Aufgabe des Strafrechts sei, die Einzelnen zu sittlichem Verhalten zu zwingen, weil dies nicht erzwungen werden könne.	nur mit dem dort zu verdienendem Geld lockt, sondern auch die Moral untergräbt und die Menschenwürde beschädigt.
„Schwedisches Modell"	**1924** Die heute in Schweden praktizierte Linie war schon Gegenstand der Diskussionen 1924. Frauen verschiedener politischer Couleur forderten damals das Ende der Abstempelung von Prostituierten. Eine Abgeordnete der BVP wehrte sich gegen die Abschaffung der Reglementierung und rief in die Beratungen hinein,	Die Bestrafung der „Freier" und nicht der „Sexarbeiter" ist der Weg, den Schweden mit dem Verbot der Prostitution und der Strafbarkeit von Freiern nun umgesetzt hat. Auch in Deutschland wird von verschiedenen Seiten ein Verbot der Prostitution nach schwedischem Modell gefordert.

	dass die katholischen Frauen dies niemals fordern würden. Sie wandte sich explizit gegen den Standpunkt, dass Prostitution für Männer notwendig sei. „Es seien die Käufer und nicht die „Ware“ die bestraft werden müsste.“	
Sexualaufklärung in der Schule und durchs Elternhaus	**1889** *Bieber-Böhm* rief die Mütter dazu auf, ihren Söhnen Sittlichkeit und die Werte der Familie näher zu bringen sowie sie zur Keuschheit aufzurufen, da die „Unsittlichkeit die Feindin des Familienglücks sei“. **1923** Der Abgeordnete *Heydemann* (KPD) forderte organisierte Sexualaufklärung in Schulen. Die Abgeordnete *Neuhaus* (Zentrum) appellierte an die Mütter ihren Söhnen entsprechende Werte und Verantwortung mit auf den Weg zu geben.	Forderungen nach Vermittlung von mehr Respekt gegenüber Frauen. Verweise auf die Ansichten und Handhabung in den Skandinavischen Ländern.

Sittenwidrigkeit	**1922** Nach Ansicht der Parteien Zentrum und DNVP/DVP standen ethisch-religiöse Fragen bei der Diskussion rund um die Prostitution im Vordergrund. **1923** Der Abgeordnete *Strathmann* (DNVP) vertrat die Ansicht, dass eine strafrechtliche Freigabe noch keine sittliche Freigabe der Prostitution sei. Der Abgeordnete *Lang-Brumann* (BVP) war aus sittlich religiösen Gründen gegen die Abschaffung der Reglementierung.	**2002** Die katholische Kirche, Teile der CDU/CSU, die Gewerbeämter von Baden-Württemberg, Bayern, Bremen, Thüringen und Sachsen sowie der Bund-Länder-Ausschuss Gewerberecht sehen die Sexarbeit weiterhin als sittenwidrig und moralisch bedenklich an.
Sittlichkeit und Moral	**1870** Argumentation, dass der Strafgrund der Prostitution nur das „sittlich-christliche-Princip" sei.	Die Wahl der Sexarbeit sollte als eine freie Entscheidung zu einer nicht sittenwidrigen und damit nicht moralisch verwerflichen Tätigkeit gesehen werden.
Soziale Fürsorge	**1880** Bildung verschiedener Vereine zur „Rettung und Erziehung" von Mädchen, die von der Polizei aufgegriffen wurden und	Beratungsstellen haben in Folge des ProstG und der Öffnung der EU Grenzen mit neuen Problembereichen zu tun. Soziale Armut und

	in der Prostitution tätig waren. **1889** Der „Kulturbund“ von *Bieber-Böhm* sprach sich für eine Zwangserziehung aus. **1929** Der Abgeordnete *Schreiber-Krieger* (SPD) sah als effektive Prävention gegen die Prostitution nur die soziale Fürsorge.	der Preisverfall in Folge des Zuzuges von EU-Bürgern aus ärmeren Ländern machen den Sexarbeitern zu schaffen.
Sperrgebiete	**1911** Es existierte eine sog. „harte Kasernierung“ die vorsah, dass Prostituierte nur in bestimmten Bezirken oder Straßen wohnen durften. **1925** Die Abgeordnete *Schroeder* (SPD) wies darauf hin, dass ein Verbot der Prostitution in Gemeinden mit weniger als 15.000 Einwohnern verhindere, dass Frauen aus der Stadt aufs Land zögen, was in ihren Augen aber wünschenswert wäre. Außerdem sei die	Es werden in den letzten Jahren vermehrte Kontrollen in Sperrbezirken durchgeführt, die seit mehreren Jahren als Straßenstriche genutzt werden (wie z.B. Sankt Georg in Hamburg), um die Sexarbeiter aus einzelnen Straßen oder Stadtbezirken abzudrängen. Zweck ist zum einen die Anwohner oder sich neu ansiedelnde Firmen nicht zu stören und zum anderen die Aufwertung bestimmter Stadtviertel.

	Formulierung „in der Nähe von Schulen und Kirchen“ zu unpräzise und führe zu neuen gesperrten Bezirken und damit wieder zu Reglementierung und Kasernierung.	
Überprüfung der rechtlichen Regelungen	**1911** Es erfolgte keine Äußerung der Reformbeteiligten zu den Abgrenzungsschwierigkeiten zwischen der Zulassung von Bordellen und Wohnungskuppelei. **1927** Es erfolgte keine Regelung im GeschlKrG, ob Prostitution als Erwerbstätigkeit anerkannt wird.	Vereinzelte Forderungen Sperrgebiete/Sperrzeiten abzuschaffen bzw. zu überprüfen, um damit die Zuhälter und das kriminelle Milieu zu beschränken. Forderungen nach klaren Regelungen und Abgrenzungen rechtlicher und steuerlicher Art zur Verbesserung der Lage
Überwachung der Bordelle	**1930** Frauenvereine forderten keine Strafbarkeitslücken für Bordelle zu lassen. Absteigequartiere u. ä. sowie Bordelle sollten abgeschafft werden, da dort die Frauen ausgebeutet würden.	**2010** Diskussionen um die Einführung der Erlaubnispflicht für Bordelle zur besseren Kontrolle und zur Einführung von Mindeststandards.

Literaturverzeichnis:

Adorno, Theodor: „Minima Moralia, Reflexionen aus dem beschädigten Leben“, Frankfurt a. M., 1963

ders.: „Sexualtabus und Recht heute“ in Band 10 Adorno „Kulturkritik und Gesellschaft I, Prismen ohne Leitbild, Eingriffe“, Suhrkamp Verlag, 2003

Barbara[1196]**/Coninck**, Christine de: „Die geteilte Frau“, Berlin, 1980

Barck, Lothar: „Ziele und Aufgaben der weiblichen Polizei in Deutschland“, Berlin, 1928

Bauer, Willi: „Geschichte und Wesen der Prostitution“, Stuttgart, 1968

Baumann, Jürgen: „Ethische Bindung des Bürgers durch das Strafrecht? – Eine Erwiderung.“ Monatsschrift für Kriminologie und Strafrechtsreform 1969, S. 159-164

Beauvoir, Simone de: „Das andere Geschlecht“, Hamburg, 1968

dies.: „Alles in Allem“, Hamburg, 1974

Bebel, Ferdinand August: „Die Frau und der Sozialismus“, Frankfurt am Main, 1979

Behnken, Imbke (Hrsg.): „Stadtgesellschaft und Kindheit im Prozeß der Zivilisation. Konfiguration städtischer Lebensweise zu Beginn des 20. Jahrhunderts“, Opladen, 1990

Bieber-Böhm, Hanna: „Vorschläge zur Bekämpfung der Prostitution“, Berlin, 1895, zitiert: „Vorschläge zur Bekämpfung der Prostitution“

dies.: „Die Sittlichkeitsfrage - eine Gesundheitsfrage, Berlin, 1896, zitiert: „Die Sittlichkeitsfrage“

Biermann, Pieke: „Wir sind Frauen wie andere auch!“, Prostituierte und ihre Kämpfe, Reinbek, 1980

Birkmeyer, Carl (Hrsg.): „Vergleichende Darstellung des deutschen und ausländischen Strafrechts, Vorarbeiten zur deutschen Strafrechtsreform“, Besonderer Teil, 6. Band – Verbrechen und Vergehen wider die Sittlichkeit, Beleidigung, Personenstandsdelikte, Berlin, 1906

Bock, Gisela: „Keine Arbeitskräfte in diesem Sinne“, in **Biermann**, Pieke (Hrsg.) „Wir sind wie andere Frauen auch, Prostituierte und ihre Kämpfe“, Reinbeck bei Hamburg, 1980

[1196] Pseudonym einer frz. Prostituierten.

Bohne, Gotthold: „Beiträge zur Strafrechtswissenschaft: Festgabe für Reinhard **von Frank** zum 70. Geburtstag“, Tübingen, 1930

Bohnert, Joachim: „OWiG, Kommentar zum Ordnungswidrigkeitsrecht“, 2. Auflage, München, 2007

Braun, Lily: „Die Frauenfrage“, Leipzig, 1901

dies.: „Aus der Bewegung. Zwei gewaltige Prostestversammlungen der Berliner Genossinnen gegen die Sittenpolizei“ in „Die Gleichheit“, 8. Jahrgang, 02.02.1898, S. 18-20, zitiert: „Aus der Bewegung“

Brezing, Klaus: „Der Bundesgerichtshof und das Steuerrecht“ in NJW 1984, S. 1598-1601

Brinitzer, Carl:„Strafrechtliche Maßnahmen zur Bekämpfung der Prostitution“, Dissertation, Kiel, 1933

Brückner, Margit/**Oppenheimer**, Christa: „Lebenssituation Prostitution, Sicherheit, Gesundheit und soziale Hilfe“, 2006

Budde, Miryam: „Die Auswirkungen des Prostitutionsgesetzes auf die Sozialversicherung“, Dissertation, Tübingen, Baden-Baden, 2006

Caspar, Johannes: „Prostitution im Gaststättengewerbe? Zur Auslegung des Begriffs der Unsittlichkeit im Gaststättengesetz“, NVwZ 2002, S. 1322-1328

Dehner, Walter: „Die Entwicklung des Maklerrechts seit 2000“, NJW 2002, S. 3747-3754

Deutelmoser, Mechthild/**Ebert**, Birigit: „Leichte Mädchen, hohe Herren und energische Frauen“, Die Hamburger Frauenbewegung im Kampf gegen Prostitution und Doppelmoral 1896-1906 in **Berlin**, Jörg, „Das andere Hamburg“, Köln, 1980, S. 140-161

Deutscher Frauenrat – Bundesverband deutscher Frauenverbände und Frauengruppen gemischter Verbände e.V. (Hrsg.): „Mehr Frauen in die Parlamente“, Information für die Frau, Sonderheft 4, Bonn, 1980, S. 10ff.

Diakonisches Werk der Evangelischen Kirchen in Deutschland (Hrsg.): „Prostitution und Menschenhandel – eine Herausforderung für Kirche und Diakonie“, 08/01 Positionen und Konzepte aus dem Diakonischen Werk, Stuttgart, 2001

Dickersbach, Alfred: „Die Änderung des Spielrechts durch die Verordnung zur Änderung der Spielverordnung vom 11.12.1985“, NVwZ 1986, S. 452-453

Dodillet, Susanne: „Är sex arbeite? Svensk och tysk prostitutionspolitik sedan 1970-talet“, Dissertation, Vertigo Verlag, 2009

Drews, Bill/**Wacke**, Gerhard: „Gefahrenabwehr“, Köln, 9. Auflage, 1986

Dücker, Elisabeth von/Museum der Arbeit (Hrsg.): „Sexarbeit Prostitution – Lebenswelten und Mythen“, Edition Temmen, Bremen, 1. Auflage, 2005

Elster, Alexander/**Lingemann**, Heinrich (Hrsg.): „Handwörterbuch der Kriminologie und der anderen strafrechtlichen Hilfswissenschaften“, 1. Band, „Aberglaube-Kriminalpsychologie“, Berlin und Leipzig, 1933, Verlag von Walter de Gruyter & Co

dies.: „Handwörterbuch der Kriminologie und der anderen strafrechtlichen Hilfswissenschaften“, 2. Band „Kriminalroman–Zwangs- und Fürsorgeerziehung“, Berlin und Leipzig, 1933, Verlag von Walter de Gruyter & Co

Engels, Friedrich: „Der Ursprung der Familie, des Privateigentums und des Staats, Im Anschluss an Lewis H. Morgans Forschungen in Marx-Engels-Werke (MEW)“, Band 21, S. 25-173, Berlin (DDR)

Erbs, Georg (Hrsg.): „GeschlKrG, Strafrechtliche Nebengesetze“, 13. Lieferung, Stand 1970

Evangelische Frauenarbeit in Deutschland (EFD) (Hrsg.): „Gegen Frauenhandel, Fakten-Hintergründe-Strategien, Tagungsdokument“ Mitteilungen der evangelischen Frauenarbeit in Deutschland, Nr. 431, Oktober 2005, zitiert: Mitteilungen der ev. Kirche

Evans, Richard John: “Prostitution, State and Society in Imperial Germany”, in Past and Present 70, Heft 2, 1970, S. 119 ff.

Falckenberg, Otto: „Das Buch von der Lex Heinze“ (1900), Kessinger Pub Co Verlag, 2009

Fischer, Thomas: Kommentar zum StGB und Nebengesetzen, 57. Auflage, Beck Verlag München, 2010

Friauf, Karl Heinrich: „Die Freiheit des Berufes nach Art. 12 Abs. 1 GG“, JA 1984, S. 537–544

ders. (Hrsg.): „Kommentar zur Gewerbeordnung“, Neuwied, 2004

Frommel, Monika: „Die Reform der Strafbarkeit von Menschen- und Frauenhandel aus kriminologischer Sicht“, Neue Kriminalpolitik 2005, S. 57-61

Frommel, Monika/**Schaar**, Martin: „Einwände gegen den am 19.02.2005 neu gefassten Straftatbestand des Menschenhandels in § 232 Abs. 1 StGB“ Neue Kriminalpolitik 2005, S. 61-63

Frotscher, Werner: „Sozial unwertig, in Öffentliches Wirtschaftsrecht Besonderer Teil 1“, Hrsg. **Schmidt**, Reiner, Springer Verlag, Marburg, 1995

Fuchs, Carl: „Kritische Bemerkungen zu den Gesetzesentwürfen über Prozeßverfahren und Strafrecht für den Norddeutschen Bund“, Breslau, 1869

Fürth, Henriette: „Die Prostitution. Ursachen und Wege zur Abhilfe“, Berlin, 1907

Gahlen, von Magarete: „Rechtsfragen der Prostitution, Das Prostitutionsgesetz und seine Auswirkungen“, Beck Verlag, 2004

Gerhard, Ute: „Verhältnisse und Verhinderungen. Frauenarbeit, Familie und Rechte der Frauen im 19. Jahrhundert“, Frankfurt/Main, 1978

dies.: „Dem Reich der Freiheit werb´ ich Bürgerinnen“, in „Die Frauenzeitung“ von Louise **Otto**, Frankfurt/Main, 1979, zitiert: „Dem Reich der Freiheit werb´ ich Bürgerinnen“

Gleß, Sabine: „Die Reglementierung von Prostitution in Deutschland“, Dissertation, Bonn, 1997

Göhler, Erich/**Gürtler**, Franz/**Seitz**, Helmut (Hrsg): Gesetz über Ordnungswidrigkeiten, 15. Auflage, München, 2009

Götting, Dirk: „Das Aufbegehren der bürgerlichen Frauenbewegung gegen die Sittenpolizei des Kaiserreichs und der erste Versuch weiblicher Polizeiarbeit in Deutschland (1875-1914), Frauen im Polizeidienst zwischen Rettungsarbeit und Sittenschnüffelei“, Frankfurt, 2010

Goldman, Emma: „Das Tragische an der Emanzipation der Frau“ Frauen in der Revolution, Band 2, Berlin, 1977, S. 9-18

Goldschmidt, Henriette/**Schmidt**, Auguste: „Zwei Vorträge gehalten bei der Generalversammlung des ADF am 19./20.09.1868 im Rathaussaal zu Braunschweig“, Leipzig, 1868

Grenz, Sabine/**Lücke**, Martin: „Verhandlungen im Zwielicht, Momente der Prostitution in Geschichte und Gegenwart“, Transcript Verlag, Bielefeld, 2006

Grunow, Dieter: „Interorganisationsbeziehungen im Implementationsfeld und ihre Auswirkungen auf die Umsetzung und die Zielerreichung politischer Programme“ in **Mayntz**: Implementation politischer Programme II, Königsstein Taunus, 1983

Guillaume-Schack, Gertrud: „Über unsere sittlichen Verhältnisse und die Bestrebungen und Arbeiten des Britisch-Continentalen und Allgemeinen Bundes“, Berlin, 1882

Gurlit, Elke: „Das Gewerberecht als Regelungsregime der Prostitution“, Gewerbe Archiv 2008, Heft 11, S. 426-431, zitiert: Gurlit 2008

dies.: „Das Verwaltungsrecht im Lichte des Prostitutionsgesetzes“, VerwArch 2006, S. 409-428, zitiert: Gurlit 2006

Haeberlin, Carl Franz Wolff Jerome: „Betrachtungen über den Entwurf eines Strafgesetzbuches für den Norddeutschen Bund“, Breslau, 1869

Hahn, Carl: Strafgesetzbuch für das Deutsche Reich. 3. Auflage, Breslau, 1877

Hamann, Artur: „Die ausbeuterische Zuhälterei“, NJW 1974, S. 1-9

Hanack, Ernst-Walter: „Zur Revision des Sexualstrafrechts in der Bundesrepublik“, München, 1968

ders.: „Die Reform des Sexualstrafrechts und der Familiendelikte“, NJW 1974, S. 1-9

Hartmann, Ilya: „Prostitution, Kuppelei und Zuhälterei, Reformdiskussion und Gesetzgebung seit 1870“, Juristische Zeitgeschichte, Hrsg. von Prof. Dr. Dr. **Vormbaum** Band 22, Berliner Wissenschaftsverlag GmbH, 2006

Heger, Martin: „Zum Einfluss des Prostitutionsgesetzes auf das Strafrecht“, StV 6/2003, S. 350-356

Heinz-Trossen, Alfons: „Prostitution und Gesundheitspolitik“, Frankfurt a. M., 1993

Hellwig, Albert: „Gesetz zur Bekämpfung der Geschlechtskrankheiten vom 18. Februar 1927, mit ausführlichen Erläuterungen“, München, 1928

Herz, Anette/**Minthe**, Eric: „Straftatbestand Menschenhandel“, Reihe Polizei und Forschung, Band 31, München, 2006

Heymann, Lida Gustava: „Erlebtes-Erschautes, Deutsche Frauen kämpfen für Freiheit, Recht und Frieden 1850-1940“, Meisenheim/Glan 1972

dies.: „Ein Kampf gegen die öffentlichen Häuser in Hamburg“ in Parlamentarische Angelegenheiten und Gesetzgebung. Beilage der Frauenbewegung, 01.01.1902, S. 1, 2 und 01.06.1902, S. 84, zitiert: „Ein Kampf gegen die öffentlichen Häuser in Hamburg“

Hippel, Robert von: „Deutsches Strafrecht, 1. Band, Allgemeine Grundlagen“, Springer Verlag Berlin, 1925

Hitler, Adolf: „Mein Kampf“, 726.-727. Auflage, München, 1943

Hoigard, Cecilie/**Finnstadt**, Liv: „Seitenstraßen. Geld, Macht und Liebe oder der Mythos der Prostitution", Hamburg, 1987

Holznagel, Ina: „Die Praxis der Staatsanwaltschaft – fünf Jahre nach Inkrafttreten des ProstG" in **Kavemann/Rabe**, „Das Prostitutionsgesetz", S. 231–238

Horn, Eckhard/**Rudolphi**, Hans-Joachim/**Samson**, Erich/**Wolter**, Jürgen: Systematischer Kommentar zum Strafgesetzbuch, Luchterhand Verlag, München, 114. Ergänzungslieferung, Mai 2008

Howe, Christiane: „Bericht der Bundesregierung zu den Auswirkungen des ProstG, Anmerkungen und Empfehlungen für KOK und seine Mitgliedsorganisationen", KOK Studie Juli 2008

Jaffa, Sally: „Der Begriff des Zuhälters im Reichsstrafgesetzbuch", Dissertation, Rostock, 1902

Jäger, Hans/**Pätzelt**, I./**Schmacke**, Norbert: „Prävention sexuell übertragbarer Erkrankungen oder Kontrolle der Prostituierten und Geschlechtskranken? Eine exemplarische, epikritische Untersuchung in Bremen", Das Gesundheitswesen 1993, S. 179-184

Jahn, Ralf: „Die baurechtliche Zulässigkeit von Vergnügungsstätten nach Änderung der Baunutzungsverordnung", BauR 1990, S. 280-290

Jauernig, Othmar/**Berger**, Christian (Hrsg.): Bürgerliches Gesetzbuch Kommentar, 10 Auflage, München, 2003

Jickeli, Joachim/**Kreutz**, Peter/**Reuter**, Dieter: „Gedächtnisschrift für Jürgen Sonnenschein: 22. Januar 1938 bis 6. Dezember 2000", de Gruyter Recht, 1. Auflage, 2002

Joecks, Wolfgang/**Miebach**, Klaus: Münchner Kommentar zum BGB, Band 1 a, 4. Auflage 2003, Beck Verlag München, zitiert: MüKo BGB-Bearbeiter

ders.: Münchener Kommentar zum StGB, Band 2/2, 1. Auflage, 2005, Beck Verlag München, zitiert: MüKo StGB-Bearbeiter

Kahl, Wilhelm/**Lilienthal**, Karl von/**Liszt**, Franz von/**Goldschmidt**, James: „Gegenentwurf zum Vorentwurf eines deutschen Strafgesetzbuchs", Berlin, 1911

Kaiser, Helmut: „Das Wesen der Zuhälterei und ihre kriminalpolitische Beurteilung", Dissertation, Kassel, 1937

Kavemann, Barbara: „Vertiefung spezifischer Fragestellungen zu den Auswirkungen des Prostitutionsgesetzes: Ausstieg aus der Prostitution", Freiburg im Breisgau, 2007

Kavemann, Barbara/**Rabe**, Heike (Hrsg.): „Das Prostitutionsgesetz, Aktuelle Forschungsergebnisse, Umsetzung und Weiterentwicklung“, Verlag Barbara Budrich, Opladen und Farmington Hills, 2009

Kienitz, Sabine: „Sexualität, Macht und Moral: Prostitution und Geschlechterbeziehungen Anfang des 19. Jahrhunderts in Württemberg“. Ein Beitrag zur Mentalitätsgeschichte, Berlin, 1995

Kindhäuser, Urs/**Neumann**, Ulfried/**Paefgen**, Hans-Ulrich: Kommentar zum StGB, Band 2, 13. Auflage, Nomos Verlagsgesellschaft, Baden-Baden, 2010,

Kirchhoff, Renate: „Frauenwürde, Prostitution und Gesellschaft“, in Junge Kirche 3/2001, S. 55-59

Kollontai, Alexandra Michailowna: „Die Situation der Frau in der gesellschaftlichen Entwicklung, Vierzehn Vorlesungen vor Arbeiterinnen und Bäuerinnen an der Sverdlov-Universität 1921“, Frankfurt am Main, 1975

Konieczka, Vera: „Prostitution im 19. Jahrhundert“, Frankfurt und Tübingen, 1980

Kontula, Anna: „Prostituutio Finnland“, Verlag Sexpo-Stiftung, 2005

Küchlin, Friederike: „Man sieht nur, was man sehen will, Zur gesellschaftlichen Deutung von Prostitution“, unveröffentlichte Magisterarbeit am Institut für Volkskunde an der Universität Hamburg, 1991

Kühne, Hans-Heinrich: „Prostitution als bürgerlicher Beruf?“ ZRP 1975, S. 184-189

Lackner, Karl/**Kühl**, Christian: Kommentar zum StGB, 26. Auflage, Beck Verlag München, 2007

Laskowski, Silke Ruth: „Arbeits- und Sozialrechtliche Auswirkungen des neuen Prostitutionsgesetzes“, AuR, Heft 11, 2002, S. 406-410

dies.: „Die Ausübung der Prostitution: ein verfassungsrechtlich geschützter Beruf im Sinne von Art. 12 Abs. 1 GG“, Frankfurt a. M., 1997

Leo, Ulrich: „Die strafrechtliche Kontrolle der Prostitution, Bestandsaufnahme und Kritik“, Dissertation, Kiel, 1995

Leopold, Beate/**Steffan**, Elfriede: „EVA-Projekt, Evaluierung unterstützender Maßnahmen beim Ausstieg aus der Prostitution, Abschlussbericht sowie Zusammenfassung vorläufiger Ergebnisse“, SPI-Forschung gGmbH, Berlin, 1997

Linnhoff, Ursula: „Die neue Frauenbewegung USA – Europa seit 1968“, Köln, 1974

Lombroso, Cesare/**Ferrero**, Guglielmo: „Das Weib als Verbrecherin und Prostituierte", Hamburg, 1894

Lüthge-Bartolomäus, Renate: „Die polizeiliche Schließung von „Massagesalons", NJW 1975, S. 1872-1873

Lux, Peter: „Justizfreier Raum für Call-Girl-Ringe, Bars und Klubs", Kriminalisitik 1985, S. 402–406

Majer, Christian Friedrich: „Sittenwidrigkeit und das Prostitutionsgesetz bei Vermarktung und Vermittlung", NJW 2008, Heft 27, S. 1926-1929

Maunz, Theodor/**Dürig**, Günter/**Herzog**, Roman/**Herdegen**, Matthias/**Scholz**Ruppert/**Klein**, Hans: Grundgesetz Kommentar, Band II, Art. 6-16a, Stand Lieferung Oktober 2009, Beck Verlag, München, zitiert: Maunz-Dürig-Bearbeiter

Mayntz, Renate: „Implementation politischer Programme", Königstein im Taunus, 1980

Mergen, Armand: „Die Prostitution: in Sexualität und Verbrechen", Hrsg. Bauer, Frankfurt a. M., 1963

Mill, John Stuart/**Taylor-Mill**, Harriet/**Taylor**, Helen: "The Subjection of Woman", New York Appelton Co., 1868, auf Deutsch: „Die Hörigkeit der Frau", Berlin, 1869

Millet, Kate: „The Prostitution Paper, A candid dialogue", Avon Books, 1973

Minzel, Heinrich: „Gewerberechtliche Anmeldung und Konzessionierung", Die Kriminalpolizei, September 2006, S. 74-79

Mitrovic, Emillija: „Sexarbeit in Würde", Zeitschrift ver.di „Die Besonderen" Ausgabe 1/2006, S. 4

dies. (Hrsg.): „Arbeitsplatz Prostitution, Ein Beruf wie jeder andere?", 2007, Lit. Verlag Hamburg, Studie im Auftrag von ver.di und der Hans-Böckler-Stiftung

Mittermaier, Wolfgang: „Vergleichende Darstellung des deutschen und ausländischen Strafrechts", Berlin, 1906

ders.: „Verbrechen und Vergehen wider die Sittlichkeit, Beleidigung und Personenstandsdelikte", 1906

Nave-Herz, Rosemarie: „Die Geschichte der Frauenbewegung in Deutschland", Hannover 1997

Nowacki, Bernd: „Der Bund für Mutterschutz", Husum, 1983

Offergeld, Dieter: „Erscheinungsformen, Ursachen und Auswirkungen der Prostitution in Bochum", Dissertation, Bonn, 1965

Olshausen, Justus von: Kommentar zum Strafgesetzbuch, 1. Band und 2. Band, 11. Aufl., Berlin, 1927

Oppenhoff, Friedrich Christian: „Rechtsprechung des Königlichen Obertribunals in Strafsachen“, Berlin, 1860-1874

Otto, Louise, „Das Recht der Frauen auf Erwerb, Blicke auf das Frauenleben der Gegenwart“, Hamburg, Hoffmann und Campe, 1866

Overesch, Manfred: „Die Weimarer Republik in Droste-Geschichts-Kalendarium, Chronik der deutschen Zeitgeschichte“, 1. Band, Düsseldorf, 1982

Palandt, Otto/**Bassenger**, Peter (Hrsg.): Bürgerliches Gesetzbuch mit Nebengesetzen, aus der Schriftenreihe Beck'sche Kurz-Kommentare, 69. Auflage, München, 2009

Pappritz, Anna: „Die gesundheitlichen Gefahren der Prostitution“, Dresden, 1903, zitiert: „Die gesundheitlichen Gefahren“

dies. „Die Welt von der man nicht spricht“, Leipzig 1907

Pappritz, Anna/**Scheven**, Katharina: „Die positiven Aufgaben und Ziele der Föderation“, Dresden, 1904

Peters, Karl: „Sexualstrafrecht – Gedanken zum Alternativentwurf“ in MSchrKrim 1969, S. 41-46

Pielow, Johann-Christian (Hrsg.): Beck'scher Onlinekommentar zum Gewerberecht, Ed. 15, November 2009

Pöltl, René: Gaststättenrecht: Kommentar zum Gaststättengesetz mit den Vorschriften des Bundes und der Länder, 5. Auflage, Heidelberg, 2003

Pörksen, Michael Ernst: „Zur pauschalen Besteuerung sexueller Dienstleistungen, Ausweg, Umweg oder Sackgasse?“ in **Kavemann/Rabe**, „Das Prostitutionsgesetz“, S. 239–250

Preiser, Friedrich: „Wie weit sollte das Sittlichkeitsstrafrecht reformiert werden?“, ZStW 1970, S. 655-657

Radermacher, Volker: „Bordellbesteuerung unter Anwendung des § 160 AO (Teil 2)“, in AO-StG 09/2007, S. 239-242

Renzikowski, Joachim: „An den Grenzen des Strafrechts – Die Bekämpfung der Zwangsprostitution“, ZRP 2005, S. 213 ff., zitiert: Renzikowski ZRP 2005

Renzikowski, Joachim (Autor) Bundesministerium für Frauen, Senioren, Familie und Jugend (Hrsg.): „Reglementierung von Prostitution: Ziele und Probleme – eine kritische Betrachtung des Prostitutionsgesetzes“, Halle an der Saale, 2007

Rhein, Kay-Uwe/**Zietzen**, Dirk: „Zur bauplanungsrechtlichen Zulässigkeit sexueller Dienstleistungsangebote“, NJOZ 2009, S. 267-280

Richebächer, Sabine: „Uns fehlt nur eine Kleinigkeit. Deutsche proletarische Frauenbewegung von 1890-1914“, Frankfurt/Main, 1982

Röhr, Dorothea: „Prostitution – eine empirische Untersuchung über abweichendes Sexualverhalten und soziale Diskriminierung“, Frankfurt/Main, 1972

Rolando, Don: „Jetzt mal Klartext über Huren. Wie man Zuhälter wird und bleibt“, Bellavista Verlag, 2006

Rosenthal, Max: „Mutterschutz und Sexualreform“, Breslau, 1912

Rossenbach, Anne/**Kleine**, Monika/**Wiedenau,** Angelika: „Geestmünder Straße – Neue Strategie zur Unterstützung für Straßenprostituierte“ in **Kavemann/Rabe**, „Das Prostitutionsgesetz“, S. 265–286

Rother, Werner: „Sittenwidriges Rechtsgeschäft und sexuelle Liberalisierung”, AcP 1972, S 499-519

Rupprecht, Reinhard: „Kommunale Dirnenhäuser?“ Die Polizei 1974, S. 329-335

Sachs, Michael: Kommentar zum Grundgesetz, 2. Auflage, Beck Verlag, München

Säcker, Franz Jürgen/**Rixecker**, Roland (Hrsg.): Münchener Kommentar zum Bürgerlichen Gesetzbuch, 1. Halbband, §§ 1-240 BGB und ProstG, 5. Auflage, München, 2006

Schäfer, Leopold/**Richter**, Hans/**Schafheutle,** Josef: „Die Strafgesetznovellen von 1933 und 1934“, Berlin, 1934

Schäfer, Leopold/**Lehmann**, Rudolf: Gesetz zur Bekämpfung der Geschlechtskrankheiten vom 18. Februar 1927, Ausführlicher Kommentar, Mannheim, 1928

Schenk, Herrad: „Die feministische Herausforderung“, München, 1980

Scheven, Katharina: „Die Übel der Reglementierung der Prostitution“, Dresden, 1902

Schmackpfeffer, Petra: „Frauenbewegung und Prostitution, Über das Verhältnis der alten und neuen deutschen Frauenbewegung zur Prostitution“, 1989

Schmidtbauer, Wilhelm: „Das Prostitutionsgesetz zwischen Anspruch und Wirklichkeit aus polizeilicher Sicht", NJW 13/2005, S. 871-873
ders.: „Menschenhandel und polizeiliche Bekämpfungsansätze", Kriminalistik 10/2005, S. 548–553
Schmölder, Robert: „Prostitution und Syphilis", in „Die Zukunft", Berlin, 1902, S. 266-278
Schönke, Adolf/**Schröder**, Horst: Kommentar zum StGB, 27. Auflage, Beck Verlag, München, 2006
Schönleitner, Ulrich: „Auswirkungen des Prostitutionsgesetzes auf das Gewerberecht", Gewerbearchiv 2002, S. 319-320
Schönleitner, Ulrich/**Stanger**, Anja: „Frühjahrssitzung 2007 des Bund-Länder-Ausschusses Gewerberecht", Gewerbe Archiv 2007, Heft 8, S. 320-325
Schröder, Daniela: „Das Geschäft mit der Ware Mensch, Initiative gegen Zwangsprostitution", Das Parlament, 11/2006 vom 13.03.2006
Schroeder, Friedrich-Christian: „Neue Änderungen des Sexualstrafrechts durch das Prostitutionsgesetz", JR 2002, Heft 10, S. 408-409
ders.: „Irrwege aktionistischer Gesetzgebung – das 26. StÄG (Menschenhandel)", JZ 1995, S. 231-238
Schubert, Werner: „Gesetzrevision (1825-1848), I. Abteilung Straf- und Strafprozeßrecht, 1. Band Straf- und Strafprozessrecht", Ministerium Danckelmann, Berlin, 1995
ders.: „Entwürfe der Strafrechtskommission zu einem Deutschen Strafgesetzbuch und zu einem Einführungsgesetz" (1911-1914), 1. – 5. Band, Berlin, 1995
ders.: Entwürfe zu einem Strafgesetzbuch (1919, 1922, 1924/25 und 1927), 1. und 2. Band, Berlin, 1995
Schuhmann, Gunda/**Giesen**, Rose/Marie: „An der Front des Patriachats. Bericht vom langen Marsch durch das Prostitutionsmilieu", Bensheim, 1980
Schulte, Regina: „Sperrbezirke, Tugendhaftigkeit und Prostitution in der bürgerlichen Welt", Frankfurt/Main, 1979
Schuster, Martina: „Kampf um Respekt, Eine ethnografische Studie über Sexarbeiterinnen", Tübinger Vereinigung für Volkskunde, 2003, Tübingen
Sellmann, Adolf: „Der Kampf gegen die Prostitution und das Gesetz zur Bekämpfung der Geschlechtskrankheiten", Schwelm i. W., 1935

Soergel, Hans Theodor/**Siebert**, Wolfgang: Kommentar zum BGB mit Einführungsgesetz und Nebengesetzen, 2. Teil §§ 104-240, 13. Auflage, Kohlhammer, Stuttgart, 2009

SoFFiK (Autoren)/Bundesministerium für Frauen, Senioren, Familie und Jugend (Hrsg.): „Auswirkungen des Prostitutionsgesetzes", Abschlussbericht 2005, Untersuchung des sozialwiss. Frauenforschungsinstitutes Freiburg (SoFFiK), Kontaktstelle praxisorientierte Forschung der ev. Fachhochschule Freiburg im Auftrag des BMFSFJ, Projektleitung Prof. Dr. Cornelia **Helfferich**, wiss. Mitarbeit Dipl. soz. Päd. Claudia **Fischer**, Prof. Dr. Barbara **Kavemann**, Dipl. soz. Beate **Leopold**, unter Mitarbeit von Dr. Margarete **von Gahlen** und Dipl. Psych. Katja **Grieger**, zitiert: SoFFiK-Gutachten

SoFFiK (Autoren)/Bundesministerium für Frauen, Senioren, Familie und Jugend (Hrsg.): „Vertiefung spezieller Fragestellungen zu den Auswirkungen des Prostitutionsgesetzes: Ausstieg aus der Prostitution und Kriminalitätsbekämpfung und Prostitutionsgesetz", Gutachten im Auftrag des BMFSFJ, erstellt vom sozialwissenschaftlichen Frauenforschungsinstitut (SoFFiK) unter Mitarbeit von Prof. Dr. Barbara **Kavemann**, iur. Heike **Rabe**, Dipl. soz. Päd. Claudia **Fischer**, Gesamtleitung Prof. Dr. Cornelia **Helfferich**, Januar 2007, zitiert: SoFFiK-Gutachten2

Solidarität Hamburger Huren (Hrsg.): „Dokumentation des 5. Nationalen Huren-Kongresses vom 13.-15.11.1987 in Hamburg", Hamburg, 1988

Sporer, Helmut: „Prostitution – Der Augsburger Weg, Menschenwürde und Selbstbestimmung als zentrale Kriterien einer notwendigen Neuregelung", Kriminalistik Heft 4, 2010, S. 235-240

Strecker, Gabriele: „100 Jahre Frauenbewegung", Stuttgart, 1951

Stehen, Henning: „Einschränkungen der neuen Strafnormen gegen den Menschenhandel (§§ 232 ff. StGB)", StV 2007, S. 665-668

Stenglein, Melchior: „Gutachten über den Entwurf eines Strafgesetzbuches für den Norddeutschen Bund" in: Verhandlungen des Neunten deutschen Juristentages, 1. Band

Stiebig, Volker: „Sic transit gloria mundi? Das Prostitutionsgesetz im Lichte der europäischen Integration: Plädoyer wider die Sittlichkeit", Bay. VBl. 2004, S. 545

Stöcker, Helene: „Zur Reform der sexuellen Ethik", 1905 in **Janssen-Jurreit**, Marielouise (Hrsg.), „Frauen und Sexualmoral", Frankfurt am Main, 1986

Stühler, Hans Ulrich: „Prostitution und öffentliches Recht (unter besonderer Berücksichtigung des Baurechts)“, NVwZ 1997, S. 861-867
Stursberg, Hermann: „Die Prostitution in Deutschland und ihre Bekämpfung“, Düsseldorf 1886
Tettinger, Peter/**Wank**, Rolf: Kommentar zur Gewerbeordnung, 7. Auflage, Beck Verlag München, 2004
Theben, Martin: „Rechtliche Aspekte der (freiwillig) ausgeübten Prostitution unter besonderer Berücksichtigung gewerberechtlicher Vorschriften und des zivilen Vertragsrechts“, Dissertation, Aachen, 2004
Thiée, Philipp: „Menschen Handel. Wie der Sexmarkt strafrechtlich reguliert wird“ Schriftenreihe der Strafverteidigervereinigungen, Uwer Verlag, Berlin, 2005
Thielmann, Joachim: „Die Grenzen des Opferschutzes, Anmerkung zur Tätigkeit der Opferschutzorganisation Solwodi“, StV 2006, S. 41-51
Thoma, Birgit: „Strafverfahren gegen Frauenhändler“, Neue Kriminalpolitik 2002, S. 52-55
Tjarden, Karl Hermann/ Bund deutscher Wissenschaftler (Hrsg.): „Arbeiterbe wegung und Prostitution, Langsame Erkenntnis und Bedeutungswandel“ in Forum Wissenschaft 1/2007 „Ganz naher Osten“,
Urban, Alfred: „Staat und Prostitution in Hamburg“, Dissertation, Hamburg, 1925
Laan, Berndt von der (Autor)/**Liszt**, Franz von/**Kloß**, Alfred/**Lilienthal**, Karl von/**Aschaffenburg**, Gustav/**Hentig**, Hans von (Hrsg.): „Das Zuhältertum in Mannheim“, Monatsschrift für Kriminalpsychologie und Strafrechtsreform 1933, 24. Jahrgang, S. 457-513, Karl Winters Uni Buchhandlung, Heidelberg, zitiert: von der Laan
Wegner, Carsten: „Durchsuchung, Düsseldorfer Verfahren und die Rechte der Steuerfahndung im Bordell“, Praxis Steuerstrafrecht 2006, S. 148-149
Weiland, Daniela: „Geschichte der Frauenemanzipation in Deutschland und Österreich: Biographien, Programme, Organisationen“, Düsseldorf, 1983
Weppert, Andrea: „Beratung von Prostituierten unter veränderten gesetzlichen Voraussetzungen – Ein Bericht aus dem Gesundheitsamt Nürnberg“ in **Kavemann/Rabe**, „Das Prostitutionsgesetz“, S. 253–264
Westerkamp, Alix: „Gesetzliche Bestimmungen“ in Anna Pappritz (Hrsg.), „Einführung in das Studium der Prostitutionsfrage“, Leipzig, 1919

Winter, Doris: „Arbeitsbedingungen in der Prostitution im Wandel von Zeit und Gesetz“, in **Kavemann/Rabe**, „Das Prostitutionsgesetz“, S. 221-231

Zetkin, Clara: „Richtlinien 266“ und „Nur mit der proletarischen Frau wird der Sozialismus siegen, für die kommunistische Frauenbewegung 1920“, S. 237, S. 203-219 in Karin **Bauer**, Clara **Zetkin** und die proletarische Frauenbewegung, Berlin (West), 1978

dies.: „Die Arbeiterinnen- und Frauenfrage der Gegenwart“, Berlin, 1889

dies.: „Sittlichkeitsfrage“, in „Die Gleichheit“, 8. Jahrgang, 02.02.1898, S. 24 und 16.03.1898, S. 48, zitiert: „Sittlichkeitsfrage“

Ziehten, Jörg: „Dogmatische Konsequenzen des Prostitutionsgesetzes für Dirnen- und Freierbetrug“, NStZ 2003, S. 184-189.

Lebenslauf

Geboren 1973 in Wuppertal, Nordrhein-Westfalen, besuchte ich nach der Grundschule zunächst das Gymnasium „Am Kothen", welches ich 1991 nach der 10.Klasse, mit der Fachoberschulreife mit Eignung zur Oberstufe, auf eigenen Wunsch verließ.
Von 1991-1994 machte ich eine Ausbildung zur Rechtsanwaltsgehilfin in der Kanzlei Hartmann & Hartmann (später Hartmann & Dahlmanns).
Es schlossen sich bis 1998 die Tätigkeit als Rechtsanwaltsgehilfin als auch der Besuch des Zweiten Bildungsweges am Bergischen Kolleg Wuppertal, im Zeitraum 1996-1998 an.
Nach meinem Abitur im Jahr 1998, zog ich in die Nähe von Rendsburg und begann in Kiel mein Studium der Rechtswissenschaften mit dem Wahlbereich Kriminologie und Sanktionenrecht. Im WS 03/04 legte ich mein erstes Staatsexamen in Kiel ab.
2004-2007 schloss sich das Referendariat im Landgerichtsbezirk Kiel mit dem Schwerpunkt Strafrecht an. Während des Referendariates war ich Vollmitglied des Referendarrates
Im Januar 2007 bestand ich das zweite Staatsexamen.
In November desselben Jahres, kam mein Sohn zu Welt.
Im Zeitraum 2002- 2011 war/bin ich, auf unterschiedlichen Verträgen, im Institut für Kriminologie und Sanktionenrecht, Frau Prof. Frommel, an der Christian-Albrecht-Universität zu Kiel tätig. Seit 2007 bin ich Gleichstellungsbeauftragte der Rechtswissenschaftlichen Fakultät der Christian-Albrecht-Universität zu Kiel.
Die vorliegende Arbeit erstellte ich im Zeitraum 2007 bis 2010, mein Rigorosum fand am 12.04.2011 mit den Prüfern Prof. Dr. Wagner, Prof. Dr. Frommel und Prof. Dr. Smid statt.